# 解　码
# 惠企科技创新创业政策
# 最后一公里

濮阳市科学技术局
濮阳市科学技术情报研究所　编

中国科学技术出版社
·北　京·

图书在版编目（CIP）数据

解码惠企科技创新创业政策最后一公里 / 濮阳市科学技术局，濮阳市科学技术情报研究所编 . —北京：中国科学技术出版社，2021. 12

ISBN 978-7-5046-9376-1

I.①解… II.①濮… ②濮… III.①技术革新—科技政策—研究—中国 IV.① G322.0

中国版本图书馆 CIP 数据核字（2021）第 249224 号

| | | |
|---|---|---|
| 责任编辑 | 王晓义 | |
| 封面设计 | 孙雪骊 | |
| 正文设计 | 中文天地 | |
| 责任校对 | 张晓莉　邓雪梅 | |
| 责任印制 | 徐　飞 | |

| | | |
|---|---|---|
| 出　　版 | 中国科学技术出版社 | |
| 发　　行 | 中国科学技术出版社有限公司发行部 | |
| 地　　址 | 北京市海淀区中关村南大街16号 | |
| 邮　　编 | 100081 | |
| 发行电话 | 010-62173865 | |
| 传　　真 | 010-62173081 | |
| 网　　址 | http://www.cspbooks.com.cn | |

| | | |
|---|---|---|
| 开　　本 | 710mm×1000mm　1/16 | |
| 字　　数 | 755千字 | |
| 印　　张 | 31 | |
| 版　　次 | 2021年12月第1版 | |
| 印　　次 | 2021年12月第1次印刷 | |
| 印　　刷 | 北京荣泰印刷有限公司 | |
| 书　　号 | ISBN 978-7-5046-9376-1 / G・932 | |
| 定　　价 | 94.00元 | |

# 编 委 会

# 序 一

党的十八大以来，以习近平同志为核心的党中央把科技创新摆在更加重要的位置。创新是引领发展的第一动力的理念深入人心。创新驱动发展的战略、规划、体制、机制和激励创新创业的政策措施日臻完善。科技创新在社会发展中的核心作用和企业在科技创新中的主体地位日益彰显，技术创新和制度创新双轮驱动，大众创业、万众创新并驾齐驱，推动着我国科技实力不断跃上新台阶，经济社会发展不断呈现高质量。

2021年是中国共产党百年华诞，我国已开启全面建设社会主义现代化国家新征程。立足新发展阶段、贯彻新发展理念、构建新发展格局、推动高质量发展，必须坚持把创新摆在我国现代化建设全局中的核心地位。要以习近平新时代中国特色社会主义思想为指导，把握新一轮科技革命和产业变革的历史性机遇，全面提高科技创新能力，努力实现高水平科技自立自强，依靠科技创新塑造发展新优势。

面对新形势、新任务，我们也遇到一些新问题、新矛盾，特别是科技创新环境亟待进一步优化，企业创新主体地位亟待进一步提升，科技创新创业政策亟待进一步落实。企业创新活跃，发展才有持久动力。政策落实、落地，作用才能有效发挥。企业既是科技创新创业的主体，也是经济社会高质量发展的主体。技术创新对企业高质量发展的作用显而易见，制度创新和政策支持对企业技术创新的引领、支撑作用更是不容忽视。然而，现实社会中，不少地方、许多企业，对科技创新创业政策不了解或者了解不多、应用不够的问题普遍存在，科技创新创业政策落实到基层企业的瓶颈乃至梗阻现象极为严重。如何针对科技创新创业政策落实落地，有效破解瓶颈、破除藩篱、消除梗阻、畅通运用，已经成为我国社会高度关注的重大理论和实践问题。

近年来，我国有关部门、地方政府和高等院校、科研院所等机构，针对这些问题进行了积极探索，积累了丰富经验，取得了丰硕成果。中国科学技术出版社出版的《解码惠企科技创新创业政策最后一公里》一书，就是其中的优秀代表。之所以说它优秀，是因为在科技创新政策落实落地方面实现了一系列重大创新突破。

一是选题精准，站位高远。该书精准对接了基层单位、企业对科技创新创业政策的期盼和需求，科学助推了政策落实最后一公里问题的有效解决。针对我国政府和市场与创新主体地位关系失衡，科技创新资源配置和创新服务效率较低等影响政策落实、落地的问题，乘着"党史学习教育"活动的东风，为基层解难题，为企业办实事，精心梳理和解读了一系列科技创新惠企、助企政策，奉献给广大读者，助力中小微企业创新发展。

二是内容丰富，系统完整。该书内容既涉及科技创新创业的法律法规、战略规划、政策规章、规范文件、通知公告等文献，又涵盖科技、财税、金融、发展改革、工信、人社、商务、农业等相关部门，包括产业规划、科技计划、财政支持、税收优惠、区域创新、平台载体、成果、人才、知识产权等专题。力求实用、好用、精练、精准、系统、完整，对涉企创新创业、管理服务的全方位和技术创新发展的全过程政策进行了系统集成，突破了同类图书只针对本部门、本系统进行政策解读的惯性思维和服务局限。

三是导向明确，实操性强。该书坚持问题导向、服务导向和结果导向，围绕现实性问题、提供针对性服务、谋求实用性结果，系统回答了惠企科技创新创业政策有哪些、是什么、啥内容、啥依据、啥条件、啥好处、适用谁、谁负责、咋办理等广大读者关心、关注和需要了解、掌握、应用的系列问题。诸如如何争取国家和地方科技计划项目及资金，如何进行企业研发费用加计扣除，等等，实现路径描述非常清晰，表达方式很接地气。

四是受众广泛，服务拓展。该书不仅可以帮助"万人助万企"活动各级派驻企业包联干部、首席服务员、科技服务专员，帮助中小微企业全面系统地了解、掌握、用足、用好科技创新创业政策，也非常值得党政机关干部特别是广大科技工作者一读。该书还上传到官方的科技资源创新服务共享平台，读者扫码关注后既可以在线阅读本书 PDF 文件，也可以在线阅读每个专题"政策依据"所涉及的政策原文，还可以在平台上在线阅读更多、更新的科技创新创业政策原文和权威专家解读。

应该说，这部站位高又接地气，来自基层单位、致力于服务基层企业的优秀作品，一定是名副其实的。该书聚焦疏通堵点、破解瓶颈、消除梗阻、补齐短板，为破解科技创新创业政策落实最后一公里难题、促进经济高质量发展献计献策、贡献力量，提供新思想、新见解、新路径、新方法和新手段，使各项科技政策措施真正落实落地，让广大读者、企业真正受益受惠。

中国科协原副主席、党组原副书记

徐善衍

2021 年 12 月

# 序　二

在中国共产党百年华诞、现代化建设新征程开启之际，为深入贯彻落实习近平总书记关于河南省工作和科技创新的重要讲话、指示批示精神，河南省委省政府以前瞻30年的战略思维，锚定"两个确保"，把创新摆在发展的逻辑起点、现代化建设的核心位置，把实施创新驱动发展、科教兴省、人才强省战略作为"十大战略"的首要战略，努力打造一流创新生态，全力建设国家创新高地。河南省濮阳市市委市政府坚持项目为王、创新为上、改革为要、民生为本，奋力为中原更加出彩增添靓丽的濮阳色彩。

随着中国共产党十九届六中全会和河南省党代会精神的深入贯彻落实，"能力作风建设年""万人助万企"活动如火如荼、高潮迭起、扎实推进。练就过硬能力、锤炼过硬作风，是"能力作风建设年"活动的目的要求。抓好落实惠企政策、推动企业创新，是"万人助万企"活动的两项重要任务。我为群众办实事、为基层服好务、为企业解难题，是"党史学习教育"活动的重要实践要求。河南省濮阳市科学技术局通过开展科技创新"政策大宣讲、工作大调研、服务大提升"活动，系统了解基层企业科技创新需求，针对科技创新创业政策落实的堵点、难点等突出问题，积极探索破解制约惠企政策落实落地的瓶颈。为更好地帮助各级派驻企业包联干部、首席服务员、科技服务专员和科技工作者，特别是广大中小微企业全面系统地了解、掌握、用足、用好惠企科技创新创业政策，持续推进企业"微成长、小升高、高变强""小升规、规改股、股上市"，建立完善科技型中小微企业、高新技术企业、创新型领军企业梯次培育体系，形成更多"专精特新"、"小巨人"、单项冠军，加快培育"瞪羚"企业和"独角兽"企业，我们组织精干力量对国家和河南省科技、工信、财税等部门，近年来面向"十四五"出台的涉企惠企科技创新创业政策文件进行系统梳理、认真研究，查阅、参考、借鉴诸多领导、专家的权威解读，精心编写了《解码惠企科技创新创业政策最后一公里》一书。

本书共9篇，分为18章、230个专题（项）。每篇由2章、若干个专题组成。创新战略与环境机制篇用13个专题集中解读国家和部分省份的科技创新创业战略规划、体制机制、创新生态等内容。产业规划与支持专项篇用31个专题集中解读现代产业体系、战略新兴产业、未来产业等发展规划，以及工信部、国家发展改革委等部门牵头出台的系列政策。科技计划与行动专项篇用26个专题集中解读科技项目申报、管理等科技部门牵头出台的系列政策。财政支持与税收优惠篇用 48 个专题集中解读科研项目经费管理、企业研发费用加计扣除等财政、税务部门牵头出台的系列政策。科技金融与区域创新篇用 26 个专题集中解读战略新兴产业发展基金、京津冀区域科技创新等相关政策。创新平台与创新载体篇用 29 个专题集中解读新型研发机构、重点实验室、科技企业孵化器等相关政策。成果转化与人才激励篇用 22 个专题集中解读促进科技成果转移转化、创新人才推进计划、科学技术奖励等相关政策。知识产权与国际合作篇用 16 个专题集中解读知识产权保护运用、国家的外国专家引进计划等相关政策。创新濮阳与助企新政篇用 19 个专题集中解读科创委决策运行推进机制、科技领域市县（区）财政事权改革、支持科技研发平台建设措施等区域特色政策。全书系统回答了惠企科技创新政策有哪些、是什么、啥依据、啥内容、啥条件、啥好处、适用谁、谁负责、咋办理等广大读者关心、关注和需要了解、掌握、应用的系列问题。

本书编著过程中，得到河南省濮阳市财政局、工信局、发展改革委、人社局、税务局、商务局、农业农村局等部门的大力支持和帮助，参阅了科技部、省科技厅等部门出版的系列文献资料，在此一并致谢。本书现行科技创新创业政策收录截至 2021 年 11 月，鉴于政策运行的变动性，以及作者认知的局限性，其中内容仅供参考，实际运用中遇有理解异议或逢政策调整，皆以政策原文及调整后的政策为准。由于时间仓促和水平所限，疏漏与不足之处恳请广大读者批评指正。

濮阳市科学技术局党组书记

雷灯照

2021 年 12 月

# 目　录

# 第一篇　创新战略与环境机制

# 第一章 创新战略

## 一、国家创新驱动发展战略纲要

### 政策依据

《中共中央 国务院关于印发〈国家创新驱动发展战略纲要〉的通知》（中发〔2016〕4号）。

### 战略背景

创新驱动发展是立足全局、面向全球、聚焦关键、带动整体的国家重大战略，是加快推进社会主义现代化、实现中华民族伟大复兴的必由之路。2016年5月20日，中共中央、国务院发布《国家创新驱动发展战略纲要》（本节简称《纲要》）。《纲要》从"国家命运所系""世界大势所趋""发展形势所迫"三个方面分析了战略实施的重大意义。《纲要》是新时期推进创新工作的纲领性文件，是建设创新型国家的行动指南，是必须长久坚持的战略方针。

### 战略要求

要按照"四个全面"的战略布局，把创新驱动发展作为国家的优先战略，以科技创新为核心带动全面创新，以体制机制改革激发创新活力，以高效率的创新体系支撑高水平的创新型国家建设。同时提出了"紧扣发展""深化改革""强化激励""扩大开放"四项基本原则。

### 战略目标

按照2020年、2030年、2050年三个阶段进行了部署，每个阶段的目标都与我国现代化建设"三步走"的目标相互呼应、提供支撑。第一步，到2020年进入创新型国家行列，有力支撑全面建成小康社会目标的实现；第二步，到2030年跻身创新型国家前列，为建成经济强国和共同富裕社会奠定坚实基础；第三步，到2050年建成世界科技创新强国，为把我国建成富强民主文明和谐的社会主义现代化国家，实现中华民族伟大复兴的中国梦提供强大支撑。

### 战略部署

实施创新驱动发展战略，要按照"坚持双轮驱动、构建一个体系、推动六大转变"进行布局。在谋篇布局时突出强调了以科技创新为核心的全面创新，提出要以科技创新带动和促进管理创新、组织创新和商业模式创新等全面创新，以科技要素集成其他要素，走出一条创新发展的新路子。"双轮驱动"就是科技创新和体制机制创新两个"轮子"同步发力，"一个体系"就是建设国家创新体系，"六大转变"就是在发展方式、发展要素、产业分工、创新能力、资源配置、创新群体六个方面实现根本转变。

### 战略任务

按照习近平总书记"面向世界科技前沿、面向国家重大需求、面向国民经济主战场"的要求，从创新能力、人才队伍、主体布局、协同创新、全社会创新等方面提出了八个方面的任务。

其中一大亮点是对产业技术体系进行了系统部署，提出要加快构建结构合理、先进管用、开放兼容、自主可控、具有国际竞争力的现代产业技术体系，以技术的群体性突破支撑、引领新兴产业集群发展，促进经济转型升级。具体明确了九个重点领域的技术发展方向，包括信息、智能制造、现代农业、现代能源、生态环保、海洋和空间、新型城镇化、人口健康、现代服务业。同时，提出要发展引领产业变革的颠覆性技术，不断催生新产业、创造新就业。

### 保障措施

围绕建设高效率的国家创新体系，深化体制机制改革、营造良好创新生态环境，为战略实施提供保障。具体从改革创新治理体系、增加创新投入、推进开放创新、完善评价制度、实施知识产权标准和品牌战略、培育创新友好的社会环境六个方面提出了保障措施。

## 二、国家"十四五"科技创新发展规划和远景目标

### 政策依据

《中华人民共和国国民经济和社会发展第十四个五年规划和2035年远景目标纲要》。

### 政策简介

"十四五"规划坚持创新在我国现代化建设全局中的核心地位，把科技自立自强作为国家发展的战略支撑，面向世界科技前沿、面向经济主战场、面向国家重大需求、面向人民生命健康，深入实施科教兴国战略、人才强国战略、创新驱动发展战略，完善国家创新体系，加快建设科技强国。围绕创新驱动发展部署了"强化国家战略科技力量、提升企业技术创新能力、激发人才创新活力、完善科技创新体制机制"四个方面的13项战略任务。

### 战略任务

1. 强化国家战略科技力量。

（1）整合优化科技资源配置。以国家战略性需求为导向推进创新体系优化组合，加快构建以国家实验室为引领的战略科技力量。

（2）加强原创性、引领性科技攻关。在事关国家安全和发展全局的基础核心领域，制定实施战略性科学计划和科学工程。瞄准人工智能、量子信息、集成电路、生命健康、脑科学、生物育种、空天科技、深地深海等前沿领域，实施一批具有前瞻性、战略性的国家重大科技项目。从国家急迫需要和长远需求出发，集中优势资源攻关新发突发传染病和生物安全风险防控、医药和医疗设备、关键元器件零部件和基础材料、油气勘探开发等领域的关键核心技术。

（3）持之以恒加强基础研究。强化应用研究带动，鼓励自由探索，制定实施基础研究十年行动方案，重点布局一批基础学科研究中心。基础研究经费投入占研

发经费投入比重提高到 8% 以上。建立健全符合科学规律的评价体系和激励机制。

（4）建设重大科技创新平台。支持北京、上海、粤港澳大湾区形成国际科技创新中心，支持有条件的地方建设区域科技创新中心。强化国家自主创新示范区、高新技术产业开发区、经济技术开发区等创新功能。适度超前布局国家重大科技基础设施，提高共享水平和使用效率。

2．提升企业技术创新能力。

（1）激励企业加大研发投入。实施更大力度的研发费用加计扣除、高新技术企业税收优惠等普惠性政策。拓展优化首台（套）重大技术装备保险补偿和激励政策，健全鼓励国有企业研发的考核制度，完善激励科技型中小企业创新的税收优惠政策。

（2）支持产业共性基础技术研发。集中力量整合提升一批关键共性技术平台，支持行业龙头企业联合高等院校、科研院所和行业上下游企业共建国家产业创新中心，承担国家重大科技项目。支持有条件企业联合转制科研院所组建行业研究院，打造新型共性技术平台，支持创新型中小微企业成长为创新重要发源地，鼓励有条件的地方依托产业集群创办混合所有制产业技术研究院。

（3）完善企业创新服务体系。推动国家科研平台、科技报告、科研数据进一步向企业开放，创新科技成果转化机制。推进创新创业机构改革，建设专业化、市场化技术转移机构和技术经理人队伍。完善金融支持创新体系，开展科技成果转化贷款风险补偿试点。畅通科技型企业国内上市融资渠道，鼓励发展天使投资、创业投资等。

3．激发人才创新活力。

（1）培养造就高水平人才队伍。培养造就更多国际一流的战略科技人才、科技领军人才和创新团队，培养具有国际竞争力的青年科技人才后备军。加强创新型、应用型、技能型人才培养，加强基础学科拔尖学生培养，实行更加开放的人才政策，完善外籍高端人才和专业人才来华工作、科研、交流的停居留政策，健全薪酬福利、子女教育、社会保障、税收优惠等制度。

（2）激励人才更好发挥作用。完善人才评价和激励机制，健全以创新能力、质量、实效、贡献为导向的科技人才评价体系，构建充分体现知识、技术等创新要素价值的收益分配机制。赋予更大技术路线决定权和经费使用权，全方位为科研人员松绑，实行以增加知识价值为导向的分配政策，提高科研人员收益分享比例。

（3）优化创新创业创造生态。大力弘扬新时代科学家精神，依法保护企业家的财产权和创新收益，优化双创示范基地建设布局，完善试错容错纠错机制，广泛开展科学普及活动，提高全民科学素质。

4．完善科技创新体制机制。

（1）深化科技管理体制改革。加快科技管理职能转变，强化规划政策引导和创新环境营造，减少分钱分物定项目等直接干预。推行技术总师负责制，实行"揭榜挂帅""赛马"等制度，健全奖补结合的资金支持机制。健全科技评价机制，优化科技奖励项目。建立健全科研机构现代院所制度，高等院校、科研机构、企业间创新资源自由有序流动机制。

（2）健全知识产权保护运用体制。实施知识产权强国战略，实行严格的知识产权保护制度，完善知识产权相关法律法规，加快新领域、新业态知识产权立法。加强知识产权司法保护和行政执法，优化专利资助奖励政策和考核评价机制，扩大科研机构和高等院校知识产权处置自主权。完善无形资产评估制度，构建知识产权保护运用公共服务平台。

（3）积极促进科技开放合作。实施更加开放包容、互惠共享的国际科技合作战略，更加主动地融入全球创新网络。务实推进全球疫情防控和公共卫生等领域的国际科技合作，加大国家科技计划对外开放力度，研究设立面向全球的科学研究基金，支持在我国境内设立国际科技组织，支持外籍科学家在我国科技学术组织任职。

## 重大部署

1. 科技前沿领域攻关。

（1）新一代人工智能。前沿基础理论突破，专用芯片研发，深度学习框架等开源算法平台构建，学习推理与决策、图像图形、语音视频、自然语言识别处理等领域创新。

（2）量子信息。城域、城际、自由空间量子通信技术研发，通用量子计算原型机和实用化量子模拟机研制，量子精密测量技术突破。

（3）集成电路。集成电路设计工具、重点装备和高纯靶材等关键材料研发，集成电路先进工艺和绝缘栅双极型晶体管（IGBT）、微机电系统（MEMS）等特色工艺突破，先进存储技术升级，碳化硅、氮化镓等宽禁带半导体发展。

（4）脑科学与类脑研究。脑认知原理解析，脑介观神经联接图谱绘制，脑重大疾病机理与干预研究，儿童青少年脑智发育，类脑计算与脑机融合技术研发。

（5）基因与生物技术。基因组学研究应用，遗传细胞和遗传育种、合成生物、生物医药等技术创新，创新疫苗、体外诊断、抗体药物等研发，农作物、畜禽水产、农业微生物等重大新品种创制，生物安全关键技术研究。

（6）临床医学与健康。癌症和心脑血管、呼吸、代谢性疾病等发病机制基础研究，主动健康干预技术研发，再生医学、微生物组、新型治疗等前沿技术研发，重大传染病、重大慢性非传染性疾病防治关键技术研究。

（7）深空深地深海和极地探测。宇宙起源与演化、透视地球等基础科学研究，火星环绕、小行星巡视等星际探测，新一代重型运载火箭和重复使用航天运输系统、地球深部探测装备、深海运维保障和装备试验船、极地立体观监测平台和重型破冰船等研制，"探月工程"四期、"蛟龙探海"二期、"雪龙探极"二期建设。

2. 国家重大科技基础设施。

（1）战略导向型。建设空间环境地基监测网、高精度地基授时系统、大型低速风洞、海底科学观测网、空间环境地面模拟装置、聚变堆主机关键系统综合研究设施等。

（2）应用支撑型。建设高能同步辐射光源、高效低碳燃气轮机试验装置、超重力离心模拟与试验装置、加速器驱动嬗变研究装置、未来网络试验设施等。

（3）前瞻引领型。建设硬 X 射线自由电子激光装置、高海拔宇宙线观测站、综合极端条件实验装置、极深地下极低辐射本底前沿物理实验设施、精密重力测量研究设施、强流重离子加速器装置等。

（4）民生改善型。建设转化医学研究设施、多模态跨尺度生物医学成像设施、模式动物表型与遗传研究设施、地震科学实验场、地球系统数值模拟器等。

## 三、碳达峰碳中和创新行动规划

### 政策依据

《中共中央　国务院关于完整准确全面贯彻新发展理念做好碳达峰碳中和工作的意见》（本节简称《意见》）;《国务院关于印发 2030 年前碳达峰行动方案的通知》（国发〔2021〕23 号）。

### 政策简介

实现碳达峰碳中和，是以习近平同志为核心的党中央统筹国内、国际两个大局做出的重大战略决策，是着力解决资源环境约束突出问题、实现中华民族永续发展的必然选择，是构建人类命运共同体的庄严承诺。

二氧化碳排放力争于 2030 年前达到峰值，努力争取于 2060 年前实现碳中和。这是我国的"双碳"目标或"30·60"目标。碳达峰碳中和狭义上的理解是二氧化碳排放达峰和中和;广义理解则包括所有温室气体（如甲烷、氧化亚氮等）排放的达峰和中和。碳达峰是指碳排放由升转降的过程，碳排放的最高点即为碳峰值，即二氧化碳排放总量在某一个时间点（平台期）达到的历史峰值，之后碳排放总量会逐渐稳步回落。碳中和是指某区域、企业、团体或个人在一定时间内直接或间接排放的二氧化碳总量，与通过绿色植物、植树造林、节能减排、碳捕集利用与封存（CCUS）等形式去除、吸收的二氧化碳总量相抵消从而实现"净零排放"。

### 基本要求

实现碳达峰碳中和，绝不是就碳论碳的事，而是多重目标、多重约束的经济社会系统性变革，需要统筹处理好发展和减排、降碳和安全、整体和局部、短期和中长期、立和破、政府和市场、国内和国际等多方面多维度关系，采取强有力措施，重塑我国经济结构、能源结构，转变生产方式、生活方式。《意见》明确了我国实现碳达峰碳中和的时间表、路线图，围绕"十四五"时期以及 2030 年前、2060 年前两个重要时间节点，提出了构建绿色低碳循环经济体系、提升能源利用效率、提高非化石能源消费比重、降低二氧化碳排放水平、提升生态系统碳汇能力五个方面主要目标。碳达峰方面，到 2025 年，非化石能源消费比重达到 20% 左右，单位国内生产总值能源消耗比 2020 年下降 13.5%，单位国内生产总值二氧化碳排放比 2020 年下降 18%，为实现碳达峰奠定坚实基础。到 2030 年，非化石能源消费比重达到 25% 左右，单位国内生产总值二氧化碳排放比 2005 年下降 65% 以上，顺利实现 2030 年前碳达峰目标。

### 重点任务

实现碳达峰碳中和是一场硬仗，也是对我们党治国理政能力的一场大考。要增强"四个意识"、坚定"四个自信"、做到"两个维护"，充分发挥我国的制度优势，抓住"十四五"开局起步关键期，围绕能源、工业、城乡建设、交通运输等重点领域，扎实推进各项重点工作，确保碳达峰碳中和工作取得积极成效。

1. 大力推进产业结构转型升级。把坚决遏制"两高"项目盲目发展作为碳达峰碳中和工作的当务之急和重中之重，严控增量项目，实施用能预警，加强督促检查，建立长效机制。大力推进传统产业节能改造，持续提升项目能效水平。

切实开展钢铁、煤炭去产能"回头看"，坚决防止落后产能和过剩产能死灰复燃。加快推进农业绿色发展，促进农业固碳增效。加快商贸流通、信息服务绿色转型，推动服务业低碳发展。加快发展战略性新兴产业，建设绿色制造体系，推动新兴技术与绿色低碳产业深度融合，切实推动产业结构由高碳向低碳、由低端向高端转型升级。

2. 有力有序调整能源结构。深化能源体制机制改革，稳妥有序推进能源生产和消费低碳转型，逐步提升非化石能源消费比重，加快构建清洁低碳安全高效能源体系。坚持节能优先，落实好能源消费强度和总量双控措施，统筹建立二氧化碳排放总量控制制度。推进煤炭消费转型升级，有序减量替代。严控煤电项目，"十四五"时期严控煤炭消费增长，"十五五"时期逐步减少。大力实施煤电节能降碳改造和灵活性改造，推动煤电加快从基础性电源向基础性和系统调节性电源并重转型。加快推进大型风电、光伏基地建设，鼓励就地就近开发利用。因地制宜开发水能。在确保安全的前提下有序发展核电。

3. 加快城乡建设和交通运输绿色低碳转型。在城乡建设领域，将绿色低碳要求贯穿城乡规划建设管理各环节，大力实施绿色建造。结合城市更新、新型城镇化建设和乡村振兴，提高新建建筑节能水平，推进既有建筑绿色低碳改造，加快推广超低能耗、近零能耗建筑。在交通运输领域，加大对新能源车船的支持推广力度，构建便利高效、适度超前的充换电网络体系，加快交通运输电动化转型。优化公共交通基础设施建设，鼓励绿色低碳出行。

4. 加强绿色低碳科技创新和推广应用。发挥新型举国体制优势，提前布局低碳零碳负碳重大关键技术，把核心技术牢牢掌握在自己手中。用好"揭榜挂帅""赛马"机制，有序推动以"军令状"方式开展低碳零碳负碳新材料、新技术、新装备攻关，加快智能电网、储能、可再生能源制氢、碳捕集利用与封存等技术研发示范和推广。深入研究气候变化成因、碳汇等基础理论和方法。完善人才体系和学科体系，加快培养一批碳达峰碳中和基础研究、技术研发、成果转化、应用推广专业化人才队伍。

5. 巩固提升生态系统碳汇能力。坚持山水林田湖草沙生命共同体理念，持续推进生态系统保护修复重大工程，着力提升生态系统质量和稳定性，为巩固和提升我国碳汇能力筑牢基础。以森林、草原、湿地、耕地等为重点，科学推进国土绿化、实施森林质量精准提升工程、加强草原生态保护修复、强化湿地和耕地保护等，不断提升碳汇能力。加强与国际标准协调衔接，完善碳汇调查监测核算体系，鼓励海洋等新型碳汇试点探索。

6. 健全法规标准和政策体系。全面清理现行法律法规中与碳达峰碳中和工作不相适应的内容，研究制定碳中和专项法等法律法规。建立健全碳达峰碳中和标准计量体系，加强标准国际衔接。加快建立统一规范的碳排放统计核算体系，完善碳排放数据管理和发布等制度。完善投资政策，构建与碳达峰碳中和相适应的投融资体系。积极发展绿色金融，设立碳减排货币政策工具，有序推进绿色低碳金融产品和服务开发。加大财政对绿色低碳产业发展、技术研发等的支持力度。统筹推进绿色电力交易、用能权交易、碳排放权交易等市场化机制建设。

7. 加强绿色低碳发展国际合作。持续优化贸易结构，大力发展高质量、高技术、高附加值的绿色产品贸易。加快共建"一带一路"投资合作绿色转型，支持"一带一路"沿线国家开展清洁能源开发利用，深化与各国在绿色技术、绿色装备、绿色服务、绿色基础设施建设等方面的交流与合作。坚持我发展中国家定位，坚持共同但有区别的责任原则、公平原则和各自能力原则，积极参与应对气候变化国际谈判，主动参与气候治理国际规则和标准制定，推动建立公平合理、合作共赢的全球气候治理体系。

**碳达峰行动**

将碳达峰贯穿于经济社会发展全过程和各方面，重点实施能源绿色低碳转型行动、节能降碳增效行动、工业领域碳达峰行动、城乡建设碳达峰行动、交通运输绿色低碳行动、循环经济助力降碳行动、绿色低碳科技创新行动、碳汇能力巩固提升行动、绿色低碳全民行动、各地区梯次有序碳达峰行动等"碳达峰十大行动"。其中，绿色低碳科技创新行动包括以下内容。

1. 完善创新体制机制。制定科技支撑碳达峰碳中和行动方案，在国家重点研发计划中设立碳达峰碳中和关键技术研究与示范等重点专项，采取"揭榜挂帅"机制，开展低碳零碳负碳关键核心技术攻关。将绿色低碳技术创新成果纳入高等院校、科研单位、国有企业有关绩效考核。强化企业创新主体地位，支持企业承担国家绿色低碳重大科技项目，鼓励设施、数据等资源开放共享。推进国家绿色技术交易中心建设，加快创新成果转化。加强绿色低碳技术和产品知识产权保护。完善绿色低碳技术和产品检测、评估、认证体系。

2. 加强创新能力建设和人才培养。组建碳达峰碳中和相关国家实验室、国家重点实验室和国家技术创新中心，适度超前布局国家重大科技基础设施，引导企业、高等院校、科研单位共建一批国家绿色低碳产业创新中心。创新人才培养模式，鼓励高等院校加快新能源、储能、氢能、碳减排、碳汇、碳排放权交易等学科建设和人才培养，建设一批绿色低碳领域未来技术学院、现代产业学院和示范性能源学院。深化产教融合，鼓励校企联合开展产学合作协同育人项目，组建碳达峰碳中和产教融合发展联盟，建设一批国家储能技术产教融合创新平台。

3. 强化应用基础研究。实施一批具有前瞻性、战略性的国家重大前沿科技项目，推动低碳零碳负碳技术装备研发取得突破性进展。聚焦化石能源绿色智能开发和清洁低碳利用、可再生能源大规模利用、新型电力系统、节能、氢能、储能、动力电池、二氧化碳捕集利用与封存等重点，深化应用基础研究。积极研发先进核电技术，加强可控核聚变等前沿颠覆性技术研究。

4. 加快先进适用技术研发和推广应用。集中力量开展复杂大电网安全稳定运行和控制、大容量风电、高效光伏、大功率液化天然气发动机、大容量储能、低成本可再生能源制氢、低成本二氧化碳捕集利用与封存等技术创新，加快碳纤维、气凝胶、特种钢材等基础材料研发，补齐关键零部件、元器件、软件等短板。推广先进成熟绿色低碳技术，开展示范应用。建设全流程、集成化、规模化二氧化碳捕集利用与封存示范项目。推进熔盐储能供热和发电示范应用。加快氢能技术研发和示范应用，探索在工业、交通运输、建筑等领域规模化应用。

# 四、知识产权强国战略

**政策依据**

《中共中央 国务院印发〈知识产权强国建设纲要（2021—2035年）〉》（本节简称《纲要》）。

## 政策简介

创新是引领发展的第一动力，保护知识产权就是保护创新。《纲要》描绘出我国加快建设知识产权强国的宏伟蓝图，明确了主要目标，部署了重点任务。《纲要》明确要求，要牢牢把握加强知识产权保护是完善产权保护制度最重要的内容和提高国家经济竞争力最大的激励，打通知识产权创造、运用、保护、管理和服务全链条，更大力度加强知识产权保护国际合作，建设制度完善、保护严格、运行高效、服务便捷、文化自觉、开放共赢的知识产权强国，为建设创新型国家和社会主义现代化强国提供坚实保障。与 2008 年国务院印发的《国家知识产权战略纲要》相比，其中"服务"是在原有四个环节上新增的重要环节，将知识产权服务提高到了前所未有的战略地位。同时明确"建设便民利民的知识产权公共服务体系"任务。

## 发展目标

到 2025 年，知识产权强国建设取得明显成效，知识产权保护更加严格，社会满意度达到并保持较高水平，知识产权市场价值进一步凸显，品牌竞争力大幅提升，专利密集型产业增加值占 GDP 比重达到 13%，版权产业增加值占 GDP 比重达到 7.5%，知识产权使用费年进出口总额达到 3500 亿元，每万人口高价值发明专利拥有量达到 12 件（上述指标均为预期性指标）。

到 2035 年，我国知识产权综合竞争力跻身世界前列，知识产权制度系统完备，知识产权促进创新创业蓬勃发展，全社会知识产权文化自觉基本形成，全方位、多层次参与知识产权全球治理的国际合作格局基本形成，中国特色、世界水平的知识产权强国基本建成。

## 重点任务

1. 建设面向社会主义现代化的知识产权制度。一是构建门类齐全、结构严密、内外协调的法律体系。二是构建职责统一、科学规范、服务优良的管理体制。三是构建公正合理、评估科学的政策体系。四是构建响应及时、保护合理的新兴领域和特定领域知识产权规则体系。

2. 建设支撑国际一流营商环境的知识产权保护体系。一是健全公正高效、管辖科学、权界清晰、系统完备的司法保护体制。二是健全便捷高效、严格公正、公开透明的行政保护体系。三是健全统一领导、衔接顺畅、快速高效的协同保护格局。

3. 建设激励创新发展的知识产权市场运行机制。一是完善以企业为主体、市场为导向的高质量创造机制。二健全运行高效顺畅、价值充分实现的运用机制。三是建立规范有序、充满活力的市场化运营机制。

4. 建设便民利民的知识产权公共服务体系。一是加强覆盖全面、服务规范、智能高效的公共服务供给。二是加强公共服务标准化、规范化、网络化建设。三是建立数据标准、资源整合、利用高效的信息服务模式。

5. 建设促进知识产权高质量发展的人文社会环境。一是塑造尊重知识、崇尚创新、诚信守法、公平竞争的知识产权文化理念。二是构建内容新颖、形式多样、融合发展的知识产权文化传播矩阵。三是营造更加开放、更加积极、更有活力的知识产权人才发展环境。

6. 深度参与全球知识产权治理。一是积极参与知识产权全球治理体系改革和建设。二是构建多边和双边协调联动的国际合作网络。

## 五、河南省"十四五"科技创新规划

### 政策依据

《河南省国民经济和社会发展第十四个五年规划和二〇三五年远景目标纲要》（豫政〔2021〕13号）。

### 政策简介

"十四五"末期，河南省一流创新生态基本形成，国家创新高地建设呈现雏形；到2035年，河南省在全国创新版图中的战略地位全面提升，创新能力进入全国前列，基本建成国家创新高地。"十四五"时期全省科技创新总体部署是围绕着力建设国家创新高地"一个主线"，坚持国家战略科技力量培育和营造创新活力迸发的创新生态"两头抓"，突出"三个导向"："起高峰"——抢占科技创新制高点，创建国家区域科技创新中心；"夯高原"——着力打造一流创新生态，提升科技创新整体实力；"补洼地"——加快补齐短板弱项，全面完善河南省创新体系。着力推进建设一流创新平台、凝练一流创新课题、培育一流创新主体、集聚一流创新团队、创设一流创新制度、厚植一流创新文化、加快科技成果转移转化、高水平建设创新载体、全面支撑引领现代化河南建设"九项任务"。

### 政策内容

坚持创新在现代化建设全局中的核心地位，把科技创新作为全省发展的战略支撑，深入实施科教兴豫战略、人才强省战略、创新驱动发展战略，完善创新体系，打造国家创新高地，全面塑造发展新优势。

1. 增强创新平台和载体支撑。

实施科技强省行动，强化要素集聚、资源共享、载体联动，以郑洛新国家自主创新示范区为主载体、郑开科创走廊为先导、高新区为节点，建设沿黄科技创新带，努力形成国家区域科技创新中心。

（1）引进培育重大科技创新平台。抢抓国家优化区域创新布局机遇，积极争取国家重大创新平台和重大科技基础设施布局，参与国家实验室和国家重点实验室体系建设，加快建设黄河实验室、嵩山实验室、农业供给安全实验室，推动具备条件的创新平台和实验室晋升为国家级。加快传统科研机构资源整合和治理模式转型，推动国内外一流高校、知名科研院所、龙头企业在豫设立分支机构和研发中心，支持新型研究型大学建设，培育引进高水平新型研发机构，探索推广多元投入和市场化管理运作机制。加快河南省产业技术研究院建设。

（2）推动郑洛新国家自主创新示范区提质发展。加强体制机制改革和政策先行先试，持续开展人才培养引进和市场化评价、科技成果转化、科技金融结合、营商环境优化等领域探索，加强产业共性关键技术创新与转化平台建设，加速高端创新资源集聚。强化政策机制创新复制推广，做实"一区多园"，全面提升区域创新体系整体效能，打造具有国际竞争力的中原创新创业中心。

（3）加快建设郑开科创走廊。以郑开科学大道为轴线，以中原科技城为龙头，以白沙科学谷、西湖数字湾、中原数据湖为主要节点，推进郑州高新区、金水科教园区、龙子湖高校园区、开封职教园区联动发展，建设百里创新创业长廊，打造支撑全省、服务全国的创新策源地。建立"一站式"综合服务平台，营造技术、人才、数据、基金等集成协同的一流创新生态，加速集聚一批重大科创平台、知名高校院所、新型研发机构、创新型高成长企业。强化科教融合，打造环高校知识经济圈。

（4）拓展提升多层次区域创新载体。优化创新资源区域布局，推动高新区等科技园区提质发展，健全高新技术成果产出、转化和产业化机制，新增3—5家国家高新区，实现省级以上高新区省辖市（含济源示范区，下同）全覆盖，打造若干创新型特色园区，争创国家农业高新技术产业示范区。支持高新区跨区域配置创新要素，探索异地孵化、飞地经济、伙伴园区等多种合作机制，带动区域经济和科技一体化发展。促进各地创新协同发展，完善城市创新生态系统，因地制宜探索各具特色的城市创新发展路径，争创国家创新型城市和创新型县（市）。

2. 强化企业创新主体地位。

完善企业创新引导促进和梯次培育机制，加快生产组织创新、技术创新和市场创新，促进各类创新要素向企业集聚，形成以创新龙头企业为引领、高新技术企业为支撑、科技型中小企业为基础的创新型企业集群。

（1）培育壮大创新企业群体。实施创新型企业"树标引领"计划，建立分层次遴选培育标准和动态调整机制，重点培育100家"瞪羚"企业和100家创新龙头企业，力争涌现10家左右"独角兽"（培育）企业。实施高新技术企业"倍增"计划，力争高新技术企业突破1万家。实施科技型中小企业"春笋"计划，完善孵化培育和创新能力评估机制，争取科技型中小企业达到1.5万家。发挥大企业引领支撑作用，完善产业链上下游、大中小企业融通创新机制，推动一批创新型中小微企业成长为创新重要发源地。

（2）提升企业技术创新能力。加大企业研发后补助等财政奖补力度，全面落实高新技术企业所得税优惠、研发费用加计扣除、创新产品政府优先采购等普惠性政策，推动科技创新券政策省辖市全覆盖，引导企业加大研发投入。健全鼓励国有企业研发的政策措施。发挥企业家重要作用，鼓励企业采取多种方式建设研发机构和平台，实现大中型工业企业省级以上研发机构全覆盖。推进产学研深度融合，支持企业牵头组建创新联合体、行业研究院、共性技术平台，承担国家级和省级重大科技项目、创新能力建设专项、关键核心技术攻关专项。

（3）完善企业创新服务体系。改革政府出资、产业投资基金管理机制，建立种子期、初创期企业投资容错和政府让利机制，打造覆盖"募投管退"全流程服务链条。推动科技金融服务和产品创新，深入推进"科技贷"业务，推进科技支行等专营机构建设。积极引进培育创业投资和天使投资机构，支持科技企业在创业板、科创板、新三板上市挂牌融资。统筹众创空间、科技企业孵化器、大学科技园、星创天地等创业孵化载体建设，举办创新创业大赛等活动，积极发展"互联网平台＋创业单元"等模式。推进国家级和省级双创示范基地机制创新，加快形成"苗圃＋孵化器＋加速器＋创投"的孵化育成链条。

3. 推动产业链创新链深度融合。

坚持市场导向、精准对接，协同部署产业链和创新链，畅通价值链跃升的关键环节，提高创新链整体效能。

（1）打好关键核心技术攻坚战。聚焦重点产业发展方向，建立重大创新需求公开征集定期发布制度，滚动编制关键核心技术攻关清单。实施战略性重大科技项目和重大科技专项，在高端装备、新一代信息技术、先进材料、生物医药、新能源、生物育种、新能源汽车、绿色食品、现代农业、资源环境、公共安全等领域取得一批重大标志性成果，努力实现关键共性技术与"卡脖子"技术群体性突破。实行"揭榜挂帅"等制度，整合优势资源集中攻关，探索形成社会主义市场经济条件下新型举国体制河南模式。加强科技协同创新体系建设，推动郑州、洛阳、新乡等市建设协同创新平台。

（2）加强基础领域研究。积极参与国家战略性科学计划和科学工程，推进科研院所、高校、企业科研力量优化配置和资源共享，促进基础研究、应用基础研究与产业化对接融通。加大区域创新发展联合基金、省自然科学基金实施力度，落实企业投入基础研究税收优惠政策，鼓励社会以捐赠和建立基金等方式多渠道投入。优化学科布局和研发布局，推进学科交叉融合，支持高校和科研院所开展重大基础研究和未来技术研究，强化自由探索和应用研发带动，加强基础学科拔尖人才培养。强化重大科技计划原创导向，对原创性课题开通项目申报、评审"绿色"通道，探索实行基础研究长周期评价。

（3）促进科技成果转移转化。推进国家技术转移郑州中心网络平台建设和运行质效提升，拓展国家知识产权专利审查协作河南中心、中国（新乡）知识产权保护中心功能，加快建设国家知识产权运营公共服务平台交易运营（郑州）试点平台和洛阳等国家知识产权运营服务体系重点城市，持续办好高校院所河南科技成果博览会，创建国家科技成果转移转化示范区。优化专利资助奖励政策和考核评价机制，扩大科研机构和高等院校知识产权处置自主权，更好保护和激励高价值专利。加强区域性科技大市场和科技成果转移转化基地建设，新引进培育省级技术转移示范机构 50 家，壮大专业化技术转移人才队伍。

4. 加快建设人才强省。

坚持尊重劳动、尊重知识、尊重人才、尊重创造，深化人才发展体制机制改革，全方位培养、引进、用好人才，努力打造人才汇聚新高地、人才创业优选地、人才活力迸发地。

（1）加强人才培养开发。深入实施"中原英才计划"，培养一批中原学者、中原领军人才、中原青年拔尖人才，造就一批中原文化名家、中原教学名师、中原名医，打造中原人才系列品牌。加强创新型人才培养，完善基础研究人才培养长期稳定支持机制和青年人才普惠性支持措施，推行"人才+团队+基金"模式，培养造就一批具有国际水平的战略科技人才、科技领军人才、青年科技人才和高水平创新团队。健全高校人才分类培养机制，扩大硕士、博士等高层次人才培养规模，开展创新型人才国际合作培养。壮大应用型、技能型人才队伍，实施知识更新工程，持续推进全民技能振兴工程和高技能人才振兴计划，着力培养大数据、软件开发、智能制造、国际贸易、现代物流、电子商务、生态环保、文化旅游、家政服务、医疗健康等重点领域人才，开展职业技能竞赛，建设技能型社会，新培养 75 万人以上高技能人才和一批"中原大工匠"。弘扬企业家精神和新时代豫商精神，营造企业家健康成长环境，实施企业家素质提升工程，形成百名领军企业家、千名骨干企业家和万名成长型企业家的优秀企业家雁阵。

（2）更大力度引进人才。制定实施更有竞争力、吸引力的人才政策，健全重点领域、重点产业人才需求预测预警和引才目录定期发布机制，更好发挥"中国·河南招才引智创新发展大会"等载体平台作用，持续开展招才引智省外专场活动和全天候线上活动，加快引进一批急需紧缺人才和高层次人才，持续推进博士后人才引进工程。完善"全职+柔性"引才引智机制，鼓励通过兼职挂职、技术咨询、项目合作、周末教授、特聘研究员等方式汇聚人才智力资源。拓宽引才国际视野，实施高端（海外）人才引进专项行动，推进留学人员创业园、国际人才社区、海外人才离岸创新创业基地建设。

（3）激发人才创新活力。健全以创新能力、质量、实效、贡献为导向的科技人才评价体系，全面落实企事业单位用人自主权，下放人才评价权限，推行代表作评价。扩大职称自主评审范围，完善急需紧缺人才和高层次人才职称评聘"绿色"通道，推进社会化职称评审。建立科研单位绩效工资总量动态调整机制和竞争性科研项目奖酬金提取机制，完善科研人员职务发明成果权益分享机制，构建充分体现知识、技术等创新要素价值的收益分配机制。畅通城乡、区域、行业和不同所有制间人才流动渠道，完善各类人才下沉服务基层和一线的政策机制。全方位落实人才奖励补贴、薪酬待遇、医疗社保、子女入学、配偶就业、居留便利等优惠政策，加快人才管理改革试验区建设，努力打造中西部地区人才生态最优省份。

5. 构建一流创新生态。

深化科技体制改革，完善科技治理体系，强化开放创新合作，营造崇尚创新、鼓励探索、宽容失败的社会氛围。

（1）深化科研放权赋能改革。优化科技规划体系和运行机制，推动重点领域项目、基地、人才、资金一体化配置。建立科技创新财政投入稳定增长机制，健全政府投入为主、社会多渠道投入机制，加大对基础前沿研究的支持力度。完善科技创新项目立项、组织管理等机制，实施科研项目里程碑式考核等管理方式。建立科技咨询支撑行政决策的科技决策机制，更好发挥科技智库和专业研究机构作用。扩大科研自主权，赋予创新领军人才更大的技术路线决策权和经费使用权，推行重大科技专项首席专家（技术总师）负责制，推进项目经费使用包干制、科研项目经理人制度等试点。建立市场化、社会化的科研成果评价制度，推行分级分类评审评价，优化科技奖励项目，实行科技奖励提名制。深入推进科研院所优化整合，建立健全现代院所制度。

（2）促进科技开放合作。深化与国内外创新龙头企业、知名高校院所的合作交流，积极对接创新优势区域，开展创新资源共享、科技联合攻关、科技成果协同转化，共建一批科技创新园区和成果转化基地。加强国际科技交流合作，主动融入国家"一带一路"科技创新行动计划，积极引进海外关键技术和研发团队，推动共建一批研发中心、联合实验室、技术转移机构和科技创业园。持续办好开放创新暨跨国技术转移大会，吸引集聚国内外重大科技成果在河南省落地转化。

（3）营造良好创新氛围。倡导敬业、精益、专注、宽容失败的创新创业文化，对新产业、新业态实行包容审慎监管，促进大众创业、万众创新。加强科研诚信和学风建设，健全科技伦理体系。弘扬科学精神，加强科普工作，深入实施全民科学素质行动计划，具备科学素质公民比例提高到15%。强化青少年科学兴趣引导和培养，推进"小小科学家科技创新操作室"建设。

# 六、河南省一流创新生态和国家创新高地建设

## 政策依据

《中共河南省委 河南省人民政府关于加快构建一流创新生态建设国家创新高地的意见》（2021年12月26日）。

## 政策简介

河南省委、省政府高度重视科技创新，要把创新摆在发展全局的核心位置，强调要下非常之功、用恒久之力，构建一流创新生态，全力建设国家创新高地。2021年9月召开的省委工作会议明确提出要锚定"两个确保"，全面实施"十大战略"，第一个战略就是创新驱动、科教兴省、人才强省战略，强调要坚定走好创新驱动高质量发展"华山一条路"。在《河南省"十四五"科技创新和一流创新生态建设规划》基础上，制订出台了《关于加快构建一流创新生态建设国家创新高地的意见》（本节简称《意见》）。《意见》强化顶层设计，凸显方向性和引领性，明确提出了当前及今后一段时期建设国家创新高地的总体思路和目标，提出要锚定"两个确保"，强化前瞻30年的战略意识和"项目为王"的鲜明导向，力争在高水平创新平台、重大科技基础设施、世界一流学科、世界前沿课题、重大关键创新成果上实现重大突破。《意见》分四个阶段提出发展目标，并对远期目标做了展望。《意见》注重统筹协同，凸显制定政策的全局性和系统性，充分发挥科技政策与产业、财税、金融、人才等政策的协同效应，从十个方面提出了30条政策措施。

### 总体要求

1. 指导思想。

以习近平新时代中国特色社会主义思想为指导，将创新摆在发展的逻辑起点、现代化建设的核心位置，完善创新体系，做强创新平台，壮大创新主体，集聚创新人才，健全创新制度，优化创新环境，为确保高质量建设现代化河南、确保高水平实现现代化河南，谱写新时代中原更加出彩的绚丽篇章提供有力科技支撑。

2. 目标任务。

（1）一年谋篇布局。2021年，完成创新生态建设的顶层设计，明确目标任务，制定路线图、时间表、任务书；搭建完成创新政策制度体系框架，初步构建创新生态的"四梁八柱"，国家创新高地建设全面启动。

（2）三年初见成效。到2023年，在高水平创新平台搭建、重大科技基础设施建设、世界一流学科培育、世界前沿课题攻关、重大关键创新成果产出上实现重大突破，一流创新生态不断完善，国家创新高地建设加速推进。

（3）五年基本成型。到2025年，财政科技投入大幅增加，科技创新实力显著增强，重大创新平台建设实现新突破，规模以上工业企业研发活动实现全覆盖，创新活力充分涌流，创业潜力有效激发，创造动力竞相迸发，一流创新生态基本形成，国家创新高地呈现雏形。

（4）到2035年，河南省创新能力进入全国前列，研发经费投入强度超过全国平均水平，成为国家科技创新重要策源地、创新区域布局的关键节点、战略科技力量的重要组成，国家创新高地基本建成。

### 政策内容

1. 加快培育战略科技力量。

（1）整合重组实验室体系。按照强化储备、梯次推进、创建高峰的原则，在种业、信息技术等领域积极创建国家实验室或成为其分支（基地）；择优培育创建五家左右国家重点实验室，对新创建或优化重组进入新序列的国家重点实验室，省财政连续五年每年统筹给予 1000 万元支持；择优择需建设 10 家左右省实验室，省、市、县三级联动，实行稳定支持和竞争性支持相协调机制，打造国家实验室的预备队；支持现有省级重点实验室改造提升、优化重组。

（2）建设重大科技基础设施。强化学科关联、增强集聚效应，完善重大科技基础设施布局，建设超短超强激光平台、量子信息技术基础支撑平台、交变高速加载足尺试验系统、优势农业种质资源库等重大科技基础设施。鼓励和引导社会力量参与重大科技基础设施建设，在用地、用能、资金等方面给予重点保障。

（3）争创国家级特色创新平台。充分发挥基础优势，在隧道掘进装备、诊断试剂、高端轴承、超硬材料等领域争创国家技术创新中心，在国家临床医学研究中心、应用数学中心创建上实现突破。对成功获批的国家技术创新中心、制造业创新中心、产业创新中心、工程研究中心、企业技术中心、临床医学研究中心、应用数学中心、高等学校协同创新中心等国家级创新平台，建立省、市两级和承载主体联动支持机制。

2. 推进关键核心技术攻关。

（1）突破关键核心和前沿引领技术。聚焦集成电路、工业软件、智能装备、生命健康、生物育种等领域重大科技需求，组织实施省级重大科技专项，省财政对每个项目给予不低于 1000 万元支持。加强第六代移动通信技术（6G）、光电技术、量子互联网、类脑智能、激光技术等引领性前沿技术攻关，争取取得原创性突破。

（2）加强关键共性技术研发和转化。聚焦信息技术、智能装备、生物医药等领域建设一批产业共性关键技术创新与转化平台，加快攻克关键共性技术。省财政对新建平台给予奖补，运行期间按照考核评估结果进行奖励。

（3）加快发展数字经济核心产业。加强高端芯片、操作系统、基础软件、核心算法等关键核心技术攻关，培育黄河鲲鹏、新一代人工智能、网络安全等优势产业集群，带动省内优势企业共建数字生态。通过实施重大科技专项、大型科研仪器双向奖补等方式，支持国家超级计算郑州中心、中原人工智能计算中心发展，加快构建创新应用生态体系。持续推动企业上云上平台，加快建设国家工业互联网平台应用创新推广中心。

3. 培育壮大创新主体。

（1）强化企业创新主体地位。引导创新要素向企业集聚，健全"微成长、小升规、高变强"梯次培育机制，推动规模以上工业企业研发活动全覆盖。引导国有企业加大科技创新力度，完善国有企业经营业绩考核办法，提高创新转型考核权重。支持科技型中小企业利用重大科研基础设施和大型科研仪器共享平台等开展研发活动。对新认定的创新龙头企业、单项冠军企业及新备案入库的"瞪羚"企业，统筹资金给予支持。优化高新技术企业申报程序，减少审核环节。建立高新技术企业环保"白名单"，对名单内企业实行环保免检政策。

（2）提升高等院校科技创新能力。坚持科教融合、学科交叉、开放协同，深化高等院校布局和学科学院、专业设置优化调整，加大对郑州大学、河南大学"双一流"建设的支持力度，全面提升基础研究和原始创新能力。实施高等学校"双一流"创建工程，支持河南理工大学、河南农业大学等七所高等学校创建"双一流"，构筑更多学科高峰。培育建设 3—5 所未来技术学院，遴选建设 50 所重点现代产业学院。

（3）增强科研机构创新供给能力。深化重点科研院所改革，将重建重振省科学院与建设中原科技城充分融合，打造国内一流的省级科学院。做优做强省农科院，厚植农业科技创新优势。大力发展新型研发机构，实行综合预算管理和绩效评价，支持企业采用创新券等方式向新型研发机构购买研发服务。加快产业研究院建设，打造集研发、中试、产业化、工程化于一体的创新联合体，带动产业链上中下游、大中小企业融通创新。

4. 加快构建人才高地。

（1）大力集聚高端创新人才。加大柔性用才、项目引才力度，对全职引进、拥有关键核心技术的顶尖人才及团队，采取"一事一议"方式予以支持。扩大"中原英才计划（引才系列）"支持规模，设立海外杰出青年、优秀青年科学基金项目，精准引进海外创新领军人才、创业领军人才和青年人才。建立高端人才举荐制度。

（2）激发人才创新创造活力。优化整合省级重大人才项目，加强省级重大人才引进培养项目和重大科技计划、各级人才项目的衔接协同。建立职务发明法定收益分配制度，允许国有企业与发明人事先约定科技成果分配方式和数额，允许高等院校和科研院所科技成果转化收益归属研发团队所得比例不低于70%。支持和鼓励高等院校、科研院所科研人员兼职创新，兼职获得的职务科技成果转化现金奖励不计入本单位绩效工资总量，不作为绩效工资总量基数。探索采用年薪工资、协议工资、项目工资等方式聘任高层次科技人才。构建以创新价值、能力、贡献为导向的科技人才评价体系。

（3）提升人才服务保障水平。完善"全生命周期"人才服务体系，建立联系服务专家制度，鼓励重点用人单位设立人才服务专员，建立重点人才需求收集办理常态机制，妥善解决住房、医疗、子女入学等问题。优化外国专家来豫工作服务，落实外籍高层次人才出入境、停居留便利政策。大力发展高端人力资源服务业。

5. 完善科技成果转移转化机制。

（1）促进科技成果中试熟化。鼓励国家重大科技专项、重点研发计划等取得的成果在河南省落地转化，择优列入省重大科技专项予以支持。布局建设一批集技术集成、中试熟化和工程化试验服务为一体的开放共享中试基地，实现重点产业集群全覆盖。将省政府命名的中试基地纳入省级专项资金支持范围，根据其绩效考核情况给予奖补。

（2）加强科技成果转移转化服务。推动国家技术转移郑州中心加快建成投用，运营初期给予财政补贴，吸引高水平研发平台和技术转移机构等入驻。培育和支持一批技术转移示范机构。加强专业化技术转移人才队伍建设。发挥省科技成果转移转化公共服务平台作用，促进技术成果与需求高效对接。依托郑洛新国家自主创新示范区建设国家科技成果转移转化示范区。

6. 提升创新载体发展水平。

（1）加快郑洛新国家自主创新示范区提质发展。支持郑洛新国家自主创新示范区先行先试，深化管理体制和人事薪酬制度改革，在重大科研设施布局、高层次人才引进、科技型企业培育、科技成果转移转化等方面实现更大突破。支持郑州、洛阳、新乡国家高新技术产业开发区打破条块分割和地域限制，采取合作共建、委托管理、飞地发展等方式，整合或托管区位相邻、产业相近的产业园区。

（2）强化特色载体支撑。建设以中原科技城为龙头的郑开科创走廊，打造沿黄科技创新带。推进周口国家农业高新技术产业示范区建设。对新获批的国家高新技术产业开发区、农业高新技术产业示范区、创新型城市等国家级创新载体，统筹资源给予支持。

（3）推进创新创业载体平台高质量发展。加大科技企业孵化器、大学科技园、众创空间、星创天地等孵化载体建设力度，构建双创全产业链培育体系，省财政依据载体孵化绩效给予奖补。开展创新街区建设试点，探索新型孵化业态，打造高端"双创"生态。

（4）标准化推广"智慧岛"双创载体。坚持市场化运作方式，出台支持"智慧岛"建设的专项政策，加快探索形成能够自我盈利和可持续发展的标准化模式并逐步在全省推广，打造一批新兴产业聚集区、未来产业先行区和创新创业引领区，构建一流的创新生态"小气候"。

7. 深化科技开放合作。

（1）深度融入全球创新体系。推动开展离岸创新、跨境创新，支持省内龙头企业与境外一流公司、顶尖科研机构共建实验室和人才培养基地，打造涵盖研发、中试与产业化的国际化开放技术创新体系。持续办好开放创新跨国技术转移大会、世界传感器大会等活动。

（2）持续推动跨区域跨部门合作。大力引进省外知名大院大所大企在豫设立研发中心或分支机构。持续深化与京津冀、长三角、粤港澳大湾区等地区的创新成果转移转化合作。鼓励省外高等院校、科研院所、企业等承担河南省科技计划项目任务。

8. 提升科技创新治理能力。

（1）推进科研项目组织方式改革。建立面向产业需求的科技项目形成机制，完善"企业出题、政府立题"的科研攻关模式。推行和优化"揭榜挂帅"、"赛马制"、首席科学家制等科研组织方式，对"揭榜挂帅"项目，省财政按不超过合同额的 30% 给予支持。完善"需求众筹 + 揭榜挂帅 + 科学评审 + 里程碑管理 + 绩效评价"管理链条，形成政府部门、承担单位、专业机构"三位一体"的科研管理体系。

（2）推进财政科技资金管理方式改革。建立跨部门的财政科技项目统筹决策和联动管理制度。调整优化现有各类科技计划（专项），对基础前沿类科技计划（专项）强化稳定性、持续性支持；对市场需求明确的技术创新活动，通过风险补偿、后补助、创投引导等方式予以支持。开展项目经费使用直通车、包干制改革试点。建立省财政科研资金跨区使用机制。

（3）重塑科技管理体制机制。对科技等部门进行重塑性改革，探索实施项目专员制，构建从研发到产业化全程跟踪服务的科研管理体制。加快推动"三评"（项目评审、人才评价、机构评估）改革和科研领域放权赋能改革，赋予高等院校、科研院所更大自主权。

9. 营造良好的创新创业环境。

（1）强化财政税收政策落实。持续加大投入力度，确保财政科技投入只增不减。发挥财政资金杠杆作用，引导企业、高等院校、科研机构等加大研发投入。发挥政府采购政策作用，加大首台（套）重大技术装备、首批次重点新材料、首版次高端软件以及绿色低碳等领域创新产品应用支持力度。全面落实高新技术企业税收优惠、企业研发费用税前加计扣除、技术转让税收优惠等政策。

（2）促进科技与金融紧密结合。发挥政府创业投资基金作用，引导社会资本支持种子期、初创期科技企业。加强与银行业金融机构合作，增加科技信贷准备金规模，各省辖市、济源示范区对省"科技贷"业务给予贷款贴息的，省财政按照不超过贷款贴息额 30% 的比例进行奖补。支持省内上市公司、龙头企业设立创业风险投资机构。鼓励企业参加科技保险，对参加研发责任保险、关键研发设备保险、产品质量保证保险、小额贷款保证保险、"揭榜险"等保险的，省财政给予补贴。支持科技企业在多层次资本市场上市挂牌。

（3）强化科技中介服务。大力发展研究开发、技术转移、检验检测认证、创业孵化、知识产权、科技咨询、科技金融等科技服务业，培育一批知名科技服务机构和骨干企业。按照市场化、专业化原则，加强技术评估、知识产权服务、第三方检验检测认证能力建设。培育市场化新型研发组织、研发中介和研发服务外包新业态。

（4）加强知识产权保护。健全商业标志权益、商业秘密、地理标志等地方保护制度。强化知识产权行政执法，落实知识产权侵权惩罚性赔偿制度。健全知识产权纠纷多元化解机制，推进知识产权仲裁调解机构、行业知识产权保护组织等建设。

（5）厚植创新文化。加强科学普及，提升全民科学素质。加大对科技贡献突出人员的表彰奖励宣传力度。健全鼓励创新、宽容失败、合理容错机制，对因改革创新、先行先试出现失误，以及在科技成果转化、科研项目实施等科技创新过程中未能实现预期目标，但符合规定、勤勉尽责、未谋取非法利益的，准确把握政策界限，依规依纪依法免除相关责任。

10. 加强党对创新发展的全面领导。

（1）加强组织领导。坚持党对科技工作的全面领导，省科技创新委员会负责研究全省创新发展战略、规划、重大政策和重大项目，统筹协调重大事项。建立党政主要负责同志抓创新的工作机制，落实创新驱动发展主体责任。强化科技、教育、财税、投资、土地、人才、产业、金融、知识产权、政府采购、审计、纪检监察等政策协同，形成工作合力。各地各部门要根据本意见，细化工作措施，明确责任分工，精心组织实施，确保各项工作落实到位。

（2）强化评估考核。开展创新生态建设综合评价，建立全省创新生态模型。大幅提高创新指标考核权重，将研发投入、创新主体培育、创新平台建设、成果转化等科技创新指标纳入高质量发展综合绩效考核与评价体系，考核结果作为干部选拔任用的重要参考。对全社会研发投入增速快和强度大的县（市、区），省财政按规定给予一定奖励。

# 第二章　环境机制

## 一、促进中小企业创新发展

### 政策依据

《中华人民共和国中小企业促进法（2017年新修订）》。

### 政策简介

2018年1月1日，新修订的《中华人民共和国中小企业促进法》（本节简称《中小企业促进法》）正式实施。《中小企业促进法》包括企业创新发展、加强财税支持、改善融资环境、完善公共服务体系建设、开拓国际市场、维护合法权益、加强人才队伍建设等专题，支持中小企业创新发展。新修订的《中小企业促进法》将旧版中"技术创新"章节修改为"创新支持"，在原法鼓励中小企业技术和产品创新的基础上，增加了管理模式和商业模式创新等内容，使创新的内涵更加丰富，并且增加了很多具体内容，通过支持中小企业信息化应用，鼓励参与共性技术研究和科研实施，提高中小企业知识产权创造、运用、保护和管理能力，进一步推动产学研合作等，将行之有效的创新扶持政策纳入法律修订中，支持中小企业提高创新发展能力和水平。

### 适用范围

在中华人民共和国境内依法设立的，人员规模、经营规模相对较小的企业，包括中型企业、小型企业和微型企业。

### 重大意义

《中小企业促进法》明确，中小企业以新技术、新产业、新业态、新模式为核心，以知识、技术、信息、数据等新生产要素为支撑，加强协同创新和融合创新。规定"国家鼓励中小企业按照市场需求，推进技术、产品、管理模式、商业模式等创新"。该条在原法鼓励中小企业技术和产品创新的基础上，增加了管理模式和商业模式创新等，使创新的内涵更加丰富。贯彻《中小企业促进法》，就要通过结构性改革、体制机制创新，消除不利于创业创新发展的各种制度束缚和桎梏，支持各类市场主体不断开办新企业、开发新产品、开拓新市场，培育新兴产业，形成小企业"铺天盖地"、大企业"顶天立地"的发展格局，实现创新驱动发展，打造新引擎，形成新动力。

### 主要内容

1. 进一步降低中小企业技术创新成本。第三十二条规定，"中小企业的固定资产由于技术进步等原因，确需加速折旧的，可以依法缩短折旧年限或者采取加速折旧方法。国家完善中小企业研究开发费用加计扣除政策，支持中小企业技术创新。"国家明确将中小企业固定资产折旧政策和中小企业研究开发费用加计扣除政策纳入《中小企业促进法》，营造普惠的创新法律环境，支持中小企业技术创新。

2．进一步突出新一代信息技术在中小企业创新发展中的重要作用。第三十三条规定，"国家支持中小企业在研发设计、生产制造、运营管理等环节应用互联网、云计算、大数据、人工智能等现代技术手段，创新生产方式，提高生产经营效率。"中小企业是新兴产业的重要推动力量和应用新技术的主力军，利用互联网和信息通信技术的优势，提高中小企业信息化应用水平，是提高中小企业全要素生产率、管理水平和市场竞争力的重要手段。

3．进一步鼓励中小企业参与共性技术研发。第三十四条规定，"国家鼓励中小企业参与产业关键共性技术研究开发和利用财政资金设立的科研项目实施。国家推动军民融合深度发展，支持中小企业参与国防科研和生产活动。国家支持中小企业及中小企业的有关行业组织参与标准的制定。"明确提出鼓励中小企业参与科研项目实施、国防科研和生产活动、标准制定，既有利于体现环境公平，也有利于充分利用科研院所、大中小企业、军民等各类资源，提高资源使用效率，降低创新成本和风险，加快创新速度，构建共生共荣的和谐生态系统。

4．进一步强调了知识产权对中小企业创新的重要作用。第三十五条规定，"国家鼓励中小企业研究开发拥有自主知识产权的技术和产品，规范内部知识产权管理，提升保护和运用知识产权的能力；鼓励中小企业投保知识产权保险，减轻中小企业申请和维持知识产权的费用等负担。"中小企业提供了全国大约70%的发明专利，已成为我国创新的主体。很多创新型中小企业规模小、潜力大、活力强，也面临知识产权意识淡薄、侵权行为时有发生、维权难等问题，迫切需要采取切实有效的知识产权帮扶措施来促进中小企业健康持续发展。

5．进一步鼓励各类创新服务机构提供服务。第三十六条规定，"县级以上人民政府有关部门应当在规划、用地、财政等方面提供支持，推动建立和发展各类创新服务机构。国家鼓励各类创新服务机构为中小企业提供技术信息、研发设计与应用、质量标准、实验试验、检验检测、技术转让、技术培训等服务，促进科技成果转化，推动企业技术、产品升级。"与大企业相比，中小企业面临缺信息、缺人才、缺资源的难题，导致其在创新过程中困难重重，对企业整合外部资源的能力提出更高要求。鼓励发展各类创新服务机构并为中小企业提供多层次、多样化的创新服务，是帮助中小企业快速导入外部创新资源、降低创新成本、提升创新能力和水平的有效途径。

6．进一步鼓励产学研合作促进中小企业创新发展。第三十七条规定，"县级以上人民政府有关部门应当拓宽渠道，采取补贴、培训等措施，引导高等学校毕业生到中小企业就业，帮助中小企业引进创新人才。国家鼓励科研机构、高等学校和大型企业等创造条件向中小企业开放试验设施，开展技术研发与合作，帮助中小企业开发新产品，培养专业人才。国家鼓励科研机构、高等学校支持本单位的科技人员以兼职、挂职、参与项目合作等形式到中小企业从事产学研合作和科技成果转化活动，并按照国家有关规定取得相应报酬。"中小企业技术创新、转型升级、管理提升等都离不开高素质人才的支撑，对高校毕业生需求旺盛。因此，《中小企业促进法》要求各级人民政府有关部门要加强协调，采取措施，引导毕业生到中小企业就业。鼓励科技人员到中小企业从事科技成果转化活动，相关制度不断完善，将有助于加速科技成果向中小企业转移转化。

## 二、深化体制机制改革

### 政策依据

《中共中央 国务院关于深化体制机制改革加快实施创新驱动发展战略的若干意见》（中发〔2015〕8号）（本节简称《若干意见》）；《深化科技体制改革实施方案》（中办发〔2015〕46号）（本节简称《实施方案》）；《中共河南省委 河南省人民政府关于深化科技体制改革推进创新驱动发展若干实施意见》（豫发〔2015〕13号）。

### 政策简介

深化科技体制改革是全面深化改革的重要内容，是实施创新驱动发展战略、建设创新型国家的根本要求。中央对科技体制改革和创新驱动发展做出全面部署，出台了一系列重大改革措施。《若干意见》尤其是《实施方案》突出内容的涵盖性、制度的可持续性、措施的针对性和实施的时序性，旨在更好地贯彻落实中央的改革决策，形成系统、全面、可持续的改革部署和工作格局。要求各地区各部门结合实际认真贯彻执行，打通科技创新与经济社会发展的通道，最大限度激发科技第一生产力、创新第一动力的巨大潜能，为深入实施创新驱动发展战略清障助力，为到2030年建成更加完备的国家创新体系、进入创新型国家前列奠定坚实基础。

### 政策内容

1. 科技创新摆在发展核心位置。把科技创新摆在国家发展全局的核心位置，统筹科技体制改革和经济社会领域改革，统筹推进科技、管理、品牌、组织、商业模式创新，统筹推进军民融合创新，统筹推进"引进来"与"走出去"合作创新，实现科技创新、制度创新、开放创新的有机统一和协同发展。

2. 打破行业垄断和市场分割。加快推进垄断性行业改革，放开自然垄断行业竞争业务，建立鼓励创新的统一透明、有序规范的市场环境。要切实加强反垄断执法，打破地方保护，清理和废除妨碍全国统一市场的规定和做法，"纠正地方政府不当补贴或利用行政权力限制、排除竞争的行为，探索实施公平竞争的审查制度"。此外，改革产业准入制度，制定和实施产业准入负面清单。破除限制新技术、新产品、新商业模式发展的不合理准入障碍。

3. 重奖精英调动创新积极性。提高科研人员成果转化收益比例，和用于奖励科研负责人、骨干技术人员等重要贡献人员和团队的收益比例。鼓励各类企业通过股权、期权、分红等激励方式，调动科研人员创新积极性。高新技术企业和科技型中小企业科研人员通过科技成果转化取得股权奖励收入时，原则上在5年内分期缴纳个人所得税。

4. 研究制定天使投资相关法规。为了发挥金融创新对技术创新的助推作用，研究制定天使投资相关法规，对包括天使投资在内的投向种子期、初创期等创新活动的投资，统筹研究相关税收支持政策。同时，强化资本市场对技术创新的支持。

5. 发挥企业"话语权"。让企业真正成为创新决策的主体，建立高层次、常态化的企业技术创新对话、咨询制度，发挥企业和企业家在国家创新决策中的重要作用。吸收更多企业参与研究制定国家技术创新规划、计划、政策和标准，相关专家咨询组中产业专家和企业家应占较大比例。

6. 探索技术移民制度。为了让人才"引得来""留得住"，要实行更具竞争力的人才吸引制度，规范和放宽技术型人才取得外国人永久居留证的条件，探索建立技术移民制度。对持有外国人永久居留证的外籍高层次人才在创办科技型企业等创新活动方面，给予中国籍公民同等待遇。围绕国家重大需求，面向全球引进首席科学家等高层次科技创新人才。

7. 改进 GDP 核算方法。在完善创新驱动导向评价体系方面，改进和完善国内生产总值核算方法，体现创新的经济价值。健全国有企业技术创新经营业绩考核制度，加大技术创新在国有企业经营业绩考核中的比重。把创新驱动发展成效纳入地方领导干部的考核范围。

8. 发挥创新资源配置市场导向。要发挥市场对技术研发方向、路线选择和各类创新资源配置的导向作用，调整创新决策和组织模式。提高普惠性财税政策支持力度，坚持结构性减税方向，逐步将国家对企业技术创新的投入方式转变为以普惠性财税政策为主。

9. 推动改革转制。"集团化"和"市场化"是深化转制科研院所改革的两个重要方向。对于承担较多行业共性科研任务的转制科研院所，可组建成产业技术研发集团。积极发展混合所有制，推进产业技术联盟建设。

10. 促进产学研融合。符合条件的科研院所的科研人员经所在单位批准，可带着科研项目和成果、保留基本待遇到企业开展创新工作或创办企业。允许高等院校和科研院所设立一定比例流动岗位，吸引有创新实践经验的企业家和企业科技人才兼职。试点将企业任职经历作为高等院校新聘工程类教师的必要条件。

《实施方案》围绕 10 个方面提出了 32 项改革举措、143 项政策措施。这 10 个方面包括：建立技术创新市场导向机制，构建更加高效的科研体系，改革人才培养、评价和激励机制，健全促进科技成果转化机制，建立健全科技和金融结合机制，构建统筹协调的创新治理机制，推动形成深度融合的开放创新局面，营造激励创新的良好生态，推动区域创新改革……

## 三、减轻科研人员负担激发创新活力

### 政策依据

《科技部 财政部 教育部 中科院关于持续开展减轻科研人员负担 激发创新活力专项行动的通知》（国科发政〔2020〕280 号）;《河南省科技厅等四部门关于印发〈持续开展减轻科研人员负担 激发创新活力专项行动方案〉的通知》（豫科〔2021〕90 号）。

### 政策简介

2018 年，科技部、财政部、教育部、中科院联合印发了《贯彻落实习近平总书记在两院院士大会上重要讲话精神 开展减轻科研人员负担专项行动方案》的通知，在全国范围开展减轻科研人员负担七项行动（简称"减负行动 1.0"），取得积极成效，广大科研人员反映的表格多、报销繁、检查多等突出问题逐步得到解决。与此同时，科技成果转化、科研人员保障激励、新型研发机构发展等方面又暴露出一些阻碍改革落地的新"桎梏"。为贯彻落实党中央关于持续解决困扰基层的形式主义问题、减轻基层负担的决策部署和中央领导同志指示精神，根据新形势新要求进一步攻坚克难，切实推动政策落地见效，减轻科研人员负担并强化激励，拟在前期工作基础上，持续组织开展减轻科研人员负担、激发创新活力专项行动（简称"减负行动2.0"）。

## 政策内容

国家在持续深化已部署的专项行动，不断巩固和扩大行动成果基础上，组织开展新的专项行动，回应科研人员新期盼。

1. 成果转化尽责担当行动。针对科技成果转化决策担责问题，要为负责者负责，为担当者担当，建立健全科技成果转化尽职免责和风险防控机制，制定高校和科研院所科技成果转化尽职免责负面清单。结合"赋予科研人员职务科技成果所有权或长期使用权试点"，以及科技部、教育部开展的高等学校专业化国家技术转移中心建设试点和高等学校科技成果转化和技术转移基地认定工作，指导、推动和督促高校、科研院所建立符合自身具体情况的尽职免责细化负面清单。

2. 科研人员保障激励行动。落实社会委托项目按合同约定管理使用。加强对承接科研项目财务审计委托任务的会计师事务所的科技创新政策宣传与培训，提高其政策理解和把握能力，推动相关工作与最新科研经费管理政策要求相一致。加强各类国家科技计划对青年科学家的支持力度，研究扩大青年科学家项目比例。督查推动项目承担单位针对实验设备依赖程度低和实验材料耗费少的基础研究、软件开发和软科学研究等智力密集型项目，建立健全与之相匹配的劳务费和间接经费使用管理办法。支持科研单位对优秀青年科研人员设立青年科学家、特别研究等岗位，在科研条件、收入待遇、继续教育等方面给予必要保障。对中青年科技领军人才进行摸底，形成人才清单，提供定期体检和相关保健服务。

3. 新型研发机构服务行动。对重点新型研发机构实行"一所一策"，在内部管理、科研创新、人员聘用、成果转化等方面充分赋予自主权。研究制定新型研发机构的统计指标，加快建设新型研发机构数据库和信息服务平台，发布新型研发机构年度报告。推动地方根据区域创新发展需要，从科技计划项目、创新平台、成果转化、人才团队等方面加强专题研究，给予更多针对性的政策支持。指导和推动新型研发机构实行章程管理、理事会决策制、院长负责制。

4. 政策宣传行动。对近年来出台的科技创新相关政策进行梳理，在科技日报等主流媒体设立专栏，通过宣传解读、采访专家、收集案例、总结典型经验等方式，加大政策宣传力度，发挥基层落实典型示范带动作用，推动政策更好落实落地。

河南省决定持续开展减轻科研人员负担、激发创新活力专项行动。在开展七项专项行动持续减轻科研人员负担同时，开展四项新行动来稳步推进减轻科研人员负担。

七项专项行动具体为：持续开展减表行动，持续解决报销繁行动，持续开展检查瘦身行动，持续开展精简牌子行动，持续开展精简帽子行动，持续开展"四唯"清理行动，持续开展信息共享行动。具体内容主要以做精、做减为主。比如减少填报工作量、减少科研项目实施周期内的活动、清理"帽子"指标、清理"四唯"行动、开展信息共享行动。

四项新行动具体为：成果转化尽责担当行动、科研人员保障激励行动、新型研发机构服务行动、政策宣传行动。同时要求在2021年8月底前，开展"解剖麻雀"，梳理问题，深入分析原因。制定细化相关行动措施，组织开展集中整治、总结评估。

## 四、赋予科研机构和人员更大自主权

### 政策依据

《国务院办公厅关于抓好赋予科研机构和人员更大自主权有关文件贯彻落实工作的通知》（国办发〔2018〕127号）;《科技部等六部门印发〈关于扩大高校和科研院所科研相关自主权的若干意见〉的通知》（国科发政〔2019〕260号）;《河南省科学技术厅等五部门印发〈关于扩大高校和科研院所科研相关自主权的实施意见〉的通知》（豫科〔2021〕7号）。

### 政策简介

科研相关自主权是高校和科研院所切实履行法人责任，发挥法人主体作用，更好开展科技创新活动的重要保障。党的十八届五中全会提出，要扩大高校和科研院所自主权，赋予科技领军人才更大人财物支配权和技术路线决策权。2018年，党中央要求相关部门牵头研究制定扩大高校和科研院所自主权相关政策。2019年3月中央全面深化改革委员会第七次会议审议通过了《关于扩大高校和科研院所科研相关自主权的若干意见》（本节简称《若干意见》）。对于全面增强创新活力、提升创新绩效、增加科技成果供给、支撑经济社会高质量发展具有重要意义。

### 适用范围

事业单位群体中主要从事创新活动的高等院校和科研院所。

### 基本原则

《若干意见》明确了坚持单位发展与国家使命相一致、坚持统一要求与分类施策相协调、坚持简政放权与加强监管相结合的基本原则。

### 主要措施

国家层面从四个方面提出了14项具体改革举措。一是在完善机构运行管理方面，强调要实行章程管理，强化绩效管理，优化机构设置管理。二是优化科研管理方面，提出要简化科研项目管理流程，完善科研经费管理机制，改进科研仪器设备耗材采购管理，赋予创新领军人才更大科研自主权，改革科技成果管理制度。三是在改革相关人事管理方式方面，要求支持用人单位自主聘用工作人员，自主设置岗位，切实下放职称评审权限，完善人员编制管理方式。四是在完善绩效工资分配方式方面，强调要加大绩效工资分配向科研人员的倾斜力度，强化绩效工资对科技创新的激励作用。

河南省从如下六个方面细化了21项具体改革举措。

1. 建立完善机构运行管理机制。一是完善章程管理，高校和科研院所要按照章程规定的职能和业务范围开展科研活动，主管部门对章程赋予高校和科研院所管理权限的事务不得干预。二是强化绩效管理。高校和科研院所要制定中长期发展目标和规划，明确绩效目标及指标。主管部门减少过程管理，突出创新导向、结果导向和实绩导向。三是优化机构设置管理。

2. 优化科技项目管理。一是简化科研项目管理流程。简化科研项目申报流程和材料，推行项目材料网上报送和"材料一次报送"制度，强化项目管理信息开放共享，实现一表多用。对实施周期3年以下的项目一般不开展过程检查。对支持资金100万元（含100万元）以上的项目，项目管理部门主要采取"双随机、一公开"方式进行检查，必要时委托专业机构进行中期评估，原则上一个年度内对一个项目的现场检查不超过一次。二是赋予科研项目负责人更大科研自主权。省级科研项目负责人可以在研究方向不变、不降低申报指标的前提下自主调整研究方案、技术路线，由项目牵头单位报科研项目管理部门备案。三是简化科研项目经费管理。逐步改革间接经费预算编制和支付方式，不再由项目负责人编制预算，由项目管理部门直接核定并办理资金支付手续，资金直接支付给承担单位。简化省级科技项目预算测算说明和编报表格，除设备费外，其他支出科目需单列明细表格，会议费、差旅费、国际合作交流费预算不超过直接费用10%的无须提供预算测算依据。直接费用调剂权全部下放给项目承担单位。允许项目承担单位对国内差旅费中的伙食补助费、市内交通费和难以取得发票的住宿费实行包干制，包干经费标准及管理办法由单位依法依规制定。高校和科研院所可根据科研活动需要，自主选择固定岗位、短期聘用、第三方外包等多种形式，聘用科研行政（财务）助理为科研项目实施提供经费管理和使用服务，其服务费用可在单位业务费、相应科研项目劳务费或间接费用中列支。在基础研究、软科学等省级科技计划项目，选择部分高校和科研院所探索开展项目经费使用"包干制"试点，不设科目比例限制，由项目负责人按有关财务规定自主决定使用。四是实行横向项目经费自主规范管理。横向项目经费纳入本单位财务统一管理，按照委托方要求或合同规定管理使用。科技人员承担横向项目经费达到一定额度可视同省级科研项目，在业绩考核、职称评定中同等对待。五是改进科研仪器设备耗材采购方式。高校和科研院所可按有关规定和程序采取更灵活便利的采购方式，对确需采用特事特办、随到随办方式的采购做出明确规定。

3. 强化科技成果转化机制。一是完善科技成果转化制度。高校和科研院所对持有的科技成果，可以自主决定转让、许可或者作价投资，除涉及国家秘密、国家安全及关键核心技术外，不需报主管部门和财政部门审批或者备案。二是支持发展专业化技术转移机构。支持高校和科研院所设立具有法人资格的专业化技术转移机构，单位可在科技成果转化收益中提取不低于10%的比例，用于转移机构的能力建设和管理服务人员奖励。

4. 完善工资绩效分配方式。一是加大绩效工资分配向科研人员倾斜力度，绩效工资分配要向关键创新岗位、做出突出贡献的科研人员、承担财政科研项目的人员、创新团队和优秀青年人才倾斜。在绩效工资总量核定中，要向高层次人才集中、向创新绩效突出的高校和科研院所倾斜。二是强化绩效工资对科技创新的激励作用，对特殊岗位高层次人才可实行年薪制、协议工资、项目工资等灵活分配方式，相应增加单位当年绩效工资总量。加大高校和科研院所人员科技成果转化股权期权激励力度。专业技术人员兼职收入和在职创业、离岗创业收入不受本单位绩效工资总量限制，不计入本单位绩效工资总量。

5. 改革相关人事管理方式。一是扩大单位用人自主权。二是扩大岗位管理自主权。三是切实下放职称评审权限。四是完善人员编制管理方式。

6. 确保政策落实见效。加强统筹协调，落实主体责任，强化内控管理，实施有效监管，鼓励担当作为。

## 五、科学技术活动违规行为处理

### 政策依据

《科学技术活动违规行为处理暂行规定》(科学技术部令第 19 号);《中共中央办公厅 国务院办公厅印发〈关于进一步加强科研诚信建设的若干意见〉》;《中共中央办公厅 国务院办公厅印发〈关于进一步弘扬科学家精神加强作风和学风建设的意见〉》。

### 政策简介

科技部发布的《科学技术活动违规行为处理暂行规定》(本节简称《规定》),于 2020 年 9 月 1 日起施行。《规定》共五章三十四条,从总则、违规行为、处理措施、处理程序、附则五个方面做了明确规定。《规定》是对中办、国办先后印发的《关于进一步加强科研诚信建设的若干意见》《关于进一步弘扬科学家精神加强作风和学风建设的意见》,科技部联合 20 个部门制订的《科研诚信案件调查处理规则（试行）》等系列文件的完善,对巩固作风学风建设成果,规范科技活动行为,营造健康学术环境,监督和制约科研管理部门的权力,构建风清气正的科研生态,推进科技治理体系和治理能力现代化具有重大意义。

### 适用范围

适用的六类主体,基本覆盖了参与科技活动的各个环节主体,分别是受托管理机构及其工作人员,科学技术活动实施单位,科学技术人员,科学技术活动咨询评审专家,第三方科学技术服务及其工作人员。

### 违规行为

《规定》明确了六类主体可能发生的 64 种违规行为,划出了科技活动的边界,引导科技活动主体强化底线意识。其中,受托管机构的违规行为包括内部管理混乱,影响受托管工作正常开展;存在管理过失,造成负面影响或财政资金损失等 10 种情况。受托管理机构工作人员的违规行为包括承担或参加所管理的科技计划（专项、基金等）项目,参与所管理的科学技术活动中有关论文、著作、专利等科学技术成果的署名及相关科技奖励、人才评选等 11 种情况。科学技术活动实施单位的违规行为包括隐瞒、迁就、包庇、纵容或参与本单位人员的违法违规活动等 12 种情况。科学技术人员的违规行为包括抄袭、剽窃、侵占、篡改他人科学技术成果,编造科学技术成果,侵犯他人知识产权,套取财政科研资金等 12 种情况。科学技术活动咨询评审专家的违规行为包括出具明显不当的咨询、评审、评估、评价、监督检查意见,抄袭、剽窃咨询评审对象的科学技术成果等 10 种情况。第三方科学技术服务机构及其工作人员的违规行为包括从事学术论文买卖、代写代投以及伪造、虚构、篡改研究数据等 9 种情况。

### 处理措施

根据违规主体和行为性质,相关部门可采取包括警告、责令限期整改、约谈、一定范围内或公开通报批评、撤销奖励或荣誉称号、记入科研诚信严重失信行为数据库等 10 项处理措施。

### 责任主体

各级科学技术行政部门是调查处理科技违规行为的责任主体，对于超出科学技术行政部门职责权限的由科学技术行政部门移交有权限的部门，按照权限职责进行处理。科技活动单位是调查的第一责任主体，对本单位发生的违背科研诚信的行为首先负主体责任。

## 六、完善科技成果评价机制

### 政策依据

《国务院办公厅关于完善科技成果评价机制的指导意见》（国办发〔2021〕26号）。

### 基本原则

坚持科技创新质量、绩效、贡献为核心的评价导向。坚持科学分类、多维度评价。坚持正确处理政府和市场关系。坚持尊重科技创新规律。

### 主要措施

1. 全面准确评价科技成果的科学、技术、经济、社会、文化价值。根据科技成果不同特点和评价目的，有针对性地评价科技成果的多元价值。

2. 健全完善科技成果分类评价体系。基础研究成果以同行评议为主，应用研究成果以行业用户和社会评价为主，不涉及军工、国防等敏感领域的技术开发和产业化成果，以用户评价、市场检验和第三方评价为主。探索建立重大成果研发过程回溯和阶段性评估机制，加强成果真实性和可靠性验证，合理评价成果研发过程性贡献。

3. 加快推进国家科技项目成果评价改革。按照"四个面向"要求深入推进科研管理改革试点，抓紧建立科技计划成果后评估制度。建设完善国家科技成果项目库，改革国防科技成果评价制度，完善高等院校、科研机构职务科技成果披露制度，建立健全重大项目知识产权管理流程，建立专利申请前评估制度。

4. 大力发展科技成果市场化评价。健全协议定价、挂牌交易、拍卖、资产评估等多元化科技成果市场交易定价模式，加快建设现代化高水平技术交易市场。推动建立全国性知识产权和科技成果产权交易中心，建立全国技术交易信息发布机制，建立以技术经理人为主体的评价人员培养机制，提升国家科技成果转移转化示范区建设水平。

5. 充分发挥金融投资在科技成果评价中的作用。完善科技成果评价与金融机构、投资公司的联动机制，推广知识价值信用贷款模式，扩大知识产权质押融资规模。加快推进国家科技成果转化引导基金管理改革，引导企业家、天使投资人、创业投资机构、专业化技术转移机构等各类市场主体提早介入研发活动。

6. 引导规范科技成果第三方评价。发挥行业协会、学会、研究会、专业化评估机构等在科技成果评价中的作用，促进市场评价活动规范发展。制定科技成果评价通用准则，建立健全科技成果第三方评价机构行业标准。鼓励部门、地方、行业建立科技成果评价信息服务平台，推进评价诚信体系和制度建设，优化科技成果评价行业生态。

7. 改革完善科技成果奖励体系。坚持公正性、荣誉性，重在奖励真正做出创造性贡献的科学家和一线科技人员，控制奖励数量，提升奖励质量。优化科技奖励项目，科学定位国家科技奖和省部级科技奖、社会力量设奖，构建结构合理、导向鲜明的中国特色科技奖励体系。

8. 坚决破解科技成果评价中的"唯论文、唯职称、唯学历、唯奖项"问题。全面纠正科技成果评价中单纯重数量指标、轻质量贡献等不良倾向，鼓励广大科技工作者把论文写在祖国大地上。不得把成果完成人的职称、学历、头衔、获奖情况、行政职务、承担科研项目数量等作为科技成果评价、科研项目绩效评价和人才计划评审的参考依据。

9. 创新科技成果评价工具和模式。利用大数据、人工智能等技术手段，开发信息化评价工具，综合运用概念验证、技术预测、创新大赛、知识产权评估以及扶优式评审等方式，推广标准化评价。充分利用各类信息资源，建设跨行业、跨部门、跨地区的科技成果库、需求库、案例库和评价工具方法库。

10. 完善科技成果评价激励和免责机制。把科技成果转化绩效作为核心要求，纳入高等院校、科研机构、国有企业创新能力评价。健全科技成果转化有关资产评估管理机制，明确国有无形资产管理的边界和红线，优化科技成果转化管理流程。鼓励高等院校、科研机构、国有企业建立成果评价与转化行为负面清单，完善尽职免责规范和细则。

## 七、深化项目、人才、机构"三评"改革

### 政策依据

《中共中央办公厅　国务院办公厅印发〈关于深化项目评审、人才评价、机构评估改革的意见〉》（中发办〔2018〕37号）（本节简称《意见》）。

### 政策简介

项目评审、人才评价、机构评估工作对科研活动起到"指挥棒"作用，关系科研人员和机构的切身利益，一直为科技界高度关注。当前，我国科技评价活动中还存在一些不符合科研规律和人才成长规律的问题，广大科研人员反映强烈，要求从体制机制上进行改革。深化"三评"改革是推进科技评价制度改革的重要举措，是树立正确评价导向、优化科研生态环境的必然要求。《意见》是目前为止针对科技评价改革规格最高、内容最全面、工作部署最系统的指导性文件。聚焦科研人员反映强烈的问题，《意见》分别对项目评审、人才评价、机构评估工作提出了有针对性的改革举措，并对普遍适用于"三评"工作的监督评估和科研诚信建设措施做出了安排，共计四个方面18项具体政策措施。

### 政策亮点

1. 人才评价打破"四唯"倾向，坚持"干什么、评什么""谁用谁评"。

在广大科技工作者关注的改进科技人才评价方式方面，针对人才评价标准、评价结果使用等方面存在的突出问题，提出了统筹人才计划、科学设立指标、正确使用评价结果、强化用人单位主体地位、加大人才稳定支持等改革举措，营造有利于科技人才安心、专心、潜心研究的制度环境。

"三评"改革打破了"四唯"倾向——唯论文、唯职称、唯学历、唯奖项，突出品德、能力、业绩导向，推行代表作评价制度，注重标志性成果的质量、贡

献、影响。把学科领域活跃度和影响力、重要学术组织或期刊任职、研发成果原创性、成果转化效益、科技服务满意度等作为重要评价指标。

坚持分类评价，针对自然科学、哲学社会科学、军事科学等不同学科门类特点，建立分类评价指标体系和评价程序规范，即"干什么、评什么"。按照深化职称制度改革方向要求，分类完善职称评价标准，不将论文、外语、专利、计算机水平作为应用型人才、基层一线人才职称评审的限制性条件。在对社会公益性研究、应用技术开发等类型科研人才的评价中，SCI（科学引文索引）和核心期刊论文发表数量、论文引用榜单和影响因子排名等仅作为评价参考。

强化用人单位人才评价主体地位，即"谁用谁评"，坚持评用结合，支持用人单位健全科技人才评价组织管理，根据单位实际建立人才分类评价指标体系，突出岗位履职评价，完善内部监督机制，使人才发展与单位使命更好协调统一。

2. 优化科研项目评审，建立科研机构绩效评估制度。

优化科研项目评审管理是《意见》的主要内容之一，对指南的编制与发布、评审规则的公开公平公正、评审专家的选取使用、评审工作的质量效率、成果的评价验收与奖励、科技计划的绩效评估等方面均提出了改革措施。

为了保证项目评审公开公平公正，提出了一系列具有开创性的改革制度设计。比如，项目负责人科研背景核查制度，重大原创性、颠覆性、交叉学科创新项目非常规评审机制，科技计划项目成果验收前向社会公开接受监督和验收后不定期抽查及后评估制度等。

在完善科研机构评估制度方面，首次在中央文件中对建立科研机构绩效评估制度进行了全面部署，在科研机构全面推行章程管理制度，建立以科技创新绩效为核心的中长期绩效评估制度，并对完善科技创新基地评价考核体系一并做出制度安排。

在加强监督评估和科研诚信建设方面，提出了建立覆盖"三评"活动全过程的监督评估机制和集教育、自律、监督、惩戒于一体的科研诚信体系。

对科研人员在项目评审过程、评审专家、成果验收、人才评价标准、机构管理等方面反映的突出问题，都有针对性的改革举措。不少政策措施规定十分明确，相关单位可以直接落实。

# 第二篇　产业规划与支持专项

# 第一章　产业规划

## 一、加快发展现代产业体系

### 政策依据

《中华人民共和国国民经济和社会发展第十四个五年规划和二〇三五年远景目标纲要》(本节简称《纲要》)。

### 政策简介

加快发展现代产业体系，推动经济体系优化升级，是建设现代化经济体系、构建新发展格局的必然要求。《纲要》对"加快发展现代产业体系，巩固壮大实体经济根基"做出重要部署，把深入实施制造强国战略、发展壮大战略性新兴产业、促进服务业繁荣发展、建设现代化基础设施体系作为主要抓手。坚持把发展经济着力点放在实体经济上，坚定不移建设制造强国、质量强国、网络强国、数字中国，推进产业基础高级化、产业链现代化，提高经济质量效益和核心竞争力。要提升产业链、供应链现代化水平，发展战略性新兴产业，加快发展现代服务业，统筹推进基础设施建设，加快建设交通强国，推进能源革命，加快数字化发展。

### 政策内容

坚持把发展经济着力点放在实体经济上，加快推进制造强国、质量强国建设，促进先进制造业和现代服务业深度融合，强化基础设施支撑引领作用，构建实体经济、科技创新、现代金融、人力资源协同发展的现代产业体系。

1. 深入实施制造强国战略。

坚持自主可控、安全高效，推进产业基础高级化、产业链现代化，保持制造业比重基本稳定，增强制造业竞争优势，推动制造业高质量发展。

（1）加强产业基础能力建设。

实施产业基础再造工程，加快补齐基础零部件及元器件、基础软件、基础材料、基础工艺和产业技术基础等瓶颈短板。依托行业龙头企业，加大重要产品和关键核心技术攻关力度，加快工程化产业化突破。实施重大技术装备攻关工程，完善激励和风险补偿机制，推动首台（套）装备、首批次材料、首版次软件示范应用。健全产业基础支撑体系，在重点领域布局一批国家制造业创新中心，完善国家质量基础设施，建设生产应用示范平台和标准计量、认证认可、检验检测、试验验证等产业技术基础公共服务平台，完善技术、工艺等工业基础数据库。

（2）提升产业链供应链现代化水平。

坚持经济性和安全性相结合，补齐短板、锻造长板，分行业做好供应链战略设计和精准施策，形成具有更强创新力、更高附加值、更安全可靠的产业链供应链。推进制造业补链强链，强化资源、技术、装备支撑，加强国际产业安全合作，推动产业链供应链多元化。立足产业规模优势、配套优势和部分领域先发优势，巩固提升高铁、电力装备、新能源、船舶等领域全产业链竞争力，从符合未来产业变革方向的整机产品入手打造战略性全局性产业链。优化区域产业链布局，引导产业链关键环节留在国内，强化中西部和东北地区承接产业转移能力建设。实施应急产品生产能力储备工程，建设区域性应急物资生产保障基地。实施领航企业培育工程，培育一批具有生态主导力和核心竞争力的龙头企业。推动中小企业提升专业化优势，培育"专精特新""小巨人"企业和制造业单项冠军企业。加强技术经济安全评估，实施产业竞争力调查和评价工程。

（3）推动制造业优化升级。

深入实施智能制造和绿色制造工程，发展服务型制造新模式，推动制造业高端化智能化绿色化。培育先进制造业集群，推动集成电路、航空航天、船舶与海洋工程装备、机器人、先进轨道交通装备、先进电力装备、工程机械、高端数控机床、医药及医疗设备等产业创新发展。改造提升传统产业，推动石化、钢铁、有色、建材等原材料产业布局优化和结构调整，扩大轻工、纺织等优质产品供给，加快化工、造纸等重点行业企业改造升级，完善绿色制造体系。深入实施增强制造业核心竞争力和技术改造专项，鼓励企业应用先进适用技术、加强设备更新和新产品规模化应用。建设智能制造示范工厂，完善智能制造标准体系。深入实施质量提升行动，推动制造业产品"增品种、提品质、创品牌"。着力实施制造业核心竞争力提升工程。

①高端新材料。推动高端稀土功能材料、高品质特殊钢材、高性能合金、高温合金、高纯稀有金属材料、高性能陶瓷、电子玻璃等先进金属和无机非金属材料取得突破，加强碳纤维、芳纶等高性能纤维及其复合材料、生物基和生物医用材料研发应用，加快茂金属聚乙烯等高性能树脂和集成电路用光刻胶等电子高纯材料关键技术突破。

②重大技术装备。推进CR450高速度等级中国标准动车组、谱系化中国标准地铁列车、高端机床装备、先进工程机械、核电机组关键部件、邮轮、大型LNG船舶和深海油气生产平台等研发应用，推动C919大型客机示范运营和ARJ21支线客机系列化发展。

③智能制造与机器人技术。重点研制分散式控制系统、可编程逻辑控制器、数据采集和视频监控系统等工业控制装备，突破先进控制器、高精度伺服驱动系统、高性能减速器等智能机器人关键技术。发展增材制造。

④航空发动机及燃气轮机。加快先进航空发动机关键材料等技术研发验证，推进民用大涵道比涡扇发动机CJ1000产品研制，突破宽体客机发动机关键技术，实现先进民用涡轴发动机产业化。建设上海重型燃气轮机试验电站。

⑤北斗产业化应用。突破通信导航一体化融合等技术，建设北斗应用产业创新平台，在通信、金融、能源、民航等行业开展典型示范，推动北斗在车载导航、智能手机、穿戴设备等消费领域市场化规模化应用。

⑥新能源汽车和智能（网联）汽车。突破新能源汽车高安全动力电池、高效驱动电机、高性能动力系统等关键技术，加快研发智能（网联）汽车基础技术平台及软硬件系统、线控底盘和智能终端等关键部件。

⑦高端医疗装备和创新药。突破腔镜手术机器人、体外膜肺氧合机等核心技术，研制高端影像、放射治疗等大型医疗设备及关键零部件。发展脑起搏器、全降解血管支架等植入介入产品，推动康复辅助器具提质升级。研发重大传染性疾病所需疫苗，开发治疗恶性肿瘤、心脑血管等疾病特效药。加强中医药关键技术

装备研发。

⑧农业机械装备。开发智能型大马力拖拉机、精量（免耕）播种机、喷杆喷雾机、开沟施肥机、高效联合收割机、果蔬采收机、甘蔗收获机、采棉机等先进适用农业机械，发展丘陵山区农业生产高效专用农机。推动先进粮油加工装备研发和产业化。研发绿色智能养殖饲喂、环控、采集、粪污利用等装备。研发造林种草等机械装备。

（4）实施制造业降本减负行动。

强化要素保障和高效服务，巩固拓展减税降费成果，降低企业生产经营成本，提升制造业根植性和竞争力。推动工业用地提容增效，推广新型产业用地模式。扩大制造业中长期贷款、信用贷款规模，增加技改贷款，推动股权投资、债券融资等向制造业倾斜。允许制造业企业全部参与电力市场化交易，规范和降低港口航运、公路铁路运输等物流收费，全面清理规范涉企收费。建立制造业重大项目全周期服务机制和企业家参与涉企政策制定制度，支持建设中小企业信息、技术、进出口和数字化转型综合性服务平台。

2. 发展壮大战略性新兴产业。

着眼于抢占未来产业发展先机，培育先导性和支柱性产业，推动战略性新兴产业融合化、集群化、生态化发展，战略性新兴产业增加值占 GDP 比重超过 17%。

（1）构筑产业体系新支柱。

聚焦新一代信息技术、生物技术、新能源、新材料、高端装备、新能源汽车、绿色环保以及航空航天、海洋装备等战略性新兴产业，加快关键核心技术创新应用，增强要素保障能力，培育壮大产业发展新动能。推动生物技术和信息技术融合创新，加快发展生物医药、生物育种、生物材料、生物能源等产业，做大做强生物经济。深化北斗系统推广应用，推动北斗产业高质量发展。深入推进国家战略性新兴产业集群发展工程，健全产业集群组织管理和专业化推进机制，建设创新和公共服务综合体，构建一批各具特色、优势互补、结构合理的战略性新兴产业增长引擎。鼓励技术创新和企业兼并重组，防止低水平重复建设。发挥产业投资基金引导作用，加大融资担保和风险补偿力度。

（2）前瞻谋划未来产业。

在类脑智能、量子信息、基因技术、未来网络、深海空天开发、氢能与储能等前沿科技和产业变革领域，组织实施未来产业孵化与加速计划，谋划布局一批未来产业。在科教资源优势突出、产业基础雄厚的地区，布局一批国家未来产业技术研究院，加强前沿技术多路径探索、交叉融合和颠覆性技术供给。实施产业跨界融合示范工程，打造未来技术应用场景，加速形成若干未来产业。

3. 促进服务业繁荣发展。

聚焦产业转型升级和居民消费升级需要，扩大服务业有效供给，提高服务效率和服务品质，构建优质高效、结构优化、竞争力强的服务产业新体系。

（1）推动生产性服务业融合化发展。

以服务制造业高质量发展为导向，推动生产性服务业向专业化和价值链高端延伸。聚焦提高产业创新力，加快发展研发设计、工业设计、商务咨询、检验检测认证等服务。聚焦提高要素配置效率，推动供应链金融、信息数据、人力资源等服务创新发展。聚焦增强全产业链优势，提高现代物流、采购分销、生产控制、运营管理、售后服务等发展水平。推动现代服务业与先进制造业、现代农业深度融合，深化业务关联、链条延伸、技术渗透，支持智能制造系统解决方案、流程再造等新型专业化服务机构发展。培育具有国际竞争力的服务企业。

（2）加快生活性服务业品质化发展。

以提升便利度和改善服务体验为导向，推动生活性服务业向高品质和多样化升级。加快发展健康、养老、托育、文化、旅游、体育、物业等服务业，加强公益性、基础性服务业供给，扩大覆盖全生命期的各类服务供给。持续推动家政服务业提质扩容，与智慧社区、养老托育等融合发展。鼓励商贸流通业态与模式创新，推进数字化智能化改造和跨界融合，线上线下全渠道满足消费需求。加快完善养老、家政等服务标准，健全生活性服务业认证认可制度，推动生活性服务业诚信化职业化发展。

（3）深化服务领域改革开放。

扩大服务业对内对外开放，进一步放宽市场准入，全面清理不合理的限制条件，鼓励社会力量扩大多元化多层次服务供给。完善支持服务业发展的政策体系，创新适应服务新业态新模式和产业融合发展需要的土地、财税、金融、价格等政策。健全服务质量标准体系，强化标准贯彻执行和推广。加快制定重点服务领域监管目录、流程和标准，构建高效协同的服务业监管体系。完善服务领域人才职称评定制度，鼓励从业人员参加职业技能培训和鉴定。深入推进服务业综合改革试点和扩大开放。

4. 建设现代化基础设施体系。

统筹推进传统基础设施和新型基础设施建设，打造系统完备、高效实用、智能绿色、安全可靠的现代化基础设施体系。

（1）加快建设新型基础设施。

围绕强化数字转型、智能升级、融合创新支撑，布局建设信息基础设施、融合基础设施、创新基础设施等新型基础设施。建设高速泛在、天地一体、集成互联、安全高效的信息基础设施，增强数据感知、传输、存储和运算能力。加快5G网络规模化部署，用户普及率提高到56%，推广升级千兆光纤网络。前瞻布局6G网络技术储备。扩容骨干网互联节点，新设一批国际通信出入口，全面推进互联网协议第六版（IPv6）商用部署。实施中西部地区中小城市基础网络完善工程。推动物联网全面发展，打造支持固移融合、宽窄结合的物联接入能力。加快构建全国一体化大数据中心体系，强化算力统筹智能调度，建设若干国家枢纽节点和大数据中心集群，建设E级和10E级超级计算中心。积极稳妥发展工业互联网和车联网。打造全球覆盖、高效运行的通信、导航、遥感空间基础设施体系，建设商业航天发射场。加快交通、能源、市政等传统基础设施数字化改造，加强泛在感知、终端联网、智能调度体系建设。发挥市场主导作用，打通多元化投资渠道，构建新型基础设施标准体系。

（2）加快建设交通强国。

建设现代化综合交通运输体系，推进各种运输方式一体化融合发展，提高网络效应和运营效率。完善综合运输大通道，加强出疆入藏、中西部地区、沿江沿海沿边战略骨干通道建设，有序推进能力紧张通道升级扩容，加强与周边国家互联互通。构建快速网，基本贯通"八纵八横"高速铁路，提升国家高速公路网络质量，加快建设世界级港口群和机场群。完善干线网，加快普速铁路建设和既有铁路电气化改造，优化铁路客货布局，推进普通国省道瓶颈路段贯通升级，推动内河高等级航道扩能升级，稳步建设支线机场、通用机场和货运机场，积极发展通用航空。加强邮政设施建设，实施快递"进村进厂出海"工程。推进城市群都市圈交通一体化，加快城际铁路、市域（郊）铁路建设，构建高速公路环线系统，有序推进城市轨道交通发展。提高交通通达深度，推动区域性铁路建设，加快沿边抵边公路建设，继续推进"四好农村路"建设，完善道路安全设施。构建多层级、一体化综合交通枢纽体系，优化枢纽场站布局、促进集约综合开发，完善集疏运系统，发展旅客联程运输和货物多式联运，推广全程"一站式""一单制"服务。推进中欧班列集结中心建设。深入推进铁路企业改革，全面深化空管体制改革，推动公路收费制度和养护体制改革，着力实施交通强国建设工程。

①战略骨干通道。建设川藏铁路雅安至林芝段和伊宁至阿克苏、酒泉至额济纳、若羌至罗布泊等铁路，推进日喀则至吉隆、和田至日喀则铁路前期工作，打通沿边公路 G219 和 G331 线，提质改造川藏公路 G318 线。

②高速铁路。建设成都重庆至上海沿江高铁、上海经宁波至合浦沿海高铁、京沪高铁辅助通道天津至新沂段和北京经雄安新区至商丘、西安至重庆、长沙至赣州、包头至银川等高铁。

③普速铁路。建设西部陆海新通道黄桶至百色、黔桂增建二线铁路和瑞金至梅州、中卫经平凉至庆阳、柳州至广州铁路，推进玉溪至磨憨、大理至瑞丽等与周边互联互通铁路建设。提升铁路集装箱运输能力，推进中欧班列运输通道和口岸扩能改造，建设大型工矿企业、物流园区和重点港口铁路专用线，全面实现长江干线主要港口铁路进港。

④城市群和都市圈轨道交通。新增城际铁路和市域（郊）铁路运营里程3000 公里，基本建成京津冀、长三角、粤港澳大湾区轨道交通网。新增城市轨道交通运营里程 3000 公里。

⑤高速公路。实施京沪、京港澳、长深、沪昆、连霍等国家高速公路主线拥挤路段扩容改造，加快建设国家高速公路主线并行线、联络线，推进京雄等雄安新区高速公路建设。规划布局建设充换电设施。新改建高速公路里程 2.5 万公里。

⑥港航设施。建设京津冀、长三角、粤港澳大湾区世界级港口群，建设洋山港区小洋山北侧、天津北疆港区 C 段、广州南沙港区五期、深圳盐田港东区等集装箱码头。推进曹妃甸港煤炭运能扩容、舟山江海联运服务中心和北部湾国际门户港、洋浦枢纽港建设。深化三峡水运新通道前期论证，研究平陆运河等跨水系运河连通工程。

⑦现代化机场。建设京津冀、长三角、粤港澳大湾区、成渝世界级机场群，实施广州、深圳、昆明、西安、重庆、乌鲁木齐、哈尔滨等国际枢纽机场和杭州、合肥、济南、长沙、南宁等区域枢纽机场改扩建工程，建设厦门、大连、三亚新机场。建成鄂州专业性货运机场，建设朔州、嘉兴、瑞金、黔北、阿拉尔等支线机场，新增民用运输机场 30 个以上。

⑧综合交通和物流枢纽。推进既有客运枢纽一体化智能化升级改造和站城融合，实施枢纽机场引入轨道交通工程。推进 120 个左右国家物流枢纽建设。加快邮政国际寄递中心建设。

（3）构建现代能源体系。

推进能源革命，建设清洁低碳、安全高效的能源体系，提高能源供给保障能力。加快发展非化石能源，坚持集中式和分布式并举，大力提升风电、光伏发电规模，加快发展东中部分布式能源，有序发展海上风电，加快西南水电基地建设，安全稳妥推动沿海核电建设，建设一批多能互补的清洁能源基地，非化石能源占能源消费总量比重提高到20% 左右。推动煤炭生产向资源富集地区集中，合理控制煤电建设规模和发展节奏，推进以电代煤。有序放开油气勘探开发市场准入，加快深海、深层和非常规油气资源利用，推动油气增储上产。因地制宜开发利用地热能。提高特高压输电通道利用率。加快电网基础设施智能化改造和智能微电网建设，提高电力系统互补互济和智能调节能力，加强源网荷储衔接，提升清洁能源消纳和存储能力，提升向边远地区输配电能力，推进煤电灵活性改造，加快抽水蓄能电站建设和新型储能技术规模化应用。完善煤炭跨区域运输通道和集疏运体系，加快建设天然气主干管道，完善油气互联互通网络。着力实施现代能源体系建设工程。

①大型清洁能源基地。建设雅鲁藏布江下游水电基地。建设金沙江上下游、雅砻江流域、黄河上游和几字湾、河西走廊、新疆、冀北、松辽等清洁能源基地，建设广东、福建、浙江、江苏、山东等海上风电基地。

②沿海核电。建成华龙一号、国和一号、高温气冷堆示范工程，积极有序推进沿海三代核电建设。推动模块式小型堆、60万千瓦级商用高温气冷堆、海上浮动式核动力平台等先进堆型示范。建设核电站中低放废物处置场，建设乏燃料后处理厂。开展山东海阳等核能综合利用示范。核电运行装机容量达到7000万千瓦。

③电力外送通道。建设白鹤滩至华东、金沙江上游外送等特高压输电通道，实施闽粤联网、川渝特高压交流工程。研究论证陇东至山东、哈密至重庆等特高压输电通道。

④电力系统调节。建设桐城、磐安、泰安二期、浑源、庄河、安化、贵阳、南宁等抽水蓄能电站，实施电化学、压缩空气、飞轮等储能示范项目。开展黄河梯级电站大型储能项目研究。

⑤油气储运能力。新建中俄东线境内段、川气东送二线等油气管道。建设石油储备重大工程。加快中原文23、辽河储气库群等地下储气库建设。

（4）加强水利基础设施建设。

立足流域整体和水资源空间均衡配置，加强跨行政区河流水系治理保护和骨干工程建设，强化大中小微水利设施协调配套，提升水资源优化配置和水旱灾害防御能力。坚持节水优先，完善水资源配置体系，建设水资源配置骨干项目，加强重点水源和城市应急备用水源工程建设。实施防洪提升工程，解决防汛薄弱环节，加快防洪控制性枢纽工程建设和中小河流治理、病险水库除险加固，全面推进堤防和蓄滞洪区建设。加强水源涵养区保护修复，加大重点河湖保护和综合治理力度，恢复水清岸绿的水生态体系。着力实施国家水网骨干工程。

①重大引调水。推动南水北调东中线后续工程建设，深化南水北调西线工程方案比选论证。建设珠三角水资源配置、渝西水资源配置、引江济淮、滇中引水、引汉济渭、新疆奎屯河引水、河北雄安干渠供水、海南琼西北水资源配置等工程。加快引黄济宁、黑龙江三江连通、环北部湾水资源配置工程前期论证。

②供水灌溉。推进新疆库尔干、黑龙江关门嘴子、贵州观音、湖南犬木塘、浙江开化、广西长塘等大型水库建设。实施黄河河套、四川都江堰、安徽淠史杭等大型灌区续建配套和现代化改造，推进四川向家坝、云南耿马、安徽怀洪新河、海南牛路岭、江西大坳等大型灌区建设。

③防洪减灾。建设雄安新区防洪工程、长江中下游崩岸治理和重要蓄滞洪区、黄河干流河道和滩区综合治理、淮河入海水道二期、海河河道治理、西江干流堤防、太湖吴淞江、海南迈湾水利枢纽等工程。加强黄河古贤水利枢纽、福建上白石水库等工程前期论证。

## 二、产业调整指导目录（2019）

### 政策依据

《产业结构调整指导目录（2019年本）》（中华人民共和国国家发展和改革委员会令第29号）。

### 政策简介

国家发展改革委修订发布了《产业结构调整指导目录（2019年本）》[本节简称《目录（2019年本）》]，自2020年1月1日起施行。《目录（2019年本）》在延续原有目录框架基础上，面向新时代的新要求，以深化供给侧结构性改革为主线，以支撑经济高质量发展为方向，注入了反映时代特色的新理念、新元素。《目录（2019年本）》延续原有目录框架，仍然由鼓励、限制和淘汰三类组成，共涉及48个行业，总数为1477条，其中鼓励类821条，限制类215条，淘汰类441条。

### 适用范围

国民经济相关行业领域。

### 重点内容

从行业看，鼓励类新增了"人力资源与人力资本服务业""人工智能""养老与托育服务""家政"四个行业，将上一版的"教育、文化、卫生、体育服务业"拆分并分别独立设置；限制类删除了"消防"行业；淘汰类新增了"采矿"行业的相关条目。

从条目数量看，与《产业结构调整指导目录（2011年本）》相比较总条目增加69条，其中鼓励类总共增加60条，限制类减少8条、淘汰类增加17条。鼓励类增加的条目主要有："人力资源与人力资本服务业"7条，"人工智能"15条，新增"养老与托育服务"17条，"家政"6条。限制类减少条目主要为"消防"行业。淘汰类增加条目主要为"采矿"相关行业。

从修订方面看，共修订（包括新增、修改、删除）822条，修订条目超过总条目的50%。本次修订的重点包括以下内容。一是推动制造业高质量发展。《目录（2019年本）》与制造业相关的条目共900多条，占总条目数的60%以上。二是加快发展现代服务业。鼓励类新增的"人力资源与人力资本服务业""养老与托育服务""家政"都是服务行业。三是大力破除无效供给。适度提高限制和淘汰标准，新增或修改限制类、淘汰类条目近100条。同时，对现有条目不能完全覆盖，且不符合法律法规和行业标准的，在限制类和淘汰类中分别设置了兜底条款。四是提升科学性、规范化水平。对限制类、淘汰类条目，明确品种和参数。对鼓励类条目，发展方向比较明确的领域，尽可能明确指标参数，例如对新能源汽车电池提出了能量密度、循环寿命等参数要求，突出可操作性；对方向尚不明确的新产业新业态，则"宜粗不宜细"，仅作方向性描述。

## 三、战略性新兴产业分类（2018）

### 政策依据

《国务院关于加快培育和发展战略性新兴产业的决定》（国发〔2010〕32号）；《战略性新兴产业分类（2018）》〔国家统计局令（第23号）〕。

### 分类范围

分类规定的战略性新兴产业是以重大技术突破和重大发展需求为基础，对经济社会全局和长远发展具有重大引领带动作用，知识技术密集、物质资源消耗少、成长潜力大、综合效益好的产业，包括：新一代信息技术产业、高端装备制造产业、新材料产业、生物产业、新能源汽车产业、新能源产业、节能环保产业、数字创意产业、相关服务业九大领域。

### 适用领域

分类适用于对"十三五"国家战略性新兴产业发展规划进行宏观监测和管理；适用于各地区、各部门依据本分类开展战略性新兴产业统计监测。

### 编制原则

1. 以国家战略性新兴产业发展政策为指导。根据《国务院关于加快培育和发展战略性新兴产业的决定》（国发〔2010〕32号），以落实《"十三五"国家战略性新兴产业发展规划》为目的，以国家发展改革委发布的《战略性新兴产业重点产品和服务指导目录》（2016版）和国家其他相关文件为主线，确定编制的总体思路、框架设计和范围，以确保本分类内容能够涵盖国家战略性新兴产业"十三五"规划的产品和服务。

2. 以现行《国民经济行业分类》（GB/T 4754—2017）为基础，对其中符合"战略性新兴产业"特征的有关活动进行再分类。

3. 注重实际可操作性，立足现行统计制度和方法，充分考虑数据的可获得性，以保证统计部门能够采集到"战略性新兴产业"活动的数据。

## 四、中国制造2025

### 政策依据

《国务院关于印发〈中国制造2025〉的通知》（国发〔2015〕28号）。

### 政策简介

制造业是国民经济的主体，是立国之本、兴国之器、强国之基。2015年3月5日，李克强总理在全国两会上做《政府工作报告》时首次提出《中国制造2025》的宏大计划。计划到新中国成立一百年时，把我国建设成为引领世界制造业发展的制造强国。《中国制造2025》是中国政府实施制造强国战略第一个十年的行动纲领，明确了"三步走"目标、五大方针、四项原则、九大任务、十大领域、五大工程和八大政策，并且把提高国家制造业创新能力列为九大任务之首。

## 创新任务

1. 加强关键核心技术研发。强化企业技术创新主体地位，推进国家技术创新示范企业和企业技术中心建设。瞄准国家重大战略需求和未来产业发展制高点，实施国家科技重大专项，建立一批产业创新联盟，开展政产学研用协同创新，加快成果转化。

2. 提高创新设计能力。在传统制造业、战略性新兴产业、现代服务业等重点领域开展创新设计示范，全面推广应用以绿色、智能、协同为特征的先进设计技术。

3. 推进科技成果产业化。完善科技成果转化运行机制，健全以技术交易市场为核心的技术转移和产业化服务体系；完善科技成果转化激励机制，健全科技成果科学评估和市场定价机制；完善科技成果转化协同推进机制，引导政产学研用按照市场规律和创新规律加强合作，加快推进军民技术双向转移转化。

4. 完善国家制造业创新体系。加强顶层设计，建立市场化的创新方向选择机制和鼓励创新的风险分担、利益共享机制。充分利用现有科技资源，围绕制造业重大共性需求，开展关键共性重大技术研究和产业化应用示范。建设一批促进制造业协同创新的公共服务平台，建设重点领域制造业工程数据中心，建设一批重大科学研究和实验设施，促进向价值链高端延伸。

5. 加强标准体系建设。改革标准体系和标准化管理体制，组织实施制造业标准化提升计划，在智能制造等重点领域开展综合标准化工作。

6. 强化知识产权运用。加强制造业重点领域关键核心技术知识产权储备，构建产业化导向的专利组合和战略布局。研究制定降低中小企业知识产权申请、保护及维权成本的政策措施。

## 重点工程

1. 制造业创新中心（工业技术研究基地）建设工程。围绕重点行业转型升级和新一代信息技术、智能制造、增材制造、新材料、生物医药等领域创新发展的重大共性需求，形成一批制造业创新中心，重点开展行业基础和共性关键技术研发、成果产业化、人才培训等工作。

2. 智能制造工程。紧密围绕重点制造领域关键环节，开展新一代信息技术与制造装备融合的集成创新和工程应用。支持政产学研用联合攻关，开发智能产品和自主可控的智能装置并实现产业化。建设重点领域智能工厂／数字化车间。分类实施流程制造、离散制造、智能装备和产品、新业态新模式、智能化管理、智能化服务等试点示范及应用推广。搭建智能制造网络系统平台。

3. 工业强基工程。开展示范应用，建立奖励和风险补偿机制，支持核心基础零部件（元器件）、先进基础工艺、关键基础材料的首批次或跨领域应用。组织重点突破，针对重大工程和重点装备的关键技术和产品急需，支持优势企业开展政产学研用联合攻关，突破关键基础材料、核心基础零部件的工程化、产业化瓶颈。强化平台支撑，布局和组建一批"四基"研究中心，创建一批公共服务平台，完善重点产业技术基础体系。

4. 绿色制造工程。组织实施传统制造业能效提升、清洁生产、节水治污、循环利用等专项技术改造。开展重大节能环保、资源综合利用、再制造、低碳技术产业化示范。实施重点区域、流域、行业清洁生产水平提升计划，扎实推进大气、水、土壤污染源头防治专项。制定绿色产品、绿色工厂、绿色园区、绿色企业标准体系，开展绿色评价。

5. 高端装备创新工程。组织实施大型飞机、航空发动机及燃气轮机、民用航天、智能绿色列车、节能与新能源汽车、海洋工程装备及高技术船舶、智能电网成套装备、高档数控机床、核电装备、高端诊疗设备等一批创新和产业化专项、重大工程。开发一批标志性、带动性强的重点产品和重大装备，突破共性关键技术与工程化、产业化瓶颈，组织开展应用试点和示范。

## 十大产业

1. 新一代信息技术产业。

（1）集成电路及专用装备。着力提升集成电路设计水平，不断丰富知识产权（IP）核和设计工具，突破关系国家信息与网络安全及电子整机产业发展的核心通用芯片，提升国产芯片的应用适配能力。掌握高密度封装及三维（3D）微组装技术，提升封装产业和测试的自主发展能力。

（2）信息通信设备。掌握新型计算、高速互联、先进存储、体系化安全保障等核心技术，全面突破第五代移动通信技术（5G）、核心路由交换技术、超高速大容量智能光传输技术、"未来网络"核心技术和体系架构，积极推动量子计算、神经网络等发展。研发高端服务器、大容量存储、新型路由交换、新型智能终端、新一代基站、网络安全等设备，推动核心信息通信设备体系化发展与规模化应用。

（3）操作系统及工业软件。开发安全领域操作系统等工业基础软件。突破智能设计与仿真及其工具、制造物联与服务、工业大数据处理等高端工业软件核心技术，开发自主可控的高端工业平台软件和重点领域应用软件，建立完善工业软件集成标准与安全测评体系。推进自主工业软件体系化发展和产业化应用。

2. 高档数控机床和机器人。

（1）高档数控机床。开发一批精密、高速、高效、柔性数控机床与基础制造装备及集成制造系统。加快高档数控机床、增材制造等前沿技术和装备的研发。以提升可靠性、精度保持性为重点，开发高档数控系统、伺服电机、轴承、光栅等主要功能部件及关键应用软件，加快实现产业化。

（2）机器人。围绕汽车、机械、电子、危险品制造、国防军工、化工、轻工等工业机器人、特种机器人，以及医疗健康、家庭服务、教育娱乐等服务机器人应用需求，积极研发新产品，促进机器人标准化、模块化发展，扩大市场应用。突破机器人本体、减速器、伺服电机、控制器、传感器与驱动器等关键零部件及系统集成设计制造等技术瓶颈。

3. 航空航天装备。

（1）航空装备。加快大型飞机研制，适时启动宽体客机研制，鼓励国际合作研制重型直升机；推进干支线飞机、直升机、无人机和通用飞机产业化。突破高推重比、先进涡桨（轴）发动机及大涵道比涡扇发动机技术，建立发动机自主发展工业体系。开发先进机载设备及系统，形成自主完整的航空产业链。

（2）航天装备。发展新一代运载火箭、重型运载器，提升进入空间能力。加快推进国家民用空间基础设施建设，发展新型卫星等空间平台与有效载荷、空天地宽带互联网系统，形成长期持续稳定的卫星遥感、通信、导航等空间信息服务能力。推动载人航天、月球探测工程，适度发展深空探测。推进航天技术转化与空间技术应用。

4. 海洋工程装备及高技术船舶。大力发展深海探测、资源开发利用、海上作业保障装备及其关键系统和专用设备。推动深海空间站、大型浮式结构物的开发和工程化。形成海洋工程装备综合试验、检测与鉴定能力，提高海洋开发利用水平。突破豪华邮轮设计建造技术，全面提升液化天然气船等高技术船舶国际竞争力，掌握重点配套设备集成化、智能化、模块化设计制造核心技术。

5. 先进轨道交通装备。加快新材料、新技术和新工艺的应用，重点突破体系化安全保障、节能环保、数字化智能化网络化技术，研制先进可靠适用的产品和轻量化、模块化、谱系化产品。研发新一代绿色智能、高速重载轨道交通装备系统，围绕系统全寿命周期，向用户提供整体解决方案，建立世界领先的现代轨道交通产业体系。

6. 节能与新能源汽车。继续支持电动汽车、燃料电池汽车发展，掌握汽车低碳化、信息化、智能化核心技术，提升动力电池、驱动电机、高效内燃机、先进变速器、轻量化材料、智能控制等核心技术的工程化和产业化能力，形成从关键零部件到整车的完整工业体系和创新体系，推动自主品牌节能与新能源汽车同国际先进水平接轨。

7. 电力装备。推动大型高效超净排放煤电机组产业化和示范应用，进一步提高超大容量水电机组、核电机组、重型燃气轮机制造水平。推进新能源和可再生能源装备、先进储能装置、智能电网用输变电及用户端设备发展。突破大功率电力电子器件、高温超导材料等关键元器件和材料的制造及应用技术，形成产业化能力。

8. 农机装备。重点发展粮、棉、油、糖等大宗粮食和战略性经济作物育、耕、种、管、收、运、贮等主要生产过程使用的先进农机装备，加快发展大型拖拉机及其复式作业机具、大型高效联合收割机等高端农业装备及关键核心零部件。提高农机装备信息收集、智能决策和精准作业能力，推进形成面向农业生产的信息化整体解决方案。

9. 新材料。以特种金属功能材料、高性能结构材料、功能性高分子材料、特种无机非金属材料和先进复合材料为发展重点，加快研发先进熔炼、凝固成型、气相沉积、型材加工、高效合成等新材料制备关键技术和装备，加强基础研究和体系建设，突破产业化制备瓶颈。积极发展军民共用特种新材料，加快技术双向转移转化，促进新材料产业军民融合发展。高度关注颠覆性新材料对传统材料的影响，做好超导材料、纳米材料、石墨烯、生物基材料等战略前沿材料提前布局和研制。加快基础材料升级换代。

10. 生物医药及高性能医疗器械。发展针对重大疾病的化学药、中药、生物技术药物新产品，重点包括新机制和新靶点化学药、抗体药物、抗体偶联药物、全新结构蛋白及多肽药物、新型疫苗、临床优势突出的创新中药及个性化治疗药物。提高医疗器械的创新能力和产业化水平，重点发展影像设备、医用机器人等高性能诊疗设备、全降解血管支架等高值医用耗材、可穿戴远程诊疗等移动医疗产品。实现生物 3D 打印、诱导多能干细胞等新技术的突破和应用。

## 财税政策

重点投向智能制造、"四基"发展、高端装备等制造业转型升级的关键领域，为制造业发展创造良好政策环境。运用政府和社会资本合作（PPP）模式，创新财政资金支持方式，深化科技计划（专项、基金等）管理改革，支持制造业重点领域科技研发和示范应用，促进制造业技术创新、转型升级和结构布局调整。完善和落实支持创新的政府采购政策，落实和完善使用首台（套）重大技术装备等鼓励政策，实施有利于制造业转型升级的税收政策，完善企业研发费用计核方法，切实减轻制造业企业税收负担。

## 五、新一代人工智能创新发展

### 政策依据

《国家标准化管理委员会 中央网信办 国家发展改革委 科技部 工业和信息化部关于印发〈国家新一代人工智能标准体系建设指南〉的通知》（国标委联〔2020〕35 号）;《科技部关于印发〈国家新一代人工智能创新发展试验区建设工作指引（修订版）〉的通知》（国科发规〔2020〕254 号）。

### 政策简介

为加强人工智能领域标准化顶层设计，推动人工智能产业技术研发和标准制定，促进产业健康可持续发展，国家标准化管理委员会、中央网信办、国家发展改革委、科技部、工业和信息化部五部门联合印发《国家新一代人工智能标准体系建设指南》，提出到 2021 年，明确人工智能标准化顶层设计，研究标准体系建设和标准研制的总体规则，明确标准之间的关系，指导人工智能标准化工作的有序开展，完成关键通用技术、关键领域技术、伦理等 20 项以上重点标准的预研工作；到 2023 年，初步建立人工智能标准体系，重点研制数据、算法、系统、服务等重点急需标准，并率先在制造、交通、金融、安防、家居、养老、环保、教育、医疗健康、司法等重点行业和领域进行推进。建设人工智能标准试验验证平台，提供公共服务能力。

### 建设思路

1. 人工智能标准体系结构。人工智能标准体系结构包括"基础共性""支撑技术与产品""基础软硬件平台""关键通用技术""关键领域技术""产品与服务""行业应用""安全／伦理"八个部分。

2. 人工智能标准体系框架。人工智能标准体系框架主要由基础共性、支撑技术与产品、基础软硬件平台、关键通用技术、关键领域技术、产品与服务、行业应用、安全／伦理八个部分组成，

### 建设内容

1. 基础共性标准。基础共性标准主要针对人工智能基础进行规范，包括术语、参考架构、测试评估等部分。

2. 支撑技术与产品标准。支撑技术与产品标准主要包括大数据、物联网、云计算、边缘计算、智能传感器、数据存储及传输设备等部分。

3. 基础软硬件平台标准。基础软硬件平台标准主要包括智能芯片、系统软件、开发框架等部分。

4. 关键通用技术标准。关键通用技术标准主要包括机器学习、知识图谱、类脑智能计算、量子智能计算、模式识别等部分。

5. 关键领域技术标准。关键领域技术标准主要包括自然语言处理、智能语音、计算机视觉、生物特征识别、虚拟现实／增强现实、人机交互等部分。

6. 产品与服务标准。产品与服务标准包括智能机器人、智能运载工具、智能终端、智能服务等部分。

7. 行业应用标准。人工智能标准化重点行业应用领域包括智能制造、智能农业、智能交通、智能医疗、智能教育、智能商务、智能能源、智能物流、智能金融、智能家居、智能政务、智慧城市、公共安全、智能环保、智能法庭、智能游戏等。人工智能行业应用具有跨行业、跨专业、跨领域、多应用场景的特点，不同行业的侧重点不同。在标准规划研究过程中，应以市场驱动为主、行业引导、政府支持相结合，立足行业需求，兼顾技术迭代体系建设。

8. 安全／伦理标准。安全／伦理标准包括人工智能领域的安全与隐私保护、伦理等部分。

## 六、集成电路产业和软件产业高质量发展

### 政策依据

《国务院关于印发新时期促进集成电路产业和软件产业高质量发展若干政策的通知》（国发〔2020〕8 号）。

### 政策简介

集成电路产业和软件产业是信息产业的核心，是引领新一轮科技革命和产业变革的关键力量。《国务院关于印发鼓励软件产业和集成电路产业发展若干政策的通知》（国发〔2000〕18 号）、《国务院关于印发进一步鼓励软件产业和集成电路产业发展若干政策的通知》（国发〔2011〕4 号）印发以来，我国集成电路产业和软件产业快速发展，有力支撑了国家信息化建设，促进了国民经济和社会持续健康发展。为进一步优化集成电路产业和软件产业发展环境，深化产业国际合作，提升产业创新能力和发展质量，2020 年出台了《国务院关于印发新时期促进集成电路产业和软件产业高质量发展若干政策的通知》（国发〔2020〕8 号）（本节简称《若干政策》）。

### 政策内容

《若干政策》提出，为进一步优化集成电路产业和软件产业发展环境，深化产业国际合作，提升产业创新能力和发展质量，制定出台财税、投融资、研究开发、进出口、人才、知识产权、市场应用、国际合作这八个方面的政策措施。进一步创新体制机制，鼓励集成电路产业和软件产业发展，大力培育集成电路领域和软件领域企业。加强集成电路产业和软件产业建设，加快推进集成电路一级学科设置，支持产教融合发展。严格落实知识产权保护制度，加大集成电路和软件知识产权侵权违法行为惩治力度。推动产业集聚发展，规范产业市场秩序，积极开展国际合作。

《若干政策》明确，凡在中国境内设立的集成电路企业和软件企业，不分所有制性质，均可按规定享受相关政策。鼓励和倡导集成电路产业和软件产业全球合作，积极为各类市场主体在华投资兴业营造市场化、法治化、国际化的营商环境。

《若干政策》要求，各部门、各地方要尽快制定具体配套政策，加快政策落地，确保取得实效，推动我国集成电路产业和软件产业实现高质量发展。

## 七、区块链技术应用和产业发展

### 政策依据

《工业和信息化部 中央网络安全和信息化委员会办公室关于加快推动区块链技术应用和产业发展的指导意见》（工信部联信发〔2021〕62号）（本节简称《指导意见》）。

### 政策简介

区块链是新一代信息技术的重要组成部分，是分布式网络、加密技术、智能合约等多种技术集成的新型数据库软件。近年来，区块链技术和产业在全球范围内快速发展，应用已延伸到数字金融、物联网、智能制造、供应链管理、数字资产交易等多个领域，展现出广阔的应用前景。当前，我国区块链技术应用和产业已经具备良好的发展基础，在防伪溯源、供应链管理、司法存证、政务数据共享、民生服务等领域涌现了一批有代表性的区块链应用。区块链对我国经济社会发展的支撑作用初步显现。但同时，我国区块链也面临核心技术亟待突破、融合应用尚不成熟、产业生态有待完善、人才储备明显短缺等问题。

### 政策内容

《指导意见》的总体思路是以习近平新时代中国特色社会主义思想为指导，立足新发展阶段、贯彻新发展理念、构建新发展格局，推动建设先进的区块链产业体系。总体定位主要基于三个方面考虑：一是注重与国家整体发展战略的协同；二是准确把握区块链发展的机遇和挑战；三是突出强调促进经济社会高质量发展。

《指导意见》部署了两项重点任务：一是发挥区块链在优化业务流程、降低运营成本、建设可信体系等方面的作用，聚焦供应链管理、产品溯源、数据共享等实体经济领域，推动区块链融合应用，支撑行业数字化转型和产业高质量发展；二是推动区块链技术应用于政务服务、存证取证、智慧城市等公共服务领域，加快应用创新，支撑公共服务透明化、平等化、精准化。

《指导意见》重点从标准体系、技术平台、质量品牌、网络安全、知识产权等方面，协同提升产业基础能力。包括推动区块链标准化组织建设，建立区块链标准体系；加强重点领域技术攻关，构建区块链底层平台，打造区块链基础设施；鼓励企业加强质量管理，构建区块链产品和服务质量保障体系；加强区块链基础设施和服务安全防护能力建设；培育一批高价值专利、商标、软件著作权。

《指导意见》提出培育一批区块链名品、名企、名园，建设开源生态，坚持补短板和锻长板并重，加快打造完备的区块链产业链。具体举措有：建设行业级联盟链，打造一批技术先进、带动效应强的区块链名品；培育一批具有国际竞争力的区块链名企，培育孵化区块链初创企业，鼓励打造"独角兽"企业；结合"监管沙盒"理念打造区块链发展先导区，支持基础条件好的园区建设区块链产业名园等。

《指导意见》提出将区块链技术应用于工业互联网的标识解析、边缘计算、协同制造等环节，培育新模式、新业态；建设基于区块链的大数据服务平台，促进数据合规有序的确权、共享和流通；利用云计算构建区块链应用开发、测试验证和运行维护环境；发展基于人工智能的智能合约等新技术，探索利用人工智能技术提升区块链运行效率和价值创造能力。

《指导意见》提出积极推进应用试点、加大政策支持力度、引导地方加快探索、构建公共服务体系、加强产业人才培养、深化国际交流合作六项保障措施，为地方主管部门提供工作手段和抓手。

## 八、制造业与互联网融合发展

### 政策依据

《国务院关于深化制造业与互联网融合发展的指导意见》（国发〔2016〕28号）（本节简称《意见》）。

### 政策简介

制造业是国民经济的主体，是实施"互联网＋"行动的主战场。推动制造业与互联网融合，有利于形成叠加效应、聚合效应、倍增效应，加快新旧发展动能和生产体系转换。要以激发制造企业创新活力、发展潜力和转型动力为主线，以建设制造业与互联网融合"双创"平台为抓手，围绕制造业与互联网融合关键环节，积极培育新模式新业态，强化信息技术产业支撑，完善信息安全保障，夯实融合发展基础，营造融合发展新生态，充分释放"互联网＋"的力量，发展新经济，加快推动"中国制造"提质增效升级。

### 政策内容

《意见》提出，要坚持创新驱动，激发转型新动能；坚持融合发展，催生制造新模式；坚持分业施策，培育竞争新优势；坚持企业主体，构筑发展新环境。到2018年，制造业重点行业骨干企业互联网"双创"平台普及率达80%，成为促进制造业转型升级的新动能来源，制造业数字化、网络化、智能化取得明显进展；到2025年，力争实现制造业与互联网融合"双创"体系基本完备，融合发展新模式广泛普及，新型制造体系基本形成，制造业综合竞争实力大幅提升。

《意见》明确了深化制造业与互联网融合发展的七项主要任务，包括：打造制造企业互联网"双创"平台，推动互联网企业构建制造业"双创"服务体系，支持制造企业与互联网企业跨界融合，培育制造业与互联网融合新模式，强化融合发展基础支撑，提升融合发展系统解决方案能力，提高工业信息系统安全水平。

《意见》提出了完善体制机制、深化国有企业改革、加大财政支持力度、完善税收和金融政策、强化用地用房等服务、健全人才培养体系、推动国际合作交流七个方面的政策支撑和保障措施。要求各地区、各部门高度重视深化制造业与互联网融合发展工作，统一思想、提高认识，加大工作力度，切实抓好政策落实。

## 九、新能源汽车产业发展规划（2021—2035年）

### 政策依据

《国务院办公厅关于印发新能源汽车产业发展规划（2021—2035年）的通知》（国办发〔2020〕39号）。

## 政策简介

发展新能源汽车是我国从汽车大国迈向汽车强国的必由之路，是应对气候变化、推动绿色发展的战略举措。2012年国务院印发《节能与新能源汽车产业发展规划（2012—2020年）》以来，我国坚持纯电驱动战略取向，新能源汽车产业发展取得了巨大成就，成为世界汽车产业发展转型的重要力量之一。与此同时，我国新能源汽车发展也面临核心技术创新能力不强、质量保障体系有待完善、基础设施建设仍显滞后、产业生态尚不健全、市场竞争日益加剧等问题。为推动新能源汽车产业高质量发展，加快建设汽车强国，国务院办公厅印发了《新能源汽车产业发展规划（2021—2035年）》（本节简称《规划》）。

## 政策内容

《规划》指出，要以习近平新时代中国特色社会主义思想为指引，坚持新发展理念，以深化供给侧结构性改革为主线，坚持电动化、网联化、智能化发展方向，以融合创新为重点，突破关键核心技术，优化产业发展环境，推动我国新能源汽车产业高质量可持续发展，加快建设汽车强国。

《规划》提出，到2025年，纯电动乘用车新车平均电耗降至12.0千瓦时／百公里，新能源汽车新车销售量达到汽车新车销售总量的20%左右，高度自动驾驶汽车实现限定区域和特定场景商业化应用。到2035年，纯电动汽车成为新销售车辆的主流，公共领域用车全面电动化，燃料电池汽车实现商业化应用，高度自动驾驶汽车实现规模化应用，有效促进节能减排水平和社会运行效率的提升。

《规划》部署了以下五项战略任务。一是提高技术创新能力。坚持整车和零部件并重，强化整车集成技术创新，提升动力电池、新一代车用电机等关键零部件的产业基础能力，推动电动化与网联化、智能化技术互融协同发展。二是构建新型产业生态。以生态主导型企业为龙头，加快车用操作系统开发应用，建设动力电池高效循环利用体系，强化质量安全保障，推动形成互融共生、分工合作、利益共享的新型产业生态。三是推动产业融合发展。推动新能源汽车与能源、交通、信息通信全面深度融合，促进能源消费结构优化、交通体系和城市智能化水平提升，构建产业协同发展新格局。四是完善基础设施体系。加快推动充换电、加氢等基础设施建设，提升互联互通水平，鼓励商业模式创新，营造良好使用环境。五是深化开放合作。践行开放融通、互利共赢的合作观，深化研发设计、贸易投资、技术标准等领域的交流合作，积极参与国际竞争，不断提高国际竞争能力。

《规划》要求，要充分发挥市场机制作用，促进优胜劣汰，支持优势企业兼并重组、做大做强，进一步提高产业集中度。落实新能源汽车相关税收优惠政策，优化分类交通管理及金融服务等措施，对作为公共设施的充电桩建设给予财政支持，给予新能源汽车停车、充电等优惠政策。2021年起，国家生态文明试验区、大气污染防治重点区域的公共领域新增或更新公交、出租、物流配送等车辆中新能源汽车比例不低于80%。

《规划》强调，要充分发挥节能与新能源汽车产业发展部际联席会议制度和地方协调机制作用，强化部门协同和上下联动，制定年度工作计划和部门任务分工，抓紧抓实抓细规划落实工作。

## 十、种业振兴行动

### 政策依据

《种业振兴行动方案》（中央全面深化改革委员会第二十次会议审议通过）。

### 政策简介

2021 年 7 月 9 日，中央全面深化改革委员会第二十次会议通过《种业振兴行动方案》。这是继 1962 年出台《关于加强种子工作的决定》后，再次对种业发展做出重要部署，是我国种业发展史上具有里程碑意义的一件大事。《种业振兴行动方案》明确了实现种业科技自立自强、种源自主可控的总目标，提出了种业振兴的指导思想、基本原则、重点任务和保障措施等一揽子安排，为打好种业翻身仗、推动我国由种业大国向种业强国迈进提供了路线图、任务书。农业现代化，种子是基础，必须把民族种业搞上去，把种源安全提升到关系国家安全的战略高度，集中力量破难题、补短板、强优势、控风险，重点从产出率、优质率、多样性三个指标提升我国种业发展水平。

### 政策内容

《种业振兴行动方案》明确了分物种、分阶段的具体目标任务，提出了实施种质资源保护利用、创新攻关、企业扶优、基地提升、市场净化五大行动，各地农业农村部门要抓紧部署实施。

一要全面加强种质资源保护利用。目前种质资源普查进展总体符合预期，但受疫情灾情等因素影响，一些地区普查进度偏慢。要对标目标任务，进一步加大资源普查力度，今年年内农作物要完成最后 707 个县普查征集任务，畜禽要完成所有行政村的面上普查，水产要以县为单位查清基本情况，及时将新发现的资源保护起来，统筹布局种质资源库圃（场区）建设，打牢种业振兴的种质资源基础。

二要大力推进种业创新攻关。国家将启动种源关键核心技术攻关，实施生物育种重大项目，有序推进产业化应用。农业农村部强化部省协同，推进育种联合攻关，重要大宗品种以国家为主、省级配合，地方特色品种以省为主、国家统筹，实施好新一轮畜禽遗传改良计划。各地要组建一批育种攻关联合体，推进科企合作，推动要素聚合、技术集成、机制创新，促进种质资源、数据信息、人才技术交流共享，加快突破一批重大新品种。

三要扶持优势种业企业发展。全面研究梳理种业企业阵型，分类型拉出重点龙头企业名单，强化具体指导、重点支持，促进种业龙头企业与科研院所、金融机构、种业基地紧密对接。要以企业为主体，一体化配置资金、项目、人才、技术等创新要素，搭建规模化技术集成应用平台，建立健全商业化育种体系。要让更多优势企业牵头承担种业科研攻关任务，鼓励金融机构创品种权、土地经营权、养殖设施、机械设备等抵押质押贷款，提高企业融资可及性、便利性。要着力培育一批具有较强研发能力、产业带动力和国际竞争力的种业重点龙头企业，发展一批具有差异化竞争优势、专业化服务能力强的"专精特新"企业。

四要提升种业基地建设水平。持续推进海南南繁、甘肃玉米、四川水稻等育制种基地建设，启动建设黑龙江大豆种子基地，抓好 100 个区域性作物良种繁育基地，支持结合高标准农田建设，完善配套设施和专业服务。要以生猪、奶牛、肉牛、肉羊、蛋鸡、肉鸡、水禽为重点，遴选建设一批国家核心育种场、种公畜站和扩繁基地，支持国家级水产供种繁育基地建设。各地要优先保障国家级种业基地设施用地、融资等需求，改善生物安全防护设施条件，推进重点动物疫病净化，建设一批省级育制种、供种育苗基地，满足地方特色产业发展需要。

五要严厉打击套牌侵权等违法行为。前不久农业农村部和最高人民法院已经做出相应部署。各地要扎实推进种业知识产权保护专项整治，强化全链条、全流程监管，加大案件查处力度，健全区域联动响应和案件联查联办机制，推动农业行政执法与刑事司法有机衔接，对套牌侵权、制假售假等违法行为重拳出击，加强转基因非法种植监管，让侵权违法者付出沉重代价。

# 十一、先进制造业和现代服务业深度融合发展

## 政策依据

国家发展改革委等 15 部门联合印发《关于推动先进制造业和现代服务业深度融合发展的实施意见》（发改产业〔2019〕1762 号）。

## 政策简介

先进制造业和现代服务业融合是顺应新一轮科技革命和产业变革，增强制造业核心竞争力、培育现代产业体系、实现高质量发展的重要途径。近年来，我国两业融合步伐不断加快，但也面临发展不平衡、协同性不强、深度不够和政策环境、体制机制存在制约等问题。推动先进制造业和现代服务业深度融合发展，必须坚持以供给侧结构性改革为主线，充分发挥市场配置资源的决定性作用，更好发挥政府作用，顺应科技革命、产业变革、消费升级趋势，通过鼓励创新、加强合作、以点带面，深化业务关联、链条延伸、技术渗透，探索新业态、新模式、新路径，推动先进制造业和现代服务业相融相长、耦合共生。

## 发展目标

到 2025 年，形成一批创新活跃、效益显著、质量卓越、带动效应突出的深度融合发展企业、平台和示范区，企业生产性服务投入逐步提高，产业生态不断完善，两业融合成为推动制造业高质量发展的重要支撑。

## 发展模式

1. 推进建设智能工厂。大力发展智能化解决方案服务，深化新一代信息技术、人工智能等应用，实现数据跨系统采集、传输、分析、应用，优化生产流程，提高效率和质量。

2. 加快工业互联网创新应用。以建设网络基础设施、发展应用平台体系、提升安全保障能力为支撑，推动制造业全要素、全产业链连接，完善协同应用生态，建设数字化、网络化、智能化制造和服务体系。

3. 推广柔性化定制。通过体验互动、在线设计等方式，增强定制设计能力，加强零件标准化、配件精细化、部件模块化管理，实现以用户为中心的定制和按需灵活生产。

4. 发展共享生产平台。鼓励资源富集企业面向社会开放产品开发、制造、物流配送等资源，提供研发设计、优化控制、设备管理、质量监控等服务，实现资源高效利用和价值共享。

5. 提升总集成总承包水平。支持设计、制造、施工等领域骨干企业整合资源、延伸链条，发展咨询设计、制造采购、施工安装、系统集成、运维管理等一揽子服务，提供整体解决方案。

6. 加强全生命周期管理。引导企业通过建立监测系统、应答中心、追溯体系等方式，提供远程运维、状态预警、故障诊断等在线服务，发展产品再制造、再利用，实现经济、社会生态价值最大化。

7. 优化供应链管理。提升信息、物料、资金、产品等配置流通效率，推动设计、采购、制造、销售、消费信息交互和流程再造，形成高效协同、弹性安全、绿色可持续的智慧供应链网络。

8. 发展服务衍生制造。鼓励电商、研发设计、文化旅游等服务企业，发挥大数据、技术、渠道、创意等要素优势，通过委托制造、品牌授权等方式向制造环节拓展。

9. 发展工业文化旅游。支持有条件的工业遗产和企业、园区、基地等，挖掘历史文化底蕴，开发集生产展示、观光体验、教育科普等于一体的旅游产品，厚植工业文化，弘扬工匠精神。

10. 培育其他新业态新模式。深化研发、生产、流通、消费等环节关联，加快业态模式创新升级，有效防范数据安全、道德风险，实现制造先进精准、服务丰富优质、流程灵活高效、模式互惠多元，提升全产业链价值。

## 发展路径

1. 加快原材料工业和服务业融合步伐。加快原材料企业向产品和专业服务解决方案提供商转型。加强早期研发介入合作，提供定向开发服务，缩短产品研发周期。鼓励有条件的企业提供社会化能源管理、安全环保、信息化等服务。推动具备区位、技术等优势的钢铁、水泥等企业发展废弃物协同处置、资源循环利用、污水处理、热力供应等服务。

2. 推动消费品工业和服务业深度融合。注重差异化、品质化、绿色化消费需求，推动消费品工业服务化升级。以服装、家居等为重点，发展规模化、个性化定制。以智能手机、家电、新型终端等为重点，发展"产品＋内容＋生态"全链式智能生态服务。以家电、消费电子等为重点，落实生产者责任延伸制度，健全废旧产品回收拆解体系，促进更新消费。

3. 提升装备制造业和服务业融合水平。推动装备制造企业向系统集成和整体解决方案提供商转型。支持市场化兼并重组，培育具有总承包能力的大型综合性装备企业。发展辅助设计、系统仿真、智能控制等高端工业软件，建设铸造、锻造、表面处理、热处理等基础工艺中心。用好强大国内市场资源，加快重大技术装备创新，突破关键核心技术，带动配套、专业服务等产业协同发展。

4. 完善汽车制造和服务全链条体系。加快汽车由传统出行工具向智能移动空间升级。推动汽车智能化发展，加快构建产业生态体系。加强车况、出行、充放电等数据挖掘应用，为汽车制造、城市建设、电网改造等提供支撑。加快充电设施建设布局，鼓励有条件的地方和领域探索发展换电和电池租赁服务，建立动力电池回收利用管理体系。规范发展汽车租赁、改装、二手车交易、维修保养等后市场。

5. 深化制造业服务业和互联网融合发展。大力发展"互联网＋"，激发发展活力和潜力，营造融合发展新生态。突破工业机理建模、数字孪生、信息物理系统等关键技术。深入实施工业互联网创新发展战略,加快构建标识解析、安全保障体系,发展面向重点行业和区域的工业互联网平台。推动重点行业数字化转型,推广一批行业系统解决方案,推动企业内外网升级改造。加快人工智能、5G 等新一代信息技术在制造、服务企业的创新应用,逐步实现深度优化和智能决策。

6. 促进现代物流和制造业高效融合。鼓励物流、快递企业融入制造业采购、生产、仓储、分销、配送等环节,持续推进降本增效。优化节点布局,完善配套设施,加强物流资源配置共享。鼓励物流外包,发展零库存管理、生产线边物流等新型业务。推进智能化改造和上下游标准衔接,推广标准化装载单元,发展单元化物流。鼓励物流企业和制造企业协同"走出去",提供安全可靠服务。

7. 强化研发设计服务和制造业有机融合。瞄准转型升级关键环节和突出短板,推动研发设计服务与制造业融合发展、互促共进。引导研发设计企业与制造企业嵌入式合作,提供需求分析、创新试验、原型开发等服务。开展制造业设计能力提升专项行动,促进工业设计向高端综合设计服务转型。完善知识产权交易和中介服务体系,推进创新成果转移转化。

8. 加强新能源生产使用和制造业绿色融合。顺应分布式、智能化发展趋势,推进新能源生产服务与设备制造协同发展。推广智能发电、智慧用能设备系统,推动能源高效管理和交易。发展分布式储能服务,实现储能设施混合配置、高效管理、友好并网。加强工业设备、智能家电等用电大数据分析,优化设计,降低能耗。推动氢能产业创新、集聚发展,完善氢能制备、储运、加注等设施和服务。

9. 推进消费服务重点领域和制造业创新融合。满足重点领域消费升级需求,推动智能设备产业创新发展。重点发展手术机器人、医学影像、远程诊疗等高端医疗设备,可穿戴监测、运动、婴幼儿监护、适老化健康养老等智能设备,开展健康管理、运动向导、精准照护等增值服务,逐步实现设备智能化、生活智慧化。鼓励增强/虚拟现实等技术在购物、广电等场景中的应用。

10. 提高金融服务制造业转型升级质效。坚持金融服务实体经济,创新产品和服务,有效防范风险,规范产融结合。依托产业链龙头企业资金、客户、数据、信用等优势,发展基于真实交易背景的票据、应收账款、存货、预付款项融资等供应链金融服务。鼓励发展装备融资租赁业务。

# 十二、科技服务业发展

## 政策依据

《国务院关于加快科技服务业发展的若干意见》(国发〔2014〕49 号)。

## 政策简介

科技服务业是现代服务业的重要组成部分,具有人才智力密集、科技含量高、产业附加值大、辐射带动作用强等特点。加快科技服务业发展,是推动科技创新和科技成果转化、促进科技经济深度融合的客观要求,是调整优化产业结构、培育新经济增长点的重要举措,是实现科技创新引领产业升级、推动经济向中高端水平迈进的关键一环,对于深入实施创新驱动发展战略、推动经济提质增效升级具有重要意义。为加快推动科技服务业发展,国务院印发了《关于加快科技服务业发展的若干意见》。

**政策内容**

1. 重点任务。

重点发展研究开发、技术转移、检验检测认证、创业孵化、知识产权、科技咨询、科技金融、科学技术普及等专业科技服务和综合科技服务，提升科技服务业对科技创新和产业发展的支撑能力。

（1）研究开发及其服务。加大对基础研究的投入力度，支持开展多种形式的应用研究和试验发展活动。支持高校、科研院所整合科研资源，面向市场提供专业化的研发服务。鼓励研发类企业专业化发展，积极培育市场化新型研发组织、研发中介和研发服务外包新业态。支持产业联盟开展协同创新，推动产业技术研发机构面向产业集群开展共性技术研发。支持发展产品研发设计服务，促进研发设计服务企业积极应用新技术提高设计服务能力。加强科技资源开放服务，建立健全高校、科研院所的科研设施和仪器设备开放运行机制，引导国家重点实验室、国家工程实验室、国家工程（技术）研究中心、大型科学仪器中心、分析测试中心等向社会开放服务。

（2）技术转移服务。发展多层次的技术（产权）交易市场体系，支持技术交易机构探索基于互联网的在线技术交易模式，推动技术交易市场做大做强。鼓励技术转移机构创新服务模式，为企业提供跨领域、跨区域、全过程的技术转移集成服务，促进科技成果加速转移转化。依法保障为科技成果转移转化做出重要贡献的人员、技术转移机构等相关方的收入或股权比例。充分发挥技术进出口交易会、高新技术成果交易会等展会在推动技术转移中的作用。推动高校、科研院所、产业联盟、工程中心等面向市场开展中试和技术熟化等集成服务。建立企业、科研院所、高校良性互动机制，促进技术转移转化。

（3）检验检测认证服务。加快发展第三方检验检测认证服务，鼓励不同所有制检验检测认证机构平等参与市场竞争。加强计量、检测技术、检测装备研发等基础能力建设，发展面向设计开发、生产制造、售后服务全过程的观测、分析、测试、检验、标准、认证等服务。支持具备条件的检验检测认证机构与行政部门脱钩、转企改制，加快推进跨部门、跨行业、跨层级整合与并购重组，培育一批技术能力强、服务水平高、规模效益好的检验检测认证集团。完善检验检测认证机构规划布局，加强国家质检中心和检测实验室建设。构建产业计量测试服务体系，加强国家产业计量测试中心建设，建立计量科技创新联盟。构建统一的检验检测认证监管制度，完善检验检测认证机构资质认定办法，开展检验检测认证结果和技术能力国际互认。加强技术标准研制与应用，支持标准研发、信息咨询等服务发展，构建技术标准全程服务体系。

（4）创业孵化服务。构建以专业孵化器和创新型孵化器为重点、综合孵化器为支撑的创业孵化生态体系。加强创业教育，营造创业文化，办好创新创业大赛，充分发挥大学科技园在大学生创业就业和高校科技成果转化中的载体作用。引导企业、社会资本参与投资建设孵化器，促进天使投资与创业孵化紧密结合，推广"孵化＋创投"等孵化模式，积极探索基于互联网的新型孵化方式，提升孵化器专业服务能力。整合创新创业服务资源，支持建设"创业苗圃＋孵化器＋加速器"的创业孵化服务链条，为培育新兴产业提供源头支撑。

（5）知识产权服务。以科技创新需求为导向，大力发展知识产权代理、法律、信息、咨询、培训等服务，提升知识产权分析评议、运营实施、评估交易、保护维权、投融资等服务水平，构建全链条的知识产权服务体系。支持成立知识产权服务联盟，开发高端检索分析工具。推动知识产权基础信息资源免费或低成本向社会开放，基本检索工具免费供社会公众使用。支持相关科技服务机构面向重点产业领域，建立知识产权信息服务平台，提升产业创新服务能力。

（6）科技咨询服务。鼓励发展科技战略研究、科技评估、科技招投标、管理咨询等科技咨询服务业，积极培育管理服务外包、项目管理外包等新业态。支持科技咨询机构、知识服务机构、生产力促进中心等积极应用大数据、云计算、移动互联网等现代信息技术，创新服务模式，开展网络化、集成化的科技咨询和知识服务。加强科技信息资源的市场化开发利用，支持发展竞争情报分析、科技查新和文献检索等科技信息服务。发展工程技术咨询服务，为企业提供集成化的工程技术解决方案。

（7）科技金融服务。深化促进科技和金融结合试点，探索发展新型科技金融服务组织和服务模式，建立适应创新链需求的科技金融服务体系。鼓励金融机构在科技金融服务的组织体系、金融产品和服务机制方面进行创新，建立融资风险与收益相匹配的激励机制，开展科技保险、科技担保、知识产权质押等科技金融服务。支持天使投资、创业投资等股权投资对科技企业进行投资和增值服务，探索投贷结合的融资模式。利用互联网金融平台服务科技创新，完善投融资担保机制，破解科技型中小微企业融资难问题。

（8）科学技术普及服务。加强科普能力建设，支持有条件的科技馆、博物馆、图书馆等公共场所免费开放，开展公益性科普服务。引导科普服务机构采取市场运作方式，加强产品研发，拓展传播渠道，开展增值服务，带动模型、教具、展品等相关衍生产业发展。推动科研机构、高校向社会开放科研设施，鼓励企业、社会组织和个人捐助或投资建设科普设施。整合科普资源，建立区域合作机制，逐步形成全国范围内科普资源互通共享的格局。支持各类出版机构、新闻媒体开展科普服务，积极开展青少年科普阅读活动，加大科技传播力度，提供科普服务新平台。

（9）综合科技服务。鼓励科技服务机构的跨领域融合、跨区域合作，以市场化方式整合现有科技服务资源，创新服务模式和商业模式，发展全链条的科技服务，形成集成化总包、专业化分包的综合科技服务模式。鼓励科技服务机构面向产业集群和区域发展需求，开展专业化的综合科技服务，培育发展壮大若干科技集成服务商。支持科技服务机构面向军民科技融合开展综合服务，推进军民融合深度发展。

2. 政策措施。

（1）健全市场机制。进一步完善科技服务业市场法规和监管体制，有序放开科技服务市场准入，规范市场秩序，加强科技服务企业信用体系建设，构建统一开放、竞争有序的市场体系，为各类科技服务主体营造公平竞争的环境。推动国有科技服务企业建立现代企业制度，引导社会资本参与国有科技服务企业改制，促进股权多元化改造。鼓励科技人员创办科技服务企业，积极支持合伙制科技服务企业发展。加快推进具备条件的科技服务事业单位转制，开展市场化经营。加快转变政府职能，充分发挥产业技术联盟、行业协会等社会组织在推动科技服务业发展中的作用。

（2）强化基础支撑。加快建立国家科技报告制度，建设统一的国家科技管理信息系统，逐步加大信息开放和共享力度。积极推进科技服务公共技术平台建设，提升科技服务技术支撑能力。建立健全科技服务的标准体系，加强分类指导，促进科技服务业规范化发展。完善科技服务业统计调查制度，充分利用并整合各有关部门科技服务业统计数据，定期发布科技服务业发展情况。研究实行有利于科技服务业发展的土地政策，完善价格政策，逐步实现科技服务企业用水、用电、用气与工业企业同价。

（3）加大财税支持。建立健全事业单位大型科研仪器设备对外开放共享机制，加强对国家超级计算中心等公共科研基础设施的支持。完善高新技术企业认定管理办法，充分考虑科技服务业特点，将科技服务内容及其支撑技术纳入国家重点支持的高新技术领域，对认定为高新技术企业的科技服务企业，减按15%的税率征收企业所得税。符合条件的科技服务企业发生的职工教育经费支出，不超过工资薪金总额8%的部分，准予在计算应纳税所得额时据实扣除。结合完善企业研发费用计核方法，统筹研究科技服务费用税前加计扣除范围。加快推进营业税改征增值税试点，扩大科技服务企业增值税进项税额抵扣范围，消除重复征税。落实国家大学科技园、科技企业孵化器相关税收优惠政策，对其自用以及提供给孵化企业使用的房产、土地，免征房产税和城镇土地使用税；对其向孵化企业出租场地、房屋以及提供孵化服务的收入，免征营业税。

（4）拓宽资金渠道。建立多元化的资金投入体系，拓展科技服务企业融资渠道，引导银行信贷、创业投资、资本市场等加大对科技服务企业的支持，支持科技服务企业上市融资和再融资以及到全国中小企业股份转让系统挂牌，鼓励外资投入科技服务业。积极发挥财政资金的杠杆作用，利用中小企业发展专项资金、国家科技成果转化引导基金等渠道加大对科技服务企业的支持力度；鼓励地方通过科技服务业发展专项资金等方式，支持科技服务机构提升专业服务能力、搭建公共服务平台、创新服务模式等。创新财政支持方式，积极探索以政府购买服务、"后补助"等方式支持公共科技服务发展。

（5）加强人才培养。面向科技服务业发展需求，完善学历教育和职业培训体系，支持高校调整相关专业设置，加强对科技服务业从业人员的培养培训。积极利用各类人才计划，引进和培养一批懂技术、懂市场、懂管理的复合型科技服务高端人才。依托科协组织、行业协会，开展科技服务人才专业技术培训，提高从业人员的专业素质和能力水平。完善科技服务业人才评价体系，健全职业资格制度，调动高校、科研院所、企业等各类人才在科技服务领域创业创新的积极性。

（6）深化开放合作。支持科技服务企业"走出去"，通过海外并购、联合经营、设立分支机构等方式开拓国际市场，扶持科技服务企业到境外上市。推动科技服务企业牵头组建以技术、专利、标准为纽带的科技服务联盟，开展协同创新。支持科技服务机构开展技术、人才等方面的国际交流合作。鼓励国外知名科技服务机构在我国设立分支机构或开展科技服务合作。

（7）推动示范应用。开展科技服务业区域和行业试点示范，打造一批特色鲜明、功能完善、布局合理的科技服务业集聚区，形成一批具有国际竞争力的科技服务业集群。深入推动重点行业的科技服务应用，围绕战略性新兴产业和现代制造业的创新需求，建设公共科技服务平台。鼓励开展面向农业技术推广、农业产业化、人口健康、生态环境、社会治理、公共安全、防灾减灾等惠民科技服务。

各地区要根据本意见，结合地方实际研究制定具体实施方案，细化政策措施，确保各项任务落到实处。

## 十三、循环经济发展

### 政策依据

《国家发展改革委关于印发"十四五"循环经济发展规划的通知》(发改环资〔2021〕969号)。

### 政策简介

2021年7月国家发展改革委印发了《"十四五"循环经济发展规划》(本节简称《规划》)。《规划》指出,大力发展循环经济,推进资源节约集约循环利用,对保障国家资源安全,推动实现碳达峰碳中和,促进生态文明建设具有十分重要的意义。"十三五"时期我国循环经济发展取得积极成效,资源利用效率大幅提升,再生资源利用能力显著增强,资源循环利用已经成为保障我国资源安全的重要途径。"十四五"循环经济发展要坚持节约资源和保护环境的基本国策,遵循"减量化、再利用、资源化"原则,着力建设资源循环型产业体系,加快构建废旧物资循环利用体系,深化农业循环经济发展,全面提高资源利用效率,提升再生资源利用水平,建立健全绿色低碳循环发展经济体系,为经济社会可持续发展提供资源保障。

### 政策内容

循环经济涉及面广、头绪众多,如何把握关键、找准重点,从而以点带面形成突破,十分考验政府政策设计的能力。《规划》围绕主要目标通过部署三方面重点任务、五项重点工程、六项重大行动,清晰描绘了"十四五"循环经济发展的路线图,具有很强的针对性和可操作性。

1. 主要目标。到2025年,资源循环型产业体系基本建立,覆盖全社会的资源循环利用体系基本建成,资源利用效率大幅提高,再生资源对原生资源的替代比例进一步提高,循环经济对资源安全的支撑保障作用进一步凸显。其中,主要资源产出率比2020年提高约20%,单位GDP能源消耗、用水量比2020年分别降低13.5%、16%左右,农作物秸秆综合利用率保持在86%以上,大宗固废综合利用率达到60%,建筑垃圾综合利用率达到60%,废纸、废钢利用量分别达到6000万吨和3.2亿吨,再生有色金属产量达到2000万吨,资源循环利用产业产值达到5万亿元。

2. 主要任务。《规划》围绕工业、社会生活、农业三大领域,提出了"十四五"循环经济发展的主要任务。一是通过推行重点产品绿色设计、强化重点行业清洁生产、推进园区循环化发展、加强资源综合利用、推进城市废弃物协同处置,构建资源循环型产业体系,提高资源利用效率。二是通过完善废旧物资回收网络、提升再生资源加工利用水平、规范发展二手商品市场、促进再制造产业高质量发展,构建废旧物资循环利用体系,建设资源循环型社会。三是通过加强农林废弃物资源化利用、加强废旧农用物资回收利用、推行循环型农业发展模式,深化农业循环经济发展,建立循环型农业生产方式。

3. 重点工程。《规划》部署了"十四五"时期循环经济领域的五大重点工程和六大重点行动,包括城市废旧物资循环利用体系建设、园区循环化发展、大宗固废综合利用示范、建筑垃圾资源化利用示范、循环经济关键技术与装备创新五大重点工程，以及再制造产业高质量发展、废弃电器电子产品回收利用、汽车使用全生命周期管理、塑料污染全链条治理、快递包装绿色转型、废旧动力电池循环利用六大重点行动。

4. 政策保障。《规划》明确了循环经济发展保障政策和组织实施，提出健全循环经济法律法规标准、完善循环经济统计评价体系、加强财税金融政策支持、强化行业监管。要求各有关部门按照职能分工抓好重点任务落实，各地区要精心组织安排，明确重点任务和责任分工，结合实际抓好规划贯彻落实。

# 十四、5G 应用"扬帆"行动计划

## 政策依据

《工业和信息化部 中央网络安全和信息化委员会办公室 国家发展和改革委员会 教育部 财政部 住房和城乡建设部 文化和旅游部 国家卫生健康委员会 国务院国有资产监督管理委员会 国家能源局关于印发〈5G 应用"扬帆"行动计划（2021—2023 年）〉的通知》（工信部联通信〔2021〕77 号）。

## 政策简介

当前，以 5G 为代表的新一代信息通信技术创新活跃，加速与经济社会各领域深度融合，日益成为推动经济社会数字化、网络化、智能化转型升级的关键驱动，有力支撑了制造强国、网络强国建设。习近平总书记就加快 5G 发展多次做出重要指示。2021 年《政府工作报告》提出要"加大 5G 网络和千兆光网建设力度，丰富应用场景"。《中华人民共和国国民经济和社会发展第十四个五年规划和 2035 年远景目标纲要》提出要"构建基于 5G 的应用场景和产业生态"。为深入贯彻习近平总书记关于 5G 发展的重要指示精神，认真落实党中央、国务院决策部署，推动 5G 应用发展加快高新技术融合赋能、加快传统产业转型升级、加快治理能力现代化，持续推动 5G 实现从 1 到 N 的跨越，工业和信息化部联合九部门共同出台了《5G 应用"扬帆"行动计划（2021—2023 年）》（本节简称《行动计划》）。

## 政策内容

1. 发展目标。到 2023 年，我国 5G 应用发展水平显著提升，综合实力持续增强。打造 IT（信息技术）、CT（通信技术）、OT（运营技术）深度融合新生态，实现重点领域 5G 应用深度和广度双突破，构建技术产业和标准体系双支柱，网络、平台、安全等基础能力进一步提升，5G 应用"扬帆远航"的局面逐步形成。

2. 总体思路。按照需求牵引、创新驱动、重点突破、协同联动的基本原则，在遵循技术演进规律、市场发展规律基础上，充分发挥"有效市场"在资源配置中的决定性作用，更好发挥"有为政府"的管理和服务作用，通过搭平台、出政策、树典型、优环境等多项措施，助推 5G 应用规模化发展。

3. 主要内容。包括标准体系构建、产业基础强化、信息消费升级、行业应用深化、社会民生服务、网络能力强基、应用生态融通、安全保障提升等八大专项行动。其中设置了实施 5G 应用标准体系构建及推广工程、面向行业需求的 5G 产品攻坚工程、5G 应用创新生态培育示范工程和 5G 应用安全能力锻造工程等四大重点工程。

4. 量化指标。围绕用户发展、行业赋能、网络能力等提出七个量化指标，引导 5G 未来发展方向。一是在 5G 用户发展上。包括 5G 个人用户普及率、5G 网络接入流量占比两项量化指标，推动 5G 应用逐步在消费市场普及。二是在 5G 行业赋能上。包括 5G 物联网终端用户数年增长率、重点行业 5G 示范应用标杆数、5G 在大型工业企业渗透率三项量化指标，着力推动 5G 应用在垂直行业形成规模化发展态势。三是在 5G 网络能力上。包括每万人拥有 5G 基站数、5G 行业虚拟专网数两项量化指标，着力提升面向公众覆盖和行业企业覆盖的 5G 基础设施供给能力。

5. 行业应用。面向信息消费、实体经济、民生服务三大领域，重点推进 15 个行业的 5G 应用，通过三年时间初步形成 5G 创新应用体系。一是新型信息消费升级行动，重点培育 5G+ 新型信息消费和 5G+ 融合媒体，拉动新型产品和新型内容消费，加快 5G 在媒体领域的落地应用。二是行业融合应用深化行动，重点推进 5G+ 工业互联网、5G+ 车联网、5G+ 智慧物流、5G+ 智慧港口、5G+ 智能采矿、5G+ 智慧电力、5G+ 智能油气、5G+ 智慧农业、5G+ 智慧水利等领域的深度应用，加快重点行业数字化转型进程。三是社会民生服务普惠行动，重点加大 5G+ 智慧教育、5G+ 智慧医疗、5G+ 文化旅游、5G+ 智慧城市等 5G 应用创新，探索新模式新业态，提升人民幸福感、获得感。除了上述 15 个行业，其他行业也可以结合自身实际和业内经验成果，推动 5G 融合应用尽快落地。

6. 能力提升。一是 5G 网络能力强基行动，重点提升面向公众的 5G 网络覆盖水平，加强面向行业的 5G 网络供给能力，加强 5G 频率资源保障。二是 5G 应用生态融通行动，重点加快跨领域融合创新发展，推动 5G 融合应用政策创新，开展 5G 应用创新载体建设，强化 5G 应用共性技术平台支撑。三是 5G 应用安全提升行动，重点加强 5G 应用安全风险评估，开展 5G 应用安全示范推广，提升 5G 应用安全评测认证能力，强化 5G 应用安全供给支撑服务。

## 十五、创新型产业集群发展

### 政策依据

《科技部火炬中心印发〈关于深入推进创新型产业集群高质量发展的意见〉的通知》（国科火字〔2020〕85 号）（本节简称《意见》）。

### 政策简介

创新型产业集群是指产业链相关联企业、研发和服务机构在特定区域集聚，通过分工合作和协同创新，形成具有跨行业跨区域带动作用和国际竞争力的产业组织形态。推进创新型产业集群高质量发展是深入实施创新驱动发展战略、建设现代化经济体系的重要战略支撑。在当前统筹推进疫情防控和经济社会发展的关键时期，进一步推进创新型产业集群建设，聚焦国家重大战略需求，着力攻克关键核心技术、提升产业创新能力、打造区域现代化经济体系，是有效降低疫情影响、促进经济社会健康发展的重要举措。

### 政策内容

《意见》内容共 12 条，涉及把握产业方向、强化政策集成、完善载体建设、强化研发体系、培育领军企业、搭建产业联盟、加强平台建设、创新支持方式、培育聚集人才、加强开放创新等。

1. 立足新兴产业，把握发展方向。要充分发挥国家高新技术产业开发区的产业集聚作用，按照"一区一主导产业"布局建设创新型产业集群。未来一个时期，在新一代信息技术、生物医药、智能制造、节能环保、新能源汽车、新材料、新能源、生物农业等战略性新兴产业中，按照国家战略与地方需求相结合、政府引导与市场主导相结合、科技创新与产业发展相结合、自主培育与扩大开放相结合的原则，在现有创新型产业集群试点和培育基础上，重点建设 100 个国家创新型产业集群，形成若干万亿级产业规模和一批千亿级产业规模，掌握关键核心技术、产业技术体系完备、大中小企业融通发展、处于国际国内领先地位的创新型产业集群。

2. 强化政策集成，形成叠加效应。综合运用财政、税收、土地、金融、贸易以及科技项目、基地、人才、评价等政策，协同支持创新型产业集群载体建设、主体培育、科技创新和人才培养与引进。完善政府采购政策，扩大首购、订购等非招标方式的应用。加大力度在创新型产业集群建设中落实高新技术企业税收、科技型中小企业研发费用加计扣除、小微企业财税优惠等政策，确保已有政策应享尽享。

3. 完善载体建设，优化空间布局。围绕创新型产业集群产业发展需求，科学规划空间布局，探索实行差别化产业项目用地供地模式。充分落实当地产业用地政策，深入推进用地再开发，鼓励以业态调整、腾笼换鸟等方式，优化用地结构，盘活存量和闲置土地用于创新型产业集群发展。探索面向优质科技型集群企业，开展用地弹性出让、土地年租制等方式进行载体建设。

4. 强化研发体系，着力产业创新。推动国家重大科技计划成果在创新型产业集群中进行产业化，鼓励集群内优秀科技企业承担各类政府资助项目。面向集群产业链关键核心技术需求，建设一批新型研发机构，鼓励集群领军企业牵头组织产业重大技术研发和行业标准制订，鼓励集群企业采取多种形式与高校、科研机构合作建立研发中心、设计中心和工程技术中心，着力提升集群产业创新能力和产业链现代化水平。探索建立股份制战略技术合作机构，推动全产业链上不同环节技术优势单位强强联合、交互持股，打造技术创新合作网络和利益共同体。

5. 培育领军企业，促进融通发展。支持创新型产业集群领军企业的技术研发、技术改造和提档升级，促进其成为具有核心竞争力、市场影响力和行业话语权的国际领先企业。鼓励领军企业提升全产业链专业化协作和配套水平，将集群内有条件的科技型中小企业纳入供应链管理。以集群领军企业和关键核心企业为重点，充分发挥科技型中小企业优势，实施集群企业梯次培育行动计划，不断壮大集群企业队伍，促进大中小企业协同创新、融通发展。

6. 搭建产业联盟，促进协同创新。支持建设创新型产业集群产业链各组成部分积极参与、知识分享、利益共享的产业技术联盟，形成定位清晰、优势互补、分工明确的协同创新机制，有效提高和降低联盟成员在技术研发、市场开拓、配套供给等过程中的效率和成本。鼓励大学、研究机构、金融机构和中介服务机构积极参与产业技术联盟建设，促进联盟进一步发挥整合各类优质创新资源的优势。

7. 加强平台建设，完善服务体系。支持建设多元投入、市场主体、公益目标的创新型产业集群新型协同创新平台。加强集群"双创"平台建设，鼓励众创空间、科技企业孵化器、科技中介机构等不断提高服务水平，推动专业孵化、产业孵化，促进企业加速器建设。强化公共技术服务平台和技术转移服务平台建设，不断提高面向全产业链的服务能力。充分利用中国创新创业大赛、创新挑战赛等平台，为创新型产业集群发展推介优质科技型企业等创新资源。

8. 创新支持方式，完善金融服务。以推动实施"科技型中小企业成长路线图计划2.0"为抓手，促进创新型产业集群科技创新和现代金融深度融合。鼓励建立集群创业与产业投资基金，引导社会资本参与集群建设，提升投资机构专业化服务能力，扩大权益性资本供给；建立科技金融服务中心，鼓励探索应用专业化科技金融工具，开展知识产权质押、股权质押、应收款质押等科技信贷业务，引导银行加大对集群企业的信贷支持。积极筛选推荐集群企业对接新三板、创业板、科创板，充分利用资本市场做大做强做优。

9. 培育聚集人才，强化人才战略。支持建立符合创新型产业集群发展特点的人才评价方式。鼓励集群企业及研发机构建立各类高层次专业技术人才工作平台。探索建立人才柔性工作支持政策，鼓励外地人才通过各种方式为集群建设提供服务，在科研立项、成果转化、表彰奖励等方面与本地人才享受同等待遇。支持在集群中建立青年留学回国人员实习基地，吸引海外留学人员回国参与创新型产业集群建设。

10. 加强开放创新，参与国际合作。积极参与"一带一路"建设，探索建立"一带一路"创新型产业集群国际合作交流机制。鼓励集群领军企业按产业链布局需要，在境外设立代表处、办事处等境外机构。鼓励集群内具备条件的企业，采取投资入股、收购兼并等方式，通过资本纽带与产业链中境外优秀机构快速融合，补齐发展短板。

11. 加强组织管理，明确工作责任。建立以培育为核心的创新型产业集群建设推进工作体系。科技部火炬中心是集群建设的组织管理机构，负责宏观指导、协调推进、分类管理和考核评价等。各省、自治区、直辖市、计划单列市科技管理部门是组织推进机构，负责地区创新型产业集群的政策制定、组织管理和审核报备。地市级科技主管部门或国家高新区管委会是集群建设的责任主体机构，具体负责创新型产业集群的建设方案制定和建设推进工作。

12. 提高服务水平，强化考核评价。各级创新型产业集群建设组织机构和责任主体，要积极落实创新政策，优化创新生态和营商环境，进一步加强服务意识，提高服务效率。要强化集群建设的考核评价工作，全面落实以评促建。科技部火炬中心将完善创新型产业集群动态监测和考核评价工作体系，并根据考核评价结果，对集群建设进行分类指导和推广示范。国家高新技术产业开发区内创新型产业集群建设的绩效纳入国家高新区评价体系。

## 十六、绿色技术产业发展

### 政策依据

《国家发展改革委 科技部关于构建市场导向的绿色技术创新体系的指导意见》（发改环资〔2019〕689号）。

### 政策简介

2019年1月23日，中央全面深化改革委员会第六次会议审议通过了《关于构建市场导向的绿色技术创新体系的指导意见》（本节简称《指导意见》），之后由国家发展改革委、科技部联合印发。生态文明建设是关系中华民族永续发展的根本大计，生态环境是关系党的使命宗旨的重大政治问题，也是关系民生的重大社会问题。绿色技术创新体系是我国第一次针对具体技术领域提出的创新体系建设，充分反映我国对生态文明建设的高度重视。《指导意见》的出台强化了科技创新对绿色发展的引领作用，体现了人与自然和谐共生现代化的重要内涵，指明了绿色技术创新体系的基本要求，突出了绿色技术创新的市场导向。加快推动绿色技术创新是迎接新一轮技术革命和产业革命的重要举措，是解决我国现实生态环境问题的重要支撑。

**适用范围**

绿色技术是指为降低消耗、减少污染、改善生态，促进生态文明建设、实现人与自然和谐共生的新兴技术，包括节能环保、清洁生产、清洁能源、生态保护与修复、城乡绿色基础设施、生态农业等领域，涵盖产品设计、生产、消费、回收利用等环节的技术。

**政策目标**

构建市场导向的绿色技术创新体系是一项长期的基础性工作。主要目标为：企业绿色技术创新主体地位得到强化，出现一批龙头骨干企业，"产学研金介"深度融合、协同高效；绿色技术创新引导机制更加完善，绿色技术市场繁荣，人才、资金、知识等各类要素资源向绿色技术创新领域有效聚集，高效利用，要素价值得到充分体现；绿色技术创新综合示范区、绿色技术工程研究中心、创新中心等形成系统布局，高效运行，创新成果不断涌现并充分转化应用；绿色技术创新的法治、政策、融资环境充分优化，国际合作务实深入，创新基础能力显著增强。

**政策措施**

围绕培育绿色技术创新主体、强化绿色技术创新的导向机制、推进绿色技术创新成果转化示范应用、优化绿色技术创新环境、加强绿色技术创新对外开放与国际合作五个方面，提出了相应的政策措施，重点解决构建市场导向的绿色技术创新体系存在的制约瓶颈和突出问题。

1. 激励型政策。重点是通过政策激励调动企业积极性。比如，开展绿色技术创新"十百千"行动，国家重大科技专项、国家重点研发计划支持的绿色技术研发项目由企业牵头承担的比例不少于55% 等。

2. 机制创新型政策。重点是突破绿色技术创新中机制瓶颈。比如，允许绿色技术发明人或研发团队以持有股权、分红等形式获得技术转移转化和收益，科研人员离岗后仍保持持有股权的权利，依法依规建立一批分领域、分类别的专业绿色技术创新联盟等。

3. 引导型政策。重点是对企业绿色技术创新发挥引导作用。比如，制定发布绿色产业目录、绿色技术推广目录、绿色技术与装备淘汰目录，积极发挥国家科技成果转化引导基金支持重点绿色技术创新成果转化的作用，制定公募和私募基金绿色投资标准和行为指引等。

4. 服务型政策。重点是为绿色技术创新提供公共服务。比如，在绿色技术领域培育建设一批国家工程研究中心、国家技术创新中心、国家科技资源共享服务平台等创新基地平台，建立综合性国家级绿色技术交易市场，选择绿色技术创新基础较好的城市建设绿色技术创新综合示范区等。

5. 规范型政策。重点是规范创新主体的行为，营造良好的环境。比如，建立绿色技术侵权行为信息记录，将有关信息纳入全国公共信用共享平台，制定绿色技术创新中介机构评价规范和管理制度等。

6. 开放型政策。支持绿色技术创新的国际合作，例如推进建立"一带一路"绿色技术创新联盟等合作机构，支持国家级技术开发区等建设国际合作生态园区等。

## 十七、工业互联网创新发展

### 政策依据

工业互联网专项工作组《关于印发〈工业互联网创新发展行动计划（2021—2023年）〉的通知》（工信部信管〔2020〕197号）。

### 政策简介

工业互联网是新一代信息通信技术与工业经济深度融合的全新工业生态、关键基础设施和新型应用模式。它以网络为基础、平台为中枢、数据为要素、安全为保障，通过对人、机、物全面连接，变革传统制造模式、生产组织方式和产业形态，构建起全要素、全产业链、全价值链全面连接的新型工业生产制造和服务体系，对支撑制造强国和网络强国建设、提升产业链现代化水平、推动经济高质量发展和构建新发展格局，都具有十分重要的意义。未来三年是工业互联网的快速成长期。为深入贯彻习近平总书记对工业互联网的一系列重要指示精神，落实党中央、国务院决策部署，进一步巩固提升发展成效，更好地谋划推进未来一个阶段发展工作，工业互联网专项工作组制定出台了《工业互联网创新发展行动计划（2021—2023年）》（本节简称《行动计划》）。《行动计划》提出了五方面、11项重点行动和10大重点工程，着力解决工业互联网发展中的深层次难点、痛点问题，推动产业数字化，带动数字产业化。

### 政策内容

到2023年，新型基础设施进一步完善，融合应用成效进一步彰显，技术创新能力进一步提升，产业发展生态进一步健全，安全保障能力进一步增强。工业互联网新型基础设施建设量质并进，新模式、新业态大范围推广，产业综合实力显著提升。

1. 在基础设施建设方面，一是实施网络体系强基行动，推进工业互联网网络互联互通工程，推动IT与OT网络深度融合，在10个重点行业打造30个5G全连接工厂；二是实施标识解析增强行动，推进工业互联网标识解析体系增强工程，完善标识体系构建，引导企业建设二级节点不少于120个、递归节点不少于20个；三是实施平台体系壮大行动，推进工业互联网平台体系化升级工程，推动工业设备和业务系统上云上平台数量比2020年翻一番。

2. 在持续深化融合应用方面，一是实施数据汇聚赋能行动，制定工业大数据标准，促进数据互联互通；二是实施新型模式培育行动，推进工业互联网新模式推广工程，培育推广智能化制造、网络化协同、个性化定制、服务化延伸、数字化管理等新模式；三是实施融通应用深化行动，推进工业互联网融通应用工程，持续深化"5G+工业互联网"融合应用。

3．在强化技术创新能力方面，一是实施关键标准建设行动，推进工业互联网标准化工程，实施标准引领和标准推广计划，完成60项以上关键标准研制；二是实施技术能力提升行动，推进工业互联网技术产品创新工程，加强工业互联网基础支撑技术攻关，加快新型关键技术与产品研发。

4．在培育壮大产业生态方面，一是实施产业协同发展行动，推进工业互联网产业生态培育工程，培育技术创新企业和运营服务商，再建设五个国家级工业互联网产业示范基地，打造10个"5G+工业互联网"融合应用先导区；二是实施开放合作深化行动，营造开放、多元、包容的发展环境，推动多边、区域层面政策和规则协调，支持在自贸区等开展新模式新业态先行先试。

5．在提升安全保障水平方面，实施安全保障强化行动，推进工业互联网安全综合保障能力提升工程，完善网络安全分类分级管理制度。加强技术创新突破，实施保障能力提升计划，推动中小企业"安全上云"，强化公共服务供给，培育网络安全产业生态。

6．结合重点任务和突出问题，从组织实施、数据管理、资金保障、人才保障四方面明确了支撑要素和政策措施。

# 第二章 支持专项

## 一、先进制造业发展专项

### 政策依据

《河南省财政厅 河南省工业和信息化委员会关于印发河南省先进制造业发展专项资金管理办法的通知》(豫财企〔2018〕16号);《河南省人民政府关于印发中国制造2025河南行动纲要的通知》(豫政〔2016〕12号);《河南省人民政府办公厅关于转发河南省支持转型发展攻坚战若干财政政策的通知》(豫政办〔2017〕71号)。

### 政策简介

河南省先进制造业发展专项资金,是指省级财政设立,主要用于支持先进制造业发展,以推进供给侧结构性改革为主线,以高端化、绿色化、智能化、融合化为方向,构建关联度、聚集度高,竞争力、带动力强、吸纳就业能力显著、集约节约、绿色环保、环境友好型现代产业体系的资金。专项资金分为基金化资金和非基金化资金两部分。基金化资金按照政府投资基金管理有关规定执行,非基金化资金按本办法规定管理。

### 适用范围

专项资金支持范围为:装备制造、食品制造、新型材料制造、电子制造、汽车制造等主导产业,智能制造装备、生物医药、节能环保和新能源装备、新一代信息技术等新兴产业,冶金、建材、化工、轻纺等传统产业,中小企业公共服务体系建设等。

### 支持方式

专项资金支持方式主要采取财政补助、以奖代补、贷款贴息等方式。

1. 技术改造类(含军民融合、高端化制造、绿色化改造、智能化改造等)。

(1)重点支持实施"十百千"技术改造示范工程,对技改示范项目的设备、研发投入,按照实际投入不超过30%给予后补助,最高不超过1000万元。在分配市县技术改造补助资金时,适当向考核先进的市(县)倾斜。对新增投资额1000万元以上的重大节能、节水、清洁生产和基础工艺绿色化改造的示范项目,按照节能降耗效果和投资规模的一定比例给予后补助,最高不超过1000万元。

(2)支持建设制造业创新中心,对列入省创新中心培育名单的,在培育期内,以项目建成后补助方式,按照年度内购置研发、中试等试验设备投入资金的30%给予补助,补助金额最高不超过500万元;凡认定为省创新中心的,以支持项目建设的方式,按照年度内进行技术引进及购置科研仪器、设备和软件等费用总和的30%给予补助,年度补助金额最高不超过500万元;对晋升为国家级创新中心的,一次性奖励1000万元。

(3)建设智能工厂、智能车间的重点企业,其智能化改造项目按照软硬件投资的 8% 予以补助，最高不超过 1000 万元；对百项"机器换人"示范项目，按照整机购置或租赁费给予不高于 15% 的补贴，最高不超过 500 万元。

2. 首台（套）重大技术装备奖励和保费补助及新型材料首批次保费补贴政策。

（1）对经省认定的成套设备、单台设备和关键部件，对省内研发和购买使用单位按照销售价格的 5% 分别给予奖励，奖励总额最高不超过 500 万元；对经省认定的首台（套）重大技术装备投保产品，省财政按综合投保费率 3% 的上限及实际投保年度保费的 80% 给予补助。

（2）新型材料首批次保费补贴等政策，按有关规定执行。

3. 定额奖励政策。

（1）对新获得国家级质量标杆、制造业单项冠军示范企业，省财政一次性给予 100 万元奖励。市（县）财政可再给予适当奖励。

（2）对在全国同品种前 3 家通过仿制药质量和疗效一致性评价的企业以及按期通过评价企业，省财政一次性给予 100 万元奖励。

（3）对获得国家级服务型制造示范企业和制造业与互联网融合发展试点示范企业以及国家两化融合管理体系评定证书的企业，省财政一次性给予 100 万元奖励。

（4）对获得国家级绿色示范工厂、绿色工业园区的，省财政一次性给予 200 万元奖励。

（5）对获得省级以上中小企业公共服务平台认定的企业（单位），按照省行业管理部门确定的业务考核标准，根据考核结果排序前 50 名的给予奖励。其中，一等奖 5 名，各奖励 50 万元；二等奖 15 名，各奖励 30 万元；三等奖 30 名，各奖励 10 万元。

4. 特定行业政策。

对省政府确定的白酒、烟草等重点行业政策，按有关规定执行。

## 申报条件

1. 在河南省境内注册，具有独立法人资格，法人治理结构完善，财务管理制度健全，财务状况及会计信用、纳税信用、银行信用良好。

2. 必须按规定向财政部门报送企业财务会计报告和有关信息。

3. 生产经营或业务开展情况良好。

4. 企业近三年没有因财政、财务违规行为受到县级以上财政、审计等部门的处理处罚；没有被人民法院列入失信被执行人名单。

5. 应当具备的其他条件。

## 申报资料

1. 项目资金申请报告。

2. 项目资金申请表。

3. 法人营业执照，法定代表人身份证复印件。

4. 项目核准或备案文件，环保部门出具的项目环评批复或环保证明材料等。

5. 项目申请说明或项目可行性研究报告。

6. 项目技术情况证明材料（包括技术成果鉴定书、检测报告、专利证书或其他技术证明材料等）。

7. 项目资金证明材料，购买设备、技术和研发等的合同、发票、清单、付款凭证等；项目贷款合同、贷款进账单、结息单和结息汇总表等。做到账账相符、账实相符。

8. 经会计师事务所审计的上年度会计报表和审计报告（带验证码）及截止项目申报前一个月的会计报表。

9. 企业对所提供资料真实性并承担法律责任的声明（加盖单位公章，并由法定代表人签字或盖章）。

10. 其他依申报指南需提供的资料。

## 注意事项

1. 制造业创新中心、军民融合项目、首台（套）重大技术装备项目和定额奖励项目等不宜由市（县）确定的项目，由省行业管理部门会同财政部门组织实施。

2. 省财政部门核对负面清单和项目查重，对疑似重复支持或问题的企业项目，由省行业管理部门会同省财政部门组织复核、公示、确定支持项目和金额、编制预算、次年下达资金。

3. 对同一企业的同一项目，省财政其他资金已支持的，原则上不再重复安排。

4. 凡审计和监督检查中发现项目审核中把关不严、资金使用出现违法违规等情况的，可扣减当地专项资金分配额度或对项目申报给予限制等。

5. 同一企业原则上一个年度内只允许申报一个先进制造业专项资金项目。

6. 市（县）行业管理部门会同同级财政部门，组织专家按统一的评审办法和规则进行评审，或者采取政府购买服务方式委托第三方社会中介机构评审。

7. 鼓励支持或要求各地市县区对各类项目给予匹配支持，具体额度以市县区规定为准。

# 二、制造业设计能力提升专项

## 政策依据

《工业和信息化部 国家发展和改革委员会 教育部 财政部 人力资源和社会保障部 商务部 国家税务总局 国家市场监督管理总局 国家统计局 中国工程院 中国银行保险监督管理委员会 中国证券监督管理委员会 国家知识产权局关于印发〈制造业设计能力提升专项行动计划（2019—2022年）〉的通知》（工信部联产业〔2019〕218号）。

## 政策简介

制造业设计能力是制造业创新能力的重要组成部分。提升制造业设计能力，能够为产品植入更高品质、更加绿色、更可持续的设计理念；能够综合应用新材料、新技术、新工艺、新模式，促进科技成果转化应用；能够推动集成创新和原始创新，助力解决制造业短板领域设计问题。近年来，设计创新有力促进了制造业转型升级，也带动了设计自身从理念到方法，以及实现方式等方面的持续进步，但设计能力不足仍是影响制造业转型升级的瓶颈问题，在设计基础研究与数据积累、设计工具与方法、设计人才培养、试验验证以及公共服务能力等方面仍亟待加强。行动计划坚持以供给侧结构性改革为主线，围绕制造业短板领域精准发力，不断健全产业体系，改善公共服务，提升设计水平和能力，推动中国制造向中国创造转变、中国速度向中国质量转变、制造大国向制造强国转变，为制造业高质量发展提供支撑保障。

### 行动目标

争取用四年左右的时间，推动制造业短板领域设计问题有效改善，工业设计基础研究体系逐步完备，公共服务能力大幅提升，人才培养模式创新发展。在高档数控机床、工业机器人、汽车、电力装备、石化装备、重型机械等行业，以及节能环保、人工智能等领域实现原创设计突破。在系统设计、人工智能设计、生态设计等方面形成一批行业、国家标准，开发出一批好用、专业的设计工具。高水平建设国家工业设计研究院，提高工业设计基础研究能力和公共服务水平。创建10个左右以设计服务为特色的服务型制造示范城市，发展壮大200家以上国家级工业设计中心，打造设计创新骨干力量，引领工业设计发展趋势。推广工业设计"新工科"教育模式，创新设计人才培养方式，创建100个左右制造业设计培训基地。

### 重点任务

1. 夯实制造业设计基础。一是加大基础研究力度；二是开发先进适用的设计软件。重点实施关键设计软件迭代工程，加强工业软件基础研究、支持工业技术的转化与应用、推动基础资源库共享和设计软件进校园。

2. 推动重点领域设计突破。一是补齐装备制造设计短板；二是提升传统优势行业设计水平；三是大力推进系统设计和生态设计。着力实施重点设计突破工程，强化高端装备制造业的关键设计，实现传统优势产业设计升级。

3. 培育高端制造业设计人才。一是改革制造业设计人才培养模式；二是畅通设计师人才发展通道。着力实施制造业设计人才培育工程，鼓励工业设计领域人才培养模式创新，实施工业设计领军人才计划，建设一批工业设计人才培训基地，培养工业设计领域国际化人才。

4. 培育壮大设计主体。一是加快培育工业设计骨干力量；二是促进设计类中小企业专业化发展。着力实施中小企业设计创新工程，提升设计类中小企业专业能力，开展为中小企业送设计活动。

5. 构建工业设计公共服务网络。一是健全工业设计研究服务体系；二是搭建共创共享的设计协同平台；三是强化设计知识产权保护；四是营造有利于设计发展的社会氛围。着力实施工业设计公共服务体系建设工程和工业设计知识产权保护维权工程，推动省级工业设计研究院建设，培育创建国家工业设计研究院，建设共创共享的众包设计平台，健全知识产权保护运用体系，畅通知识产权快速维权通道。

## 三、首台（套）重大技术装备认定

### 政策依据

《河南省工业和信息化委员会 河南省财政厅关于印发〈河南省首台（套）重大技术装备认定办法〉的通知》（豫工信联装〔2015〕140号）；《河南省财政厅、河南省工业和信息化委、河南省保监局关于开展首台（套）重大技术装备保险补偿机制试点工作的通知》（豫财企〔2015〕25号）；《河南省人民政府办公厅关于转发河南省支持转型发展攻坚战若干财政政策的通知》（豫政办〔2017〕71号）；《河南省财政厅 河南省工业和信息化委员会关于印发〈河南省先进制造业发展专项资金管理办法〉的通知》（豫财企〔2018〕16号）。

### 适用范围

符合《河南省先进制造业发展专项资金管理办法》规定条件的企事业单位的技术装备。

### 重点领域

电子信息、节能环保、新材料、生物、新能源、高端装备制造、新能源汽车、公共安全等战略性新兴产业发展所需的技术装备，以及工业机器人、大型成套装备、机床工具、工程机械装备、重型矿山装备、电工电器装备、化工机械装备、冶金机械装备、农业机械装备、轻纺机械装备、医疗器械装备、内燃机、仪器仪表、汽车及关键系统部件、航空航天装备、船舶制造、基础关键部件及其他机械等。

### 申报条件

1. 申请单位为在河南省行政区域内依法设立，具有独立法人资格，并具备产品设计及关键部件的制造、组装能力的研发、生产企事业单位。

2. 申请产品符合管理办法第二条规定的特征，并属于第四条规定的范围。

3. 申请产品符合国家产业政策。

4. 产权明晰。申请单位通过其主导的技术创新活动，在国内外依法拥有自主知识产权，或者通过依法受让取得知识产权的使用权。申请单位拥有产品注册商标所有权。

5. 技术先进。申请单位掌握产品生产的核心技术、关键工艺或应用新技术原理、新设计构思，在结构、性能、材质、工艺等方面对原有产品率先进行根本性改进，产品的主要技术性能指标取得标志性突破。省内首台套重大技术装备在同类产品中达到国内先进水平以上，国内首台套重大技术装备在同类产品中达到国内领先水平以上。

6. 质量可靠。产品需通过省级及以上质量主管部门资质认定的实验室和检验机构的检测。属于国家有特殊行业管理要求的产品（如军工、医疗器械、计量器具、压力容器等），需具有相关行业主管部门批准颁发的产品生产许可证。属于国家实施强制性产品认证的产品，需通过强制性产品认证。

### 支持方式

省级政策：对经省认定的成套设备、单台设备和关键部件等首台（套）重大技术装备产品，对省内研发和购买使用单位按照销售价格的5%分别给予奖励，奖励总额最高不超过500万元。对经省认定的首台（套）重大技术装备投保产品，省财政按综合投保费率3%的上限及实际投保年度保费的80%给予补贴。

市级政策：企业研发生产被认定为全国、全省首台（套）重大技术装备，对研制单位和首次购买使用单位按照属地相关奖补政策执行。

### 申报流程

省厅发布申报通知→地市管理部门安排→企业自行申报→地市管理部门审核→省厅组织评审→公示认定。

# 四、技术创新示范企业认定

## （一）国家技术创新示范企业

### 政策依据

《关于印发〈技术创新示范企业认定管理办法（试行）〉的通知》（工信部联科〔2010〕540号）；《工业和信息化部办公厅关于组织推荐2021年国家技术创新示范企业的通知》（工信厅科函〔2021〕149号）。

### 申报条件

1. 具有独立法人资格，财务管理制度健全，会计信用、纳税信用和银行信用良好。

2. 在国内建有科研、生产基地且中方拥有控制权。

3. 已认定为省级以上企业技术中心的企业。

4. 技术创新成果通过实施技术改造，取得了较显著的成效。

5. 申请认定国家技术创新示范企业应在制造业重点领域具有关键核心技术攻关及产业化突出成果。

### 认定标准

1. 具有核心竞争能力和领先地位。掌握企业发展的核心技术并具有自主知识产权，整体技术水平在同行业居于领先地位。积极主导或参与国际、国家或行业技术标准的制定工作。

2. 具有持续创新能力和研发投入。企业研发投入占年销售收入比例3%以上，有健全的研发机构或与国内外大学、科研机构建立了长期稳定的合作关系。在领先的技术领域具有较强的发展潜力。重视科技人员和高技能人才的培养、引进和使用。

3. 具有行业带动作用性和自主品牌。在行业发展中具有较强的带动性或带动潜力。注重自主品牌的管理和创新，通过竞争发展，形成了企业独特的品牌，并在市场中享有相当知名度。

4. 具有较强的盈利能力和较高的管理水平。企业近三年连续盈利，整体财务状况良好，销售收入和利润总额呈稳定上升势头，现金流量充足。建立了比较完善的知识产权管理体系和质量保证体系。

5. 具有较强应用新技术能力。积极实施技术改造，具有重大科技成果的转化能力，节能减排降耗具有较强示范作用。

6. 具有创新发展战略和创新文化。重视企业经营发展战略创新，努力营造并形成企业的创新文化，把技术创新和自主品牌创新作为经营发展战略的重要内容。

### 申报要求

各企业按照通知要求，根据《技术创新示范企业认定管理办法（试行）》有关规定，填报企业基本情况表、企业技术创新评价指标和申报书，并及时报送工信部门。

## （二）河南省技术创新示范企业

### 政策依据

《河南省技术创新示范企业认定工作实施方案（试行）》；《河南省工业和信息化厅 河南省财政厅组织推荐申报2021年技术创新示范企业的通知》（豫工信联科〔2021〕71号）。

### 政策简介

为进一步贯彻落实国家和河南省中长期科技发展规划纲要任务要求，促进和完善以企业为主体、市场为导向、产学研相结合的技术创新体系建设，根据《工业和信息化部 财政部关于印发〈技术创新示范企业认定管理办法（试行）〉的通知》（工信部联科〔2010〕540号）（本节简称《管理办法》）和《河南省技术创新示范企业认定工作实施方案（试行）》（本节简称《实施方案》）的相关规定，开展河南省技术创新示范企业认定和国家技术创新示范企业推荐工作。技术创新示范企业认定工作要坚持以加强和完善技术创新体系建设为重心，以企业为主体，以市场为导向，以产学研结合为切入点，推进河南省工业技术创新与技术转移新机制的形成。通过认定工作，培育优势资源，集中力量重点突破制约产业发展的产业链核心关键技术，着力解决河南省工业发展的突出难题，引领重点行业、重点企业、重点产品和重点工艺的技术创新，对行业技术创新起示范带动作用，全面提升行业技术创新能力。

### 认定范围

根据《河南省国民经济和社会发展第十四个五年规划和二〇三五年远景目标纲要》（豫政〔2021〕13号），2021年省级技术创新示范企业的遴选将按照"做强优势产业、做大新兴产业、做优传统产业"的要求，围绕装备制造、绿色食品、电子制造、先进金属材料、新型建材、现代轻纺等战略支柱产业固链强链，构建新型显示和智能终端、生物医药、节能环保、新能源及网联汽车、新一代人工智能、网络安全、尼龙新材料、智能装备、智能传感器、5G等战略新兴产业链开展申报遴选认定，各地工信部门和财政部门应按照本地上述产业集群发展要求有重点地推荐申报企业。

### 认定条件

申报企业必须是在河南省境内注册的独立企业法人。申请认定省技术创新示范企业的单位除应具备《管理办法》和《实施方案》规定的基本条件、满足认定基本标准外，还应在其主营业务领域掌握相关核心技术或在相关技术产业化方面取得明显成效，在省内同类企业中居于领先位置。申请单位的必要条件如下。

（1）已认定为省级及以上企业技术中心。

（2）具有一定的生产经营规模，从业人员300人以上，年销售收入3000万元以上，资产总额4000万元以上。

（3）企业按要求正常向财政部门报财政快报。

**认定程序**

1. 各地企业向其所在省辖市、省直管县（市）工业和信息化局（委）提出申请并按要求上报申报材料。申报材料按照《管理办法》要求执行。

2. 省辖市、省直管县（市）工业和信息化局（委）联合同级财政局对企业申报材料进行审查，按照有关要求，确定推荐企业名单。并将推荐企业文件上报省工业和信息化厅、省财政厅，将推荐企业的申报材料上报省工业和信息化厅。

3. 省工业和信息化厅联合省财政厅对企业申报材料组织审查、初评，并对初评结果、专家评审意见等进行综合审查，或组织必要的实地考察，提出审核意见，确定推荐的国家技术创新示范企业名单，拟定省级技术创新示范企业名单。

4. 省工业和信息化厅联合省财政厅将推荐国家技术创新示范企业文件上报工业和信息化部、财政部，将推荐企业的申报材料上报工业和信息化部。将拟定的省级技术创新示范企业名单在省工业和信息化厅、省财政厅网站公示。

5. 省工业和信息化厅联合省财政厅对符合条件的企业进行认定，并授予"河南省技术创新示范企业"称号。

## 五、质量标杆企业认定

**政策依据**

《工业和信息化部关于促进制造业产品和服务质量提升的实施意见》（工信部科〔2019〕188号）；《工业和信息化部办公厅关于做好2021年工业质量品牌建设工作的通知》（工信厅科函〔2021〕48号）；《中国质量协会关于开展2021年全国质量标杆活动的通知》（中国质协字〔2021〕35号）；《中共河南省委 河南省人民政府关于开展质量提升行动的实施意见》（豫发〔2018〕22号）；《河南省工业和信息化厅关于开展2021年河南省质量标杆活动的通知》（豫工信科〔2021〕34号）。

**政策支持**

对认定为国家级质量标杆的企业，省财政给予一次性奖励100万元。对认定为国家级、省级质量标杆的企业，市（县）财政可再给予适当奖励。

**重点领域**

1. 关键基础材料、核心基础零部件（元器件）、先进基础工艺、产业技术基础以及工业基础软件等领域企业运用先进质量管理理念、方法，促进企业高质量发展的典型经验。

2. 创新能力强、在细分市场占有率较高、掌握关键核心技术的"专精特新"中小企业，在质量管理创新和质量提升方面的典型经验。

**支持方向**

质量标杆是指企业在系统提升产品和服务质量的实践过程中，形成的具有示范效应、可借鉴、可推广的质量管理方法。2021年质量标杆以供应链管理、现场管理、智能制造、新型生产方式下的质量控制为关注重点，鼓励中小企业参与申报。

### 申报条件

1. 河南省内注册的独立法人企业，且近三年连续保持盈利。
2. 近三年内在质量、诚信、安全、环保等方面无违法行为和不良记录。
3. 申报的项目已在本企业系统应用，有效促进了产品服务质量和企业经营绩效的提升。在地区和行业内表现突出，且具备学习推广的条件。
4. 承诺被遴选为质量标杆后，积极参与相关分享交流活动。
5. 其他应符合《2021年度质量标杆遴选说明》相关要求。

### 申报流程

根据国家、省、市工信部门通知安排申报。

## 六、绿色工厂、绿色园区认定

### 政策依据

《工业和信息化部办公厅关于开展绿色制造体系建设的通知》（工信厅节函〔2016〕586号）；《河南省工业和信息化委员会关于印发〈河南省绿色制造体系建设实施方案（2018—2020年）〉的通知》（豫工信节〔2018〕29号）。

### 政策简介

优先在钢铁、有色金属、化工、建材、机械、汽车、轻工、食品、纺织、医药、电子信息等重点行业选择一批工作基础好、代表性强的企业，按照工信部发布的《绿色工厂评价要求》开展绿色工厂创建。鼓励企业加强能源环境管理，开展自愿性清洁生产审核，自主使用先进适用的节能、节水、清洁生产工艺技术和高效末端治理装备，淘汰落后生产工艺和设备，持续推动工厂用能结构优化，逐步建立资源回收循环利用长效机制。支持有条件的企业通过采用绿色建筑技术新建或改造厂房，预留可再生能源应用场所和设计负荷，合理布局厂区内能量流、物质流路径，推广绿色设计和绿色采购，开发生产绿色产品。通过树立推广用地集约化、原料无害化、生产洁净化、废物资源化、能源低碳化等方式构建企业绿色发展模式。每年择优筛选一批符合绿色工厂要求的企业创建国家级绿色工厂。

### 政策支持

绿色工厂是制造业的生产单元，是绿色制造的实施主体，属于绿色制造体系的核心支撑单元，侧重于生产过程的绿色化。绿色工厂是实现了用地集约化、原料无害化、生产洁净化、废物资源化、能源低碳化的工厂。河南省鼓励培育创建一批绿色工厂和绿色园区，开发一批绿色产品，建立若干绿色供应链管理示范点，探索地方节能与绿色制造标准制定，鼓励发展一批高水平、专业化的省内第三方评价机构。对创建成为绿色示范工厂、绿色工业园区的生产单位一次性给予200万元奖励。

### 认定流程

1. 满足申请条件的企业对照相关标准或要求进行自评价。
2. 委托符合条件的第三方评价机构开展现场评价。
3. 评价合格的企业，可按所在地区绿色制造体系实施方案的要求和程序，向省级工业和信息化主管部门提交相关申请材料。

4．省级工业和信息化主管部门结合本地区绿色制造体系建设实施方案，对申请材料进行评估确认后，向工信部推荐评估合格、在本地区成绩突出且具有代表性的绿色工厂企业名单，并随附相关材料。

5．工信部将在地方主管部门推荐意见的基础上，依据相关评价标准组织进行论证，必要时采用现场抽查等方式，确定绿色工厂企业示范名单，公示后向社会发布。

## 七、智能车间、智能工厂和工业互联网平台认定

### 政策依据

《河南省人民政府关于印发河南省智能制造和工业互联网发展三年行动计划（2018—2020年）的通知》（豫政〔2018〕14号）;《河南省人民政府办公厅关于印发河南省支持智能制造和工业互联网发展若干政策的通知》（豫政办〔2018〕23号）;《河南省工业和信息化厅　河南省财政厅关于开展2021年先进制造业发展专项资金项目申报工作的通知》（豫工信联规〔2020〕76号）。

### 政策简介

2018年4月18日，河南省人民政府印发了《河南省智能制造和工业互联网发展三年行动计划（2018—2020）》（本节简称《计划》），对河南省智能制造和工业互联网发展做出部署。《计划》指出，当前，新一代信息技术与制造技术加速融合以智能制造为代表、工业互联网为支撑的新一轮产业变革蓬勃兴起，正在引发一场"制造革命"。推进制造业质量变革、效率变革、动力变革，努力实现"河南制造"向"河南智造"转变。主要工作任务为：实施关键岗位"机器换人"行动；实施生产线智能化改造行动；实施智能车间建设行动；实施智能工厂建设行动；实施智能化示范园区建设行动；实施智能装备产业升级行动；实施工业互联网平台建设行动；实施"企业上云"专项行动；实施系统解决方案供应商引育行动；实施智能制造标准引领行动。

### 支持政策

1．支持企业智能化改造。一是对实施"机器换人"、生产线智能化改造和建设智能车间、智能工厂、智能化示范园区的，省级层面根据各省辖市、省直管县（市）智能化改造目标任务完成情况和企业、政府投入强度等，制定相应奖补政策。二是对实施智能化改造、验收达到智能工厂和智能车间标准，且符合行业超低排放标准的企业，经省认定可以不纳入工业企业错峰生产范围。

2．支持开展试点示范。一是对获得国家智能制造、工业互联网、制造业"双创"平台、大数据产业发展等试点示范的企业，给予一次性奖励100万元。对获得国家产业集聚区智能化试点示范、新型工业化产业示范基地（工业互联网、大数据方向）的，给予一次性奖励200万元。二是对省级智能化改造项目，将软硬件投入的后补助比例由8%提高至30%，最高不超过1000万元。经省认定的智能工厂、智能车间，分别给予一次性奖励100万元、50万元。对获得省级智能化示范园区、新型工业化产业示范基地（工业互联网、大数据方向）的，给予一次性奖励100万元。

3. 支持工业互联网平台建设。对纳入省重点培育名单的综合性工业互联网平台一次性奖补 2000 万元，行业工业互联网平台一次性奖补 1000 万元（项目纳入省重点培育名单后，先给予补助总额的 50%；项目通过验收，再给予补助总额的 50%；达不到验收标准的，全额收回）。

## 支持方向

1. 智能车间。

企业应用传感识别、人机智能交互、智能控制等技术和智能装备，促进车间计划排产、加工装配、检验检测等各生产环节的智能协作与联动，以及制造执行系统与产品数据管理、企业资源计划等系统的互联互通，实现制造过程各环节动态优化。

2. 智能工厂。

企业在建设智能车间的基础上，综合运用生产过程数据采集和分析、制造执行、企业资源计划、产品全生命周期管理、智能平行生产管控等先进技术手段，实现研发、设计、工艺、生产、检测、物流、销售、服务等环节的集成优化，以及企业智能管理和决策，打造数据驱动的智能工厂（分离散型智能工厂、流程型智能工厂两类）。

3. 工业互联网平台。

（1）综合性工业互联网平台。企业发挥技术和资源优势，建设支撑制造资源泛在连接、弹性供给、高效配置的云平台，实现面向多行业、多领域、多场景的海量终端接入、工业知识复用、软件开发部署、工业资源共享等功能，为制造企业智能转型提供服务。

（2）行业工业互联网平台。围绕制造业重点行业，依托企业开放企业内部和产业链上下游资源，建设支撑制造资源泛在连接、弹性供给、高效配置的云平台，实现面向特定行业的工艺及能耗管理、流程控制优化、智能生产管控、产品远程诊断、设备预测性维护、产品全生命周期管理等功能，为企业内部和企业间信息化协同提供服务。

## 申报条件

1. 智能车间、智能工厂。

（1）在河南省境内注册，具有独立法人资格的制造业企业，生产经营和财务状况良好。

（2）符合智能车间、智能工厂（离散型智能工厂、流程型智能工厂）相应要素条件，具有较强的可复制可推广性。

（3）智能化改造制造实践取得明显成效，在省内同行业中具有典型示范意义。

（4）截至申报日，企业未被列入"信用中国"（https：//www.creditchina.gov.cn/）中的"失信被执行人"和"重大税收违法案件当事人名单"以及"国家企业信息公示系统"（http：//www.gsxt.gov.cn/index.html）中的"严重违法失信企业名单"。

2. 工业互联网平台。

（1）在河南省境内注册，具有独立法人资格的企业，生产经营和财务状况良好。

（2）平台已启动建设，或已完成规划、设计、论证工作，预计完成时间不晚于 2022 年 7 月底。

（3）截至申报日，企业未被列入"信用中国"中的"失信被执行人"和"重大税收违法案件当事人名单"以及"国家企业信息公示系统"中的"严重违法失信企业名单"。

（4）申报单位、建设方案分别符合《河南省工业互联网平台培育工作方案》中的申报基本条件、建设要求。

### 认定流程

1. 企业申报。

按照自愿原则，符合申报条件的企业准备申报材料，提交到所属省辖市、省直管县（市）工业和信息化主管部门、财政部门。每个企业限报一个智能车间或智能工厂。

智能车间、智能工厂申报采用网络申报，申报企业需登录"河南省智能制造服务平台"（http://www.hnznzz.com/）并注册，完成相关申报材料的提交程序。已注册企业可直接登录提交申报材料；未注册企业需先注册企业账号，经审核通过后方可提交申报材料。中央驻豫和省属企业按照属地化原则进行申报。申报企业通过网络平台提交《河南省智能车间申报书》《河南省智能工厂申报书（离散型）》或《河南省智能工厂申报书（流程型）》电子版（PDF格式完整版，包含所有附件及签字盖章页，文件大小不超过200 M）及视频资料（MP4格式，文件大小不超过200 M）。

工业互联网平台不进行网上申报，各地市集中将申报企业《河南省工业互联网平台申报书》及项目绩效目标申报表纸质件（一式四份）报送省厅，同时发送电子版（Word格式，每个企业单独一个文件夹）。

2. 地市推荐。

省辖市、省直管县（市）工业和信息化主管部门、财政部门对企业申报材料进行初审，并到企业现场进行核查，择优向省工业和信息化厅、省财政厅推荐上报。

3. 专家评审。

省工业和信息化厅会同省财政厅，组织专家按照"公开、公平、公正"的原则，对申报材料进行评审，提出预选名单。

4. 公示发布。

省工业和信息化厅会同省财政厅，对预选名单进行网上公示（公示期为五个工作日），经公示无异议后正式认定省级智能车间、智能工厂。

## 八、国家工业遗产认定

### 政策依据

《工业和信息化部关于印发〈国家工业遗产管理暂行办法〉的通知》（工信部产业〔2018〕232号）；《工业和信息化部办公厅关于开展第四批国家工业遗产认定申报工作的通知》（工信厅政法函〔2020〕68号）。

### 政策简介

为推动工业遗产保护利用，发展工业文化，根据《中共中央办公厅 国务院办公厅印发〈关于实施中华优秀传统文化传承发展工程的意见〉》《国务院办公厅关于推进城区老工业区搬迁改造的指导意见》，以及《工业和信息化部 财政部关于推进工业文化发展的指导意见》，工业和信息化部印发了《国家工业遗产管理暂行办法》。

### 适用范围

国家工业遗产申报范围主要包括：1980年前建成的厂房、车间、矿区等生产和储运设施，以及其他与工业相关的社会活动场所。

国家工业遗产核心物项是指代表国家工业遗产主要特征的物质遗存和非物质遗存。物质遗存包括作坊、车间、厂房、管理和科研场所、矿区等生产储运设施，以及与之相关的生活设施和生产工具、机器设备、产品、档案等；非物质遗存包括生产工艺知识、管理制度、企业文化等。

### 认定条件

1. 在中国历史或行业历史上有标志性意义，见证了本行业在世界或中国的发端、对中国历史或世界历史有重要影响、与中国社会变革或重要历史事件及人物密切相关。

2. 工业生产技术重大变革具有代表性，反映某行业、地域或某个历史时期的技术创新、技术突破，对后续科技发展产生重要影响。

3. 具备丰富的工业文化内涵，对当时社会经济和文化发展有较强的影响力，反映了同时期社会风貌，在社会公众中拥有广泛认同。

4. 其规划、设计、工程代表特定历史时期或地域的风貌特色，对工业美学产生重要影响。

5. 具备良好的保护和利用工作基础。

### 认定材料

遗产所有权人应当按要求提交书面申请，同时提交以下文件、材料（复印件）：

（1）遗产产权证明。

（2）图片、图纸、档案、影像资料。

（3）管理制度和措施。

（4）保护与利用规划。

（5）其他可以证明遗产价值的文件、材料。

上述材料内容均不得涉及国家秘密。

### 申报程序

1. 按属地原则申报国家工业遗产。遗产所有权人为申报主体，填写《国家工业遗产申请书》，通过省辖市、济源示范区、省直管县（市）工业和信息化主管部门，报同级人民政府同意后，向省工业和信息化厅提出申请。有关中央企业直接向集团公司总部申请。

2. 省工业和信息化厅将组织专家按照《国家工业遗产管理暂行办法》要求，对申请材料进行初审，明确推荐顺序，择优确定推荐名单，向工业和信息化部推荐。

# 九、中国优秀工业设计奖

## 政策依据

《工业和信息化部办公厅关于开展 2020 年中国优秀工业设计奖评奖工作的通知》(工信厅政法函〔2020〕210 号);《关于印发制造业设计能力提升专项行动计划（2019—2022 年）的通知》(工信部联产业〔2019〕218 号)。

## 政策简介

以习近平新时代中国特色社会主义思想为指导，深入贯彻党的十九大和十九届二中、三中、四中全会精神，坚持新发展理念，以提升制造业设计水平和能力为主线，落实《制造业设计能力提升专项行动计划（2019—2022 年）》相关要求，通过开展评奖工作，营造工业设计创新发展良好氛围，激发工业设计创新活力，推动设计与制造业融合，提升工业设计服务水平，为制造业高质量发展提供有力支撑。

## 适用范围

在中国境内依法注册的独立法人机构。

交通及机械装备、电子信息产品、日用消费品等大类，具体包括交通工具、机械装备、电子信息及智能终端、智能机器人、人工智能、航空航天、新材料及新工艺等领域产品，办公及文体用品、文创旅游产品、家电及家居产品、纺织服饰、五金制品、医疗健康产品、特殊人群用品及特种用品等。

概念作品：围绕上述产品类别，提出符合经济社会发展和消费结构升级要求、具有前瞻性的设计作品。

## 申报条件

1. 申报产品（作品）符合国家产业政策及有关技术、标准等规定。

2. 申报产品（作品）不存在侵犯他人知识产权等违法违规情形。

3. 同一个产品（作品）只能由一个单位申报。

4. 申报单位须遵纪守法，近三年内无重大质量、安全、环境污染、公共卫生等事故。

5. 申报产品设计奖的产品须是近两年内（2018 年 1 月 1 日之后）上市的产品。申报概念作品奖的作品需在功能、结构、技术、形态、材料、工艺、节能、环保等方面有较大创新。

## 申报流程

1. 申报推荐。

（1）组织申报。各地主管部门负责做好宣传动员，组织本地区申报主体参评，指导填写《2020 年中国优秀工业设计奖申报书》(本节简称《申报书》，格式见附件)，汇总本地区申报材料等工作。中央企业或其分支机构按属地化原则，通过当地主管部门进行申报。

（2）初审。各地主管部门负责对申报材料进行初审，重点确认以下内容。

①申报单位及申报产品（作品）符合申报要求。

②申报产品（作品）符合国家产业政策及有关质量安全等技术、标准等规定。

③申报单位提交的相关材料内容真实。

④申报单位已提供须随附的重要材料。

（3）提交材料。各地主管部门向初审合格的申报项目分配网上注册码（随后提供），由申报单位在线申报（www.ceid-award.cn，9月10日上线）并下载打印带有序号的《申报书》。各地主管部门在《申报书》上加盖公章后，正式报送领导小组办公室，并随附推荐作品名单及相关申报材料（一式一份）。网上申报流程参见申报网站相关说明。申报截止日期为2020年10月10日。

2. 初评、复评、终评及展示。

（1）根据《中国优秀工业设计奖评奖工作委员会工作规则》《中国优秀工业设计奖评奖标准及程序》《中国优秀工业设计奖评审专家遴选办法》，评委会组织专家对推荐产品（作品）进行初评、复评及终评。其中，复评入围企业需提供实物参评，终评入围企业需参加答辩。所有参加复评的产品（作品）均参加公开展示。

评审主要内容包括先导性、创新性、实用性、美学效果、人机工学、品质、环保性、经济性等方面。

（2）各地主管部门负责组织进入复评的实物产品参加复评、终评及展示，名单及相关事项另行通知。

# 十、工业设计类资质认定

## （一）国家级工业设计中心认定

### 政策依据

《关于促进工业设计发展的若干指导意见》（工信部联产业〔2010〕390号）；《国家级工业设计中心认定管理办法》；《工业和信息化部办公厅关于组织开展第五批国家级工业设计中心认定和第三批复核工作的通知》（工信厅政法函〔2021〕71号）。

### 政策简介

为落实《制造业设计能力提升专项行动计划（2019—2022年）》，根据《国家级工业设计中心认定管理办法（试行）》，每两年组织开展一批国家级工业设计中心认定工作。

### 适用范围

工业设计是指以工业产品为对象，综合运用科技成果和工学、美学、心理学、经济学等知识，对产品的功能、结构、形态及包装等进行整合优化的创新活动。国家级工业设计中心是指经工业和信息化部认定，工业设计创新能力强、特色鲜明、管理规范、业绩突出，发展水平居全国先进地位的企业工业设计中心或工业设计企业。国家级工业设计中心认定将逐步过渡到从已认定为省（区、市）级的工业设计中心中择优确定。

### 认定条件

1. 已建立工业设计中心的企业申请认定应具备的基本条件。

（1）遵守国家法律法规，符合国家产业政策和地方经济社会发展要求，认真履行社会责任，在行业内具有明显的规模优势和竞争优势。

（2）有较强的创新能力和较高的研究开发投入，知识产权应用及保护制度健全，拥有一定数量的自主知识产权和自主品牌。

（3）重视工业设计工作，用于工业设计的投入处于行业领先水平，能为企业工业设计中心建设和发展创造良好的条件。

（4）已设立独立的工业设计中心两年以上，有固定的工作场所，有较好的工业设计研究试验条件和基础设施，具备独立承担相关领域工业设计任务、提供工业设计服务和教育培训专业人员的能力。

（5）工业设计中心组织体系完善，机制健全，管理科学，发展规划和目标明确。

（6）工业设计中心人才队伍素质较高，经验丰富，工业设计水平在同行业中处于领先地位。从业人员 50 人以上，其中具有大学本科以上学历人员、具有技师（高级技师）职业资格的人员和具有高级专业技术职务的人员比例不低于 80%。

（7）工业设计中心创新能力强，业绩突出，设计产品已取得显著经济效益，或获得省级及以上部门的表彰，近两年内获得国内外授权专利（含版权）20 项以上。

（8）企业两年内（截止申请日期）未发生重大质量或安全事故，没有违法行为或涉嫌违法正在接受有关部门审查的情况。

2. 工业设计企业申请认定应具备的基本条件。

（1）遵守国家法律法规，符合国家产业政策和地方经济社会发展要求，认真履行社会责任，在工业设计行业内具有明显的规模优势和竞争优势。

（2）成立两年以上，以工业设计服务为主营业务，有较好的工业设计研究试验条件和基础设施，具备独立承担相关行业领域工业设计任务、提供工业设计服务以及系统设计咨询服务的能力。

（3）拥有设计水平高、经验丰富的工业设计师，拥有一定规模的设计人才，队伍结构科学合理，在同行业中具有较强的设计人才优势。工业设计从业人员 70 人以上，其中具有大学本科以上学历人员、具有技师（高级技师）职业资格的人员和具有高级专业技术职务的人员比例不低于 80%。

（4）工业设计服务水平在行业中处于领先地位，业绩突出，经营稳定。近两年，工业设计服务年营业收入不低于 1500 万元，占企业总营业收入的比例不低于 50%，利润率高于行业平均水平。

（5）两年内（截止申请日期）未发生重大质量或安全事故，没有违法行为或涉嫌违法正在接受有关部门审查的情况。

### 认定程序

1. 企业通过所在地政府管理机构向省级主管部门提出申请，并提交以下材料。

（1）《国家级工业设计中心申请表》，并附相关证明材料。

（2）两年来企业工业设计中心或工业设计企业建设及运行情况。

（3）其他有关情况。

2. 省级主管部门负责组织对企业的申请材料进行审查，确定推荐企业名单，并在规定时间内将上报文件和推荐企业的申请材料报送工业和信息化部。中央管理的企业可按上述要求将申请材料直接报送工业和信息化部。

3. 工业和信息化部组织专家对申报材料进行评审和必要的现场审查并提出审核意见，择优确定国家级工业设计中心名单，并在工业和信息化部门户网站公示。

4. 对公示无异议的企业工业设计中心和工业设计企业，经工业和信息化部批准，授予"国家级工业设计中心"称号，并以通告形式公布。

## （二）河南省工业设计中心认定

### 政策依据

《工业和信息化部关于印发〈国家级工业设计中心认定管理办法（试行）〉的通知》（工信部产业〔2012〕422号）；《河南省工业和信息化委员会关于印发〈河南省省级工业设计中心工业设计产业园区认定管理办法（试行）〉的通知》（豫工信产业〔2015〕141号）；《河南省工业和信息化厅办公室关于组织开展第四批省级工业设计中心认定工作的通知》（豫工信办产业〔2021〕12号）。

### 政策简介

为充分发挥工业设计在推动经济转型升级中的重要作用，促进生产性服务业和制造业融合发展，根据《关于促进工业设计发展的若干指导意见》（工信部联产业〔2010〕390号）、《国家级工业设计中心认定管理办法》和《国务院关于推进文化创意和设计服务与相关产业融合发展的若干意见》（国发〔2014〕10号）等文件精神，制订了《河南省省级工业设计中心工业设计产业园区认定管理办法（试行）》，每两年组织开展一次国家和河南省工业设计中心工业设计产业园区评审推荐及认定工作。

### 适用范围

工业设计是指以工业产品为对象，综合运用科技成果和工学、美学、心理学、经济学等知识，对产品的功能、结构、形态及包装等进行整合优化的创新活动。

省级工业设计中心是指经河南省工业和信息化厅认定，工业设计创新能力较强、特色鲜明、管理规范、业绩显著、发展水平居全省领先地位的企业工业设计中心、高等院校工业设计中心和工业设计企业。

省级工业设计产业园区是指管理规范、具有较好的服务能力且达到一定的规模，在集聚工业设计企业、推动工业设计产业发展方面成绩突出的产业园区。

### 认定条件

1. 企业工业设计中心、高等院校工业设计中心申请认定应具备的基本条件。

（1）遵守国家法律法规，符合产业发展政策和河南省经济社会发展要求，履行企业社会责任，在行业内具有明显的规模优势和竞争优势。

（2）重视工业设计工作，能为工业设计中心建设和发展创造良好的条件。工业设计中心组织体系完善，机制健全，管理科学，发展规划和目标明确。

（3）已设立独立的工业设计中心两年以上，有固定的工作场所，具备独立承担相关工业设计任务、提供工业设计服务和培训专业人员能力。

（4）有较强的设计能力，工业设计从业人员15人以上，其中具有大学本科及以上学历人员、具有技师以上职业资格的人员和具有高级专业技术职务的人员比例不低于70%。近两年内获得国内外授权专利（含版权）15项以上。

（5）企业两年内（截止申请日期）未发生重大质量或安全事故。

2. 工业设计企业申请认定应具备的基本条件。

（1）遵守国家法律法规，符合产业政策和河南省经济社会发展要求，认真履行社会责任，在本省行业内具有明显的规模和竞争优势。

（2）成立两年以上（省外知名设计公司在河南省设立的具有独立法人资格的分中心或设计公司，成立年限可以放宽至一年以上），以工业设计服务为主营业务，具有工业设计研究试验条件和基础设施，具备独立承担相关工业设计任务、提供工业设计服务和系统设计咨询服务的能力。

（3）拥有设计水平高、经验丰富的工业设计师，拥有一定规模的设计人才，在省内同行业中具有较强的设计人才优势。工业设计从业人员20人以上，其中具有大学本科以上学历人员、具有技师以上职业资格的人员和具有高级专业技术职务的人员比例不低于70%。

（4）工业设计服务水平在行业中处于领先地位，业绩突出，经营稳定。近两年工业设计服务年营业收入不低于500万元，利润率高于行业平均水平。

（5）两年内（截止申请日期）未发生重大质量或安全事故。

3. 省级工业设计产业园区申请认定应具备的基本条件。

（1）遵守国家法律法规，积极为工业设计企业提供配套服务，建立完善的服务对接平台。

（2）成立一年以上，具有独立法人资格。公司化运作、特色化定位、信息化服务，运营高效、管理规范，有明确发展规划和目标。

（3）已经集聚一批设计水平高、经济效益好的工业设计企业，入驻企业对园区建设和相关服务满意度高。

（4）每年获得授权专利20项以上，工业设计服务年营业收入2000万元以上。

（5）园区两年内（截止申请日期）未发生重大质量或安全事故。

### 认定程序

1. 企业向各省辖市、直管县（市）工业和信息化主管部门提出申请，高等院校直接向省工业和信息化厅提出申请，并提交以下材料。

（1）《省级工业设计中心申请表》。

（2）两年来企业或高等院校工业设计中心、工业设计企业建设及运行情况。

（3）有关要素投入、获奖、知识产权等相关材料。

2. 符合申报条件的工业设计产业园区，向各省辖市、直管县（市）工业和信息化主管部门提出申请，并提交以下材料。

（1）《省级工业设计产业园区申请表》。

（2）两年来工业设计园区建设及运行情况。

（3）相关服务平台的建设情况。

（4）有关要素投入、获奖、知识产权等相关材料。

3. 各省辖市、直管县（市）工业和信息化主管部门负责对企业的申请材料进行审查，确定推荐企业或园区名单，并在规定时间内将上报文件和申请材料报送省工业和信息化委。

4. 省工业和信息化厅对上报的申报材料进行评审并根据需要进行现场考察，择优确定省级工业设计中心和省级工业设计产业园区，并在省工业和信息化厅门户网站公示。

5. 对公示无异议的省级工业设计中心、省级工业设计产业园区经省工业和信息化厅批准，授予"省级工业设计中心""省级工业设计产业园区"称号，并以正式文件公布。

## 十一、电子商务示范企业基地创建

### 政策依据

《国务院关于大力发展电子商务加快培育经济新动力的意见》（国发〔2015〕24号）；《河南省商务厅关于进一步做好电子商务示范创建工作的通知》（豫商电商函〔2020〕9号）。

### 政策背景

为贯彻落实《河南省人民政府关于大力发展电子商务加快培育经济新动力的若干意见》（豫政〔2016〕16号）和《商务部关于进一步推进国家电子商务示范基地建设工作的指导意见》（商电发〔2017〕26号）精神，加快培育本土电子商务特色园区和骨干企业，壮大电子商务骨干队伍，加强电子商务品牌建设，深入推进电子商务示范创建，推动河南省电子商务持续健康发展，参照商务部《电子商务示范企业创建规范》，制订了《河南省电子商务示范创建规范（2020）》。

### 适用范围

示范企业是指在河南省登记注册，应用电子商务在本地区同行业中处于领先水平，有较高知名度和影响力，具有良好发展前景的各类独立法人企业，包括平台类、应用类、服务类和其他电子商务企业。

示范基地是指在河南省以电子商务及相关行业企业为主集聚发展，配套设施完善、管理规范有序的园区、楼宇或特定区域。

### 认定条件

1. 示范企业应具备的条件。

（1）依法办理了市场主体登记。

（2）遵守《中华人民共和国电子商务法》及国家其他有关法律、法规、规章的规定。

（3）企业通过互联网从事经营活动的，依法需要取得相关行政许可的，依法取得了行政许可。

（4）企业自有电子商务平台，须通过非经营性互联网信息服务备案，取得ICP证号；开展互联网信息增值服务，须提供增值电信业务经营许可证。

（5）企业重视电子商务应用，有相关组织机构和人员、发展规划、资金保障和管理制度等。

（6）企业生产经营状况良好，应用电子商务一年以上，并在本地区同行业处于领先水平，具有较高知名度、影响力和良好的发展前景。

（7）企业诚信经营、规范服务，无违法、违规行为。

2. 示范基地应具备的条件。

（1）示范基地由企业负责运营管理的，运营管理企业依法办理了市场主体登记。

（2）遵守《中华人民共和国电子商务法》及国家其他有关法律、法规、规章的规定。符合城市主体功能区规划、土地利用规划及相关产业发展规划，拥有明确的经营管理主体，并正式投入运营一年以上。

（3）原则上基地用于电子商务的实用办公面积在5000平方米以上，宽带、水、电、交通及生活服务等基础设施完善；五家以上电子商务企业入驻；基地内企业电子商务年交易额合计一亿元以上，或电子商务服务业年营业收入2000万元以上。

（4）基地内电子商务人才培养、行政服务、金融服务、物流快递等公共服务功能完善，已建立较为完善的人才评价、流动、激励等机制。

（5）省直单位或当地政府重视该基地建设，纳入本单位或本地电子商务发展规划，列为重点支持对象。

（6）对传统产业转型升级、结构调整、企业经营模式创新，以及现代流通体系建设等，起到推动和促进作用。

### 申请材料

1. 申报示范企业需提交以下材料。

（1）省直单位、高等院校、科研院所，省辖市、济源示范区、直管县（市）、郑州航空港经济综合实验区商务主管部门推荐文件。

（2）河南省电子商务示范企业申报表。

（3）河南省电子商务示范企业申报资料。

（4）其他材料，包括但不限于以下内容：工商营业执照（复印件）；税务登记证（复印件，三证合一的企业可只提供营业执照）；增值电信业务经营许可（备案）ICP证（复印件）；经审计的会计年报（2019年）及其他证明材料（复印件）；涉及行政许可的商品或服务经营许可证（复印件）。复印件应加盖公章。

2. 申报示范基地需提交以下材料。

（1）省直单位、高等院校、科研院所，省辖市、济源示范区、直管县（市）、郑州航空港经济综合实验区商务主管部门推荐文件。

（2）河南省电子商务示范基地申报表。

（3）河南省电子商务示范基地创建工作方案。

（4）其他材料。

（5）各推荐单位出具推荐文件。

### 认定程序

1. 申请推荐。拟申请认定的企业自我评价，认为符合认定条件的，可提出认定申请。县（市、区）商务主管部门对辖区内示范企业、示范基地申报材料初审通过后，报省辖市商务局审核同意，省辖市向省商务厅书面推荐。省直管县（市）、郑州航空港经济综合实验区商务主管部门直接向省商务厅书面推荐。

根据工作需要，省直单位、高等院校、科研院所可以向省商务厅书面推荐本领域内的示范企业、示范基地。

2. 核查评审。省商务厅依据示范创建规范对申报单位进行集中评审，实地核查，提出评审意见。

3. 研究公示。省商务厅根据综合评审结果，经厅长办公会议集体研究，确定示范企业、示范基地名单，并在河南省商务厅网站公示。公示期间内，任何单位或个人对名单有异议，均可向省商务厅书面反映。

4. 确认公布。公示期满后，对无异议或者异议不成立的，省商务厅正式公布"河南省电子商务示范企业""河南省电子商务示范基地"。

## 十二、农业产业化国家重点龙头企业认定

### 政策依据

《关于印发〈河南省农业产业化重点龙头企业认定和运行监测管理办法〉的通知》（豫农发〔2020〕13号）。

### 政策背景

根据中央关于"在全国选择一批有基础、有优势、有特色、有前景的龙头企业作为国家支持的重点"的要求，为进一步规范农业产业化国家重点龙头企业的认定和运行监测工作，加强对农业产业化国家重点龙头企业的服务与扶持，培育壮大龙头企业，增强辐射带动能力，制定了《河南省农业产业化重点龙头企业认定和运行监测管理办法》。

### 适用范围

农业产业化国家重点龙头企业是指以农产品生产、加工或流通为主业，通过合同、合作、股份合作等利益联结方式直接与农户紧密联系，使农产品生产、加工、销售有机结合、相互促进，在规模和经营指标上达到规定标准并经全国农业产业化联席会议认定的农业企业。

### 申报条件

1. 企业组织形式。依法设立的以农产品生产、加工或流通为主业、具有独立法人资格的企业。包括依照《公司法》设立的公司，其他形式的国有、集体、私营企业以及中外合资经营、中外合作经营、外商独资企业，直接在工商管理部门注册登记的农产品专业批发市场等。

2. 企业经营的产品。企业中农产品生产、加工、流通的销售收入（交易额）占总销售收入（总交易额）70%以上。

3. 生产、加工、流通企业规模。总资产规模：东部地区1.5亿元以上，中部地区1亿元以上，西部地区5000万元以上；固定资产规模：东部地区5000万元以上，中部地区3000万元以上，西部地区2000万元以上；年销售收入：东部地区2亿元以上，中部地区1.3亿元以上，西部地区6000万元以上。

4. 农产品专业批发市场年交易规模。东部地区15亿元以上，中部地区10亿元以上，西部地区8亿元以上。

5. 企业效益。企业的总资产报酬率应高于现行一年期银行贷款基准利率；企业应不欠工资、不欠社会保险金、不欠折旧，无涉税违法行为，产销率达93%以上。

6. 企业负债与信用。企业资产负债率一般应低于60%；有银行贷款的企业，近两年内不得有不良信用记录。

7. 企业带动能力。鼓励龙头企业通过农民专业合作社、专业大户直接带动农户。通过建立合同、合作、股份合作等利益联结方式带动农户的数量一般应达到：东部地区4000户以上，中部地区3500户以上，西部地区1500户以上。

企业从事农产品生产、加工、流通过程中，通过合同、合作和股份合作方式从农民、合作社或自建基地直接采购的原料或购进的货物占所需原料量或所销售货物量的70%以上。

8. 企业产品竞争力。在同行业中企业的产品质量、产品科技含量、新产品开发能力处于领先水平，企业有注册商标和品牌。产品符合国家产业政策、环保政策，并获得相关质量管理标准体系认证，近两年内没有发生产品质量安全事件。

9. 申报企业原则上是农业产业化省级重点龙头企业。

符合第1、第2、第3、第5、第6、第7、第8、第9款要求的生产、加工、流通企业可以申报作为农业产业化国家重点龙头企业；符合第1、第2、第4、第5、第6、第8、第9款要求的农产品专业批发市场可以申报作为农业产业化国家重点龙头企业。

### 申报材料

1. 企业的资产和效益情况须经有资质的会计师事务所审定。

2. 企业的资信情况须由其开户银行提供证明。

3. 企业的带动能力和利益联结关系情况须由县以上农村经营管理部门提供说明。应将企业带动农户情况进行公示，接受社会监督。

4. 企业的纳税情况须由企业所在地税务部门出具企业近三年内纳税情况证明。

5. 企业产品质量安全情况须由所在地农业或其他法定监管部门提供书面证明。

### 申报程序

1. 申报企业直接向企业所在地的省（自治区、直辖市）农业产业化工作主管部门提出申请。

2. 各省（自治区、直辖市）农业产业化工作主管部门对企业所报材料的真实性进行审核。

3. 各省（自治区、直辖市）农业产业化工作主管部门应充分征求农业、发展改革、财政、商务、人民银行、税务、证券监管、供销合作社等相关部门及有关商业银行对申报企业的意见，形成会议纪要，并经省（自治区、直辖市）人民政府同意，按规定正式行文向农业部农业产业化办公室推荐，并附审核意见和相关材料。

## 十三、制造业单项冠军认定

### 政策依据

《工业和信息化部关于印发〈制造业单项冠军企业培育提升专项行动实施方案〉的通知》（工信部产业〔2016〕105 号）；《河南省工业和信息化厅办公室　河南省工业经济联合会关于组织推荐第五批制造业单项冠军和复核第二批制造业单项冠军的通知》（豫工信办联产业〔2020〕73 号）。

### 政策简介

为贯彻落实《制造业单项冠军企业培育提升专项行动实施方案》（本节简称《实施方案》），加快培育具有创新能力的排头兵企业和具有全球竞争力的世界一流企业，提高制造业企业创新力和专业化、国际化水平，推动制造业高质量发展，按照工业和信息化部、国家工业经济联合会统一部署，组织开展制造业单项冠军企业评审认定工作。

## 适用范围

单项冠军示范（培育）企业。符合《实施方案》规定的申请示范（培育）企业九项条件的企业可自愿申请。

## 申请条件

企业可根据自身情况自愿申请单项冠军示范企业（简称示范企业）或单项冠军培育企业（简称培育企业）。申请示范企业和培育企业的条件如下。

1. 示范企业。

（1）聚焦有限的目标市场，主要从事制造业 1—2 个特定细分产品市场，从事两个细分产品市场的，产品之间应有直接关联性，特定细分产品销售收入占企业全部业务收入的比重在 70% 以上。

细分产品可参照现行《统计用产品分类目录》的产品分类或行业分类惯例；企业近三年研发上市且无法归入《统计用产品分类目录》的产品视为新产品。

（2）在相关细分产品市场中，拥有强大的市场地位和很高的市场份额，单项产品市场占有率位居全球前三位。

（3）生产技术、工艺国际领先，产品质量精良，相关关键性能指标处于国际同类产品的领先水平。企业持续创新能力强，拥有核心自主知识产权（在中国国境内注册，或享有五年以上的全球范围内独占许可权利，并在中国法律的有效保护期内的知识产权），主导或参与制定相关业务领域技术标准。

（4）企业经营业绩优秀，利润率超过同期同行业企业的总体水平。企业重视并实施国际化经营战略，市场前景好。

（5）企业长期专注于瞄准的特定细分产品市场，从事相关业务领域的时间达 10 年或以上，或从事新产品生产经营的时间达三年或以上。

（6）符合工业强基工程等重点方向，从事细分产品市场属于制造业关键基础材料、核心零部件、专用高端产品，以及属于《中国制造 2025》重点领域技术路线图中有关产品的企业，予以优先考虑。

（7）制定并实施品牌战略，建立完善的品牌培育管理体系并取得良好绩效，公告为我部（工业和信息化部）工业品牌建设和培育示范的企业优先考虑。

（8）企业近三年无环境违法记录，企业产品能耗达到能耗限额标准先进值。

（9）具有独立法人资格，具有健全的财务、知识产权、技术标准和质量保证等管理制度。

2. 培育企业。

（1）聚焦有限的目标市场，主要从事制造业 1—2 个特定细分产品市场，从事两个细分产品市场的，产品之间应有直接关联性，特定细分产品销售收入占企业全部业务收入的比重在 50% 以上。

（2）在相关细分产品市场中，拥有较高的市场地位和市场份额，单项产品市场占有率位居全球前五位或国内前两位。

（3）生产技术、工艺国内领先，产品质量高，相关关键性能指标处于国内同类产品的领先水平。企业创新能力较强，拥有自主知识产权。

（4）企业经营业绩良好，利润水平高于同期一般制造企业的水平。企业重视并实施国际化经营战略，市场前景好，有发展成为相关领域国际领先企业的潜力。

（5）长期专注于企业瞄准的特定细分产品市场，从事相关业务领域的时间达三年或以上。

（6）符合工业强基工程等重点方向，从事细分产品市场属于制造业关键基础材料、核心零部件、专用高端产品，以及属于《中国制造2025》重点领域技术路线图中有关产品的企业，予以优先考虑。

（7）实施系统化品牌培育战略并取得良好绩效，公告为我部工业品牌建设和培育的企业优先考虑。

（8）企业近三年无环境违法记录，企业产品能耗达到能耗限额标准先进值。

（9）具有独立法人资格，具有健全的财务、知识产权、技术标准和质量保证等管理制度。

## 有关要求

1. 构建梯度培育体系。支持各地区、中央企业建立单项冠军储备库，将具备单项冠军潜力的企业纳入培育工作范围，建立梯度培育体系。支持"专精特新""小巨人"企业成长为单项冠军。年销售收入四亿元以下的企业，如申请单项冠军，应为已入选的"专精特新""小巨人"企业。

2. 突出"补短板"。企业产品如属于关键领域补短板的，需在申请书中做出说明，对该类企业应优先推荐。

3. 细分产品界定。申请企业应准确填报产品名称，填报产品类别原则上按照《统计用产品分类目录》八位或十位代码填报，难以准确归入的应符合行业普遍认可的惯例。

4. 推荐上报名额。为充分发挥地方及中央企业把关作用，依据之前遴选情况确定地方推荐名额上限，中央企业推荐数量不超过两家。

5. 申请材料类别。申请单项冠军示范企业填写《企业申请书》，申请单项冠军产品填写《产品申请书》；同一企业不得同时申请单项冠军示范企业和单项冠军产品，申请单项冠军产品类的只能申请一个产品。

## 实施流程

1. 组织推荐。

省级工业和信息化主管部门负责组织本地区制造业企业的推荐工作，相关行业协会可组织本行业领域企业推荐工作。省级工业和信息化主管部门、相关行业协会按照本方案要求，组织遴选并推荐企业，提出推荐意见，连同正式上报文件、申请书、培育发展方案等报送工业和信息化部。

2. 论证公告。

工业和信息化部组织专家对推荐企业进行论证，对通过论证的企业，网上公示其企业基本情况，公示无异议的，分别公告为"中国制造业单项冠军示范企业"和"中国制造业单项冠军培育企业"。

3. 培育提升。

公布的示范企业和培育企业要部署落实和组织实施培育提升工作。组织企业开展同行业单项冠军企业对标活动，瞄准标杆企业查找出差距和薄弱环节，不断加以改进，向标杆企业看齐。组织专家开展培育提升诊断咨询活动。

4. 动态管理。

工业和信息化部对两类企业实行动态管理，对示范企业每三年组织一次评估，对达不到相关要求的企业按程序撤销相关公告，对达到示范企业要求的培育企业，公告为"中国制造业单项冠军示范企业"。

## 十四、"专精特新"中小企业认定

### 政策依据

《中共中央办公厅 国务院办公厅印发〈关于促进中小企业健康发展的指导意见〉》（中办发〔2019〕24号）；《工业和信息化部关于促进中小企业"专精特新"发展的指导意见》（工信部企业〔2013〕264号）；《河南省工业和信息化厅关于印发〈河南省"专精特新"中小企业认定管理办法〉的通知》（豫工信企业〔2020〕61号）和《河南省工业和信息化厅办公室关于组织开展2020年度河南省"专精特新"中小企业认定暨国家第二批专精特新"小巨人"企业推荐工作的通知》（豫工信办企业〔2020〕120号）。

### 政策简介

为贯彻落实习近平总书记关于"培育一批'专精特新'中小企业"的重要指示精神，以及《中华人民共和国中小企业促进法》和中共中央办公厅、国务院办公厅《关于促进中小企业健康发展的指导意见》，引导河南省中小企业走专业化、精细化、特色化、新颖化发展道路，提升自主创新能力、加快转型升级，培育一批主营业务突出、竞争力强以及具有良好发展前景的"专精特新"中小企业，根据《工业和信息化部关于促进中小企业"专精特新"发展的指导意见》，结合河南省中小企业发展实际，制定了《河南省"专精特新"中小企业认定管理办法》，由河南省工业和信息化厅负责河南省"专精特新"中小企业认定管理工作。

### 适用范围

中小企业是指在河南省内工商注册登记且具有独立法人资格，正常开展经营活动的中型、小型和微型企业。企业类型按照工信部发布的相关中小微企业划型标准规定执行。"专精特新"中小企业具有专业化、精细化、特色化、新颖化四个特征。开展技术创新、产品创新、管理创新和商业模式创新，培育新的增长点，形成新的竞争优势。

### 认定条件

河南省"专精特新"中小企业应符合省产业政策发展方向，满足以下基本条件和任何一项专项条件，且不存在限制条件所列事项。

1. 基本条件。

在省内工商注册登记存续三年以上；近两年营业收入均不少于1000万元；近两年主营业务收入或净利润的平均增长率不低于10%；近两年研发经费支出占营业收入平均比重不低于3%。

2. 专项条件。

（1）专业化。主营业务收入占本企业营业收入的70%以上；企业设立研发机构，具备完成技术创新任务所必备的技术开发仪器设备条件或环境（牵头创建制造业创新中心，设立技术研究院、企业技术中心、企业工程中心、院士专家工作站、博士后科研工作站、博士后创新实践基地等）；近两年内主持或者参与制（修）订国家标准或行业标准；为大企业或龙头企业配套生产关键零部件、元器件。

（2）精细化。企业采用流程化、标准化和信息化等方式使组织管理精确、高效、协同，实现精细化生产、管理和服务；主攻某一特殊的客户群、某一产品的细分区段，主导产品享有较高知名度，且细分市场占有率在全省前五位。

（3）特色化。产品或服务具有独特性、独有性、独家生产的特点，或具有典型的资源、地域特色，能够带动本地特色产业的规模及影响力；掌握自主知识产权或先进知识，拥有在有效期内的发明专利两项以上（含两项）、实用新型专利或外观设计专利五项以上（含五项）；企业获得省级及以上质量标杆、名牌产品或驰名商标等荣誉（称号）一项以上。

（4）新颖化。拥有强大原创能力、创新活力和价值潜力，采用现代信息技术，进行资源的嫁接，对产品和服务提供的手段、形式、渠道进行创新；具有一定规模的估值和融资吸引力，符合"新技术、新产业、新业态、新模式"四新经济发展特征。

3. 限制条件。

有下列情况之一的企业，不得认定河南省"专精特新"中小企业。

（1）近三年发生生产安全、质量、环境污染等重特大事故。

（2）企业被列入经营异常、失信企业名单，企业法定代表人或实际控制人被纳入失信被执行人名单。

（3）有偷税漏税等重大违法行为。

## 申报流程

1. 注册。

打开网址：http：//www.smeha.cn/，单击右侧浮框中的"注册"按钮，填写邮箱信息，选择用户类型"企业"，勾选"我已阅读并同意遵守《河南省中小企业公共服务平台网站服务条款》"，单击"同意协议并注册"。

2. 邮箱激活。

登录邮箱，单击收到邮件中的激活链接，完成注册邮箱认证。

3. 登录申报。

打开网址：http：//www.smeha.cn/，在"申报快速入口"栏目下，根据提示进行登录，填写相应内容完成申报提交。

4. 申报后修改。

打开网址：http：//www.smeha.cn/，登录后，可根据提示进行"查询""修改""删除"等操作。

## 认定程序

1. 征集申报。河南省"专精特新"中小企业的认定工作遵循公开、公平、公正的原则，采取公开征集、自愿申报的方式，每年认定一次，具体申报按照当年工作通知要求进行。

2. 初审推荐。凡符合认定条件的企业自愿按要求向所属市（县）中小企业主管部门申报。市（县）级中小企业主管部门按照规定条件和要求，负责本辖区"专精特新"中小企业的初审和推荐工作。

3. 评审公示。省工业和信息化厅组织专家对市（县）级中小企业主管部门推荐的企业申报材料进行评审，评审通过的企业在厅网站公示七个工作日，公示无异议的，授予河南省"专精特新"中小企业称号。

# 第三篇　科技计划与专项行动

# 第一章　科技计划

## 一、自然科学基金

### （一）国家自然科学基金

#### 政策依据

《关于印发〈国家自然科学基金资助项目资金管理办法〉的通知》（财教〔2015〕15号）；《财政部　国家自然科学基金委员会关于国家自然科学基金资助项目资金管理有关问题的补充通知》（财科教〔2016〕19号）；《国家自然科学基金委员会关于国家自然科学基金资助项目资金管理的补充通知》（国科金发财〔2018〕88号）；《国家自然科学基金委员会　财政部关于进一步完善科学基金项目和资金管理的通知》（国科金发财〔2019〕31号）。

#### 政策介绍

国家自然科学基金资助项目资金，是指国家自然科学基金按照《国家自然科学基金条例》规定，用于资助科学技术人员开展基础研究和科学前沿探索，支持人才和团队建设的专项资金。

#### 适用范围

中华人民共和国境内的高等学校、科学研究机构和其他具有独立法人资格、开展基础研究的公益性机构，可以在基金管理机构注册为依托单位。国家自然科学基金重点支持面上项目、重点项目、重大项目、重大研究计划、青年科学基金项目、地区科学基金项目、优秀青年科学基金项目、国家杰出青年科学基金项目、海外及港澳学者合作研究基金项目、国际（地区）合作交流项目、联合基金项目、专项基金项目、国家重大科研仪器研制项目等十多个方向。

#### 政策内容

自然科学基金项目一般实行定额补助资助方式。对于重大项目、国家重大科研仪器研制项目等研究目标明确、资金需求量较大、资金应当按项目实际需要予以保障的项目，实行成本补偿资助方式。各类项目具体支持方式和额度见年度申报指南。

#### 申报流程

1. 预算编制。项目负责人（或申请人）编制项目收入预算和支出预算，依托单位应当组织其科研和财务管理部门进行审核，审核通过后提交自然科学基金委员会。

2. 预算审批。自然科学基金委员会组织项目评审，确定资助额度。依托单位应当组织项目负责人根据批准的项目资助额度，按规定调整项目预算，报自然科学基金委员会核准。

3. 预算执行。项目资金支付给依托单位后，项目负责人应当严格执行自然科学基金委员会核准的项目预算。

## （二）河南省自然科学基金

### 政策依据

《河南省科学技术厅 河南省财政厅关于印发河南省自然科学基金项目管理办法（试行）的通知》（豫科〔2019〕141号）;《国家自然科学基金委员会 财政部关于进一步完善科学基金项目和资金管理的通知》（国科金发财〔2019〕31号）;《关于印发〈河南省科技计划项目管理办法（试行）〉〈河南省科技创新平台建设与管理办法（试行）〉的通知》（豫科〔2016〕83号）;《河南省科学技术厅 河南省财政厅关于进一步优化省级科技计划项目和资金管理的通知》（豫科〔2019〕32号）。

### 政策简介

为规范和加强河南省自然科学基金项目管理，提高省基金使用效益，增强河南省原始创新能力，根据《河南省科技计划项目管理办法（试行）》，参照《国家自然科学基金条例》，2019年河南省科技厅、财政厅制定了《河南省自然科学基金项目管理办法（试行）》，面向全省组织实施，主要资助自然科学方面的基础研究（含应用基础研究）、战略性前沿技术研究等工作。省基金主要来源于省财政拨款。鼓励自然人、法人或者其他组织向省基金捐赠或合作设立联合基金。

### 适用范围

省基金项目资助工作通过依托单位实施。本省行政区域内的高等院校、科研机构和有条件开展公益性基础研究的企业，以及其他开展基础研究的机构，符合规定条件的，可以申请注册为依托单位。国家自然科学基金在豫依托单位自然成为省基金依托单位，直接备案，不再审核注册。省基金项目资助类别为：杰出青年科学基金项目、优秀青年科学基金项目、青年科学基金项目、面上科学基金项目和联合基金项目，以及省科技厅、省财政厅可根据需要增设或调整的项目类别。

### 政策内容

省科技厅是省基金项目主管部门，依法对省基金资助工作进行宏观管理、统筹协调，省财政厅依法对省基金项目的预算管理进行指导和监督，基金管理专业机构在省科技厅领导下工作，履行相关规定职责，依托单位在省基金项目资助管理工作中应当积极履行规定职责。确定省基金资助项目，应当充分发挥同行专家的作用，采取宏观引导、自主申请、平等竞争、同行评议、择优支持的机制。

### 申报条件

1. 省基金项目申请注册为依托单位的条件。
（1）具有独立法人资格。
（2）具有专门从事基础研究活动的能力和条件。
（3）具有专门的科学研究项目管理机构和制度。
（4）具有专门的财务机构和制度。
（5）没有社会信用黑名单记录。
2. 省基金项目申请人需具备的基本条件。
（1）所在单位是依托单位。

（2）申请人必须是项目的实际负责人，在河南省境内工作并正式受聘于依托单位的在职在岗科技人员，每年在依托单位工作时间应不少于六个月，有足够的时间和精力从事申请项目的研究。

（3）具有从事基础研究工作的经历。

（4）具有良好的教育和科研工作经历。

（5）具有良好的学风和科学道德。

（6）所申请项目必须符合项目指南的资助范围。

省基金项目申请人需具备当年《申请指南》明确的其他条件和管理规定。

### 评审立项

除杰出青年科学基金项目和优秀青年科学基金项目外，其他类别省基金项目评审工作一般按照基金管理专业机构形式审查、同行专家通讯评审、学科专家组会议评审、基金管理专业机构审核、省科技厅审议和拟定项目公示的程序进行。必要时，基金管理专业机构可视具体情况并经省科技厅批准，启动或调整相关程序。

### 申请程序

1. 申请人必须按规定的格式，实事求是填写省基金项目申请书，项目组所有成员应在申请书上亲自签名。

2. 申请人应自行将项目申请书、经费预算书通过"河南省自然科学基金管理系统（http：//nsf.hnkjt.gov.cn/）"进行录入提交。

3. 申请人所在依托单位应对本单位申请书、经费预算书内容进行严格审查，保证填报内容真实可靠，并授权其科研主管部门签署意见并加盖公章。

4. 参与者与申请人不是同一单位的，参与者所在单位视为合作研究单位，合作研究单位不超过两个。

5. 单位管理员登录系统，按照申请指南和限额推荐要求审核项目，将审核通过的项目统一提交至省科技厅，纸质材料由系统导出 PDF 格式文档在线打印，并签章报送。

6. 基金项目探索试行"包干制"管理，预算申报书中无须编制经费预算明细。项目负责人在规定范围内自主使用经费，合理安排经费使用进度，提高资金使用效率。

## 二、科技重大专项

### （一）国家科技重大专项

#### 政策依据

《科技部　发展改革委　财政部关于印发〈国家科技重大专项（民口）管理规定〉的通知》（国科发专〔2017〕145 号）；《财政部　科技部　发展改革委关于印发〈国家科技重大专项（民口）资金管理办法〉的通知》（财科教〔2017〕74 号）。

#### 政策简介

重大专项是为实现国家目标，通过核心技术突破和资源集成，在一定时限内完成的重大战略产品、关键共性技术和重大工程，是我国科技发展的重中之重，对提高我国自主创新能力、建设创新型国家具有重要意义。

## 适用范围

重大专项采取定向委托、择优委托（包括定向择优和公开择优）、招标等方式遴选项目（课题）承担单位。

## 政策内容

重大专项的财政支持方式分为前补助、后补助。国家科技重大专项包括核心电子器件、高端通用芯片及基础软件产品专项，极大规模集成电路制造装备与成套工艺专项，新一代宽带无线移动通信网专项，高档数控机床与基础制造装备专项，大型油气田及煤层气开发专项，大型先进压水堆及高温气冷堆核电站专项，水体污染控制与治理专项，转基因生物新品种培育专项，重大新药创制专项，艾滋病、病毒性肝炎和新型冠状病毒等重大传染病防治专项，大型飞机专项，高分辨率对地观测系统专项，载人航天与探月工程专项等十余项。年度具体支持项目及内容可查询"国家科技管理信息系统公共服务平台"（https：//service.most.gov.cn/index/）。

## 实施流程

1. 指南发布。重大专项牵头组织单位会同相关部门依据重大专项实施方案、阶段实施计划，组织总体专家组、专业机构等编制年度指南并发布。

2. 项目申报和评审。专业机构受理项目（课题）申报，采取视频评审或会议评审等方式，组织开展项目（课题）任务和预算评审，报重大专项牵头组织单位审核。

3. 立项和实施。专业机构根据牵头组织单位下达的立项批复，与项目（课题）承担单位签订《重大专项项目（课题）任务合同书》。

## （二）河南省重大科技专项

### 政策依据

《河南省科学技术厅 河南省财政厅关于印发河南省省级重大科技专项管理办法（试行）的通知》（豫科〔2019〕96号）；《河南省人民政府办公厅关于印发河南省"十百千"转型升级创新专项实施方案的通知》（豫政办〔2019〕11号）；《河南省科学技术厅 河南省财政厅关于申报2022年度河南省重大科技专项的通知》（豫科资〔2021〕63号）。

### 政策简介

河南省省级重大科技专项实施突出目标导向，聚焦事关河南省重大战略的科技创新需求，发挥集中力量办大事的体制优势，多方联动进行集成式协同攻关；突出系统布局，坚持产业链与创新链的深度融合，瞄准重点优势产业上下游的关键节点，进行全链条一体化布局，集成资源系统推动专项的组织实施；突出分类实施，尊重科研规律，针对企业、科研机构、高等院校等各类主体不同的创新需求、研发定位和目标导向，在项目的产生途径、组织流程、支持方式、绩效考评等方面因类施策、分类推进。

专项聚焦河南省优势主导产业和战略性新兴产业重大创新需求，着力解决产业发展以及民生公益领域核心关键技术瓶颈，着力推动重大科技创新成果的示范推广应用，是引领作用突出、资金投入量大、协同效应明显、支撑作用显著的重大科研项目。

## 政策内容

专项主要包括重大创新专项、重大公益专项、郑洛新国家自主创新示范区创新引领型产业集群专项三个二级专项。其中，重大创新专项包括《河南省"十百千"转型升级创新专项实施方案》中的创新引领专项和重大创新示范专项，主要围绕河南省经济竞争力的核心关键，突出产业化，政府主动布局，企业牵头主导，力争解决相关领域核心技术缺乏、关键装备部件依赖进口等"卡脖子"问题，打造标杆、形成示范，突出产业化目标，引领带动产业转型发展；重大公益专项主要聚焦河南省民生科技、社会公益、公共安全以及基础学科、新兴产业的重大关键技术需求，依托高等学校、科研机构等开展技术研发和应用示范，为经济社会可持续发展提供技术支撑；郑洛新国家自主创新示范区创新引领型产业集群专项主要瞄准自创区的优势主导产业和战略新兴产业，围绕产业链关键环节，依托创新骨干企业，突出共性关键技术，全链条创新设计、一体化组织实施，力争培育一批具有核心竞争力的优势产业。每年将依据创新需求发布《年度河南省重大科技专项项目申报指南》。

## 申报条件

1. 项目应严格按照省重大科技专项指南发布的专题进行申报，围绕国家重大战略需求、河南转型发展需要，聚焦产业发展和服务民生公益，不在指南范围内的项目不予受理。

2. 项目申请单位应为在本省注册的具有独立法人资格的企业、高等院校、科研院所等，注册时间为 2020 年 11 月 1 日前，建有省级（含省级）以上研发平台，有较强的科技研发能力和条件，运行管理规范。

3. 项目申请单位为企业的须有实际研发活动，上年度研发投入占主营业务收入比例，大中型企业不低于 1.5%，其他企业不低于 3%，同时应有良好的信用记录，未被记入"信用中国（河南）"黑名单。近三年内承担的省重大科技专项存在验收不通过或逾期尚未结项验收的企业，不得申报。

4. 项目负责人年龄不超过 60 周岁（1962 年 1 月 1 日后出生），两院院士不受年龄限制，每年用于项目的工作时间不得少于六个月，已承担省财政支持的科技计划项目且截至 2021 年 10 月 31 日逾期未能结题的，不得申报。

5. 团队成员诚信状况良好，无在惩戒执行期内的科研严重失信行为记录和相关社会领域信用"黑名单"记录。

6. 项目实施周期原则上不超过三年，单个项目财政支持资金原则上不低于1000 万元。其中，项目申请单位为企业的，投入项目研发的自筹资金不低于申请财政资金的三倍。省财政根据项目年度执行计划和经费实际需求分年度拨付支持经费。

7. 鼓励各地、各部门统筹资源、联动支持；支持骨干企业、高等院校、科研院所等组建创新联合体联合申报；探索推行"赛马""项目专员"等制度。

## 组织方式

1. 隶属于省直部门（单位）的通过省直部门（单位）申报。

2. 郑州航空港经济综合实验区、国家高新区、国家郑州经济技术开发区内的项目通过管委会申报。

3. 其他单位均通过所在省辖市或省直管县（市）、"三起来"示范县（市）科技主管部门申报；财政部门（省直财务部门）按照预算管理级次进行审核报送。

4. 各推荐单位对所推荐项目的真实性等负责。

## 支持方式

项目支持方式包括前补助和后补助。对于科研院所、高等院校及其他具有研发能力的事业单位承担的项目，主要采取前补助方式，并根据项目实施计划分年度拨付经费。对于企业承担的项目，项目立项后核定财政补助资金总额，根据绩效评价情况或项目阶段目标完成情况给予后补助支持，可事先拨付一定比例启动经费，其中创新引领专项分年度按比例给予支持。

## 申报程序

项目申报采取网上申报的方式进行，由项目申报人、项目申报单位和推荐（主管）单位登录系统进行申报和推荐。

1. 用户注册。个人（申报人）和法人（单位管理员）用户须在"河南政务服务网"（http：//www.hnzwfw.gov.cn/）注册并实名认证后，才能登录系统，已完成注册和认证的用户仍使用原账号。各主管部门（单位）管理员用户仍使用系统统一分配的账号登录系统。

2. 单位信息填报。申报单位基本信息统一由法人（单位管理员）在提交本单位项目之前填写或更新完善，法人（单位管理员）提交后，单位所有申报人均能及时共享显示，不需单独、重复填报。

3. 项目信息填报。项目申报人按照指南要求，使用个人账号登录"河南省科技管理信息系统"（http：//xm.hnkjt.gov.cn/）填写项目申报书，申请省财政经费资助项目须填报预算申报书，完成后提交至申报单位。法人（单位管理员）使用法人账号登录系统审核项目，提交至科技主管部门（单位）。

4. 审核推荐。科技主管部门（单位）严格按照申报指南要求审核项目，将审核通过并申请财政经费的项目预算申报书转送财政主管部门（单位），财政主管部门（单位）对项目预算申报书审核通过后，由科技主管部门（单位）统一将项目推荐提交至省科技厅。

各级科技主管部门（单位）与财政主管部门（单位）要及时沟通、密切配合，为科研人员项目申报提供服务保障。

5. 材料报送。申报单位打印由系统生成的项目申报书、预算申报书 PDF 文档装订成册（一式五份），在书脊上注明项目名称、申报单位名称，经主管部门（单位）审核盖章后报送。

## 任务签订

按照省重大科技专项管理有关要求，须正式签订项目任务书，强化绩效管理，确保完成目标任务。项目任务书签订事项包括以下内容。

1. 签订范围。所有批准立项项目，签订方包括省科技厅（甲方）、项目承担单位（乙方）和项目主管部门（丙方，包括各级科技主管部门或省直部门）。任务书将作为项目管理和验收评价的依据。

2. 签订流程。各项目负责人登录"河南省科技管理信息系统"（http：//

xm.hnkjt.gov.cn/），在前期预填报的基础上，根据专家审核意见，认真对照，完善项目任务书内容。填报完成后提交至单位管理员，单位管理员审核确认后提交至项目主管部门。主管部门严格按照申报书、预算书内容及专家意见对照审核，确认后提交至省科技厅。

3. 报送要求。任务书在线审核完成后，各项目从"河南省科技管理信息系统"下载、打印、装订、盖章，报送至项目主管部门审核盖章后，规定时间内寄送至省科技厅。

## 三、重点研发计划

### （一）国家重点研发计划

#### 政策依据

《财政部　科技部关于印发〈国家重点研发计划资金管理办法〉的通知》（财科教〔2016〕113号）;《科技部　财政部关于印发〈国家重点研发计划管理暂行办法〉的通知》（国科发资〔2017〕152号）;《科技部关于印发〈国家重点研发计划资金管理办法〉配套实施细则的通知》（国科发资〔2017〕261号）;《科技部　财政部关于进一步优化国家重点研发计划项目和资金管理的通知》（国科发资〔2019〕45号）。

#### 政策简介

国家重点研发计划是由中央财政资金设立，面向世界科技前沿、面向经济主战场、面向国家重大需求，重点资助事关国计民生的农业、能源资源、生态环境、健康等领域中需要长期演进的重大社会公益性研究，事关产业核心竞争力、整体自主创新能力和国家安全的战略性、基础性、前瞻性重大科学问题、重大共性关键技术和产品研发，以及重大国际科技合作等，加强跨部门、跨行业、跨区域研发布局和协同创新，为国民经济和社会发展主要领域提供持续性的支撑和引领。

#### 适用范围

项目牵头承担单位、课题承担单位和课题参与单位应当是在中国大陆境内注册、具有独立法人资格的科研院所、高等院校、企业等。

#### 政策内容

国家重点研发计划包括大气污染防治专项、新能源汽车、七大农作物育种、数字诊疗装备、干细胞及转化研究、化学肥料和农药减施增效综合技术研发、粮食丰产增效科技创新、林业资源培育及高效利用技术创新、现代食品加工及粮食收储运技术与装备、智能农机装备、纳米科技、战略性先进电子材料等40多项，每年度具体的支持方向及要求查询"国家科技管理信息系统公共服务平台"。国家重点研发计划实行多元化投入方式，资金来源包括中央财政资金、地方财政资金、单位自筹资金和从其他渠道获得的资金。中央财政资金支持方式包括前补助和后补助，各类项目具体支持方式和金额标准在编制重点专项实施方案和年度项目申报指南时予以明确。

**申报流程**

1. 指南发布。科技部会同专项参与部门及专业机构编制重点专项的年度项目申报指南，通过"国家科技管理信息系统"公开发布。

2. 预申报和首轮评审。项目牵头单位应按照项目申报指南的要求，通过信息系统提交简要的预申报书。专业机构受理项目预申报并进行形式审查后，采取网络评审、通讯评审或会议评审等方式组织开展首轮评审，不要求项目申报团队答辩。

3. 正式申报和答辩评审。专业机构通知项目牵头单位通过信息系统填报正式申报书，经形式审查后，以视频会议等方式组织开展答辩评审。评审结果报科技部进行合规性审核。

4. 公示立项。专业机构对通过合规性审核的拟立项项目通过信息系统进行公示，并依据公示结果发布立项通知，与项目牵头单位签订项目任务书。项目下设课题的，项目牵头单位也应与课题承担单位签订课题任务书。

## （二）河南省重点研发专项

**政策依据**

《河南省科学技术厅 河南省财政厅关于组织申报 2022 年度河南省重点研发专项的通知》（豫科资〔2021〕62 号）。

**政策简介**

重点研发专项聚焦本省经济社会发展创新需求，针对共性、关键技术的研发与转化，开展"产、学、研、用"协同创新，力争形成一批新技术，研发一批新产品，转化一批新成果。重点研发专项分为技术研发类和成果转化类，省财政资金以前支持为主，按照实际需求和进度分期拨付经费，单个项目支持额度为百万级，个别重大项目原则上不超过 300 万元。

**条件要求**

1. 项目申请单位应为在省内注册的具有独立法人资格的企业、高等学校、科研院所等，注册时间为 2020 年 10 月 1 日前，建有省级（含省级）以上研发平台，有较强的科技研发能力和条件，运行管理规范。

2. 项目申请单位为企业的须有实际研发活动，上年度研发投入占主营业务收入比例，大中型企业不低于 1.5%，其他企业不低于 3%，同时应有良好的信用记录，未被记入"信用中国（河南）"黑名单。近三年内承担的省重大科技专项存在验收不通过或逾期尚未结项验收的企业，不得申报。

3. 项目负责人年龄不超过 60 周岁（1962 年 1 月 1 日后出生），每年用于项目的工作时间不得少于六个月，已承担省财政支持的科技计划项目且截止到 2021 年 9 月 30 日逾期未能结题的，不得申报。团队成员诚信状况良好，无在惩戒执行期内的科研严重失信行为记录和相关社会领域信用"黑名单"记录。

4. 项目实施周期一般为三年，即 2022 年 1 月—2024 年 12 月。鼓励各地、各部门统筹资源、联动支持。支持骨干企业、高等院校、科研院所等组建创新联合体联合申报。

5. 申报项目为成果转化类的，还应符合以下要求。

（1）成果应具有国际先进或国内领先水平、创新性强、技术成熟度高且产权归属清晰、无法律纠纷，处于中试熟化阶段或产业化开发前期，目标产品明确，附加值高、市场容量大、产业带动性强、经济和社会效益显著，完成后能够形成批量生产销售。

（2）新药类项目须已完成Ⅲ期临床试验且获得报产受理通知书；医疗器械项目已完成样机检验，并已启动临床研究；生物医药健康产业领域中涉及开展临床研究的项目，须由具体开展该研究的正规临床机构出具伦理审查意见；涉及农业种业、安全生产等特种行业的，须拥有相关行业准入资格或行政许可。

（3）申报单位与成果权属者不一致时，双方须签署具有法律效力的转让、许可等协议。

重点支持国家科技重大专项、国家重点研发计划等计划形成的重大科技成果。

6. 申报项目属于国际合作的，还应符合以下要求。

（1）项目申报须联合依法建立／注册并在合作领域有较强科研实力的国外高等学校、科研机构或企业。

（2）申报单位与外方应具有较好合作基础，并签署与申报项目内容密切相关中外文对照的有效合作协议或文本，具体要求如下。

协议或文本需包含合作期限、合作内容、项目分工、权益分配、签署人及签署日期等基本要件，其中，合作时限需覆盖项目实施期；协议签署人应为项目承担人或所在团队负责人与外方负责人，并提供双方在职证明、工作简历及联络方式等。在职证明应显示姓名、单位及所在部门、职务或职称等基本信息并具备相应佐证效力。以上材料需加盖申报单位公章。

（3）合作内容应符合我国及外方所在国家有关法律法规和科研伦理规定，申报项目涉及利用我国人类遗传资源开展国际合作科学研究的，应当按照《中华人民共和国人类遗传资源管理条例》要求，经国务院科学技术行政部门批准后方可开展。

重点支持与"一带一路"沿线国家（地区）、创新能力强的国家（地区）开展的合作项目；优先支持国家级国际科技合作基地和省级国际联合实验室申报的合作项目。

### 推荐渠道

1. 隶属于省直部门（单位）的通过省直部门（单位）申报，其中省科技厅归口管理的预算单位和转制科研单位，以及代管单位通过科技厅申报。

2. 郑州航空港经济综合实验区、国家高新区、国家郑州经济技术开发区内的项目通过管委会申报。

3. 其他单位均通过所在省辖市或省直管县（市）、"三起来"示范县科技主管部门申报。

### 申报程序

项目申报采取网上申报的方式进行，由项目申报人、项目申报单位和推荐（主管）单位登录系统进行申报和推荐，无须报送纸质材料。

1. 用户注册。个人（申报人）和法人（单位管理员）用户须在"河南政务服务网"（http：//www.hnzwfw.gov.cn/）注册并实名认证后，才能登录系统，已完成注册和认证的用户仍使用原账号。各主管部门（单位）管理员用户仍使用系统统一分配的账号登录系统。

2. 单位信息填报。申报单位基本信息统一由法人（单位管理员）在提交本单位项目之前填写或更新完善，法人（单位管理员）提交后，单位所有申报人均能及时共享显示，不需单独、重复填报。

3. 项目信息填报。项目申报人按照指南要求，使用个人账号登录"河南省科技管理信息系统"（http://xm.hnkjt.gov.cn/）填写项目申报书，申请省财政经费资助项目须填报预算申报书，完成后提交至申报单位。法人（单位管理员）使用法人账号登录系统审核项目，提交至科技主管部门（单位）。

4. 审核推荐。科技主管部门（单位）严格按照申报指南和限额推荐要求审核项目，将审核通过并申请财政经费的项目预算申报书转送财政主管部门（单位），财政主管部门（单位）对项目预算申报书审核通过后，由科技主管部门（单位）统一将项目推荐提交至省科技厅。

各级科技主管部门（单位）与财政主管部门（单位）要及时沟通、密切配合，为科研人员项目申报提供服务保障。

**申报受理**

1. 个人和法人在线填报、提交申请材料的时间以通知为准；科技、财政主管部门（单位）审核提交时间截止以通知为准。

2. 项目申报人务必如实填写项目申报内容，确认提交前可以多次修改保存；科技、财政主管部门（单位）审核期间退回修改的项目可以再次提交；已提交至省科技厅的项目不再退回修改。此次申报时间有限，请各项目申请人、单位管理员和主管部门严格按照时间要求进行填报、提交并审核推荐，逾期系统将自动关闭相应权限。

3. 系统关闭后，任何单位和个人不得再修改、补充申报材料。

## （三）河南省重点研发与推广计划

### 政策依据

《关于印发〈河南省科技计划项目管理办法（试行）〉〈河南省科技创新平台建设与管理办法（试行）〉的通知》（豫科〔2016〕83号）；《河南省财政厅 河南省科学技术厅关于印发〈河南省省级科技研发专项资金管理办法〉的通知》（豫财科〔2017〕184号）。

### 适用范围

科技攻关、科技惠民、软科学和科普及适用技术工程四个大类。

### 政策内容

1. 科技攻关类支持对象为高校、科研单位、公益机构，以及各类国家级研发平台，支持额度一般为10万元，最高不超过20万元。实施周期不超过两年。支持领域包括农业、高新技术、社会发展和国际科技合作四个方面。

农业领域重点支持种业创新、种植技术、养殖技术、食品工程和农业工程等，鼓励产学研合作，合作单位包含国家级、省级农业科技园区企业或星创天地依托单位优先支持。

高新技术领域重点支持电子信息、装备制造、新材料、新能源、化工和汽车及零部件等。

社会发展领域重点支持人口与健康、公共安全、资源环境和文化体育建设等。

国际科技合作重点支持合作单位境外依法注册／建立的大学、科研院所、科技企业，合作基础良好并签署协议，具有国际先进或国内领先水平的项目。

2. 科技惠民类支持人口健康、公共安全、生态环境等领域，河南省科技惠民计划专项经费是省级财政安排的引导支持基层开展社会发展领域先进技术成果转化应用、先进适用技术综合集成示范的专项经费。专项经费主要用于项目实施过程中发生的与技术成果转化应用和集成示范直接相关费用的补助支出。开支范围主要包括技术引进费、技术开发费、技术应用示范费、科技服务费、培训费等。

3. 软科学研究类重点支持高校、科研单位、公益机构等，重大项目15万—20万元，重点项目8万元，一般项目3万元，实施周期不超两年。

重大项目围绕省委省政府重点工作开展研究，提供决策咨询服务。重大项目坚持为政府决策服务，突出战略性、系统性和创新性。一般项目根据年度指南选题或自行命题。

4. 科普及适用技术工程类支持对象为市属及以上农林水等涉农科研机构、高等院校，支持额度一般五万元，实施周期一年。

## 申报要求

申报单位须是河南省内具有独立法人资格的科研院所、高等院校以及其他具有研发能力的企事业单位，具体以年度通知和申报指南为准。

各主管部门及主要申报单位限额推荐，省科技攻关、软科学研究项目申报指标每年实行动态调整，年度分配指标数量在申报系统中设置，各单位自行登录查看。

项目申请人填写申报材料时，须按照填报要求注意信息回避。评审采取"一随机、两自动"的双盲评审方式，计算机按领域随机抽取专家、自动进行项目分组、自动通知专家，最终依据网络评审结果确定项目立项。

各申报单位加强项目筛选审核，同一项目已获得省级财政资金支持的，严禁重复或变相重复申请专项资金立项支持。同一项目申请人已承担省财政支持的科研项目尚未结项或验收的，不得申请新的项目资金。同一申报单位须通过单个推荐部门申报，不得多头申报。

鼓励有需求的项目研发团队加强与国家超算郑州中心合作，在超级计算机上开展理论模拟和计算等工作。

## 申报程序

项目申报统一实行网上申报，不再要求报送纸质文件材料。

1. 用户注册。个人（申报人）和法人（单位管理员）用户须在"河南政务服务网"（http://www.hnzwfw.gov.cn/）注册并实名认证后，才能登录系统，已完成注册和认证的用户仍使用原账号。各主管部门（单位）管理员用户仍使用系统统一分配的账号登录系统。

2. 单位信息填报。申报单位基本信息统一由法人（单位管理员）在提交本单位项目之前填写或更新完善，法人（单位管理员）提交后，单位所有申报人均能及时共享显示，不需单独、重复填报。

3. 项目信息填报。项目申报人按照指南要求，使用个人账号登录"河南省科技管理信息系统"（http://xm.hnkjt.gov.cn/）填写项目申报书，申请省财政经费资助项目须填报预算申报书，完成后提交至申报单位。法人（单位管理员）使用法人账号登录系统审核项目，提交至科技主管部门（单位）。

4. 审核推荐。科技主管部门（单位）严格按照申报指南和限额推荐要求审核项目，将审核通过并申请财政经费的项目预算申报书转送财政主管部门（单位），财政主管部门（单位）对项目预算申报书审核通过后，由科技主管部门（单位）统一将项目推荐提交至省科技厅。

各级科技主管部门（单位）与财政主管部门（单位）要及时沟通、密切配合，为科研人员项目申报提供优质服务。

## 四、技术创新引导与示范专项

### 政策依据

《河南省财政厅 河南省科技厅关于印发〈河南省企业技术创新省级引导专项资金管理办法〉的通知》（豫财科〔2017〕210 号）;《河南省技术创新引导专项申报指南》;《河南省科学技术厅 河南省财政厅关于开展 2021 年度县（市）创新引导计划项目申报工作的通知》（豫科〔2020〕137 号）;《河南省科学技术厅 河南省财政厅关于组织申报 2020 年度省创新示范专项的通知》。

### 适用范围

企业研究开发省级财政补助，高新技术企业申报引导补助，以及科技开放合作、产学研合作、县（市）创新引导企业开展其他科技活动的财政奖补。

### 专项类别

1. 科技开放合作。

（1）申报类型。

①省内企业与国内外知名高校、科研机构和创新型企业合作开展的科技研发、技术成果转移转化项目（与中国科学院系统合作开展的技术成果转移转化项目不属于此项目支持范围）。

②省内高等院校、科研机构与国内知名高校、科研机构合作开展的科技研发项目。

（2）支持方式。

技术成果转移转化类项目，以项目承担单位支付给合作方的经费和项目实际发生研发费为基数，对项目承担单位直接给予后补助支持，项目最高支持经费不超过 100 万元。

科技研发类项目，根据签订的技术合同以及项目研发费预算核定经费，项目最高支持额度不超过 50 万元。对企业单位承担的项目原则上采取先立项，完成验收后通过后补助方式予以支持，对于研发经费需求量大、风险程度高、属于战略性新兴产业的项目，可事前拨付一定比例的科研启动经费。

（3）申报条件。

①注册地在省内的具有独立法人资格的高等院校、科研机构和企业均可申报。

②申报单位需提供与合作方的合作协议，合作协议必须为与申报项目内容密切相关的技术成果转移转化合作协议或科技研发合作协议，且该合作内容应包含有本次申报的项目涉及的相关合作。

③项目主持人必须为省内各类科技创新主体的在岗工作人员，其中高等院校、科研机构的项目主持人应具备高级职称或博士学位。

④合作方须为国内外知名高校、科研机构和创新型企业。

⑤项目内容应聚焦制约省内经济、社会发展的重大科学问题或关键技术问题，能够显著提高相关领域的自主创新能力，预期经济及社会效益显著。

⑥申报单位为企业的，项目投入以自筹为主，上年年末单位净资产不低于申请财政资金的三倍，企业上年度研发投入占主营业务收入比例一般不低于3%（其中大中型企业不低于1.5%），并建有市级及以上研发中心。申报企业应提供上一年度审计报告。

⑦申报技术成果转移转化类项目，应为已经进行技术成果交易且支付完成合作方费用，并组织实施完成的项目；科技研发类项目实施期一般不超过两年，应有明确的实施计划和具体可考核的绩效目标。

2．产学研合作。

支持和引导省内高等院校、科研机构与企业开展技术合作，增强高校、科研机构的创新活力和动力，促进科技和经济紧密结合。

（1）申报对象。

河南省省内高校、科研院所（不含转制科研院所）和其他事业单位。

（2）申报类别。

包括：接受企业委托开展的研发项目（委托开发类）、与企业合作进行成果转化的项目（合作转化类）、面向企业开展技术转让的项目（技术转让类），以及实验室成果以转化应用为目标开展中试研究的项目（成果中试类）。

（3）申报条件。

①项目应在实施期内，且预期两年内完成。

②企业在技术合同中承诺支付项目承担单位的资金应不低于项目研发经费预算的50%，并纳入项目申报单位财务统一管理、单独核算。

③成果中试类项目依托的科技成果原则上是近三年取得省级以上科技奖励前三名或完成科技成果登记的第一完成人。

④成果中试类项目分为一般项目和重点项目：一般项目是指依托省级二等奖以下（含二等奖）科技奖励或完成科技成果登记的成果申报的项目；重点项目是指依托省级一等奖以上（含一等奖）科技奖励的成果申报的项目。一般项目申请财政支持经费不得高于50万元，重点项目申请财政支持经费不得高于200万元。

⑤项目合作企业应为河南省境内注册的具有独立法人资格的企业，并且与项目申报单位没有相互隶属或关联关系。

⑥申报时不得使用同一科技成果重复申报产学研合作项目；结项后不得使用同一科技成果再次申报产学研合作项目。

3．县（市）创新引导计划。

（1）适用范围。

围绕农业科技园区和贫困地区优势主导产业关键技术的研发、示范推广与成果转化，组织实施一批县（市）创新引导计划项目，支撑县（市）主导产业发展，助力打赢脱贫攻坚战。

（2）申报条件。

申报项目应符合以下条件。

①项目应符合河南省产业政策和当地产业布局，体现当地特色，应属当地政府关心、百姓关注、急需解决的主导产业重大科技创新需求，有利于推进县域创新发展和主导产业转型升级。

②项目可行性强，带动产业发展作用明显。项目实施方案完整，目标明确、任务具体，技术指标可考核。

③项目应加强政产学研用紧密结合，各项目实施地应建立由县级政府领导担任组长的领导小组，加强对项目实施的协调组织领导；成立由技术专家、应用单位、管理者参与的项目实施专家组，对项目提供技术和管理咨询；县级财政根据需要自行匹配资金。

④项目实施的示范作用明显，成果转化和产业化措施有力，有明确的技术落地、人才落地、资金落地措施。项目实施期间应在实施地新建至少一个先进技术（成果）示范推广基地。

⑤项目扶贫措施明确，支撑乡村振兴效果明显，绩效目标明确，可考核。

项目承担单位应当具备以下条件。

①在河南省境内注册，具有独立法人资格的企事业单位等，具备项目实施条件。

②具备产学研用联合的优势，项目成果转化和产业化能力较强，具有建立项目示范推广基地的基础条件和相应资金投入。

③项目承担单位得到当地省级产业科技特派员服务团支持或处于省级及以上农业科技园区核心区。

④在"信用中国（河南）"系统中被列入黑名单的单位不得申报项目。

（3）立项程序。

①县级申报。县级科技主管部门会同财政主管部门及相关业务主管部门（单位）组织开展项目可行性研究，确定项目承担单位，组织编制项目申报材料。申报材料须经县主要领导签字同意并加盖公章。

②市级评审论证。由省辖市科技局组织专家采取会议评审和现场考察相结合的方式对2021年度县（市）创新引导计划项目进行评审，程序为：成立评审专家组；项目负责人汇报；评审专家组听取项目实施情况汇报、审阅有关材料并进行质疑、项目组答辩；实地考察（可选）；形成评审意见并签字；省辖市科技局综合考虑专家组评审打分情况和评审意见，对项目进行排序（60分以下类项目原则上不予支持）。

③省厅研究确定。

4. 创新示范专项。

（1）申报条件。

①项目要符合《河南省"十百千"转型升级创新专项实施方案》确定的九大产业领域，整体技术创新水平处于国内领先或先进地位。

②项目已获2019年度、2020年度省辖市、省直管县（市）科技创新类项目立项，并安排财政经费支持额度在50万元以上（须已经下达一定比例的立项启动经费），已推荐进入省级备选项目库。仅县区立项支持、所在省辖市和直管县（市）未立项给予经费支持的项目不在支持范围内。

③项目绩效目标明确，绩效目标不仅要包括产出、成本，还要包括经济效益、社会效益、生态效益、可持续影响和服务对象满意度等绩效指标，做到细化、量化、可评估。

④项目重点依托省创新龙头企业、高新技术企业等创新引领型企业，以及高校、科研院所等科研事业单位实施，实施周期一般不超过三年，项目单位应建有省级（含省级）以上研发平台。

⑤项目单位承担有省重大科技专项和郑洛新产业集群专项。近三年内存在验收不通过情况或逾期尚未结项验收的，不得申报。

⑥项目单位为企业的，应有良好的信用记录，未被记入"信用中国（河南）"黑名单。

（2）组织方式。

①省科技厅会同省财政厅建立备选项目库；各市（县）主管部门根据各自工作进度，及时将符合条件的项目推荐至备选项目库。

②各市（县）对已推荐入库的备选项目进一步筛选凝练、优化提升，按要求组织和指导项目单位填报项目申报材料并正式推荐上报。

③省科技厅对项目受理情况及评审立项情况进行公示。

（3）申报程序。

①用户注册。首次申报的单位和个人需在"河南政务服务网"（http://www.hnzwfw.gov.cn/）进行注册。

②项目填报。申请人登录"河南省科技业务综合管理平台"（http://xm.hnkjt.gov.cn/）填写项目申报书、预算书并上传相关附件（各市县支持该项目的立项文件和经费下达文件的扫描须作为附件上传），完成后提交至单位管理员，经单位管理员确认提交至主管部门。

③审核推荐。科技主管部门严格按照申报指南和限额推荐要求审核项目材料，将审核通过的项目预算书转送财政主管部门，财政主管部门对项目预算申报书审核通过后，由科技主管部门统一将项目推荐提交至省科技厅。

## 五、科技基础条件专项

### 政策依据

《河南省财政厅　河南省科学技术厅关于印发〈河南省省级科技基础条件专项资金管理办法〉的通知》（豫财科〔2016〕52号）；《河南省财政厅　河南省科学技术厅关于〈河南省省级科技基础条件专项资金管理办法〉补充调整的通知》（豫财科〔2018〕194号）；《河南省科学技术厅　河南省财政厅关于组织申报2022年度河南省科技基础条件专项资金项目的通知》（豫科资〔2021〕55号）。

### 支持范围

1. 科研设施改善。包括科研仪器设备购置、科研设施维修改造和科研用房修缮等。

2. 共享平台建设。是指经省级以上主管部门批准建设或认定并实行开放共享的科研设施与仪器、自然种质资源库、科学数据库、科技文献等科技资源共享平台建设和运行维护。

3. 科研单位绩效奖励。是指对转制科研单位、科研基地入驻单位的运行发展情况和科研设施与仪器的开放共享服务情况等进行绩效考核，采取后补助方式给予支持。

2022年度省科技基础条件专项资金重点支持科研仪器设备购置类、科研设施维修改造和科研用房修缮类和共享平台建设类项目，具体支持内容和要求详见《2022年度河南省科技基础条件专项资金项目申报指南》。

### 开支范围

1. 科研设施改善资金主要用于科研仪器设备购置、科研设施维修改造和科研用房修缮费，一般包括设计费、材料费、劳务费、水电动力费、购置费以及与其相关的运输、安装调试等费用。

2. 共享平台建设资金主要用于科技资源共享服务平台建设、运行过程中发生的直接费用，一般包括购置费（试制费）、建设费和运行维护费以及其他在项目执行中所发生的必要费用。

3. 科研单位绩效奖励资金由单位统筹安排使用，主要用于科研单位开展科研活动和科研设施与仪器开放共享所需经费，具体开支范围按照财政专项资金后补助有关规定执行。

### 申报要求

1. 申报项目必须符合《项目申报指南》明确的支持范围、对象、内容和要求，否则不予受理。

2. 专项资金项目原则上支持强度不低于 30 万元；科研仪器购置财政资金仅支持 200 万元（不含）以内，超出部分由申报单位自筹。

3. 申报同一类别项目，省农科院不超过七个，省科学院不超过三个，其他省属科研单位不超过一个。

4. 以前年度获专项资金支持，未通过验收或申请延期验收的项目，项目承担单位不得申报同类别项目。

### 申报流程

实行网上申报和纸质版提交相结合方式。

1. 网上提交申报书及附件。项目单位进入"河南省科技计划管理信息系统"（http://xt.hnkjt.gov.cn/）后，单击登录"河南省科技基础条件平台"，下载申报书模板并填写相关内容，按要求在线提交申报书及所有附件材料。

2. 申报书修改。申报单位可在项目申报截止时间前，且项目申报书没有网上提交前，对申报书内容进行修改；网上提交后，无法进行修改。

3. 预算调整。项目立项公示后，项目申报单位按照系统反馈意见对项目申报书预算进行调整，并将调整后的申报书及相关附件材料重新网上提交。

4. 纸质件报送。拟支持项目报备纸质申报材料一式两份，按照封面、目录及页码、申报书、三年规划、附件的顺序胶装成册，加盖公章，通过各主管部门汇总推荐报送。

5. 网上申报时间。按照通知要求申报，系统将在申报截止时间关闭。

## 六、创新基地和人才专项

### 政策依据

《科技部 财政部 国家发展改革委关于印发〈国家科技创新基地优化整合方案〉的通知》（国科发基〔2017〕250 号）;《科技部办公厅 中央组织部办公厅 人力资源社会保障部办公厅关于做好 2018 年创新人才推进计划暨国家"万人计划"科技创新领军人才、科技创业领军人才推荐选拔工作的通知》（国科办政〔2018〕53 号）。

**政策简介**

根据《关于深化中央财政科技计划（专项、基金等）管理改革的方案》《国家科技创新基地优化整合方案》等相关文件，对科技部管理的国家（重点）实验室、国家工程技术研究中心、科技基础条件平台、创新人才推进计划；发展改革委管理的国家工程实验室、国家工程研究中心、国家认定企业技术中心等合理归并，进一步优化布局，按功能定位分类整合，加强相关人才计划的顶层设计和相互衔接。并在此基础上调整相关财政专项资金。

**适用范围**

创新基地归并整合为科学与工程研究（国家实验室、国家重点实验室）、技术创新与成果转化（国家工程研究中心、国家技术创新中心、国家临床医学研究中心）和基础支撑与条件保障（国家科技资源共享服务平台、国家野外科学观测研究站）三类。创新人才推进计划重点支持国家"万人计划"科技创新领军人才、科技创业领军人才、创新人才培养示范基地。

**申报流程**

创新基地和人才专项的具体项目申报流程具体关注各项目相关管理办法、申报通知等文件。

# 七、国家国际科技合作专项

**政策依据**

《科技部关于发布国家重点研发计划"政府间国际科技创新合作"等重点专项2021年度第二批项目申报指南的通知》（国科发资〔2021〕76号）。

**适用范围**

国家国际科技合作专项是中国政府于2001年在国家层面设立的，旨在通过统筹、整合中国产学研的科技力量广泛、深入地开展国际科技合作与交流，有效利用全球科技资源，提高科技创新能力，共同推进全人类科技进步的科技计划。本专项继续支持我国与相关国家、地区、国际组织和多边机制签署的有关政府间协议框架下开展的各类国际科技创新合作与交流项目，项目任务涉及政府间科技合作层面共同关注的科学、技术和工程问题，以及通过科技创新合作应对全球性重大挑战的有关问题等。本专项也设立内地与香港、澳门联合资助研发项目，大陆与台湾联合资助研发项目。

**政策内容**

专项针对政府间关注的重大议题和共同挑战，同主要发达国家和发展中国家积极加强科技创新合作，致力于共同推动解决有关问题。以科技创新领域交流合作为先导，围绕互联互通和其他民生科技领域，推动加强能力建设，促进与周边国家和其他发展中国家协同发展。积极参与政府间国际科技组织，促进创新领域的多边科研和技术合作。推进我国参与国际大科学工程（计划），加速推动国内外大型研究基础设施开放共享。每个项目实施周期一般为2—3年。每年具体情况见年度项目指南及通知。

## 申报资格

1. 项目牵头申报单位和参与单位应为中国大陆境内注册的科研院所、高等学校和企业等，具有独立法人资格，注册时间为 2020 年 2 月 29 日前，有较强的科技研发能力和条件，具有良好国际合作基础，运行管理规范。国家机关不得牵头或参与申报。项目单位以及团队成员诚信状况良好。

2. 项目负责人须具有高级职称或博士学位，1961 年 1 月 1 日以后出生，应为该项目主体研究思路的提出者和实际主持研究的科技人员。中央和地方各级国家机关的公务人员（包括行使科技计划管理职能的其他人员）不得申报项目。

3. 项目合作内容和方式应符合我国及各合作机构所在国家（地区、国际组织）有关法律法规和科研伦理相关规定。

4. 项目的具体申报要求，详见每年项目申报指南。各申报单位在正式提交项目申报书前可利用"国家科技管理信息系统公共服务平台"（http：//service.most.gov.cn/）查询相关科研人员承担国家科技重大专项、国家重点研发计划重点专项、科技创新 2030-重大项目在研项目（含任务或课题）情况，避免重复申报。

## 申报流程

1. 指南发布。科技部会同有关部门遵循国家重点研发计划项目形成机制，编制形成了国家重点研发计划政府间国际科技创新合作／港澳台科技创新合作重点专项年度项目申报指南。

2. 网上填报。申报单位在"国家科技管理信息系统"预申报。各推荐单位加强对所推荐的项目申报材料审核把关，按时将推荐项目通过"国家科技管理信息系统"统一报送。

3. 首轮评审。中国科学技术交流中心在受理项目预申报后，组织形式审查，并开展首轮评审工作。

4. 正式申报。申报单位收到答辩评审的通知后，通过"国家科技管理信息系统"填写并提交项目正式申报书。

5. 答辩立项。中国科学技术交流中心对进入正式评审的项目申报书进行形式审查，并组织答辩评审，择优立项。

# 八、科技基础性工作专项

## 政策依据

《关于发布〈中央级科研院所科技基础性工作专项资金管理暂行办法〉的通知》（国科发财字〔2000〕176 号）；《科技部办公厅关于印发〈国家重点研发计划项目综合绩效评价工作规范（试行）〉的通知》（国科办资〔2018〕107 号）；《科技部基础研究司 资源配置与管理司关于开展科技基础性工作专项项目综合绩效评价工作的通知》（国科基函〔2019〕4 号）。

## 政策介绍

科技基础性工作一般指围绕国民经济社会发展和科学研究的需求而开展的获取自然本底情况和基础科学数据、系统编研或共享科技资料和科学数据、采集保存自然科技资源、制定科学标准规范、研制标准物质等科学活动的统称。从

"十五"开始，科技部、财政部共同实施了科技基础性工作专项。

### 适用范围

专项资金主要支持中央级科研院所（不含转制为企业的原中央级科研院所）科技基础性工作的开展。

### 政策内容

专项资金按照批准的项目（任务）采取一次性补助的支持方式，每个项目的支持额度为 30 万—500 万元。

### 申报流程

1. 项目申报。各单位根据科技部发布的《中央级科研院所科技基础性工作专项资金支持重点》的要求，按规定的时间和要求填写《中央级科研院所科技基础性工作专项资金项目申报书》报送科技部。

2. 项目审批。科技部组织专家对申报项目以评审或评议方式进行审查，对专项资金项目及其预算提出意见。

3. 资金下达。科技部会同财政部审定专项资金的支持项目及其预算后，由科技部向科研院所下达专项资金通知，并拨付项目经费。

## 九、创新方法工作专项

### 政策依据

《科技部关于发布创新方法工作专项 2020 年度项目申报指南的通知》。

### 适用范围

创新方法工作是一项基础性、长期性的科技工作，是从源头上增强自主创新能力和推进创新型国家建设的重要举措。本专项以实施创新驱动发展战略和建设创新型国家的重大需求为导向，重点开展提升科研与企业创新效率和质量的方法研究、工具平台开发、试点示范与应用推广。本专项以项目为单元组织申报，不直接支持具体的技术开发活动，项目执行期 2—3 年。

### 政策内容

给予相关中央财政经费支持。重点支持创新方法助力疫情防控、经济社会发展，创新方法应用示范和创新方法人才培养等方面项目实施。支持重点会有调整，以每个年度通知为准。

### 申请条件

申报单位为在中国境内登记注册的科研院所、高等学校和企业等法人单位，注册时间满一年；政府机关不得作为申报单位进行申报。项目及下设任务（课题）负责人申报项目当年不超过 55 周岁。其他要求见年度申报通知。

### 申报流程

专项立项采取地方（部门）组织推荐、专业管理机构评审模式。

1. 指南发布。科技部在"国家科技管理信息系统"发布年度项目申报指南。

2. 申请填报。申报单位根据指南要求，通过"国家科技管理信息系统"填写并提交项目申报书及相关资料。

3. 遴选推荐。推荐单位需按时将推荐项目通过"国家科技管理信息系统"报送。

4. 答辩评审。专业机构在受理项目申报后，组织形式审查，并组织会议答辩评审。

5. 立项支持。科技部根据专业机构评审意见，研究确定立项。

## 十、"揭榜挂帅"专项

### 政策依据

《河南省科学技术厅关于征集"揭榜挂帅"重大创新需求的通知》。

### 政策简介

"揭榜挂帅"是一种以科研成果来兑现的科研经费投入体制，是由政府组织面向全社会开放征集科技创新成果的一种非周期性科研资助安排。"揭榜挂帅"是我国"十四五"科技计划项目改革的重中之重。在2020年疫苗研发的项目当中，就实行了"揭榜挂帅"模式。其核心就是要紧紧围绕经济社会高质量发展的现实紧迫需求，来设计研发任务。在执行过程中，通过"军令状"等改革举措来压实责任，最终由用户来考核成果，使科技计划能够更加聚焦国家需求，更加增强攻坚能力。

"十四五"国家重点研发计划中2021年首批启动的重点专项中，若干专项设立了"揭榜挂帅"榜单任务。科技部研究制定了"揭榜挂帅"榜单模板，作为单独附件随指南发布。为切实提升科研投入绩效、强化重大创新成果的"实战性"，"十四五"重点研发计划聚焦国家战略亟须、应用导向鲜明、最终用户明确的攻关任务，设立"揭榜挂帅"项目。在重大研发任务中将"揭榜挂帅"作为重要组织手段，不设门槛、充分赋权、压实责任、限时攻关，对揭榜单位无注册时间要求，对揭榜团队负责人无年龄、学历和职称要求，通过改革大幅提高国家科技计划整体创新绩效。

### 适用范围

我国将在"十四五"重点研发计划中启动实施"颠覆性技术创新"重点专项，率先在电子信息、人工智能、未来通信、虚拟现实等可能产生重大颠覆性突破的技术领域优先布局。还将在"科技创新2030–新一代人工智能"重大项目中开展"首席科学家负责制"试点。

为努力打造国家创新高地，进一步改进完善项目组织管理机制，充分利用国内外优势创新资源，河南省科技厅决定组织开展"揭榜挂帅"重大创新项目实施工作，公开征集"一流课题"和"一流成果"。

### 重点方向

围绕传统产业转型升级、新兴产业重点培育和未来产业谋篇布局，聚焦关键核心领域重大技术突破和自主可控发展，提升重点产业自主创新能力和核心竞争力，需求征集分为技术攻关和成果转化两大类。一是技术攻关类：聚焦制约企业、产业发展的核心技术瓶颈，重点开展基础通用技术、关键共性技术、前沿引领技术等攻关以及关键零部件、重要材料及工艺等研发；二是成果转化类：在"卡脖子"技术、关键核心（共性）技术攻关中已取得重大突破，所研发的重大、关键、共性应用技术成果科技创新性强、技术关联度高、产业带动性大、影响辐射面广，成果达到国内先进及以上水平，符合河南企业和产业创新发展需求。成果转化类项目优先支持产业共性技术和首台（套）重大装备以及辐射带动效应显著的重大成果，重点支持国家和省级重大科技项目产生的科技成果。

### 分类条件

1. 技术攻关类。

（1）主要为省内注册的具有独立法人资格的行业龙头、骨干企业等。

（2）对"卡脖子"的前沿技术、关键核心（共性）技术以及关键零部件、材料及工艺等有内在迫切需求，且依靠自身科技力量难以解决。

（3）在项目攻关成功后能率先在本企业推广应用，能够显著提升企业核心竞争力，辐射带动全省乃至国家相关产业技术水平的提升。

（4）应明确项目指标参数、时限要求（项目实施周期不超过三年，自签订协议时算起）、产权归属、资金投入及其他对揭榜方的条件要求等需求内容。

（5）项目内容不得以大型仪器、设备、装备等的购买为主。

（6）发榜方应具备良好的社会信用，近三年内无不良信用记录或重大违法行为，并须承诺有能力保障项目实施的资金投入，能够提供项目实施的支持和配套条件，项目合同金额不低于500万元。

2. 成果转化类。

（1）主要为国内外拥有较成熟且符合河南省产业需求的重大科技成果的高等院校、科研院所、新型研发机构、科技型企业、各类创新平台等。

（2）拟转化成果具备产业化和推广应用条件，通过进行后续的工程化研究和系统集成，可转化为适合大规模生产需要的共性技术、关键技术，且未与相关单位达成转化合作协议。

（3）拟转化的成果知识产权明晰，市场用户和应用范围明确，预期经济社会生态效益显著，对河南省产业转型升级能够发挥关键推动作用。

（4）项目实施周期不超过三年（自签订协议时算起），项目不得以大型仪器、设备、装备等的销售为主，项目合同金额不低于300万元。

（5）发榜单位拥有较强的成果转化技术支撑队伍，能主动参与和协助推广转化应用方案的实施，可为项目实施提供整体技术解决方案，并具有良好的科研道德和社会诚信，近三年内无不良信用记录和重大违法行为。

### 立项程序

1. 省科技厅将组织专家对项目需求进行筛选，重点遴选出创新性强、影响力大、带动作用强、应用面广的关键核心技术研发需求，以及重大创新成果转化需求，面向全社会公开张榜。

2. 揭榜方按张榜项目要求，主动与发榜方对接，细化落实合作具体内容，签订技术合同，或双方达成共识，制定发榜项目的可行性方案。

3. 省科技厅组织专家对揭榜方的资质条件、揭榜方案可行性、发榜方满意度等进行论证，确定中榜项目名单并发布成功揭榜公告。

4. 成功揭榜的项目将纳入省级科技计划项目进行管理。

## 支持方式

"揭榜挂帅"项目按照不低于项目合同总额的20%核定省财政资金支持经费，上不封顶。经费分批次拨付，项目立项后按照支持经费的一定比例拨付首批经费；根据项目实施进展的重要节点，分期拨付后续经费。

## 有关要求

1. 各需求单位登录"河南省科技管理信息系统"中的"需求征集"专栏在线填报（技术攻关类网址为：http：//xm.hnkjt.gov.cn；成果转化类网址为：http：//xm.hnkjt.gov.cn/cgzh/cgzh.jsp），并在线提交《河南省"揭榜挂帅"重大创新需求申请表》，无须提交纸质材料。各单位须对申请表中材料的真实性负责。

2. 各科技主管部门高度重视，结合"第二届中国·河南开放创新暨跨国技术转移大会'揭榜挂帅'"专场活动举办，广泛动员、积极组织征集、筛选和凝练本地区、本部门重大创新需求，并对辖区单位申请材料（技术攻关类）在线审核，符合条件的在线提交。

3. 项目需求实行常年征集，分批汇总凝练，成熟一批，发布一批。首批次项目需求填报及主管部门审核提交时间为2021年7月12日—2021年7月20日。今后各批次以省科技厅通知为准。

# 十一、社会公益专项

## 政策依据

《河南省科学技术厅 河南省财政厅关于印发河南省省级重大科技专项管理办法（试行）的通知》（豫科〔2019〕96号）;《河南省科学技术厅 河南省财政厅关于印发河南省省级重大科技专项资金管理办法的通知》（豫财科〔2017〕120号）;《河南省财政厅 河南省科学技术厅关于印发〈河南省省级重大科技专项资金绩效管理办法〉的通知》（豫财科〔2019〕91号）;《河南省科技厅 河南省财政厅关于组织申报2020年度省重大公益专项的通知》（豫科资〔2020〕30号）。

## 政策简介

社会公益专项是河南省三个二级重大专项之一。主要聚焦河南省民生科技、社会公益、公共安全以及基础学科、新兴产业的重大关键技术需求，依托高等院校、科研机构等开展技术研发和应用示范，为经济社会可持续发展提供技术支撑。实施管理责任主体分为省级管理部门包括省科技厅、省财政厅，项目主管部门包括各省辖市、省直管县（市）科技、财政管理部门、国家高新区管委会、郑州航空港经济综合实验区管委会和相关省直部门（单位），项目承担法人单位，以及项目负责人。具体管理职责遵从《河南省省级重大科技专项管理办法（试行）》等。

## 申报条件

1. 项目申请单位是河南省内具有独立法人资格的科研院所、高等院校以及其他具有研发能力的事业单位。

2. 项目应严格按照重大公益专项指南发布的专题进行申报，不在指南范围内的项目不予受理。

3. 项目拥有自主知识产权，创新性强，能实现突破行业共性、民生公益、可持续发展的关键技术瓶颈，为产业结构调整、人民生活质量提高及经济社会可持续发展提供技术支撑。

4. 项目产业化前景良好，项目实施内容具体明确，绩效目标设置做到细化、量化、可评估，项目实施周期不超过三年。

5. 申报单位应建有重点实验室、工程技术研究中心、国际联合实验室等省级（含省级）以上研发平台，鼓励产学研合作，支持联合省级以上产业技术创新战略联盟、行业优势企业申报。

6. 项目申请人已承担有省财政支持的科技计划项目，且截至 2020 年 7 月 15 日逾期未能结题的，不得申报新的项目。

7. 项目负责人须具有高级职称或博士学位，年龄不大于 60 周岁（1961 年 1 月 1 日后出生），两院院士、国家杰出青年基金获得者、"千人计划"入选者、长江学者、中原学者等年龄适当放宽，原则上不超过 65 周岁（1956 年 1 月 1 日后出生）。

8. 单个项目预算编制中申请省财政经费不得超过 500 万元；各单位在同一专题内只能申报一个项目；郑州大学、河南大学、河南农业大学申报数量不超过五项（不含校属医院等附属法人单位），其他每个法人单位申报项目不超过两项。

## 组织方式

1. 隶属于省直部门（单位）的通过省直部门（单位）申报。

2. 郑州航空港经济综合实验区、国家高新区、国家郑州经济技术开发区内的项目通过管委会申报。

3. 其他单位均通过所在省辖市或省直管县（市）科技主管部门申报；财政部门（省直财务部门）按照预算管理级次进行审核报送。

## 申报程序

用户注册项目填报审核推荐。具体程序和任务书签订同"河南省重大科技专项"。

# 十二、科技创新券专项

## 政策依据

河南省科技厅《关于组织开展 2021 年河南省科技创新券申领兑付工作的通知》。

## 政策简介

根据《河南省科研设施和仪器向社会开放共享管理办法》《河南省科研设施和仪器向社会开放共享双向补贴实施细则》，以及《河南省科学技术厅　河南省财政厅　河南省教育厅关于组织开展 2020 年度省科研设施（仪器）开放共享绩效评价和双向补贴工作的通知》（豫科基〔2021〕2 号）等精神，组织实施 2021 年科技创新券发放、申领、使用及兑现工作。科技创新券实时申领、按季度兑付。

### 发放对象

1. 在河南省登记注册，具有独立法人资格，符合《高新技术企业认定管理办法》规定条件，通过省科技厅、财政厅、税务局审核认定且在有效期内的高新技术企业。

2. 在河南省登记注册，具有独立法人资格，符合《科技型中小企业评价办法》规定条件，在科技型中小企业评价系统取得有效编号的科技型中小企业。

3. 入驻省级及以上科技企业孵化器、大学科技园、众创空间、星创天地等创新创业孵化载体的创新创业团队。

### 发放标准

1. 用户。用户使用省平台科研设施和仪器开展科学研究和技术开发等科技创新活动，可根据其相关证明材料给予 30% 的补助，补助金额通过科技创新券即时抵扣。高新技术企业、科技型中小企业每年额度为 20 万元；创新创业团队每年额度为 10 万元；额度当年用完为止，逾期失效。

2. 管理单位。根据上一年度的绩效评价结果，确定补贴系数。优秀单位补贴系数为 20%；合格单位补贴系数为 10%；不合格单位不予奖补。同一年度，单个单位奖补总额不高于 100 万元。

### 系统使用

1. 用户注册或登录"河南省科研设施与仪器共享服务平台"（http：//www.hniss.cn/）后，单击"创新券"模块进入"河南省科技创新券系统"申请创新券额度。

2. 用户填写科技研发项目，完成项目登记。

3. 用户进行预约。

4. 实验完成后，用户支付创新券及剩余费用。

5. 管理单位确认收到的创新券，并在线提交兑付申请。经过专家评审后，按季度兑付。

### 适用范围

高新技术企业、科技型中小企业和创新创业团队向非关联单位购买科技创新服务时，可用科技创新券抵用一定比例的实际服务费用。按照法律法规或者强制性标准要求必须开展的强制检测和法定检测等非科技创新活动，不在支持范围。

### 兑付使用

1. 科技创新券的兑付。科技创新券申领及兑付工作交由省科学器材供应中心（"河南省科研设施与仪器共享服务平台"管理单位）组织开展。

2. 科技创新券资金的使用。管理单位兑付及补贴资金可用于科研设施与仪器的运行维护、耗材成本、人员绩效、服务平台建设等与开放共享工作相关费用支出。

### 材料报送

1. 平台管理员发起终审后，系统自动生成项目申报书。管理单位登录省平台网站进入创新券系统，在"申报书管理"处下载"省科研设施和仪器开放共享管理单位后补助申请表、省科研设施和仪器开放共享管理单位服务清单以及服务合同 / 协议、发票、服务结果 / 检测报告"，将其装订成册，一式两份加盖公章后报送至推荐单位。

2. 省属高校、科研院所由省直主管部门（单位）负责推荐；省科技厅所属科研院所直接报送；其他管理单位通过所在省辖市科技、财政管理部门推荐报送。各推荐单位审核把关后，填写"推荐单位汇总表"，加盖推荐单位公章，连同申报材料一并邮寄至省科学器材供应中心。

3. 材料报送时间：每季度结束后五个工作日内汇总报送，以寄出时间为准。

# 十三、一流创新课题专项

## 政策依据

《河南省科学技术厅关于征集"一流课题"入库项目的通知》。

## 政策简介

为深入贯彻习近平总书记近期重要讲话精神和省委、省政府关于科技创新的决策部署，围绕国家重大战略需求、河南转型发展需要，在原创性、基础性、应用性领域梳理凝练一流课题，引育一流团队人才，打好关键核心技术攻坚战，努力打造国家创新高地，省科技厅决定面向全省征集重大科技创新项目库入库项目。

## 适用对象

全省各类创新主体，包括河南省内注册的高等院校、科研院所、科技型企业、新型研发机构等。

## 重点领域

围绕传统产业转型升级、新兴产业培育壮大和未来产业谋篇布局，聚焦世界前沿技术、"卡脖子"技术、应用型关键共性技术，提升重点产业自主创新能力和核心竞争力，为河南省产业转型和经济社会高质量发展提供支撑。征集重点领域方向包括高端装备制造、新一代信息技术、新能源及网联汽车、新材料、新能源、未来产业、种业创新、农业丰产绿色高效、动物健康智能养殖、智慧农业、食品加工、资源环境、生物医药、人口健康、中医药、公共安全等。

## 入库条件

1. 项目应符合河南省产业和科技发展战略需求，整体创新水平处于国内领先或先进地位，突出"补短板""锻长板"，预期可显著提升单位创新能力和核心竞争力，能够取得标志性重大科技成果，为河南省产业结构优化升级、人民生活质量提高及经济社会可持续发展提供技术支持。

2. 项目实施内容具体可行，产业化目标和推广应用前景明确，预期可产生良好的经济和社会效益，其中公益类事业单位申报的项目研发投入不低于 100 万元，企业及其他单位申报的项目研发投入不低于 300 万元。项目应为在研或预研项目，实施周期一般不超过三年。

3. 项目应实行首席技术专家负责制，确保项目基础研究、技术攻关、典型应用示范各项任务间的统筹衔接。首席技术专家应为本技术领域领军人物，在国内外具有重要影响力，具有较强组织协调管理能力和工作责任心。

4. 申报单位需具备较强的创新实力，应建有重点实验室、技术创新中心、工程技术研究中心等各类技术创新平台，具有与项目实施相匹配的创新人才和团队，有较为健全的科研管理制度和财务管理制度，有良好的信用记录，未被记入"信用中国（河南）"黑名单。

## 支持方式

1. 经主管部门推荐、省科技厅审核，符合条件的项目将纳入省科技创新"一流课题"备选项目库，作为后期省级重大创新项目立项、财政资金支持、科技金融扶持的重要依据。

2. 省科技厅、财政厅将根据年度科技计划管理和财政预算管理流程，分期分批，从备选项目库中择优启动支持。

3. 鼓励各地市设立专项资金，对入库项目给予先期支持或配套支持。

## 入库程序

1. 项目单位登录"河南省科技管理信息系统"（http：//xm.hnkjt.gov.cn/）的"需求征集"项"一流课题"专栏进行在线填报，并在线提交《河南省"一流课题"项目入库申请表》，无须提交纸质材料。各单位须对申请表中材料的真实性负责。

2. 各科技主管部门要高度重视，广泛动员、积极组织征集、筛选和凝练本地区、本部门"一流课题"备选项目，并对本地区、本部门单位申请材料在线审核，符合条件的在线提交。

3. 项目库实行常年征集，分批汇总，成熟一批，启动一批。首批项目入库填报及主管部门审核提交时间为 2021 年 7 月 12 日—2021 年 7 月 20 日。

# 第二章 专项行动

## 一、创新型企业培育行动计划

### 政策依据

《河南省科技厅等九部门关于印发〈河南省加快培育创新型企业三年行动计划（2020—2022年）〉的通知》（豫科〔2020〕135号）。

### 政策简介

以习近平新时代中国特色社会主义思想为指导，全面贯彻落实党的十九大精神和习近平总书记视察河南重要讲话精神，深入实施创新驱动发展战略，坚持"突出引导、上下联动、统筹支持、量质齐升"的原则，建立完善"微成长、小升高、高变强"创新型企业梯次培育机制，完善创新型企业服务体系，加大创新型企业引进力度，培育壮大创新型企业群体规模，持续提升企业自主创新能力，着力打造具有核心竞争力的创新型企业集群，为加快推进产业转型升级和经济高质量发展，建成创新型省份提供有力支撑。

### 行动目标

到2022年，建立完善的科技型中小企业为基础、高新技术企业为支撑、创新"双百"企业和科技"雏鹰"企业为引领的创新型企业集群培育发展体系，力争全省国家科技型中小企业突破12000家、国家高新技术企业突破9000家，筛选培育创新龙头企业和"瞪羚"企业（"科技小巨人"企业）各100家，培育科创板上市企业五家左右，培育引进一批"独角兽"（培育）企业，打造形成大中小企业融通创新、蓬勃发展的良好格局，引领带动全省规模以上高新技术产业增加值占全省规模以上工业增加值的比重达45%以上。

### 主要任务

1. 扎实推进科技型中小企业评价工作。建立量质齐升的国家科技型中小企业入库机制，推行科技型中小企业评价全流程网上办理。

2. 建立完善科技型中小企业孵化体系。加强众创空间、科技企业孵化器、大学科技园、双创基地等建设布局，完善孵化载体绩效评价机制。发挥孵化器联盟作用，建立多层次培训体系，支撑科技型中小企业孵化培育。

3. 强化科技型中小企业培育服务。鼓励各地完善科技型中小企业技术创新服务体系，鼓励科技型中小企业使用科技创新券享受省科研设施和仪器共享服务平台提供的服务。利用线上线下平台组织开展政策宣讲、重点辅导、咨询答疑等，开展重点政策解读。

4. 建立高新技术后备企业库。以国家科技型中小企业、国家和省级技术创新示范企业为重点，省市（县、区）联动建设河南省高新技术后备企业库，力争2022年年底累计达到8000家以上。建立专人联系和挂钩帮扶机制，帮助入库企业尽快成长为高新技术企业。

5. 完善高新技术企业培育体系。实施"千人万企"行动，组建一支创新型企业培训服务队伍。遴选一批高新技术企业培育服务专业机构，引导其做好培育服务工作。建设一批创新型企业培育基地，省市县（区）联动开展高新技术企业、科技型中小企业培育工作。

6. 提升高新技术企业认定服务水平。认真落实"放管服"要求，做好高新技术企业认定服务工作。加强对外资企业高新技术企业认定指导和服务工作。完善高新技术企业网络评审系统功能。加强专家和中介机构动态管理。

7. 大力培育创新引领型企业。以国家高新技术企业为重点，遴选100家左右核心竞争力强、行业带动性大、综合实力和创新能力居全国前列的创新龙头企业（即创新"百强"企业）。以国家高新技术企业和科技型中小企业为重点，遴选100家左右创新水平高、发展速度快、成长性好的"瞪羚"企业（即创新"百快"企业），以及500家左右科技含量高、发展前景好的科技"雏鹰"企业。以创新龙头企业和"瞪羚"企业为重点，力争培育10家左右"独角兽"（培育）企业。

8. 加强企业动态管理。建立创新引领型企业发展监测系统，建立完善企业年度评估体系，定期组织对创新龙头企业、"瞪羚"企业和科技"雏鹰"企业进行评估，实行动态调整机制。

9. 推动创新型企业集群式发展。鼓励创新龙头企业平台化转型，构建大企业创新创业生态圈，孵化培育产业链上下游高新技术企业，引领带动区域产业转型升级和高质量发展。

## 支持措施

1. 实施创新型企业财政奖补。

（1）鼓励各地等对高新技术企业给予资金奖补。省财政科技资金按照不超过市县补助额度，对高新技术后备企业库入库企业首次认定为国家高新技术企业和连续三次通过认定的高新技术企业，一次性给予最高10万元配套奖励。对于未开展奖补的地方省级资金不予支持。

（2）加大高新技术企业引进力度，对省外有效期内高新技术企业整体迁入的直接确认高新技术企业资格，省财政科技资金根据企业规模给予资金奖励最高100万元。鼓励各地对引进的高新技术企业给予奖补支持。

（3）鼓励各地对入库的高新技术后备企业给予资金奖补，鼓励有条件的地方对设立时间不超过五年的国家科技型中小企业给予一定奖励。

2. 实施企业研发费用补助。

（4）积极落实河南省企业研究开发财政补助政策，对符合条件的高新技术企业、科技型中小企业和入库的高新技术后备企业，每年给予最高200万元资金补贴；对符合条件的"瞪羚"企业每年给予最高300万元资金补贴；对符合条件的创新龙头企业，每年给予最高400万元资金补贴。

3. 支持创新型企业培育服务体系建设。

（5）每年对各地国家科技型中小企业入库数量等创新型企业培育情况进行评价。

（6）鼓励各地支持引导高新技术企业培育服务机构专业化、规范化发展，并根据服务成效给予奖励。

4. 支持创新型企业开展关键核心技术攻关。

（7）省市各类科研计划项目重点支持国家高新技术企业和科技型中小企业。

充分衔接"十百千"转型升级创新专项实施,对于企业牵头实施的项目进一步突出支持重点。

(8)对创新型企业独立或牵头承担国家重大科技专项、重点研发计划项目的,每个项目最高可达60万元,每个单位奖励额最高可达500万元。

5. 支持创新型企业建设重大创新平台。

(9)重点支持创新龙头企业、"瞪羚"企业建设省技术创新中心、省制造业创新中心、省(重点)实验室等省级重大创新平台,并择优推荐申报国家技术创新中心等平台。

(10)支持国家高新技术企业、科技型中小企业建设研发机构,着力实现规模以上高新技术企业研发机构全覆盖和销售收入亿元以上高新技术企业省级研发平台全覆盖。

6. 支持创新型企业培养引进高层次人才。

(11)对符合条件的创新龙头企业、"瞪羚"企业高层次人才,在申报中原学者、中原科技创新领军人才、中原科技创业领军人才、中原产业创新领军人才等省级人才培养计划时给予优先支持。

(12)鼓励各地发挥各类人才引进培养计划作用,重点对符合条件的创新龙头企业、"瞪羚"企业、科技"雏鹰"企业人才给予优先支持。

(13)鼓励各地完善人才引进绿色通道,健全人才服务保障体系,支持国家高新技术企业和科技型中小企业引进急需紧缺高层次人才。

7. 加大对创新型企业金融服务力度。

(14)以国家科技型中小企业、高新技术企业为重点,遴选建设科技金融企业备选库并定期推送至相关银行等金融机构,集成科创类政府投资基金、"科技贷"业务等对入库企业给予连续性资金扶持。

(15)放宽"科技贷"业务准入范围,对国家高新技术企业、科技型中小企业有效期满尚未组织重新认定、评价入库前,可按上年度的资格和条件继续享受相关待遇。

(16)重点围绕"瞪羚"企业和科技"雏鹰"企业,筛选建立拟挂牌上市创新型企业备选库并提供分类指导,优先列为省市重点上市后备企业,支持其上市和挂牌融资。

8. 积极落实支持创新型企业发展的税收优惠政策。

(17)全面落实研发费用加计扣除和高新技术企业所得税优惠政策,确保符合条件的企业应知尽知、应享尽享。

(18)高新技术企业给予科研人员符合条件的股权奖励,可依法享受分期或递延缴纳个人所得税政策。

(19)对高新技术企业或科技型中小企业具备资格年度之前五个年度发生的尚未弥补完的亏损,准予结转以后年度弥补,最长结转年限由5年延长至10年。

9. 强化创新型企业要素保障。

(20)建立国家高新技术企业环保"白名单",对名单内企业实行环保免检政策,不影响企业正常研发生产。

(21)对国家高新技术企业、技术创新示范企业和科技型中小企业研发生产的具有自主知识产权的创新产品,按照规定给予装备首台套、新材料首批次相关政策支持,优先纳入新技术、新产品推广目录。

(22)鼓励各类创新型企业加大知识产权保护力度,按照有关规定在企业专利申请、维权援助、人才培养等方面开辟绿色通道。

## 二、创新驱动乡村振兴发展专项

### 政策依据

《科技部关于印发〈创新驱动乡村振兴发展专项规划（2018—2022年）〉的通知》（国科发农〔2019〕15号）。

### 政策简介

实施乡村振兴战略，是党的十九大做出的重大决策部署，是决胜全面建成小康社会、全面建设社会主义现代化国家的重大历史任务，是新时代"三农"工作的总抓手。实施乡村振兴战略的总目标是实现农业农村现代化，农业农村现代化的关键在科技进步，创新是实现乡村振兴的战略支撑。为深入贯彻落实创新驱动发展战略和乡村振兴战略，根据《中共中央 国务院关于实施乡村振兴战略的意见》《乡村振兴战略规划（2018—2022年）》和《中共科学技术部党组关于创新驱动乡村振兴发展的意见》要求，编制《创新驱动乡村振兴发展专项规划（2018—2022年）》。

### 主要目标

以农业农村现代化为总目标，坚持农业农村优先发展总方针，以"产业兴旺、生态宜居、乡风文明、治理有效、生活富裕"总要求为科技创新出发点和落脚点，到2022年，创新驱动乡村振兴发展取得重要进展，农业科技进步贡献率达61.5%以上；到2035年，创新驱动乡村振兴发展取得决定性进展，科技支撑农业农村现代化基本实现；到2050年，建成世界农业科技强国，支撑引领乡村全面振兴，全面实现农业强、农村美、农民富的农业农村现代化强国目标。

### 重点任务

1. 强化农业农村科技创新供给。培育农业农村科技创新主体，健全创新主体协同互动和创新要素高效配置的国家农业科技创新体系。强化农业基础与应用基础研究。组织开展生物育种重大科学问题研究、非洲猪瘟等外来疫病发生与控制机理研究、主要经济作物发育与生理基础研究、重要水产生物健康养殖与环境调控机理研究等。实施农业农村现代化技术创新工程。系统部署种业自主创新、蓝色粮仓科技创新、主要经济作物优质高产与提质增效科技创新、非洲猪瘟等外来动物疫病防控、"第二粮仓"科技创新、现代牧场科技创新、森林质量绿色发展、绿色宜居村镇建设等农业农村现代化技术创新任务。

2. 统筹农业农村科技创新基地建设。优化国家农业科技创新基地与平台布局、推进农口产业技术创新战略联盟发展、推动农业科技资源开放共享服务平台建设。

3. 加强农业农村科技人才队伍建设。推进农业农村领域科技创新创业人才培养、深入推行科技特派员制度、实施乡村实用科技人才培育行动。

4. 加快农业高新技术产业发展。推动国家农业高新技术产业示范区、国家农业科技园区、省级农业科技园区建设发展，加快农业高新技术产业和企业培育。

5. 推动县域创新驱动发展。统筹中央和地方科技创新资源大力支持县域科技创新。建设星创天地、建设一批创新型县（市）、开展全国县（市）创新能力监测和评价。

6. 助力打赢脱贫攻坚战。开展科技精准帮扶结对、实现科技特派员贫困村全覆盖、全力支持定点县如期脱贫，为实施乡村振兴战略打好基础。

7. 促进农业农村科技成果转化。建设乡村绿色技术转移平台、支持多元化农业农村科技社会化服务模式、推进新农村发展研究院建设。

8. 注重农业农村科技国际合作交流。共建"一带一路"农业科技创新平台、建设国家引才引智示范基地。

## 三、科技研发投入提升专项行动

### 政策依据

《河南省人民政府办公厅关于印发〈河南省研发投入提升专项行动计划（2017—2021年）〉的通知》（豫政办〔2017〕111号）。

### 政策简介

研发投入（科学研究与试验发展经费）是衡量科技活动规模、评价科技实力和创新能力的重要指标，也是开展研发工作的重要基础条件。为深入实施创新驱动发展战略，进一步加大全省研发投入，建立健全研发投入保障机制，激发全社会创新活力和动力，制定了《河南省研发投入提升专项行动计划》。

### 政策内容

1. 强化企业研发投入主体地位和引领作用。河南省企业研发投入比例常年保持在85%左右，要进一步巩固企业的研发主体地位，发挥其重要的引领作用。一是突出创新主体培育；二是落实优惠政策；三是加强研发机构建设；四是支持企业联合高校、科研院所、投资机构、行业协会等合作共建产业技术研究院、制造业创新中心、产业协同创新中心等多种形式的新型研发机构，并在用地、人才、资金、项目申报等方面给予优先支持。

2. 强化政府研发投入引导作用。完善政府研发投入导向机制，增强政府资金带动社会投入的放大效应，提高研发投入转化比率，充分发挥政府研发投入的重要引导作用。一是优化科技计划管理体系；二是发挥郑洛新自主创新示范区示范带动作用；三是加大各地政府研发投入保障力度。加强对落后地区的政策性支持，培育后发优势，形成上下联动、互为补充的工作格局，有效带动各地政府加大研发投入。

3. 拓宽研发投入外部渠道。畅通投融资渠道，推进开放式创新，建立完善多元化、多渠道的研发投入体系，形成加大河南省研发投入的重要支撑。一是发挥科技金融杠杆撬动作用；二是建立开放型研发创新体系。

### 保障措施

1. 加强研发投入考核。认真落实《中华人民共和国科学技术进步法》，实现财政科技投入稳定增长，把科技投入列为各级公共财政的支出重点，提高研发投入比重。对各级政府、各部门研发投入情况进行年度目标考核，提高研发创新核心区、重点区的研发投入指标考核权重，建立健全省属国有企业、科研院所、高校研发投入绩效考核制度。

2. 加强协同联动。加强省、市、县三级上下联动，充分发挥科技创新对经济社会发展的支撑作用，调动各地加大研发投入的积极性。科技部门要加强与财政、税务等部门的协同，积极落实高新技术企业税收优惠、企业研发投入加计扣除、技术转让税收优惠等各方面的税收扶持政策。加强政策宣讲，扩大政策覆盖面，提升实施效能。

3. 强化科技统计支撑。整合部门科技统计资源，加快建立统一管理、科学分工、各方联动、信息共享的研发投入统计工作机制。把科研项目申报单位是否如实上报上年科技研发统计数据作为立项和政府资金支持依据。对研发投入较少、有增长潜力的企业要进行跟踪服务，培育研发活动主体，提高研发活动单位数量。

## 四、科技金融深度融合专项行动

### 政策依据

《河南省科学技术厅关于印发〈河南省科技金融深度融合专项行动计划〉的通知》（豫科条〔2017〕20号）。

### 政策简介

为深入实施创新驱动发展战略，促进河南省科技金融深度融合，加速科技成果转移转化，大力发展战略性新兴产业，根据《中共河南省委 河南省人民政府关于深化科技体制改革推进创新驱动发展若干实施意见》（豫发〔2015〕13号）、《中共河南省委 河南省人民政府关于加快推进郑洛新国家自主创新示范区建设的若干意见》（豫发〔2016〕27号）等政策，制定了《河南省科技金融深度融合专项行动计划》。

### 行动目标

通过科技金融深度融合专项行动计划的实施，不断完善河南省科技金融政策体系，激发金融资本、社会资本支持科技创新的内生动力；培育壮大创业投资，提高科技企业直接融资比重；深化科技金融产品和服务创新，探索符合河南省情、适合科技企业发展的金融服务新模式；构建部门协同、省市联动的科技金融工作服务体系，逐步形成财政资金为引导，银行信贷和创业投资等金融资本为支撑，以民间投资为补充的科技投融资体系。

### 行动任务

1. 培育壮大创业投资市场。

（1）发展壮大科技创业投资。发挥好郑洛新国家自主创新示范区科技成果转化引导基金作用，鼓励省、市、区联动，联合社会资本共同设立子基金。加快设立示范区创新创业发展基金，发挥好河南科创风险投资基金、省"互联网+"基金、省中小企业发展基金等已设立的政府投资基金作用，积极争取国家科技成果转化引导基金、国家战略性新兴产业创业投资引导基金和国家农业科技园区协同创新战略联盟基金等在豫设立相应子基金。

（2）营造创业投资健康发展环境。组建河南省科技创业投资联盟，集聚省政府引导基金、创业投资机构和天使投资人等资源。落实国家自主创新示范区创业投资企业所得税优惠政策。探索开展科技创业投资风险补偿机制，对创投机构和天使投资人向种子期、初创期科创企业的投资给予风险补偿。

（3）设立河南省科技投资平台。研究设立河南省科技投资平台。集合科技和金融资源，逐步打造成覆盖引导基金、创业投资、科技信贷、科技担保、科技保险等业务体系，为不同发展阶段科技企业提供全过程、全链条投融资服务的政策性科技金融服务平台。

2．促进科技信贷业务发展。

（1）创新科技信贷产品和服务。鼓励符合条件的银行业金融机构针对科技企业开展投贷结合、投保贷结合等一体化经营模式创新。支持银行业金融机构与创投、证券、保险、信托等机构合作，创新交叉性金融产品。探索开展贷款信用保险、专利保险试点和知识产权质押融资，完善专利保险和知识产权质押融资服务机制。

（2）推进"科技贷""科技保"业务实施。深化与"科技贷"业务合作银行战略合作，加强"科技贷"业务推广和培训力度。省市联动，共同对"科技贷"业务的损失进行补偿。适时开展"科技保"业务。

（3）开展科技金融专营机构试点工作。科技（支）行或特色分（支）行要面向科技型中小企业量身定做"五专机制"，即专门的机构、专门的人员、专门的审批流程和机制、专门的贷款风险容忍度和专门的人员考核机制；科技支行中科技型中小企业贷款户数及余额占支行全部贷款户数及余额的比例不应低于50%。

3．搭建科技金融服务体系。

（1）建立省市县（区）三级联动服务体系。建立省级科技金融服务中心，支持地方科技管理部门设立公益性科技金融综合服务平台，省、市、县（区）三级联动，共同开展科技金融公益服务。

（2）完善科技金融综合服务信息化平台。进一步完善平台服务功能，实现科技企业融资需求在线申请、推荐、对接，金融机构、创投机构、服务机构业务办理流程网络化。

（3）开展经常性科技金融交流活动。支持地方科技管理部门常态化开展与金融机构、创投机构的对接交流。

（4）加强科技金融理论研究。发挥河南省金融工程重点实验室等平台作用，系统研究科技金融政策体系和生态体系，积极构建科技金融数理模型，探索科技金融新模式、新产品。

## 五、"工业互联网＋安全生产"行动计划

### 政策依据

《工业和信息化部　应急管理部关于印发〈"工业互联网＋安全生产"行动计划（2021—2023 年）〉的通知》（工信部联信发〔2020〕157 号）。

### 政策简介

工业和信息化部、应急管理部联合发布《"工业互联网＋安全生产"行动计划（2021—2023 年）》（本节简称《行动计划》），围绕建设新型基础设施、打造新型能力、深化融合应用、构建支撑体系四个方面提出了重点任务。《行动计划》

提出支持工业企业、重点园区将数字孪生技术应用于安全生产管理，实现关键设备全生命周期、生产工艺全流程的数字化、可视化、透明化。

## 总体要求

以习近平新时代中国特色社会主义思想为指导，深入贯彻党的十九大和十九届二中、三中、四中全会精神，贯彻新发展理念，坚持工业互联网与安全生产同规划、同部署、同发展，构建基于工业互联网的安全感知、监测、预警、处置及评估体系，提升工业企业安全生产数字化、网络化、智能化水平，培育"工业互联网＋安全生产"协同创新模式，扩大工业互联网应用，提升安全生产水平。

到 2023 年年底，工业互联网与安全生产协同推进发展格局基本形成，工业企业本质安全水平明显增强。一批重点行业工业互联网安全生产监管平台建成运行，"工业互联网＋安全生产"快速感知、实时监测、超前预警、联动处置、系统评估等新型能力体系基本形成，数字化管理、网络化协同、智能化管控水平明显提升，形成较为完善的产业支撑和服务体系，实现更高质量、更有效率、更可持续、更为安全的发展模式。

## 重点任务

按照坚持安全发展、融合创新、源头防范和系统联动的总体工作思路，围绕建设新型基础设施、打造新型能力、深化融合应用、构建支撑体系四个方面提出了重点任务，其中建设新型基础设施是基础，建设新型能力是核心，深化融合应用是重点，构建支撑体系是保障。

第一，建设"工业互联网＋安全生产"新型基础设施。通过建设新型基础设施，支撑安全生产全过程、全要素、全产业链的连接和融合，提升安全生产管理能力。为保障工业互联网与安全生产融合发展落地推广，需构建新型基础设施作为主要载体，具体包含"两个平台、一个中心"。两个平台是指工业互联网安全生产监管平台和数据支撑平台；一个中心指的是"工业互联网＋安全生产"行业分中心。

第二，打造基于工业互联网的安全生产新型能力。安全生产新型能力是提升工业企业安全生产水平的关键，依托新型基础设施，建设安全生产快速感知、实时监测、超前预警、应急处置、系统评估五大新型能力，推动安全生产全过程中风险可感知、可分析、可预测、可管控。

第三，深化工业互联网和安全生产的融合应用。为保障工业互联网向安全生产场景纵深发展，提升工业企业数字化、网络化、智能化水平，需通过深入实施基于工业互联网的安全生产管理，从企业、园区、行业等层面推动生产、仓储、物流、环境等各环节各方面的管理模式升级，促进跨企业、跨部门、跨层级的生产管理协同联动，提升数字化管理、网络化协同、智能化管控水平。

第四，构建"工业互联网＋安全生产"支撑体系。为推动工业互联网和安全生产深度融合，提高推广应用效率，需重点以工业互联网和安全生产协同部署为先导，以聚焦本质安全、加速相关产品海量应用迭代优化为抓手，以完善标准体系贯标推广新技术、新应用为驱动，以培育行业解决方案、开发模型库、工具集和工业 APP 为依托，构建坚持协同部署、聚焦本质安全、完善标准体系、培育解决方案、强化综合保障五位一体的全面支撑体系，培育工业互联网和安全生产协同创新模式。

# 六、加快培育高新技术企业行动计划

## 政策依据

《河南省人民政府办公厅关于印发加快培育高新技术企业行动计划的通知》（豫政办〔2017〕86号）。

## 政策简介

大力实施创新驱动发展战略，围绕郑洛新国家自主创新示范区建设，以提升企业自主创新能力为核心，以引导创新要素向企业集聚为重点，以优化发展环境为保障，以"突出引导、注重集成、加强联动、重点推进"为原则，加快培育高新技术企业，打造具有核心竞争力的高新技术产业集群，为促进战略性新兴产业和高新技术产业发展，奋力建设中西部科技创新高地、建成创新型省份提供有力支撑。

## 目标任务

到2021年，力争全省新培育认定高新技术企业2500家，高新技术企业数量突破3500家，带动全省规模以上高新技术产业增加值占全省规模以上工业增加值的比重达40%左右。

## 重点任务

1. 加大培育力度，增加高新技术企业源头供给。

（1）实施"小升高"培育行动，加速科技型中小企业升级高新技术企业进程。对接省科技型中小企业备案数据库，按照一定条件建设高新技术后备企业和"科技小巨人"（培育）企业库，对入库企业在知识产权申请、研发费用归集等方面实施一对一辅导，省财政科技经费对入库企业按照上年度经税务部门备案、可税前加计扣除研发费用的一定比例给予最高200万元资金补贴。

（2）鼓励各省辖市、省直管县（市）、国家高新区、郑州航空港区对新认定的高新技术企业给予资金奖补，激发企业申报高新技术企业的积极性。省财政科技经费每年按照各地奖补政策标准的一定比例对首次认定的高新技术企业给予最高30万元配套奖补。

（3）开展"高企培训中原行"活动，加大高新技术企业政策宣讲和培训力度。省、省辖市联动开展高新技术企业、科技型中小企业等涉企科技政策培训，实现全省各省辖市、县（市、区）培训全覆盖。结合科技创新政策进企业活动，开展"千人万企"科技政策服务进基层行动，从全省遴选1000名政策辅导员，为10000家企业做好高新技术企业等科技政策、财税政策服务工作。各省辖市、省直管县（市）、国家高新区、郑州航空港区要建立高新技术企业培育发展台账，建立挂钩帮扶机制，对每家企业明确时间表和责任人，开展具有针对性的跟踪辅导和服务。

（4）实施高新技术企业引进计划，加大高新技术企业、科研机构、创新人才团队和技术创新成果引进力度，促进新技术、新成果在河南省转移转化。

2. 加强认定管理，提升高新技术企业工作水平。

（5）加大高新技术企业认定工作力度，根据工作需要增加高新技术企业评审认定批次。各省辖市、省直管县（市）、国家高新区、郑州航空港区要注重宣传动员，及时做好申报材料受理、审查和推荐上报工作。

（6）加强部门协作联动，在高新技术企业申报过程中，基层部门要进一步简化审查内容，畅通申报渠道，提高工作效率，建立健全责任共担、成绩共享、各尽其能、协同联动的工作机制。

（7）调整完善高新技术企业认定工作专家库，吸引更多熟悉高新技术企业认定政策和产业发展情况的专家入库；建立高新技术企业网络评审系统，进一步提高评审认定工作效率。

（8）建立健全参与高新技术企业认定的专项审计（鉴证）中介机构信用制度，研究制定中介机构管理办法，加强对中介机构的动态管理，引导中介机构为企业提供合理、合规、合法的专业化优质服务。

3. 加强资源集成，支持高新技术企业发展壮大。

（9）全面落实高新技术企业税收优惠政策，简化税收优惠备案程序，降低高新技术企业办税成本，确保应享尽享。加强高新技术企业税收优惠情况的统计分析及对政策落实情况的跟踪问效。

（10）深化科技计划管理改革，统筹项目、平台等各类创新资源优先支持高新技术企业，明确将高新技术企业资格作为企业申报重大科技项目和创新平台的前置条件。

（11）设立创新发展基金等支持高新技术企业发展，积极开展"科技贷""科技保"等科技金融服务业务，引导金融机构加大对高新技术企业的信贷支持力度。优先将高新技术企业列为省、省辖市重点上市后备企业，支持其上市融资。

（12）探索建立高新技术企业知识产权服务"绿色"通道，提供申请加快、维权援助、人才培养和费用减免等服务。建立高新技术企业知识产权联系机制，明确专人负责联系。支持企业开展专利导航工作，培育建设一批知识产权强企。

4. 加强载体建设，厚植高新技术企业发展沃土。

（13）加快推进郑洛新国家自主创新示范区建设，把培育高新技术企业作为郑洛新国家自主创新示范区建设的工作重点，将高新技术企业数量和增幅情况作为郑洛新国家自主创新示范区专项资金分配的重要因素，建立行之有效的考核评价制度，打造高新技术企业增长的主阵地。

（14）提升高新区发展水平，支持、指导有条件的省级高新区积极申报创建国家高新区。加快遴选布局一批省级高新区，优化高新区发展整体布局，并将培育高新技术企业数量作为省级高新区考核的重要指标。

（15）深入推动"大众创业、万众创新"工作开展，加快在全省布局一批科技企业孵化器、大学科技园、众创空间等，新培育省级以上创新创业孵化载体150家以上。支持省级以上高新区布局建设一批"双创"基地。加强工作考核，将孵化高新技术企业数量作为科技企业孵化器等创新创业孵化载体的考核指标。

# 七、国家高新技术企业认定

## 政策依据

《财政部 国家税务总局 科学技术部关于修订印发〈高新技术企业认定管理办法〉的通知》（国科发火〔2016〕32号）（本节简称《认定办法》）；《科技部 财政部 国家税务总局关于修订印发〈高新技术企业认定管理工作指引〉的通知》

（国科发火〔2016〕195号）（本节简称《工作指引》）；《财政部　税务总局关于延长高新技术企业和科技型中小企业亏损结转年限的通知》（财税〔2018〕76号）；《河南省科学技术厅　河南省财政厅关于印发〈河南省首次认定高新技术企业奖补工作实施细则〉的通知》（豫科〔2018〕74号）。

### 政策简介

高新技术企业是指在《国家重点支持的高新技术领域》内，持续进行研究开发与技术成果转化，形成企业核心自主知识产权，并以此为基础开展经营活动，在中国境内（不包括港、澳、台地区）注册的居民企业。需要依据《高新技术企业认定管理办法》第十一条规定的高新技术企业认定条件经科技管理部门组织专家进行认定。

### 申请条件

1. 企业申请认定时须注册成立一年以上。

2. 企业通过自主研发、受让、受赠、并购等方式，获得对其主要产品（服务）在技术上发挥核心支持作用的知识产权的所有权。

3. 企业从事研发和相关技术创新活动的科技人员占企业当年职工总数的比例不低于10%。

4. 企业近三个会计年度（实际经营期不满三年的按实际经营时间计算，本节同）的研究开发费用总额占同期销售收入总额的比例符合以下要求：最近一年销售收入小于5000万元（含）的企业，比例不低于5%；最近一年销售收入在5000万—2亿元（含）的企业，比例不低于4%；最近一年销售收入在2亿元以上的企业，比例不低于3%。其中，企业在中国境内发生的研究开发费用总额占全部研究开发费用总额的比例不低于60%。

5. 近一年高新技术产品（服务）收入占企业同期总收入的比例不低于60%。

6. 企业创新能力评价应达到相应要求。

7. 企业申请认定前一年内未发生重大安全、重大质量事故或严重环境违法行为。

### 认定流程

1. 自我评价。企业对照《认定办法》《工作指引》进行自我评价。认为符合条件的，按照《认定办法》《工作指引》有关规定和通知要求准备申报材料。

2. 注册登记。企业登录"高新技术企业认定管理工作网"（网址：www.innocom.gov.cn）在"企业申报"入口进行注册登记，待认定机构核对确认后进行申报书的网上在线填报。

3. 提交材料。完成网上申报并打印纸质材料。电子版材料需要通过网络专用端口进行提交，纸质材料报送所在省辖市、济源示范区、省直管县（市）、郑州航空港经济综合实验区、国家高新区科技部门，科技部门进行形式审核后汇总上报。

4. 专家评审。省认定机构（由省科技厅、省财政厅、省税务局组成）组织专家评审。

5. 认定报备。省认定机构结合专家组评审意见，对申请企业申报材料进行综合审查，提出认定意见，确定认定高新技术企业名单，报国家领导小组办公室备案，报送时间不得晚于每年 11 月底。

6. 公示公告。经认定报备的企业名单，由国家领导小组办公室在"高新技术企业认定管理工作网"公示 10 个工作日。无异议的，予以备案，认定时间以公示时间为准，核发证书编号，并在"高新技术企业认定管理工作网"上公告企业名单。备案批复后，省认定机构下发认定文件，颁发高新技术企业证书。

### 财政支持

省专项资金按照各省辖市、省直管县（市）、国家高新区、郑州航空港区实际落实奖补政策标准的一定比例，对首次认定高新技术企业给予配套奖补，具体标准为：上年度（指高新技术企业认定前一年）销售收入 1000 万元（含）以上的企业，按照各地奖补政策标准给予配套奖补，最高 30 万元；销售收入 200 万元（含）至 1000 万元的企业，配套奖补最高 20 万元；销售收入 200 万元以下的企业，配套奖补最高 10 万元。

## 八、国家科技型中小企业评价

### 政策依据

《科技部 财政部 国家税务总局关于印发〈科技型中小企业评价办法〉的通知》（国科发政〔2017〕115 号）。

### 政策简介

为贯彻落实《国家创新驱动发展战略纲要》，推动大众创业、万众创新，加速科技成果产业化，加大对科技型中小企业的精准支持力度，壮大科技型中小企业群体，培育新的经济增长点，根据《深化科技体制改革实施方案》要求，制定《科技型中小企业评价办法》。

### 适用范围

科技型中小企业是指依托一定数量的科技人员从事科学技术研究开发活动，取得自主知识产权并将其转化为高新技术产品或服务，从而实现可持续发展的中小企业。科技型中小企业评价工作采取企业自主评价、省级科技管理部门组织实施、科技部服务监督的工作模式，坚持服务引领、放管结合、公开透明的原则。

### 评价指标

1. 科技型中小企业须同时满足以下条件。

（1）在中国境内（不包括港、澳、台地区）注册的居民企业。

（2）职工总数不超过 500 人、年销售收入不超过 2 亿元、资产总额不超过 2 亿元。

（3）企业提供的产品和服务不属于国家规定的禁止、限制和淘汰类。

（4）企业在填报上一年及当年内未发生重大安全、重大质量事故和严重环境违法、科研严重失信行为，且企业未列入经营异常名录和严重违法失信企业名单。

（5）企业根据科技型中小企业评价指标进行综合评价所得分值不低于 60 分，且科技人员指标得分不得为 0 分。

2. 科技型中小企业评价指标具体包括科技人员、研发投入、科技成果三类，满分 100 分。

（1）科技人员指标（满分 20 分）。按科技人员数占企业职工总数的比例分档评价：A. 30%（含）以上（20分）；B. 25%（含）—30%（16分）；C. 20%（含）—25%（12分）；D. 15%（含）—20%（8分）；E. 10%（含）—15%（4分）；F. 10%以下（0分）。

（2）研发投入指标（满分50分）。企业从（a）（b）两项指标中选择一个指标进行评分。

（a）按企业研发费用总额占销售收入总额的比例分档评价：A. 6%（含）以上（50分）；B. 5%（含）—6%（40分）；C. 4%（含）—5%（30分）；D. 3%（含）—4%（20分）；E. 2%（含）—3%（10分）；F. 2%以下（0分）。

（b）按企业研发费用总额占成本费用支出总额的比例分档评价：A. 30%（含）以上（50分）；B. 25%（含）—30%（40分）；C. 20%（含）—25%（30分）；D. 15%（含）—20%（20分）；E. 10%（含）—15%（10分）；F. 10%以下（0分）。

（3）科技成果指标（满分30分）。按企业拥有的在有效期内的与主要产品（或服务）相关的知识产权类别和数量（知识产权应没有争议或纠纷）分档评价：A. 1项及以上Ⅰ类知识产权（30分）；B. 4项及以上Ⅱ类知识产权（24分）；C. 3项Ⅱ类知识产权（18分）；D. 2项Ⅱ类知识产权（12分）；E. 1项Ⅱ类知识产权（6分）；F. 没有知识产权（0分）。

## 直接确认

符合评价指标前4项条件的企业，若同时符合下列条件中的一项，则可直接确认符合科技型中小企业条件。

（1）企业拥有有效期内高新技术企业资格证书。

（2）企业近五年内获得过国家级科技奖励，并在获奖单位中排在前三名。

（3）企业拥有经认定的省部级以上研发机构。

（4）企业近五年内主导制定过国际标准、国家标准或行业标准。

## 指标说明

1. 企业科技人员是指企业直接从事研发和相关技术创新活动，以及专门从事上述活动管理和提供直接服务的人员，包括在职、兼职和临时聘用人员，兼职、临时聘用人员全年须在企业累计工作六个月以上。

2. 企业职工总数包括企业在职、兼职和临时聘用人员。在职人员通过企业是否签订了劳动合同或缴纳社会保险费来鉴别，兼职、临时聘用人员全年须在企业累计工作六个月以上。

3. 企业研发费用是指企业研发活动中发生的相关费用，具体按照《财政部　国家税务总局　科技部关于完善研究开发费用税前加计扣除政策的通知》（财税〔2015〕119号）现行有关规定进行归集。

4. 企业销售收入为主营业务与其他业务收入之和。

5. 知识产权采用分类评价，其中：发明专利、植物新品种、国家级农作物品种、国家新药、国家一级中药保护品种、集成电路布图设计专有权按Ⅰ类评价；实用新型专利、外观设计专利、软件著作权按Ⅱ类评价。

6. 企业主导制定国际标准、国家标准或行业标准是指企业在国家标准化委员会、工业和信息化部、国际标准化组织等主管部门的相关文件中排名起草单位前五名。

7. 省部级以上研发机构包括国家（省、部）重点实验室、国家（省、部）

工程技术研究中心、国家（省、部）工程实验室、国家（省、部）工程研究中心、国家（省、部）企业技术中心、国家（省、部）国际联合研究中心等。

### 申报资料

登录"科技型中小企业评价服务"平台：www.innofund.gov.cn，进行网上填报。

### 申报程序

企业网上注册、填报信息→市科技局初审→提交省科技厅报备→省科技厅审核后公示→下发入库登记编号。

## 九、创新引领型企业遴选认定

### 政策依据

《关于印发〈河南省加快培育创新型企业三年行动计划（2020—2022年）〉的通知》（豫科〔2020〕135号);《关于开展2021年度河南省创新引领型企业遴选工作的通知》。

### 发展目标

创新引领型企业是指河南省创新龙头企业、"瞪羚"企业（"科技小巨人"企业）和科技"雏鹰"企业。计划每年培育遴选100家创新龙头企业、100家"瞪羚"企业（"科技小巨人"企业）和500家左右科技"雏鹰"企业。

### 遴选条件

1. 创新龙头企业须同时满足以下条件。

（1）一般应为有效期内国家高新技术企业。

（2）具有显著的行业引领带动能力。属单项冠军企业（含培育）、单项冠军产品生产企业或主导产品市场占有率位居全国同行业（细分）前列。

（3）按照规定完成上年度研发费用加计扣除申报，已享受研发费用加计扣除政策。

（4）上年度销售收入原则上不低于三亿元。

（5）上年度研发投入占销售收入比例不低于3%。

（6）从事研发和相关技术创新活动的科技人员占职工总数比例不低于10%。

（7）建有省级（含）以上研发平台。

（8）拥有有效期内三项（含）以上Ⅰ类知识产权或六项（含）以上知识产权。

（9）申报当年及上一年未发生重大安全、重大质量事故或严重环境违法等不良行为，未列入社会信用黑名单。

具有以下情形的，予以加分。

（1）上年度研发投入占销售收入比例达到3.5%（含）以上。

（2）近三年内获得国家级科技奖励。

（3）近三年内主导制定国际标准、国家标准或行业标准。

（4）近三年内牵头实施国家级科技计划项目（课题）、重点工程项目或省级重大科技专项、重点工程项目等。

（5）在主板、中小板、创业板、科创板或境外资本市场上市。

2. "瞪羚"企业（"科技小巨人"企业）须同时满足以下条件。

（1）有效期内国家高新技术企业。

（2）注册时间三年（含）以上15年以下。

（3）按照规定完成上年度研发费用加计扣除申报，已享受研发费用加计扣除政策。

（4）上年度销售收入原则上为5000万元（含）以上。

（5）上年度研发投入占销售收入比例不低于3%。

（6）从事研发和相关技术创新活动的科技人员占企业职工总数比例不低于10%。

（7）建有省级（含）以上研发平台。

（8）拥有有效期内两项（含）以上Ⅰ类知识产权或四项（含）以上知识产权。

（9）具有较好的成长性，近两年销售收入或利润总额复合增长率不低于15%。

（10）申报当年及上一年未发生重大安全、重大质量事故或严重环境违法等不良行为，未列入社会信用黑名单。

具有以下情形的，予以加分。

（1）上年度销售收入5000万元（含）—1亿元的，研发投入占销售收入比例达到5%（含）以上；销售收入1亿元（含）—3亿元的，研发投入占销售收入比例达到4%（含）以上；销售收入3亿（含）以上的，研发投入占销售收入比例达到3.5%（含）以上。

（2）近三年内获得国家级科技奖励或牵头获得省级科技奖励。

（3）近三年内主导或参与制定国际标准、国家标准或行业标准。

（4）近三年内参与国家级科技计划项目（课题）、重点工程项目等或牵头实施省级重大科技专项、重点工程项目等。

（5）在主板、中小板、创业板、科创板或境外资本市场上市。

（6）近三年内在中国创新创业大赛等国家或省级创新创业赛事中获奖。

（7）近三年内企业一次性获得风险投资500万元（含）以上（或等值外币）。

3. 科技"雏鹰"企业须同时满足以下条件。

（1）有效期内国家高新技术企业、国家科技型中小企业。

（2）注册时间一年以上10年（含）以下。

（3）上年度销售收入原则上为1000万元（含）—5000万元。

（4）上年度研发投入占销售收入比例不低于6%。

（5）从事研发和相关技术创新活动的科技人员占职工总数比例不低于15%。

（6）拥有有效期内一项（含）以上Ⅰ类知识产权或两项（含）以上Ⅱ类知识产权。

（7）申报当年及上一年未发生重大安全、重大质量事故或严重环境违法等不良行为，未列入社会信用黑名单。

4. "独角兽"企业须同时满足以下条件。

（1）属于新技术、新产业、新业态和新模式四新领域；具有跨界属性，即承载两个以上产业的功能；具有平台属性，即以平台为业务形态；具有自成长属性，即业务在平台上自发产生并发展。

（2）获得过私募投资，且尚未上市。

（3）成立时间不超过10年，最近一轮融资后，企业估值超过10亿美元。

### 遴选程序

遴选工作按照自愿申请、公平公开、择优入库的原则进行。深入落实"放管服"工作要求，充分发挥企业信息主体责任，最大程度减轻企业申报负担。

1. 对照申报。企业对照遴选条件进行自我评价，认为符合条件的，向所在省辖市、济源示范区、省直管县（市）科技管理部门和国家高新区管委会（主管部门）提出申请并明确申报类型。

2. 择优推荐。主管部门组织筛选，择优推荐至省科技厅。

3. 组织遴选。省科技厅会同省发展改革委、省工信厅、省财政厅、省税务局，组织专家对地方推荐企业进行复核，统筹区域、行业确定拟入库企业名单。

4. 公示入库。征求相关部门意见后，对拟入库企业名单进行公示，公示期五个工作日。公示无异议的，予以入库。

## 十、"科技小巨人"企业认定

### 政策依据

《科技部 财政部 国家税务总局关于印发〈科技型中小企业评价办法〉的通知》（国科发政〔2017〕115号）;《河南省科学技术厅 河南省财政厅关于印发〈河南省"科技小巨人（培育）"企业评价办法〉的通知》（豫科〔2017〕156号）。

### 政策简介

为贯彻落实《中共河南省委 河南省人民政府关于深化科技体制改革推进创新驱动发展若干实施意见》（豫发〔2015〕13号）和《河南省人民政府关于发展众创空间推进大众创新创业的实施意见》（豫政〔2015〕31号），大力实施河南省"科技小巨人"企业培育工程，按照省科技厅、财政厅《河南省"科技小巨人（培育）"企业评价办法》要求，统筹创新引领型企业梯次培育，按照省科技厅工作部署，决定组织开展河南省"科技小巨人"企业评价工作。

### 评价对象

1. 当年（根据国家科技型中小企业库年度评价工作截止时间确定）获得国家科技型中小企业入库编号的企业。

2. 上年度销售收入一亿元以上（含一亿元）、三亿元以下，在有效期内的高新技术企业。

### 评价条件

企业符合"评价对象"要求，同时满足以下有关条件，可以评价为河南省"科技小巨人培育"企业、河南省"科技小巨人"企业。

1. "科技小巨人培育"企业。

（1）企业上年度销售收入1000万元以上（含1000万元）、一亿元以下。

（2）企业具有较好的成长性，前两个年度销售收入或净利润平均增长率达到20%（含）以上。

（3）企业上年度研发费用总额占销售收入的比例不低于5%，或企业上年度研究开发费用总额占成本费用支出总额的25%（含）以上。

（4）企业拥有自主知识产权，主营业务突出，产品或服务特色鲜明，近三年至少拥有一项与主要产品（服务）相关的知识产权。

（5）企业管理制度健全，建立研发经费投入预算管理制度，设置研发费用辅助核算账目，技术、经营管理团队稳定。

（6）企业信用状况良好，三年内无不良征信记录和违法记录。

2．"科技小巨人"企业。

（1）企业上年度销售收入一亿元以上（含一亿元）、两亿元以下。

（2）企业具有较好的成长性，前两个年度销售收入或净利润平均增长率达到20%（含）以上。

（3）企业建有市级以上研发平台，上年度研发费用总额占销售收入的比例不低于5%，或企业上年度研究开发费用总额占成本费用支出总额的25%（含）以上。

（4）企业拥有自主知识产权，主营业务突出，产品或服务特色鲜明，近三年至少拥有一项发明专利、植物新品种、国家级农作物品种、国家新药、国家一级中药保护品种、集成电路布局设计专有权或三项（含）以上与主要产品（服务）相关的实用新型专利、外观设计专利、软件著作权等知识产权。

（5）企业管理制度健全，建立研发经费投入预算管理制度，设置研发费用辅助核算账目，拥有较高水平的技术、经营管理团队。

（6）企业信用状况良好，三年内无不良征信记录和违法记录。

## 评价程序

1．企业申请。

已入库科技型中小企业对照"科技小巨人（培育）"企业条件进行自我评价，认为符合条件要求的，在服务平台提交申报年度河南省"科技小巨人（培育）"企业入库申请，并上传河南省"科技小巨人（培育）"企业入库申请企业承诺书。

2．审核推荐。

（1）受理。各省辖市、省直管县（市）科技局，各国家高新区、郑州航空港经济综合实验区管委会（本节简称地方科技管理部门），在服务平台受理企业提交的年度河南省"科技小巨人（培育）企业"入库申请。

（2）评价。地方科技管理部门对照"评价对象"以及"评价条件"要求，对申请企业进行资格审查。

（3）信用审查。对符合条件的企业，地方科技管理部门审查其近两年是否发生重大安全、重大质量和严重环境违法、科研严重失信行为，是否列入经营异常和严重违法失信企业名单。

（4）推荐。对符合评价条件并通过信用审查的企业，地方科技管理部门在服务平台添加评价意见后确认推荐，汇总推荐企业名单正式行文至省级科技管理部门。有异议的和不符合条件的应注明原因并在服务平台退回企业。

3．登记入库。

省级科技管理部门对地方科技管理部门行文推荐的企业名单形式审查后进行公示，公示无异议的企业名单提请厅长办公会审议。厅长办公会审议通过的企业，纳入河南省"科技小巨人（培育）"企业库进行管理，并下发文件和证书。

## 十一、技术先进型服务业企业

### 政策依据

《全国技术先进型服务企业业务办理管理平台指引（试行）》（国科火字〔2017〕227号）;《河南省技术先进型服务企业认定管理暂行办法》（豫科〔2018〕28号）（本节简称《管理办法》）;《关于将服务贸易创新发展试点地区技术先进型服务企业所得税政策推广至全国实施的通知》（财税〔2018〕44号）。

### 政策简介

根据财税〔2018〕44号文件，自2018年1月1日起，对经认定的技术先进型服务企业（服务贸易类），减按15%的税率征收企业所得税。

### 适用范围

在河南省行政区域内注册及生产经营的法人企业。

### 认定条件

1. 具有企业法人资格，其注册地及生产经营地在河南省行政区域内。

2. 从事财税〔2017〕79号、财税〔2018〕44号文件规定范围内的一种或多种技术先进型服务业务，采用先进技术或具备较强的研发能力。

3. 具有大专以上学历的员工占企业职工总数的50%以上。

4. 企业从事技术先进型服务业务取得的收入占企业当年总收入的50%以上。

5. 从事离岸服务外包业务取得的收入不低于企业当年总收入的35%。

从事离岸服务外包业务取得的收入，是指企业根据境外单位与其签订的委托合同，由本企业或其直接转包的企业为境外单位提供财税〔2017〕79号、财税〔2018〕44号文件规定范围内的外包服务和服务贸易业务，而从上述境外单位取得的收入。

### 申报程序

1. 企业注册。符合申报条件的企业，本着自愿原则，在"全国技术先进型服务企业业务办理管理平台"（网址为：http://tas.innocom.gov.cn）上进行注册登记、申报填写。企业单击"申报认定备案入口"，进入"统一身份认证与单点登录平台——全国技术先进型服务企业业务办理管理平台"，新用户按要求注册个人账户，个人账户注册成功后登录平台注册企业，填写《企业注册登记表》并提交，由科学技术部火炬高新技术产业开发中心审核并激活。

2. 企业申报。注册成功的企业重新登录"全国技术先进型服务企业业务办理管理平台"按系统要求填写《全国技术先进型服务企业认定（复核）申请表》，按《申报材料清单及装订顺序》上传相关佐证材料，证明材料必须与《申请表》所填内容对应，按装订顺序逐页编制总目录、分类目录、页码，正反双面打印，在书脊上注明企业名称。企业将全部申报资料扫描成PDF格式，制作成数据光盘，连同纸质申报材料一并报送至所属科技行政管理部门。

3. 各地科技行政管理部门汇总和审核。各地科技行政管理部门收到企业申报材料后，应根据《管理办法》和本通知要求，对企业申报材料的有效性和完整性进行认真审核，如有需要，可实地核实企业申报信息。对符合申报条件的企业，在《申请表》上"地方科技行政管理部门审核意见"一栏加盖公章。同时请汇总填报《技术先进型服务企业推荐上报汇总表》，并加盖地方科技行政管理部门公章。

4. 材料报送。对符合条件的企业，各地科技行政管理部门须将《技术先进型服务企业推荐上报汇总表》连同辖区内企业的纸质申报材料，统一报送省科技厅。

## 十二、绿色技术创新示范企业（基地）

### 政策依据

《关于印发〈河南省绿色技术创新示范企业（基地）培育和管理办法〉的通知》（豫科〔2021〕165号）;《关于组织申报河南省绿色技术创新示范企业（基地）的通知》。

### 政策简介

为贯彻落实《中共中央　国务院关于完整准确全面贯彻新发展理念　做好碳达峰碳中和工作的意见》（中发〔2021〕36号）、《国务院关于印发2030年前碳达峰行动方案的通知》（国发〔2021〕23号）以及《国家发展改革委　科技部〈关于构建市场导向的绿色技术创新体系的指导意见〉》（发改环资〔2019〕689号）精神，大力实施创新驱动、科教兴省、人才强省战略，强化科技创新对碳达峰碳中和工作的支撑引领作用，加快构建河南省绿色技术创新体系，强化企业绿色技术创新主体地位，提升高校院所绿色技术创新能力，为培育国家绿色技术创新企业做好储备，省科技厅会同省发展改革委、工业和信息化厅、生态环境厅决定组织开展2021年河南省绿色技术创新示范企业（基地）申报培育工作。

### 适用范围

申报范围包括河南省境内注册，具有独立法人资格的企业、高等院校和科研院所。培育主体为：从事降低消耗、减少污染、改善生态、促进生态文明建设、实现人与自然和谐共生的新兴技术（包括节能降碳、污染防治、清洁生产、清洁能源、生态保护与修复、城乡绿色基础设施、生态农业等领域，涵盖产品设计、生产、消费、回收等环节）研究开发、成果转化和推广应用的企业、高等院校、科研院所。根据依托单位分为两类：依托企业培育建设的为绿色技术创新示范企业，依托高等院校、科研院所培育建设的为绿色技术创新示范基地。

### 申报条件

1. 申报绿色技术创新示范企业应当具备以下条件。
（1）在河南省境内注册，具有独立法人资格的企业。
（2）企业符合河南省产业政策、相关标准和技术规范。严格遵守国家和河南省资源、能源、环境保护等有关法律、法规和政策，三年内未发生环境违法行为。认真落实安全生产和消防安全责任，三年内未发生重大安全事故。企业信用良好，未被列入失信联合惩戒对象名单或严重失信违法"黑名单"。
（3）企业在行业内具有一定的知名度和影响力，示范带动作用强。高度重视绿色技术创新工作，有扎实的工作基础、较完善的基础设施，制定有绿色技术创新工作计划、目标、制度及实施方案。企业财务、物资、能源等管理体系、规章制度及相应的计量手段比较完备。

（4）企业具有较强的自主创新能力。近三年每年研发投入占主营业务收入的比例不低于3%（大中型企业不低于1.5%）。建有省级及以上科技创新平台，与国内外高校、科研机构建立了稳固的产学研合作关系。

（5）企业自主研发或引进转化了先进绿色技术、工艺、装备、材料、产品等，在生产中应用后已产生良好的效益；或企业开展节能环保服务工作效果显著；或企业委托第三方污染治理效果显著。组织实施了绿色技术创新示范项目（包括生产性项目和技术改造项目等），有进行绿色技术产业化示范或成果转化应用的经济、技术基础。

（6）企业能耗、水耗、碳排放、污染物排放等节能减排指标处于国内同行业先进或领先水平。污染治理设施和污染物监测设备完善，有环保设施运行和资源利用台账，新扩改建项目节能审查、环保审批、验收手续完备。

（7）碳达峰碳中和工作或污染防治工作成效突出或受到表彰的优先考虑；近五年开展清洁生产审核并通过验收的优先考虑；原河南省节能减排科技创新示范企业符合上述条件的优先考虑；企业技术成果列入省级及以上节能环保领域技术指导目录的优先考虑。

2. 申报绿色技术创新示范基地应当具备以下条件。

（1）在河南省境内注册，具有独立法人资格的高等院校和科研院所。

（2）具备一定规模的科研实验条件和工作基础，具有国内先进水平或地方特色，在学术水平、人才培养和团队建设等方面具有较强的竞争力。高校拥有绿色技术领域重点学科，在绿色技术领域学科优势明显。

（3）近三年承担过省级及以上绿色技术领域科技项目，拥有自主知识产权科研成果、发明专利或专有技术。建有省级及以上绿色技术领域科技创新平台，与企业建立了稳固的产学研合作关系。

（4）自主研发的先进绿色技术、工艺、装备、材料、产品等，转化应用后已产生良好的效益；或开展节能环保服务工作效果显著。

（5）碳达峰碳中和工作或污染防治工作成效突出或受到表彰的优先考虑；技术成果列入省级及以上节能环保领域技术指导目录的优先考虑。

3. 联合申报。

鼓励企业、高等院校和科研院所联合组建绿色技术创新示范企业（基地），整合创新资源，实现优势互补。联合建设绿色技术创新示范企业（基地）必须签订有联合建设协议书，明确主要依托单位以及各联合建设单位在绿色技术创新示范企业（基地）建设和运行中的权利、义务和责任。

## 申报材料

河南省绿色技术创新示范企业（基地）申报书及相关附件材料包括以下内容。

1. 申报绿色技术创新示范企业应提交的附件材料。

（1）绿色技术创新工作制度及实施方案。

（2）绿色技术研究开发、成果转化、推广应用工作证明材料，包括近三年承担的与绿色技术相关的省部级及以上科技计划项目、成果登记和奖励、授权专利等证明材料，绿色技术创新示范项目证明材料，科技创新平台证明材料，产学研合作证明材料，技术成果转化应用相关证明材料。

（3）上年度的资产负债表、损益表，节能降碳和污染物排放相关费用支出明细表。

（4）清洁生产审核报告，节能降碳、污染物排放主要指标和证明材料。

（5）节能环保服务企业需提供开展节能环保服务工作的相关证明材料。

（6）企业委托第三方污染治理相关证明材料。

2. 申报绿色技术创新示范基地应提交的附件材料。

（1）绿色技术领域学科建设、人才培养相关证明材料。

（2）绿色技术研究开发、成果转化、推广应用工作证明材料，包括近三年承担的与绿色技术相关的省部级及以上科技计划项目、成果登记和奖励、授权专利等证明材料，科技创新平台证明材料，产学研合作证明材料，技术成果转化应用相关证明材料。

### 推荐渠道

隶属于省直部门（单位）的申报单位通过省直部门（单位）推荐上报；其他申报单位通过所在省辖市、济源示范区、省直管县（市）、"三起来"示范县科技管理部门会同发展改革委、工业和信息化主管部门、生态环境局推荐上报，郑州航空港经济综合实验区、国家高新技术产业开发区、国家郑州经济技术开发区内单位通过管委会推荐上报。

### 程序要求

1. 网上注册。申报单位登录"河南省科技管理信息系统"（http: //xm.hnkjt. gov.cn/）进行注册，已注册的无须重新注册，可用原用户名和密码登录系统进行申报。

2. 填报提交。申报单位按时登录"河南省科技管理信息系统"填写和提交《河南省绿色技术创新示范企业（基地）申报书》。

3. 材料报送。申报单位登录系统生成申报书 PDF 文档，打印并与附件材料一同装订，加盖单位公章报送至主管部门。主管部门对申报单位提交的申报材料进行审核后加盖公章，并出具加盖推荐部门（单位）公章的推荐函，按时将纸质推荐函和申报材料报送至省科技厅社会发展科技处。

4. 按照省疫情防控相关要求，推荐函及申报材料原则上寄送。

5. 对于原河南省节能减排科技创新示范企业，按照上述各项申报条件及要求报送材料，经组织专家评审等有关程序，符合条件的列入省绿色技术创新示范企业培育名单。

## 十三、知识产权优势培育企业认定

### 政策依据

《国家知识产权局关于印发〈推动知识产权高质量发展年度工作指引（2020）〉的通知》（国知发运字〔2020〕13 号）；《河南省知识产权局关于印发〈推动知识产权高质量发展年度实施方案（2020）〉的通知》（豫知〔2020〕20 号）。

### 政策背景

为贯彻《国家知识产权局关于印发〈推动知识产权高质量发展年度工作指引（2020）〉的通知》，落实知识产权高质量发展的决策部署，全面做好 2020 年知识产权工作，特制定《推动知识产权高质量发展年度实施方案（2020）》。

## 认定条件

1. 企业知识产权工作体系健全。

2. 企业制定知识产权战略。

3. 企业的知识产权宣传培训工作制度化，企业管理层及研发人员的培训率达到90%以上，员工的培训率达到50%以上。

4. 企业已建立专利数据库或其他专利信息获取渠道，建立较完善的专利检索制度，在研发、生产、销售、产品进出口、对外技术合作时首先进行专利检索。

5. 企业拥有自主知识产权的数量和质量逐年提高，近三年专利申请总量或发明专利申请总量在本行业（省内）领先。

6. 企业重视知识产权的转化和产业化，取得了显著经济和社会效益。

7. 企业对知识产权工作的投入（指对知识产权管理、保护和运营的投入，有关专利申请、维护、诉讼、信息利用、实施、培训和奖励的费用）占企业研发投入的5%以上，年增长率高于企业利润增长速度。

8. 企业无恶意侵犯他人知识产权行为，建立了高效知识产权保护机制，并通过合理方式对自主知识产权进行了有效保护。

## 认定程序

1. 知识产权优势企业、优势区域认定工作按照自愿、择优的原则，由企业、区域自愿申报（每年的申报时间另行通知），申报单位须填写《河南省知识产权优势企业申报书》或《河南省知识产权优势区域申报书》。

2. 已列入省知识产权优势培育计划的企业和区域，申报材料直接报省知识产权局；未列入省知识产权优势培育计划的企业和区域，申报材料报所在省辖市知识产权局。

3. 各省辖市知识产权局根据本市申报情况，对申报单位进行认真考察，按照所分配的额度确定推荐单位，在规定的时间内将申报材料报省知识产权局。

4. 省知识产权局将申报材料汇总整理后，提出初步审核意见，经八部门联合评审后确定知识产权优势企业和优势区域，并颁发"河南省知识产权优势企业""河南省知识产权优势区域"牌匾。

# 第四篇　财政支持与税收优惠

# 第一章　财政支持

## 一、科研经费管理

### 政策依据

《国务院办公厅关于改革完善中央财政科研经费管理的若干意见》（国办发〔2021〕32号）;《河南省财政厅　河南省科学技术厅　河南省审计厅印发〈关于进一步深化省级财政科研经费管理改革优化科研生态环境的若干意见〉的通知》（豫财科〔2021〕57号）。

### 政策简介

党的十八大以来，党中央、国务院出台了《关于进一步完善中央财政科研项目资金管理等政策的若干意见》《关于优化科研管理提升科研绩效若干措施的通知》等一系列优化科研经费管理的政策文件和改革措施，有力地激发了科研人员的创造性和创新活力，促进了科技事业发展。但在科研经费管理方面仍然存在政策落实不到位、项目经费管理刚性偏大、经费拨付机制不完善、间接费用比例偏低、经费报销难等问题。为有效解决这些问题，更好贯彻落实党中央、国务院决策部署，进一步激励科研人员多出高质量科技成果、为实现高水平科技自立自强做出更大贡献，国务院办公厅出台了《关于改革完善中央财政科研经费管理的若干意见》。

### 适用范围

科研经费泛指各种用于发展科学技术事业而支出的费用。科研经费通常由政府、企业、民间组织、基金会等通过委托方式或者对申请报告的筛选来分配，用于解决特定的科学和技术问题。

### 政策内容

1. 扩大科研项目经费管理自主权。

（1）简化预算编制。进一步精简合并预算编制科目，按设备费、业务费、劳务费三大类编制直接费用预算。直接费用中除50万元以上的设备费外，其他费用只提供基本测算说明，不需要提供明细。计算类仪器设备和软件工具可在设备费科目列支。合并项目评审和预算评审，项目管理部门在项目评审时同步开展预算评审。预算评审工作重点是项目预算的目标相关性、政策相符性、经济合理性，不得将预算编制细致程度作为评审预算的因素。

（2）下放预算调剂权。设备费预算调剂权全部下放给项目承担单位，不再由项目管理部门审批其预算调增。项目承担单位要统筹考虑现有设备配置情况、科研项目实际需求等，及时办理调剂手续。除设备费外的其他费用调剂权全部由项目承担单位下放给项目负责人，由项目负责人根据科研活动实际需要自主安排。

（3）扩大经费包干制实施范围。在人才类和基础研究类科研项目中推行经费包干制，不再编制项目预算。项目负责人在承诺遵守科研伦理道德和作风学风诚信要求、经费全部用于与本项目研究工作相关支出的基础上，自主决定项目经费使用。鼓励有关部门和地方在从事基础性、前沿性、公益性研究的独立法人科研机构开展经费包干制试点。表4-1-1所示为包干制试点经费使用"负面清单"。

表4-1-1　包干制试点经费使用"负面清单"

| 序号 | 内　　容 |
|------|----------|
| 1 | 不得虚构经济业务、编造虚假合同、使用虚假票据套取资金 |
| 2 | 不得通过合作、协作经费方式套取资金 |
| 3 | 不得以虚列、伪造名单等方式，虚报冒领劳务费，套取财政资金 |
| 4 | 不得用于与本科研项目无关的支出 |
| 5 | 不得用于应由个人及家庭负担的支出 |
| 6 | 不得滥用、浪费科研经费，违规预支、预存费用私设"小金库" |
| 7 | 不得截留、挪用、侵占科研经费 |
| 8 | 不得使用科研经费支付各种罚款、捐款、赞助、投资 |
| 9 | 其他法律、法规以及政策文件明确不得开支的内容 |

2. 完善科研项目经费拨付机制。

（1）合理确定经费拨付计划。项目管理部门要根据不同类型科研项目特点、研究进度、资金需求等，合理制定经费拨付计划并及时拨付资金。首笔资金拨付比例要充分尊重项目负责人意见，切实保障科研活动需要。

（2）加快经费拨付进度。财政部、项目管理部门可在部门预算批复前预拨科研经费。项目管理部门要加强经费拨付与项目立项的衔接，在项目任务书签订后30日内，将经费拨付至项目承担单位。项目牵头单位要根据项目负责人意见，及时将经费拨付至项目参与单位。

（3）改进结余资金管理。项目完成任务目标并通过综合绩效评价后，结余资金留归项目承担单位使用。项目承担单位要将结余资金统筹安排用于科研活动直接支出，优先考虑原项目团队科研需求，并加强结余资金管理，健全结余资金盘活机制，加快资金使用进度。

3. 加大科研人员激励力度。

（1）提高间接费用比例。间接费用按照直接费用扣除设备购置费后的一定比例核定，由项目承担单位统筹安排使用。其中，500万元以下的部分，间接费用比例为不超过30%，500万元至1000万元的部分为不超过25%，1000万元以上的部分为不超过20%；对数学等纯理论基础研究项目，间接费用比例进一步提高到不超过60%。项目承担单位可将间接费用全部用于绩效支出，并向创新绩效突出的团队和个人倾斜。

（2）扩大稳定支持科研经费提取奖励经费试点范围。将稳定支持科研经费提取奖励经费试点范围扩大到所有中央级科研院所。允许中央级科研院所从基本科研业务费、中科院战略性先导科技专项经费、有关科研院所创新工程等稳定支持科研经费中提取不超过20%作为奖励经费，由单位探索完善科研项目资金激励引导机制，激发科研人员创新活力。奖励经费的使用范围和标准由试点单位自主决定，在单位内部公示。

（3）扩大劳务费开支范围。项目聘用人员的劳务费开支标准，参照当地科学研究和技术服务业从业人员平均工资水平，根据其在项目研究中承担的工作任务确定，其由单位缴纳的社会保险补助、住房公积金等纳入劳务费科目列支。

（4）合理核定绩效工资总量。中央高校、科研院所、企业结合本单位发展阶段、类型定位、承担任务、人才结构、所在地区、现有绩效工资实际发放水平（主要依据上年度事业单位工资统计年报数据确定）、财务状况特别是财政科研项目可用于支出人员绩效的间接费用等实际情况，向主管部门申报动态调整绩效工资水平，主管部门综合考虑激发科技创新活力、保障基础研究人员稳定工资收入、调控不同单位（岗位、学科）收入差距等因素审批后报人力资源社会保障、财政部门备案。分配绩效工资时，要向承担国家科研任务较多、成效突出的科研人员倾斜。借鉴承担国家关键领域核心技术攻关任务科研人员年薪制的经验，探索对急需紧缺、业内认可、业绩突出的极少数高层次人才实行年薪制。

（5）加大科技成果转化激励力度。各单位要落实《中华人民共和国促进科技成果转化法》等相关规定，对持有的科技成果，通过协议定价、在技术交易市场挂牌交易、拍卖等市场化方式进行转化。科技成果转化所获收益可按照法律规定，对职务科技成果完成人和为科技成果转化做出重要贡献的人员给予奖励和报酬，剩余部分留归项目承担单位用于科技研发与成果转化等相关工作，科技成果转化收益具体分配方式和比例在充分听取本单位科研人员意见基础上进行约定。科技成果转化现金奖励计入所在单位绩效工资总量，但不受核定的绩效工资总量限制，不作为核定下一年度绩效工资总量的基数。

4. 减轻科研人员事务性负担。

（1）全面落实科研财务助理制度。项目承担单位要确保每个项目配有相对固定的科研财务助理，为科研人员在预算编制、经费报销等方面提供专业化服务。科研财务助理所需人力成本费用（含社会保险补助、住房公积金），可由项目承担单位根据情况通过科研项目经费等渠道统筹解决。

（2）改进财务报销管理方式。项目承担单位因科研活动实际需要，邀请国内外专家、学者和有关人员参加由其主办的会议等，对确需负担的城市间交通费、国际旅费，可在会议费等费用中报销。允许项目承担单位对国内差旅费中的伙食补助费、市内交通费和难以取得发票的住宿费实行包干制。

（3）推进科研经费无纸化报销试点。选择部分电子票据接收、入账、归档处理工作量比较大的中央高校、科研院所、企业，纳入电子入账凭证会计数据标准推广范围，推动科研经费报销数字化、无纸化。

（4）简化科研项目验收结题财务管理。合并财务验收和技术验收，在项目实施期末实行一次性综合绩效评价。完善项目验收结题评价操作指南，细化明确预算调剂、设备管理、人员费用等财务、会计、审计方面具体要求，避免有关机构和人员在项目验收和检查中理解执行政策出现偏差。选择部分创新能力和潜力突出、创新绩效显著、科研诚信状况良好的中央高校、科研院所、企业作为试点单位，由其出具科研项目经费决算报表作为结题依据，取消科研项目结题财务审计。试点单位对经费决算报表内容的真实性、完整性、准确性负责，项目管理部门适时组织抽查。

（5）优化科研仪器设备采购。中央高校、科研院所、企业要优化和完善内部管理规定，简化科研仪器设备采购流程，对科研急需的设备和耗材采用特事特办、随到随办的采购机制，可不进行招标投标程序。项目承担单位依法向财政部申请变更政府采购方式的，财政部实行限时办结制度，对符合要求的申请项目，原则上自收到变更申请之日起五个工作日内办结。有关部门要研究推动政府采购、招标投标等有关法律法规修订工作，进一步明确除外条款。

（6）改进科研人员因公出国（境）管理方式。对科研人员因公出国（境）开展国际合作与交流的管理应与行政人员有所区别，对为完成科研项目任务目标、从科研经费中列支费用的国际合作与交流按业务类别单独管理，根据需要开展工作。从科研经费中列支的国际合作与交流费用不纳入"三公"经费统计范围，不受"零增长"要求限制。

5. 创新财政科研经费投入与支持方式。

（1）拓展财政科研经费投入渠道。发挥财政经费的杠杆效应和导向作用，引导企业参与，发挥金融资金作用，吸引民间资本支持科技创新创业。优化科技创新类引导基金使用，推动更多具有重大价值的科技成果转化应用。拓宽基础研究经费投入渠道，促进基础研究与需求导向良性互动。

（2）开展顶尖领衔科学家支持方式试点。围绕国家重大战略需求和前沿科技领域，遴选全球顶尖的领衔科学家，给予持续稳定的科研经费支持，在确定的重点方向、重点领域、重点任务范围内，由领衔科学家自主确定研究课题，自主选聘科研团队，自主安排科研经费使用；三至五年后采取第三方评估、国际同行评议等方式，对领衔科学家及其团队的研究质量、原创价值、实际贡献，以及聘用领衔科学家及其团队的单位服务保障措施落实情况等进行绩效评价，形成可复制可推广的改革经验。

（3）支持新型研发机构实行"预算＋负面清单"管理模式。鼓励地方对新型研发机构采用与国际接轨的治理结构和市场化运行机制，实行理事会领导下的院（所）长负责制。创新财政科研经费支持方式，给予稳定资金支持，探索实行"负面清单"管理，赋予更大经费使用自主权。组织开展绩效评价，围绕科研投入、创新产出质量、成果转化、原创价值、实际贡献、人才集聚和培养等方面进行评估。除特殊规定外，财政资金支持产生的科技成果及知识产权由新型研发机构依法取得、自主决定转化及推广应用。

6. 改进科研绩效管理和监督检查。

（1）健全科研绩效管理机制。项目管理部门要进一步强化绩效导向，从重过程向重结果转变，加强分类绩效评价，对自由探索型、任务导向型等不同类型科研项目，健全差异化的绩效评价指标体系；强化绩效评价结果运用，将绩效评价结果作为项目调整、后续支持的重要依据。项目承担单位要切实加强绩效管理，引导科研资源向优秀人才和团队倾斜，提高科研经费使用效益。

（2）强化科研项目经费监督检查。加强审计监督、财会监督与日常监督的贯通协调，增强监督合力，严肃查处违纪违规问题。加强事中事后监管，创新监督检查方式，实行随机抽查、检查，推进监督检查数据汇交共享和结果互认。减少过程检查，充分利用大数据等信息技术手段，提高监督检查效率。强化项目承担单位法人责任，项目承担单位要动态监管经费使用并实时预警提醒，确保经费合理规范使用；对项目承担单位和科研人员在科研经费管理使用过程中出现的失信情况，纳入信用记录管理，对严重失信行为实行追责和惩戒。探索制定相关"负面清单"，明确科研项目经费使用禁止性行为，有关部门要根据法律法规和"负面清单"进行检查、评审、验收、审计，对尽职无过错科研人员免予问责。

## 二、中央财政科技计划（专项、基金等）后补助

### 政策依据

《关于印发〈中央财政科技计划（专项、基金等）后补助管理办法〉的通知》（财教〔2019〕226 号）。

### 政策介绍

为进一步发挥中央财政科技资金的引导作用，规范中央财政科技计划（专项、基金等）后补助资金管理，根据《国务院关于优化科研管理提升科研绩效若干措施的通知》（国发〔2018〕25 号）、《中共中央办公厅 国务院办公厅印发〈关于促进中小企业健康发展的指导意见〉》等文件要求，财政部、科技部制定了《中央财政科技计划（专项、基金等）后补助管理办法》。中央财政科技计划（专项、基金等）后补助是指单位先行投入资金开展研发活动，或者提供科技创新服务等活动，中央财政根据实施结果、绩效等，事后给予补助资金的财政支持方式。

#### 适用范围

具有独立法人资格的企业、事业单位以及其他各类从事科技创新活动的主体。后补助资金由单位统筹使用，不得用于与科技创新无关的支出。

### 政策内容

后补助包括研发活动后补助、服务运行后补助。

1. 研发活动后补助。

研发活动后补助是指中央财政科技计划（专项、基金等）中以科技成果产品化、工程化、产业化为目标任务，并且具有量化考核指标的项目，由项目承担单位先行投入资金组织开展研发活动及应用示范，项目结束并通过综合绩效评价后，给予适当补助资金的财政支持方式。

单位自行投入资金组织开展研发活动，取得有助于解决国家急需或影响经济社会发展问题的技术成果，可以给予奖励性后补助。奖励性后补助重点支持中小企业。

奖励性后补助项目由项目管理部门会同专业机构对技术成果进行审核，综合考虑单位前期投入成本、同类项目资助强度等因素确定补助额度，并以适当方式向社会公示。完成规定程序的项目，由专业机构与单位签订协议，明确其技术成果应当实际应用于解决相关问题。

专业机构按照有关规定向单位支付后补助资金。

2. 服务运行后补助。

服务运行后补助是指对国家科技创新基地开放运行、科技创新服务以及国家重大科研基础设施和大型科研仪器开放共享等，由相关管理部门组织考核评估，并根据考核评估结果，给予适当补助资金的财政支持方式。

### 实施程序

1. 研发活动后补助按照以下程序组织实施。

（1）发布通知。项目管理部门在发布年度项目申报通知时，确定拟采用后补助支持方式的项目，对项目拟达到的目标任务提出明确要求，并明确科学、合理、具体的考核评价指标，以及相应的考核评价方式（方法）。

（2）提交申请。单位根据申报通知的要求，编制并提交项目申请材料。

（3）立项评审。项目管理专业机构（本节简称专业机构）组织开展评审，按照择优支持原则提出年度项目安排方案。

（4）预算评估。专业机构委托相关机构对项目预算进行评估，并根据评估结果提出项目后补助预算方案。后补助资金比例不超过项目预算的50%。

（5）签订任务书。完成规定程序的项目，由专业机构发布立项通知并与项目承担单位签订项目任务书。

（6）项目实施。项目承担单位按照项目任务书的规定自行组织实施和管理。项目实施过程中专业机构一般不组织中期检查（评估）等。项目延期或终止实施的，应当按照相关科技计划的管理规定履行审批程序。

（7）考核评价。项目承担单位在完成任务或实施期满三个月内向专业机构提出综合绩效评价申请。专业机构应在收到单位申请六个月内，按照明确的考核评价方式（方法）对项目实施结果完成综合绩效评价。

（8）确定补助金额。通过综合绩效评价的项目，根据评价结果等，确定后补助金额。

（9）结果公示。专业机构按规定将项目实施情况、综合绩效评价情况、专家意见等以及拟补助金额以适当方式向社会公示。

（10）资金支付。专业机构按照财政预算管理和国库集中支付制度有关规定向项目承担单位支付后补助资金。

2. 服务运行后补助按照以下程序组织实施。

（1）国家科技创新基地以及国家重大科研基础设施和大型科研仪器的依托单位应当切实履行职责，按照有关规定开放科技资源、开展科技创新服务，并提供相应的支撑保障。

（2）相关管理部门定期组织对依托单位服务运行情况开展考核评估，形成考核评估结果，并将考核评估结果以适当方式向社会公示。

（3）服务运行后补助由相关管理部门分类分档确定补助标准。补助标准根据有关要求和实际情况适时调整。

（4）相关管理部门根据考核评估结果和补助标准，按照财政预算管理和国库集中支付制度有关规定向依托单位支付后补助资金。

## 三、科技重大专项（民口）资金管理

### 政策依据

《财政部 科技部 发展改革委关于印发〈国家科技重大专项（民口）资金管理办法〉的通知》（财科教〔2017〕74号）；《河南省科学技术厅 河南省财政厅关于印发〈河南省省级重大科技专项管理办法（试行）〉的通知》（豫科〔2019〕96号）。

### 国家专项

国家科技重大专项是为了实现国家目标，通过核心技术突破和资源集成，在一定时限内完成的重大战略产品、关键共性技术和重大工程，是我国科技发展的重中之重，对提高我国自主创新能力、建设创新型国家具有重要意义。重大专项紧紧围绕国家重大战略目标和需求，主要采取自上而下、上下结合的方式广泛研究论证提出，由党中央、国务院批准设立。组织实施重大专项坚持"成熟一项，启动一项"的原则。重大专项的组织实施，由国务院统一领导，国家科技教育领导小组、国家科技体制改革和创新体系建设领导小组加强统筹、协调和指导。重大专项的资金筹集坚持多元化的原则，中央财政设立专项资金支持重大专项的组织实施，引导和鼓励地方财政、金融资本和社会资金等方面的投入。针对重大专项任务实施，科学合理配置资金，加强审计与监管，提高资金使用效益。适用于中央财政安排的民口有关的科技重大专项。

### 省级专项

《河南省省级重大科技专项管理办法（试行）》依据《国家科技重大专项（民口）资金管理办法》制订，省级重大科技专项聚焦本省优势主导产业和战略性新兴产业重大创新需求，着力解决产业发展以及民生公益领域核心关键技术瓶颈，着力推动重大科技创新成果的示范推广应用，是引领作用突出、资金投入量大、协同效应明显、支撑作用显著的重大科研项目。

专项主要包括重大创新专项、重大公益专项、郑洛新国家自主创新示范区创新引领型产业集群专项三个二级专项。其中，重大创新专项包括《河南省"十百千"转型升级创新专项实施方案》（豫政办〔2019〕11号）中的创新引领专项和重大创新示范专项，主要围绕河南省经济竞争力的核心关键，突出产业化，政府主动布局，企业牵头主导，力争解决相关领域核心技术缺乏、关键装备部件依赖进口等"卡脖子"问题，打造标杆、形成示范，突出产业化目标，引领带动产业转型发展；重大公益专项主要聚焦河南省民生科技、社会公益、公共安全以及基础学科、新兴产业的重大关键技术需求，依托高等学校、科研机构等开展技术研发和应用示范，为经济社会可持续发展提供技术支撑；郑洛新国家自主创新示范区创新引领型产业集群专项主要瞄准自创区的优势主导产业和战略新兴产业，围绕产业链关键环节，依托创新骨干企业，突出共性关键技术，全链条创新设计、一体化组织实施，力争培育一批具有核心竞争力的优势产业。

河南省专项资金重点支持河南省内具有独立法人资格、承担重大专项任务的企事业单位开展基础性研究，共性技术和重大关键技术研究开发等科技活动。

### 支持方式

项目经费的管理使用按照《河南省省级重大科技专项资金管理办法（试行）》等有关规定执行。项目支持方式包括前补助和后补助。对于科研院所、高等院校及其他具有研发能力的事业单位承担的项目，主要采取前补助方式，并根据项目实施计划分年度拨付经费。对于企业承担的项目，项目立项后核定财政补助资金总额，根据绩效评价情况或项目阶段目标完成情况给予后补助支持，可事先拨付一定比例启动经费，其中创新引领专项分年度按比例给予支持。

### 支持条件

1. 专项项目应具备以下条件。

（1）符合国家和河南省的产业、技术政策，拥有自主知识产权，创新性强，能够实现核心关键技术突破，技术水平处于国内领先以上。

（2）能够提升相关产业核心竞争力，具有良好的产业化前景，或能够在民生公益领域形成应用示范效应。

（3）应依托市级及以上重大建设工程或重点建设项目实施，对经济社会发展具有较强带动作用。

（4）实施周期一般不超过三年，投资规模合理，自筹资金到位，鼓励金融机构和投资机构等社会多元化投资。

2．项目承担单位应具备以下条件。

（1）在河南省境内注册，具有独立法人资格的企业、科研机构、高等院校，以及其他具有研发能力和条件的单位。

（2）应建有相关领域省级及以上重点实验室、工程技术研究中心、企业技术中心等研发平台，或经省级备案的新型研发机构等。

（3）拥有较强的技术创新意识和知识产权保护意识，具有较高的经营管理水平和市场开拓能力，拥有结构合理的研发团队，能够保证项目配套资金、设施的落实。

（4）项目承担单位为企业的，上年度经审计核准的研发投入占主营业务收入比例，大中型企业不低于1.5%，其他企业不低于3%；应有良好的信用记录，未被计入"信用中国（河南）"黑名单。

### 实施管理

1．省科技厅根据年度重点工作部署，会同省财政厅采用自下而上、自上而下相结合的方式，进行专项项目的公开征集或定向组织实施；项目主管部门指导申报单位填报相关申报材料并按要求推荐上报。

2．项目评审论证工作由省科技厅组织或委托第三方机构进行，实行专家负责制。采取定向择优或定向委托等方式确定承担单位。

3．省科技厅根据专家评审论证结果确定拟立项支持项目，并进行立项公示。根据公示和复议情况，确定立项结果并下达立项文件。

4．实行任务书管理。省科技厅与项目主管部门、承担单位签订任务书，明确项目总体、阶段绩效目标及各方的责任、权利和义务。

5．项目经费的管理使用按照《河南省省级重大科技专项资金管理办法（试行）》等有关规定执行。

6．项目实施期满后进行一次性综合绩效评价，由省科技厅、省财政厅组织或委托第三方机构或地方采取现场验收与会议验收相结合等方式进行，夯实专家责任。

7．省财政厅、省科技厅强化绩效评价结果应用。对事业单位承担的前补助项目，绩效考核结果较好的，结余资金在财务验收完成起两年内由项目承担单位统筹安排用于科研活动的直接支出；绩效考核结果较差的，收回结余资金。对企业承担的后补助项目，绩效考核结果为优秀的，可适当增加财政后补助金额；绩效考核结果良好的，按照核定的财政补助总额拨付后补助资金；绩效考核结果中和差的，适当调减后补助金额或不再拨付后补助资金。

## 四、中央引导地方科技发展资金

### 政策依据

《财政部 科技部关于印发〈中央引导地方科技发展资金管理办法〉的通知》（财教〔2021〕204号）。

## 政策简介

中央引导地方科技发展资金（本节简称引导资金）是指中央财政用于支持和引导地方政府落实国家创新驱动发展战略和科技改革发展政策，优化区域科技创新环境，提升区域科技创新能力的共同财政事权转移支付资金。实施期限根据科技领域中央与地方财政事权和支出责任划分改革方案等政策相应进行调整。

## 政策内容

1. 支持方向。

（1）自由探索类基础研究。主要指地方聚焦探索未知的科学问题，结合基础研究区域布局，自主设立的旨在开展自由探索类基础研究的科技计划（专项、基金等），如地方设立的自然科学基金、基础研究计划、基础研究与应用基础研究基金等。

（2）科技创新基地建设。主要指地方根据本地区相关规划等建设的各类科技创新基地，包括依托大学、科研院所、企业、转制科研机构设立的科技创新基地（含省部共建国家重点实验室、临床医学研究中心等），以及具有独立法人资格的产业技术研究院、技术创新中心、新型研发机构等。

（3）科技成果转移转化。主要指地方结合本地区实际，针对区域重点产业等开展科技成果转移转化活动，包括技术转移机构、人才队伍和技术市场建设，以及公益属性明显、引导带动作用突出、有效提升产业创新能力、惠及人民群众广泛的科技成果转化示范项目等。

（4）区域创新体系建设。主要指国家自主创新示范区、国际科技创新中心、综合性国家科学中心、可持续发展议程创新示范区、国家农业高新技术产业示范区、创新型县（市）等区域创新体系建设，重点支持跨区域研发合作和区域内科技型中小企业科技研发活动。

2. 支持方式。

支持自由探索类基础研究、科技创新基地建设和区域创新体系建设的资金，鼓励地方综合采用直接补助、后补助、以奖代补等多种投入方式。支持科技成果转移转化的资金，鼓励地方综合采用风险补偿、后补助、创投引导等财政投入方式。具体支持方式和额度详见地方年度引导资金实施方案及申报通知。

3. 资金分配。

引导资金采取项目法和因素法相结合的方法分配。

（1）采取项目法分配的引导资金。

①对国务院办公厅公布的科技创新领域真抓实干成效明显的省份，予以定额奖励。

②落实党中央、国务院关于建设区域性创新高地的决策部署，需要重点支持的科技创新基地、科技成果转移转化等项目。

③落实党中央、国务院关于科技创新的决策部署，需要重点支持的其他事项。

（2）采取因素法分配的引导资金，分配因素如下。

①地方基础科研条件情况（占比50%）。体现科研机构、研发人员、科研仪器设备、研发经费投入、基础研究投入等基础科研条件情况。

②地方科技创新能力提升情况（占比50%）。体现地方支持自由探索类基础研究、加强科技创新基地建设、支持科技成果转移转化、支持区域创新体系建设

等情况。

引导资金支付按照国库集中支付制度有关规定执行。引导资金原则上应在当年执行完毕，年度未支出的引导资金按财政部结转结余资金管理有关规定处理。

### 工作流程

1. 地方引导资金区域绩效目标报送。省级科技部门会同财政部门于每年1月15日前向科技部、财政部报送当年引导资金区域绩效目标表，并抄送财政部当地监管局。

2. 中央引导资金预计数下达。财政部会同科技部于每年10月31日前提前下达下一年度引导资金预计数。

3. 地方引导资金预计数下达。省级财政部门接到中央财政下达的预算后30日内，应当会同科技部门按照预算级次合理分配，及时下达引导资金预计数。

4. 地方实施方案编制备案。省级财政部门会同科技部门制定年度引导资金实施方案，报科技部、财政部备案，同时抄送财政部当地监管局。

5. 地方引导资金分配公示。对拟分配到企业的引导资金，相关财政、科技部门通过官方网站等媒介向社会公示，公示期一般不少于7日，公示无异议后组织实施。

## 五、企业研究开发财政补助

### 政策依据

《河南省财政厅 河南省科学技术厅 河南省发展和改革委员会 国家税务总局河南省税务局 河南省统计局关于印发〈河南省企业研究开发财政补助实施方案〉的通知》（豫财科〔2020〕30号）及附件《河南省企业研究开发财政补助实施方案》。

### 政策简介

企业研究开发省级财政补助资金是指由省级财政预算安排用于推进全省企业研究开发的后补助资金，主要采取事前预拨、分类补助、事后清算方式，对经核实的企业上一年度研究开发费用按一定比例进行补助支持，按照财政专项转移支付有关程序拨付。补助资金由省、市、县（市、区）财政按一定比例分担，省级负担比例不超过50%，具体补助比例根据市县上年度补助情况分年度确定，其中，企业注册地在原53个国家级和省级贫困县的，省级负担比例可以适当倾斜支持。市与县（市、区）负担比例由各地自行确定。

### 适用范围

在河南省辖区注册并实施研究开发活动的企业。

### 补助条件

1. 企业建有研发经费预算管理制度，进行过2019年度研发投入预算备案。研发经费投入预算（也称"研发准备金"）是指企业为保证内部研究开发项目的资金需求，通过一定程序提前安排专门用于研究开发项目支出的资金。

2. 企业在税务部门申报享受2019年度研究开发费用加计扣除优惠。

3. 按照国家统计局《企业研发活动统计报表制度》要求，符合条件的企业及时、全面、准确报送《企业（单位）研发活动统计报表》。

4. 企业已先行投入自筹资金开展研究开发活动。

5. 近三年至少拥有一项与主要产品（服务）相关的发明专利、植物新品种、国家级农作物新品种、国家新药、国家一级中药保护品种、集成电路布局设计专有权、实用新型专利、外观设计专利、软件著作权等知识产权。

6. 企业信用记录良好，未被记入"信用中国（河南）"黑名单（查询时间以2020年8月1日为准）。

### 补助标准

企业研发费用依据为已向税务部门申报的上一年度税前加计扣除研发费用数额。

### 补助比例

1. 首次享受企业研发补助的企业，年度研发费用500万元以下部分，补助比例为不高于10%；500万元以上部分，补助比例为不高于5%。

2. 非首次享受企业研发补助的企业，年度补助额度按存量补助和增量补助分别测算。将2017年度以来已享受财政补助的研发费用最大值作为基数，基数内的研发费用继续享受存量补助，补助标准为：年度研发费用500万元以下部分，补助比例为不高于5%；500万元以上部分，补助比例为不高于3%。超基数部分给予增量补助，补助标准为：500万元以下部分，补助比例为20%；500万元以上部分，补助比例为10%。

3. 本年度企业研发费用实际补助额度将结合上一年度税务核查等过程中企业研发费用调整情况进行调整，补助金额四舍五入精确到万元，对最终核算的补助额度低于一万元的企业不再补助。

### 补助限额

对符合基本条件的不同类型企业采用最高限额管理，最高限额不累加，具体如下。

1. 对符合申报条件的一般企业，补助额最高100万元。

2. 对国家科技型中小企业、高新技术（后备）企业、省节能减排科技创新示范企业，建有省级研发平台的企业，以及企业类省新型研发机构，补助额最高200万元。

3. 对省"瞪羚"企业（省"科技小巨人"企业），建有国家级研发平台或省级研发平台考核优秀的企业，以及企业类省重大新型研发机构，补助额最高300万元。

4. 对省创新龙头企业，补助额最高400万元。

5. 承担省委、省政府重点任务的企业，可适当提高补助限额。

（1）对在疫情防控中做出突出贡献的企业，可在原限额档次基础上，提高一个补助限额档次，最高可给予400万元补助。具体单位以省新冠肺炎疫情防控指挥部及其成员单位确认的名单为准。

（2）承担省"十百千"转型升级创新专项的企业，可在原限额档次基础上，提高一个补助限额档次。其中，承担"十"层级项目的企业，最高可给予400万元补助；承担"百"层级项目的企业，最高可给予300万元补助；承担"千"层级项目的企业，最高可给予200万元补助。

### 资金负担比例

省、市县财政负担比例以当年通知为准。

### 申请补助流程

1. 信息录入。企业相关信息录入"河南省企业研发费用加计扣除管理系统"（以下简称"系统"，网址 http：//qyyf.hnkjt.gov.cn），对企业研发补助额度进行统一测算。各地财政局负责将上一年度企业实际享受到的研发补助清单录入系统。

2. 网上填报。企业登录系统，补充完善企业基本信息并对系统基础信息进行核实后，确认补助测算结果。

3. 审核确认。各地税务主管部门负责对税务核查过程中的企业研发费用调整情况进行审核确认；科技局牵头，负责对企业近三年的知识产权情况进行核实，处理企业对系统信息提出的异议，无误后在系统中审核通过。

4. 结果公示。对审核通过的企业，由各省辖市、济源示范区管委会、省直管县（市）科技局进行公示（包括企业名称、补助限额档次等）。

### 申请补助机构

各地市科技局具体负责补助申请工作。

## 六、科技创新体系（平台）建设专项资金

### 政策依据

《河南省财政厅关于印发〈河南省省级科技创新体系（平台）建设专项资金管理办法〉的通知》（豫财科〔2018〕101号）；《河南省财政厅关于印发〈河南省省级科技研发和服务平台项目经费绩效管理办法〉的通知》（豫财科〔2020〕60号）。

### 政策简介

为规范和加强省级科技创新体系（平台）建设专项资金的管理，提高财政资金使用效益，根据《河南省人民政府关于深化省级财政科技计划和资金管理改革的意见》（豫政〔2015〕2号）、《河南省人民政府关于印发河南省省级财政专项资金管理办法的通知》（豫政〔2014〕16号）及有关财政政策和财务管理规定，制定了《河南省省级科技创新体系（平台）建设专项资金管理办法》。

### 适用对象

专项资金支持对象是河南省内开展稳定科研、成果转化、平台建设等科技活动的具有独立法人资格的科研院所、高等院校、企业和其他单位。河南省科技研发和服务平台项目是指省级科技创新体系（平台）等专项资金对重点实验室、工程研究中心、技术创新中心、临床医学研究中心等省级以上科技研发平台和大学科技园、科技企业孵化器、专业化众创空间、星创天地、技术转移示范机构、技术转移人才培养基地等省级以上技术创新公共服务平台，实施的奖励性后补助支持项目，具体包括新认定奖励和平台考核后补助项目。

## 支持方向

专项资金以跨部门、跨阶段的公共事务为支持重点，用于科技创新体系中稳定性科研经费、科技研发和技术创新公共服务平台建设与运行维护、科技应用推广与转化、公共事务组织与管理及其他省级科技经费管理改革重点工作，主要包括以下几项。

1. 稳定科研经费。对省现代农业产业技术体系的首席专家、岗位专家、综合试验站站长的基本研发和平台运行稳定经费；省属科研院所青年科研人员的基本科研业务费。采用因素法分配。其中，省现代农业产业技术体系按照专家类别、体系类别、工作任务、绩效考核结果等因素确定；基本科研业务费按照各单位45岁以下正高、副高、中级及以下青年科研人员人数、定额标准、绩效考核结果等合理确定。

2. 科技研发和服务平台建设资金。主要支持和引导重点实验室、工程研究中心、技术创新中心、临床医学研究中心等省级以上科技研发平台建设，大学科技园、众创空间、科技企业孵化器等省级以上技术创新公共服务平台建设，引导平台加强管理、提质增效。其中，对国家级科技研发平台给予300万元一次性补助（郑洛新国家自主创新示范区范围内依托省属高校、科研院所建设的，一次性补助标准为500万元）；结合国家和省级科技研发平台运行等绩效考核情况，对考核或评估优秀、良好的给予稳定支持；对考核或评估为优秀、良好的省级以上技术创新公共服务平台，给予一定奖补支持。

支持方式为后补助，包括新认定奖补和绩效考核后补助。采用项目法分配。

3. 公共事务组织与管理资金。主要用于开展科技成果应用推广等科技活动支出；省级科技资金管理部门、省属科研院所开展的管理改革有关的科技研发、设备购置、维修改造及其他相关公共事务组织与管理支出。

支持方式以前补助为主，采用项目法分配。

## 支出范围

1. 科研经费支出。包括设备费、材料费、测试化验加工费、燃料动力费、出版/文献/信息传播/知识产权事务费、差旅费/会议费/国际合作与交流费、劳务费、专家咨询费等直接费用和管理费、绩效支出等间接费用支出。

2. 科技应用推广、服务、活动等支出。包括技术引进费、技术开发费、技术应用示范费、科技服务活动费、开展孵化服务活动等支出。

3. 其他支出。省属科研院所、科技管理部门开展突发性活动有关的科技研发、设备购置、维修改造及其他相关公共事务组织与管理支出。与开展科技活动直接相关的经费支出。

其中，稳定科研经费、科技研发平台后补助经费，由项目承担单位（科研平台）自主选题开展项目研发或仪器设备购置，其中间接费用比重不得超过补助额度总额的8%。科技公共服务平台补助经费，用于补充孵化资金，开展孵化、培训等服务活动支出，平台运行支出，科研、检验检测设备购置支出。

专项资金不得用于支付各种罚款、捐款、赞助、投资等支出，不得用于偿还债务，不得用于国家规定禁止列支的其他支出。

### 绩效管理

1. 遵循"谁申请资金，谁设置目标"的原则，平台管理部门在向省财政厅提出经费分配建议时，需同时设置内容完整、指向明确、合理可行的绩效目标。

2. 科研和服务平台项目绩效目标主要包括产出和效益目标。结合奖励性后补助经费特点，其产出指标主要包括已新增国家级平台数量、平台奖补政策引导平台前期已实现的投入和产出情况。产出指标是绩效目标体系主要组成部分。

效益指标主要指平台奖补政策引导平台已形成的社会经济效益及奖励资金拨付后平台发展产生的经济社会效益等。

3. 绩效目标由项目承担单位拟定后主管部门、财政部门审核确定。绩效目标一经批复，原则上不得调整；确需调整或变更的，应按原上报程序报主管部门审批。

4. 绩效目标的具体考核指标以定量和定性指标相结合的方式进行表述。

5. 平台管理部门应根据预算编制要求，原则上在9月底前完成平台考核工作，并在每年10月底前提出下一年度科研和服务平台项目经费分配建议及项目绩效目标（具体格式详见附件）。按要求设置绩效目标且绩效目标审核通过的项目，方可进入预算安排流程。

### 评价应用

1. 绩效评价结果实施百分制和四级分类，分别是：90（含）—100分为优，80（含）—90分为良，60（含）—80分为中，60分以下为差。

2. 建立绩效评价结果与年度预算安排相结合的机制，按照豫财预〔2019〕176号文件要求，将评价结果与以后年度不同类别平台奖补资金预算安排总规模挂钩。

3. 加强信用管理，科研和服务平台项目报送的相关数据将作为绩效考核、资金分配的重要依据，对绩效评价过程中存在弄虚作假的，将列入信用负面清单，取消绩效评价奖补资格及申请各类财政资金补助项目资格。

4. 绩效评价结果应当按照政府信息公开有关规定公开。

## 七、企业技术创新省级引导专项资金

### 政策依据

《河南省财政厅 河南省科学技术厅关于印发〈河南省企业技术创新省级引导专项资金管理办法〉的通知》（豫财科〔2017〕210号）。

### 政策简介

河南省企业技术创新省级引导专项资金，是指省财政安排的用于引导市县支持科技企业创新发展的专项资金。省财政厅会同省科技厅研究确定专项资金分配因素和权重等，省科技厅会同省财政厅组织和指导市县开展具体奖补工作，市县科技部门负责组织当地企业申报及审核工作，负责当地企业财政补助的实施、监督。

### 支持方向

包括企业研究开发省级财政补助，高新技术企业申报引导补助，引导企业开展其他科技活动的财政奖补。

### 支持条件

1. 在河南省内注册，具有独立法人资格。
2. 所在行业属于《财政部 国家税务总局 科技部关于完善研究开发费用税前加计扣除政策的通知》（财税〔2015〕119号）规定的适用税前加计扣除政策的行业。
3. 满足以下至少一项条件：自筹资金开展研发活动、首次认定为高新技术企业、首次认定为国家级研发平台以及开展其他政府引导支持的科技活动。
4. 符合项目申报指南要求的其他条件。

### 分配使用

1. 专项资金按照因素法分配市县，由市县采用后补助方式对企业进行奖补，具体采用"先预拨、后清算"方式。

省科技厅根据财政中期规划和年度预算编制要求，会同有关部门及时提供经费分配所需基础数据。省财政厅结合财力情况，审核预算根据相关基础数据审核资金预拨建议，并按规定时限下达专项资金。省财政厅会同省科技厅根据市县奖补工作实施情况等因素，对预拨资金进行清算。

2. 专项资金拨付至企业后，由企业统筹用于开展后续研发活动，并按照研发项目设置辅助账。专项资金不得用于支付各种罚款、捐款、偿还债务等支出，不得用于国家规定禁止列支的其他支出。

## 八、小型微型企业信贷风险补偿资金

### 政策依据

《河南省人民政府办公厅关于转发河南省小型微型企业信贷风险补偿资金管理办法（试行）的通知》（豫政办〔2014〕118号）。

### 政策简介

为鼓励和推动金融机构加大对小型微型企业（简称小微企业）的贷款投放力度，引导设立小微企业信贷风险补偿资金（含政府设立小微企业贷款循环和续贷业务临时周转金），缓解小微企业融资难问题，促进河南省经济又好又快发展，根据《河南省人民政府关于进一步促进小型微型企业健康发展的若干意见》（豫政〔2012〕81号）文件精神，经省政府批准，省级财政设立小微企业信贷风险补偿资金。

### 支持对象

省风险补偿资金支持的对象是河南省境内各类政策性银行、国有商业银行、邮政储蓄银行、股份制商业银行和地方法人银行业金融机构（统称银行业金融机构）以及设立小微企业信贷风险补偿资金的省辖市、县（市）。

### 支持标准

省风险补偿资金支持标准，以银行业金融机构上年度小微企业贷款余额为基数，本年用于小微企业贷款增量部分按不高于 0.5% 的比例给予补偿；对设立小微企业信贷风险补偿资金的省辖市、县（市），按照到位资金规模总量不高于 30% 给予一次性奖励，当年比上一年度增量部分按同比例给予奖励。

### 申报材料

1. 银行业金融机构申报省风险补偿资金应提交的材料。

（1）省风险补偿资金申请。

（2）河南省小微企业贷款风险补偿资金申请汇总表。

（3）河南省小微企业贷款项目明细表。

2. 省辖市、县（市）申报省风险补偿资金应提交的材料。

（1）省风险补偿资金奖励申请。

（2）当地设立小微企业信贷风险补偿资金到位证明文件、拨款凭证、对账单及相关材料等。

（3）当地印发的小微企业信贷风险补偿资金管理办法。

鼓励省辖市、县（市）小微企业信贷风险补偿资金用于支持担保公司和再担保公司开展承接企业贷款担保，用于开展企业贷款循环和续贷业务。对省辖市、县（市）开展以上业务的省财政优先支持。

## 九、科研设施和仪器向社会开放共享双向补贴

### 政策依据

《河南省科研设施和仪器向社会开放共享双向补贴实施细则》（豫科〔2018〕137 号）。

### 政策介绍

为进一步促进全省科研设施和仪器面向社会开放共享，全面激发开放共享动力和活力，更好地服务大众创业、万众创新，根据《河南省人民政府关于促进重大科研基础设施和大型科研仪器向社会开放的意见》（豫政〔2016〕56 号）、《河南省科研设施和仪器向社会开放共享管理办法》（豫科〔2018〕136 号）等有关制度规定，河南省科技厅、财政厅制定了《河南省科研设施和仪器向社会开放共享双向补贴实施细则》。

### 适用范围

开放共享是指管理单位将本单位的科研设施和仪器纳入省共享服务平台向社会开放共享，为非关联单位、创新创业团队等用于开展科学研究和技术开发等科技创新活动的行为。按照法律法规或者强制性标准要求必须开展的强制检测和法定检测等非科技创新活动，不在支持范围。

科研设施和仪器主要是指河南省行政区域内加入河南省科研设施和仪器共享服务平台的可用于开展科学研究和技术开发科技创新活动的科研设施和仪器等。

所称用户主要是指在河南省共享服务平台注册并利用省共享服务平台上的科研

设施和仪器进行科学研究技术开发等科技创新活动的高新技术企业、科技型中小企业、创新创业团队。

## 政策内容

双向补贴主要是指对管理单位科研设施和仪器开放共享服务绩效进行奖补及对用户使用科研设施和仪器服务支出进行补贴。并鼓励对本部门、本地区双向补贴进行配套支持。

1. 管理单位开放共享绩效奖补。

（1）奖补对象和资金使用。管理单位开放共享服务绩效奖补对象为纳入省共享服务平台且开放共享绩效评价结果为合格及以上的管理单位。管理单位获得的开放共享服务绩效奖补资金，可用于科研设施和仪器的运行维护、耗材成本、人员绩效、服务平台建设等与开放共享工作相关费用支出。

（2）开放共享服务绩效奖补流程。①管理单位通过省共享服务平台对外提供开放共享服务并留存完整服务记录。②管理单位通过省共享服务平台在线提交绩效评价申请，连同其他证明材料一起提交至主管部门，主管部门审核后提交至省科技厅、财政厅。③省科技厅、财政厅委托省共享服务平台对管理单位年度开放共享情况进行绩效评价，结果向社会公示，作为管理单位绩效奖补的重要依据。④省科技厅、财政厅依据评价结果提出补贴计划建议，按相关程序审批后向社会公示，公示无异议拨付奖补经费。

（3）开放共享服务绩效奖补金额。①管理单位开放共享服务绩效奖补金额等于单台（套）科研设施和仪器后补助金额的总和；单台（套）科研设施和仪器后补助金额等于其开放共享服务收入乘以补贴系数。②根据对管理单位的绩效评价结果，优秀单位补贴系数为 20%；合格单位补贴系数为 10%；不合格单位不予奖补。③同一年度，单台（套）科研设施和仪器补贴金额不高于 10 万元，单个单位奖补总额不高于 100 万元。

2. 用户科研设施和仪器使用补贴。

（1）用户补贴对象需符合以下条件之一。

①在河南省登记注册，具有独立法人资格，符合《科技部　财政部　国家税务总局关于修订印发〈高新技术企业认定管理办法〉的通知》（国科发火〔2016〕32 号）规定条件，通过省科技厅、财政厅、税务局审核认定且在有效期内的高新技术企业。

②在河南省登记注册，具有独立法人资格，符合《科技部　财政部　国家税务总局关于印发〈科技型中小企业评价办法〉的通知》（国科发政〔2017〕115 号）规定条件，在科技型中小企业评价系统取得有效编号的企业。

③入驻省级及以上科技企业孵化器、大学科技园、众创空间、星创天地等创新创业孵化载体的创新创业团队。

（2）用户补贴的方式方法。

①用户补贴采用科技创新券形式发放，形式为电子券，通过省共享服务平台进行申领、审核、使用及兑现。

②用户使用省共享服务平台科研设施和仪器提供的服务，可根据其相关证明材料给予 30% 的补助。

③用户在省共享服务平台注册并通过资格审查后即拥有一定额度的科技创新券。高新技术企业、科技型中小企业每年额度为 20 万元；创新创业团队每年额

度为 10 万元；额度当年用完为止，逾期失效。

④科技创新券的使用遵循先申用先兑付原则。省科技厅、财政厅根据财政预算发布年度总额度，当年用户申请用券总金额达到预算控制数后停止申用。

### 办理程序

1. 科技创新券的使用流程。

（1）用户在线搜索所需服务资源，与管理单位沟通达成一致后，在线签订或上传服务合同（协议），递交用券申请。

（2）省科技厅委托省共享服务平台对用券申请进行审核。审核通过后，用户即可在结算时凭券抵扣相应补助金额，管理单位无正当理由不得拒绝接收科技创新券。用户对审核结果有异议的可发起复议申请，由省科技厅组织专家复议。

（3）完成服务后，管理单位上传服务结果。

（4）用户按约定完成支付，查收结果，评价本次服务。

2. 科技创新券的兑现。

（1）管理单位凭持有的科技创新券及相关服务证明材料提出兑现申请。

（2）省科技厅、财政厅对兑现申请材料进行审核，审核结果经公示无异议后予以兑现。

（3）用户使用国家平台其他省（区、市）科研设施和仪器资源的，由用户自行支付，并收集全部证明材料，向省科技厅、财政厅提出兑现申请。经审核通过后，可获取与使用省内开放共享服务同等补贴待遇。

## 十、科技研发计划联合基金管理

### 政策依据

《河南省财政厅 河南省科学技术厅关于印发〈河南省省级科技研发专项资金管理办法〉的通知》（豫财科〔2017〕184 号）；《河南省科学技术厅 河南省财政厅关于印发〈河南省自然科学基金项目管理办法（试行）〉的通知》（豫科〔2019〕141 号）；《河南省财政厅 河南省科技厅关于印发〈河南省省级科技研发计划联合基金管理暂行办法〉的通知》（豫财科〔2021〕49 号）。

### 政策简介

为充分发挥财政资金的杠杆作用，进一步引导社会资本投入参与科技创新，省财政厅会同省科技厅启动实施省级科技研发计划联合基金，并于 2021 年 10 月印发《河南省省级科技研发计划联合基金管理暂行办法》（本节简称《办法》）。《办法》所称联合基金是指省科技厅、省财政厅发起，市县、高校、院所、医院、企业等共同出资设立的联合基金，包含社会资本捐赠而设立的联合基金。联合（捐赠）方按照国家规定享受相关税收优惠政策。其他科技计划类联合基金参照执行。

### 适用范围

联合基金为非营利性基金，主要用于资助河南省内具有独立法人资格的科研院所、高等院校、医院等具有研发能力的事业单位和协议约定的其他单位，开展基础研究、应用研究、前沿技术研究等科技活动。

## 实施原则

1. 各方联动，形成合力。统筹市县、高校、院所、企业等多方力量，拓宽科研经费来源渠道，完善财政资金与社会资本合作模式，建立健全多元化科研经费投入引导机制，凝聚形成全社会共同支持科技创新的合力。

2. 深化改革，注重公益。联合基金作为公益性研究经费的补充，集中资源推动河南省重点学科建设和产业关键共性技术攻关。按照"让经费为人的创造性活动服务，而不能让人的创造性活动为经费服务"要求，创新科研投入方式，改革拨款制度，试行科研经费"直通车"改革，推动相关专业机构建立。

3. 加强监管，公开透明。联合基金实行专户（账）管理，受托管理机构向各出资方定期报告运行情况，并随时接受查询、审计。参照省级科技计划项目管理方式，依托协议约定，强化流程管理，完善信息公开公示制度，确保基金管理公平、公正、公开、透明。

4. 一事一议，有序推进。充分尊重联合（捐赠）方意愿，根据联合（捐赠）方个性化需求，采取"一事一议"的方式确定出资比例、支持方向、资助条件等事项，试点先行，有序推进，可对联合（捐赠）方给予定向倾斜支持。

## 管理机制

1. 联合基金设立理事会，理事长由省科技厅、省财政厅主要领导共同担任，成员由省科技厅、省财政厅分管领导、主要联合（捐赠）方分管领导组成，负责联合基金的决策与监督，不参与具体运作。主要职责是：组织召开联合基金重大事项决策会议，批准与联合（捐赠）方联合设立子基金，并审定子基金名称、出资规模、实施期限、资助方向等设立事项，审议联合基金年度运行报告和预算编制报告，监督管理受托管理机构等。

2. 联合基金应纳入省级科技计划并参照管理。联合（捐赠）方应与省科技厅签订联合（捐赠）协议。除捐赠外，实施期一般为三年。

3. 联合基金委托受托管理机构进行管理。受托管理机构在项目管理专业机构、联合（捐赠）方中产生，受托管理机构按要求开展联合基金日常监管、资金拨付等受托工作。

4. 各联合基金子基金设立基金管理委员会，由省科技厅业务处、受托管理机构、联合（捐赠）方代表等组成，负责指南制定发布、项目遴选确定、过程管理和绩效评价等基金实施具体事项。

## 收支范围

1. 联合基金收入来源由省级财政出资、市县财政出资、单位自有资金出资、无偿捐赠等组成。

2. 支出方向包括科研项目资助、日常管理费用等。联合基金科研项目资助在资金到达承担单位后，参照同类别财政科研项目资金管理，支出范围一般由设备费、材料费／测试化验加工费／燃料动力费／出版／文献／信息传播／知识产权事务费／差旅费／会议费／国际合作与交流费等业务费，劳务费／专家咨询费等直接费用，以及管理费／绩效支出等间接费用组成。资助项目经费开支范围及管理方式在协议中有特殊要求的，在征集指南中明确并按其执行。

3. 联合基金日常管理费用根据协议按照不超过3%比例据实列支，支出范围包括制定指南、项目评审、验收、绩效评价等相关的会议费、专家劳务费、印刷费、差旅费、办公费等。

4. 联合基金托管后不得用于除存款外其他投资。

5. 短期存放利息、年度结转、结余资金使用用途应报联合基金管理委员会批准；除协议明确约定外，在联合基金存续期内继续用于以后年度该基金研发项目资助，联合基金到期后原则上用于补充省级科技计划项目经费。

### 运营管理

1. 省科技厅、省财政厅与联合（捐赠）方按"一事一议"原则协商确定各方出资规模、实施期限、资助方向、成果产权归属等设立事项，拟定合作意向书，报联合基金理事会同意后，签订合作协议。

2. 省科技厅应按照预算编制要求，每年8月底前，依据合作意向、年度出资计划等编制下一年度联合基金省级财政资金预算和绩效目标，提交省财政厅审核。

3. 省财政厅结合财力和绩效评价情况，足额编制列入部门预算。待人大批复后，按要求拨付至受托管理机构。

4. 省科技厅与联合（捐赠）方根据协议内容，明确子基金管理委员会组成、分年度出资计划、项目评审程序、出资方参与内容、子基金中途或到期退出程序等具体内容，并按照协议具体组织项目实施。

5. 受托管理机构履行出资人职责，具体包括：按要求开展基金管理，实行单独列账、专款专用；拨付资助项目等资金；编制基金年度运行报告和下年度财政资金需求报告；督促各子基金加快实施等。

6. 联合（捐赠）方应在协议规定时间内完成出资，按照相关财务规定计入相应会计科目。财政及社会资本资金到位后，受托管理机构应专户（账）核算，在银行设立托管账户，签订托管协议。托管银行依托省级科技计划项目立项及资金拨付文件、相关凭证等拨付资金，确保资金安全。

7. 原则上各子基金管理委员会应在3月底前确定项目申报指南、评审工作方案，各方资金到位后即刻开展项目征集、评审等工作，尽快拨付下达资金，避免资金闲置。

8. 协议双方不得无故延期资金到账，未履行协议不能及时足额出资的，可视情况暂缓（暂停）当年资助计划或退出联合基金。

9. 联合基金参照国家自然基金经费拨付方式，由受托管理机构直接拨付至项目承担单位，参照省级科技计划进行项目和绩效管理。

10. 项目承担单位应按照本单位科研经费管理及基金申报指南有关经费管理使用要求，将项目资金纳入单位财务统一管理，强化资金使用绩效管理，确保资金使用安全规范有效。实行科研经费包干制等制度试点的，按照有关要求实施。

11. 项目经批准结项或通过验收后，承担单位应当在一个月内办理财务结账手续，并按规定提供决算报告。项目结余资金按照单位具体规定执行。

12. 项目实施过程中，项目承担单位使用项目资金形成的固定资产、知识产权等无形资产，按照单位具体规定执行。联合基金资助项目应按要求纳入研发费用统计范围。

### 绩效监管

1. 联合基金受托管理机构和托管银行应严格按照规定用途专款专用，不能任意挤占、挪用和截留。联合基金不得用于支付各种罚款、捐款、赞助、投资等支出，不得用于偿还债务，不得用于国家规定禁止列支的其他支出。

2. 联合基金资助项目申报、实施、验收过程中，弄虚作假或违规使用资金等行为的，参照省级科研计划项目经费管理，视情节轻重采取取消申报资格、停止拨款、终止项目等处理措施。

3. 受托管理机构负责拟定基金绩效目标，预算执行中实施绩效监控，年度结束后开展基金绩效评价，形成绩效评价报告按要求报省科技厅、省财政厅。

4. 加强对受托管理机构的监督、评价和动态调整，确保其按照委托协议要求和相关制度规定开展联合基金和项目管理工作。

# 十一、中央大气污染防治专项资金

## 政策依据

《关于印发〈中央生态环境资金项目储备库入库指南（2020年）〉的通知》（环办科财函〔2020〕163号）。

## 申报条件

1. 项目实施以解决突出大气环境问题为导向，对大气污染物减排或大气环境管理能力提升有直接贡献，与国家和地方大气污染防治重点任务措施一致。

2. 项目技术路线科学、环境效益良好，主体工艺成熟、高效、适用，工程绩效明确、可量化、可考核，项目建成后能可持续运行。

3. 项目建设内容描述清晰、真实可靠。污染治理类项目要明确计划采用的技术、深度治理要求等。

4. 项目前期工作基础较好，成熟度达到入库要求。

## 申报资料

1. 大气污染防治资金项目填报表。

2. 项目成熟度证明材料。

①工程类包括可行性研究报告等及其批复或备案文件。

②能力建设类包括实施方案及批复文件。

③淘汰补贴类、打包类包括当地政府或主管部门有关工作方案。

3. 项目绩效目标申报表。

## 项目类型

工业炉窑综合整治、钢铁行业超低排放改造、重点行业挥发性有机物治理和配套监控设备、重点行业无组织排放治理。

## 支持方式

中央向省级下达专项资金预算金额，省生态环境、财政部门从中央项目储备库中择优选择项目，向中央提交拟支持项目申请，生态环境部核准项目后，会同财政部门对支持项目统一管理。

## 申报时间

省、市、县三级可随时申报，随时审核；生态环境部定期进行审核。

## 十二、一次性吸纳就业补贴

### 政策依据

《河南省人民政府关于进一步做好稳就业工作的实施意见》（豫政〔2020〕14 号）。

### 申报条件

1. 当年新招用登记失业半年以上人员、毕业年度或离校一年内未就业高校毕业生。

2. 签订一年以上劳动合同并按规定缴纳社会保险费。

3. 中小微企业。

### 支持方式

对当年新招用登记失业半年以上人员、毕业年度或离校一年内未就业高校毕业生且签订一年以上劳动合同并按规定缴纳社会保险费的中小微企业，可按新招用符合条件人员每人 1000 元标准给予一次性吸纳就业补贴。

### 申报时间

按季度申请。

### 主管部门

所在县（区）人力资源和社会保障局就业促进办公室。

## 十三、就业见习补贴

### 政策依据

《河南省财政厅 河南省人力资源和社会保障厅关于印发〈河南省就业补助资金管理办法〉的通知》（豫财社〔2018〕8 号）;《河南省人力资源和社会保障厅关于印发〈河南省就业见习管理暂行办法〉的通知》（豫人社规〔2019〕6 号）;《河南省人民政府关于进一步做好稳就业工作的实施意见》（豫政〔2020〕14 号）。

### 申报条件

1. 已认定为就业见习单位的各类企业及其他经济组织。

2. 见习人员为离校两年内未就业高校毕业生、中专中职毕业生及 16—24 周岁失业青年。

3. 为见习人员足额发放见习期间基本生活费，并为其购买人身意外伤害保险。

### 支持方式

扩大就业见习规模，支持企业、政府投资项目、科研项目设立见习岗位;对因疫情影响见习暂时中断的，相应延长见习单位补贴期限;对见习期未满与高校毕业生签订劳动合同的，给予见习单位剩余期限见习补贴;将见习补贴标准调整为当地最低工资标准的 70%，其中对留用见习期满人员比例达到 50% 及以上的，补贴标准提高到当地最低工资标准的 110%。

**申报时间**

见习单位完成见习工作后，按季度申请。

## 十四、社会保险补贴

### 政策依据

《河南省财政厅　河南省人力资源和社会保障厅关于印发〈河南省就业补助资金管理办法〉的通知》（豫财社〔2018〕8号）;《河南省人民政府关于进一步做好稳就业工作的实施意见》（豫政〔2020〕14号）。

### 申报条件

1. 招用就业困难人员并缴纳社会保险费的企业。
2. 招用毕业年度或登记失业的高校毕业生，与之签订一年以上劳动合同并为其缴纳社会保险费的小微企业。

### 支持方式

1. 招用就业困难人员并缴纳社会保险费的企业。
2. 对当年新招用登记失业半年以上人员、毕业年度或离校一年内未就业高校毕业生且签订一年以上劳动合同并按规定缴纳社会保险费的中小微企业，可按其实际缴纳社会保险费（不含个人缴纳部分）给予社会保险补贴，补贴期限最长不超过一年。

### 申报时间

按季度申请。

## 十五、企业初创补贴

### 政策依据

《河南省财政厅　河南省人力资源和社会保障厅关于印发〈河南省就业补助资金管理办法〉的通知》（豫财社〔2018〕8号）。

### 申报条件

1. 符合以下人员类别：毕业五年内的大中专学生（含职业学校、技工院校、留学回国人员）、就业困难人员、贫困家庭劳动力、返乡农民工。
2. 首次创办企业或从事个体经营，自工商登记注册之日起正常经营一年以上。
3. 企业或个体工商登记注册地为河南。

### 支持方式

符合条件的大中专学生、就业困难人员、贫困家庭劳动力、返乡农民工向工商登记注册地人社部门申请开业补贴，应提供《就业创业证》复印件、毕业证或学籍证明复印件、创业者身份证明、工商营业执照、员工花名册、工资支付凭证等，经人社部门审核后，按规定将补贴资金支付到创业者本人银行账户，补贴标准为5000元。

### 申报时间

首次创办企业或从事个体经营，自工商登记注册之日起正常经营一年以上可随时申报。

## 十六、创业孵化园运营补贴

### 政策依据

《河南省财政厅 河南省人力资源和社会保障厅关于印发〈河南省就业补助资金管理办法〉的通知》（豫财社〔2018〕8号）。

### 申报条件

1. 符合以下人员类别：大中专学生、退役军人、失业人员、返乡创业农民工。
2. 需创办实体并入驻经人力资源社会保障部门备案的孵化园。

### 支持方式

大中专学生、退役军人、失业人员、返乡创业农民工创办的实体在创业孵化基地发生的物管、卫生、房租、水电等费用，三年内给予不超过当月实际费用50%的运营补贴，年补贴最高限额一万元。

### 申报时间

按季度申请。

## 十七、创业孵化园星级奖励补贴

### 政策依据

《国务院办公厅关于提升大众创业万众创新示范基地带动作用进一步促改革稳就业强动能的实施意见》（国办发〔2020〕26号）。

### 申报条件

由市直、各县（区）人力资源和社会保障局认定且运营时间一年以上的各级生产加工型、农牧型、商贸物流型、高新技术和文化创意型、电子商务型等创业孵化基地（园区）根据创业孵化园区的孵化功能、设施条件、技术支持、服务质量和科学管理等综合服务水平，对创业孵化园区实行星级认定和管理，创业孵化园区星级分为一星级、二星级、三星级、四星级、五星级。实行县（区）、市两级分级认定，一星级、二星级、三星级由县（区）人社行政部门认定，四星级、五星级由县（区）人社行政部门推荐，市人社行政部门认定。

### 支持方式

被县（区）认定的二星级、三星级创业孵化园区，按照就业资金补助文件规定享受创业孵化园各项补贴。

县（区）认定的创业孵化园区，在连续两年保持三星级及以上的，可推荐市级四、五星级认定和申报市级创业孵化园。

被市级认定的四星级、五星级创业孵化园区的，除享受创业孵化园区规定的各项补贴外，分别给予 10 万元、20 万元奖补，由所辖县（区）从当年就业资金中列支。

连续两年保持四星级的市级创业孵化园区，推荐省级创业孵化园区；连续三年保持四星级的市级创业孵化园区，或者连续两年保持五星级的市级创业孵化园，在获得省级创业孵化园区的基础上，推荐国家级创业孵化园区。

### 申报时间

每年一次，具体时间由财政、人力资源和社会保障部门确定。

## 十八、大众创业扶持资金

### 政策依据

《河南省人力资源和社会保障厅 河南省财政厅关于印发〈河南省大众创业扶持项目管理办法（试行）〉的通知》（豫人社〔2017〕77 号）。

### 申报条件

1. 项目及工商注册地在河南省行政区域内。

2. 依法取得营业执照，注册成立并正常运营一年以上、五年以内的首次创办的小型或微型企业。

3. 项目在吸纳就业、科技含量、潜在经济社会效益、发展前景、创新性等某一方面或多方面具有明显优势。

4. 符合河南省产业政策方向，"互联网 +"、战略性新兴产业、先进制造业和现代服务业、现代农业等行业创业项目优先。

5. 创业团队优秀，项目法人为自主创业人员，包括：大中专学生（含毕业五年内的普通高校、职业学校、技工院校学生以及在校生，毕业五年内的留学回国人员）、退役军人、返乡下乡创业人员、离岗创业人员及失业人员等。

6. 至少吸纳三人（含三人）以上就业。

7. 同等条件下，创业地在国家扶贫开发工作重点县或吸纳贫困家庭劳动力就业的项目优先。

8. 有固定的营业场所和较为健全的财务规章制度。

9. 法定代表人无不良信用记录。

10. 有较好的创业发展计划和市场前景。

11. 公司注册手续完善，有独立的对公账号。

12. 已经享受过大众创业扶持项目、农民工返乡创业示范项目和返乡下乡助力脱贫攻坚优秀项目等省人社厅创业扶持政策的项目不能再次申报。

13. 申报 10 万元（含 10 万元）以上项目除符合 1 至 12 项条件外，还须具备以下条件。

（1）吸纳就业人数不少于五人（含五人）。

（2）企业年营业收入基本达到小型企业标准。

（3）依法与员工签订劳动合同，按规定缴纳社会保险，按时足额支付员工工资等劳动报酬。

小微企业判定标准按照国家市场监管部门 2018 年发布的《小微企业判定标准》执行。

### 支持方式

每年一次，由河南省人力资源和社会保障厅组织。符合条件的企业通过登录河南省人力资源社会保障厅官方网站，单击"河南就业网上办事大厅"（http://hnjy.hrss.henan.gov.cn/jyweb）自行申报，根据企业自身情况可选择申报 2 万、5 万、10 万和 15 万元的扶持资金。

### 申报时间

每年下半年，具体时间由河南省人力资源和社会保障厅确定。

## 十九、支持外贸中小企业开拓市场及企业维护国际市场公平竞争环境资金

### 政策依据

《财政部 商务部关于印发〈外经贸发展专项资金管理办法〉的通知》（财企〔2014〕36 号）；《河南省商务厅河南省财政厅关于印发河南省国际性展会项目组织管理办法（试行）的通知》（豫商外贸〔2020〕4 号）。

### 支持范围

1. 对企业实施完成的境外专利申请、境外商标注册、管理体系认证、产品认证、境外展会等费用给予支持。

2. 贸易摩擦涉案企业为维护国际市场公平竞争环境、积极参与反倾销、反补贴应诉等应对国际贸易摩擦活动，形成初裁结果或后续裁定结果的，对其发生的律师费、诉讼代理费、咨询费等给予支持。

### 申报条件

1. 在河南省（境）内依法登记注册，具有独立法人资格。

2. 具有开展相关业务资格或已进行核准或备案，有进出口经营权和企业海关编码。

3. 申报企业要以真实发生且已经完成的经济业务为基础申报资金支持，并对申报项目的真实性做出书面承诺。

4. 以个人名义和现金方式支付相关费用的项目不予支持。

5. 省商务厅和省财政厅联合印发的申报通知规定的其他条件。

### 支持标准

1. 境外专利申请。支持重点和标准：企业通过巴黎公约或 PCT 专利合作条约成员国提出的发明专利申请、实用新型专利申请或外观设计专利申请，通过并取得授权证书后，对申请过程中实际发生的专利申请费用给予不超过 70% 的支持。

2. 境外商标注册。支持重点和标准：企业在境外进行产品商标注册，只对商标注册费用给予不超过 70% 的支持，不支持咨询服务、年费及其他相关费用。

3. 企业管理体系认证。支持重点和标准：企业委托在中国境内注册，并经中国认证认可监督管理委员会批准的认证机构（可通过"http://www.cnca.gov.cn/"进行查询）进行认证（包括 ISO9000 系列质量管理体系认证和 ISO14000 系

列环境管理体系认证、职业安全管理体系认证、卫生管理体系认证以及其他管理体系认证），对企业完成初次认证的认证费按照不超过 70% 的比例予以支持。咨询培训、年费、换证等支出不予支持。

4. 产品认证。支持标准：委托开展产品认证的机构应经我国或要求认证的企业所在国主管部门批准，具有产品认证的合法资格。产品认证包括软件生产能力成熟度模型（CMM）认证和其他产品认证（不包含 CCC 认证）。在完成产品认证取得产品认证证书后，对产品认证过程中发生的认证费用和产品检验检测费用给予不超过 70% 的支持。

5. 参加国际性展会。支持标准：根据省商务厅、省财政厅印发《河南省国际性展会项目组织管理办法（试行）》，对企业参加展会实施分类补助，采用按比例及最高限额相结合的方式，对净展位费（不含装修费用）、参展人员机票费（经济舱）给予不同比例的支持。

6. 企业维护国际市场公平竞争环境项目。支持重点和标准：河南省贸易摩擦涉案企业为维护国际公平竞争的市场环境，积极参与反倾销、反补贴案件应诉等应对国际贸易摩擦活动，形成初裁或后续裁定结果的应诉项目。对企业由此发生的律师费、诉讼代理费、咨询费等给予支持。支持比例最高不超过企业该项实际支出总额的 80%，单个企业支持金额最高不超过 500 万元。

### 申报时间

上半年、下半年各一次，具体申报时间以省商务厅和省财政厅申报通知为准。

## 二十、出口信用保险项目资金

### 政策依据

《财政部　商务部关于印发〈外经贸发展专项资金管理办法〉的通知》（财企〔2014〕36 号）。

### 申报条件

1. 在河南省（境）内依法登记注册，具有独立法人资格。

2. 具有开展相关业务资格或已进行核准或备案，有进出口经营权和企业海关编码。

3. 申报企业要以真实发生且已经完成的经济业务为基础申报资金支持，并对申报项目的真实性做出书面承诺。

4. 以个人名义和现金方式支付相关费用的项目不予支持。

### 支持标准

1. 完善小微企业政府统保政策，对上年度出口额小于 300 万美元（含 300 万美元，以海关统计为准）和上年度无出口但当年有出口且投保金额 300 万美元以下的小微企业，投保不高于 1‰ 费率出口信用保险的统保保费给予全额支持（免缴保费），免缴的保费由保险机构统一向省级商务、财政部门申请。

2. 对企业投保一般贸易、对外承包工程带动出口、加工贸易、跨境电子商务出口信用保险，原则上按照不超过实际缴纳保险费金额的 50% 给予支持（具体支持金额视资金情况确定）。

### 申报时间

上半年、下半年各一次，具体申报时间以省商务厅和省财政厅申报通知为准。

## 二十一、国家进口贴息资金

### 政策依据

《财政部 商务部关于印发〈外经贸发展专项资金管理办法〉的通知》（财企〔2014〕36 号）。

### 申报条件

1. 符合《财政部 商务部关于印发〈外经贸发展专项资金管理办法〉的通知》中第十一条规定的基本条件。

2. 以一般贸易方式、边境贸易方式进口列入国家发展改革委、财政部、商务部发布的《鼓励进口技术和产品目录（2016 年版）》（本节简称《目录》）中的产品（不含旧品），或自非关联企业引进列入《目录》中的技术。

3. 进口产品的申请企业应当是《进口货物报关单》上的消费使用单位；进口技术的申请企业应当是《技术进口合同登记证书》上的技术使用单位。

4. 进口产品应当在规定时间内完成进口报关（以海关结关日期为准）；进口技术应当在规定期间执行合同，并取得银行出具的付汇凭证。

5. 技术进口合同中不含违反《中华人民共和国技术进出口管理条例》（国务院令第 331 号）规定的条款。

6. 进口《目录》中"鼓励发展的重点行业"项下的设备，未列入《国内投资项目不予免税的进口商品目录（2012 年调整）》（财政部、国家发展改革委、海关总署、国家税务总局公告 2012 年第 83 号）。

7. 符合以上条件的进口产品及技术总额不低于 50 万美元。

### 支持标准

对符合以上条件的进口产品及技术给予贴息方式支持，贴息标准如下。

1. 贴息本金。以符合规定条件的产品或技术的进口金额乘以人民币汇率计算。申报项目汇率按中国人民银行公布的人民币汇率（最终汇率以当年申报文件要求为准）中间价为计算依据。

2. 贴息率。按照不超过中国人民银行公布的当年申报文件规定时间段前最近一期人民币一年期贷款市场报价利率（LPR）计算。

3. 贴息金额。按照贴息本金乘以贴息率计算，每户企业不超过 6000 万元人民币。

### 申报时间

具体申报时间以省商务厅和省财政厅申报通知为准。

## 二十二、跨境电子商务综合实验区省级专项资金

### 政策依据

《河南省财政厅 河南省商务厅关于印发河南自由贸易试验区和跨境电子商务综合试验区省级专项资金管理暂行办法的通知》（豫财贸〔2017〕70号）。

### 申报条件

1. 符合《河南自由贸易试验区和跨境电子商务综合试验区省级专项资金管理暂行办法》要求的条件。

2. 申报项目运营主体为企业的，应具有对外贸易经营资格，近三年（设立未满三年企业自设立之日起）在外贸业务管理、海关管理、外汇管理、税收管理等方面无违法行为。

3. 申报项目应已纳入河南省跨境电子商务综合试验区项目库管理。

4. 申报项目运营主体为企业的，须已通过河南省电子商务企业认定，同时根据河南省跨境电子商务统计报表制度要求报送跨境电商统计数据。

5. 通过河南自贸试验区郑州、开封、洛阳片区管委会申报的项目，项目运营企业须在河南自贸试验区内注册。

### 支持方式

根据《河南自由贸易试验区和跨境电子商务综合试验区省级专项资金管理暂行办法》，采取以奖代补、财政贴息方式，使用因素法对符合条件的跨境电商应用项目、第三方平台项目、服务项目给予支持。同一企业仅限申报一个项目，同一项目仅限申报一种扶持方式。

具体支持标准以当年省商务厅、省财政厅申报通知为准。

### 申报时间

具体申报时间以省商务厅和省财政厅申报通知为准。

## 二十三、加快推进企业上市挂牌支持措施资金

### 政策依据

《河南省人民政府办公厅关于加快推进企业上市挂牌工作的意见》（豫政办〔2020〕22号）。

### 申报条件

对注册地和主要生产经营地均在河南省境内，符合条件的省定重点上市后备企业，实施分段奖励。

### 目标措施

经过五年努力，利用资本市场服务实体经济的能力和水平大幅提高，股权融资规模和比重进一步扩大和提升，企业融资成本和杠杆率明显下降。按照"培育一批、股改一批、申报一批、上市一批"梯次推进模式，力争到2024年年末，全省境内外上市公司达到160家，区域性股权市场挂牌展示企业达到10000家左

右，利用资本市场直接融资规模达到 5000 亿元以上。重点采取强化上市后备企业培育、推动企业股份制改造、落实"绿色"通道制度、推进企业上市挂牌、加大股权投资力度、发挥股权交易中心功能作用和提高上市公司发展质量七项措施。

## 支持政策

整合省级各项政策性扶持资金，优先支持符合条件的省定重点上市后备企业在境内外证券市场上市、挂牌。对企业上市实施分阶段奖励。注册地和主要生产经营地均在河南省的企业，按照核准制申请在上海证券交易所、深圳证券交易所首次公开发行股票并上市的，按照辅导备案登记、中国证监会受理申报材料两个节点，省财政分别给予 50 万元、150 万元补助；按照注册制申请在上海证券交易所、深圳证券交易所首次公开发行股票并上市的，按照辅导备案登记、证券交易所受理申报材料两个节点，省财政分别给予 150 万元补助；对在境外主流资本市场上市并实现融资的企业，省财政给予 200 万元补助。对在境内并购上市并将注册地迁回河南省的企业，注册地迁入河南省的外省上市公司，省财政一次性奖励 200 万元。对通过中原股权交易中心实现股权、债权融资的省内企业，省财政按照不超过融资额的 0.1% 给予补助，每户企业最高不超过 50 万元。

支持省内金融机构在风险可控的前提下，对重点上市后备企业制定综合融资方案，开展灵活多样的组合融资。银行业金融机构要提前开展贷款调查和评审，对股份制改造企业和重点上市后备企业贷款可按规定办理展期手续。对发展前景良好、偿债能力充足但贷款暂时逾期的企业，银行业金融机构要积极给予续贷支持，不降低信用等级。各级政府性融资担保机构要对重点上市后备企业提供融资增信支持，并给予担保费率优惠。

# 第二章　税收优惠

## 一、企业研发费用加计扣除

### 政策依据

《财政部 国家税务总局 科技部关于完善研究开发费用税前加计扣除政策的通知》(财税〔2015〕119号);《国家税务总局关于企业研究开发费用税前加计扣除政策有关问题的公告》(国家税务总局公告2015年第97号);《国家税务总局关于研发费用税前加计扣除归集范围有关问题的公告》(国家税务总局公告2017年第40号);《财政部 税务总局 科技部关于提高研究开发费用税前加计扣除比例的通知》(财税〔2018〕99号);《财政部 税务总局关于进一步完善研发费用税前加计扣除政策的公告》(财政部、税务总局公告2021年第13号);《国家税务总局关于进一步落实研发费用加计扣除政策有关问题的公告》(国家税务总局公告2021年第28号)(本节简称《公告》);《河南省财政厅 河南省科学技术厅 河南省发展与改革委员会 国家税务总局 河南省税务局 河南省统计局关于印发〈河南省企业研究开发财政补助实施方案〉的通知》(豫财科〔2020〕30号)。

### 政策简介

《企业所得税法》第三十条第(一)项所称研究开发费用的加计扣除,是指企业为开发新技术、新产品、新工艺发生的研究开发费用,未形成无形资产计入当期损益的,在按照规定据实扣除的基础之上,按照研究开发费用的50%加计扣除;形成无形资产的,按照无形资产成本的150%摊销。在企业税务问题上,国家一直都在提供政策上的优惠支持,2021年3月24日,国务院常务会议明确,将制造业企业研发费用加计扣除比例由75%提高至100%,同时改革研发费用加计扣除清缴核算方式,激励企业创新,促进产业升级。这是今年结构性减税中力度最大的一项政策,预计可在去年减税超过3600亿元基础上,今年再为企业新增减税800亿元。

### 适用范围

企业为获得科学与技术新知识,创造性运用科学技术新知识,或实质性改进技术、产品(服务)、工艺而持续进行的具有明确目标的系统性活动。

### 政策内容

1. 制造业企业开展研发活动中实际发生的研发费用,未形成无形资产计入当期损益的,在按规定据实扣除的基础上,自2021年1月1日起,再按照实际发生额的100%在税前加计扣除;形成无形资产的,自2021年1月1日起,按照无形资产成本的200%在税前摊销。其中制造业企业,是指以制造业业务为主营业务,享受优惠当年主营业务收入占收入总额的比例达到50%以上的企业。

2. 改革研发费用加计扣除清缴核算方式。政策规定允许企业自主选择按半年享受加计扣除优惠,上半年的研发费用由次年所得税汇算清缴时扣除改为当年

10月份预缴时即可扣除。缩短结算期限，可以为企业节省现金流。

3. 关于2021年度享受研发费用加计扣除政策问题：在2021年10月份预缴申报时，允许企业自主选择提前享受前三季度研发费用加计扣除优惠。此前，研发费用加计扣除优惠在年度汇算清缴时享受，平时预缴时不享受。2021年3月底，财税部门明确，在10月份预缴申报时，允许企业享受上半年研发费用加计扣除优惠。根据国务院最新部署，《公告》明确在当年10月份预缴申报时，允许企业多享受一个季度的研发费用加计扣除。

4. 增设优化简化研发费用辅助账样式。为便于企业准备合规的研发费用辅助账，税务总局2015年制发《关于企业研究开发费用税前加计扣除政策有关问题的公告》（2015年第97号，本节简称97号公告），发布了2015版研发支出辅助账样式，对帮助纳税人准确归集研发费用和享受优惠政策起到积极作用。考虑到部分中小微企业财务核算水平不高，准确归集、填写2015版研发支出辅助账有一定难度，《公告》增设了2021版研发支出辅助账样式，降低了填写难度。

5. 调整优化了"其他相关费用"限额的计算方法。原来按照每一研发项目分别计算"其他相关费用"限额，《公告》改为统一计算所有研发项目"其他相关费用"限额，简化了计算方法，允许多个项目"其他相关费用"限额调剂使用，总体上提高了可加计扣除的金额。

97号公告第二条第（三）项"其他相关费用的归集与限额计算"的规定同时废止。

## 符合条件

1. 企业应按照财务会计制度要求，对研发支出进行会计处理；同时，对享受加计扣除的研发费用按研发项目设置辅助账，准确归集核算当年可加计扣除的各项研发费用实际发生额。企业在一个纳税年度内进行多项研发活动的，应按照不同研发项目分别归集可加计扣除的研发费用。

2. 企业应对研发费用和生产经营费用分别核算，准确、合理归集各项费用支出，对划分不清的，不得实行加计扣除。

3. 企业委托外部机构或个人进行研发活动所发生的费用，按照费用实际发生额的80%计入委托方研发费用并计算加计扣除。无论委托方是否享受研发费用税前加计扣除政策，受托方均不得加计扣除。

委托外部研究开发费用实际发生额应按照独立交易原则确定。委托方与受托方存在关联关系的，受托方应向委托方提供研发项目费用支出明细情况。

4. 企业共同合作开发的项目，由合作各方就自身实际承担的研发费用分别计算加计扣除。

5. 企业集团根据生产经营和科技开发的实际情况，对技术要求高、投资数额大，需要集中研发的项目，其实际发生的研发费用，可以按照权利和义务相一致、费用支出和收益分享相配比的原则，合理确定研发费用的分摊方法，在受益成员企业间进行分摊，由相关成员企业分别计算加计扣除。

6. 企业为获得创新性、创意性、突破性的产品进行创意设计活动而发生的相关费用，可按照规定进行税前加计扣除。

## 排除范围

会计核算健全、实行查账征收并能够准确归集研发费用的居民企业，不属于国家规定的不适用税前加计扣除政策的行业和不适用税前加计扣除政策的活动（表 4-2-1）。

表 4-2-1　税前加计扣除排除范围

| 不适用税前加计扣除政策的行业 | 不适用税前加计扣除政策的活动 | 不得申请加计扣除的企业 |
|---|---|---|
| 1. 烟草制造业 | 1. 企业产品（服务）的常规性升级 | 1. 会计核算不健全，不能够准确归集研发费用的企业 |
| 2. 住宿和餐饮业 | 2. 对某项科研成果的直接应用，如直接采用公开的新工艺、材料、装置、产品、服务或知识等 | 2. 实行核定征收的企业 |
| 3. 批发和零售业 | 3. 企业在商品化后为顾客提供的技术支持活动 | 3. 非居民企业 |
| 4. 房地产业 | 4. 对现存产品、服务、技术、材料或工艺流程进行的重复或简单改变 | |
| 5. 租赁和商务服务业 | 5. 市场调查研究、效率调查或管理研究 | |
| 6. 娱乐业 | 6. 作为工业（服务）流程环节或常规的质量控制测试分析、维修维护 | |
| 7. 财政部和税务总局规定的其他行业 | 7. 社会科学、艺术或人文学方面的研究 | |
| 备注：上述行业以《国民经济行业分类与代码（GB/T 4754—2011）》为准，并随之更新 | | |

## 扣除风险

1. 研发过程中取得的特殊收入在计算确认收入当年的加计扣除研发费用时，未做相应扣减。

一流创新人才专项根据国家税务总局公告 2017 年第 40 号第七条规定，企业取得研发过程中形成的下脚料、残次品、中间试制品特殊收入，在计算确认收入当年的加计扣除研发费用时，应从已归集研发费用中扣减该特殊收入，不足扣减的，加计扣除研发费用按零计算。

2. 多项研发活动其他费用加计扣除限额未按项目分别计算。

根据国家税务总局公告 2015 年第 97 号第二条规定，企业在一个纳税年度内进行多项研发活动的，应按照不同研发项目分别归集可加计扣除的研发费用。

3. 同时兼顾研发与日常生产的人员、器械、设备产生的费用，未按工时占比分配计算。

根据国家税务总局公告 2017 年第 40 号第一条规定，直接从事研发活动的人员、外聘研发人员同时从事非研发活动的，企业应对其人员活动情况做必要记录，并将其实际发生的相关费用按实际工时占比等合理方法，在研发费用和生产经营费用间分配，未分配的不得加计扣除。

### 归集范围

研发费用税前加计扣除范围如下。

1. 人员人工费用。指直接从事研发活动人员的工资薪金、基本养老保险费、基本医疗保险费、失业保险费、工伤保险费、生育保险费和住房公积金，以及外聘研发人员的劳务费用。

2. 直接投入费用。指研发活动直接消耗的材料、燃料和动力费用；用于中间试验和产品试制的模具、工艺装备开发及制造费，不构成固定资产的样品、样机及一般测试手段购置费，试制产品的检验费；用于研发活动的仪器、设备的运行维护、调整、检验、维修等费用，以及通过经营租赁方式租入的用于研发活动的仪器、设备租赁费。

3. 折旧费用。指用于研发活动的仪器、设备的折旧费。

4. 无形资产摊销费用。指用于研发活动的软件、专利权、非专利技术（包括许可证、专有技术、设计和计算方法等）的摊销费用。

5. 新产品设计费、新工艺规程制定费、新药研制的临床试验费、勘探开发技术的现场试验费。指企业在新产品设计、新工艺规程制定、新药研制的临床试验、勘探开发技术的现场试验过程中发生的与开展该项活动有关的各类费用。

6. 其他相关费用。一般多指一些资料费，技术咨询费用，图书费用等，此类费用总额不得超过可加计扣除研发费用总额的 10%。

### 办理流程

1. 信息录入。登录"河南省企业研发费用加计扣除管理系统"（http：//qyyf.hnkjt.gov.cn），对企业研发补助额度进行统一测算。各省辖市、济源示范区管委会、省直管县（市）财政局负责将上一年度企业实际享受到的研发补助清单录入系统。

2. 网上填报。企业登录系统，补充完善企业基本信息并对系统基础信息进行核实后，确认补助测算结果。如有异议可向所在辖区科技部门提出复议。

3. 审核确认。各地税务主管部门负责对税务核查过程中的企业研发费用调整情况进行审核确认；科技部门牵头，负责对企业近三年的知识产权情况进行核实，处理企业对系统信息提出的异议，无误后在系统中审核通过。

4. 结果公示。对审核通过的企业，由各地科技部门进行公示（包括企业名称、补助限额档次等），公示时间原则上不少于五个工作日。

## 二、高新技术企业税收优惠

### 政策依据

《中华人民共和国企业所得税法》（2018 年修订）；《国务院关于修改部分行政法规的决定》（中华人民共和国国务院令第 714 号第四款）；《财政部 国家税务总局关于将国家自主创新示范区有关税收试点政策推广到全国范围实施的通知》（财税〔2015〕116 号）；《国家税务总局关于股权奖励和转增股本个人所得税征管问题的公告》（国家税务总局公告 2015 年第 80 号）；《国家税务总局关于实施高新技术企业所得税优惠政策有关问题的公告》（国家税务总局公告 2017 年第

24 号）；《财政部　税务总局关于企业职工教育经费税前扣除政策的通知》（财税〔2018〕51 号）；《财政部　税务总局关于延长高新技术企业和科技型中小企业亏损结转年限的通知》（财税〔2018〕76 号）；《河南省人民政府办公厅关于印发加快培育高新技术企业行动计划的通知》（豫政办〔2017〕86 号）。

### 条件范围

经相关主管部门认定的国家高新技术企业。根据《高新技术企业认定管理办法》规定，国家高新技术企业是指在《国家重点支持的高新技术领域》规定范围内，持续进行研究开发与技术成果转化，形成企业核心自主知识产权，并以此为基础开展经营活动，在中国境内（不包括港、澳、台地区）注册一年以上的居民企业。

企业主要产品（服务）发挥核心支持作用的技术属于《国家重点支持的高新技术领域》规定的范围：电子信息、生物与新医药、航空航天、新材料、高技术服务、新能源与节能、资源与环境、先进制造与自动化。

### 政策内容

1. 国家重点扶持的高新技术企业减按 15% 税率征收企业所得税。

2. 企业发生的职工教育经费支出，不超过工资薪金总额 8% 的部分，准予在计算企业所得税应纳税所得额时扣除；超过部分，准予在以后纳税年度结转扣除。

3. 自 2018 年 1 月 1 日起，当年具备高新技术企业或科技型中小企业资格的企业，其具备资格年度之前五个年度发生的尚未弥补完的亏损，准予结转以后年度弥补，最长结转年限由 5 年延长至 10 年。

4. 高新技术企业转化科技成果，给予本企业相关技术人员的股权奖励，个人一次缴纳税款有困难的，可根据实际情况自行制定分期缴税计划，在不超过五个公历年度内（含）分期缴纳，并将有关资料报主管税务机关备案。

5. 中小高新技术企业以未分配利润、盈余公积、资本公积向个人股东转增股本时，个人股东一次缴纳个人所得税确有困难的，可根据实际情况自行制订分期缴税计划，在不超过五个公历年度内（含）分期缴纳，并将有关资料报主管税务机关备案。

6. 享受研发费用加计扣除及固定资产加速折旧等政策。

## 三、技术先进型服务业企业税收优惠

### 政策依据

《财政部　税务总局　商务部　科技部　国家发展改革委关于将技术先进型服务企业所得税政策推广至全国实施的通知》（财税〔2017〕79 号）；《财政部　税务总局　商务部　科技部　国家发展改革委关于将服务贸易创新发展试点地区技术先进型服务企业所得税政策推广至全国实施的通知》（财税〔2018〕44 号）。

### 政策简介

根据财税〔2018〕44 号文件，自 2018 年 1 月 1 日起，对经认定的技术先进型服务企业（服务贸易类），减按 15% 的税率征收企业所得税。

### 适用范围

经相关主管部门认定的技术先进型服务企业。

### 政策内容

1. 自 2018 年 1 月 1 日起，对经认定的技术先进型服务企业（服务贸易类），减按 15% 的税率征收企业所得税。

2. 经认定的技术先进、一流创新人才专项型服务企业发生的职工教育经费支出，不超过工资薪金总额 8% 的部分，准予在计算应纳税所得额时扣除；超过部分，准予在以后纳税年度结转扣除。

## 四、委托境外研发费用加计扣除

### 政策依据

《财政部 国家税务总局 科技部关于完善研究开发费用税前加计扣除政策的通知》（财税〔2015〕119 号）;《国家税务总局关于企业研究开发费用税前加计扣除政策有关问题的公告》（国家税务总局公告 2015 年第 97 号）;《财政部 税务总局 科技部关于企业委托境外研究开发费用税前加计扣除有关政策问题的通知》（财税〔2018〕64 号）;《财政部 税务总局 科技部关于提高研究开发费用税前加计扣除比例的通知》（财税〔2018〕99 号）;《国家税务总局关于发布修订后的〈企业所得税优惠政策事项办理办法〉的公告》（国家税务总局公告 2018 年第 23 号）。

### 适用范围

会计核算健全、实行查账征收并能够准确归集研发费用的居民企业。

### 政策内容

委托境外进行研发活动所发生的费用，按照费用实际发生额的 80% 计入委托方的委托境外研发费用。委托境外研发费用不超过境内符合条件的研发费用 2/3 的部分，可以按规定在企业所得税前加计扣除。

### 适用条件

1. 上述费用实际发生额应按照独立交易原则确定。委托方与受托方存在关联关系的，受托方应向委托方提供研发项目费用支出明细情况。

2. 委托境外进行研发活动应签订技术开发合同，并由委托方到科技行政主管部门进行登记。相关事项按技术合同认定登记管理办法及技术合同认定规则执行。

3. 委托境外进行研发活动不包括委托境外个人进行的研发活动。

### 注意事项

1. 委托境外进行研发活动应签订技术开发合同，并由委托方到科技行政主管部门进行登记。相关事项按技术合同认定登记管理办法及技术合同认定规则执行。

2. 企业应在年度申报享受优惠时，按照国家税务总局公告 2018 年第 23 号规定办理有关手续，并留存备查以下资料：一是企业委托研发项目计划书和企业有权部门立项的决议文件；二是委托研究开发专门机构或项目组的编制情况和研发人员名单；三是经科技行政主管部门登记的委托境外研发合同；四是研发支出辅助账及汇总表；五是委托境外研发银行支付凭证和受托方开具的收款凭据；六是当年委托研发项目的进展情况等资料。

3. 企业如果已取得地市级（含）以上科技行政主管部门出具的鉴定意见，应作为资料留存备查。

4. 企业对委托境外研发费用以及留存备查资料的真实性、合法性承担法律责任。

## 五、固定资产加速折旧或一次性扣除

### 政策依据

《国家税务总局关于固定资产加速折旧税收政策有关问题的公告》（国家税务总局公告 2014 年第 64 号）；《财政部　国家税务总局关于完善固定资产加速折旧企业所得税政策的通知》（财税〔2014〕75 号）；《财政部　税务总局关于设备器具扣除有关企业所得税政策的通知》（财税〔2018〕54 号）。

### 适用范围

所有行业企业。

### 政策内容

1. 企业 2014 年 1 月 1 日后新购进的专门用于研发的仪器、设备，单位价值不超过 100 万元的，允许一次性计入当期成本费用在计算应纳税所得额时扣除，不再分年度计算折旧；单位价值超过 100 万元的，可缩短折旧年限或采取加速折旧的方法，缩短折旧年限的，最低折旧年限不得低于《企业所得税法实施条例》第六十条规定折旧年限的 60%；采取加速折旧方法的，可采取双倍余额递减法或者年数总和法。

2. 企业持有的单位价值不超过 5000 元的固定资产，允许一次性计入当期的成本费用在计算应纳税所得额时扣除，不再分年度计算折旧。企业在 2013 年 12 月 31 日前持有的单位价值不超过 5000 元的固定资产，其折余价值部分，2014 年 1 月 1 日以后可以一次性在计算应纳税所得额时扣除。

3. 企业在 2018 年 1 月 1 日至 2020 年 12 月 31 日新购进的设备、器具，单位价值不超过 500 万元的，允许一次性计入当期成本费用在计算应纳税所得额时扣除，不再分年度计算折旧；单位价值超过 500 万元的，仍按《企业所得法实施条例》、《财政部　国家税务总局关于完善固定资产加速折旧企业所得税政策的通知》（财税〔2014〕75 号）、《财政部　国家税务总局关于进一步完善固定资产加速折旧企业所得税政策的通知》（财税〔2015〕106 号）等相关规定执行。

### 政策条件

1. "政策内容"中第 1 项中仪器、设备要专门用于研发，且单位价值不超过 100 万元。

2. "政策内容"中第 2 项中固定资产单位价值不超过 5000 元。

3. "政策内容"中第 3 项中设备、器具是指除房屋、建筑物以外的固定资产，且单位价值不超过 500 万元。

### 办理流程

企业确需对固定资产采取缩短折旧年限或者加速折旧方法的，应在取得该固定资产后一个月内，向其企业所得税主管税务机关备案，并报送相关资料。

适用总、分机构汇总纳税的企业，对其所属分支机构使用的固定资产采取缩短折旧年限或采取加速折旧方法的，由其总机构向其所在地主管税务机关备案。

## 六、制造业及部分服务业企业符合条件的仪器、设备加速折旧

### 政策依据

《国家税务总局关于固定资产加速折旧税收政策有关问题的公告》（国家税务总局公告 2014 年第 64 号）;《财政部 国家税务总局关于完善固定资产加速折旧企业所得税政策的通知》（财税〔2014〕75 号）;《财政部 国家税务总局关于进一步完善固定资产加速折旧企业所得税政策的通知》（财税〔2015〕106 号）;《国家税务总局关于进一步完善固定资产加速折旧企业所得税政策有关问题的公告》（国家税务总局公告 2015 年第 68 号）;《财政部 税务总局关于扩大固定资产加速折旧优惠政策适用范围的公告》（财政部 税务总局公告 2019 年第 66 号）。

### 适用范围

全部制造业领域及信息传输、软件和信息技术服务业企业。

### 政策内容

1. 生物药品制造业，专用设备制造业，铁路、船舶、航空航天和其他运输设备制造业，计算机、通信和其他电子设备制造业，仪器仪表制造业，信息传输、软件和信息技术服务业六个行业的企业于 2014 年 1 月 1 日后新购进的固定资产，可缩短折旧年限或采取加速折旧的方法。

2. 轻工、纺织、机械、汽车四个领域重点行业的企业于 2015 年 1 月 1 日后新购进的固定资产，可由企业选择缩短折旧年限或采取加速折旧的方法。

3. 自 2019 年 1 月 1 日起，适用《财政部 国家税务总局关于完善固定资产加速折旧企业所得税政策的通知》（财税〔2014〕75 号）和《财政部 国家税务总局关于进一步完善固定资产加速折旧企业所得税政策的通知》（财税〔2015〕106 号）规定固定资产加速折旧优惠的行业范围，扩大至全部制造业领域。

4. 缩短折旧年限的，最低折旧年限不得低于《企业所得税实施条例》第六十条规定折旧年限的 60%；采取加速折旧方法的，可采取双倍余额递减法或者年数总和法。

### 符合条件

制造业及软件和信息技术服务业按照国家统计局颁布《国民经济行业分类与代码（GB/T 4754—2017）》确定。今后国家有关部门更新国民经济行业分类与代码从其规定。

### 办理流程

具体办理流程咨询当地税务主管部门。

## 七、重大技术装备进口免征增值税

### 政策依据

《财政部　工业和信息化部　海关总署　税务总局　能源局关于调整重大技术装备进口税收政策有关目录的通知》（财关税〔2019〕38号）;《财政部　工业和信息化部　海关总署　税务总局　能源局关于印发〈重大技术装备进口税收政策管理办法〉的通知》（财关税〔2020〕2号）;《工业和信息化部等部门关于印发〈重大技术装备进口税收政策管理实施细则〉的通知》（工信部联财〔2020〕118号）。

### 政策内容

对符合规定条件的企业及核电项目业主为生产《国家支持发展的重大技术装备和产品目录》内的装备或产品而确有必要进口《重大技术装备和产品进口关键零部件及原材料商品目录》内的部分关键零部件及原材料，免征关税和进口环节增值税。

### 符合条件

1. 申请享受重大技术装备进口税收政策的企业一般应为生产国家支持发展的重大技术装备或产品的企业，承诺具备较强的设计研发和生产制造能力及专业比较齐全的技术人员队伍，并应当同时满足以下条件。

（1）独立法人资格。

（2）不存在违法和严重失信行为。

（3）具有核心技术和知识产权。

（4）申请享受政策的重大技术装备和产品应符合《国家支持发展的重大技术装备和产品目录》有关要求。

2. 申请享受重大技术装备进口税收政策的核电项目业主应为核电领域承担重大技术装备依托项目的业主。

### 办理流程

1. 工业和信息化部会同财政部、海关总署、国家税务总局、国家能源局核定企业及核电项目业主免税资格，每年对新申请享受进口税收政策的企业及核电项目业主进行认定，每三年对已享受进口税收政策的企业及核电项目业主进行复核。

2. 取得免税资格的企业及核电项目业主可向主管海关提出申请，选择放弃免征进口环节增值税，只免征进口关税。企业及核电项目业主主动放弃免征进口环节增值税后，36个月内不得再次申请免征进口环节增值税。

3. 取得免税资格的企业及核电项目业主应按照《中华人民共和国海关进出口货物减免税管理办法》（海关总署令第179号）及海关有关规定办理有关重大技术装备或产品进口关键零部件及原材料的减免税手续。

## 八、民口科技重大专项项目进口免征增值税

### 政策依据

《财政部　科技部　国家发展改革委　海关总署　国家税务总局关于科技重大专项进口税收政策的通知》（财关税〔2010〕28号）;《财政部　科技部　发展改革

委 海关总署 税务总局关于取消科技重大专项进口税收政策免税额度管理的通知》（财关税〔2019〕52号）。

### 适用范围

承担《国家中长期科学和技术发展规划纲要（2006—2020年）》中民口科技重大专项项目（课题）的企业和大专院校、科研院所等事业单位（本节简称项目承担单位）。

### 优惠内容

自2010年7月15日起，对项目承担单位使用中央财政拨款、地方财政资金、单位自筹资金及其他渠道获得的资金进口项目（课题）所需国内不能生产的关键设备（含软件工具及技术）、零部件、原材料，免征进口关税和进口环节增值税。

### 符合条件

1. 申请享受本规定进口税收政策的项目承担单位应当具备以下条件。
（1）独立的法人资格。
（2）经科技重大专项领导小组批准承担重大专项任务。
2. 项目承担单位申请免税进口的设备、零部件、原材料应当符合以下要求。
（1）直接用于项目（课题）的科学研究、技术开发和应用。
（2）国内不能生产或者国产品性能不能满足要求的，且价值较高。
（3）申请免税进口设备的主要技术指标一般应优于当前实施的《国内投资项目不予免税的进口商品目录》中所列设备。
3. 民口科技重大专项，包括核心电子器件、高端通用芯片及基础软件产品，极大规模集成电路制造装备及成套工艺，新一代宽带无线移动通信网，高档数控机床与基础制造装备，大型油气田及煤层气开发，大型先进压水堆及高温气冷堆核电站，水体污染控制与治理，转基因生物新品种培育，重大新药创制，艾滋病和病毒性肝炎等重大传染病防治。

### 办理流程

办理流程咨询当地税务、海关主管部门。

## 九、软件企业税收优惠

### 政策依据

《财政部 国家税务总局关于软件产品增值税政策的通知》（财税〔2011〕100号）；《财政部 国家税务总局关于进一步鼓励软件产业和集成电路产业发展企业所得税政策的通知》（财税〔2012〕27号）；《财政部 国家税务总局 发展改革委 工业和信息化部关于软件和集成电路产业企业所得税优惠政策有关问题的通知》（财税〔2016〕49号）；《国家发展和改革委员会 工业和信息化部 财政部 国家税务总局关于印发国家规划布局内重点软件和集成电路设计领域的通知》（发改高技〔2016〕1056号）；《财政部 税务总局关于调整增值税税率的通知》（财税〔2018〕32号）；《财政部 税务总局关于集成电路设计和软件产业企业所得税政策的公告》（财政部 税务总局公告2019年第68号）；《财政部 税务总局 海关总署关于深化增值税改革有关政策的公告》（财政部 税务总局 海关总署公告2019年

第 39 号 )；《财政部　税务总局　发展改革委　工业和信息化部关于促进集成电路产业和软件产业高质量发展企业所得税的公告》( 财政部　税务总局　发展改革委　工业和信息化部公告 2020 年第 45 号 )。

### 适用范围

1. 软件产品增值税超税负即征即退，适用于自行开发生产销售软件产品 ( 包括将进口软件产品进行本地化改造后对外销售 ) 的增值税一般纳税人。

2. 软件企业定期减免企业所得税，适用于依法成立且符合条件的软件企业。

3. 国家规划布局内重点软件企业企业所得税优惠，适用于国家规划布局内的重点软件企业。

4. 享受取得即征即退增值税款用于软件产品研发和扩大再生产企业所得税政策、外购软件缩短折旧或摊销年限，适用于符合相关条件的软件企业。

### 优惠内容

1. 软件产品增值税超税负即征即退。增值税一般纳税人销售其自行开发生产的软件产品，按 17% ( 自 2018 年 5 月 1 日起，原适用 17% 税率的调整为 16%；自 2019 年 4 月 1 日起，原适用 16% 税率的调整为 13% ) 税率征收增值税后，对其增值税实际税负超过 3% 的部分实行即征即退政策。

2. 软件企业定期减免企业所得税。依法成立且符合条件的软件企业，在 2018 年 12 月 31 日前自获利年度起计算优惠期，第一年至第二年免征企业所得税，第三年至第五年按照 25% 的法定税率减半征收企业所得税，并享受至期满为止。

3. 符合条件的国家规划布局内的重点软件企业，如当年未享受免税优惠的，可减按 10% 的税率征收企业所得税。

4. 符合条件的软件企业按照《财政部　国家税务总局关于软件产品增值税政策的通知》( 财税〔2011〕100 号 ) 规定取得的即征即退增值税款，由企业专项用于软件产品研发和扩大再生产并单独进行核算，可以作为不征税收入。在计算应纳税所得额时从收入总额中减除。

5. 符合条件的软件企业外购的软件，凡符合固定资产或无形资产确认条件的，可以按照固定资产或无形资产进行核算，其折旧或摊销年限可以适当缩短，最短可为两年 ( 含 )。

### 符合条件

1. 软件产品增值税超税负即征即退，享受优惠政策的软件产品，需要满足以下条件。

( 1 ) 取得省级软件产业主管部门认可的软件检测机构出具的检测证明材料。

( 2 ) 取得软件产业主管部门颁发的《软件产品登记证书》或著作权行政管理部门颁发的《计算机软件著作权登记证书》。

2. 软件企业定期减免企业所得税，软件企业是指以软件产品开发销售 ( 营业 ) 为主营业务并同时符合下列条件的企业。

( 1 ) 在中国境内 ( 不包括港、澳、台地区 ) 依法注册的居民企业。

( 2 ) 汇算清缴年度具有劳动合同关系且具有大学专科以上学历的职工人数占企业月平均职工总人数的比例不低于 40%，其中研究开发人员占企业月平均职工总数的比例不低于 20%。

（3）拥有核心关键技术，并以此为基础开展经营活动，且汇算清缴年度研究开发费用总额占企业销售（营业）收入总额的比例不低于6%；其中，企业在中国境内发生的研究开发费用金额占研究开发费用总额的比例不低于60%。

（4）汇算清缴年度软件产品开发销售（营业）收入占企业收入总额的比例不低于50%〔嵌入式软件产品和信息系统集成产品开发销售（营业）收入占企业收入总额的比例不低于40%〕；其中，软件产品自主开发销售（营业）收入占企业收入总额的比例不低于40%〔嵌入式软件产品和信息系统集成产品开发销售（营业）收入占企业收入总额的比例不低于30%〕。

（5）主营业务拥有自主知识产权。

（6）具有与软件开发相适应的软硬件设施等开发环境（如合法的开发工具等）。

（7）汇算清缴年度未发生重大安全、重大质量事故或严重环境违法行为。

3. 国家规划布局内重点软件企业，是指以软件产品开发销售（营业）为主营业务并同时符合下列条件的企业。

（1）在中国境内（不包括港、澳、台地区）依法注册的居民企业。

（2）汇算清缴年度具有劳动合同关系且具有大学专科以上学历的职工人数占企业月平均职工总人数的比例不低于40%，其中研究开发人员占企业月平均职工总数的比例不低于20%。

（3）拥有核心关键技术，并以此为基础开展经营活动，且汇算清缴年度研究开发费用总额占企业销售（营业）收入总额的比例不低于6%；其中，企业在中国境内发生的研究开发费用金额占研究开发费用总额的比例不低于60%。

（4）汇算清缴年度软件产品开发销售（营业）收入占企业收入总额的比例不低于50%〔嵌入式软件产品和信息系统集成产品开发销售（营业）收入占企业收入总额的比例不低于40%〕；其中，软件产品自主开发销售（营业）收入占企业收入总额的比例不低于40%〔嵌入式软件产品和信息系统集成产品开发销售（营业）收入占企业收入总额的比例不低于30%〕。

（5）主营业务拥有自主知识产权。

（6）具有与软件开发相适应的软硬件设施等开发环境（如合法的开发工具等）。

（7）汇算清缴年度未发生重大安全、重大质量事故或严重环境违法行为。

（8）国家规划布局内重点软件企业除符合上述规定外，还应至少符合下列条件中的一项。

①汇算清缴年度软件产品开发销售（营业）收入不低于2亿元，应纳税所得额不低于1000万元，研究开发人员占企业月平均职工总数的比例不低于25%。②在国家规定的重点软件领域内，汇算清缴年度软件产品开发销售（营业）收入不低于5000万元，应纳税所得额不低于250万元，研究开发人员占企业月平均职工总数的比例不低于25%，企业在中国境内发生的研究开发费金额占研究开发费用总额的比例不低于70%。③汇算清缴年度软件出口收入总额不低于800万美元，软件出口收入总额占本企业年度收入总额比例不低于50%，研究开发人员占企业月平均职工总数的比例不低于25%。

4. 享受取得即征即退增值税款用于软件产品研发和扩大再生产企业所得税政策的软件企业，是指以软件产品开发销售（营业）为主营业务并同时符合下列条件的企业。

（1）在中国境内（不包括港、澳、台地区）依法注册的居民企业。

（2）汇算清缴年度具有劳动合同关系且具有大学专科以上学历的职工人数占企业月平均职工总人数的比例不低于40%，其中研究开发人员占企业月平均职工总数的比例不低于20%。

（3）拥有核心关键技术，并以此为基础开展经营活动，且汇算清缴年度研究开发费用总额占企业销售（营业）收入总额的比例不低于6%；其中，企业在中国境内发生的研究开发费用金额占研究开发费用总额的比例不低于60%。

（4）汇算清缴年度软件产品开发销售（营业）收入占企业收入总额的比例不低于50%〔嵌入式软件产品和信息系统集成产品开发销售（营业）收入占企业收入总额的比例不低于40%〕；其中，软件产品自主开发销售（营业）收入占企业收入总额的比例不低于40%〔嵌入式软件产品和信息系统集成产品开发销售（营业）收入占企业收入总额的比例不低于30%〕。

（5）主营业务拥有自主知识产权。

（6）具有与软件开发相适应的软硬件设施等开发环境（如合法的开发工具等）。

（7）汇算清缴年度未发生重大安全、重大质量事故或严重环境违法行为。

5. 外购软件缩短折旧或摊销年限的软件企业，须符合固定资产或无形资产确认条件。

### 办理流程

办理流程咨询当地税务主管部门。

## 十、集成电路企业税收优惠

### 政策依据

《国务院关于印发新时期促进集成电路产业和软件产业高质量发展若干政策的通知》（国发〔2020〕8号）;《关于促进集成电路产业和软件产业高质量发展企业所得税政策的公告》（财政部　税务总局　发展改革委　工业和信息化部公告2020年第45号）（本节简称《公告》）。

### 适用范围

1. 集成电路重大项目企业增值税留抵税额退税，适用于国家批准的集成电路重大项目企业。

2. 定期减免企业所得税，适用于线宽小于0.8微米的集成电路生产企业、线宽小于0.25微米的集成电路生产企业、线宽小于65纳米的集成电路生产企业或项目、线宽小于130纳米的集成电路生产企业或项目、投资额超过80亿元的集成电路生产企业、投资额超过150亿元的集成电路生产企业或项目、集成电路设计企业、集成电路关键专用材料生产企业和集成电路专用设备生产企业。

3. 生产设备缩短折旧年限，适用于集成电路生产企业。

4. 享受增值税期末留抵退税政策，适用于集成电路企业。

### 政策内容

1. 国家鼓励的集成电路线宽小于28纳米（含），且经营期在15年以上的集成电路生产企业或项目，第一年至第十年免征企业所得税。国家鼓励的集成电路线宽小于65纳米（含），且经营期在15年以上的集成电路生产企业或项目，第一年至第五年免征企业所得税，第六年至第十年按照 25% 的法定税率减半征收企业所得税。国家鼓励的集成电路线宽小于 130 纳米（含），且经营期在 10 年以上的集成电路生产企业或项目，第一年至第二年免征企业所得税，第三年至第五年按照 25% 的法定税率减半征收企业所得税。国家鼓励的线宽小于 130 纳米（含）的集成电路生产企业纳税年度发生的亏损，准予向以后年度结转，总结转年限最长不得超过 10 年。

对于按照集成电路生产企业享受税收优惠政策的，优惠期自获利年度起计算；对于按照集成电路生产项目享受税收优惠政策的，优惠期自项目取得第一笔生产经营收入所属纳税年度起计算。国家鼓励的集成电路生产企业或项目清单由国家发展改革委、工业和信息化部会同相关部门制定。

2. 国家鼓励的集成电路设计、装备、材料、封装、测试企业和软件企业，自获利年度起，第一年至第二年免征企业所得税，第三年至第五年按照 25% 的法定税率减半征收企业所得税。国家鼓励的集成电路设计、装备、材料、封装、测试企业条件由工业和信息化部会同相关部门制定。

3. 国家鼓励的重点集成电路设计企业和软件企业，自获利年度起，第一年至第五年免征企业所得税，接续年度减按 10% 的税率征收企业所得税。国家鼓励的重点集成电路设计企业和软件企业清单由国家发展改革委、工业和信息化部会同相关部门制定。

4. 国家对集成电路企业或项目、软件企业实施的所得税优惠政策条件和范围，根据产业技术进步情况进行动态调整。集成电路设计企业、软件企业在本政策实施以前年度的企业所得税，按照国发〔2011〕4 号文件明确的企业所得税"两免三减半"优惠政策执行。

5. 继续实施集成电路企业和软件企业增值税优惠政策。

6. 在一定时期内，集成电路线宽小于 65 纳米（含）的逻辑电路、存储器生产企业，以及线宽小于 0.25 微米（含）的特色工艺集成电路生产企业（含掩模版、8 英寸及以上硅片生产企业）进口自用生产性原材料、消耗品，净化室专用建筑材料、配套系统和集成电路生产设备零配件，免征进口关税；集成电路线宽小于 0.5 微米（含）的化合物集成电路生产企业和先进封装测试企业进口自用生产性原材料、消耗品，免征进口关税。具体政策由财政部会同海关总署等有关部门制定。企业清单、免税商品清单分别由国家发展改革委、工业和信息化部会同相关部门制定。

7. 在一定时期内，国家鼓励的重点集成电路设计企业和软件企业，以及第 6 条中的集成电路生产企业和先进封装测试企业进口自用设备，按照合同随设备进口的技术（含软件）及配套件、备件，除相关不予免税的进口商品目录所列商品外，免征进口关税。具体政策由财政部会同海关总署等有关部门制定。

8. 在一定时期内，对集成电路重大项目进口新设备，准予分期缴纳进口环节增值税。具体政策由财政部会同海关总署等有关部门制定。

9. 集成电路企业或项目、软件企业按照本公告规定同时符合多项定期减免税优惠政策条件的，由企业选择其中一项政策享受相关优惠。其中，已经进入优惠期的，可由企业在剩余期限内选择其中一项政策享受相关优惠。

10. 《公告》规定的优惠，采取清单进行管理的，由国家发展改革委、工业和信息化部于每年 3 月底前按规定向财政部、税务总局提供上一年度可享受优惠的企业和项目清单；不采取清单进行管理的，税务机关按照财税〔2016〕49 号文件第十条的规定转请发展改革委、工业和信息化部门进行核查。

11. 集成电路企业或项目、软件企业按照原有政策规定享受优惠的，税务机关按照财税〔2016〕49号第十条的规定转请发展改革委、工业和信息化部门进行核查。

12. 所称"原有政策"包括：《财政部　国家税务总局关于进一步鼓励软件产业和集成电路产业发展企业所得税政策的通知》（财税〔2012〕27号）；《财政部　国家税务总局　发展改革委　工业和信息化部关于进一步鼓励集成电路产业发展企业所得税政策的通知》（财税〔2015〕6号）；《财政部　国家税务总局　发展改革委　工业和信息化部关于软件和集成电路产业企业所得税优惠政策有关问题的通知》（财税〔2016〕49号）；《财政部　税务总局　国家发展改革委　工业和信息化部关于集成电路生产企业有关企业所得税政策问题的通知》（财税〔2018〕27号）；《财政部　税务总局关于集成电路设计和软件产业企业所得税政策的公告》（财政部　税务总局公告2019年第68号）；《财政部　税务总局关于集成电路设计企业和软件企业2019年度企业所得税汇算清缴适用政策的公告》（财政部　税务总局公告2020年第29号）。

13. 自2020年1月1日起执行。财税〔2012〕27号第二条中"经认定后，减按15%的税率征收企业所得税"的规定和第四条"国家规划布局内的重点软件企业和集成电路设计企业，如当年未享受免税优惠的，可减按10%的税率征收企业所得税"同时停止执行。

## 符合条件

1. 集成电路重大项目企业增值税留抵税额退税。

（1）属于国家批准的集成电路重大项目企业。

（2）购进的设备应属于《中华人民共和国增值税暂行条例实施细则》第二十一条第二款规定的固定资产范围。

2. 定期减免企业所得税政策中，集成电路生产企业或生产项目除满足上述要求外，还应符合以下要求。

（1）对于按照集成电路生产企业享受本税收优惠政策的，优惠期自企业获利年度起计算；对于按照集成电路生产项目享受上述优惠的，优惠期自项目取得第一笔生产经营收入所属纳税年度起计算。

（2）享受本税收优惠政策的集成电路生产项目，其主体企业应符合集成电路生产企业条件，且能够对该项目单独进行会计核算、计算所得，并合理分摊期间费用。

3. 集成电路设计企业定期减免企业所得税，其中的集成电路设计企业是指以集成电路设计为主营业务并同时符合下列条件的企业。

（1）在中国境内（不包括港、澳、台地区）依法注册的居民企业。

（2）汇算清缴年度具有劳动合同关系且具有大学专科以上学历的职工人数占企业月平均职工总人数的比例不低于40%，其中研究开发人员占企业月平均职工总数的比例不低于20%。

（3）拥有核心关键技术，并以此为基础开展经营活动，且汇算清缴年度研究开发费用总额占企业销售（营业）收入总额的比例不低于6%；其中，企业在中国境内发生的研究开发费用金额占研究开发费用总额的比例不低于60%。

（4）汇算清缴年度集成电路设计销售（营业）收入占企业收入总额的比例不低于60%，其中集成电路自主设计销售（营业）收入占企业收入总额的比例不低于 50%。

（5）主营业务拥有自主知识产权。

（6）具有与集成电路设计相适应的软硬件设施等开发环境（如 EDA 工具、服务器或工作站等）。

（7）汇算清缴年度未发生重大安全、重大质量事故或严重环境违法行为。

4. 集成电路封装、测试企业定期减免企业所得税，其中的集成电路封装、测试企业必须同时满足以下条件。

（1）2014 年 1 月 1 日后依法在中国境内成立的法人企业。

（2）签订劳动合同关系且具有大学专科以上学历的职工人数占企业当年月平均职工总人数的比例不低于 40%，其中，研究开发人员占企业当年月平均职工总数的比例不低于 20%。

（3）拥有核心关键技术，并以此为基础开展经营活动，且当年度的研究开发费用总额占企业销售（营业）收入总额的比例不低于 5%，其中，企业在中国境内发生的研究开发费用金额占研究开发费用总额的比例不低于 60%。

（4）集成电路关键专用材料或专用设备销售收入占企业销售（营业）收入总额的比例不低于 30%。

（5）具有保证集成电路关键专用材料或专用设备产品生产的手段和能力，并获得有关资质认证（包括 ISO 质量体系认证、人力资源能力认证等）。

（6）具有与集成电路关键专用材料或专用设备生产相适应的经营场所、软硬件设施等基本条件。

5. 集成电路关键专用材料生产企业、集成电路专用设备生产企业定期减免企业所得税，其中的生产企业必须同时满足以下条件。

（1）2014 年 1 月 1 日后依法在中国境内成立的法人企业。

（2）签订劳动合同关系且具有大学专科以上学历的职工人数占企业当年月平均职工总人数的比例不低于 40%，其中，研究开发人员占企业当年月平均职工总数的比例不低于 20%。

（3）拥有核心关键技术，并以此为基础开展经营活动，且当年度的研究开发费用总额占企业销售（营业）收入总额的比例不低于 5%。其中，企业在中国境内发生的研究开发费用金额占研究开发费用总额的比例不低于 60%。

（4）集成电路关键专用材料或专用设备销售收入占企业销售（营业）收入总额的比例不低于 30%。

（5）具有保证集成电路关键专用材料或专用设备产品生产的手段和能力，并获得有关资质认证（包括 ISO 质量体系认证、人力资源能力认证等）。

（6）具有与集成电路关键专用材料或专用设备生产相适应的经营场所、软硬件设施等基本条件。

6. 集成电路企业退还的增值税期末留抵税额在城市维护建设税、教育费附加和地方教育附加的计（征）依据中扣除，其中的集成电路企业根据《财政部 国家税务总局关于退还集成电路企业采购设备增值税期末留抵税额的通知》（财税〔2011〕107 号）规定。

**办理流程**

办理流程咨询当地税务主管部门。

## 十一、科技企业孵化器、大学科技园和众创空间税收优惠

### 政策依据

《财政部 税务总局 科技部 教育部关于科技企业孵化器、大学科技园和众创空间税收政策的通知》（财税〔2018〕120号）。

### 适用范围

国家级、省级科技企业孵化器、大学科技园和国家备案众创空间。

### 政策内容

自2019年1月1日至2021年12月31日，对国家级、省级科技企业孵化器、大学科技园和国家备案众创空间自用及无偿或通过出租等方式提供给在孵对象使用的房产、土地，免征房产税和城镇土地使用税；对其向在孵对象提供孵化服务取得的收入，免征增值税。

### 符合条件

1. 孵化服务是指为在孵对象提供的经纪代理、经营租赁、研发和技术、信息技术、鉴证咨询服务。在孵对象是指符合相关认定和管理办法规定的孵化企业、创业团队和个人。

2. 国家级、省级科技企业孵化器、大学科技园和国家备案众创空间应当单独核算孵化服务收入。

3. 国家级、省级科技企业孵化器、大学科技园和国家备案众创空间应按规定申报享受免税政策，并将房产土地权属资料、房产原值资料、房产土地租赁合同、孵化协议等留存备查，税务部门依法加强后续管理。

4. 2018年12月31日以前认定的国家级科技企业孵化器、大学科技园，自2019年1月1日起享受本通知规定的税收优惠政策。2019年1月1日以后认定的国家级、省级科技企业孵化器、大学科技园和国家备案众创空间，自认定之日次月起享受本通知规定的税收优惠政策。2019年1月1日以后被取消资格的，自取消资格之日次月起停止享受本通知规定的税收优惠政策。

### 工作流程

国家级科技企业孵化器、大学科技园和国家备案众创空间认定和管理办法由国务院科技、教育部门另行发布；省级科技企业孵化器、大学科技园认定和管理办法由省级科技、教育部门另行发布。

## 十二、企业专利费用减缴

### 政策依据

《财政部 国家发展改革委关于印发〈专利收费减缴办法〉的通知》（财税〔2016〕78号）；《国家知识产权局关于调整专利收费减缴条件和商标注册收费标准的公告》（国家知识产权局公告第三一六号）；《财政部 国家发展改革委关于减免部分行政事业性收费有关政策的通知》（财税〔2019〕45号）。

## 政策简介

国家知识产权局 2019 年 7 月 1 日起调整专利收费减缴条件。将《财政部 国家发展改革委关于印发〈专利收费减缴办法〉的通知》（财税〔2016〕78 号）第三条规定可以申请减缴专利收费的专利申请人和专利权人条件，由上年度月均收入低于 3500 元（年收入 4.2 万元）的个人，调整为上年度月均收入低于 5000 元（年收入 6 万元）的个人；由上年度企业应纳税所得额低于 30 万元的企业，调整为上年度企业应纳税所得额低于 100 万元的企业。

### 减缴对象

个人、企业、事业单位、社会团体、非营利性科研机构。

### 减缴额度

1. 专利申请人或者专利权人可以请求减缴下列专利收费。
（1）申请费（不包括公布印刷费、申请附加费）。
（2）发明专利申请实质审查费。
（3）年费（自授予专利权当年起 10 年内的年费）。
（4）复审费。
进入中国国家阶段的国际申请可以请求减缓的费用为复审费和自授予专利权当年起（含当年）10 年内的年费。

2. 专利申请人或者专利权人为个人或者单位的，减缴上述专利收费的 85%。两个或者两个以上的个人或者单位为共同专利申请人或者共有专利权人的，减缴上述专利收费的 70%。

3. 对符合《专利收费减缴办法》有关条件的专利申请人或者专利权人，专利年费的减缴期限由自授权当年起六年内，延长至 10 年内。对于 2018 年 7 月 31 日（含）前已准予减缴的专利，做以下处理：处于授权当年起六年内的，年费减缴期限延长至第 10 年；处于授权当年起七至九年的，自下一年度起继续减缴年费直至 10 年；处于授权当年起 10 年及 10 年以上的，不再减缴年费。

4. 对进入实质审查阶段的发明专利申请，在第一次审查意见通知书答复期限届满前（已提交答复意见的除外）主动申请撤回的，可以请求退还 50% 的专利申请实质审查费。

### 申请条件

1. 专利申请人或者专利权人符合下列条件之一的，可以向国家知识产权局请求减缴上述收费。
（1）上年度月均收入低于 5000 元（年收入 6 万元）的个人。
（2）上年度企业应纳税所得额低于 100 万元的企业。
（3）事业单位、社会团体、非营利性科研机构。
两个或者两个以上的个人或者单位为共同专利申请人或者共有专利权人的，应当分别符合上述规定。

2. 专利收费减缴请求有下列情形之一的，不予批准。
（1）未使用国家知识产权局制定的收费减缴请求书的。
（2）收费减缴请求书未签字或者盖章的。
（3）收费减缴请求不符合本办法第二条或者第三条规定的。

（4）收费减缴请求的个人或者单位未提供符合本办法第七条规定的证明材料的。

（5）收费减缴请求书中的专利申请人或者专利权人的姓名或者名称，或者发明创造名称，与专利申请书或者专利登记簿中的相应内容不一致的。

### 申请流程

1. 减缴备案。申请人或者专利权人请求减缴专利收费，应当登录"专利事务服务系统"（http://cpservice.cnipa.gov.cn/index.jsp）办理费用减缴备案，经审核备案合格后再行提交费用减缴请求书。

2. 减缴申请。费用减缴请求是在提出专利申请的同时提出，可以一并请求减缴上述费用。提出专利申请之后只能请求减缴除申请费外尚未到期的费用，但该请求最迟应当在有关费用缴纳期限届满前两个半月之前提出。

3. 审核审批。费用减缴请求由国家知识产权局或专利代办处审核，国家知识产权局或者专利代办处将同意减缴的比例通知申请人或专利权人。

## 十三、技术转让、技术开发和与之相关的技术咨询、技术服务免征增值税

### 政策依据

《财政部 国家税务总局关于全面推开营业税改征增值税试点的通知》（财税〔2016〕36号）附件3——《营业税改征增值税试点过渡政策的规定》第一条第二十六项。

### 适用范围

提供技术转让、技术开发和与之相关的技术咨询、技术服务的纳税人。纳税人提供技术转让、技术开发和与之相关的技术咨询、技术服务免征增值税。

### 适用条件

1. 技术转让、技术开发，是指《销售服务、无形资产、不动产注释》中"转让技术""研发服务"范围内的业务活动。技术咨询，是指就特定技术项目提供可行性论证、技术预测、专题技术调查、分析评价报告等业务活动。

2. 与技术转让、技术开发相关的技术咨询、技术服务，是指转让方（或者受托方）根据技术转让或者开发合同的规定，为帮助受让方（或者委托方）掌握所转让（或者委托开发）的技术，而提供的技术咨询、技术服务业务，且这部分技术咨询、技术服务的价款与技术转让或者技术开发的价款应当在同一张发票上开具。

3. 试点纳税人申请免征增值税时，须持技术转让、技术开发的书面合同，到纳税人所在地省级科技主管部门进行认定，并持有关的书面合同和科技主管部门审核意见证明文件报主管税务机关备查。

### 工作流程

试点纳税人申请免征增值税时，须持技术转让、技术开发的书面合同，到纳税人所在地省级科技主管部门进行认定，并持有关的书面合同和科技主管部门审核意见证明文件报主管税务机关备查。

## 十四、技术转让所得减免企业所得税

### 政策依据

《国家税务总局关于技术转让所得减免企业所得税有关问题的公告》（国家税务总局公告 2013 年第 62 号）；《国家税务总局关于许可使用权技术转让所得企业所得税有关问题的公告》（国家税务总局公告 2015 年第 82 号）。

### 适用范围

符合有关要求的居民企业。

### 政策内容

1. 与技术转让相关并符合有关条件的技术咨询、技术服务、技术培训，可以计入技术转让收入，享受技术转让所得减免企业所得税。

2. 五年以上非独占许可使用权取得的技术转让所得，纳入享受企业所得税优惠的技术转让所得范围。居民企业的年度技术转让所得不超过 500 万元的部分，免征企业所得税；超过 500 万元的部分，减半征收企业所得税。

### 申请条件

1. 可以计入技术转让收入的技术咨询、技术服务、技术培训收入，是指转让方为使受让方掌握所转让的技术投入使用、实现产业化而提供的必要的技术咨询、技术服务、技术培训所产生的收入，并应同时符合以下条件。

（1）在技术转让合同中约定的与该技术转让相关的技术咨询、技术服务、技术培训。

（2）技术咨询、技术服务、技术培训收入与该技术转让项目收入一并收取价款。

2. 转让五年以上非独占许可使用权取得的技术转让所得减免企业所得税，须符合以下条件。

（1）享受优惠的技术转让主体是《企业所得税法》规定的居民企业。

（2）技术转让的范围，包括专利（含国防专利）、计算机软件著作权、集成电路布图设计专有权、植物新品种权、生物医药新品种，以及财政部和国家税务总局确定的其他技术。其中，专利是指法律授予独占权的发明、实用新型及非简单改变产品图案和形状的外观设计。

（3）技术转让，是指居民企业转让其拥有上述范围内技术的所有权，或五年以上（含五年）全球独占许可使用权。

（4）技术转让应签订技术转让合同。其中，境内的技术转让需经省级以上（含省级）科技部门认定登记，跨境的技术转让需经省级以上（含省级）商务部门认定登记，涉及财政经费支持产生技术的转让，需省级以上（含省级）科技部门审批。

### 申请流程

纳税人应在汇算清缴期间向主管税务机关提交上述资料，主管税务机关在七个工作日内完成登记备案工作，并告知纳税人执行。

## 十五、股权奖励分期缴纳个人所得税

### 政策依据

《国家税务总局关于股权奖励和转增股本个人所得税征管问题的公告》（国家税务总局公告 2015 年第 80 号）（本节简称《公告》）；《财政部 国家税务总局关于将国家自主创新示范区有关税收试点政策推广到全国范围实施的通知》（财税〔2015〕116 号）。

### 适用范围

高新技术企业的有关技术人员、经营管理人员。

### 政策内容

自 2016 年 1 月 1 日起，全国范围内的高新技术企业转化科技成果给予本企业相关技术人员的股权奖励，个人一次缴纳税款有困难的，可根据实际情况自行制订分期缴税计划，在不超过五个公历年度内（含）分期缴纳，并将有关资料报主管税务机关备案。

### 申请条件

1. 实施股权激励的企业是查账征收和经省级高新技术企业认定管理机构认定的高新技术企业。

2. 必须是转化科技成果实施的股权奖励。

3. 相关技术人员，是指经公司董事会和股东大会决议批准获得股权奖励的以下两类人员：

（1）对企业科技成果研发和产业化做出突出贡献的技术人员，包括企业内关键职务科技成果的主要完成人，重大开发项目的负责人，对主导产品或者核心技术、工艺流程做出重大创新或者改进的主要技术人员。

（2）对企业发展做出突出贡献的经营管理人员，包括主持企业全面生产经营工作的高级管理人员，负责企业主要产品（服务）生产经营合计占主营业务收入（或者主营业务利润）50% 以上的中、高级经营管理人员。

### 申请流程

分期缴税计划由纳税人根据自身情况自主制定。企业应于发生股权奖励或转增股本次月 15 日内按照《公告》规定，将有关资料报主管税务机关备案。在分期缴税期间，分期缴税计划需要进行变更调整的，应重新向主管税务机关办理备案手续。

## 十六、向个人股东转增股本分期缴纳个人所得税

### 政策依据

《国家税务总局关于股权奖励和转增股本个人所得税征管问题的公告》（国家税务总局公告 2015 年第 80 号）；《财政部 国家税务总局关于将国家自主创新示范区有关税收试点政策推广到全国范围实施的通知》（财税〔2015〕116 号）。

### 适用范围

中小高新技术企业的个人股东。

### 政策内容

自 2016 年 1 月 1 日起，全国范围内的中小高新技术企业以未分配利润、盈余公积、资本公积向个人股东转增股本时，个人股东一次缴纳个人所得税确有困难的，可根据实际情况自行制订分期缴税计划，在不超过五个公历年度内（含）分期缴纳，并将有关资料报主管税务机关备案。

### 申请条件

中小高新技术企业是在中国境内注册的实行查账征收的、经认定取得高新技术企业资格，且年销售额和资产总额均不超过两亿元、从业人数不超过 500 人的企业。

### 申请流程

在不超过五个公历年度内（含）分期缴纳，并将有关资料报主管税务机关备案。

## 十七、技术成果投资入股递延缴纳所得税

### 政策依据

《财政部 国家税务总局关于完善股权激励和技术入股有关所得税政策的通知》（财税〔2016〕101 号）；《国家税务总局关于股权激励和技术入股所得税征管问题的公告》（国家税务总局公告 2016 年第 62 号）。

### 适用范围

以技术成果投资入股的企业或个人。

### 政策内容

企业或个人以技术成果投资入股到境内居民企业，被投资企业支付的对价全部为股票（权）的，投资入股当期可暂不纳税，允许递延至转让股权时，按股权转让收入减去技术成果原值和合理税费后差额计算缴纳所得税。

### 申请条件

1. 技术成果是指专利技术（含国防专利）、计算机软件著作权、集成电路布图设计专有权、植物新品种权、生物医药新品种，以及科技部、财政部、国家税务总局确定的其他技术成果。
2. 适用递延纳税政策的企业，为实行查账征收的居民企业且以技术成果所有权投资。

### 申请流程

企业或个人以技术成果投资入股到境内居民企业，被投资企业支付的对价全部为股票（权）的，企业或个人可选择继续按现行有关税收政策，在发生应税行为的次月 15 日内向主管税务机关申报纳税。一次性缴税有困难的，自发生应税行为之日起不超过五个公历年度内（含）分期缴纳个人所得税。

企业或个人也可以选择适用递延纳税优惠政策。经向主管税务机关备案，投

资入股当期可暂不纳税，允许递延至转让股权时，按股权转让收入减去技术成果原值和合理税费后的差额计算缴纳所得税。

## 十八、由国家级、省部级及国际组织对科技人员颁发的科技奖金免征个人所得税

### 政策依据

《中华人民共和国个人所得税法》第四条第一项。

### 适用范围

科技人员。

### 政策内容

省级人民政府、国务院部委和中国人民解放军军以上单位，以及外国组织、国际组织颁发的科学、技术方面的奖金，免征个人所得税。

### 申请条件

科技奖金由国家级、省部级、解放军军以上单位，以及外国组织、国际组织颁发。

## 十九、职务科技成果转化现金奖励减免个人所得税

### 政策依据

《财政部　税务总局　科技部关于科技人员取得职务科技成果转化现金奖励有关个人所得税政策的通知》（财税〔2018〕58号）。

### 适用范围

科技人员。

### 政策内容

依法批准设立的非营利性研究开发机构和高等学校根据《中华人民共和国促进科技成果转化法》规定，从职务科技成果转化收入中给予科技人员的现金奖励，可减按50%计入科技人员当月"工资、薪金所得"，依法缴纳个人所得税。

### 申请条件

1. 非营利性研究开发机构和高等学校，是指同时满足以下条件的科研机构和高校。

（1）根据《民办非企业单位登记管理暂行条例》在民政部门登记，并取得《民办非企业单位登记证书》。

（2）对于民办非营利性科研机构，其《民办非企业单位登记证书》记载的业务范围应属于"科学研究与技术开发、成果转让、科技咨询与服务、科技成果评估"范围。对业务范围存在争议的，由税务机关转请县级（含）以上科技行政主管部门确认。

对于民办非营利性高校，应取得教育主管部门颁发的《民办学校办学许可

证》,《民办学校办学许可证》记载学校类型为"高等学校"。

（3）经认定取得企业所得税非营利组织免税资格。

2. 科技人员享受上述税收优惠政策，须同时符合以下条件。

（1）科技人员是指非营利性科研机构和高校中对完成或转化职务科技成果做出重要贡献的人员。非营利性科研机构和高校应按规定公示有关科技人员名单及相关信息（国防专利转化除外），具体公示办法由科技部会同财政部、税务总局制定。

（2）科技成果是指专利技术（含国防专利）、计算机软件著作权、集成电路布图设计专有权、植物新品种权、生物医药新品种，以及科技部、财政部、税务总局确定的其他技术成果。

（3）科技成果转化是指非营利性科研机构和高校向他人转让科技成果或者许可他人使用科技成果。现金奖励是指非营利性科研机构和高校在取得科技成果转化收入三年（36个月）内奖励给科技人员的现金。

（4）非营利性科研机构和高校转化科技成果，应当签订技术合同，并根据《技术合同认定登记管理办法》，在技术合同登记机构进行审核登记，并取得技术合同认定登记证明。

非营利性科研机构和高校应健全科技成果转化的资金核算，不得将正常工资、奖金等收入列入科技人员职务科技成果转化现金奖励享受税收优惠。

# 二十、创业投资企业所得税优惠

### 政策依据

《国家税务总局关于实施创业投资企业所得税优惠问题的通知》（国税发〔2009〕87号）第一条、第二条、第三条;《财政部 国家税务总局关于将国家自主创新示范区有关税收试点政策推广到全国范围实施的通知》（财税〔2015〕116号）第一条;《国家税务总局关于有限合伙制创业投资企业法人合伙人企业所得税有关问题的公告》（国家税务总局公告2015年第81号）;《财政部 税务总局关于创业投资企业和天使投资个人有关税收政策的通知》（财税〔2018〕55号）第一条、第二条;《国家税务总局关于创业投资企业和天使投资个人税收政策有关问题的公告》（国家税务总局公告2018年第43号）;《财政部 税务总局关于实施小微企业普惠性税收减免政策的通知》（财税〔2019〕13号）第五条。

### 适用范围

符合条件的创业投资企业、法人合伙人、个人合伙人。

### 政策内容

1. 创投企业投资未上市的中小高新技术企业按比例抵扣应纳税所得额。自2018年1月1日起，创业投资企业采取股权投资方式投资于未上市的中小高新技术企业两年（24个月）以上的，可以按照其对中小高新技术企业投资额的70%在股权持有满两年的当年抵扣该创业投资企业的应纳税所得额；当年不足抵扣的，可以在以后纳税年度结转抵扣。

2. 有限合伙制创业投资企业法人合伙人投资未上市的中小高新技术企业按比例抵扣应纳税所得额。自2015年10月1日起，有限合伙制创业投资企业采取股权投资方式投资于未上市的中小高新技术企业满两年（24个月）的，该投资企业的法人合伙人可按照其对未上市中小高新技术企业投资额的 70% 抵扣该法人合伙人从该投资企业分得的应纳税所得额；当年不足抵扣的，可以在以后纳税年度结转抵扣。

3. 公司制创投企业投资初创科技型企业按比例抵扣应纳税所得额。自 2018 年 1 月 1 日起，公司制创业投资企业采取股权投资方式直接投资于种子期、初创期科技型企业满两年（24 个月）的，可以按照投资额的 70% 在股权持有满两年的当年抵扣该公司制创业投资企业的应纳税所得额；当年不足抵扣的，可以在以后纳税年度结转抵扣。

4. 有限合伙制创业投资企业法人合伙人或个人合伙人投资初创科技型企业按比例抵扣应纳税所得额。自 2018 年 1 月 1 日起，有限合伙制创业投资企业采取股权投资方式直接投资于初创科技型企业满两年（24 个月）的，法人合伙人或个人合伙人可以按照对初创科技型企业投资额的 70% 抵扣法人合伙人或个人合伙人从合伙创投企业分得的经营所得；当年不足抵扣的，可以在以后纳税年度结转抵扣。

### 符合条件

1. 创投企业投资未上市的中小高新技术企业按比例抵扣应纳税所得额。

（1）创业投资企业采取股权投资方式投资于未上市的中小高新技术企业两年（24 个月）以上。

（2）创业投资企业是指依照《创业投资企业管理暂行办法》（本节简称《暂行办法》）和《外商投资创业投资企业管理规定》在中华人民共和国境内设立的专门从事创业投资活动的企业或其他经济组织。

（3）经营范围符合《暂行办法》规定，且工商登记为"创业投资有限责任公司""创业投资股份有限公司"等专业性法人创业投资企业。

（4）按照《暂行办法》规定的条件和程序完成备案，经备案管理部门年度检查核实，投资运作符合《暂行办法》的有关规定。

（5）创业投资企业投资的中小高新技术企业，按照科技部、财政部、国家税务总局《关于印发〈高新技术企业认定管理办法〉的通知》和《高新技术企业认定管理工作指引》的规定，通过高新技术企业认定；同时，职工人数不超过 500 人，年销售（营业）额不超过两亿元，资产总额不超过两亿元。

2. 有限合伙制创业投资企业法人合伙人投资未上市的中小高新技术企业按比例抵扣应纳税所得额。

（1）有限合伙制创业投资企业是指依照《中华人民共和国合伙企业法》《创业投资企业管理暂行办法》《外商投资创业投资企业管理规定》设立的专门从事创业投资活动的有限合伙企业。

（2）有限合伙制创业投资企业的法人合伙人，是指依照《中华人民共和国企业所得税法》及其实施条例及相关规定，实行查账征收企业所得税的居民企业。

（3）有限合伙制创业投资企业采取股权投资方式投资于未上市的中小高新技术企业满两年（24 个月），即 2015 年 10 月 1 日起，有限合伙制创业投资企业投资于未上市中小高新技术企业的实缴投资满两年，同时，法人合伙人对该有限合伙制创业投资企业的实缴出资也应满两年。

（4）有限合伙制创业投资企业投资的中小高新技术企业，按照《高新技术企业认定管理办法》和《高新技术企业认定管理工作指引》的规定，通过高新技术企业认定；同时，职工人数不超过 500 人，年销售（营业）额不超过两亿元，资产总额不超过两亿元。

（5）有限合伙制创业投资企业应纳税所得额的确定及分配应按照《财政部 国家税务总局关于合伙企业合伙人所得税问题的通知》相关规定执行。

3. 公司制创投企业投资初创科技型企业按比例抵扣应纳税所得额、有限合伙制创业投资企业法人合伙人或个人合伙人投资初创科技型企业按比例抵扣应纳税所得额。

（1）创业投资企业，应同时符合以下条件：①在中国境内（不含港、澳、台地区）注册成立、实行查账征收的居民企业或合伙创投企业，且不属于被投资初创科技型企业的发起人；②符合《创业投资企业管理暂行办法》规定或者《私募投资基金监督管理暂行办法》关于创业投资基金的特别规定，按照上述规定完成备案且规范运作；③投资后两年内，创业投资企业及其关联方持有被投资初创科技型企业的股权比例合计应低于 50%。

（2）初创科技型企业，应同时符合以下条件：①在中国境内（不包括港、澳、台地区）注册成立、实行查账征收的居民企业；②接受投资时，从业人数不超过 300 人，其中具有大学本科以上学历的从业人数不低于 30%，资产总额和年销售收入均不超过 5000 万元；③接受投资时设立时间不超过五年（60 个月）；④接受投资时及接受投资后两年内未在境内外证券交易所上市；⑤接受投资当年及下一纳税年度，研发费用总额占成本费用支出的比例不低于 20%。

（3）股权投资，仅限于通过向被投资初创科技型企业直接支付现金方式取得的股权投资，不包括受让其他股东的存量股权。

## 二十一、天使投资人投资初创科技型企业税收优惠

### 政策依据

《国家税务总局关于创业投资企业和天使投资个人税收政策有关问题的公告》（国家税务总局公告 2018 年第 43 号）；《财政部 税务总局关于创业投资企业和天使投资个人有关税收政策的通知》（财税〔2018〕55 号）第一条、第二条；《财政部 税务总局关于实施小微企业普惠性税收减免政策的通知》（财税〔2019〕13 号）第五条。

### 适用范围

天使投资人。

### 政策内容

自 2018 年 7 月 1 日起，天使投资个人采取股权投资方式直接投资于初创科技型企业满两年的，可以按照投资额的 70% 抵扣转让该初创科技型企业股权取得的应纳税所得额；当期不足抵扣的，可以在以后取得转让该初创科技型企业股权的应纳税所得额时结转抵扣。天使投资个人投资多个初创科技型企业的，对其中办理注销清算的初创科技型企业，天使投资个人对其投资额的 70% 尚未抵扣完的，可自注销清算之日起 36 个月内抵扣天使投资个人转让其他初创科技型企业股权取得的应纳税所得额。

### 符合条件

1. 天使投资个人，应同时符合以下条件。

（1）不属于被投资初创科技型企业的发起人、雇员或其亲属（包括配偶、父

母、子女、祖父母、外祖父母、孙子女、外孙子女、兄弟姐妹，本节同），且与被投资初创科技型企业不存在劳务派遣等关系。

（2）投资后两年内，本人及其亲属持有被投资初创科技型企业股权比例合计应低于 50%。

2. 初创科技型企业，应同时符合以下条件。

（1）在中国境内（不包括港、澳、台地区）注册成立、实行查账征收的居民企业。

（2）接受投资时，从业人数不超过 300 人，其中具有大学本科以上学历的从业人数不低于 30%；资产总额和年销售收入均不超过 5000 万元。

（3）接受投资时设立时间不超过五年（60 个月）。

（4）接受投资时及接受投资后两年内未在境内外证券交易所上市。

（5）接受投资当年及下一纳税年度，研发费用总额占成本费用支出的比例不低于 20%。

3. 股权投资，仅限于通过向被投资初创科技型企业直接支付现金方式取得的股权投资，不包括受让其他股东的存量股权。

## 二十二、以非货币性资产对外投资税收优惠

### 政策依据

《财政部　国家税务总局关于非货币性资产投资企业所得税政策问题的通知》（财税〔2014〕116 号）；《财政部　国家税务总局关于个人非货币性资产投资有关个人所得税政策的通知》（财税〔2015〕41 号）；《国家税务总局关于个人非货币性资产投资有关个人所得税征管问题的公告》（国家税务总局公告 2015 年第 20 号）；《国家税务总局关于非货币性资产投资企业所得税有关征管问题的公告》（国家税务总局公告 2015 年第 33 号）。

### 适用范围

以非货币性资产对外投资的居民企业、个人。

### 政策内容

1. 以非货币性资产对外投资确认的非货币性资产转让所得分期缴纳企业所得税。可自确认非货币性资产转让收入年度起不超过连续五个纳税年度的期间内，非货币性资产转让所得分期均匀计入相应年度的应纳税所得额，按规定计算缴纳企业所得税。

2. 以非货币性资产对外投资确认的非货币性资产转让所得分期缴纳个人所得税。对非货币资产转让所得应按"财产转让所得"缴纳个人所得税，一次性缴税有困难的，可合理确认分期缴纳计划并报主管税务机关备案后，在不超过五年期限内缴纳。

### 符合条件

1. 以非货币性资产对外投资确认的非货币性资产转让所得分期缴纳企业所得税。

（1）企业以非货币性资产对外投资，应于投资协议生效并办理股权登记手续时，确认非货币性资产转让收入的实现，应对非货币性资产进行评估并按评估后

的公允价值扣除计税基础后的余额，计算确认非货币性资产转让所得。

（2）企业以非货币性资产对外投资而取得被投资企业的股权，应以非货币性资产的原计税成本为计税基础，加上每年确认的非货币性资产转让所得，逐年进行调整。

（3）被投资企业取得非货币性资产的计税基础，应按非货币性资产的公允价值确定。

（4）企业在对外投资五年内转让上述股权或投资收回的，应停止执行递延纳税政策，并就递延期内尚未确认的非货币性资产转让所得，在转让股权或投资收回当年的企业所得税年度汇算清缴时，一次性计算缴纳企业所得税。

（5）企业在对外投资五年内注销的，应停止执行递延纳税政策，并就递延期内尚未确认的非货币性资产转让所得，在注销当年的企业所得税年度汇算清缴时，一次性计算缴纳企业所得税。

（6）非货币性资产，是指现金、银行存款、应收账款、应收票据，以及准备持有至到期的债券投资等货币性资产以外的资产。

（7）非货币性资产投资，限于以非货币性资产出资设立新的居民企业，或将非货币性资产注入现存的居民企业。

（8）享受政策的居民企业实行查账征收。

2. 以非货币性资产对外投资确认的非货币性资产转让所得分期缴纳个人所得税。

（1）非货币性资产，是指现金、银行存款等货币性资产以外的资产，包括股权、不动产、技术发明成果及其他形式的非货币性资产。

（2）非货币性资产投资，包括以非货币性资产出资设立新的企业，以及以非货币性资产出资参与企业增资扩股、定向增发股票、股权置换、重组改制等投资行为。

（3）个人以非货币性资产投资，应于非货币性资产转让、取得被投资企业股权时，确认非货币性资产转让收入的实现，应按评估后的公允价值确认非货币性资产转让收入。

（4）个人以非货币性资产投资交易过程中取得现金补价的，现金部分应优先用于缴税；现金不足以缴纳的部分，可分期缴纳。个人在分期缴税期间转让其持有的上述全部或部分股权，并取得现金收入的，该现金收入应优先用于缴纳尚未缴清的税款。

## 二十三、科学研究机构、技术开发机构、学校等单位进口免征增值税、消费税

### 政策依据

《财政部 教育部 国家发展改革委 科技部 工业和信息化部 民政部 商务部 海关总署 国家税务总局 国家新闻出版广电总局关于支持科技创新进口税收政策管理办法的通知》（财关税〔2016〕71号）;《财政部 海关总署 国家税务总局关于公布进口科学研究 科技开发和教学用品免税清单的通知》（财关税〔2016〕72号）。

### 适用范围

1. 科学研究机构、技术开发机构、学校和出版物进口单位如下。

（1）国务院部委、直属机构和省、自治区、直辖市、计划单列市所属从事科

学研究工作的各类科研院所。

（2）国家承认学历的实施专科及以上高等学历教育的高等学校。

（3）国家发展改革委会同财政部、海关总署和国家税务总局核定的国家工程研究中心；国家发展改革委会同财政部、海关总署、国家税务总局和科技部核定的企业技术中心。

（4）科技部会同财政部、海关总署和国家税务总局核定的：①科技体制改革过程中转制为企业和进入企业的主要从事科学研究和技术开发工作的机构；②国家重点实验室及企业国家重点实验室；③国家工程技术研究中心。

（5）科技部会同民政部核定或者各省、自治区、直辖市、计划单列市及新疆生产建设兵团科技主管部门会同同级民政部门核定的科技类民办非企业单位。

（6）工业和信息化部会同财政部、海关总署、国家税务总局核定的国家中小企业公共服务示范平台（技术类）。

（7）各省、自治区、直辖市、计划单列市及新疆生产建设兵团商务主管部门会同同级财政、国税部门和外资研发中心所在地直属海关核定的外资研发中心。

（8）国家新闻出版广电总局批准的下列具有出版物进口许可的出版物进口单位：中国图书进出口（集团）总公司及其具有独立法人资格的子公司、中国经济图书进出口公司、中国教育图书进出口有限公司、北京中科进出口有限责任公司、中国科技资料进出口总公司、中国国际图书贸易集团有限公司。

（9）财政部会同有关部门核定的其他科学研究机构、技术开发机构、学校。

2. 科学研究机构、技术开发机构、学校等单位进口的国内不能生产或者性能不能满足需要的科学研究、科技开发和教学用品（含出版物进口单位为科研院所、学校进口用于科研、教学的图书、资料等），列入了财政部会同海关总署、国家税务总局制定并发布的《进口科学研究、科技开发和教学用品免税清单》。

### 优惠内容

对科学研究机构、技术开发机构、学校等单位进口国内不能生产或者性能不能满足需要的科学研究、科技开发和教学用品，免征进口关税和进口环节增值税、消费税；对出版物进口单位为科研院所、学校进口用于科研、教学的图书、资料等，免征进口环节增值税。

## 二十四、支持科技创新进口税收优惠

### 政策依据

《财政部　海关总署　税务总局关于"十四五"期间支持科技创新进口税收政策的通知》（财关税〔2021〕23 号）（本节简称《通知》）;《财政部　中央宣传部　国家发展改革委　教育部　科技部　工业和信息化部　民政部　商务部　文化和旅游部　海关总署　税务总局关于"十四五"期间支持科技创新进口税收政策管理办法的通知》（财关税〔2021〕24 号）。

### 适用范围

1. 对科学研究机构、技术开发机构、学校、党校（行政学院）、图书馆进口国内不能生产或性能不能满足需求的科学研究、科技开发和教学用品，免征进口关税和进口环节增值税、消费税。

2. 对出版物进口单位为科研院所、学校、党校（行政学院）、图书馆进口用于科研、教学的图书、资料等，免征进口环节增值税。

所称科学研究机构、技术开发机构、学校、党校（行政学院）、图书馆是指：

（1）从事科学研究工作的中央级、省级、地市级科研院所（含其具有独立法人资格的图书馆、研究生院）。

（2）国家实验室，国家重点实验室，企业国家重点实验室，国家产业创新中心，国家技术创新中心，国家制造业创新中心，国家临床医学研究中心，国家工程研究中心，国家工程技术研究中心，国家企业技术中心，国家中小企业公共服务示范平台（技术类）。

（3）科技体制改革过程中转制为企业和进入企业的主要从事科学研究和技术开发工作的机构。

（4）科技部会同民政部核定或者省级科技主管部门会同省级民政、财政、税务部门和社会研发机构所在地直属海关核定的科技类民办非企业单位性质的社会研发机构；省级科技主管部门会同省级财政、税务部门和社会研发机构所在地直属海关核定的事业单位性质的社会研发机构。

（5）省级商务主管部门会同省级财政、税务部门和外资研发中心所在地直属海关核定的外资研发中心。

（6）国家承认学历的实施专科及以上高等学历教育的高等学校及其具有独立法人资格的分校、异地办学机构。

（7）县级及以上党校（行政学院）。

（8）地市级及以上公共图书馆。

所称出版物进口单位是指中央宣传部核定的具有出版物进口许可的出版物进口单位，科研院所是指从事科学研究工作的中央级、省级、地市级科研院所（含其具有独立法人资格的图书馆、研究生院）。

## 清单核定

1. 科技部核定从事科学研究工作的中央级科研院所名单，包括科研院所所属具有独立法人资格的图书馆、研究生院名单，函告海关总署，抄送财政部、税务总局。省级科技主管部门会同省级财政、税务部门和科研院所所在地直属海关核定从事科学研究工作的省级、地市级科研院所名单，核定结果由省级科技主管部门按规定函告、抄送、报送海关、财政、税务部门。

2. 科技部核定国家实验室、国家重点实验室、企业国家重点实验室、国家技术创新中心、国家临床医学研究中心、国家工程技术研究中心名单，国家发展改革委核定国家产业创新中心、国家工程研究中心、国家企业技术中心名单，工业和信息化部核定国家制造业创新中心、国家中小企业公共服务示范平台（技术类）名单。核定结果分别由科技部、国家发展改革委、工业和信息化部函告海关总署，抄送财政部、税务总局。

科技部会同民政部核定或者省级科技主管部门会同省级民政、财政、税务部门和社会研发机构所在地直属海关核定科技类民办非企业单位性质的社会研发机构名单。

省级科技主管部门会同省级财政、税务部门和社会研发机构所在地直属海关核定事业单位性质的社会研发机构名单。

省级商务主管部门会同省级财政、税务部门和外资研发中心所在地直属海关核定外资研发中心名单。

凡不具有独立法人资格的单位、机构，应一并函告其依托单位；有关单位、机构具有有效期限的，应一并函告其有效期限。

3. 教育部核定国家承认学历的实施专科及以上高等学历教育的高等学校及其具有独立法人资格的分校、异地办学机构名单，函告海关总署，抄送财政部、税务总局。

4. 文化和旅游部核定省级以上公共图书馆名单，函告海关总署，抄送财政部、税务总局。省级文化和旅游主管部门会同省级财政、税务部门和公共图书馆所在地直属海关核定省级、地市级公共图书馆名单。

5. 中央宣传部核定具有出版物进口许可的出版物进口单位名单。出版物进口单位免税进口图书、资料等商品的销售对象为中央党校（国家行政学院）和省级、地市级、县级党校（行政学院）以及其他经核定的单位。

6. 中央党校（国家行政学院）和省级、地市级、县级党校（行政学院）以及按照规定经核定的单位或机构（本节统称进口单位），应按照海关有关规定，办理有关进口商品的减免税手续。

**免征规定**

1. 相关部门函告海关的进口单位名单和《通知》所称的免税进口商品清单应注明批次。其中，第一批名单、清单自2021年1月1日实施，至第一批名单印发之日后30日内已征的应免税款，准予退还；以后批次的名单、清单，分别自其印发之日后第20日起实施。中央党校（国家行政学院）和省级、地市级、县级党校（行政学院）自2021年1月1日起具备免税进口资格，至本办法印发之日后30日内已征的应免税款，准予退还。符合规定的已征应免税款，依进口单位申请准予退还。

2. 进口单位可向主管海关提出申请，选择放弃免征进口环节增值税。进口单位主动放弃免征进口环节增值税后，36个月内不得再次申请免征进口环节增值税。

3. 进口单位发生名称、经营范围变更等情形的，应在《通知》有效期限内及时将有关变更情况说明报送核定其名单的牵头部门。牵头部门按照规定的程序，核定变更后的单位自变更登记之日起能否继续享受政策，注明变更登记日期。

4. 进口单位应按有关规定使用免税进口商品，如违反规定，将免税进口商品擅自转让、移作他用或者进行其他处置，被依法追究刑事责任的，在《通知》剩余有效期限内停止享受政策。

5. 进口单位如存在以虚报情况获得免税资格，由核定其名单的牵头部门查实后函告海关，自函告之日起，该单位在《通知》剩余有效期限内停止享受政策。

**免征时限**

免征有效期为2021年1月1日至2025年12月31日。

**免征条件**

1. 享受"十四五"期间支持科技创新进口税收政策的科技类民办非企业单位性质的社会研发机构，应同时满足以下条件。

（1）符合科技部和省级科技主管部门规定的社会研发机构（新型研发机构）基本条件。

（2）依照《民办非企业单位登记管理暂行条例》《民办非企业单位登记暂行办法》的要求，在民政部或省级民政部门登记注册的、具有独立法人资格的民办非企业单位。

（3）资产总额不低于 300 万元。

（4）从事科学研究工作的专业技术人员（指大专以上学历或中级以上技术职称专业技术人员）在 20 人以上，且占全部在职人员的比例不低于 60%。

2．享受"十四五"期间支持科技创新进口税收政策的外资研发中心，应同时满足以下条件。

（1）研发费用标准：作为独立法人的，其投资总额不低于 800 万美元；作为公司内设部门或分公司的非独立法人的，其研发总投入不低于 800 万美元。

（2）专职研究与试验发展人员不低于 80 人。

（3）设立以来累计购置的设备原值不低于 2000 万元。

## 二十五、新型显示产业发展进口税收优惠

### 政策依据

《财政部 海关总署 税务总局关于 2021—2030 年支持新型显示产业发展进口税收政策的通知》（财关税〔2021〕19 号）；《财政部 国家发展改革委 工业和信息化部 海关总署 税务总局关于 2021—2030 年支持新型显示产业发展进口税收政策管理办法的通知》（财关税〔2021〕20 号）。

### 政策支持

1．自 2021 年 1 月 1 日至 2030 年 12 月 31 日，对新型显示器件（即薄膜晶体管液晶显示器件、有源矩阵有机发光二极管显示器件、Micro-LED 显示器件，本节同）生产企业进口国内不能生产或性能不能满足需求的自用生产性（含研发用，本节同）原材料、消耗品和净化室配套系统、生产设备（包括进口设备和国产设备）零配件，对新型显示产业的关键原材料、零配件（即靶材、光刻胶、掩模版、偏光片、彩色滤光膜）生产企业进口国内不能生产或性能不能满足需求的自用生产性原材料、消耗品，免征进口关税。

根据国内产业发展、技术进步等情况，财政部、海关总署、税务总局将会同国家发展改革委、工业和信息化部对上述关键原材料、零配件类型适时调整。

2．承建新型显示器件重大项目的企业自 2021 年 1 月 1 日至 2030 年 12 月 31 日进口新设备，除《国内投资项目不予免税的进口商品目录》《外商投资项目不予免税的进口商品目录》和《进口不予免税的重大技术装备和产品目录》所列商品外，对未缴纳的税款提供海关认可的税款担保，准予在首台设备进口之后的六年（连续 72 个月）期限内分期缴纳进口环节增值税，六年内每年（连续 12 个月）依次缴纳进口环节增值税总额的 0%、20%、20%、20%、20%、20%，自首台设备进口之日起已经缴纳的税款不予退还。在分期纳税期间，海关对准予分期缴纳的税款不予征收滞纳金。

上述所述国内不能生产或性能不能满足需求的免税进口商品清单，由工业和信息化部会同国家发展改革委、财政部、海关总署、税务总局另行制定印发，并动态调整。

### 管理办法

1．国家发展改革委会同工业和信息化部、财政部、海关总署、税务总局制定并联合印发享受免征进口关税的新型显示器件生产企业和新型显示产业的关键

原材料、零配件生产企业名单。

2. 工业和信息化部会同国家发展改革委、财政部、海关总署、税务总局制定并联合印发国内不能生产或性能不能满足需求的自用生产性（含研发用）原材料、消耗品和净化室配套系统、生产设备（包括进口设备和国产设备）零配件的免税进口商品清单。

3. 国家发展改革委会同工业和信息化部制定可享受进口新设备进口环节增值税分期纳税的新型显示器件重大项目标准和享受分期纳税承建企业的条件，并根据上述标准、条件确定新型显示器件重大项目建议名单和承建企业建议名单，函告财政部，抄送海关总署、税务总局。财政部会同海关总署、税务总局确定新型显示器件重大项目名单和承建企业名单，通知省级财政厅（局）、企业所在地直属海关、省级税务局。

承建企业应于承建的新型显示器件重大项目项下申请享受分期纳税的首台新设备进口三个月前，向省级财政厅（局）提出申请，附项目投资金额、进口设备时间、年度进口新设备金额、年度进口新设备进口环节增值税额、税款担保方案等信息。

财政部会同海关总署、税务总局确定新型显示器件重大项目的分期纳税方案（包括项目名称、承建企业名称、分期纳税起止时间、分期纳税总税额、每季度纳税额等），由企业所在地直属海关告知相关企业。

分期纳税方案实施中，如项目名称发生变更，承建企业发生名称、经营范围变更等情形的，承建企业应在完成变更登记之日起60日内，向省级财政厅（局）、企业所在地直属海关、省级税务局报送变更情况说明，申请变更分期纳税方案相应内容。享受分期纳税的进口新设备，应在企业所在地直属海关关区内申报进口。

4. 企业进口新设备，同时适用申报进口当期的《国内投资项目不予免税的进口商品目录》《外商投资项目不予免税的进口商品目录》《进口不予免税的重大技术装备和产品目录》所列商品的累积范围。

5. 免税进口单位应按照海关有关规定，办理有关进口商品的减免税手续。

6. 国家发展改革委、工业和信息化部分别牵头制定的名单、清单应注明批次。其中第一批名单、清单自2021年1月1日实施，至第一批名单印发之日后30日内已征的应免关税税款，依免税进口单位申请准予退还。以后批次的名单、清单，分别自印发之日后第20日起实施。

7. 免税进口单位发生名称、经营范围变更等情形的，应在《通知》有效期限内及时将有关变更情况说明报送国家发展改革委。

8. 免税进口单位应按有关规定使用免税进口商品，如违反规定，将免税进口商品擅自转让、移作他用或者进行其他处置，被依法追究刑事责任的，在《通知》剩余有效期限内停止享受政策。

9. 免税进口单位如存在以虚报情况获得免税资格，由国家发展改革委会同工业和信息化部、财政部、海关总署、税务总局等部门查实后，国家发展改革委函告海关总署，自函告之日起，该单位在《通知》剩余有效期限内停止享受政策。

10. 本办法有效期为2021年1月1日至2030年12月31日。

# 第五篇　科技金融与区域创新

# 第一章　科技金融

## 一、国家科技成果转化引导基金

### 政策依据

《财政部　科技部关于印发〈国家科技成果转化引导基金管理暂行办法〉的通知》（财教〔2021〕176 号）。

### 政策简介

为贯彻落实《中华人民共和国促进科技成果转化法》，加快实施创新驱动发展战略，加速推动科技成果转化与应用，引导社会力量和地方政府加大科技成果转化投入，根据国家有关法律法规，财政部对《国家科技成果转化引导基金管理暂行办法》（财教〔2011〕289 号）进行了修订。自 2022 年 1 月 1 日起施行,《国家科技成果转化引导基金管理暂行办法》（财教〔2011〕289 号）同时废止。

### 适用范围

转化基金主要用于支持转化利用财政资金形成的科技成果，包括中央财政科技计划、地方科技计划及其他由事业单位产生的新技术、新产品、新工艺、新材料、新装置及其系统等。

### 政策内容

转化基金的资金来源为中央财政拨款和社会捐赠。转化基金通过设立创业投资子基金的方式支持科技成果转化。转化基金遵循引导性、间接性、非营利性和市场化原则。转化基金应坚持绩效导向，落实全面预算绩效管理要求，提升资金使用效益。地方可以参照设立科技成果转化引导基金。

### 支持方式

1. 转化基金与符合条件的投资机构共同设立子基金，为转化科技成果的企业提供股权投资。子基金重点支持转化应用科技成果的种子期、初创期、成长期的科技型中小企业。

2. 鼓励地方政府投资基金与转化基金共同设立子基金。鼓励符合条件的创新创业载体参与设立子基金，加强投资和孵化协同，促进科技成果转化。

3. 转化基金不作为子基金的第一大股东或出资人，对子基金的出资比例为子基金总额的 10%—30%，其余资金由子基金管理机构依法募集。

4. 子基金应以不低于转化基金出资额三倍且不低于子基金总额 50% 的资金投资于转化利用财政资金形成科技成果的企业。其他投资方向应符合国家重点支持的高新技术领域。

5. 子基金不得从事贷款或股票（投资企业上市除外）、期货、房地产、证券投资基金、企业债券、金融衍生品等投资，以及其他国家法律法规禁止私募基金从事的业务，不得用于赞助、捐赠等支出。待投资金应当存放银行或购买国债和地方政府债券。

6. 子基金存续期一般不超过八年。存续期内，鼓励其他投资者购买转化基金所持子基金的份额或股权。存续期满，转化基金与其他出资人同股同权清算退出。转化基金转让子基金份额或股权取得的收入，以及从子基金清算退出取得的收入上缴中央国库，具体按照财政部有关规定执行。

7. 子基金应当选择具有托管资格和符合托管要求的银行开设托管账户。存续期内产生的股权转让、分红、清算等资金应进子基金托管账户，不得循环投资。

8. 子基金应当委托专业的投资管理企业作为子基金管理机构。

9. 子基金存续期结束时，年平均收益达到一定要求的，子基金管理机构可提取一定比例的业绩提成。子基金各出资方按照出资比例或相关协议约定获取投资收益，并可将部分投资收益奖励子基金管理机构。

10. 子基金应当在子基金合伙协议或公司章程中载明本办法规定的相关事项。

11. 其他投资者在子基金存续期内购买转化基金所持子基金的份额或股权，转化基金可按照利益共享、风险共担原则对其适当让利。

**管理监督**

1. 财政部、科技部负责转化基金顶层设计、规划布局，制定转化基金管理制度，统筹负责转化基金管理运行、绩效管理和监督等工作。财政部履行转化基金出资人职责。科技部按规定批准设立子基金、管理子基金重大变更事项。

2. 科技部、财政部共同委托具备条件的机构（本节称受托管理机构）负责转化基金的日常管理工作。

3. 受托管理机构应当建立适应转化基金管理和工作需要的专业人员队伍、内部组织机构、管理制度和风险控制机制等。

4. 受托管理机构向子基金派出代表，对子基金行使出资人职责、参与重大决策、监督投资和运作，不参与日常管理。派出代表不得在子基金及其管理机构兼职，不得从子基金领取工作津贴、补助、奖金等任何形式的报酬。

5. 科技部、财政部组织成立转化基金理事会，成员由科技、财务、法律、金融、投资等领域的专家组成，为转化基金提供咨询。

理事会通过理事工作会议审核子基金设立方案，定期召开年度会议为转化基金发展提供意见建议等。理事会成员依规履职，并接受科技部、财政部监督。

6. 科技部、财政部以外的理事会成员每届任期为三年，连任不得超过两届。每届理事会任届期满时，除科技部、财政部外的理事会成员应至少更换三分之一。

7. 理事会设理事长，负责召集理事会工作会议。出席理事会工作会议的理事会成员人数应达到全体理事会成员人数的二分之一以上，且各领域至少应有一名理事会成员参加。

理事会工作会议审核设立子基金时，采取记名投票方式表决，并形成理事会审核意见。同意票数占比达到出席人数三分之二以上为通过。

8. 科技部建立国家科技成果转化信息共享平台，主要展示利用财政资金形成的科技成果，为科技成果转化提供信息支持。平台中科技成果摘要信息除涉及国家安全、重大社会公共利益和商业秘密外，向社会公开。

9. 转化基金建立全过程绩效管理机制，科技部负责科学设置绩效目标和绩效指标、开展绩效监控。每年年末受托管理机构对转化基金实施绩效自评。自评结果经科技部认可后报财政部。财政部根据工作需要适时组织重点绩效评价。科技部、财政部加强组织指导，督促做好绩效评价结果应用。

10．转化基金管理费参照市场同等规模政府投资基金情况并结合绩效评价结果和实际工作需要决定。管理费具体核定比例和使用管理另行规定。

11．财政部、科技部及受托管理机构工作人员在转化基金管理过程中，存在滥用职权、玩忽职守、徇私舞弊等违法违纪行为的，依法责令改正，对负有责任的领导人员和直接责任人员依法给予处分；涉嫌犯罪的，依法移送有关机关处理。

12．转化基金实施过程中涉及信息提供的单位，应当保证所提供信息的真实性，并对信息虚假导致的后果承担责任。

13．转化基金建立公示制度。

## 二、战略性新兴产业发展基金

### 政策依据

《关于共同发起设立战略性新兴产业发展基金的战略合作备忘录》（国家发展改革委与中国建设银行）；中国建设银行《关于子公司出资战略性新兴产业发展基金的公告》（2018 年 11 月）。

### 政策简介

为全面落实《中华人民共和国国民经济和社会发展第十三个五年规划纲要》和《"十三五"国家战略性新兴产业发展规划》，加快建设实体经济、科技创新、现代金融、人力资源协同发展的产业体系，培育发展新动能，强化金融支撑战略性新兴产业发展的能力，国家发展改革委与中国建设银行将建立战略合作机制，以支持战略性新兴产业发展壮大为目标，共同发起设立国家级战略性新兴产业发展基金（暂定名，以最终市场监督管理机构登记名称为准），并通过设立子基金等方式进一步吸引社会资金，基金目标规模约 3000 亿元。

### 基金规模

建信人寿保险股份有限公司拟出资金额为 30 亿元人民币，建银国际（控股）有限公司拟出资金额为 10 亿元人民币，建信金融资产投资有限公司拟出资金额为 8 亿元人民币，建信信托有限责任公司拟出资金额为 5 亿元人民币。建信人寿、建银国际、建信投资、建信信托合称 4 家子公司，拟对基金出资总额为 53 亿元人民币。合伙企业的经营期限预计为 10 年。

### 投资范围

基金重点关注战略性新兴产业，具体投资范围如下。

1．基金作为有限合伙人，在中国境内对从事股权投资及从事夹层投资、可转换债、可交换债券和债转股等具有类似股权性质投资业务的私募股权投资基金（即子基金）进行投资。

2．基金对目标公司或目标项目进行直接投资。

### 河南基金

2017 年 1 月河南省战略性新兴产业投资基金成立暨项目签约仪式举行，经省政府批准，河南省战略性新兴产业投资基金由河南投资集团发起设立。战略新兴产业基金与中国建设银行、中国农业银行、中国银行、中信银行、招商银行、平安银行六家金融机构签署基金合作协议，与中国农批、复星集团、物美集团、中信重工、中原航港基金管理公司、郑大一附院六家单位签订了子基金及项目合作协议，与焦作、许昌、漯河三个省辖市政府签订了战略合作协议。基金采用"1+N"的母子基金模式，母基金 300 亿元，子基金规模不低于 700 亿元，形成千亿级基金规模，重点将投向该省"10+8"战略性新兴产业。

## 三、中国高新区国际人才发展专项基金

### 政策依据

《关于印发〈中国高新区国际人才发展专项基金管理办法（暂行）〉的通知》（科技部火炬中心 2019 年 3 月）。

### 政策简介

在"一带一路"倡议的指导下，深入促进我国科技产业界人才与全球创新人才的"民心相通"，加速推动国家高新区深度融入全球人力资源的大循环，全面增强国家高新区配置人才资源、培养创新人才的能力。根据高新技术产业发展不同时期的客观需求，自上而下指导国家高新区人才工作发展方向，每年确立支持高新区人才工作的主题和方向，引导国家高新区开展人才工作。在国家高新区管理服务体系中增加国际人才建设新机制，为国家高新区人才建设引入更多社会资源，利用社会捐赠资金，专门支持国家高新区国际化人才培养与国际化人才交流。北京法政实业集团有限公司捐赠 1000 万元人民币作为专项基金启动资金，北京法政实业集团将持续募集资金，计划筹集 10 期，总计一亿元人民币。

### 适用范围

专项基金将以项目形式支持国家高新区引进、培养国内外相关领域高精尖专项人才和举办人才主题跨国（境）交流合作活动。

### 资助额度

单一项目申请资助 30 万元人民币以下的，项目申请单位须在项目完成后两个月内提交总结报告；30 万元人民币以上（含 30 万元）的，须在项目完成后三个月内提交总结报告和审计报告。单一项目申请额度最高限额为 80 万元人民币。

### 申请条件

1. 申报机构条件。申报专项基金的主体须为国家高新区管理委员会及国家高新区所属企事业法人单位。每年每个国家高新区申请项目数量不得超过两个，且必须符合当年专项基金的支持方向。

2. 资助范围。重点支持项目类型如下。

（1）国际化培训。境外师资力量在境内开办知识讲座、技术培训、管理运营、专项指导等阶段性和常态化培训项目。

（2）举办与人才相关的跨境交流活动。契合各国家高新区产业特色，结合行业技术前沿及市场发展态势，在境内外有针对性地举办各类交流活动，如高峰论坛、行业峰会、研讨会等。

（3）举办国际化创新创业赛事。联合专业机构、权威单位等业务和资源优势，常态化举办的跨境创新创业大赛。

（4）引进国际化创新创业人才。灵活采用多种方式，如依托重大项目、创新平台、人才计划、产业联盟、创业基地等，引进能够突破关键技术、带动新兴学科、引领产业发展的全球高层次创新创业人才。

（5）引入国际职业资格认证。对标国际标准，引入国际公认、权威的职业资格认证体系。

（6）其他相关国际化人才主题交流合作项目。

### 申请流程

1. 项目申报。科技部火炬中心每年发布专项基金项目年度申请通知，申报单位按照申报要求向专项基金办公室提交电子版、纸制版项目申请表一式五份。专项基金办公室进行形式审查，通过形式审查的项目将在项目征集截止日期之后30天内于火炬中心网站公示。

2. 项目评审。专项基金办公室将形式审查合格的申报材料提交专家委员会进行专业评审。

3. 项目公示。根据专家委员会评审结果，基金办公室报请管理委员会批准在科技部火炬中心及中国国际人才交流基金会网站公示拟立项项目清单。

4. 项目立项。公示结束后，专项基金管理委员会最终批准立项，专项基金办公室向项目申报单位下发立项通知书。项目执行单位与中国国际人才交流基金会签订《专项基金项目资助计划书》，主要包括项目情况、甲乙双方的义务和责任，以及其他事项。

## 四、科技金融引导专项资金

### 政策依据

《关于印发河南省科技金融引导专项资金管理办法（试行）的通知》（豫财科〔2016〕75号）；《河南省财政厅 河南省科技厅关于〈河南省科技金融引导专项资金管理办法（试行）〉补充调整的通知》（豫财科〔2019〕63号）。

### 支持范围

引导资金主要支持为河南省境内科技企业提供融资服务的机构，包括银行、担保机构等。科技企业是指国家科技型中小企业、高新技术企业和河南省科技型中小企业等科技型企业。

### 支持条件

1. 引导资金支持的银行应具备以下基本条件。

（1）建立服务科技企业信贷的专门机构，有专人负责科技金融结合工作。

（2）建立科技企业贷款绿色通道，贷款利率不超过同期人民银行基准贷款利率的1.3倍。

（3）科技企业实物资产抵押比例要求应不超过贷款额的30%。

2. 引导资金支持的担保机构应具备以下基本条件。

（1）实收资本不低于一亿元，信誉良好，持有有效融资性担保机构经营许可证，与三家以上银行签订了合作协议。

（2）合规经营，年担保费率不超过 2.5%。

（3）科技企业提供的实物资金抵押不超过担保额度的 30%。

## 支持方式

引导资金主要采取科技信贷损失补偿等支持方式。银行或担保机构为科技企业提供贷款或贷款担保业务发生实际损失的，引导资金给予不超过损失金额 60% 比例的损失补偿，单笔补偿金额最高不超过 500 万元。

### 支持程序

1. 预算编制。省科技厅每年 7 月底前，根据科技信贷业务开展情况，合理测算引导资金规模并提出下年度预算安排建议。省财政厅审核后编入科技厅下年度部门预算。

2. 资金拨付。部门预算批复后，省财政厅及时将引导资金拨付受托机构。

3. 合作机构认定。有合作意向的银行、担保机构向省科技厅提出申请，省科技厅采取专家评审等方式，确定合作银行、担保机构，并向社会公示。

4. 受托机构受理。受托机构应做好科技企业融资的申请受理、评估、对接等服务工作，每季度向省科技厅报告业务开展情况；每年向省科技厅、省财政厅报告引导资金使用情况和工作开展计划。

5. 市县协助对接。市县科技主管部门负责当地科技企业纳入河南省科技型中小企业库备案管理，协助当地科技企业与银行、担保机构开展业务对接。

6. 信贷损失补偿。银行或担保机构开展科技信贷业务，发生损失后，可向受托机构提出损失补偿申请。受托机构组织专家或委托第三方专业机构审核后，提出损失补偿建议，经省科技厅审核批准并公示后，受托机构办理损失补偿的具体拨付手续。

因银行或担保机构违反中国人民银行和银监会相关规定形成的损失不属于本补偿范围。

7. 监督检查。引导资金管理和使用应当严格执行有关法律法规、财务规章制度和本办法的规定，接受财政、审计、监察等部门的监督检查。

8. 绩效评价。省科技厅、省财政厅每年对引导资金使用进行绩效评价，绩效评价结果作为以后年度资金安排的重要依据。

## 五、科技金融服务平台建设管理

### 政策依据

《河南省科技金融服务平台管理办法》（2018 年）；《河南省科学技术厅关于印发〈河南省科技金融服务平台建设与管理实施细则〉的通知》（豫科〔2016〕173 号）。

### 政策简介

为贯彻落实《河南省人民政府关于创新机制全方位加大科技创新投入的若干意见》（豫政〔2014〕64 号），进一步促进科技与金融结合，健全科技金融服务体系，推动科技型中小企业快速发展，制定河南省科技金融服务平台管理办法及实施细则。河南省科技行政主管部门负责对全省科技金融服务平台的建设和发展进行宏观管理和业务指导，负责省级科技金融服务平台的组建、备案和管理以及科技金融服务平台的奖励工作。各省辖市、省直管县（市）科技行政主管部门、国家高新区管委会、郑州航空港综合实验区管委会负责本地区科技金融服务平台的建设、备案、管理和业务指导。

## 支持对象

科技金融服务平台（本节简称服务平台）是指具备一定场地、设施、专业服务人员等基础条件和服务能力，以开展科技金融结合为核心业务的服务载体。服务平台是连接科技金融供给方和科技金融需求方的机构，主要分为综合平台和专业平台两类。综合平台是指在河南省内注册，为科技型中小企业提供全方位、专业化、定制化融资解决方案，提供"一站式"投融资服务，帮助科技型中小企业拓宽融资渠道、提高融资效率、降低融资成本。专业平台主要是指在河南省内注册的科技（特色）支行、科技小额贷款公司、科技担保机构、科技保险专营机构、科技创业投资机构、资产评估机构、融资租赁机构、信用评级机构、知识产权服务机构、律师事务所、会计师事务所等为某一行业或领域提供专业化科技金融服务的机构。

## 支持方式

平台建设采用审核备案的方式，实施动态管理。对年度考核成绩为合格及以上的服务平台予以最高300万元的财政资金奖励。奖励资金可用于服务平台的设备购置、运行经费补贴等。

## 备案条件

1. 综合平台须满足以下条件。
（1）在河南省境内注册的独立法人。
（2）专职工作人员不少于五名，工作人员具有科技金融方面知识和工作经验。
（3）拥有产权明晰、基础设施完善的专业服务场地。
（4）有健全的组织管理制度、服务流程、运行机制和经费保障。
（5）申报时已为不少于50家科技型中小企业提供综合性、一站式科技金融服务。
（6）与两家以上金融机构、创投机构等签订科技金融业务合作协议，并开展业务合作。
（7）社会效益明显。
2. 专业平台须满足以下条件。
（1）须在河南省境内注册。
（2）具有专业化服务团队，团队人员不少于五名，且具有财务、金融、投资等方面的专业资质和丰富的从业经验。
（3）拥有产权明晰、基础设施完善的专业服务场地。
（4）针对科技型中小企业特点，开展了科技与金融结合的新机制和新模式，制定了服务科技型中小企业的专门政策、制度和业务流程。
（5）运用新机制和新模式，申报时为不少于五家科技型中小企业实现融资。
（6）与两家以上金融机构、创投机构等签订科技金融业务合作协议，并开展业务合作。
（7）经营状况良好。

### 备案材料

（1）科技金融服务平台备案申请书。

（2）营业执照、机构法人证书、组织机构代码证和资质证书等。

（3）工作人员清单及个人简历。

（4）服务场所租赁合同或产权证。

（5）管理制度、服务流程、针对科技型中小企业的专门的政策、制度和业务流程等。

（6）与金融机构、创投机构等签订的科技金融业务合作协议。

（7）服务科技型中小企业清单。

（8）两个以上服务科技型中小企业的典型案例。

（9）其他相关证明文件或材料等。

### 申报程序

服务平台通过科技型中小企业备案管理系统申报，凡符合规定条件的服务平台均可申报。由本区域内的科技主管部门统一提交材料。申报单位通过"河南省科技金融在线服务平台（http：//kjjr.hnkjt.gov.cn/）"申报，以服务平台用户注册，填写《科技金融服务平台备案申请书》，并按要求提交相关材料。凡符合备案条件的服务平台均可申报。

### 考核奖励

省科技厅会同有关部门对区域服务平台、专业服务平台进行年度考核。考核内容主要包括：

（1）平台建设。机构设置、专业人才队伍建设、经费投入等。

（2）科技金融对接。科技金融对接活动组织情况、融资达成情况、科技金融服务机构合作情况、相关培训辅导活动情况等。

（3）信息发布处理。企业数据库建立情况、投融资及科技成果转化信息发布、交流及对接情况。

（4）社会反馈意见。平台的社会及企业评价情况、有无违法违规的现象。

考核结果分为优秀、良好、合格、不合格。对年度考核成绩为合格及以上的服务平台予以最高 300 万元的财政资金奖励。奖励资金可用于服务平台的设备购置、运行经费补贴等。考核不合格的，限期一年进行整改，整改期间不再享受相关扶持政策。对整改后仍不符合要求的，给予撤销。

## 六、深化小微企业金融服务

### 政策依据

《中国人民银行 中国银行保险监督管理委员会 中国证券监督管理委员会 国家发展改革委 财政部关于进一步深化小微企业金融服务的意见》（银发〔2018〕162 号）。

### 政策简介

贯彻落实党中央、国务院关于改进小微企业等实体经济金融服务、推进降低小微企业融资成本的部署要求，强化考核激励，优化信贷结构，引导金融机构将更多资金投向小微企业等经济社会重点领域和薄弱环节，支持新动能培育和稳增长、保就业、促转型，加快大众创业万众创新，推动小微企业健康发展。目前来看，解决小微企业的融资难、融资贵的问题，应着力解决的问题为：一是小微企业信用体系的建立，提高小微企业的透明度，建立适合小微企业的信用评价模型，创新担保机制；二是利用现代科技技术，降低金融机构的信息处理成本，提供金融机构贷款风险管理能力；三是鼓励银行设立专营机构（普惠金融事业部或普惠金融中心），将小微企业的贷款业务与其他大型企业的贷款业务独立出来，为小微企业贷款开通专用通道，降低成本，缩短时间提高效率。

### 实现路径

通过增加货币资金供给、加大财税政策激励、加强贷款成本和贷款投放监测考核、拓宽多元化融资渠道、优化营商环境五个方面，来解决我国小微企业融资难、融资贵的问题。

1. 加大货币政策支持力度，增加支小支农再贷款和再贴现额度共 1500 亿元，下调支小再贷款利率 0.5 个百分点。支持银行业金融机构发行小微企业贷款资产支持证券，盘活信贷资源 1000 亿元以上。将单户授信 500 万元及以下的小微企业贷款纳入中期借贷便利（MLF）的合格抵押品范围。改进宏观审慎评估体系，增加小微企业贷款考核权重。

2. 加大财税政策激励，将符合条件的小微企业和个体工商户贷款利息收入免征增值税单户授信额度上限，由 100 万元提高到 500 万元。对国家融资担保基金支持的融资担保公司加强监管，支持小微企业融资的担保金额占比不低于80%，其中支持单户授信 500 万元及以下小微企业贷款及个体工商户、小微企业主经营性贷款的担保金额占比不低于 50%，适当降低担保费率和反担保要求。

3. 加强贷款成本和贷款投放监测考核，银行业金融机构要努力实现单户授信总额 1000 万元及以下小微企业贷款同比增速高于各项贷款同比增速，有贷款余额的户数高于上年同期水平。进一步缩短融资链条，清理不必要的"通道"和"过桥"环节，禁止向小微企业贷款收取承诺费、资金管理费，严格限制收取财务顾问费、咨询费。

4. 大力拓宽多元化融资渠道，支持发展创业投资和天使投资，明确创投基金所投企业上市解禁期与投资期限反向挂钩制度安排。推动公募基金等机构投资者进入新三板。

5. 优化营商环境，推动地方政府加快小微企业服务平台建设，完善小微企业信用信息共享机制。推动建立联合激励和惩戒机制，依法依规查处小微企业和金融机构内外勾结、弄虚作假、骗贷骗补等违法违规行为，记入机构及其法定代表人、主要负责人和相关责任人信用档案等。

### 申报条件

1. 依法合规经营。

2. 生产经营正常，具有持续经营能力和良好的财务状况。

3. 信用状况良好，还款能力与还款意愿强，没有挪用贷款资金、欠贷欠息等不良行为。

4. 原流动资金周转贷款为正常类，且符合新发放流动资金周转贷款条件和标准。

5. 银行业金融机构要求的其他条件。

## 七、"科技贷"业务

### 政策依据

《河南省财政厅 河南省科技厅关于印发〈河南省科技金融引导专项资金管理办法（试行）〉的通知》（豫财科〔2016〕75号）；《河南省财政厅 河南省科技厅关于河南省科技金融引导专项资金管理办法（试行）补充调整的通知》（豫财科〔2019〕63号）；《关于印发〈河南省科技金融"科技贷"业务实施方案〉的通知》（豫科金〔2021〕11号）。

### 政策简介

为进一步规范科技金融"科技贷"业务，引导金融机构加大对科技企业的支持力度，改善科技创新融资环境，解决河南省科技企业融资问题，促进企业技术创新提质增效，推动全省产业转型升级和经济高质量发展，经省科技厅、省财政厅、省金融局、中国人民银行郑州中心支行、河南银保监局共同研究，联合开展科技金融"科技贷"业务。

"科技贷"业务是指合作银行为河南省内的高新技术企业和科技型中小企业等科技企业提供的实物资产抵质押评估值不高于贷款金额的30%（单一实物资产超过30%的除外），贷款利率不超过人民银行公布的同期同档次的贷款基准利率上浮30%（可按同期同档次LPR换算）的贷款业务。

### 原则目标

遵循科技创新和金融发展的基本规律，以助推科技企业创新发展为导向，坚持"政府引导、市场运作、专业管理、风险共担"的原则，突出"促进创新、推动转型、提升能力、防控风险"的要求，发挥财政资金的引导作用，推动有为政府和有效市场的更好结合，鼓励和带动银行等机构建立与科技型企业发展相适应的信贷管理体系，提升"科技贷"业务管理能力，降低企业融资成本，切实解决科技企业的融资问题，培育和促进一批科技企业做优做强，将"科技贷"打造成为河南省具有影响力的科技信贷品牌和科技金融标志产品。

### 主要任务

1. 建立政银合作共担机制。

（1）科技信贷准备金设立及调整。河南省科技信贷准备金是指由省财政预算安排的专项用于引导金融机构等开展科技信贷业务，并对其进行贷款损失补偿、贴息奖补等的资金。科技金融引导专项资金设立的科技信贷准备金，实行专户管理。省科技厅结合当年财力情况，一般按照不低于当年"科技贷"贷款余额的10%，不高于贷款余额的15%确定科技信贷准备金存量金额，提出补充或调整金额，省财政厅审核办理资金补充或调整工作。

（2）科技信贷准备金的日常管理。"科技贷"业务受托管理机构负责科技信贷准备金的日常管理。受托管理机构根据各合作银行"科技贷"业务开展情况、贷款条件、损失补偿等因素，定期动态调整各合作银行准备金存放额度。

（3）科技信贷准备金的使用。科技信贷准备金对合作银行开展的"科技贷"

业务发生的实际损失给予不超过 60% 的损失补偿，单笔补偿不超过 500 万元。同时探索开展地市贷款贴息奖补工作。合作银行审核备案后，受托管理机构根据企业营业（销售）收入、贷款条件等明确损失补偿比例。企业营业（销售）收入原则上以上年度纳税申报收入为准，每年 6 月 1 日前申请的企业可采用上上年度数据。

①营业（销售）收入 2000 万元（含）以下的科技企业获得的贷款，按 60% 进行损失补偿。

②营业（销售）收入 2000 万—5000 万元（含）的科技企业获得的贷款，按 50% 进行损失补偿。

③营业（销售）收入 5000 万—1 亿元（含）的科技企业获得的贷款，按 40% 进行损失补偿。

④营业（销售）收入 1 亿元以上的科技企业获得的贷款，按 30% 进行损失补偿。

⑤无抵质押且仅有股权占比 34% 及以上自然人股东（含配偶）提供连带责任担保的贷款，以及无抵质押且无担保的信用贷款按 60% 进行损失补偿。

⑥贷款（授信）期限超过一年的贷款，在原损失补偿比例的基础上，期限每增加一年，损失补偿比例提高 5%，最高不超过 60%。

2. 建立管理服务体系。

（1）实行受托管理。省科技厅、省财政厅委托河南省科研生产试验基地管理服务中心作为"科技贷"业务受托管理机构，负责"科技贷"业务日常管理工作。受托管理机构的具体职责包括：与合作银行、专业机构签署业务合作协议，对合作银行、专业机构进行绩效评价；负责"科技贷"业务申请受理、备案、交流培训、政策宣传和统计分析等工作；受理合作银行损失补偿申请、组织专家评审、根据批复划拨补偿资金、坏账核销等；负责科技信贷准备金的监督管理、动态分配调整；开展科技金融在线服务平台建设及日常运营工作。

（2）深化银行合作。合作银行负责"科技贷"业务的尽职调查、授信审批、贷款发放、贷后管理、风险化解以及逾期贷款的催收和追偿等工作。合作银行应按照规定及相关约定，给予"科技贷"业务专项信贷规模，安排专门机构、专职审批人员和专业团队办理"科技贷"业务，建立审批绿色通道，提高办理效率。

（3）引入专业机构。专业机构是指发挥科技金融专业技能，运用市场化方式推动"科技贷"业务发展，把控业务整体风险的服务机构。由省科技厅、省财政厅根据工作需要，按照有关规定面向社会公开遴选、择优产生。按照市场化原则，专业机构、"科技贷"业务合作银行和受托管理机构签订"科技贷"业务三方合作协议。专业机构不得与未签订协议的合作银行开展"科技贷"业务。

3. 建立健全风险防范机制。

（1）成立风险处置领导小组。成立由省科技厅厅长任组长、主管副厅长任副组长、省科技厅有关处室人员任成员的风险处置领导小组，办公室设在省科技厅科技金融与服务业处。风险处置领导小组统筹协调、防范、化解、处置重大风险问题。

（2）建立熔断和退出机制。合作银行贷款损失率超过 4% 的，暂停新增业务；合作银行贷款损失率超过 6% 的，暂停新增业务，存量业务纳入风险处置领导小组重点关注范围，合作银行妥善做好存量业务日常管理和风险化解工作；合作银行长期未开展业务的或出现重大违法违规违纪事件的，取消合作资格，取消资格的合作银行存量业务纳入风险处置领导小组重点关注范围。

专业机构管理的贷款损失率超过4%的，暂停新增业务，在合作银行范围内进行风险提示；专业机构管理的贷款损失率超过6%的，暂停业务备案，妥善做好存量业务日常管理和风险化解工作，纳入风险处置领导小组重点关注范围，并在合作银行内通报；专业机构长期未开展业务的或出现重大违法违规违纪事件的，取消合作资格，取消资格的专业机构存量业务移交风险处置领导小组。

（3）开展绩效评价及奖惩。受托管理机构每年向省财政厅、省科技厅提交年度受托管理报告，按要求开展财政专项资金绩效评价工作。受托管理机构每年对合作银行和专业机构进行绩效评价。对绩效评价较好的给予表彰；对绩效评价较差的给予通报批评，限期整改或提高管理要求。

### 业务流程

"科技贷"业务融资申请、备案确认环节实行告知承诺制。

1. 融资申请。河南省境内的国家高新技术企业、科技型中小企业等科技企业均可在河南省科技金融在线服务平台申请"科技贷"业务。申请续贷时，相关企业可按上年度资质继续享受政策。

2. 尽调审核。合作银行和专业机构应按照程序和相关要求，对提出融资申请的科技企业独立开展尽职调查和审核工作。

3. 备案确认。合作银行和专业机构对通过审核的业务向受托管理机构进行备案。受托管理机构形式审查后予以确认并纳入"科技贷"业务管理后，合作银行发放贷款。

4. 贷后管理。合作银行和专业机构须定期、独立开展贷后管理，并加强信息共享。对影响贷款安全的重大、突发事件应共同采取风险控制措施，防范、化解不良贷款，并及时将相关进度及结果通报受托管理机构。

5. 损失补偿。贷款本金逾期两个月以上或法院已受理起诉的，合作银行可向受托管理机构提出损失补偿申请并提交相关资料。受托管理机构组织专家审核后，向省科技厅提出损失补偿建议；根据省科技厅、省财政厅批复，办理补偿资金划拨手续，损失补偿资金从准备金中冲减。因合作银行违反相关规定发放贷款形成的损失不予补偿。

6. 追偿返还。损失补偿后，合作银行和专业机构须共同向企业追偿，追偿获得的资金扣除经各方共同认可的费用后，按照政府实际承担损失比例的相应金额退还至准备金账户。

7. 坏账核销。合作银行按照监管部门核销条件及银行内部核销规定对不良贷款予以核销，并在核销前向受托机构报备。核销后，向受托管理机构报备核销材料。受托管理机构核实确认后，向省科技厅提出核销申请，经批复同意后将该笔不良贷款在"科技贷"业务中予以核销，同时将损失补偿金在科技信贷准备金中予以核销。

### 专业机构职责

河南省生产力促进中心、河南星聚科技服务有限公司为河南省科技金融"科技贷"业务专业机构。分别建立或联合相关科技金融服务平台开展工作。

1. 对申请企业进行独立调查、审核。对申请企业的经营、技术以及其他相关情况进行尽职调查，对其风险状况进行评估，出具尽调报告和审核意见，对"科技贷"业务进行风险把控。

2．推动银行开展"科技贷"业务。负责与银行沟通"科技贷"业务，协助银行进行"科技贷"业务推广，在企业尽职调查、风险判断、贷后管理等工作中及时与银行信息共享，推动银行提升"科技贷"业务的专业能力和积极性。

3．指导企业办理"科技贷"业务。指导企业正确理解"科技贷"业务政策、真实反映企业状况；根据企业实际情况，结合各合作银行产品和服务，为企业匹配相应银行，协助企业提高融资效率，为企业做好信贷融资咨询等免费增值服务。

4．做好贷后管理和不良贷款处置。独立开展"科技贷"业务贷后管理工作，对贷款企业出现严重影响其还款能力的情形，联合合作银行及时采取风险控制措施，积极化解贷款风险；协助银行做好已补偿的不良贷款追偿和不良资产处置工作。

### 合作银行职责

1．设立符合"科技贷"业务要求，满足各阶段中小微科技企业的专属金融产品，安排"科技贷"业务专项信贷规模、专门机构、专职审批人员和专业团队办理"科技贷"业务，保障业务的连续性、稳定性、可持续性。建立审批绿色通道，提高业务办理效率。

2．按照《河南省科技金融"科技贷"业务实施方案》（本节简称《"科技贷"方案》）和合作协议约定，对企业开展尽职调查、授信审批、贷款发放、贷后管理、风险化解以及逾期贷款的催收和追偿工作。

3．自觉接受省科技厅、省财政厅、省金融局、人民银行郑州中心支行、河南银保监局的监督检查，对"科技贷"业务中存在的问题及时整改落实。

### 合作银行条件

1．在中华人民共和国境内依法设立的政策性银行、大型国有商业银行、全国性股份制商业银行且在河南省设有分支机构的省级分行（一级分行），在河南省内依法设立的地方法人银行。

2．依法开展经营活动，近三年内无重大违法违规记录及重大违约事件。

3．自愿接受《"科技贷"方案》等相关规定，法人银行总行或省级分行（一级分行）确定"科技贷"业务专职审批人员、专门管理机构、专职经营团队；针对"科技贷"业务建立专属客户准入条件、审批流程和标准、信贷规模、服务价格；制定工作实施方案、考核激励和尽职免责政策。

### 银行业务办理

1．中国银行"科技贷"。

（1）产品简介。"科技贷"是指由河南省科技厅推荐科技型中小企业客户，中国银行贷款损失由财政资金提供的科技信贷准备金予以损失补偿的信贷业务模式。

（2）产品特点。一是批量化授信产品，由省科技厅推荐，企业更易获得贷款；二是享受优惠融资成本。

（3）开办机构。中国银行河南省各分支机构网点。

2．中原银行"科技贷"。

（1）产品简介。"科技贷"是中原银行以河南省科技厅设立的科技信贷准备金为损失补偿机制，为符合条件的科技型中小企业发放的用于其短期生产经营周转的人民币贷款业务。河南省科技厅与银行本着"政府引导、市场运作、专业管理、风险共担"的原则，合作开展"科技贷"业务，为科技型企业提供融资支持。

（2）产品特色。①政府与银行共担风险，河南省科技厅设立的科技信贷准备金为损失补偿机制。②抵押率低，担保措施的实物资产（房产和土地使用权）抵押不高于贷款本金的30%。③担保方式可采取知识产权质押、股权质押、应收账款质押等多种方式。④贷款利率低，对"科技贷"项下的贷款利率实行上限管理，最高不得超过人民银行基准利率的1.3倍。

（3）业务流程。①客户推荐。省科研基地管理中心向银行提供全省范围内科技型中小企业名单；或者各经营机构可将银行存量或新增科技型中小企业向当地科技主管部门推荐纳入科技型中小企业备案库。②贷前调查。客户经理按照银行相关管理要求开展贷前调查，重点调查核实科技专利含量、借款用途、盈利能力和成长性等。③审查及审批。总分行授信审批部门对于上报资料齐全、尽职调查充分的"科技贷"业务优先审查、审批。④业务备案。各经营单位将审批通过的"科技贷"业务提交总行公司银行部，由总行统一向省科研基地管理中心备案，省科研基地管理中心审核通过后确认纳入"科技贷"业务范围。⑤贷款发放。按照银行相关管理规定发放贷款。

（4）开办机构。中原银行各地市分行。

3. 中国银行中银"专利贷"。

（1）产品简介。中银"专利贷"是指中国银行与各级知识产权管理部门搭建合作平台，参照专利权价值和企业成长性，通过专利权质押担保等综合金融服务，为科技型小微企业客户群提供批量授信的业务模式。产品服务包括确权、评估、质押登记（备案）、融资、贴息及后续质押物处置、流转、变现等"一条龙"的专利权质押融资等综合金融服务。

（2）产品特点。一是联合各级知识产权管理部门创新"一条龙"服务模式；二是批量化授信产品，有效降低企业融资成本。

（3）适用对象。拥有发明专利或价值较高的实用新型专利的科技型小微企业。

（4）开办机构。中国银行河南省各分支机构。

4. 邮储银行"科技贷"。

（1）产品简介。科技型中小企业贷款是向科技型中小企业发放的贷款。

（2）产品特色。额度高、期限长、利率低、担保方式灵活。

（3）适用对象。经政府或政府授权的主管部门推荐或确认，拥有相关科技资质认证，从事高新技术产品的研究、研制、生产、销售和服务或以技术开发、技术服务、技术咨询为主要服务内容的中小知识密集型企业。

（4）产品要素。①授信金额。单户授信额度最高3000万元。其中，专属信用贷款额度不超过500万元。②贷款期限。单笔流动资金贷款最长期限为一年。③还款方式。按月还息，到期还本，等额本息还款等。④担保方式。可以采取信用、抵押、质押、保证等多种担保方式，各种担保方式可以单独适用，也可以组合适用。

（5）开办机构。邮储银行河南省分行各分支机构。

# 八、创新创业公司债券试点

## 政策依据

《中国证监会关于开展创新创业公司债券试点的指导意见》（中国证券监督管理委员会公告〔2017〕10号）；《关于发布〈上海证券交易所非公开发行公司债券

挂牌转让规则〉的通知》（上证发〔2018〕110号）；《全国中小企业股份转让系统业务规则（试行）》；《中国证券登记结算有限责任公司非公开发行公司债券登记结算业务实施细则》；《关于发布〈非上市公司非公开发行可转换公司债券业务实施办法〉的通知》（上证发〔2019〕89号）。

## 政策简介

创新创业公司债券试点始于2017年，旨在推动资本市场精准服务创新创业，优化种子期、初创期、成长期的创新创业企业的资本形成机制，有效增加创新创业金融供给，完善金融供给结构，探索交易所债券市场服务实体经济新模式，促进资本市场更好地服务于供给侧结构性改革。2019年，中国证监会指导上海证券交易所、深圳证券交易所分别联合全国中小企业股份转让系统有限责任公司、中国证券登记结算有限责任公司发布了《非上市公司非公开发行可转换公司债券业务实施办法》，扩大创新创业公司债券试点范围，支持非上市公司非公开发行可转换公司债券，加强对民营企业的金融服务。

## 适用范围

1. 支持以下公司发行创新创业公司债券。

（1）注册或主要经营地在国家"双创"示范基地、全面创新改革试验区域、国家综合配套改革试验区、国家级经济技术开发区、国家高新技术产业园区和国家自主创新示范区等创新创业资源集聚区域内的公司。

（2）已纳入全国中小企业股份转让系统（新三板）创新层的挂牌公司。

2. 支持非上市公司非公开发行可转换公司债券。

可转换公司债券，是指发行人依照法定程序非公开发行，在一定期间内依照约定的条件可以转换成公司股份的公司债券。股票未在证券交易所上市的股份有限公司非公开发行可转换债券并在上交所挂牌转让的，适用本规定。

## 适用条件

1. 创新创业公司债券。

非公开发行的创新创业公司债券，可以附可转换成股份的条款。附可转换成股份条款的创新创业公司债券，应当符合中国证监会相关监管规定。债券持有人行使转股权后，发行人股东人数不得超过200人。新三板挂牌公司发行的附可转换成股份条款的创新创业公司债券，转换成挂牌公司股份时，减免股份登记费用及转换手续费。

具体要求按照上海证券交易所、全国中小企业股份转让系统有限责任公司、中国证券登记结算有限责任公司相关配套规则执行。

2. 可转换公司债券。

（1）除满足非公开发行公司债券挂牌转让条件外，还应当符合下列条件：发行人为股份有限公司；发行人股票未在证券交易所上市；可转换债券发行前，发行人股东人数不超过200人，证监会另有规定的除外；可转换债券的存续期限不超过六年；上交所规定的其他条件。

可转换债券申请在上交所挂牌转让的，发行人应当在可转换债券发行前按照相关规定向上交所提交挂牌转让申请文件，由上交所确认是否符合挂牌条件。

（2）发行人为全国中小企业股份转让系统挂牌公司的，上交所确认其是否符合挂牌转让条件时，向全国股转公司征询意见。

## 九、主板市场

### 政策依据

《中华人民共和国证券法》（中华人民共和国主席令第三十七号）；《关于修订〈上海证券交易所公司债券上市规则〉的通知》（上证发〔2018〕109号）；《上海证券交易所股票上市规则（2019年4月修订）》（上证发〔2019〕52号）；《关于发布〈上海证券交易所证券投资基金上市规则（修订稿）〉的通知》（债券基金部〔2007〕62号100）；《关于发布〈深圳证券交易所股票上市规则（2018年11月修订）〉的通知》（深证上〔2018〕556号）；《关于发布〈深圳证券交易所公司债券上市规则（2018年修订）〉的通知》（深证上〔2018〕610号）；《关于发布〈深圳证券交易所基金产品开发与创新服务指引（2019年修订）〉的通知》（深证会〔2019〕61号）。

### 政策简介

主板市场即一板市场，指传统意义上的证券市场（通常指股票市场），是一个国家或地区证券发行、上市及交易的主要场所。中国大陆主板市场的公司在上交所和深交所两个市场上市。主板市场是资本市场中最重要的组成部分，很大程度上能够反映经济发展状况，有"国民经济晴雨表"之称。

### 适用范围

1. 上交所。股票、存托凭证、可转换为股票的公司债券和其他衍生品种（本节统称股票及其衍生品种）在上交所发行上市；公开发行的公司债券在上交所上市交易；封闭式基金、交易型开放式指数基金及其他基金的份额在上交所上市。

2. 深交所。股票及其衍生品种在深交所发行上市；公开发行的公司债券在深交所上市交易，包括企业债券、境外注册公司发行的债券，以及国务院授权部门核准、批准的其他债券在本所的上市交易；基金管理人开发在本所挂牌的基金产品（包括常规产品和创新产品）。

### 上市条件

1. 上交所股票上市条件。发行人首次公开发行股票后申请其股票在本所上市，应当符合下列条件：①股票经中国证监会核准已公开发行；②公司股本总额不少于人民币5000万元；③公开发行的股份达到公司股份总数的25%以上，公司股本总额超过人民币四亿元的，公开发行股份的比例为10%以上；④公司最近三年无重大违法行为，财务会计报告无虚假记载；⑤本所要求的其他条件。

2. 上交所债券上市条件。应当符合下列条件：①符合《证券法》规定的上市条件；②经有权部门核准并依法完成发行；③债券持有人符合本所投资者适当性管理规定；④本所规定的其他条件。本所可以根据市场情况，调整债券上市条件。

3. 上交所基金上市条件。应符合下列条件：①基金募集经中国证监会注册且基金合同生效；②基金合同期限为五年以上；③基金募集金额不低于两亿元人民币；④基金份额持有人不少于1000人；⑤本所要求的其他条件。对于结构复杂、风险较高的基金，还应当有符合本所相关规定的投资者适当性管理安排。

4. 深交所股票上市条件。发行人首次公开发行股票后申请其股票在本所上市，应当符合下列条件：①股票已公开发行；②公司股本总额不少于5000万元；③公开发行的股份达到公司股份总数的25%以上，公司股本总额超过四亿元的，公开发行股份的比例为10%以上；④公司最近三年无重大违法行为，财务会计报告无虚假记载；⑤本所要求的其他条件。

5. 深交所债券上市条件。面向公众投资者和合格投资者公开发行的债券在本所上市时，可以采取集中竞价交易和大宗交易方式。仅面向合格投资者公开发行的债券在本所申请上市时，如债券上市时不能同时符合下列条件的，只能采取协议大宗交易方式：①债券信用评级达到AA级及以上；②发行人最近一期末的资产负债率或者加权平均资产负债率（以集合形式发行债券的）不高于75%，或者发行人最近一期末的净资产不低于五亿元人民币；③发行人最近三个会计年度经审计的年均可分配利润不少于债券一年利息的1.5倍，以集合形式发行的债券，所有发行人最近三个会计年度经审计的加总年均可分配利润不少于债券一年利息的1.5倍；④本所规定的其他条件。

6. 深交所基金上市条件。基金管理人申请开发基金产品的，应当符合下列要求：①具备保障基金正常运作的人员配置、技术系统及相应的业务制度；②最近一年未发生重大运营风险事件；③已开发本所基金产品的，产品运营情况良好；④本所规定的其他要求。基金管理人申请开发的基金产品，应当符合下列要求：①产品定位清晰，具有明确的市场需求；②产品在认购、申购、赎回、交易、登记结算、估值和投资等方面不存在重大障碍；③符合相关法律法规，产品风险可以有效监测、防范和化解；④本所规定的其他要求。

## 十、新三板市场

### 政策依据

《国务院关于全国中小企业股份转让系统有关问题的决定》（国发〔2013〕49号）;《全国中小企业股份转让系统业务规则（试行）》（2013年修订）;《关于发布〈全国中小企业股份转让系统分层管理办法〉的公告》（股转系统公告〔2019〕1843号）（本节简称《办法》）。

### 政策简介

相对于一板市场和二板市场而言，有业界人士将场外市场称为三板市场。三板市场的发展包括老三板市场和新三板市场两个阶段。老三板即2001年7月16日成立的"代办股份转让系统"，新三板则是在老三板的基础上产生的。2006年，中关村科技园区非上市股份公司进入代办转让系统进行股份报价转让，称为"新三板"。

### 适用范围

非上市公众公司在全国股份转让系统挂牌的股票、可转换公司债券及其他证券品种。

### 分层管理

全国股转系统设置基础层、创新层和精选层，符合不同条件的挂牌公司分别纳入不同市场层级管理。挂牌公司所属市场层级及其调整，不代表全国中小企业股份转让系统有限责任公司对挂牌公司投资价值的判断。符合中国证监会、证券交易所和全国股转公司有关规定的精选层挂牌公司，可以直接向证券交易所申请上市交易。

1. 申请挂牌公司符合挂牌条件，但未进入创新层的，应当自挂牌之日起进入基础层。挂牌公司未进入创新层和精选层的，应当进入基础层。

2. 挂牌公司进入创新层，应当符合下列条件之一：①最近两年净利润均不低于 1000 万元，最近两年加权平均净资产收益率平均不低于 8%，股本总额不少于 2000 万元；②最近两年营业收入平均不低于 6000 万元，且持续增长，年均复合增长率不低于 50%，股本总额不少于 2000 万元；③最近有成交的 60 个做市或者集合竞价交易日的平均市值不低于六亿元，股本总额不少于 5000 万元，采取做市交易方式的，做市商家数不少于六家。

挂牌公司进入创新层，同时还应当符合下列条件：①公司挂牌以来完成过定向发行股票（含优先股），且发行融资金额累计不低于 1000 万元；②符合全国股转系统基础层投资者适当性条件的合格投资者人数不少于 50 人；③最近一年期末净资产不为负值；④公司治理健全，制定并披露股东大会、董事会和监事会制度、对外投资管理制度、对外担保管理制度、关联交易管理制度、投资者关系管理制度、利润分配管理制度和承诺管理制度，设立董事会秘书，且其已取得全国股转系统挂牌公司董事会秘书任职资格；⑤中国证监会和全国股转公司规定的其他条件。

3. 申请挂牌公司同时符合挂牌条件和下列条件的，自挂牌之日起进入创新层：①符合上述三选一条件第 1 条或第 2 条的规定，或者在挂牌时即采取做市交易方式，完成挂牌同时定向发行股票后，公司股票市值不低于六亿元，股本总额不少于 5000 万元，做市商家数不少于六家，且做市商做市库存股均通过本次定向发行取得；②完成挂牌同时定向发行股票，且融资金额不低于 1000 万元；③完成挂牌同时定向发行股票后，符合全国股转系统基础层投资者适当性条件的合格投资者人数不少于 50 人；④符合《办法》第十二条第三项和第四项的规定；⑤不存在《办法》第十三条第一项至第四项、第六项情形；⑥中国证监会和全国股转公司规定的其他条件。前款所称市值是指以申请挂牌公司挂牌同时定向发行价格计算的股票市值。

4. 在全国股转系统连续挂牌满 12 个月的创新层挂牌公司，可以申请公开发行并进入精选层。挂牌公司申请公开发行并进入精选层时，应当符合下列条件之一：①市值不低于两亿元，最近两年净利润均不低于 1500 万元且加权平均净资产收益率平均不低于 8%，或者最近一年净利润不低于 2500 万元且加权平均净资产收益率不低于 8%；②市值不低于四亿元，最近两年营业收入平均不低于一亿元，且最近一年营业收入增长率不低于 30%，最近一年经营活动产生的现金流量净额为正；③市值不低于八亿元，最近一年营业收入不低于两亿元，最近两年研发投入合计占最近两年营业收入合计比例不低于 8%；④市值不低于 15 亿元，最近两年研发投入合计不低于 5000 万元。前款所称市值是指以挂牌公司向不特定合格投资者公开发行价格计算的股票市值。

挂牌公司完成公开发行并进入精选层时，除应当符合上述规定条件外，还应当符合下列条件：①最近一年期末净资产不低于 5000 万元；②公开发行的股份不少于 100 万股，发行对象不少于 100 人；③公开发行后，公司股本总额不少于 3000 万元；④公开发行后，公司股东人数不少于 200 人，公众股东持股比例不低于公司股本总额的 25%，公司股本总额超过四亿元的，公众股东持股比例不低于公司股本总额的 10%；⑤中国证监会和全国股转公司规定的其他条件。

## 十一、中小板市场

### 政策依据

《深圳证券交易所设立中小企业板块实施方案》；《关于发布〈深圳证券交易所股票上市规则（2018 年 11 月修订）〉的通知》（深证上〔2018〕556 号）。

### 政策简介

中小企业板块的总体设计可以概括为"两个不变"和"四个独立"，即在现行法律法规不变、发行上市标准不变的前提下，在深圳证券交易所主板市场中设立的一个运行独立、监察独立、代码独立、指数独立的板块。股票代码以 002 开头。

### 发行制度

中小企业板块主要安排主板市场拟发行上市企业中流通股本规模相对较小的公司在该板块上市，并根据市场需求，确定适当的发行规模和发行方式。

### 上市条件

企业首次公开发行股票并在深交所中小企业板、创业板上市的主要条件如下。

1. 主体资格。合法存续的股份有限公司；自股份公司成立后，持续经营时间在三年以上，但经国务院批准的除外；最近三年内主营业务和董事、高级管理人员没有发生重大变化，实际控制人没有发生变更。

2. 独立性。具有完整的业务体系和直接面向市场独立经营的能力；五独立：资产完整、人员独立、财务独立、机构独立、业务独立；发行人的业务独立于控制股东、实际控制人及其控制的其他企业，与控股股东、实际控制人及其控制的其他企业间不得有同业竞争或者显失公平的关联交易。

3. 规范运作。依法建立健全股东大会、董事会、监事会、独立董事、董事会秘书制度；内部控制制度健全且被有效执行；发行人最近 36 个月内无重大违法违规行为，或严重损害投资者合法权益和社会公共利益的其他情形；公司章程明确对外担保的审批权限和审议程序，不存在为控股股东、实际控制人及其控制的其他企业进行违规担保的情形；有严格的资金管理制度，不得有资金被控股股东、实际控制人及其控制的其他企业以借款、代偿债务、代垫款项或者其他方式占用的情形。

4. 财务与会计。最近三个会计年度净利润均为正数且净利润累计大于 3000 万元，净利润以扣除非经常性损益前后较低者为计算依据。

最近三个会计年度经营活动产生的现金流量净额累计大于 5000 万元；或最近三个会计年度营业收入累计大于三亿元；发行前股本大于 3000 万股；最近一期末无形资产占净资产的比例小于 20%；最近一期末不存在未弥补亏损；内部控制在所有重大方面有效，会计基础工作规范，财务会计报告无虚假记载；不存在影响发行人持续盈利能力的情形。

5. 募集资金运用。募集资金应当有明确使用方向，原则上应当用于主营业务；募集资金数额或投资项目应与发行人现有生产经营规模、财务状况、技术水平和管理能力等相适应；募集资金投资项目应当符合国家产业政策、投资管理、环境保护、土地管理，以及其他法律、法规和规章的规定；募集资金投资项目实施后，不会产生同业竞争或者对发行人独立性产生不利影响；发行人应当建立募集资金专项存储制度，募集资金应当存放于董事会决定的专项账户。

6. 股本及公开发行比例。发行后总股本小于四亿股，公开发行比例不低于25%；发行后总股本大于四亿股，公开发行比例须大于10%。注：如公司存在 H 股流通股，则公开发行比例以 H 股、A 股流通股合计值为计算依据。

7. 控股股东和实际控制人应当承诺：自发行人股票上市之日起 36 个月内，不转让或者委托他人管理其直接或者间接持有的发行人公开发行前已发行的股份，也不由发行人回购其直接或者间接持有的发行人公开发行前已发行的股份。

### 改制上市流程

1. 改制和设立股份公司。企业拟定改制重组方案，聘请证券中介机构对方案进行可行性论证；对拟改制的资产进行审计、评估，签署发起人协议，起草公司章程等文件；设置公司内部组织机构，设立股份有限公司（时间视情况而定）。

2. 尽职调查与辅导。向当地证监局申报辅导备案；保荐机构和其他中介对公司进行尽职调查、问题诊断、专业培训和业务指导；完善组织机构和内部管理，规范企业行为，明确业务发展目标和募集资金投向；对照发行上市条件对存在的问题进行整改，准备首次公开发行申请文件；当地证监局对辅导情况进行验收（时间视情况而定）。

3. 申请文件的申报。企业和证券中介按照证监会的要求制作申请文件；保荐机构进行内核并向证监会尽职推荐；符合申报条件的，证监会在五个工作日内受理申请文件（时间为 2—3 个月）。

4. 申请文件的审核。证监会对申请文件进行初审，如申报中小板还需征求发行人所在地省级人民政府和国家发展改革委意见，如申报创业板无须征求意见；证监会向保荐机构反馈意见，保荐机构组织发行人和中介机构对相关问题进行整改，对审核意见进行回复；证监会根据反馈回复继续审核，预披露申请文件，召开初审会，形成初审报告；证监会发审委召开会议对申请文件和初审报告进行审核，对是否同意发行人上市投票表决；依据发审委审核意见，证监会对发行人申请做出决定（时间为 3—9 个月）。

5. 路演、询价与定价。发行人在指定报刊、网站全文披露招股说明书及发行公告等信息；主承销商与发行人组织路演，向投资者推介和询价，并确定发行价格（时间为 3—4 周）。

6. 发行与上市。根据证监会规定的发行方式公开发行股票；向证券交易所提交上市申请；在登记结算公司办理股份的托管与登记；在深交所挂牌上市。

## 十二、创业板市场

### 政策依据

《创业板首次公开发行股票注册管理办法（试行）》（2020 年修订）（中国证券监督管理委员会令第 167 号）；《创业板上市公司证券发行注册管理办法（试行）》（2020 年修订）（中国证券监督管理委员会令第 168 号）。

## 政策简介

创业板设立于 2009 年，又称二板市场（second-board market），即第二股票交易市场，是与主板市场（main-board market）不同的一类证券市场，专为暂时无法在主板上市的创业型企业、中小企业和高科技产业企业等需要进行融资和发展的企业提供融资途径和成长空间的证券交易市场。在中国特指深圳创业板。创业板是对主板市场的重要补充，在资本市场占有重要的位置。中国创业板上市公司股票代码以 300 开头。

## 适用范围

在中华人民共和国境内首次公开发行股票并在深圳证券交易所创业板上市；上市公司申请在境内发行证券，证券指下列证券品种：股票、可转换公司债券、存托凭证、中国证券监督管理委员会认可的其他品种。

## 上市条件

1. 首次公开发行股票条件。首次公开发行股票并在创业板上市，应当符合发行条件、上市条件及相关信息披露要求，依法经交易所发行上市审核，并报中国证监会注册。①发行人是依法设立且持续经营三年以上的股份有限公司，具备健全且运行良好的组织机构，相关机构和人员能够依法履行职责。②发行人会计基础工作规范，财务报表的编制和披露符合企业会计准则和相关信息披露规则的规定，在所有重大方面公允地反映了发行人的财务状况、经营成果和现金流量，最近三年财务会计报告由注册会计师出具标准无保留意见的审计报告。③发行人业务完整，具有直接面向市场独立持续经营的能力。④发行人生产经营符合法律、行政法规的规定，符合国家产业政策。最近三年内，发行人及其控股股东、实际控制人不存在贪污、贿赂、侵占财产、挪用财产或者破坏社会主义市场经济秩序的刑事犯罪，不存在欺诈发行、重大信息披露违法或者其他涉及国家安全、公共安全、生态安全、生产安全、公众健康安全等领域的重大违法行为。董事、监事和高级管理人员不存在最近三年内受到中国证监会行政处罚，或者因涉嫌犯罪被司法机关立案侦查或者涉嫌违法违规被中国证监会立案调查，尚未有明确结论意见等情形。

2. 上市公司发行证券。上市公司发行证券，可以向不特定对象发行，也可以向特定对象发行。向不特定对象发行证券包括上市公司向原股东配售股份、向不特定对象募集股份和向不特定对象发行可转债。向特定对象发行证券包括上市公司向特定对象发行股票、向特定对象发行可转债。

发行股票、发行可转债须符合《创业板上市公司证券发行注册管理办法（试行）》第二章关于发行条件的相关要求。

## 发行程序

1. 股东大会批准。上市公司申请发行证券，董事会应当依法就下列事项做出决议，并提请股东大会批准；董事会依照前二款做出决议，董事会决议日与首次公开发行股票上市日的时间间隔不得少于六个月。

2. 注册申请。上市公司申请发行证券，应当按照中国证监会有关规定制作注册申请文件，由保荐人保荐并向交易所申报。交易所收到注册申请文件后，五个工作日内做出是否受理的决定。

3. 审核提交。交易所审核部门负责审核上市公司证券发行上市申请；创业板上市委员会负责对上市公司向不特定对象发行证券的申请文件和审核部门出具的审核报告提出审议意见。

4. 出具审核意见。交易所按照规定的条件和程序，做出上市公司是否符合发行条件和信息披露要求的审核意见。认为上市公司符合发行条件和信息披露要求的，将审核意见、上市公司注册申请文件及相关审核资料报送中国证监会履行发行注册程序；认为上市公司不符合发行条件和信息披露要求的，做出终止发行上市审核决定。

5. 注册。中国证监会收到交易所报送的审核意见、上市公司注册申请文件及相关审核资料后，履行发行注册程序。中国证监会在 15 个工作日内对上市公司的注册申请做出注册或者不予注册的决定。

6. 发行证券。中国证监会注册的决定自做出之日起一年内有效，上市公司应当在注册决定有效期内发行证券，发行时点由上市公司自主选择。

## 十三、科创板市场

### 政策依据

《关于在上海证券交易所设立科创板并试点注册制的实施意见》（中国证券监督管理委员会公告〔2019〕2 号）;《关于修改〈科创板首次公开发行股票注册管理办法（试行）〉的决定》（2020 年修订）。

### 政策简介

科创板由国家主席习近平于 2018 年 11 月 5 日在首届中国国际进口博览会开幕式上宣布设立，是独立于现有主板市场的新设板块，并在该板块内进行注册制试点。科创板定位：坚持面向世界科技前沿、面向经济主战场、面向国家重大需求，主要服务于符合国家战略、突破关键核心技术、市场认可度高的科技创新企业。重点支持新一代信息技术、高端装备、新材料、新能源、节能环保及生物医药等高新技术产业和战略性新兴产业，推动互联网、大数据、云计算、人工智能和制造业深度融合，引领中高端消费，推动质量变革、效率变革、动力变革。具体行业范围由上交所发布并适时更新。

### 适用范围

在中华人民共和国境内首次公开发行股票并在上海证券交易所科创板上市的科技创新企业。

### 发行条件

1. 发行人是依法设立且持续经营三年以上的股份有限公司，具备健全且运行良好的组织机构，相关机构和人员能够依法履行职责。

2. 发行人会计基础工作规范，财务报表的编制和披露符合企业会计准则和相关信息披露规则的规定，在所有重大方面公允地反映了发行人的财务状况、经营成果和现金流量，并由注册会计师出具标准无保留意见的审计报告。

3. 发行人业务完整，具有直接面向市场独立持续经营的能力。

4. 发行人生产经营符合法律、行政法规的规定，符合国家产业政策。最近三年内，发行人及其控股股东、实际控制人不存在贪污、贿赂、侵占财产、挪用财产或者破坏社会主义市场经济秩序的刑事犯罪，不存在欺诈发行、重大信息披露违法或者其他涉及国家安全、公共安全、生态安全、生产安全、公众健康安全等领域的重大违法行为。董事、监事和高级管理人员不存在最近三年内受到中国证监会行政处罚，或者因涉嫌犯罪被司法机关立案侦查或者涉嫌违法违规被中国证监会立案调查，尚未有明确结论意见等情形。

**注册程序**

1. 股东大会批准。发行人董事会应当依法就本次股票发行的具体方案、本次募集资金使用的可行性及其他必须明确的事项做出决议，并提请股东大会批准。

2. 注册申请。发行人申请首次公开发行股票并在科创板上市，应当按照中国证监会有关规定制作注册申请文件，由保荐人保荐并向交易所申报。交易所收到注册申请文件后，五个工作日内做出是否受理的决定。

3. 上市审议。交易所设立独立的审核部门，负责审核发行人公开发行并上市申请；设立科技创新咨询委员会，负责为科创板建设和发行上市审核提供专业咨询和政策建议；设立科创板股票上市委员会，负责对审核部门出具的审核报告和发行人的申请文件提出审议意见。

4. 审核决定。交易所按照规定的条件和程序，做出同意或者不同意发行人股票公开发行并上市的审核意见。同意发行人股票公开发行并上市的，将审核意见、发行人注册申请文件及相关审核资料报送中国证监会履行发行注册程序；不同意发行人股票公开发行并上市的，做出终止发行上市审核决定。

5. 注册。中国证监会收到交易所报送的审核意见、发行人注册申请文件及相关审核资料后，履行发行注册程序，在 20 个工作日内对发行人的注册申请做出同意注册或者不予注册的决定。

6. 发行股票。中国证监会同意注册的决定自做出之日起一年内有效，发行人应当在注册决定有效期内发行股票，发行时点由发行人自主选择。

# 十四、河南省企业上市挂牌"绿色"通道

## 政策依据

《河南省人民政府办公厅关于加快推进企业上市挂牌工作的意见》（豫政办〔2020〕22 号）；《河南省人民政府办公厅关于印发〈河南省建立企业上市挂牌"绿色"通道办法（试行）〉的通知》（豫政办〔2019〕23 号）。

## 政策简介

河南省为加大金融服务实体经济力度，推动经济高质量发展，推进企业上市挂牌，充分发挥资本市场作用，2019 年出台了《河南省建立企业上市挂牌"绿色"通道办法（试行）》。坚持部门负责、分级办理、统筹协调工作原则。

## 适用范围

河南省上市公司、全国中小企业股份转让系统挂牌公司、省定重点上市挂牌后备企业，各省辖市、省直管县（市）上市挂牌后备企业。企业有下列情形之一的，可以通过"绿色"通道办理业务。

（1）企业上市挂牌前需要相关职能部门出具手续证明的。

（2）企业上市挂牌前需要落实相关政策的。

（3）企业上市挂牌过程中遇到困难和问题的。

（4）已上市挂牌公司并购重组、再融资需要落实相关政策的。

（5）已上市挂牌公司并购重组、再融资过程中遇到困难和问题的。

### 工作流程

1. 征集。各省辖市、县（市、区）地方金融主管部门负责征集辖区内企业上市挂牌前后遇到的事项。

2. 办理。各省辖市、县（市、区）地方金融主管部门认真梳理分析企业遇到的事项，事项属本级政府职责权限的，要采取转交相关职能部门、召开会议协调等方式及时办理。

3. 推进。各省辖市、县（市、区）地方金融主管部门对超出本级政府职责权限的事项，填写"河南省企业上市挂牌'绿色'通道事项表"，报上级地方金融主管部门协调办理。

### 职责分工

1. 地方金融主管部门：受理"河南省企业上市挂牌'绿色'通道事项表"，调整上市挂牌后备企业，制定出台推进企业上市挂牌相关文件，联系中国证监会、上海证券交易所、全国中小企业股份转让系统等相关单位。

2. 发展改革部门：负责按照审批权限依法依规办理上市挂牌后备企业募集资金投资项目在省内的审批、核准、备案和转报工作；指导后备企业争取国家和河南省有关预算内投资资金支持。

3. 工信、科技、农业农村、商务、生态环境、国资等部门：负责本行业、系统上市挂牌后备企业的发掘、培育、推荐工作；加快企业上市挂牌过程中涉及本部门职责的立项审核工作，协调落实相关项目和政策性资金。

4. 财政、税务、人力资源、自然资源、证监、宣传等部门：分别按照各自职责履职尽责、高效服务。

### 奖励措施

整合省级各项政策性扶持资金，优先支持符合条件的省定重点上市后备企业在境内外证券市场上市、挂牌。对企业上市实施分阶段奖励。注册地和主要生产经营地均在河南省的企业，按照核准制申请在上海证券交易所、深圳证券交易所首次公开发行股票并上市的，按照辅导备案登记、中国证监会受理申报材料两个节点，省财政分别给予 50 万元、150 万元补助；按照注册制申请在上海证券交易所、深圳证券交易所首次公开发行股票并上市的，按照辅导备案登记、证券交易所受理申报材料两个节点，省财政分别给予 150 万元补助；对在境外主流资本市场上市并实现融资的企业，省财政给予 200 万元补助。对在境内并购上市并将注册地迁回河南省的企业，注册地迁入河南省的外省上市公司，省财政一次性奖励 200 万元。对通过中原股权交易中心实现股权、债权融资的省内企业，省财政按照不超过融资额的 0.1% 给予补助，每户企业最高不超过 50 万元。

# 第二章　区域创新

## 一、中国区域科技创新

### 政策依据

《中国区域科技创新评价报告2020》。

### 政策简介

《中国区域科技创新评价报告2020》(本节简称《报告》)从科技创新环境、科技活动投入、科技活动产出、高新技术产业化和科技促进经济社会发展五个方面,选取了12个二级指标和39个三级指标,对全国及31个省、自治区、直辖市科技创新水平进行测度和评价。报告显示,我国综合科技创新水平进一步提升;北京、上海、广东科创中心引领地位凸显;上海、北京、广东在"当年综合科技创新水平指数"榜单中排名前三。党的十八大以来,我国创新发展的区域格局发生深刻变化,逐步形成了优势互补、高质量发展的多层次战略布局。在科技创新取得明显进步的同时,我国区域创新发展还有一些值得关注的问题,比如,部分地区科研活动人员减少,企业创新人才队伍建设亟须加强;区域企业创新活跃度有待提升;部分资源型区域向创新发展转型还较缓慢。面向未来,区域科技创新发展要按照党的十九届五中全会的要求,加快区域科技创新体系能力建设,发挥区域创新在加速构建国际国内循环相互促进新格局和促进区域可持续发展中的作用,提升区域间协同创新的能力和水平,为我国科技强国建设目标提供更有力支撑。

### 创新评价

我国目前已基本形成多个创新集聚区,分别是以北京为中心的京津冀创新集聚区、以上海为中心的长三角创新集聚区、以广东为中心的珠三角创新集聚区,以及以成都、重庆、武汉、西安为中心的区域性创新集聚区。

1. 区域科技创新水平进一步提升。

《报告》显示,全国综合科技创新水平指数得分为72.19分,比上年提高1.48分。根据综合科技创新水平指数,将全国31个地区划分为三类:第一梯队为综合科技创新水平指数高于全国平均水平(72.19分)的地区,包括上海、北京、广东、天津、江苏和浙江六个地区。第二梯队为综合科技创新水平指数低于全国平均水平(72.19分)但高于50分的地区,包括重庆、湖北、陕西、安徽、山东、四川、福建、辽宁、湖南、江西、河南、宁夏、吉林、河北、黑龙江、山西和甘肃17个地区。第三梯队为综合科技创新水平指数在50分以下的地区,包括内蒙古、广西、云南、贵州、海南、青海、新疆和西藏八个地区。

2. 科创中心引领辐射作用凸显。

《报告》指出,北京、上海和广东作为我国创新水平最高的三大创新中心,辐射带动京津冀、长三角和珠三角区域协同创新能力进一步提升。一是京津冀协同发展稳步推进。"京津研发、河北转化"的协同创新发展模式初步形成,河北与京津共建科技园区、创新基地、技术市场、创新联盟等创新载体超过 210 家，2018 年吸纳京津技术合同成交额达到 203.9 亿元。输出技术成交额比上年增长 210.4%，吸纳技术成交额比上年增长 63.4%。二是长三角一体化进程不断加快。长三角开展 R&D 活动的企业数占全国比重超过 40%，R&D 活动人员数、R&D 经费内部支出等占全国比重均超过 30%，技术国际收入占全国比重接近 50%。三是粤港澳大湾区建设加快推进。广东在科技创新投入和科技促进经济社会发展方面领跑全国，R&D 经费支出金额 2705 亿元，占全国总额的 13.7%，位居全国首位。

3. 长江经济带沿江地区释放科技带支撑作用。

值得关注的是，长江经济带沿江 11 个省市落实创新驱动发展战略，发挥科技带对经济带的支撑引领作用，创新集群表现突出，带动中上游地区创新发展。长江中游地区，包括以武汉为高地的湖北、湖南和江西三省，R&D 经费支出、R&D 人员占全国比重均为 9% 左右。高新技术企业数量占全国比重为 8%，有效发明专利数量占全国 6%。湖北在中部地区的综合科技创新水平最高，综合排名第八位。长江上游地区，包括以重庆和成都为高地，辐射引领四川、贵州和云南一市三省，R&D 经费支出、R&D 人员占全国比重均为 7.5% 左右。高新技术企业数量占全国比重为 5%，有效发明专利数量占全国 6%。

4. "一带一路" 高质量发展持续推进。

《报告》指出，"一带一路" 高质量发展继续推进。西部地区是我国实施 "一带一路" 倡议的源头。作为西北地区的区域科技创新中心，陕西综合科技创新水平排名第九位，科技创新环境指数排名第八位，R&D/GDP 为 2.18%，居全国第七位，科技活动产出排名全国第四位。与此同时，宁夏、广西、贵州、云南等地努力改善创新环境，积极创造条件增加科技投入，切实扩大科技产出，并通过激励企业创新来优化产业结构和提升区域竞争力。

### 创新趋势

区域创新作为国家创新的重要组成部分，是实现创新驱动发展、破解当前经济发展中突出矛盾的基础支撑。在空间布局上，"十四五" 期间将打造一批具有全球影响力的国际科技创新中心，成为中国参与国际科技创新竞争合作的重要标杆，支撑创新型国家建设。"十四五" 期间，将着力打造科技创新主引擎，形成各具特色的区域创新增长极，形成主体功能明确、优势互补、高质量发展的区域创新布局。继续支持北京、上海、粤港澳大湾区国际科技创新中心建设，支持有条件的地区布局建设区域创新中心，健全区域创新协调发展机制。

根据《2020 中国区域创新能力评价报告》，北京、上海、粤港澳三大科技创新中心形成了创新型国家的三大核心支柱和动力源，汇聚了全国 30% 的 R&D 经费投入、35% 的地方财政科技投入、38% 的有效发明专利以及 43% 的高新技术企业。

"十四五" 期间，要继续支持北京、上海、粤港澳大湾区国际科技创新中心建设。要强化国家重大创新基地和平台布局，着力深化科技体制改革和政策创新。三地能够在政策创新上起到 "领头雁" 的作用，有更多探索，促进科技、产业、金融良性互动、有机融合，率先打造我国科技创新策源地，形成引领高质量发展的重要动力源。

北京作为我国科技基础最为雄厚的区域之一，目标是到 2025 年北京国际科技创新中心基本形成；到 2035 年，北京国际科技创新中心创新力、竞争力、辐射力全球领先，形成国际人才的高地，切实支撑我国建设科技强国。未来五年，北京将围绕"四个面向"，开展重点领域关键核心技术研发工作。比如，加强人工智能前沿基础理论和关键的共性基础研究，通过"智源学者计划"，吸引人工智能高端人才，更多培养青年科研人员，加快搭建自主的底层技术架构。

上海将在"十四五"期间全力强化"四大功能"，持续增强城市综合实力和能级。强化科技创新策源功能，突出创新在发展全局中的核心地位，突出科技自立自强，进一步提高张江综合性国家科学中心的集中度和显示度，力争在基础研究、应用基础研究和关键核心技术攻坚上取得一批重大成果。包括大幅提升基础研究水平、攻坚关键核心技术、促进多元创新主体蓬勃发展、加快构建顺畅高效的转移转化体系、厚植支撑国际科创中心功能的人才优势、以张江科学城为重点推进科创中心承载区建设等。例如，到 2025 年力争使基础研究经费支出占全社会研发经费支出比重达到 12% 左右；积极承接和参与国家科技创新 2030-重大项目和国家科技重大任务；加快国家实验室组建和运行等。

广东"十四五"规划提出，制定科技创新强省行动纲要，以深圳先行启动区建设为抓手，加快建设粤港澳大湾区综合性国家科学中心，打造世界级重大科技基础设施集群。在空间布局上，"十四五"期间将打造一批具有全球影响力的国际科技创新中心，成为中国参与国际科技创新竞争合作的重要标杆，支撑创新型国家建设。由此可见，国家战略科技力量和重大科技项目仍然会向这些地方倾斜，形成科技攻关的新型举国体制来开展前沿的科学、技术探索。

《2020 中国区域创新能力评价报告》显示，由于资源禀赋、地理条件和政策导向等因素的影响，区域创新能力发展不平衡问题突出。东部省份是创新能力最强的地区，但中部和西部的增速已经超过东部，东西部地区创新发展的差距在缩小，但绝对差距依然较大。

"十四五"期间在健全区域创新协调发展机制方面，将按照国家区域发展战略部署，启动实施科技支撑西部大开发形成新格局、科技支撑东北全面全方位振兴、科技支撑中部崛起、科技支撑海南开放行动四方面工作。加大对革命老区、边疆地区、民族地区科技工作的倾斜支持。加快推进中西部地区高新区提升创新能力和水平。支持建设东西部科技合作示范区，积极探索和完善离岸研发中心、离岸科技企业孵化器以及"飞地园区"等市场化合作模式等。

## 二、京津冀区域科技创新

### 政策依据

《京津冀协同发展规划纲要》（2015 年）（本节简称《规划纲要》)；《"十三五"时期京津冀国民经济和社会发展规划》（2016 年）。

### 政策简介

《规划纲要》紧紧围绕有序疏解北京非首都功能、推动京津冀协同发展的战略要求，重点把握四条原则：一是坚持协同发展；二是坚持重点突破；三是坚持改革创新；四是坚持有序推进。从战略意义、总体要求、定位布局、有序疏解北京非首都功能、推动重点领域率先突破、促进创新驱动发展、统筹协同发展相关任务、深化体制机制改革、开展试点示范、加强组织实施等方面描绘京津冀协同发展的宏伟蓝图，是推动京津冀协同发展重大国家战略的纲领性文件，是当前和今后一个时期指导京津冀协同发展工作的基本遵循，是凝聚各方力量、推动形成京津冀协同发展强大合力的行动指南。

### 功能定位

以首都为核心世界级城市群，功能定位是科学推动京津冀协同发展的重要前提和基本遵循。经反复研究论证，京津冀区域整体定位和三省市功能定位各四句话，体现了区域整体和三省市各自特色，符合协同发展、促进融合、增强合力的要求。京津冀整体定位是"以首都为核心的世界级城市群、区域整体协同发展改革引领区、全国创新驱动经济增长新引擎、生态修复环境改善示范区"。

区域整体定位体现了三省市"一盘棋"的思想，突出了功能互补、错位发展、相辅相成；三省市定位服从和服务于区域整体定位，增强整体性，符合京津冀协同发展的战略需要。

北京市："全国政治中心、文化中心、国际交往中心、科技创新中心"；天津市："全国先进制造研发基地、北方国际航运核心区、金融创新运营示范区、改革开放先行区"；河北省："全国现代商贸物流重要基地、产业转型升级试验区、新型城镇化与城乡统筹示范区、京津冀生态环境支撑区"。

### 发展目标

到 2030 年，首都核心功能更加优化，京津冀区域一体化格局基本形成，区域经济结构更加合理，生态环境质量总体良好，公共服务水平趋于均衡，成为具有较强国际竞争力和影响力的重要区域，在引领和支撑全国经济社会发展中发挥更大作用。

### 空间布局

首要任务解决北京"大城市病"。经反复研究论证，京津冀确定了"功能互补、区域联动、轴向集聚、节点支撑"的布局思路，明确了以"一核、双城、三轴、四区、多节点"为骨架，推动有序疏解北京非首都功能，构建以重要城市为支点，以战略性功能区平台为载体，以交通干线、生态廊道为纽带的网络型空间格局。

### 创新协同

京津冀协同发展从根本上讲要靠创新驱动，这既包括科技创新，也包括体制、机制、政策和市场等方面的创新。京津冀地区人才资源密集、创新要素富集，是全国创新能力最强的地区之一，但也存在区域内创新分工格局尚未形成、创新资源共享不足、创新链与产业链对接融合不充分、区域创新合作机制尚未建立等问题。

推动京津冀创新驱动发展，要以促进创新资源合理配置、开放共享、高效利用为主线，以深化科技体制改革为动力，推动形成京津冀协同创新共同体，建立健全区域协同创新体系，弥合发展差距、贯通产业链条、重组区域资源，共同打造引领全国、辐射周边的创新发展战略高地。在推进举措上，一要强化协同创新支撑。加快北京中关村和天津滨海高新区国家自主创新示范区发展，打造我国自主创新的重要源头和原始创新的主要策源地；做好北京原始创新、天津研发转化、河北推广应用的衔接，构建分工合理的创新发展格局；在大气污染治理、绿色交通、清洁能源等区域共同关注的问题上，联合攻关，协同突破。二要完善区域创新体系。构建体制、机制、政策、市场、科技等多位一体的创新体系，共同培育壮大企业技术创新主体，建设科技成果转化服务体系，完善科技创新投融资体系，促进科研成果尽快转化为生产力。三要整合区域创新资源。集聚高端创新要素，促进科技创新资源和成果开放共享，加强科技人才培养与交流，为创新驱动发展提供有力支撑。

## 三、长三角区域科技创新

### 政策依据

《科技部关于印发〈长三角科技创新共同体建设发展规划〉的通知》（国科发规〔2020〕352号）。

### 政策简介

以习近平新时代中国特色社会主义思想为指导，深入贯彻党的十九大和十九届二中、三中、四中、五中全会精神，以加强长三角区域创新一体化为主线，以"科创＋产业"为引领，充分发挥上海科技创新中心龙头带动作用，强化苏浙皖创新优势，优化区域创新布局和协同创新生态，深化科技体制改革和创新开放合作，着力提升区域协同创新能力，打造全国原始创新高地和高精尖产业承载区，努力建成具有全球影响力的长三角科技创新共同体。

### 基本原则

1. 坚持战略协同。立足区域创新资源禀赋，以"一体化"思维强化协同合作，着力强化政策衔接与联动，破除体制机制障碍，实现优势互补，形成区域一体化创新发展新格局。

2. 坚持高地共建。发挥区域中心城市科技创新资源集聚优势，健全共享合作机制，联合开展重大科学问题研究和关键核心技术攻关，共建科技创新平台，提升原始创新能力，构筑有全球影响力的创新高地。

3. 坚持开放共赢。立足长三角地区创新特色，在更高水平、更广领域开展国际科技创新合作，以全球视野谋划和推动科技创新，集聚配置国际创新资源，塑造国际竞争合作新优势。

4. 坚持成果共享。推动优质科技资源和科技成果普惠共享，完善区域一体化技术转移体系，促进科技与经济社会深度融合，支撑长三角高质量一体化发展。

### 战略定位

1. 高质量发展先行区。聚焦经济社会发展、民生福祉和国家安全的重大创新需求，依托国家重大科技创新基地和区域创新载体，推动科技、产业、金融等方面要素的集聚、融合，塑造经济社会发展的新空间、新方向，促进产业基础高级化和产业链现代化，支撑形成强劲活跃增长极。

2. 原始创新动力源。围绕科技前沿和国家重大需求，以国家实验室为引领，以重大科技基础设施集群为依托，联合提升原始创新能力，强化核心技术协同攻关，提高重大创新策源能力，推动长三角地区成为以科技创新驱动高质量发展的强劲动力源。

3. 融合创新示范区。深化体制机制改革，鼓励先行先试，推动区域科技创新政策有效衔接，科技资源高效共享，创新要素自由流动，创新主体高效协同，基础研究与应用研究融通发展，形成一批可复制、可推广的经验。

4. 开放创新引领区。对接国际通行规则，优化开放合作服务环境，联合打造一批高水平开放创新平台，实施一批重大国际科技合作项目，提升集聚和使用全球创新资源的能力，成为融入全球创新网络的前沿和窗口。

## 发展目标

2025年，形成现代化、国际化的科技创新共同体。长三角地区科技创新规划、政策的协同机制初步形成，制约创新要素自由流动的行政壁垒基本破除。涌现一批科技领军人才、创新型企业家和创业投资企业家，培育形成一批具有国际影响力的高校、科研机构和创新型企业。研发投入强度超过3%，长三角地区合作发表的国际科技论文篇数达到2.5万篇，万人有效发明专利达到35件，PCT国际专利申请量达到三万件，长三角地区跨省域国内发明专利合作申请量达到3500件，跨省域专利转移数量超过1.5万件。

2035年，全面建成全球领先的科技创新共同体。一体化的区域创新体系基本建成，集聚一批世界一流高校、科研机构和创新型企业。各类创新要素高效便捷流通，科技资源实现高水平开放共享，科技实力、经济实力大幅跃升，成为全球科技创新高地的引领者、国际创新网络的重要枢纽、世界科技强国和知识产权强国的战略支柱。

## 主要任务

1. 长三角各地在建设国家实验室时，既要博采众长，又要清醒地规避他人之短，深入思考如何提质增效，如何激发积极性和创造力，突破"卡脖子"困境。一定要秉持"用比重重要""越用越有用""开放混编比封闭纯化好"的理念，去思考运行模式如何架构。

2. 打造一批科技创新产业高地，推进创新成果的转移转化。在长三角地区构建产业高地，不是制定规划这么简单，而是要营造一个根据长三角创新需求，聚合全球资源，营造与国际接轨的研发环境，整合各自为政、碎片化运作的技术交易市场，为供给侧和需求侧搭桥，让科研成果走下"书架"，走进工厂的生产线，走上市场的"货架"。

3. 转移转化、赋能增能，打造人才集散通道。创新之道，唯在得人。如今，长三角各地都在大力吸引人才。但如何让人才在长三角一体化中发挥最大价值，自由流动仍是核心。在一体化下，工作与生活的时空是可分离的，且更具弹性。因此，要下大气力发挥好中心城市人才"蓄水池"的功能，促成长、助流动，"分拨"到各地，在转移中转化，在转化中赋能，在赋能中增能。

## 保障措施

1. 坚持党的集中统一领导。把党的领导贯穿长三角科技创新共同体建设的全过程，在推动长三角一体化发展领导小组领导下，建立健全国家有关部门与三省一市的协同联动机制，协调解决有关问题。科技部牵头设立长三角科技创新共同体建设办公室，统筹本规划实施，推进各项任务全面落实。

2. 建立完善专家咨询机制。建立长三角科技创新专家咨询制度，开展长三角地区科技创新重大战略问题研究和决策咨询，为科技创新支撑长三角一体化高质量发展提供咨询建议。

3．优化支持方式。加大对长三角科技创新共同体规划建设的支持力度，更好发挥财政资金示范引导作用。创新地方财政投入方式，加强对重大科技项目的联合资助，提升财政科技资金使用效率。

4．建立跟踪评估机制。建立健全长三角科技创新共同体建设发展指标体系。加强对规划实施、政策落实和项目建设情况的督促检查，定期对规划推进落实情况进行监测评估，确保规划取得预期成效。

## 四、粤港澳大湾区科技创新

### 政策依据

《中共中央　国务院印发〈粤港澳大湾区发展规划纲要〉》（国务院公报 2019年第 7 号）。

### 政策简介

打造粤港澳大湾区，建设世界级城市群，有利于丰富"一国两制"实践内涵，进一步密切内地与港澳交流合作，为港澳经济社会发展以及港澳同胞到内地发展提供更多机会，保持港澳长期繁荣稳定；有利于贯彻落实新发展理念，深入推进供给侧结构性改革，加快培育发展新动能、实现创新驱动发展，为我国经济创新力和竞争力不断增强提供支撑；有利于进一步深化改革、扩大开放，建立与国际接轨的开放型经济新体制，建设高水平参与国际经济合作新平台；有利于推进"一带一路"建设，通过区域双向开放，构筑"丝绸之路"经济带和 21 世纪"海上丝绸之路"对接融汇的重要支撑区。

### 基本原则

1．创新驱动，改革引领。
2．协调发展，统筹兼顾。
3．绿色发展，保护生态。
4．开放合作，互利共赢。
5．共享发展，改善民生。
6．"一国两制"，依法办事。

### 战略定位

1．加强基础设施互联互通，形成与区域经济社会发展相适应的基础设施体系，重点共建"一中心三网"，形成辐射国内外的综合交通体系。

2．打造全球创新高地，合作打造全球科技创新平台，构建开放型创新体系，完善创新合作体制机制，建设粤港澳大湾区创新共同体，逐步发展成为全球重要科技产业创新中心。

3．携手构建"一带一路"开放新格局，深化与沿线国家基础设施互联互通及经贸合作，深入推进粤港澳服务贸易自由化，打造 CEPA 升级版。

4．培育利益共享的产业价值链，加快向全球价值链高端迈进，打造具有国际竞争力的现代产业先导区。加快推动制造业转型升级，重点培育发展新一代信息技术、生物技术、高端装备、新材料、节能环保、新能源汽车等战略新兴产业集群。

5. 共建金融核心圈，推动粤港澳金融竞合有序、协同发展，培育金融合作新平台，扩大内地与港澳金融市场要素双向开放与联通，打造引领泛珠、辐射东南亚、服务于"一带一路"的金融枢纽，形成以香港为龙头，以广州、深圳、澳门、珠海为依托，以南沙、前海和横琴为节点的大湾区金融核心圈。

6. 共建大湾区优质生活圈，以改善社会民生为重点，打造国际化教育高地，完善就业创业服务体系，促进文化繁荣发展，共建健康湾区，推进社会协同治理，把粤港澳大湾区建成绿色、宜居、宜业、宜游的世界级城市群。

## 发展目标

到 2022 年，粤港澳大湾区综合实力显著增强，粤港澳合作更加深入广泛，区域内生发展动力进一步提升，发展活力充沛、创新能力突出、产业结构优化、要素流动顺畅、生态环境优美的国际一流湾区和世界级城市群框架基本形成。

到 2035 年，大湾区形成以创新为主要支撑的经济体系和发展模式，经济实力、科技实力大幅跃升，国际竞争力、影响力进一步增强；大湾区内市场高水平互联互通基本实现，各类资源要素高效便捷流动；区域发展协调性显著增强，对周边地区的引领带动能力进一步提升；人民生活更加富裕；社会文明程度达到新高度，文化软实力显著增强，中华文化影响更加广泛深入，多元文化进一步交流融合；资源节约集约利用水平显著提高，生态环境得到有效保护，宜居宜业宜游的国际一流湾区全面建成。

## 空间布局

1. 构建极点带动、轴带支撑网络化空间格局。
2. 完善城市群和城镇发展体系。
3. 辐射带动泛珠三角区域发展。

## 重点任务

1. 建设国际科技创新中心。
①构建开放型区域协同创新共同体；②打造高水平科技创新载体和平台；③优化区域创新环境。

2. 加快基础设施互联互通。
①构建现代化的综合交通运输体系；②优化提升信息基础设施；③建设能源安全保障体系；④强化水资源安全保障。

3. 构建具有国际竞争力的现代产业体系。
①加快发展先进制造业；②培育壮大战略性新兴产业；③加快发展现代服务业；④大力发展海洋经济。

4. 紧密合作共同参与"一带一路"建设。
①打造具有全球竞争力的营商环境；②提升市场一体化水平；③携手扩大对外开放。

5. 共建粤港澳合作发展平台。
①优化提升深圳前海深港现代服务业合作区功能；②打造广州南沙粤港澳全面合作示范区；③推进珠海横琴粤港澳深度合作示范；④发展特色合作平台。

## 五、"一带一路"区域科技创新

### 政策依据

《科技部 发展改革委 外交部 商务部关于印发〈推进"一带一路"建设科技创新合作专项规划〉的通知》。

### 政策简介

科技创新合作是"一带一路"人文交流的重要组成部分，是促进民心相通的有效途径。通过科技合作，惠及民生，成为国家沟通和民心相通的桥梁。科技合作示范和推广效应好，有利于在合作中增强对我国的认知与互信。科技创新合作是共建"一带一路"的重要内容，是提升我国与沿线国家合作水平的重点领域。与沿线国家相比，我国科技创新资源丰富，在装备制造、空间、农业、减灾防灾、生命科学与健康、能源环境和气候变化等领域形成的技术优势，有利于提升国际合作层次。深化科技合作，有利于发挥科技创新优势，推动由过去传统产业"优势产能"合作向科技"新产能"合作转变。科技创新合作是我国推进"一带一路"重大工程项目顺利实施的技术保障。科技创新在"一带一路"建设中具有重要先导作用，为"一带一路"重大工程建设中突破技术瓶颈、提升工程质量以及创立品牌等提供有力支撑保障。

### 指导思想

秉持和平合作、开放包容、互学互鉴、互利共赢理念，以全面发挥科技创新合作对共建"一带一路"的支撑引领作用为主线，以增强战略互信、促进共同发展为导向，全面提升科技创新合作的层次和水平，推动政策沟通、设施联通、贸易畅通、资金融通、民心相通，打造发展理念相通、要素流动畅通、科技设施联通、创新链条融通、人员交流顺通的创新共同体，为开创"一带一路"建设新局面提供有力支撑。

### 基本原则

1. 共建共享，互利共赢。
2. 以人为本，增进互信。
3. 分类施策，聚焦重点。
4. 改革创新，内外统筹。
5. 政府引领，市场主导。

### 战略目标

1. 近期目标。用三至五年时间，夯实基础，打开局面。科技人员交流合作大幅提升，来华交流（培训）的科技人员达 150000 人次以上，来华工作杰出青年科学家人数达 5000 名以上；与沿线国家就深化科技创新合作、共同走创新驱动发展道路形成广泛共识，与重点国家合作规划、实施方案基本形成，并签署合作备忘录或协议；建设一批联合实验室（联合研究中心）、技术转移中心、技术示范推广基地和科技园区等国际科技创新合作平台，鼓励企业在沿线国家建成若干研发中心，重点项目实施初见成效。

2. 中期目标。用 10 年左右的时间，重点突破，实质推进。以周边国家为基础、面向更大范围的协同创新网络建设初见成效，形成吸引"一带一路"沿线国家科技人才的良好环境，重点科技基础设施建设、联合实验室（联合研究中心）、平台网络建设等投入使用并发挥成效，重大科技合作项目取得重要成果，重点产业技术合作推动下的国际产业分工体系初步形成，"一带一路"创新共同体建设稳步推进。

3. 远期目标。到 21 世纪中叶，"一带一路"两翼齐飞，全面收获。科技创新合作推动"五通"目标全面实现，建成"一带一路"创新共同体，形成互学互鉴、互利共赢的区域协同创新格局。

### 重点任务

1. 密切科技沟通，深化人文交流。与沿线国家合作共同培养科技人才，扩大杰出青年科学家来华工作计划规模，建设一批不同类型的培训中心和培训基地，广泛开展先进适用技术、科技管理与政策、科技评估、科技创业等培训。加强科技创新政策沟通，支持沿线国家开展政策能力建设。构建多层次的科技人文交流平台。

2. 加强平台建设，推动技术转移。共建一批国家联合实验室（联合研究中心）、技术转移中心、先进适用技术示范与推广基地。

3. 支撑重大工程建设，促进科技资源互联互通。科技支撑铁路、公路联运联通，突破特殊环境条件下铁路公路建设、技术装备等适应性关键技术，支撑信息通信网络互联互通。促进科研仪器与设施、科研数据、科技文献、生物种质等科技资源互联互通。

4. 共建特色园区，鼓励企业创新创业。共建一批特色鲜明的科技园区，引导鼓励我国高新区、自主创新示范区、农业科技园区、海洋科技产业园区、环保产业园和绿色建材产业园等与沿线国家主动对接。

5. 聚焦共性技术，强化合作研究。聚焦沿线国家在经济社会发展中面临的关键共性技术问题，加强合作研究。

### 组织实施

由科技部、发展改革委、外交部和商务部联合牵头，负责本规划实施的统筹协调，制定实施方案，分解落实各项任务和配套政策，推进各项任务全面落实。建立年度工作推进会议机制，研究提出或调整科技创新合作项目和相关政策等，制订下一阶段工作计划。

## 六、创新型产业集群试点

### 政策依据

《关于印发〈创新型产业集群建设工程实施方案〉并组织开展集群建设试点工作的通知》（国科火字〔2011〕153 号）；《科技部关于印发〈创新型产业集群试点认定管理办法〉的通知》（国科发火〔2013〕230 号）；《关于深入推进创新型产业集群高质量发展的意见》（国科火字〔2020〕85 号）。

### 适用范围

创新型产业集群是指产业链相关联企业、研发和服务机构在特定区域集聚，通过分工合作和协同创新，形成具有跨行业跨区域带动作用和国际竞争力的产业组织形态。

集群试点工作在高新技术产业园区开展，一般以国家高新技术产业开发区为重点，通过政府的组织引导、集群的科学规划和产业链的协同发展，促进传统产业的转型升级和新兴产业的培育发展，提升产业竞争力。

### 政策内容

1. 加强政策扶持。对科技部批准建设的创新型产业集群，火炬中心组织专家指导并参与制定产业集群发展规划；所在省（区、市）应将集群建设纳入省部会商内容，并统筹各类资源，对集群建设给予倾斜。所在城市人民政府研究制定相关扶持政策和措施，保证集群建设工程顺利实施。

2. 加大资金投入。对科技部批准建设的创新型产业集群，火炬中心统筹相关科技计划给予重点支持。省级科技行政管理部门在申报国家相关科技计划项目时，以产业集群为重点进行组织。在安排各级科技计划经费时，向产业集群倾斜。所在城市政府落实集群建设专项经费，积极探索设立产业集群发展专项基金。

3. 强化工作引导。建立和完善促进产业集群发展的工作协调机制，帮助地方政府制定集群发展规划，选择产业发展方向和重点发展领域。建立产业集群统计监测及考核评价体系，建立国际合作及信息交流平台，加强对产业集群发展的引导、评价指导和协调服务。对地方开展建设的产业集群，火炬中心视建设情况和发展水平择优给予引导性支持；对上升为省发展战略和重点，有明确的建设方案和发展规划，条件成熟的，可择优报科技部批准建设。

### 申请条件

申请集群试点，需同时满足以下条件。

1. 集群的建设与发展规划，应具有科学性、前瞻性和可实施性。规划的主导产业市场前景广阔，主导产业在细分领域处于国内领先地位。

2. 集群所在地政府（原则上为地级市政府）制定了促进集群产业发展的政策措施，建立了政府引导下的集群产业链协同机制，设立了试点工作管理机构。

3. 集群产业链企业、研发和服务机构相对集聚，建立了产业或技术联盟；骨干企业应为高新技术企业或创新型（试点）企业，具有核心知识产权的品牌产品，参与了国际、国家或行业标准的制定；科技型中小微企业与骨干企业形成了生产配套或协作关系。

4. 拥有与集群产业链相关联的研发设计、创业孵化、技术交易、投融资和知识产权等服务机构，以及科研院所和教育培训等机构，其功能、能力符合集群产业的战略发展需求。

### 申报流程

1. 项目申请。园区管理机构按照集群试点条件和年度申报通知的要求编制申请文件，由所在地政府向省、自治区、直辖市科技行政管理部门提出试点申请。

2. 论证推荐。省、自治区、直辖市科技行政管理部门组织专家论证，符合条件的向科技部推荐。

3. 评审认定，科技部每年组织专家考察和评审。通过评审的，认定为创新型产业集群试点，试点期为三年。

# 七、高新技术产业开发区

## （一）国家高新技术产业开发区

### 政策依据

《科技部关于印发〈国家高新技术产业开发区"十三五"发展规划〉的通知》（国科发高〔2017〕90号）；《国务院关于促进国家高新技术产业开发区高质量发展的若干意见》（国发〔2020〕7号）。

### 政策简介

国家高新技术产业开发区是中国在一些知识与技术密集的大中城市和沿海地区建立的发展高新技术的产业开发区。高新区以智力密集和开放环境条件为依托，主要依靠国内的科技和经济实力，充分吸收和借鉴国外先进科技资源、资金和管理手段，通过实施高新技术产业的优惠政策和各项改革措施，实现软硬环境的局部优化，最大限度地把科技成果转化为现实生产力而建立起来的集中区域。1988年，国务院开始批准建立国家高新技术产业开发区。

坚持"发展高科技、实现产业化"方向，以深化体制机制改革和营造良好创新创业生态为抓手，以培育发展具有国际竞争力的企业和产业为重点，以科技创新为核心着力提升自主创新能力，围绕产业链部署创新链，围绕创新链布局产业链，培育发展新动能，提升产业发展现代化水平，将国家高新区建设成为创新驱动发展示范区和高质量发展先行区。

### 发展目标

到2025年，国家高新区布局更加优化，自主创新能力明显增强，体制机制持续创新，创新创业环境明显改善，高新技术产业体系基本形成，建立高新技术成果产出、转化和产业化机制，攻克一批支撑产业和区域发展的关键核心技术，形成一批自主可控、国际领先的产品，涌现一批具有国际竞争力的创新型企业和产业集群，建成若干具有世界影响力的高科技园区和一批创新型特色园区。到2035年，建成一大批具有全球影响力的高科技园区，主要产业进入全球价值链中高端，实现园区治理体系和治理能力现代化。

### 政策内容

根据2025年和2035年发展目标，从六个方面提出了18条具体举措，主要内容如下。

1. 着力提升自主创新能力。主要措施包括大力集聚高端创新资源、吸引培育一流创新人才。加强关键核心技术创新和成果转移转化。

2. 进一步激发企业创新发展活力。主要措施包括支持高新技术企业发展壮大、积极持育科技型中小企业、加强对科技创新创速的服务支持。

3. 推进产业迈向中高端。主要措施包括大力培有发展新兴产业、做大做强特色主导产业。

4. 加大开放创新力度。主要措施包括推动区域协同发展，打造区域创新增长极、融入全球创新体系。

5．营造高质量发展环境。主要措施包括深化管理体制机制改革、优化营商环境、加强金融服务、优化土地资源配置、建设绿色生态园区。

6．加强分类指导和组织管理。主要措施包括加强组织领导、强化动态管理。

## （二）河南省高新技术产业开发区

### 政策依据

《河南省人民政府办公厅关于印发河南省高新技术产业开发区管理办法（试行）的通知》（豫政办〔2016〕208号）;《河南省促进高新技术产业发展条例》（河南省第十一届人民代表大会常务委员会公告第45号）;《中共河南省委　河南省人民政府关于贯彻落实〈国家创新驱动发展战略纲要〉的实施意见》（豫发〔2016〕26号）;《中共河南省委　河南省人民政府关于深化科技体制改革推进创新驱动发展若干实施意见》（豫发〔2015〕13号）。

### 政策简介

省级高新区是指经省政府批准，以深化改革为动力，以提高自主创新能力为核心，以促进科技成果转化为重点，大力发展战略性新兴产业和高新技术产业的开发区。发展定位是建设成为发展战略性新兴产业和高新技术产业的核心区、体制机制创新先行区、高端创新创业人才集聚区、现代化新城区、创新驱动科学发展和生态文明建设示范区。

### 适用范围

面向省辖市、省直管县（市）和县级市建设高新区。鼓励基础相对薄弱但发展速度较快、潜力较大的地方加大力度，争创高新区。

### 优惠政策

1．对评估结果优秀的高新区，优先推荐创建国家级高新区。

2．省级给予资金奖补的创新平台或项目，由受益财政给予等额的配套资金奖补。

### 认定条件

1．基础条件具备。

（1）符合所在地国民经济和社会发展规划、城市（镇）总体规划、土地利用总体规划、生态环境保护规划，高新区总体发展规划应与区域公共服务基础设施规划衔接。

（2）符合国家关于土地节约集约利用等要求，土地利用结构和用地布局合理，发展空间充分，产城融合规划明确，基础设施配套，四至范围明确。

（3）符合环境保护和安全生产等要求，近两年内未发生重大污染、重大安全事故。

（4）建立独立的管委会制度，依法享有一定行政管理权限，实行集中精简、灵活高效的管理体制和运行机制。

2．产业优势突出。

（1）主要经济指标增速高于全省平均水平。

（2）主导产业明确。企业的集聚度、关联度较高，主导产业产值占园区工业总产值比例不低于70%。

（3）高新技术产业集聚度较高。制定了明确的高新技术产业发展规划，高新技术产业和战略性新兴产业增加值占园区工业增加值的 50% 以上。

（4）高新技术产业发展迅速。高新技术产业增加值增速高于全省平均水平。

3. 创新体系完善。

（1）研究开发经费投入强度高于全省平均水平。

（2）创新主体梯次发展。拥有竞争力较强的龙头骨干企业；高新技术企业数量和产值不低于所在县（市、区）总量的 25%，科技型中小企业数量不低于所在县（市、区）总量的 30%。

（3）拥有一批高层次科技创新人才，建有五个以上科技创新团队。

（4）建有五个以上省级以上企业研发中心、公共技术研发平台或新型研发机构。承担一批省级以上科研项目。

（5）创新创业载体健全，建有省级以上科技企业孵化器、众创空间等创新创业孵化载体。

（6）建有知识产权管理和服务体系，每万人有效发明专利拥有量高于所在省辖市、省直管县（市）平均值。

（7）建有服务科技创新的投资机构和金融机构，支持企业上市、挂牌融资。

（8）与科研机构、高等院校建有长期的科技合作关系，积极开展对外科技合作和产学研合作。

4. 保障措施有力。

（1）当地政府高度重视高新区建设，把高新区作为实施创新驱动发展战略的重要载体。牢固树立创新发展理念，积极推动大众创业、万众创新，大力开展科技创新与体制机制创新，推动新技术、新产业、新业态蓬勃发展。

（2）当地政府建立与发展规划相配套的统筹机制，出台了切实有效的措施支持高新区建设发展。整合创新资源，将战略性新兴产业和高新技术产业在高新区集中布局。

（3）高新区管理机构规范健全，管理职能明确，领导班子配备齐全，相应编制及人员到位。

（4）高新区管理机构能够认真履行社会管理责任，为创新创业和产业发展提供优质服务。

### 申报材料

1. 所在省辖市、省直管县（市）政府的请示。

2. 高新区发展情况。

3. 高新区总体发展规划。包括高新区总体情况、基础条件、产业发展情况、技术创新情况、发展定位及目标、保障措施等。

4. 其他相关材料。

（1）园区设立的有关批准文件。

（2）符合土地利用总体规划、城市（镇）总体规划、生态环境保护规划等方面的证明材料，关于土地利用情况分析材料以及能够证明园区内规划管理由所在地市、县级城乡规划主管部门实施统一管理的材料。

（3）所在地政府支持创新创业环境建设和扶持高新技术产业发展的政策措施文件。

（4）高新区有效期内的高新技术企业、科技型中小企业、创新团队、研发机构、创新创业载体等清单。

（5）高新区近年主要科技经济指标。

（6）其他相关材料。

### 认定程序

市政府向省政府报送请示→省政府批转省科技厅发展改革委等部门办理→省科技厅审查申报材料→省科技厅会同省发改委等部门组织专家考察和论证并提出意见→省科技厅提出建议，报请省政府审定→省政府审定批复。

## 八、国家级新区

### 政策依据

《国务院办公厅关于支持国家级新区深化改革创新加快推动高质量发展的指导意见》（国办发〔2019〕58号）（本节简称《指导意见》）。

### 政策介绍

国家级新区于20世纪90年代初期开始设立，是承担国家重大发展和改革开放战略任务的综合功能平台。截至目前，国务院已批准设立上海浦东新区、天津滨海新区、重庆两江新区、浙江舟山群岛新区、甘肃兰州新区、广州南沙新区、陕西西咸新区、贵州贵安新区、南京江北新区、河北雄安新区等19个国家级新区。以习近平新时代中国特色社会主义思想为指导，全面贯彻党的十九大和十九届二中、三中、四中全会精神，坚持稳中求进工作总基调，坚持新发展理念，坚持以供给侧结构性改革为主线，突出高起点规划、高标准建设、高水平开放、高质量发展，用改革的办法和市场化、法治化的手段，大力培育新动能、激发新活力、塑造新优势，努力成为高质量发展引领区、改革开放新高地、城市建设新标杆。

### 重点举措

《指导意见》就新时期加快推动新区高质量发展提出五个方面重点举措。

一是着力提升关键领域科技创新能力。打造若干竞争力强的创新平台，瞄准国际前沿技术强化攻关。完善创新激励和成果保护机制，打造一批拥有知名品牌和核心知识产权的优势企业。积极吸纳和集聚创新要素。

二是加快推动实体经济高质量发展。引导新区做精做强主导产业，培育新产业新业态新模式，精准引进建设一批重大产业项目，推动中西部和东北地区新区与东部地区建立精准承接制造业产业转移长效机制。

三是持续增创体制机制新优势。优化新区管理运营机制，允许相关省（区、市）按规定赋予新区相应的地市级经济社会管理权限，下放部分省级经济管理权限。开展体现新区特点的营商环境评价，打造一流营商环境，在深化"放管服"改革方面走在前列。

四是推动全方位高水平对外开放。进一步增强国际竞争力，提升投资贸易便利化水平，支持新区结合实际按程序复制推广自贸试验区改革创新经验，支持在确有发展需要、符合条件的新区设立综合保税区。

五是高标准推进建设管理。加强规划统领与约束，高质量编制发展规划。探索高品质城市治理方式，提升城市精细化管理水平。创新土地集约利用方式，强化开发强度、投资强度、产出强度、人均用地指标等要求。

# 九、经济技术开发区

## （一）国家级经济技术开发区

### 政策依据

《国务院关于推进国家级经济技术开发区创新提升打造改革开放新高地的意见》（国发〔2019〕11 号）。

### 政策介绍

国家级经济技术开发区是由国务院于 1984 年批准成立的经济技术开发区，在中国现存经济技术开发区中居于最高地位。是中国内地为实行改革开放政策而设立的现代化工业、产业园区，主要解决中国内地长期存在的审批手续繁杂、机构职能交叉等制约经济社会发展的体制问题。在借鉴经济特区成功经验基础上，我国在沿海 12 个城市设立了首批 14 家国家级经开区。随后对外开放向纵深推进，国家级经开区布局不断向内陆扩展。截至目前，全国共有 219 家国家级经开区，遍布 31 个省（区、市），其中东部地区 107 家，中部地区 63 家，西部地区 49 家。

### 指导思想

以习近平新时代中国特色社会主义思想为指导，全面贯彻党的十九大和十九届二中、三中全会精神，按照党中央、国务院决策部署，坚持稳中求进工作总基调，坚持新发展理念，以供给侧结构性改革为主线，以高质量发展为核心目标，以激发对外经济活力为突破口，着力推进国家级经开区开放创新、科技创新、制度创新，提升对外合作水平、提升经济发展质量，打造改革开放新高地。

### 政策措施

1. 提升开放型经济质量。

①拓展利用外资方式。②优化外商投资导向。③提升对外贸易质量。

2. 赋予更大改革自主权。

①深化"放管服"改革。②优化机构职能。③优化开发建设主体和运营主体管理机制。④健全完善绩效激励机制。⑤支持开展自贸试验区相关改革试点。

3. 打造现代产业体系。

①加强产业布局统筹协调。②实施先进制造业集群培育行动。③实施现代服务业优化升级行动。④加快推进园区绿色升级。充分发挥政府投资基金作用，支持国家级经开区加大循环化改造力度，实施环境优化改造项目。⑤推动发展数字经济。⑥提升产业创新能力。

4. 完善对内对外合作平台功能。

①积极参与国际合作。②打造国际合作新载体。③拓展对内开放新空间。④促进与所在城市互动发展。

5. 加强要素保障和资源集约利用。

①强化集约用地导向。②降低能源资源成本。③完善人才政策保障。④促进就业创业。

## （二）省级经济技术开发区

### 政策依据

《河南省人民政府办公厅关于印发河南省经济技术开发区管理办法（试行）的通知》（豫政办〔2017〕160号）。

### 政策简介

为贯彻落实《国务院办公厅关于完善国家级经济技术开发区考核制度促进创新驱动发展的指导意见》（国办发〔2016〕14号）和《国务院办公厅关于促进开发区改革和创新发展的若干意见》（国办发〔2017〕7号），规范经济技术开发区管理，推动区域经济发展，制定河南省经济技术开发区管理办法。功能定位要求将经开区建设成为带动地区经济发展和实施区域发展战略的重要载体，成为构建开放型经济新体制和培育吸引外资新优势的排头兵，成为科技创新驱动和绿色集约发展的示范区。其主管部门为省商务厅。

### 适用范围

河南省范围内经国务院批准设立的国家级经开区，经省政府批准设立的省级经开区。

### 设立条件

1. 符合区域协调发展战略和国家产业政策，产业发展规划明确，产业特色突出、优势明显、前景良好。

2. 符合土地利用和城镇总体规划，符合国家关于土地节约集约利用的要求，土地利用结构和用地布局合理，发展空间充分，基础设施配套，四至范围、规划面积和土地利用方案明确。

3. 符合国家及省对自然生态、环境保护、国家安全的有关规定。

4. 建立管理委员会制度，建立一级财政，实行集中精简、灵活高效的管理体制和运行机制。

5. 具备一定的发展基础和对外开放度：申报区域内第二、三产业近两年增加值均达到40亿元；年实现税收收入达到2.5亿元；近两年累计进出口额达到3000万美元；实际吸收外商直接投资累计达到2.5亿美元或实际引进省外资金累计达到100亿元；主导产业增加值所占比重达到70%。

### 审批程序

1. 由所在省辖市、省直管县（市）政府向省政府提出设立省级经开区的申请。

2. 省政府批转省商务厅。

3. 省商务厅对材料进行审核；会同有关部门组成调研组，对拟设立的省级经开区进行实地考察；提出初审意见报省政府。

4. 省政府批准设立。

### 申报材料

省辖市、省直管县（市）政府应提交以下材料。

1. 关于设立省级经开区的请示。

2. 基本情况。拟设立省级经开区区域内经济社会发展情况，包括社会人口、产业特点、土地集约、基础设施、环境保护、节能减排、社会责任等需要说明的情况。

3. 城市规划。符合省开发区总体发展规划。包括拟选址位置、四至范围、土地利用总体规划、城镇总体规划、产业发展规划、环境保护规划、社会发展规划及功能区块布局等内容。省辖市、省直管县（市）规划部门出具的申报区域依法实施城市规划管理的正式文件。

4. 拟设立省级经开区管理委员会。机构设置、管理机制、主要职责、人员编制、财政体制等。原则上依托省定产业集聚区管理委员会设立或进行有效套合。

5. 省辖市、省直管县（市）国土资源部门出具的土地集约利用评价结果确认正式文件，并附土地集约利用程度评价指标汇总表、工作报告和技术报告。

6. 省辖市、省直管县（市）环保部门出具的环境保护执行情况正式文件，即有效贯彻执行环境保护法律、法规、制度及政策，近两年内未发生重大污染事故。区内所有企业排放的各类污染物稳定达到国家或地方规定的排放标准和污染物排放总量控制指标。区内企业环评合格率达到100%。

7. 省辖市、省直管县（市）人力资源社会保障部门出具的履行社会责任情况正式文件。社保覆盖率大于70%。

8. 省辖市、省直管县（市）商务、统计、发展改革等部门分别出具进出口和引资、税收收入、增加值、主导产业及所占比重等情况符合设立条件的正式文件。

9. 省政府要求提交的其他材料。

### 推荐升级

1. 符合国家级经开区评定条件和指标要求的省级经开区，可申请升级为国家级经开区。

2. 由省辖市、省直管县（市）政府向省政府提出申请；省政府批转省商务厅；省商务厅按国务院规定的条件、指标和需提交材料提出审核意见后报省政府；具备升级条件的，由省政府报国务院审批。

### 扩区管理

1. 扩区条件。

（1）经开区原批准规划面积已基本开发完毕，产业链延伸和配套需要新的发展空间。

（2）土地节约集约利用成效明显。经开区土地集约利用程度评价指标现状值整体情况在提出申请之日前一年达到同期全省经开区平均水平以上，土地集约利用扩展潜力规模比重低于全省经开区平均水平，无闲置土地。

（3）符合国家产业政策，符合全省规划，符合土地利用总体规划，符合市（县）域城镇体系规划、城镇总体规划，符合国家及省对自然生态、环境保护、国家安全的有关规定，有明确的四至范围、规划面积和土地利用方案。

2. 提交材料。

（1）关于省级经开区扩区的请示。

（2）基本情况。包括省级经开区原批准规划面积的开发建设情况、产业发展情况和主要经济指标情况、土地节约集约利用情况、扩区的必要性。拟扩区域内经济发展、社会人口、土地集约、环境保护、基础设施等需要说明的情况。

（3）城市规划。符合省开发区总体发展规划。包括拟扩区选址位置、四至范围（附标准格式坐标）、土地利用总体规划、城镇总体规划、产业发展规划、环境保护规划、社会发展规划及功能区块布局等内容。

（4）省级经开区管理委员会。机构设置、管理机制、主要职责、人员编制、财政体制等。

（5）省辖市、省直管县（市）商务、发展改革、国土资源、规划、环保等部门出具的符合省级经开区扩区条件和同意扩区的正式文件。

（6）省政府要求提交的其他材料。

### 区域调整

1. 省级经开区原批准规划区域范围内因所在城镇总体规划调整、地下资源、地质灾害等原因需要调整区域的，审批程序和要求按规定执行。

2. 国家级经开区区域调整应当符合国务院的规定。本省按程序审核经省政府同意后报国务院审批。

### 退出办理

1. 省商务厅负责牵头组织对经开区开展考核评价工作。对考核末位的省级经开区予以通报，对连续两年考核处于末位的省级经开区，报省政府批准后取消其省级经开区资格。

2. 退出省级经开区管理序列的，三年内不得重新申报。退出国家级经开区管理序列的，按省级经开区进行管理，三年内不得重新申报国家级经开区。

3. 省级经开区原批准规划区域范围因客观原因无法进行开发，本行政区域内又无地可调整的，省辖市、省直管县（市）政府应向省政府申请撤销，省政府批转省商务厅提出审理意见后报省政府批复。

## 十、国家综合保税区

### 政策依据

《国务院关于促进综合保税区高水平开放高质量发展的若干意见》（国发〔2019〕3号）。

### 政策介绍

综合保税区是设立在内陆地区的具有保税港区功能的海关特殊监管区域。由海关参照有关规定对综合保税区进行管理，执行保税港区的税收和外汇政策，集保税区、出口加工区、保税物流区、港口的功能于一身，可以发展国际中转、配送、采购、转口贸易和出口加工等业务。

综合保税区是开放型经济的重要平台，对发展对外贸易、吸引外商投资、促进产业转型升级发挥着重要作用。为贯彻落实党中央、国务院关于推动形成全面开放新格局的决策部署，实行高水平的贸易和投资自由化便利化政策，以高水平开放推动高质量发展，将综合保税区建设成为新时代全面深化改革开放的新高地，2019年1月，国务院发布了《国务院关于促进综合保税区高水平开放高质量发展的若干意见》。

### 发展目标

对标高质量发展要求，完善政策，拓展功能，创新监管，培育综合保税区产业配套、营商环境等综合竞争新优势。加快综合保税区创新升级，打造对外开放新高地，推动综合保税区发展成为具有全球影响力和竞争力的加工制造中心、研发设计中心、物流分拨中心、检测维修中心、销售服务中心。

## 主要任务

1. 统筹两个市场，打造加工制造中心。

①拓展两个市场。积极稳妥地在综合保税区推广增值税一般纳税人资格试点。②提前适用政策。自国务院批准设立综合保税区之日起，对入区企业进口自用的机器设备等，在确保海关有效监管的前提下，可按现行规定享受综合保税区税收政策。③释放企业产能。允许综合保税区内加工制造企业利用剩余产能承接境内区外委托加工。④促进内销便利。将在综合保税区内生产制造的手机、汽车零部件等重点产品从自动进口许可证管理货物目录中剔除，便利企业内销。⑤强化企业市场主体地位。简化海关业务核准手续，支持综合保税区内企业自主备案、合理自定核销周期、自主核报、自主补缴税款。

2. 推动创新创业，打造研发设计中心。

①促进研发创新。除禁止进境的外，综合保税区内企业从境外进口且在区内用于研发的货物、物品，免于提交许可证件，进口的消耗性材料根据实际研发耗用核销。②建设创新高地。综合运用综合保税区政策功能优势，支持国家产业创新中心、国家技术创新中心、国家工程研究中心、新型研发机构等研发创新机构在综合保税区发展。③优化信用管理。综合保税区内新设的研发设计、加工制造企业，经评定符合有关标准的，直接赋予最高信用等级。④支持医疗设备研发。综合保税区内企业进口的医疗器械用于研发、展示的，可不办理相关注册或备案手续。进入国内销售、使用的医疗器械，应当按照相关规定申请注册或办理备案。

3. 推进贸易便利化，打造物流分拨中心。

①简化进出区管理。允许对境内入区的不涉出口关税、不涉贸易管制证件、不要求退税且不纳入海关统计的货物、物品，实施便捷进出区管理模式。②便利货物流转。运用智能监管手段。创新监管模式，简化业务流程，实行数据自动比对、卡口自动核放，实现保税货物点对点直接流转，降低运行成本，提升监管效能。③试行汽车保税存储。允许在汽车整车进口口岸的综合保税区内开展进口汽车保税存储、展示等业务。④促进文物回流。优化文物及文化艺术品从境外入区监管模式，简化文化艺术品备案程序，实施文物进出境登记审核，促进文物及文化艺术品在综合保税区存储、展示等。

4. 延伸产业链条，打造检测维修中心。

①开展检测维修。允许综合保税区内企业开展高技术、高附加值、符合环保要求的保税检测和全球维修业务。支持第三方检验检测认证机构在综合保税区开展进出口检验认证服务。②支持再制造业。允许综合保税区内企业开展高技术含量、高附加值的航空航天、工程机械、数控机床等再制造业务。③创新监管模式。综合保税区内企业从境外进口已获批的人用疫苗或体外诊断试剂，允许在具备必要监管查验条件的综合保税区内查验。境外入区的食品，如需检测的，在抽样后即放行，对境外入区动植物产品的检验项目，实行"先入区、后检测"，根据检测结果进行后续处置。

5. 培育新动能新优势，打造销售服务中心。

①发展租赁业态。对注册在综合保税区内的融资租赁企业进出口飞机、船舶

和海洋工程结构物等大型设备涉及跨关区的，在确保有效监管和执行现行相关税收政策的前提下，按物流实际需要，实行海关异地委托监管。②促进跨境电商发展。支持综合保税区内企业开展跨境电商进出口业务，逐步实现综合保税区全面适用跨境电商零售进口政策。③支持服务外包。允许综合保税区内企业进口专业设备开展软件测试、文化创意等国际服务外包业务，促进跨境服务贸易。④支持期货交割。支持具备条件的综合保税区开展铁矿石、天然橡胶等商品期货保税交割业务。⑤推广创新制度。经政策评估后，支持综合保税区率先全面复制推广自贸试验区中与海关特殊监管区域相关的改革试点经验。

## 十一、国家科技成果转移转化示范区

### 政策依据

《科技部关于印发国家科技成果转移转化示范区建设指引的通知》（国科发创〔2017〕304号）。

### 政策介绍

为贯彻落实科技成果转移转化的"三部曲"相关要求，进一步推动科技成果与地方企业和产业发展融合"落地"，2016年，科技部宣布在河北省和浙江省宁波市启动建设首批国家科技成果转移转化示范区。建设国家科技成果转移转化示范区，有助于完善区域科技成果转化政策环境，提升区域创新能力，起到以点带面的示范作用。

建设目标：示范区建设期原则上为三到五年，"十三五"期间部署建设10个左右。打造形成一批政策先行、机制创新、市场活跃的科技成果转移转化区域高地，形成一批可复制、可推广的经验做法。有利于科技成果转移转化的政策环境和体制机制不断健全，专业化的技术转移人才队伍不断壮大，科技成果转化公共服务平台更加完善，企业、高校和科研院所科技成果转移转化能力明显提升，各具特色的科技成果转移转化体系逐步建立和完善。

### 政策内容

优化资源配置。鼓励示范区创业投资基金加强与国家科技成果转化引导基金的协同联动，带动社会资本共同设立创业投资子基金，加大对示范区的支持力度。支持示范区开展科技金融结合试点工作，引导金融资本支持成果转化。国家建设的技术交易网络平台、科技成果信息服务系统等与示范区相关平台和系统实现互联互通，区域性技术转移中心、示范性技术转移机构、成果转化类科技创新基地等优先在示范区建设。

### 建设条件

1. 地方政府高度重视，把促进科技成果转移转化有关工作列入重要规划和计划。

2. 有较好的科技成果转移转化工作基础和突出的示范特色，技术市场交易额等主要指标实现持续增长。

3. 制定出台较为完备的科技成果转移转化配套政策法规，建立较完善的科技成果转化平台，拥有一批较高水平的技术转移及成果转化服务机构和专业化的人才队伍。

4. 科技与产业发展特色鲜明，能形成较好的示范效应，对国家重大发展战略发挥关键支点作用。

### 申报流程

1. 提出需求。对于工作基础好、积极性高、符合布局条件的省（自治区、直辖市），地方科技主管部门经报请地方政府同意，提出示范区建设需求和建设思路。

2. 制定方案。地方科技主管部门编制建设方案，开展专家咨询论证，由地方政府报送科技部。科技部根据情况组织开展调研咨询，提出对建设方案的编制意见。

3. 启动建设。对满足建设条件、建设方案成熟的地方，科技部支持示范区建设。地方政府按要求启动建设，加强建设方案任务落实和考核评价。

4. 监测评估。示范区设立各具特色的建设指标体系，引导建设方向和目标任务。每年 12 月底以前，地方科技主管部门将示范区年度建设情况书面报科技部。示范区建设期满前，科技部组织开展总结评估，并根据评估结果决定整改、撤销或后续支持等事项。

5. 示范推广。示范区凝练提出可供复制推广的若干政策措施和经验做法。科技部对示范区建设经验和做法进行总结提炼，向全国示范推广一批可复制可推广的先行先试政策与经验模式，发挥示范区的辐射带动效应。

## 十二、火炬特色产业基地

### 政策依据

《关于印发〈国家火炬特色产业基地建设管理办法〉的通知》（国科火字〔2015〕163 号）。

### 适用范围

国家火炬特色产业基地（本节简称火炬基地）是集聚创新要素资源、优化创新创业环境、培育和支撑特色优势产业的重要手段，是推进区域经济创新发展的有效路径和地方科技工作的重要抓手。

火炬基地是指在一定地域范围内，针对国家鼓励发展的细分产业领域，通过政府组织引导、各方优势资源汇聚、营造良好创新创业环境，形成的具有区域特色和产业特色、对当地经济和社会发展具有显著支撑和带动作用的产业集聚区。

鼓励各地区特别是县（市、区）结合自身产业特色和优势创建火炬基地。

### 政策内容

经认定的火炬基地，给予统一命名；在推荐或安排科技计划项目时，优先支持火炬基地内项目。

### 申请条件

申报火炬基地应具备以下基本条件。

1. 设立了由当地政府（县级或地级人民政府、省级或国家高新技术产业开发区管委会、经济技术开发区管委会等，本节同）主导的火炬基地建设领导和协调机制，并有职责明确的日常管理机构。有较完善和可行的火炬基地建设工作方案。

2. 编制了较完善的火炬基地建设规划（重点是发展目标要先进、科学、合理并且通过努力可实现），主导产业已纳入当地发展规划，并有相应的促进政策和配套措施。

3. 具有鲜明的产业特色。有丰富的特色资源，主导产业和主要产品在本区域和全行业内具有特色和竞争优势。

4. 具有较好的产业基础。主导产业实现年总营业收入原则上应超过30亿元，或占所在地本产业年总营业收入比重原则上应超过50%，符合国家产业政策导向，在节能、环保及公共安全等方面符合国家产业政策及相关规定。

5. 具有较完备的科技服务体系。有一批支撑火炬基地发展的创新创业科技服务机构和产业发展促进机构，开展研究开发、技术转移、检验检测、创业孵化、知识产权、科技金融、人才培训等相关工作。

6. 具有较完备的以企业为核心的技术创新体系。有在国内同行业具有明显竞争优势和示范带动作用的骨干企业、一定数量的高新技术企业和科技型中小企业；有较强的技术创新能力，建立了紧密的产学研合作关系；拥有一批具有自主知识产权和一定影响力的技术和产品；有省级以上（含省级）重点实验室、工程（技术）研究中心、企业技术中心等研发创新机构；综合 R&D 投入强度一般不低于 3%。

7. 集聚效应显著。已形成在市场机制作用下骨干企业与关联企业联系密切、分工协作的合理格局，形成较为完整、上下游互动频繁的产业链条；成立了产业技术创新战略联盟等产业促进组织。

### 申报流程

1. 建设申报。当地政府为火炬基地申请单位，将申报材料报省级科技行政主管部门。

2. 审查推荐。省级科技行政主管部门为火炬基地推荐单位，对申报材料的真实性和完整性，以及主导产业是否符合本地区政府鼓励发展的方向进行审查。若同意推荐，将申报材料及推荐意见报科技部火炬中心。

3. 论证认定。科技部火炬中心对申报材料进行形式审查，组织专家对申报材料进行评议论证（必要时进行实地考察），评议结果在科技部火炬中心网站公示，对公示无异议的确认为国家火炬特色产业基地。

# 第六篇　创新平台与创新载体

# 第一章　创新平台

## 一、新型研发机构

### （一）国家新型研发机构

**政策依据**

《科技部印〈发关于促进新型研发机构发展的指导意见〉的通知》（国科发政〔2019〕313号）。

**政策简介**

促进新型研发机构发展，要突出体制机制创新，强化政策引导保障，注重激励约束并举，调动社会各方参与。通过发展新型研发机构，进一步优化科研力量布局，强化产业技术供给，促进科技成果转移转化，推动科技创新和经济社会发展深度融合。发展新型研发机构，坚持"谁举办、谁负责，谁设立、谁撤销"。举办单位（业务主管单位、出资人）应当为新型研发机构管理运行、研发创新提供保障，引导新型研发机构聚焦科学研究、技术创新和研发服务，避免功能定位泛化，防止向其他领域扩张。

**适用范围**

新型研发机构是聚焦科技创新需求，主要从事科学研究、技术创新和研发服务，投资主体多元化、管理制度现代化、运行机制市场化、用人机制灵活的独立法人机构，可依法注册为科技类民办非企业单位（社会服务机构）、事业单位和企业。

**政策内容**

1. 符合条件的新型研发机构，可适用以下政策措施。

（1）按照要求申报国家科技重大专项、国家重点研发计划、国家自然科学基金等各类政府科技项目、科技创新基地和人才计划。

（2）按照规定组织或参与职称评审工作。

（3）按照《中华人民共和国促进科技成果转化法》等规定，通过股权出售、股权奖励、股票期权、项目收益分红、岗位分红等方式，激励科技人员开展科技成果转化。

（4）结合产业发展实际需求，构建产业技术创新战略联盟，探索长效稳定的产学研结合机制，组织开展产业技术研发创新、制定行业技术标准。

（5）积极参与国际科技和人才交流合作。建设国家国际科技合作基地和国家引才引智示范基地；开发国外人才资源，吸纳、集聚、培养国际一流的高层次创新人才；联合境外知名大学、科研机构、跨国公司等开展研发，设立研发、科技服务等机构。

2. 地方政府可根据区域创新发展需要，综合采取以下政策措施，支持新型研发机构建设发展。

（1）在基础条件建设、科研设备购置、人才住房配套服务及运行经费等方面给予支持，推动新型研发机构有序建设运行。

（2）采用创新券等支持方式，推动企业向新型研发机构购买研发创新服务。

（3）组织开展绩效评价，根据评价结果给予新型研发机构相应支持。

（4）鼓励地方通过中央引导地方科技发展专项资金，支持新型研发机构建设运行。

（5）鼓励国家科技成果转化引导基金，支持新型研发机构转移转化利用财政资金等形成的科技成果。

3. 符合条件的科技类民办非企业单位，按照《中华人民共和国企业所得税法》《中华人民共和国企业所得税法实施条例》，以及非营利组织企业所得税、职务科技成果转化个人所得税、科技创新进口税收等规定，享受税收优惠。

4. 企业类新型研发机构享受税前加计扣除政策；企业类新型研发机构可申请高新技术企业认定，享受相应税收优惠。

## 认定条件

1. 新型研发机构一般应符合以下条件。

（1）具有独立法人资格，内控制度健全完善。

（2）主要开展基础研究、应用基础研究，产业共性关键技术研发、科技成果转移转化，以及研发服务等。

（3）拥有开展研发、试验、服务等所必需的条件和设施。

（4）具有结构相对合理稳定、研发能力较强的人才团队。

（5）具有相对稳定的收入来源，主要包括出资方投入，技术开发、技术转让、技术服务、技术咨询收入，政府购买服务收入，以及承接科研项目获得的经费等。

2. 鼓励设立科技类民办非企业单位（社会服务机构）性质的新型研发机构。

## 建设管理

1. 发展新型研发机构，坚持"谁举办、谁负责，谁设立、谁撤销"。举办单位（业务主管单位、出资人）应当为新型研发机构管理运行、研发创新提供保障，引导新型研发机构聚焦科学研究、技术创新和研发服务，避免功能定位泛化，防止向其他领域扩张。

2. 多元投资设立的新型研发机构，原则上应实行理事会、董事会决策制和院长、所长、总经理负责制，根据法律法规和出资方协议制定章程，依照章程管理运行。

3. 新型研发机构应全面加强党的建设；建立科学化的研发组织体系和内控制度，加强科研诚信和科研伦理建设；应采用市场化用人机制、薪酬制度；应建立分类评价体系；实行信息披露制度。

4. 设立科技类民办非企业单位（社会服务机构）性质的新型研发机构，应依法进行登记管理，运营所得利润主要用于机构管理运行、建设发展和研发创新等，出资方不得分红。企业类新型研发机构应按照《中华人民共和国公司登记管理条例》进行登记管理；鼓励企业类新型研发机构运营所得利润不进行分红，主要用于机构管理运行、建设发展和研发创新等。

5. 科技部组织开展新型研发机构跟踪评价，建设新型研发机构数据库，发布新型研发机构年度报告。地方科技行政管理部门负责协调推动本地区新型研发机构建设发展、开展监测评价、进行动态调整等工作。建立新型研发机构监督问责机制。

## （二）河南省新型研发机构

### 政策依据

《河南省人民政府关于印发河南省扶持新型研发机构发展若干政策的通知》（豫政〔2019〕25号）;《河南省科学技术厅 河南省财政厅关于印发〈河南省新型研发机构备案和绩效评价办法（试行）〉的通知》（豫科〔2019〕10号）;《河南省科学技术厅 河南省财政厅关于印发〈河南省重大新型研发机构遴选和资助暂行办法〉的通知》（豫科〔2017〕180号）。

### 政策内容

1. 重点支持培育一批重大新型研发机构。经遴选被省政府认定为省重大新型研发机构的，省财政给予最高不超过500万元的奖励。

2. 新型研发机构在政府项目（专项、基金）承担、奖励申报、职称评审、人才引进、建设用地保障、重大科研设施和大型科研仪器开放共享、投融资等方面可享受国有科研机构同等待遇。

3. 鼓励新型研发机构建设科技企业孵化器、专业化众创空间等孵化服务载体。对新认定的省级以上孵化服务载体，符合条件的，省财政给予一次性资金奖补。对已认定省财政每年给予一定的运行成本补贴。

4. 鼓励新型研发机构将科技成果优先在豫转移转化和产业化。省财政按新型研发机构上年度技术成交额，可给予其最高10%的后补助，最高不超过100万元。

5. 优先保障新型研发机构建设发展用地需求。新型研发机构利用存量工业厂房的，可按原用途使用五年，五年过渡期满后，经评估认定符合条件的可再延续五年。

6. 支持新型研发机构研发生产产品列入国家节能产品、环境标志产品等政府采购品目清单，享受相应优惠政策。购买首台（套）对新型研发机构和省内购买使用单位按照销售价格的5%分别给予奖励，最高不超过500万元。

7. 对新获批的国家级创新平台载体，除按国家规定给予支持外，省财政一次性奖励500万元。对新型研发机构建设省重点实验室、省工程研究中心等省级科技研发创新平台的，按照相关政策规定予以奖励。

8. 省科技厅将事业单位性质的新型研发机构具体名单提供给郑州海关，郑州海关依据规定确定进口免税资质。

9. 符合条件的新型研发机构新购进的设备、器具，单位价值不超过500万元的，允许一次性计入当期成本费用，超过500万元的，可依法采取加速折旧或者缩短折旧年限的方法进行处理。

10. 企业类新型研发机构的研发费用，享受相关加计扣除优惠政策。

11. 根据新型研发机构绩效评价和研发经费支出等情况，可对单个省重大新型研发机构、省备案新型研发机构分别给予不超过300万元、200万元的补助。

12. 享受国家省级其他规定政策的同时，各地市应制定相关管理办法和支持政策。

### 申报条件

1. 河南省新型研发机构条件。

（1）具有独立法人资格，注册地、主要办公和科研场所均在河南省。办公和科研场所不少于 500 平方米，用于研究开发的仪器设备原值不低于 500 万元。

（2）成立当年组建单位能够给予研发经费保障，以后年度研究开发经费支出不低于年收入总额的 15%。

（3）研发人员不少于 10 人，占职工总人数比例达到 30% 以上。

2. 河南省重大新型研发机构条件。

（1）已通过省科技厅新型研发机构备案登记。

（2）由市政府、省创新型龙头企业等发起设立，年度研发经费支出占年收入总额不低于 30%。

（3）至少有 1 名院士或国家千人计划专家、中原学者等在全国同行业中具有较大影响的领衔专家。

（4）已创办或孵化累计估值 5000 万元或累计营业收入 1000 万元以上企业两家，技术合同收入到账额 1000 万元以上。

### 申报程序

1. 河南省新型研发机构申报程序。

省科技厅发布通知→申请单位网上申报→市科技局审核推荐→省科技厅评审论证→省科技厅结果公示→省科技厅予以备案。

2. 河南省重大新型研发机构申报程序。

申报单位申请→市科技局、财政局推荐→省科技厅、财政厅评审并公示→省政府审定命名。

### 申报资料

1. 河南省新型研发机构备案申请书、河南省重大新型研发机构申报书。

2. 相关证明及附件材料。

## 二、实验室

### （一）国家重点实验室

### 政策依据

《省部共建国家重点实验室管理办法（试行）》（国科办基〔2016〕28 号）；《科技部 财政部关于印发〈国家重点实验室建设与运行管理办法〉的通知》（国科发基〔2008〕539 号）。

### 政策简介

重点实验室是国家科技创新体系的重要组成部分，是国家组织高水平基础研究和应用基础研究、聚集和培养优秀科技人才、开展高水平学术交流、科研装备先进的重要基地。其主要任务是针对学科发展前沿和国民经济、社会发展及国家安全的重要科技领域和方向，开展创新性研究。重点实验室实行分级分类管理制度，坚持稳定支持、动态调整和定期评估。重点实验室根据规划和布局，从部门和地方重点实验室中有计划、有重点地遴选建设，保持适度建设规模。科技部公开发布重点实验室建设指南，由主管部门组织申报。

### 政策支持

重点实验室是依托大学和科研院所建设的科研实体，实行人财物相对独立的管理机制和"开放、流动、联合、竞争"运行机制。中央财政设立专项经费，支持重点实验室的开放运行、科研仪器设备更新和自主创新研究。专项经费单独核算，专款专用。国家各级各类科技计划、基金、专项等应按照项目、基地、人才相结合的原则，优先委托有条件的重点实验室承担。

### 工作职责

1. 科学技术部是重点实验室的宏观管理部门，其主要职责如下。

（1）制定重点实验室发展方针和政策，宏观指导重点实验室的建设和运行。

（2）编制和组织实施重点实验室总体规划和发展计划。

（3）批准重点实验室的建立、调整和撤销，与重点实验室签订工作计划，组织重点实验室评估和检查。

2. 国务院有关部门、地方科技管理部门是重点实验室的行政主管部门，其主要职责如下。

（1）贯彻国家有关重点实验室建设和管理的方针和政策，支持重点实验室的建设和发展。

（2）依据本办法制定本部门重点实验室管理细则，指导重点实验室的运行和管理，组织实施重点实验室建设。

（3）聘任重点实验室主任和学术委员会主任。

（4）落实重点实验室建设期间所需的相关条件。

3. 依托单位是重点实验室建设和运行管理的具体负责单位，其主要职责如下。

（1）优先支持重点实验室，并提供相应的条件保障，解决实验室建设与运行中的有关问题。

（2）组织公开招聘和推荐重点实验室主任，推荐重点实验室学术委员会主任，聘任重点实验室副主任和学术委员会委员。

（3）对重点实验室进行年度考核，配合科技部和主管部门做好评估和检查。

（4）根据学术委员会建议，提出重点实验室名称、研究方向、发展目标、组织结构等重大调整意见报主管部门。

### 申请条件

申请新建重点实验室须为已运行和对外开放两年以上的部门或地方重点实验室，并满足下列条件。

（1）符合重点实验室建设指南，从事基础研究或应用基础研究。

（2）研究实力强，在本领域有代表性，有能力承担国家重大科研任务。

（3）具有结构合理的高水平科研队伍。

（4）具备良好的科研实验条件，人员与用房集中。

### 组建程序

1. 科技部公开发布重点实验室建设指南。

2. 主管部门组织具备条件的单位填写《国家重点实验室建设申请报告》，审核后报科技部。

3. 科技部组织专家评审后，择优立项。主管部门组织相应依托单位公开招聘重点实验室主任和制订重点实验室建设计划，审核后报科技部。科技部组织可行性论证，通过后予以批准建设。

4. 重点实验室建设计划完成后，由依托单位提交验收申请，经主管部门审核后报科技部，科技部组织专家验收。

## 运行管理

1. 重点实验室实行依托单位领导下的主任负责制。

2. 重点实验室主任由依托单位面向国内外公开招聘、择优推荐，主管部门聘任，报科技部备案。重点实验室主任应是本领域高水平的学术带头人，具有较强的组织管理能力，一般不超过 60 岁。

3. 重点实验室主任任期五年，连任不超过两届。每年在重点实验室工作时间一般不少于八个月，特殊情况要报主管部门批准。

4. 学术委员会是重点实验室的学术指导机构，职责是审议重点实验室的目标、研究方向、重大学术活动、年度工作计划和总结。学术委员会会议每年至少召开一次，每次实到人数不少于三分之二。

5. 学术委员会主任由依托单位推荐，主管部门聘任，一般应由非依托单位人员担任；委员由依托单位聘任。

6. 学术委员会由国内外优秀专家组成，人数不超过 13 人，其中依托单位人员不超过三分之一。一位专家不得同时担任三个以上重点实验室的学术委员会委员。

7. 重点实验室由固定人员和流动人员组成。固定人员包括研究人员、技术人员和管理人员，流动人员包括访问学者、博士后研究人员。重点实验室人员实行聘任制。

8. 重点实验室按研究方向和研究内容设置研究单元，稳定高水平技术队伍。

9. 重点实验室应围绕主要任务和研究方向设立自主研究课题，组织团队开展持续深入的系统性研究；少部分课题可由固定人员或团队自由申请，开展探索性的自主选题研究。要注重支持青年科技人员，鼓励实验技术方法的创新研究，并可支持新引进固定人员的科研启动。

10. 自主研究课题期限一般为一年到三年。重点实验室对自主研究课题的执行情况要进行定期检查，并及时验收。

11. 重点实验室应加大开放力度，参与重大国际科技合作计划。

12. 重点实验室应当重视和加强运行管理，建立健全内部规章制度。

13. 重点实验室应当加强知识产权保护。

14. 重点实验室需要更名、变更研究方向或进行结构调整、重组的，须由依托单位提出书面报告，经学术委员会论证，主管部门审核后报科技部批复。

15. 科技部根据重点实验室定期评估成绩，结合年度考核情况，确定重点实验室评估结果；未通过评估的不再列入重点实验室序列。

16. 重点实验室统一命名为"××国家重点实验室（依托单位）"，英文名称为"State Key Laboratory of ××（依托单位）"。

## （二）企业国家重点实验室

## 政策依据

《科技部关于印发〈依托企业建设国家重点实验室管理暂行办法〉的通知》（国科发基〔2012〕716 号）。

## 适用范围

根据国家需求和企业国家重点实验室建设规划，科技部从部门和地方重点实验室中有计划、有重点地择优遴选建设企业国家重点实验室，并优先支持创新型企业和产业技术创新战略联盟建设企业国家重点实验室，保持适度建设规模，发挥其引领、示范和辐射带动作用。

企业国家重点实验室是国家技术创新体系的重要组成部分，与依托高等院校和科研院所等建设的国家重点实验室互为补充，各有侧重。企业国家重点实验室的主要任务是：面向社会和行业未来发展的需求，开展应用基础研究和竞争前共性技术研究，研究制定国际标准、国家和行业标准，聚集和培养优秀人才，引领和带动行业技术进步。

## 政策内容

企业国家重点实验室依托具有较强研究开发能力和技术辐射能力的企业建设，实行人财物相对独立的管理机制和"开放、流动、联合、竞争"的运行机制。按照项目、基地、人才相结合的原则，国家相关科技计划、人才计划等，应优先委托有条件的企业国家重点实验室承担。企业国家重点实验室从事的创新研发活动，享受国家有关优惠政策。

## 申请条件

1. 符合国家产业发展政策和趋势，开展应用基础研究和竞争前共性技术研究。
2. 研究实力强，在本行业有代表性，具备承担国家重大科研任务的能力。
3. 具有结构合理的高水平科研队伍。
4. 具备良好的科研实验条件和集中的科研用房。
5. 依托单位须为在中国境内（不含港、澳、台地区）注册的具有法人资格的企业。
6. 作为部门或地方省部级重点实验室运行两年以上，具有规范有效的管理和运行制度。
7. 主管部门及依托单位能保证提供企业国家重点实验室建设经费和运行经费。

## 申报流程

1. 项目申报。新建企业国家重点实验室由依托单位提出申请，主管部门审核推荐，并报送《企业国家重点实验室建设申请报告》。
2. 评审与审核。科技部组织专家评审，择优批准建设。企业国家重点实验室获准立项后，依托单位面向国内外公开招聘企业国家重点实验室主任，制订企业国家重点实验室建设计划，主管部门审核。
3. 批准建设。科技部组织建设计划可行性论证，通过后予以批准建设。

## （三）国家、河南省实验室

## 政策依据

《国务院关于全面加强基础科学研究的若干意见》（国发〔2018〕4号）；《科技部 财政部 国家发展改革委关于印发〈国家科技创新基地优化整合方案〉的通知》（国科发基〔2017〕250号）；《河南省人民政府关于印发河南省实验室建设管

理办法（试行）的通知》（豫政〔2021〕24号）。

## 政策简介

国家级基地平台归并整合为科学与工程研究、技术创新与成果转化和基础支撑与条件保障三类进行布局建设。其中科学与工程研究类国家科技创新基地主要包括国家实验室、国家重点实验室。国家实验室体现国家意志、实现国家使命、代表国家水平的战略科技力量，是面向国际科技竞争的创新基础平台，是保障国家安全的核心支撑，是突破型、引领型、平台型一体化的大型综合性研究基地。

国家实验室是我国最高级别实验室，代表国家最高水平，是按国际一流标准建立的，数量非常少，规模非常大，基本包括本学科领域所有研究方向，而且人员配备上要求面向国内外招聘最优秀的研究人员，直接参与国际竞争，往往是多学科交叉的创新平台。国家重点实验室由国家科技部评审，全国有数百个，研究方向比较窄。重点面向前沿科学、基础科学、工程科学等，开展基础研究、应用基础研究等，推动学科发展，促进技术进步，发挥原始创新能力的引领带动作用。

河南省实验室是国家实验室的预备队和省内各类创新基地的先锋队。聚焦国家战略目标和河南省重大战略需求，积极融入全球创新网络，形成高层次人才汇聚、关键核心技术攻关、科研设施共建共享、科技成果转化应用的全链条、开放式创新高地，成为推动区域经济社会高质量发展的强大引擎。

## 政策内容

省科技创新委员会负责统筹省实验室规划布局，省政府负责批准省实验室启动建设。省实验室建设应当突出体制机制创新，坚持"省级政府主导，市级政府或部门（单位）主建，成熟一个、建设一个，优胜劣汰、有序进出"的原则。

省实验室经省政府批准后启动建设，建设期五年。建设期内，政府给予稳定经费支持；建设期满后，根据绩效评价情况给予后补助支持。强化多元投入，对省实验室实行省、市、县三级联动，一事一议给予支持。各地、各部门应当在建设重大基础研发平台、承担重大科技专项、汇聚高层次创新人才等方面对省实验室给予支持。

## 申报条件

省实验室依托单位应当具备以下条件。

1. 拥有相关领域的国家级研发平台，具备省实验室建设所必需的科研集中用房及科学基础设施，有稳定的研发经费投入和保障机制，能够开展跨学科、大协同攻关。

2. 研究方向和领域具有明显的优势或特色，符合国家发展战略和地方重大发展需求，符合多学科交叉融合发展趋势，有能力承担省级以上重大科研任务，开展的学术研究达到国内学科领域一流水平。

3. 具备集聚国内外创新人才资源的能力，拥有一批国内外同行认可的领军科学家、高水平的学科带头人和研究团队、技术骨干。

4. 具有符合科学规律的新型管理体制和新型运行机制。

## 建设程序

1. 省实验室由依托单位或承建市级政府组织编制筹建方案，提出理事会组成、学术（咨询）委员会组成和实验室主任建议名单，经专家论证后报省科技厅。

2. 省科技厅组织专家对省实验室筹建方案进行咨询论证和现场考察，形成论证意见，指导修改完善后报省政府审批。

3. 省实验室应当在省政府批准启动建设后三个月内编制完成建设实施方案，明确阶段性建设目标、重点任务、年度预算等内容，经学术（咨询）委员会审议、理事会审核后报省科技厅备案，作为省实验室绩效评价和省级财政投入的依据。

## 管理体制

1. 省实验室实行理事会领导下的主任负责制。省实验室主任由具备一流学术造诣和优秀资源整合能力的同领域国内顶尖科学家担任，由省政府批准聘任，每届任期五年，原则上连任不超过两届。负责省实验室日常运作和管理的实验室副主任，必须全职全时在省实验室工作。

2. 学术（咨询）委员会是省实验室的学术指导机构，主任由相关领域著名科学家担任，一般为院士；委员由国内外知名科学家、战略专家、企业家组成。学术（咨询）委员会主任由理事会聘任，每届任期五年，原则上连任不超过两届。

3. 省实验室主任和学术（咨询）委员会主任等核心人员调整，由依托单位或承建市级政府提出调整初步意见报省科技厅，由省科技厅按程序报批。

4. 省实验室应当建立健全制度体系，并报省科技厅备案。

5. 省实验室应当建立信息发布和重大事项报告制度。凡涉及省实验室更名、理事会重组、主要研究方向变更等重大事项，应当提出书面申请报省科技厅按程序办理。

6. 省实验室应当健全科学严谨的科研伦理审查制度。

7. 省实验室应当建立健全科研诚信制度。

8. 省实验室应当于每年年底前对照建设实施方案制订下一年度工作计划，经理事会审核后报省科技厅备案。

## 运行机制

1. 省实验室实行的新型运行机制，鼓励省实验室以独立法人形式运行。

2. 省实验室应当创新科研项目的形成机制和组织方式。

3. 赋予省实验室科研项目自主立项权。

4. 省实验室实行以重大任务为牵引的首席科学家制。

5. 省实验室应当建立新型人事管理制度和人才激励机制。

6. 省实验室应当构建开放协同互动发展机制。

7. 省实验室应当建立需求导向的科技成果转化机制。

## 绩效评价

对省实验室实行长效评价机制。省实验室作为开展基础研究和前沿研究的重要基地，应给予其充分的自由和时间深入科学前沿领域进行探索性和持久性研究。按照"长周期、重引导、促发展"的原则，坚持结果导向，建立符合省实验室特点和规律的绩效评价机制。落实"不唯论文、唯职称、唯学历、唯奖项"的科技评价制度改革政策，实行"代表作"制、"标志性成果"制、"里程碑式"考核等多种方式，着重考核国际一流人才引育、标志性成果产出和建设实施方案目标任务完成情况。对省实验室每五年评估一次。加强绩效评价结果的运用，将其作为财政资金支持的重要依据。

## （四）河南省重点实验室

### 政策依据

《关于印发〈河南省科技创新平台建设与管理办法（试行）〉的通知》（豫科〔2016〕83号）；《关于印发〈河南省省级重点实验室建设与运行管理办法〉〈河南省省级重点实验室评估规则〉的通知》（豫科〔2019〕166号）。

### 适用范围

实验室可依托高水平的科研机构、高等院校和具有原始创新能力的科技型企业或机构进行建设，也可由高等院校、科研机构、企业联合承建。实验室承建单位不受隶属关系的限制。实验室可以单独建设，也可以联合建设，联合建设的实验室必须有联合建设协议书，明确主要依托单位，以及各个建设单位在实验室建设和运行中的权利、义务和责任。组建的实验室应与河南省经济社会发展关系密切，对河南省建设与发展具有较好推动和支撑作用。

### 政策内容

实验室是全省科技创新体系与创新平台建设的重要组成部分，是全省开展高水平基础研究和应用基础研究的科技创新基地，是聚集和培养高层次科技人才的摇篮，是开展学术交流的重要窗口。实验室以基础研究和应用基础研究为主，结合应用开发研究，构建知识创新体系和科技实验研究体系，促进开展创新活动，为实施创新驱动发展战略提供创新源泉和开放共享的创新环境。

实验室的日常经费由依托单位解决，实行专账管理，经费开支纳入依托单位年度预算；其设备仪器更新和运行经费，由省科技厅根据实验室向社会开放的工作数量和质量及研究水平等评估情况，给予后补助或资助。

省科技厅对实验室运行发展中购置的大型科研仪器设备和引进的高层次创新人才，视情给予支持。

### 建设类型

重点实验室依托高等院校、科研院所、企业及新型研发机构等单独或联合组建，分为学科类重点实验室、企业类重点实验室、共建类重点实验室三类。

（1）学科类重点实验室。依托高等院校、科研院所建设，面向学科前沿和重大科学问题，面向经济社会的重要领域，开展战略性、前瞻性、前沿性基础和应用基础研究，聚集和培养高层次科技人才团队，为提升原始创新能力、引领带动学科和领域发展、实现可持续创新发展提供先进技术理论、人才团队等科技支撑。

（2）企业类重点实验室。依托在省内注册的、符合河南省重点发展的产业、行业的研发投入力度大、科研活跃度高、研发条件完善、创新实力强的企业建设。以培育和建设企业国家重点实验室为目标，面向社会和行业未来发展的需求，开展应用基础研究、现代工程技术和竞争前关键共性技术研究，研究制定国际标准、国家和行业标准，聚集和培养优秀人才，引领和带动行业技术进步，为提升产业核心竞争力、推动行业科技进步提供支撑。

（3）共建类重点实验室。主要面向地方，围绕产业发展布局与区域特色，通过与省辖市政府共建的方式，培育创建重点实验室，提升区域科技创新能力，促进区域经济社会发展。

## 申请条件

1. 研究发展方向符合河南省经济与科技优先发展领域，与河南省经济社会发展关系密切。优先支持已运行、并对外开放两年以上的省辖市级和省直有关行业主管部门重点实验室。

2. 学科特色突出，在本领域具有国内先进水平或地方特色，承担并完成了国家、省（部）和大型央企重大科研任务，拥有一定数量的具有自主知识产权的科研成果、发明专利或专有技术。

3. 学术水平、人才培养和队伍建设等方面有较强的竞争力。学术水平较高、学风严谨、开拓创新精神强的学术带头人（有省、部级以上学术荣誉称号的研究人员）两人以上；重点实验室主任具有较高的学术水平、较强的组织管理和协调能力；研究队伍结构合理，固定研究人员不少于 20 人；具有培养或合作培养研究生的能力。

4. 已经具备一定规模的科研实验条件和工作基础，其中实验室面积 1000 平方米以上；拥有的科研仪器设备基本能满足科研实验的要求，其总值（原值）1000 万元以上。

5. 申请建设单位班子成员团结协作、管理科学、高效精干、勇于创新，能够承担建设和管理重点实验室的责任；每年能为重点实验室提供必要的技术支撑、后勤保障及一定的运行保障经费等配套条件；已建立起较完善的管理办法和规章制度；初步建立"开放、流动、联合、竞争"的运行机制。

6. 重点实验室依托单位为高等院校、科研院所的，须有重点学科的支撑。重点实验室依托单位为转制科研院所和企业或新型研发机构的，依托单位应从事本领域前沿技术、关键技术和共性技术研究五年以上；研究方向相对集中，研究开发的产品具有较强的市场竞争力，在行业内具有较高的知名度和影响力；年研究开发经费达到销售收入的 3% 以上。

7. 实验室固定人员中，有下列高层次人才者，将优先予以支持。

（1）中国科学院院士、中国工程院院士。

（2）国家杰出青年科学基金获得者、教育部"长江学者"入选者、国家"万人计划"入选者。

（3）百千万人才工程国家级人选、国家有突出贡献的中青年专家、中原学者。

（4）其他国家级高层次专业技术人才。

## 申请程序

1. 学科类重点实验室、企业类重点实验室。

（1）依托单位根据重点实验室申报通知，向省科技厅提交重点实验室申请材料，并在"河南省科技管理信息系统"（http://xm.hnkjt.gov.cn/）中填报《河南省省级重点实验室建设申请报告》。

（2）省科技厅负责受理重点实验室申请，结合专家会议评审意见、各学科领域创新需求和科技创新基地布局，形成重点实验室拟考察名单。

（3）省科技厅组织专家组，对拟考察的重点实验室进行材料审核与现场考察。结合专家组评审意见，提出拟建设重点实验室名单，经厅长办公会研究审定后在省科技厅网站公示后，下达同意建设文件。

2. 共建类重点实验室。

（1）根据区域经济社会发展和科技创新体系建设需要，由省辖市政府向省科技厅提出共建重点实验室建设需求，并列入厅市共建重点实验室专题协商事项。

（2）重点实验室依托单位须在"河南省科技管理信息系统"（http：//xm.hnkjt.gov.cn/）中填报《河南省省级重点实验室建设申请报告（共建类）》，省辖市科技主管部门组织重点实验室的申报和前期论证，并以市政府文件向省科技厅致函，函中须附确保在建设和运行期内给予持续稳定经费支持的承诺。

（3）省科技厅组织专家对申请材料进行合规性审核评议，根据专家意见，研究制订共建重点实验室建设年度计划。

（4）根据共建重点实验室建设年度计划，结合实地考察，成熟一个，启动一个。对基本符合条件的拟建重点实验室，由省科技厅、省辖市政府的主要领导或分管领导进行共建类重点实验室专题协商，专题协商议定事项中应明确该重点实验室目标定位、各方职责和义务，并形成共建重点实验室专题协商会议纪要。

（5）省辖市科技主管部门根据会商纪要，组织编制共建重点实验室建设运行实施方案，报省科技厅审核，省科技厅组织专家对共建重点实验室建设运行实施方案进行论证，报厅长办公会研究审定后，由省科技厅与省辖市政府共同下达同意建设的文件。

各主管部门（单位）按申报名额严格审核把关后提交。申报单位待主管部门（单位）审核通过进行网上提交后，申报单位由系统生成 PDF 文档打印（相关附件材料附后），申报材料书籍式装订后报送主管部门（单位）审核盖章。申报书和佐证材料装订在一起，同时按申报的实验室名称上报 PPT 答辩材料，封面加盖依托单位和主管部门（单位）公章（联合建设的实验室需要加盖双方依托单位和主管部门公章），经主管部门（单位）审核盖章后报省科技厅。

## （四）国际联合实验室

### 政策依据

《河南省科技厅关于印发河南省国际联合实验室建设与运行管理实施细则（试行）和河南省国际联合实验室评估规则（试行）的通知》（豫科〔2019〕11 号）。

### 政策简介

河南省国际联合实验室是由河南省科学技术厅批准，依托河南省高校、科研院所、企业等单位建立，面向国际科技前沿和河南重大需求，与国外一流高校、科研机构和高新技术企业开展长期合作的国际科技合作创新平台。省联合实验室的建立旨在扩大科技开放与合作，提升河南省发展战略性新兴产业、传统产业提质增效的科技创新能力，发挥科技创新在"一带一路"建设中的引领、示范和支撑作用，使之成为河南省在利用全球创新资源、扩大科技对外影响力等方面的骨干和中坚力量，为服务河南省建设"四个一批"重点任务提供有力支持。

### 适用范围

省联合实验室依托单位应为河南省内注册，具有独立法人资格，经营或运行状况良好的企业、科研院所、高等院校等单位，且成立或注册时间满三年，无社会信用"黑名单"记录。

省联合实验室按照统一规划、有限目标、公开公平、择优支持的原则进行建设，实行"开放、流动、联合、竞争"的运行机制。省科技厅根据全省国民经济社会发展规划、科技发展规划和科技创新体系建设的需要，统筹部署省联合实验室的建设。

### 管理职责

1. 主管职责。为省联合实验室实行统一管理。省科技厅是省联合实验室的主管部门，其主要职责如下。

（1）贯彻落实国家有关国际联合研究中心建设和管理的方针、政策和规章，负责省联合实验室总体布局和管理政策的制定，指导省联合实验室的建设和发展。

（2）负责建立省联合实验室统筹管理与协调机制，批准省联合实验室的建立、重组、合并和撤销，委托相关机构对省联合实验室进行评估和总结交流。

（3）择优推荐申报国家级国际科技合作基地（包括国际创新园、国际联合研究中心、国际技术转移中心、示范型国际科技合作基地四种类型）。

（4）宣传和推广省联合实验室的成功经验，有效发挥其示范带动作用。

2. 区域职责。省直部门（单位）或省辖市科技主管部门是本部门（单位）和省辖市省联合实验室的组织推荐部门，主要职责为。

（1）贯彻落实国家和省有关国际联合研究中心建设和管理的方针、政策和规章，支持省联合实验室的建设和发展。

（2）根据省联合实验室的建设标准和总体发展规划，负责开展省联合实验室建设的组织推荐工作。

（3）负责指导本部门或本地区省联合实验室的运行和管理，为省联合实验室提供配套支持和服务，协调解决省联合实验室建设与运行管理中存在的问题和困难。

（4）协助省科技厅开展省联合实验室的评估工作。

3. 主体职责。依托单位是省联合实验室建设和运行管理的具体实施单位，其主要职责如下。

（1）具体负责省联合实验室的建设和运行工作，为省联合实验室提供后勤保障、配套条件和资金支持，解决省联合实验室建设与运行中的有关问题。

（2）负责确定省联合实验室的岗位和人员安排，聘任省联合实验室主任、副主任。

（3）拟定省联合实验室的研究发展方向、年度目标任务和工作计划。

（4）检查、监督省联合实验室经费的管理和使用情况，配合有关部门做好省联合实验室评估工作。

### 申请条件

1. 研发方向符合河南省经济社会与科技优先发展领域，具有较为稳定的国际科技合作渠道、长效合作机制和充足的资金来源，已制定明确的国际科技合作目标和可行的合作实施方案。

2. 在本研究领域具有国内或国际先进水平，承担有国家或省重大科研任务，拥有一定数量的自主知识产权或专有技术；依托单位为企业的，要求建有市级及以上科技创新平台。

3. 具有较好的国际科技合作基础，与国外知名高校、科研院所、科技型企业签署有长期有效的科技合作协议，合作方协议签署人须为合作单位正式人员。合作团队在国际上有一定知名度，在合作领域具有国际领先的研究成果和科研实验条件。双方已开展实质性科技合作并取得明显成效。

4. 拥有稳定的科研团队，专职科技人员应不少于 20 人，具有副高级（含）技术职称或具有博士学位及以上的科研人员所占比例不少于三分之一。省联合实验室主任具有较高的学术水平、国际交往经验和外语水平、较强的组织管理和协调能力，须为依托单位正式人员或与依托单位签订五年及以上劳动聘任合同的工作人员。

5. 具备一定规模的科研实验条件和工作基础，能满足联合研究的要求。省联合实验室面积不少于 1000 平方米，科研仪器设备总值（原值）不低于 1000 万元，有条件吸引海外杰出人才或优秀创新团队来豫开展合作研发工作。

6. 依托单位管理体系健全，运行机制高效，能够承担省联合实验室的建设和管理工作；能为省联合实验室提供必要的技术支撑、后勤保障及相应经费配套，已建立起较完善的管理办法和规章制度。

### 组建程序

省联合实验室由省科技厅组织建设，并委托相关机构按照以下程序组织实施。

（1）发布通知。省科技厅根据本细则发布申报通知，明确申报要求和方式。

（2）组织申报。各依托单位根据自身实际情况，按照申报要求填报申报材料，经组织推荐部门审核并出具推荐意见后，统一报送受委托机构。

（3）受理公示。省科技厅对申报受理情况在省科技厅网站进行公示。

（4）形式审查。对提交材料的完整性和有效性进行形式审查，通过形式审查的申报材料进入评审答辩。

（5）组织评审。受委托机构开展申报单位答辩和专家评审工作，根据建设标准形成专家评审意见。

（6）现场考察。根据专家评审意见，确定现场考察名单。受委托机构组织专家进行现场考察并提出现场考察意见。结合现场考察意见，形成专家综合评价意见。

（7）提出建议。根据专家综合评价意见，提出新培育省联合实验室建议名单，提交厅长办公会审定。

（8）公示发文。经厅长办公会审定后，在省科技厅网站上予以公示。如无异议，由省科技厅发文授予河南省国际联合实验室称号并授牌，同时在网站上予以公告。

省联合实验室统一命名为"河南省 + 研发方向 + 国际联合实验室"，英文名称为"Henan International Joint Laboratory of XXX"。

## 三、河南省工程研究技术中心

### 政策依据

《关于印发〈河南省科技创新平台建设与管理办法（试行）〉的通知》（豫科〔2016〕83 号）;《关于组织申报 2021 年河南省工程技术研究中心的通知》。

## 政策简介

工程技术研究中心是依托省内某一行业或领域内具有较高技术水平的科研机构、高校或企业组建的研发中心，其任务是针对行业发展中的重大关键、共性技术问题，开展研发和成果的工程化、产业化，推动相关行业、领域的技术进步和产业发展。按照严格标准、优化布局、重点建设、有序增长的原则，持续推进大中型企业研发机构全覆盖，主要面向省创新龙头企业、省"瞪羚"（"科技小巨人"）企业、国家高新技术企业、节能减排科技创新示范企业中的大中型企业以及相关高等院校、科研院所及其他机构组织申报。优先支持郑洛新国家自主创新示范区、大别山革命老区和贫困县申报省工程中心。

## 支持方向

围绕现代制造业大省、高成长服务业大省、现代农业大省和网络经济大省建设，在高端装备、电子信息、新材料、新能源、生物医药、人口健康、现代农业、节能环保、现代服务业、新型显示和智能终端、智能传感器、新一代人工智能、信息安全、5G、智能网联及新能源汽车等领域建设一批省工程中心。

## 申报条件

1. 工程中心依托单位必须在河南省内注册登记，并具有独立法人资格。依托单位为企业的，上年销售收入不少于 2000 万元，上年度研发投入占年销售收入比不低于 3% 或不少于 500 万元。依托单位为高校、科研院所或其他机构的，近三年内在同一技术领域内转化的技术成果不少于三项、完成的对外产学研合作项目不低于四项、自主获得的知识产权成果不少于四项（其中：发明专利、植物新品种、国家级农作物品种、国家新药、国家一级中药保护品种、集成电路布图设计专有权按Ⅰ类评价；实用新型专利、外观设计专利、软件著作权按Ⅱ类评价）。

2. 依托单位原则上应建有市厅级及以上研发中心。由省直管县（市）推荐的，建有较完善内部研发组织且正常运行的可直接申请省工程中心。

3. 工程中心符合产业发展政策，掌握产业核心技术并具有自主知识产权，技术水平处于本领域领先地位，拥有一支研发能力强、技术水平高、工程化实践经验丰富的研究开发团队，其中相对固定和较高水平的工程技术研究和工程设计人员 15 人以上，具有高级职称或博士学位的工程技术带头人员不低于 20%，或不少于三人。

4. 工程中心具备工程技术试验条件和基础设施，必要的检测、分析等仪器设备总值达到 500 万元以上，研究开发场地面积达 100 平方米以上，中试基地面积达到 300 平方米以上。

## 申报材料

申报单位需填写《河南省工程技术研究中心申请书》《河南省工程技术研究中心可行性研究报告》《河南省工程技术研究中心申报情况汇总表》。上述材料均可通过河南科技网站下载。

## 申报程序

1. 申报单位登录"河南政务服务网（http：//www.hnzwfw.gov.cn/）→部门→省科技厅→其他权力→省级工程技术研究中心建设与管理→在线办理"，或登录

"河南省科技管理信息系统"（http：//xm.hnkjt.gov.cn/）填写申报材料，并上传相关附件。申报单位网上申报受理时间、各主管部门（单位）系统提交时间均以当年通知为准。

2. 网上申报完成后，打印纸质申报材料。纸质申报材料为系统生成 PDF 文档，书籍式装订后报送主管部门（单位）审核盖章。

3. 各主管部门（单位）审核把关后，应在系统生成的《河南省工程技术研究中心申报情况汇总表》上盖章确认。汇总表连同申报书、可行性研究报告（纸质材料，一式两份）在规定时间内按所申报领域分别报送省科技厅高新处、农村处和社会发展处。

### 申报途径

申报单位隶属于省直部门（单位）的，通过省直部门（单位）申报；郑州航空港经济综合实验区、国家高新区、国家郑州经济技术开发区内的单位通过管委会申报；其他单位均通过所在地科技主管部门申报。

## 四、工程研究中心

### （一）国家工程研究中心

### 政策依据

《国家工程研究中心管理办法》（国家发展和改革委员会 2020 年第 34 号令）。

### 适用范围

工程中心，是指国家发展改革委根据建设现代化经济体系的重大战略需求，以服务国家重大战略任务和重点工程实施为目标，组织具有较强研究开发和综合实力的企业、科研单位、高等院校等建设的研究开发实体。是国家创新体系的重要组成部分。

### 主要任务

1. 面向国家重大战略任务和重点工程建设需求，开展关键技术攻关和实验研究。

2. 以市场为导向，研判产业发展态势及需求，开展具有重要应用价值的重大科技成果的工程化和系统集成，研制重大装备样机及其关键部件。

3. 推动技术转移和扩散，持续不断地为规模化生产提供成熟的先进技术、工艺及其技术产品和装备。

4. 积极开展国际交流合作，为企业应用国际先进技术、制定采用国际标准、推动国际技术转移扩散等提供支撑服务。

5. 提供工程技术验证和咨询服务，研究产业技术标准。

6. 为行业培养工程技术研究与管理的高层次人才。

### 政策内容

1. 国家发展改革委同意启动组建工作后，工程中心进入筹建期，可暂以"××国家工程研究中心（筹）"的名义开展工作，实施组建方案中确定的各项任务。对符合条件的可申请确认为"国家工程研究中心"，纳入国家科技创新基地序列进行管理，统一命名为："××国家工程研究中心"。

2. 进入筹建期的工程中心，根据建设需要，可提出创新能力建设项目。国家发展改革委按照《中央预算内投资补助和贴息项目管理办法》（国家发展改革委令第45号）、《国家发展改革委关于规范中央预算内投资资金安排方式及项目管理的通知》（发改投资规〔2020〕518号）及《国家发展改革委关于印发〈高技术产业发展项目中央预算内投资（补助）暂行管理办法〉的通知》（发改高技规〔2016〕2514号）等国家高技术产业发展项目管理规定予以研究支持。

3. 国家发展改革委依据运行评价结果，根据《财政部 科技部关于印发〈中央财政科技计划（专项、基金等）后补助管理办法〉的通知》（财教〔2019〕226号）规定，组织工程中心申请国家后补助资金支持。

4. 通过正式确认的工程中心，自确认文件印发之日起，进口科技开发用品按照国家相关进口税收政策执行。

5. 国家鼓励和支持工程中心及其分支机构在海关综合保税区建设发展，并享受相关政策支持。

## 申请条件

1. 基本要求。拟申请工程中心组建的实施主体单位应具备以下条件：①符合国家发展改革委发布的建设领域及相关要求；②具有一批有待工程化开发、拥有自主知识产权和良好市场前景、处于国内领先水平的重大科技成果，具有国内一流水平的研究开发和技术集成能力及相应的人才队伍；③具有以市场为导向，将重大科技成果向规模生产转化的工程化研究验证环境和能力；④具有通过市场机制实现技术转移和扩散，促进科技成果产业化，形成良性循环的自我发展能力；⑤具有对科技成果产业化能力，条件允许的还应具有工程设计、评估及建设的咨询与服务能力；⑥具有完善的人才激励、成果转化激励和知识产权管理等管理制度；⑦未因严重违法失信行为被司法、行政机关依法列入联合惩戒对象名单；⑧符合国家其他相关规定。

2. 其他要求。①工程中心一般应采用法人形式组建和运行。对于采取非法人形式组建的工程中心，需要与依托单位在人、财、物的管理上保持清晰边界，评价指标数据能够独立核算、有据可查。②鼓励相关领域的优势企业、科研单位、高等院校、社会投资机构组建创新联合体，共同申请组建工程中心。鼓励地方和部门层面的工程中心优先申报。

## 申报流程

1. 通知发布。国家发展改革委根据有关重大战略部署、重大规划实施、重大工程建设、重点区域创新发展等需要，遵循"少而精"的原则，择优择需部署建设工程中心。国家发展改革委会同有关方面研究提出工程中心建设领域布局，并采取适当形式发布通知。

2. 项目申报。申报单位按照国家发展改革委通知要求，结合自身优势和具体情况，编制组建方案并向主管部门提出申请。

3. 地方推荐。主管部门采取适当形式对工程中心组建方案进行评估论证，将符合条件的组建方案推荐给国家发展改革委。

4. 项目论证。国家发展改革委根据主管部门推荐，委托第三方机构或组织专家对工程中心组建方案进行论证，重点包括组建工程中心的必要性和紧迫性、申报单位的条件、发展目标及实现可能性等。

5. 择优确定。国家发展改革委会同相关部门，根据论证意见，综合研究后，择优确定拟启动组建的工程中心，并通知相关主管部门。

6. 预备建设。国家发展改革委同意启动组建工作后，工程中心进入筹建期，可暂以"××国家工程研究中心（筹）"的名义开展工作，实施组建方案中确定的各项任务。

7. 审核确认。国家发展改革委会同财政部、海关总署、税务总局对主管部门申请确认的工程中心及总结报告、评价结果及证明材料等进行复核，对符合条件的正式确认为"国家工程研究中心"，国家发展改革委函告海关总署、税务总局并抄送财政部；对以非法人形式运行的工程中心，将其依托单位同时函告海关总署、税务总局并抄报财政部，纳入国家科技创新基地序列进行管理。

## （二）河南省工程研究中心

### 政策依据

《河南省发展和改革委员会关于印发〈河南省工程研究中心管理办法〉的通知》（豫发改高技〔2021〕777号）。

### 政策简介

工程中心是河南省发展和改革委员会根据构建一流创新生态需求，以提高自主创新能力为目标，组织具有较强研究开发能力和综合实力的企业、高等院校和科研机构等建设的研究开发主体。是河南省创新体系的重要组成部分，也是河南省实施创新驱动发展战略的重要载体。旨在坚定实施创新驱动发展战略，服务经济社会发展，支撑关键核心技术研发，围绕产业链部署创新链，围绕创新链布局产业链，提升产业链供应链稳定性和竞争力，打造产业创新优势和创新生态优势，为建设国家创新高地提供支撑。

### 适用范围

鼓励工程中心采用法人形式组建和运行，非独立法人形式组建的工程中心，应与依托单位在人、财、物的管理上保持边界清晰，评价指标数据能够独立核算、有据可查。

鼓励相关领域的优势企业、科研单位、高校、社会投资机构组建创新联合体，共同申请组建工程中心。鼓励省内跨地区、跨行业，以及以省内为主联合省外优势企业、科研院所的建设形式，促进区域技术创新和产业发展。鼓励引进国内外一流技术人才和管理人才。

### 主要任务

1. 根据国家战略部署和河南省重大工程建设需求，研究开发产业技术进步和结构调整急需的关键共性技术和关键工艺。

2. 坚持市场导向，研判产业发展态势及需求，开展具有重要应用价值的重大科技成果的工程化和系统集成，研制重要装备样机及其关键部件。

3. 推动技术转移和扩散，不断为规模化生产提供成熟的先进技术、工艺及其技术产品和装备。

4. 积极开展国内外交流合作，为企业应用先进技术、提高产品质量等提供支撑服务。

5. 承接各类主体委托的科研开发及工程化研究任务，研究产业技术标准，为行业提供技术开发及成果工程化的试验、验证环境。

6. 构建人才引进、培养和激励机制，为行业培养工程技术研究与管理的高层次人才。

7. 为建设国家工程研究中心做好技术、人才和成果的储备。

## 责任义务

1. 根据组建方案及相关要求，完成研究开发和成果转化目标，持续推动产业技术进步和创新能力提升。

2. 主动组织、参与产业关键技术、共性技术开发，并为行业提供高水平技术开发、科技成果工程化试验验证环境。

3. 承担国家、省和行业的科技开发及工程化研究任务，并依据合同按时完成任务。

4. 通过市场机制向行业转移和扩散承担国家、省和行业研究任务所形成的技术成果，起到产业发展与科技创新之间的桥梁作用。

## 组织管理

省发展改革委负责指导协调全省工程中心建设及运行管理相关工作，主要负责如下工作。

（1）制定支持工程中心建设的有关政策文件，指导工程中心的建设和发展。

（2）组织论证工程中心组建方案，对符合条件的择优认定。

（3）对已认定的工程中心进行监督管理，并开展运行评价。

省有关部门、各地发展改革部门、中央所属驻豫有关单位是工程中心的主管部门，主要负责组织本地区或本领域所属单位工程中心的申报和管理，督促、协调工程中心的建设和运行。

## 申报条件

1. 符合省发展改革委发布的重点领域及相关要求。

2. 具有一批有待工程化开发、拥有自主知识产权和良好市场前景、处于省内领先水平的关键技术或重大科技成果，具有省内一流水平的研究开发和技术集成能力及相应的人才队伍。

3. 具有以市场为导向，将重大科技成果向规模生产转化的工程化研究验证环境和能力。

4. 具有通过市场机制实现技术转移和扩散，促进科技成果产业化，形成良性循环的自我发展能力。

5. 具有科技成果产业化的能力，条件允许的还应当具有工程设计、评估或建设的咨询与服务能力。

6. 具有完善的人才激励、成果转化激励和知识产权管理等管理制度。

7. 未因严重违法失信行为被司法、行政机关依法列入联合惩戒对象名单。

8. 符合国家和省其他相关规定。

## 认定程序

1. 省发展改革委对各主管部门提交的申报材料进行合规性审查。

2. 省发展改革委委托第三方机构对工程中心申报材料进行评审，重点包括组建工程中心的重要性与必要性、申报单位条件、发展目标及实现可能性等。根据评审结果，组织专家对有关工程中心进行实地考察和复核。评审过程中，可要求申报单位就有关问题进行说明。必要时可征求相关部门和地方的意见。

3. 省发展改革委根据评审意见，综合研究后，确定拟认定的工程中心名单，并在省发展改革委门户网站进行公示，公示期满无异议的，发文予以认定。

4. 经省发展改革委认定的工程中心统一命名为"河南省XX工程研究中心"，英文名称为"Henan Province Engineering Research Center of ××"。

### 运行评价

工程中心实行动态调整、优胜劣汰的运行评价制度。原则上每两年评价一次。评价结果分为优秀、合格、基本合格和不合格。评价程序如下。

1. 数据采集。工程中心按照评价通知要求，将评价材料报主管部门。评价材料包括：《河南省工程研究中心运行情况自评报告》《河南省工程研究中心评价数据表》及其相关附件和证明材料。

2. 数据初审。主管部门对工程中心报送的材料和数据进行核实，出具审查意见并报省发展改革委。

3. 数据核查。省发展改革委委托第三方机构对工程中心上报的材料及相关情况进行核查，核查方式包括材料审查、实地核查等。

4. 省发展改革委对评价结果进行确认并予以公布，并将其作为工程中心管理的重要依据。

## 五、技术创新中心

### （一）国家技术创新中心

#### 政策依据

《科技部印发〈关于推进国家技术创新中心建设的总体方案（暂行）〉的通知》（国科发区〔2020〕70号）；《科技部 财政部印发〈国家技术创新中心建设运行管理办法（暂行）〉的通知》（国科发区〔2021〕17号）。

#### 建设目标

到2025年，布局建设若干国家技术创新中心，突破制约我国产业安全的关键技术瓶颈，培育壮大一批具有核心创新能力的一流企业，催生若干以技术创新为引领、经济附加值高、带动作用强的重要产业，形成若干具有广泛辐射带动作用的区域创新高地，为构建现代化产业体系、实现高质量发展、加快建设创新型国家与世界科技强国提供强有力支撑。

#### 功能定位

1. 国家技术创新中心定位于实现从科学到技术的转化，促进重大基础研究成果产业化。中心以关键技术研发为核心使命，产学研协同推动科技成果转移转化与产业化，为区域和产业发展提供源头技术供给，为科技型中小企业孵化、培育和发展提供创新服务，为支撑产业向中高端迈进、实现高质量发展发挥战略引领作用。

2. 国家技术创新中心既要靠近创新源头，充分依托高校、科研院所的优势学科和科研资源，加强科技成果辐射供给和源头支撑；又要靠近市场需求，紧密对接企业和产业，提供全方位、多元化的技术创新服务和系统化解决方案，切实解决企业和产业的实际技术难题。

3. 国家技术创新中心不直接从事市场化的产品生产和销售，不与高校争学术之名、不与企业争产品之利。中心将研发作为产业、将技术作为产品，致力于源头技术创新、实验室成果中试熟化、应用技术开发升值，为中小企业群体提供技术支撑与科技服务，孵化衍生科技型企业，引领带动重点产业和区域实现创新发展。

### 政策内容

1. 探索建立中央和地方财政联合投入机制，各级地方财政加强对创新中心建设的支持。中央财政资金主要通过"基地和人才专项"等支持创新中心建设。国家科技计划为创新中心开放申报渠道，国家科技成果转化引导基金在创新中心设立子基金。

2. 创新中心应落实好科技成果转化奖励、科研自主权、科技资源开放共享等政策措施，以及中央、地方支持企业、高校、科研院所、新型研发机构等各类创新主体的优惠政策，按有关政策规定享受研发费用加计扣除、高新技术企业税收优惠、进口科研仪器设备税收减免等税收优惠政策。

3. 建立科学的评价指标体系，健全有进有出的动态调整机制。委托第三方机构开展中心运行绩效评估，以创新能力、服务绩效为评价重点，以有关客观数据和材料为主要评价依据。评估结果与各级财政支持挂钩，主要采取后补助等方式予以支持。

### 建设管理

1. 建设布局。根据功能定位、建设目标、重点任务等不同，国家技术创新中心分为综合类和领域类等两个类别进行布局建设。

（1）综合类。综合类创新中心由相关地方政府（省、自治区、直辖市）牵头或多地方联动共同建设，发挥有关地区和部门比较优势，统筹布局、汇聚资源，指导推动有优势、有条件的科研力量参与建设。创新中心采取"中心（本部）+ 若干专业化创新研发机构"的组织架构，形成大协作、网络化的技术创新平台。

（2）领域类。主要由地方政府或有关部门联合科研优势突出的高校院所、骨干企业等，集聚整合相关科研力量和创新资源，带动上下游优势企业、高校院所等共同参与建设。支持符合相关定位和条件的国家工程技术研究中心转建国家技术创新中心。支持符合条件的地方技术创新中心、工程技术研究中心、新型研发机构等培育建设国家技术创新中心。优先在国家自主创新示范区、国家高新区、国家农业高新技术产业示范区、国家可持续发展议程创新示范区等布局建设国家技术创新中心。

2. 体制机制。创新中心应完善相关体制机制：实行科学有效的法人模式，加强产学研协同创新，强化收益分配激励，开展市场化技术创新服务，面向全球吸引凝聚创新人才，构建多元化资金投入机制。

### 组建条件

1. 组建综合类创新中心应具备以下基本条件。

（1）建设布局符合京津冀协同发展、长三角一体化发展、粤港澳大湾区建设等国家重大区域发展战略和重点区域创新发展规划。

（2）建设主体由相关地方政府牵头或多地方联动共同建设，发挥有关地区和部门比较优势，指导推动有优势、有条件的科研力量参与建设。

（3）国务院有关部门、地方政府对创新中心建设给予支持，集聚整合相关优势高校、科研院所、企业、新型研发机构等源头创新力量，成为创新中心的重要研究实体。

（4）技术领域聚焦区域重大需求或参与国际竞争的领域，凝练若干战略性技术领域作为重点方向，明确技术创新的重点目标和主攻方向。

（5）组织架构一般采取"中心（本部）+若干专业化创新研发机构"的模式，明确区域空间布局，形成大协作、网络化的技术创新平台。

2. 组建领域类创新中心应具备以下基本条件。

（1）建设布局与党中央、国务院重大战略、重大任务、重大工程部署紧密结合，聚焦事关国家长远发展、影响产业安全、参与全球竞争的关键技术领域，符合全球产业与技术创新发展趋势。

（2）建设主体单位在该领域的科技创新优势突出、代表性强，改革创新积极性高。建设力量集聚整合该领域内全国科研优势突出的高校、科研院所、骨干企业等，形成分工明确、有紧密利益捆绑的协同合作关系，共同开展协同攻关与成果转化。

（3）牵头地方在该领域具有突出的科教优势、产业基础、市场需求等，符合国家在重点区域规划的重点科技和产业领域布局。

（4）技术目标围绕产业链梳理"卡脖子"技术和"长板"技术，凝练提出明确的技术创新目标和攻关任务，突出需要解决的行业重大关键技术问题，细化建设任务的短期、中期和长期目标。

（5）人才团队集聚本领域知名的技术带头人，形成稳定的全职全时核心技术团队、专业化的技术支撑服务团队以及成果转化应用团队，聘用具有丰富科研和管理经验的高层次复合型人才作为中心运营管理主要负责人。

### 组建程序

综合类创新中心按照自上而下、一事一议的方式进行统筹布局建设。领域类创新中心按照以下程序组建。

1. 科技部围绕贯彻落实党中央、国务院重大决策部署，按年度提出优先布局的领域安排。

2. 建设主体单位结合自身优势和具体情况，向国务院有关部门或地方政府科技管理部门提出建设意向申请。

3. 国务院有关部门、地方政府在统筹平衡的基础上，开展创新中心培育，将符合条件的创新中心推荐给科技部。培育期间应完成组织编制创新中心建设运行方案，做好筹建理事会（董事会）、实施法人实体化运行等前期准备工作。

4. 科技部对符合组建条件的创新中心组织开展专家咨询论证，并按照择优、择重、择需的原则开展建设，成熟一个，启动一个。

## （二）河南省技术创新中心

### 政策依据

《关于印发〈河南省技术创新中心建设方案（暂行）〉的通知》（豫科〔2021〕116号）;《关于印发〈河南省技术创新中心管理办法（暂行）〉的通知》（豫科

〔2021〕117号）。

## 政策简介

"十四五"期间，布局建设一批省技术创新中心，突破一批制约产业发展的关键技术瓶颈，培育具有国际影响力的行业领军企业，带动一批科技型中小企业发展壮大，推动若干重点产业进入全球价值链中高端，打造一批具有广泛辐射带动作用的区域创新高地，提升河南省重点产业创新能力与核心竞争力。聚焦装备制造、绿色食品、生物育种、现代农业、生物医药、智能传感器、新一代信息技术、资源能源高效节约利用等河南省优势、特色、新兴、急需产业技术领域，以及对未来发展具有重大影响的前瞻技术领域，优先在郑洛新国家自主创新示范区、国家高新区等布局建设一批省技术创新中心，加快推动关键技术研发和转移转化。

## 主体范围

省技术创新中心遵循聚焦产业、创新机制、开放协同的原则，根据相关产业领域发展特点和实际，省技术创新中心依托企业、高校、科研院所建设，由一个或多个独立法人实体组建。原则上由龙头骨干企业牵头，联合高校、科研院所等优质创新资源共同建设。

## 政策支持

统筹省财政科技经费对正式认定的省技术创新中心给予奖补，由省科技厅会同省财政厅确定具体奖补标准。对绩效考核优秀、良好的省技术创新中心给予稳定支持。优先支持省技术创新中心牵头或参与实施国家、省重大科技项目。省科技厅与省技术创新中心所在省辖区域人民政府及省直主管部门研究出台相关政策，在资金、项目、人才、土地、基础设施等方面为省技术创新中心建设发展提供支持保障。

## 管理职责

1. 综合管理。河南省科学技术厅是全省技术创新中心规划布局和综合管理部门，其主要职责如下。

（1）贯彻落实国家和全省有关技术创新中心建设、管理的政策和规章。

（2）组织编制省技术创新中心建设发展总体规划和布局。

（3）制定省技术创新中心建设运行管理办法。

（4）会同相关部门研究制定支持省技术创新中心建设发展的政策与措施。

（5）批准省技术创新中心的建设、撤销及重大变更事项。

（6）组织开展省技术创新中心建设任务验收、年度报告、绩效考核等监督管理工作。

（7）组织开展国家技术创新中心的培育、初审和推荐工作。

2. 归口管理。省直有关部门和省辖区域科技主管部门是省技术创新中心的归口管理部门，其主要职责如下。

（1）落实国家和省有关技术创新中心的发展政策和规章制度。

（2）组织开展省技术创新中心的培育、初审工作。

（3）指导省技术创新中心建设和运行，统筹资源支持省技术创新中心建设和发展。

（4）协助省科技厅做好省技术创新中心建设任务验收、年度报告、绩效考核等监督管理工作。

3. 主体管理。省技术创新中心负责本中心的建设与运行，其主要职责如下。

（1）建立健全中心内部管理制度和章程，履行法人主体责任。

（2）开展行业重大、关键、共性、前沿技术研发与应用。

（3）吸引集聚及培养国际化、专业化、高层次创新人才，打造结构合理的科技创新人才队伍。

（4）培育行业领军企业，孵化、培育和壮大科技型中小企业。

（5）多元化筹措建设运行经费，按规定管理和使用经费。

（6）承担落实科研作风学风和科研诚信的主体责任。

## 建设条件

1. 省技术创新中心牵头组建单位在河南省境内注册登记，具有独立法人资格。

2. 省技术创新中心牵头组建单位应具有国内或省内行业领先的技术研发水平、创新人才和团队，具有广泛联合产学研各方、整合创新资源、实现科技成果转化的优势和能力。

3. 省技术创新中心牵头组建单位须具有承担国家或省级重大科技项目的经验，在申报建设领域具有省级及以上创新平台支撑，拥有一定数量处于国内领先水平且具有自主知识产权的科研成果，获得发明专利或 PCT 专利数量位于省内同行业前列，建立起产学研合作的长效机制。

4. 省技术创新中心须有高水平领军人才和创新团队，能够吸引海内外优秀人才合作开展研究与科技成果转化工作。从事研发和相关技术创新活动的科技人员占职工总数比例不低于 10%，国家或省级高层次人才不少于三人。

5. 省技术创新中心牵头组建单位为企业的，须是行业龙头企业，近三年平均研发经费不低于 4000 万元。

6. 联合共建省技术创新中心的，牵头组建单位与共建单位须签订共建协议，确定联合共建的方式、人员、任务分工以及各自权利和义务等。其中，牵头组建单位自身的科研基础条件、研发人员、科研项目、科技成果须占到 60% 以上。

7. 当地政府或主管部门承诺为其提供必要的支持及条件保障，且已有一定规模的前期投入。

8. 省技术创新中心牵头组建单位近三年内无不良征信记录，未发生重大安全、重大质量事故或严重环境违法行为。

## 组建程序

1. 组织申报。省科技厅根据国家发展战略和河南省重点产业发展需求，提出省技术创新中心总体布局，具备建设条件和产业创新优势的建设单位研究制定建设方案，经地方政府或省直主管单位审核推荐，成熟一家，启动一家，常年受理申报。

2. 评审论证。省科技厅会同相关部门组织技术专家、财务专家、管理专家对省技术创新中心建设方案进行咨询论证和实地考察。建设单位根据评审论证意见完善建设方案。

3. 启动建设。省技术创新中心建设方案论证通过后，经省科技厅批准启动建设。获批建设的省技术创新中心应细化建设方案任务，编制并签订建设目标任务书。按照建设方案落实建设经费，完善理事会、技术委员会等治理体系，开展各项建设任务。建设期一般为三年，建设期内，即纳入省技术创新中心管理。

4. 监督考核。省技术创新中心建设期满后，省科技厅组织或委托第三方机构对省技术创新中心建设任务进行验收，验收通过后方可获得正式认定。省科技厅对认定的省技术创新中心进行定期考核，每三年为一个考核周期，健全有进有出、优胜劣汰的动态管理机制，考核结果作为后补助支持和推荐申报国家技术创新中心的重要参考。

## 申报流程

1. 网上注册。牵头单位登录"河南省科技管理信息系统"（http：//xm.hnkjt.gov.cn/）进行注册，已注册的无须重新注册，可用原用户名和密码登录系统进行申报。

2. 填报提交。牵头单位登录"河南省科技管理信息系统"填写和提交申报材料。网上填报截止时间以当年通知为准，系统将在申报截止时间关闭。

3. 纸质材料报送。登录系统生成申报材料 PDF 文档，打印并书籍式装订（一式五份），由牵头单位报送主管部门审核盖章后，由主管部门于规定时间前统一报送省科技厅科技成果转化处。

## 运行管理

1. 省技术创新中心应为独立法人实体。前期暂不具备条件的，在建设期内先行实现人、财、物相对独立的管理运行机制，建设期满应建成独立法人实体。

2. 省技术创新中心实行董事会或理事会领导下的主任负责制。

3. 省技术创新中心主任的聘任与调整须经董事会或理事会研究决定，经主管部门审核后报省科技厅备案。省技术创新中心主任应是本领域的学术、学科或关键技术带头人，具有较强的组织管理能力，任期为五年，聘任时不超过 60 周岁。

4. 省技术创新中心应设独立的专家委员会，主要负责研判行业或产业发展重大问题，提出中心研发方向、团队组建等重大事项的意见建议。专家委员会一般由 9—15 名国内外行业或产业知名专家组成，其中牵头单位的专家不超过总人数的三分之一。专家委员会任期为五年，聘任后须经主管部门审核并报省科技厅备案。

5. 省技术创新中心须实现人、财、物独立的管理机制，牵头单位承担主要资金投入责任，参与共建的企业、高校、科研院所等可以采用会员制、股份制、协议制、创投基金等方式共同投入，设立专账、独立核算。鼓励整合社会资本设立产业创新基金，引导金融与社会资本参与省技术创新中心研发和成果转化活动。省技术创新中心利用自有资金、社会科研资金、成果转化收益等逐步实现独立运行。

6. 省技术创新中心应重视和加强运行管理，建立健全内部规章制度，制定资产管理、经费使用、人员管理、科技创新与成果转化等方面的管理规章。加强事务公开，重大事项决策应公开透明。严格遵守国家有关保密规定。

7. 省技术创新中心应建立合理的科研人员、科研辅助人员和管理人员结构，注重学术梯队建设。按需设岗、公开招聘、合理流动。加强青年人才培养，积极引进国内外优秀人才。

8. 省技术创新中心应加强产学研合作，开展国内外合作研究与学术交流，强化与上、中、下游企业和高校、科研院所等创新力量联动，构建开放协同的创新网络。

9. 省技术创新中心应加强知识产权保护，省技术创新中心完成的项目、专著、论文等研究成果，应标注省技术创新中心名称。

10. 省技术创新中心应将可开放共享的仪器、设备及成套试验装备加入河南省科研设施与仪器开放共享服务平台，面向社会开放服务。

11. 具备创建国家技术创新中心条件的省技术创新中心，优先推荐申报国家技术创新中心。

12. 省技术创新中心作为独立法人的，在申请省级科技计划项目时指标单列，不占其主管部门申请指标。

13. 需要调整名称、研究方向或共建单位等事项的省技术创新中心，须经董事会或理事会、专家委员会研究审议，由省技术创新中心提出书面报告，经主管部门审核后报省科技厅批复。

14. 省技术创新中心牵头单位如出现被兼并或重组等重大变化的，须及时向主管部门和省科技厅报告备案。

15. 省技术创新中心投入运行后，实行动态管理，定期由省科技厅委托相关机构或组织专家实施考核，每三年为一个考核周期，每年考核若干领域的省技术创新中心，并及时公布考核结果。

16. 对省技术创新中心考核的重点为承担国家和省重大战略任务、实施关键核心技术攻关、科技成果转化、培育孵化科技型企业以及对产业辐射带动作用等方面的指标和内容。

17. 考核结果分为优秀、良好、合格、不合格四个等级。对考核结果为优秀、良好的省技术创新中心，以后补助方式给予经费支持。

18. 考核期内被认定为国家级科技创新基地，可不参加省考核，省考核结果确定为"优秀"。

省技术创新中心统一命名为"河南省 xxx 技术创新中心"，英文名称为"Henan Technology Innovation Center of xxx"，经正式公布后使用。

## 六、临床医学研究中心

### （一）国家临床医学研究中心

**政策依据**

《科技部 国家卫生计生委 军委后勤保障部 食品药品监管总局关于印发〈国家临床医学研究中心五年（2017—2021 年）发展规划〉等 3 份文件的通知》（国科发社〔2017〕204 号）（另附《国家临床医学研究中心管理办法（2017 年修订）》《国家临床医学研究中心运行绩效评估方案（试行）》）。

**适用范围**

国家临床医学研究中心是面向我国疾病防治需求，以临床应用为导向，以医疗机构为主体，以协同网络为支撑，开展临床研究、协同创新、学术交流、人才培养、成果转化、推广应用的技术创新与成果转化类国家科技创新基地。

## 职责任务

1. 紧密围绕本领域疾病防治的重大需求和临床研究中存在的共性技术问题，研究提出本领域研究的战略规划和发展重点。

2. 与其他医疗机构和相关单位搭建协同创新网络，负责网络成员单位的绩效考核，培育临床研究人才。

3. 组织开展大规模、多中心的循证评价研究；开展防、诊、治新技术、新方法的研究和应用评价；开展诊疗规范和疗效评价研究；开展基础与临床紧密结合的转化医学研究等。

4. 搭建健康医疗大数据、样本资源库等临床研究公共服务平台。

5. 研究提出诊疗技术规范建议和相关政策建议，供行业主管部门参考。

6. 组织开展研究成果推广应用，提升本领域疾病诊疗技术水平和服务能力。

7. 部分重大疾病领域的中心在不同的地区建设分中心。

## 政策内容

管理部门应集成相关优势资源支持中心建设和发展。科技部和国家卫生计生委作为牵头部门，在科研项目、平台建设、人才培养、国际合作、享受科研机构优惠政策、干细胞研究基地和项目备案等方面支持中心的建设和发展；军委后勤保障部负责加强军民融合，军队的中心服务于地方，地方的中心支撑军队需求；食品药品监管总局在药物和医疗器械的临床评价研究等方面给予政策性支持。

地方主管部门在经费、人员、平台建设等方面对中心的建设和运行给予支持负责研究制定省级中心的建设布局规划，组建省级中心专家咨询委员会，批准省级中心的建立、调整和撤销，组织开展对省级中心的绩效评估和检查。

## 申请条件

1. 三级甲等医院，具有独立法人资格。

2. 在申报领域具有国内领先的临床诊疗技术水平。

3. 临床医学研究能力突出，领军人才和创新团队优势明显，申报前五年内，在申报领域主持或参与了国家科技计划（专项、基金等）项目／课题。

4. 具有药物临床试验机构资格或者经过医疗器械临床试验机构备案。

5. 申报单位和地方主管部门能够对拟申报的中心建设提供相应的条件保障。

## 申报流程

1. 项目申报。管理部门依据中心布局规划，根据实际需求，公开发布开展中心建设的通知。符合条件的单位根据管理部门的通知要求，组织填写《国家临床医学研究中心申报书》，经国务院有关部门科技司或省级科技和卫生计生主管部门推荐申报。

2. 项目评审。管理部门收到申报材料后，组织开展评审。评审包括以下程序：形式审查、材料评审、综合评审。

3. 确定依托单位。管理部门根据材料评审结果和综合评审结果，综合考虑临床研究发展需求、医学科技发展整体布局及地域分布等因素择优选择中心建设的依托单位。

4. 社会公示。对拟建中心的依托单位名单进行社会公示。

5. 发文确认。管理部门对通过社会公示的中心立项建设予以正式确认。

## （二）河南省临床医学研究中心

### 政策依据

《河南省科学技术厅 河南省卫生和计划生育委员会 河南省食品药品监督管理局关于印发〈河南省临床医学研究中心管理办法（试行）〉的通知》（豫科〔2017〕75号）。

### 政策简介

河南省临床医学研究中心是面向河南省疾病防治需求，以临床应用为导向，以医疗机构为主体，以协同网络为支撑，开展联合攻关、学术交流、人才培养、成果转化、推广应用的技术创新与成果转化类河南省科研基地。坚持稳定支持、动态调整和定期评估。管理部门以科研项目、平台建设、人才培养、国际合作、临床新技术和药物临床试验"绿色通道"等多种形式支持推进中心的建设和发展。鼓励各中心根据国家、省有关政策和自身实际情况，积极探索适合自身特点的组织模式和运行机制。

### 主要职责

1. 管理职责。省科技厅、省卫计委和省食品药品监管局是中心的管理部门，主要职责是：①研究制定中心的布局规划。②组建中心专家咨询委员会。③批准中心的建立、调整和撤销。组织开展对中心的绩效评估和检查等工作。④研究制定相关政策措施支持中心建设和运行。

2. 咨询职责。专家咨询委员会由省内外临床医学、公共卫生、医学科技管理等方面的战略专家组成，主要职责为：①为中心的布局规划、运行管理和评审评估等工作提供咨询。②对中心提出的临床研究重点方向、任务及战略规划等提供咨询。③承担管理部门委托的其他工作。

3. 主体职责。依托法人单位主要职责是：①负责中心的建设实施，为中心建设提供人、财、物等相应的条件保障。②建立健全中心管理规章制度，建立有利于中心发展的管理和运行机制。③做好中心开展临床研究等的条件保障工作。④做好国家临床医学研究中心的培育工作。

4. 中心职责。加强临床研究平台建设，重点搭建健康医疗数据、成果转化等临床研究公共服务平台，打造协同创新网络，研究制定临床研究标准规范，开展高水平科技攻关和国际合作，培养领军人才和团队，促进研究成果转化和推广应用，整体提升本领域疾病诊疗技术水平和服务能力。

### 申报条件

1. 中心依托单位应满足的基本条件。

（1）河南省境内注册的三级甲等医院法人单位，专业优势明显的三级医院法人单位或通过国际医疗卫生机构认证联合委员会（JCI）认证的医院法人单位。

（2）在申报领域具有国内先进的临床技术水平。

（3）临床医学研究能力突出，申报前五年内，在申报领域牵头主持过国家或省科技计划临床研究项目／课题，领军人才和创新团队优势明显。

（4）所申报疾病领域具有国家药物临床试验机构（GCP）资格或经过药物、医疗器械临床试验机构备案。

（5）中心依托单位能够对拟申报的中心建设提供相应的条件保障。

（6）具备开展国际大规模多中心临床试验的能力及平台。

（7）能够建立覆盖全省主要区域、三／二甲医院与基层医疗机构紧密协同的研究网络和普及推广网络，并依托网络加强协同研究、科技创业、适宜技术推广和基层医务人员培训，有效提升基层医疗机构技术服务能力。其中，三／二甲医院不少于五家。

（8）能够系统加强临床科研资源整合共享，推动生物样本、医疗健康大数据等资源的高效整合利用，在本疾病领域建成一流水平的生物样本库和数据库，为高水平科技攻关提供平台支持。

（9）五年内在申报领域获得省部级临床研究方面科技成果奖励不少于一项；或 2001 年以来在申报领域有一项改写或完善国内指南的研究成果（限于多中心研究产生的指南）。

2. 中心主任应满足的基本条件。

（1）中心主任原则上为中心临床及转化研究总体思路的提出者和实际主持建设、研究工作的专业人员，具体负责中心的建设、运行和日常管理工作，能够协调依托单位为中心建设提供人、财、物等相应的条件保障。

（2）具有正高职称，专业技术水平及临床科研能力、业内学术影响较强，在申报领域牵头主持过国家或省科技计划临床研究项目／课题。具备相应学术任职及学术荣誉，如中华医学会专科分会任职，国务院特殊津贴，中原学者，省杰出人才、省杰出青年等。

（3）全职受聘人员可作为中心主任，须由省内聘用单位提供全职聘用的有效证明，并随纸质申报书一并报送。

（4）申报受理后，原则上不能更改中心依托单位和中心主任。

符合条件的医疗机构根据管理部门的规划布局和通知要求组织填写《河南省临床医学研究中心申报书》，编制提纲，经上级行政主管部门推荐申报。

### 评审程序

1. 形式审查。管理部门负责组织对申报材料进行形式审查，根据申报条件核定申报医院是否满足要求。

2. 能力评估。管理部门负责组织，依据客观指标对形式审查合格的申报单位进行量化评估。评估指标包括科研水平、研究能力、条件资源等。

3. 综合评审。在能力评估的基础上，管理部门组织省内外的多方面专家对排序靠前的申报医院进行综合评审。重点从申报医院临床研究的能力、水平和条件等工作基础情况，研究方案的科学性、合理性、可行性以及中心和研究网络建设的组织构架和运行机制情况进行综合评定。

4. 社会公示。管理部门根据综合评审结果，综合考虑临床研究发展需求、医学科技发展整体布局以及地域分布等因素择优选择中心的依托单位，并向社会进行公示。

5. 发文确认。管理部门对通过社会公示的中心的依托单位发文予以正式确认。

## 七、企业技术中心

### （一）国家企业技术中心

**政策依据**

《国家企业技术中心认定管理办法》（国家发展改革委 科技部 财政部 海关总署 税务总局 2016 年第 34 号令）；《国家发展改革委办公厅关于印发〈国家企业技术中心认定评价工作指南（试行）〉的通知》（发改办高技〔2016〕937 号）；《国家发展改革委办公厅关于组织开展 2020 年（第 27 批）国家企业技术中心认定工作的通知》（发改办高技〔2020〕235 号）。

**适用范围**

企业技术中心，是指企业根据市场竞争需要设立的技术研发与创新机构，负责制定企业技术创新规划、开展产业技术研发、创造运用知识产权、建立技术标准体系、凝聚培养创新人才、构建协同创新网络、推进技术创新全过程实施。

国家发展改革委、科技部、财政部、海关总署、税务总局负责指导协调国家企业技术中心相关工作。国家发展改革委牵头开展国家企业技术中心的认定与运行评价。国家企业技术中心的认定，原则上每年进行一次。

**政策内容**

国家企业技术中心和国家企业技术中心分中心进口科技开发用品按照国家相关税收政策执行。经海关确认后，国家企业技术中心可按有关规定，将免税进口的科技开发用品放置在其异地非独立法人分支机构使用。

国家发展改革委结合企业技术中心创新能力建设、高技术产业化、战略性新兴产业发展等工作，对国家企业技术中心予以支持。

国家支持国家企业技术中心承担中央财政科技计划（专项、基金等）的研发任务。

**申请条件**

1. 企业在行业中具有显著的发展优势和竞争优势，具有行业领先的技术创新能力和水平。

2. 企业具有较好的技术创新机制，企业技术中心组织体系健全，创新效率和效益显著。

3. 有较高的研究开发投入，年度研究与试验发展经费支出额不低于 1500 万元；拥有技术水平高、实践经验丰富的技术带头人，专职研究与试验发展人员数不少于 150 人。

4. 具有比较完善的研究、开发、试验条件，技术开发仪器设备原值不低于 2000 万元；有较好的技术积累，重视前沿技术开发，具有开展高水平技术创新活动的能力。

5. 具有省级企业技术中心资格两年以上。

6. 企业在申请受理截止日期前三年内，不得存在下列情况：①因违反海关法及有关法律、行政法规，构成走私行为，受到刑事、行政处罚，或因严重违反海关监管规定受到行政处罚；②因违反税收征管法及有关法律、行政法规，构成偷税、骗取出口退税等严重税收违法行为；③司法、行政机关认定的其他严重违法失信行为。

### 申报流程

1. 申报组织。各地发展改革委会同同级科技、财政、海关、税务等部门（或省级政府规定的国家企业技术中心申报、管理部门会同同级发展改革、科技、财政、海关、税务等部门）组织申请企业编写国家企业技术中心申请材料，并对其真实性进行审核。

2. 推荐报送。地方政府主管部门会同同级管理部门，根据有关办法及当年国家发展改革委发布的通知，推荐符合条件的企业技术中心，并将推荐企业的申请材料及评审情况报送国家发展改革委，同时将推荐企业名单抄报科技部、财政部、海关总署、税务总局。

3. 审核公示。国家发展改革委委托第三方机构，依据评价指标体系对地方政府主管部门推荐的企业技术中心申请材料进行初评，并根据初评结果委托第三方机构组织专家评审。国家发展改革委会同科技部、财政部、海关总署、税务总局，根据专家评审意见，以及国家产业政策、国家进口税收税式支出的总体原则及年度方案等综合评估，确认认定结果，并通过国家发展改革委官方网站予以公示。

## （二）河南省企业技术中心

### 政策依据

《关于印发河南省企业技术中心认定管理办法的通知》（豫发改高技〔2018〕939 号）。

### 政策简介

鼓励和支持企业建立技术中心，发挥企业在技术创新中的主体作用，建立健全企业主导产业技术创新的体制机制，根据创新驱动发展要求和经济结构调整需要，对创新能力强、创新机制好、引领示范作用大、符合条件的企业技术中心予以认定省企业技术中心，引导企业加大创新投入，引领带动产业技术进步和创新能力提升。

河南省发展改革委牵头，会同省科技厅、财政厅、税务局、郑州海关负责省企业技术中心的指导和监督管理。省企业技术中心实行属地化管理，各省辖市、直管县（市）发展改革委会同同级管理部门是省企业技术中心的直接管理单位，负责省企业技术中心的创建、日常管理等工作。

### 适用范围

企业技术中心是指河南省内企业根据市场竞争需要设立的技术研发与创新机构，负责制定企业技术创新规划、开展产业技术研发、创造运用知识产权、建立技术标准体系、凝聚培养创新人才、构建协同创新网络、推进技术创新全过程实施。

### 申请条件

1. 在河南省境内依法注册，具有独立法人资格。

2. 企业在省内行业中具有显著的发展优势和竞争优势，具有行业领先的技术创新能力和水平。

3．企业具有较好的技术创新体制机制，企业技术中心组织体系健全，创新效率和收益显著。

4．有较高的研究开发投入，拥有技术水平高、实践经验丰富的技术带头人和专职研究与试验发展的团队。

5．具有比较完善的研究、开发、试验条件，技术开发仪器设备和软件等配置完备，有较好的技术积累，重视前沿技术开发，具有开展高水平技术创新活动的能力。

### 认定流程

省企业技术中心原则上每年认定一次。各省辖市、直管县（市）发展改革委根据省发展改革委通知要求，组织辖区内企业开展省企业技术中心创建工作。

1．各省辖市、直管县（市）发展改革委会同同级管理部门，根据本办法及当年省发展改革委发布的通知，组织辖区内企业创建省企业技术中心。申报企业需提交申请材料，主要包括企业技术中心申请报告、评价表及必要的证明材料。

2．各省辖市、直管县（市）发展改革委依据省企业技术中心认定标准和评价指标体系，采取组织专家评审、网上评审与网上公示相结合等方式，对申报企业提交的申请材料进行评审后，并征求同级科技、财政、税务、海关等部门意见，综合确定通过评审的省企业技术中心名单。

3．各省辖市、直管县（市）发展改革委将通过评审的省企业技术中心名单、评审意见报省发展改革委。省发展改革委会同省科技厅、财政厅、税务局、郑州海关进行合规性复核，经公示无异议后，联合公布新建省企业技术中心名单。

省发展改革委可根据需要，组织有关专家对通过评审的申报企业进行实地考察。

## 八、院士工作站

### 政策依据

《关于印发〈河南省院士工作站管理办法〉的通知》（豫科〔2017〕169号）；《关于申报2021年度河南省院士工作站的通知》。

### 政策简介

院士工作站是以本省企事业单位为依托，以产业发展和科技创新需求为导向，以院士及其创新团队为技术支撑，以提高依托单位科技创新能力和核心竞争力为目的的科技创新平台。是为加强河南省与中国科学院、中国工程院的科技合作，促进河南省企事业单位与"两院"院士建立产学研长效合作机制，进一步推动河南省院士工作站建设与发展。河南省科技厅是全省院士工作站主管部门，负责协调有关部门、地方和单位在政策、项目、资金、人才、创新平台等方面对院士工作站给予支持。

### 主要任务

1．围绕企业或行业发展需要及国内外技术发展趋势，开展战略咨询和技术指导。

2．服务企事业单位及产业发展，以项目为核心，针对企事业单位发展急需解决的重大关键技术难题，组织院士及其创新团队开展技术咨询、联合攻关、开发新产品。

3. 引进院士及其创新团队的创新成果，共同进行转化和产业化，培育自主知识产权和自主品牌，促进产学研合作。

4. 与院士及其创新团队联合培养科技创新人才。

5. 与院士及其创新团队联合开展高层次学术或技术交流活动。

### 申报条件

1. 在河南省内注册，具备独立法人资格，经营或运行状况良好。申请单位若属企业，其上年研发投入占销售收入的比例原则上要达到3%以上。

2. 申请单位具备较强研发能力，建有专门研发机构，拥有水平较高、结构合理的研发团队。

3. 与相关领域一名或一名以上院士签约，并建立长期稳定的合作关系，科技创新或成果转化任务已顺利开展一年以上。双方在创新能力建设、合作项目实施、成果转化、人才培养、自主知识产权创造等方面的合作目标明确，权利和义务清晰，并有详细的合作计划、实质性的科技研发项目或成果转化任务。

4. 申请单位及归口管理单位对工作站工作高度重视，大力支持，具备为院士及其团队开展科研活动提供必要支持条件的能力。

5. 进入工作站工作的院士及其团队，其服务时间、工作方式、报酬及其他事项，由申请单位和院士及其团队自主协商。牵头院士在省内设立院士工作站原则上不超过三个，院士年龄一般不超过80岁。

### 申报流程

1. 填写《河南省院士工作站建设申请书》，并附相关证明材料，经主管部门审核确认后报省院士工作办公室。新型研发机构可经所在地科技主管部门推荐上报。

2. 审核评估。根据申请单位涉及的学科领域，定期组织专家，进行现场考察和评估，评估通过后提出院士工作站建设建议名单。

3. 批准及授牌。按程序研究公示，无异议的，正式行文批准设立院士工作站，并颁发院士工作站牌匾。

### 材料要求

各申请单位要认真填写《河南省院士工作站建设申请书》，并经主管部门审核盖章。报送纸质材料一式三份，同时登录"河南政务服务网"填报电子文档。

## 九、中原学者工作站

### 政策依据

《关于印发〈中原学者工作站管理办法（试行）〉的通知》（豫科〔2020〕100号）。

### 政策简介

为贯彻落实河南省人才强省战略，打造中西部科技创新高地、建设创新型河南，推动更多创新资源向社会经济发展的一线集聚，引导高层次人才向艰苦边远地区和基层一线流动，鼓励中原学者与省内企事业单位开展产学研合作，促进科技成果转化，规范中原学者工作站的建设运行与管理，省科技厅制定了《中原学者工作站管理办法（试行）》。

### 适用范围

中原学者工作站是以省内企事业单位为依托，以产业转型升级和科技创新需求为导向，以中原学者及其团队为技术支撑，以提高依托单位科技创新能力和核心竞争力为目的的重要科技创新平台。中原学者工作站实行属地化管理，各省辖市科技局、济源示范区及省直管县（市）科技主管部门是本行政区域内的中原学者工作站主管部门。

### 职责任务

1. 围绕企业或行业发展需要及国内外技术发展趋势，组织中原学者及其团队开展战略咨询和技术指导。

2. 针对发展急需解决的重大关键技术难题，组织中原学者及其团队开展联合攻关、开发新产品，联合申报高层次项目、专利和科技成果。

3. 引进中原学者及其团队的创新成果，共同进行转化和产业化，培育自主知识产权和自主品牌。

4. 与中原学者及其团队联合培养创新型人才。

5. 与中原学者及其团队联合开展高层次学术或技术交流活动。

6. 做好中原学者及其团队进站科研和生活服务保障工作。

### 申请条件

1. 在河南省内注册，具备独立法人资格，经营或运行状况良好。

2. 申请单位要具备一定的研发和科技成果转化能力，拥有专业性的研发和成果转化团队。

3. 与相关领域一名或一名以上中原学者签约，并建立长期稳定的合作关系，合作期限至少三年。双方在创新能力建设、合作项目实施、成果转化、人才培养等方面的合作目标明确，并有详细的合作计划、实质性的科技研发项目或成果转化任务。

4. 要与进站中原学者及其团队，在服务时间、工作方式、报酬及其他有关事项等方面有明确的协定，双方权利和义务清晰。

5. 申请单位具备为中原学者及其团队开展科研活动提供必要支持条件的能力。

6. 拟进站中原学者确认同意本单位申请建设工作站。

鼓励市级以上各类产业、创业、孵化等科技园区管理机构，申请建设中原学者工作站，服务园区内各运营企事业单位。

原则上每个中原学者在全省进站数量不超过三个，年龄一般不超过65周岁。

### 申请程序

1. 提交申请。申请单位根据河南省科技厅发布的年度中原学者工作站申报通知，填写有关申报材料，由所在地科技主管部门推荐报省科技厅。

2. 专家评估。省科技厅对申请材料进行形式审查后，根据申请单位涉及的学科领域，组织专家对申报材料进行评估，必要时组织现场考察。专家评估后，提出拟建设中原学者工作站建议名单。

3．批准建设及授牌。按程序研究公示，无异议的，正式行文批准建设中原学者工作站，并颁发"中原学者工作站"牌匾。

## 十、野外科学观测研究站

### 政策依据

《科技部关于印发〈国家野外科学观测研究站管理办法〉的通知》（国科发基〔2018〕71号）；《河南省科技厅关于印发〈河南省野外科学观测研究站建设与运行管理办法〉的通知》（豫科〔2018〕169号）。

### 政策简介

国家野外站是国家科技创新基地的重要组成部分，是依据我国自然条件的地理分异规律，面向国家社会经济和科技战略布局，为科技创新与经济社会可持续发展提供基础支撑和条件保障的国家科技创新基地。其主要职责是服务于生态学、地学、农学、环境科学、材料科学等领域发展，获取长期野外定位观测数据并开展高水平科学研究工作。

国家、省级野外站依托科研院所、高等院校等单位建设，实行"分类管理、联合协作、资源共享、动态调整"运行机制。中央和升级财政对国家、省野外站运行维护和观测研究给予必要的支持。

### 职责任务

1．管理职责。科技部、科技厅是国家、省级野外站的宏观管理部门，国务院、省政府有关部门、地方科技管理部门是国家、省级野外站的行政主管部门，其主要职责如下。

（1）贯彻野外站发展政策和规章制度，支持野外站建设和发展，配合做好野外站管理工作。

（2）落实野外站建设和运行所需相关条件，协调解决相关重大问题。

（3）聘任野外站站长和学术委员会主任，并报科技部备案。

（4）组织并支持本部门野外站开展联合协作观测与自主创新研究。

2．主体职责。依托单位是国家、省级野外站建设和运行管理的责任主体，其主要职责如下。

（1）优先支持野外站发展，并提供人、财、物等必要的条件保障，解决建设与运行中的有关问题。

（2）配置并健全野外站的研究、技术支撑和管理队伍。

（3）建立有利于野外站发展的管理和运行机制。

（4）配合做好野外站年度考核和定期评估等工作。

（5）组织选聘和推荐野外站站长，推荐学术委员会主任。

3．咨询职责。国家、省级野外站咨询委员会是野外站建设和发展的咨询机构，由学术水平高、责任心强的科研一线科学家及管理专家组成，任职年龄一般不超过70周岁，每届任期五年，每次换届应更换三分之一以上成员，其主要职责如下。

（1）对野外站发展规划、布局和建设方案提供咨询。

（2）对野外站重大调整、年度考核与定期评估等工作进行咨询。

（3）对野外站专项观测、领域协作观测研究等进行咨询。

（4）对野外站科研诚信建设进行监督指导。

4. 站点职责。野外站是开展相关工作的行为主体，其主要职责如下。

（1）开展野外科学观测、监测、获取、积累野外科学数据，实验和示范新理论、新技术、新设备等。支撑基础研究，开展科学数据共享、开放服务。

（2）根据本地区特色和优势资源，加强野外科研仪器设施、观测站（台、点、网）及示范区等建设工作。

（3）开展教学、培训、实习和科学普及等活动，展示河南省的美丽山川，弘扬博大精深的中原文化。

（4）保护性研究具有典型性与代表性的景观、现象及实物资料。

## 申请条件

1. 面向国家战略需求和学科发展长远需要，遵循科技发展总体规划和自然环境分异规律，具有典型区域或领域代表性。

2. 具备满足观测需求的实验场地，有较为完善的观测实验基础设施，观测实验场地、基础设施用地应有土地使用权证或具有未来30年以上的土地使用证明。

3. 具有较高的科学观测和实验研究水平，已正常运行五年以上，并具有连续五年以上的系统性观测实验数据，在本领域具有较大影响，有能力承担国家级科研任务。

4. 具有结构合理的高水平研究、技术支撑和管理队伍。

5. 在遵守国家保密规定前提下，承诺野外站的观测和实验数据、仪器设备设施等科技资源开放共享，为社会和科研提供共享服务。

6. 依托单位和主管部门能够保障人财物等相关支撑条件。

## 建设程序

1. 科技部、科技厅委托相关机构或组织专家进行国家、省级野外站的遴选评审，择优建设。主管部门组织依托单位填报《野外科学观测研究站建设计划任务书》，科技部、科技厅组织论证和批准相应级别的野外站。

2. 野外站建设期一般不超过两年，根据"边建设、边研究、边服务"的原则，加强基础设施、观测场地、仪器设备和人才队伍建设，按照观测指标和技术规范的要求进行观测实验，开展科学研究及示范服务。

3. 野外站建设任务完成后，由依托单位提交验收申请，经主管部门审核后报科技部或科技厅，科技部或科技厅组织或委托验收。

# 十一、产业技术创新战略联盟

## 政策依据

《关于印发〈河南省产业技术创新战略联盟构建与发展实施办法〉的通知》（豫科〔2013〕146号）;《关于印发〈河南省科技创新平台建设与管理办法（试行）〉的通知》（豫科〔2016〕83号）。

## 支持范围

围绕主导产业创新发展、新兴产业培育壮大、传统产业转型升级、现代农业稳步提升、科技扶贫攻坚等重大创新需求，重点在新一代信息技术、高端装备制造、新材料、新能源、生物医药、资源环境、公共安全、社会管理、食品安全检测、绿色农药创制、分子生物育种、农业信息化等重点领域开展联盟建设。

## 申报条件

1. 申报联盟需满足以下基本条件。

（1）突出战略重点。联盟应以推进河南省重点产业技术创新和服务能力，提升河南省产业核心竞争力为目标，体现所在产业领域的重大技术创新需求，有利于集聚创新资源推动相关产业实现重大技术突破，形成产业核心技术标准，带动产业技术创新，促进产业结构优化升级。

（2）坚持市场导向。联盟的构建以产业发展需求和各方共同利益为基础，在平等、自愿的前提下，实现企业、高等院校、科研机构的资金、人才、技术等创新资源优化配置和创新要素高效集成。

（3）强化顶层设计。联盟的构建应加强产业链宏观布局，围绕产业链组织创新链、完善资金链，明确产业发展的重点方向和关键领域，探索高效的协同创新和组织、促进机制，开展产业技术协同创新，提升产业链整体创新能力和综合竞争实力。

2. 联盟牵头及成员单位须具备以下基本条件。

（1）联盟构建牵头单位是在河南省内注册的独立法人单位，整体技术水平应居于省内领先、国内先进地位，牵头单位是高等院校、科研院所、科技企业的应具备较大规模和较强的研发实力，能够集聚相关产业创新资源，支撑和引领产业发展，具有较强的辐射带动作用或发展潜力。

（2）联盟成员单位以河南本省的法人单位为主，允许部分省外单位作为成员单位参与联盟构建。联盟成员单位是企业的应处于行业骨干地位，具备一定规模，注重关键技术的研发和创新；成员单位是高等院校、科研院所及机构的应处于行业技术研发先进水平，拥有自主知识产权的核心技术或相关专利。

（3）联盟成员单位数量原则上不低于10家，建有产业领域相关的省级研发平台不低于三家。联盟在同一领域、同一产业（行业）、同一产品（品种），原则上只构建一家。

（4）联盟成员之间应当签署具有法律约束力的联盟协议，协议中应有明确的技术创新目标和任务分工，明晰联盟成员的责权利关系；联盟执行机构应配备专职人员负责有关日常事务；要建立经费管理制度，经费的使用要按照相关规定接受有关部门的监督。

## 申报材料

（1）《河南省产业技术创新战略联盟构建建议书》。
（2）《河南省产业技术创新战略联盟构建可行性研究报告》。
（3）《2020年度河南省产业技术创新战略联盟推荐表》。
（4）《河南省产业技术创新战略联盟协议书》。

### 申报程序

1. 申报单位登录"河南政务服务网（http：//www.hnzwfw.gov.cn/）→部门→科技厅→其他权力→省级产业技术创新战略联盟组建和审核→在线办理"；或登录"河南省科技管理信息系统"（http：//xm.hnkjt.gov.cn/）填写申报材料，并上传相关附件。系统填报时间为以当年通知为准。

2. 纸质申报材料由系统生成 PDF 文档打印（相关附件材料附后），书籍式装订后报送主管部门（单位）审核盖章。

3. 推荐部门对审核通过后进行网上提交，并在系统生成的推荐表上盖章确认，连同申报材料（一式两份）按时报送省科技厅。

4. 根据《河南省人民政府关于中国（河南）自由贸易试验区实施第一批省级经济社会管理权限的决定》（豫政〔2017〕30 号），位于中国（河南）自由贸易试验区内联盟的申报工作已委托中国（河南）自由贸易试验区各片区管委会承担。各片区管委会负责自贸区内省级产业技术创新战略联盟组建、审核、管理、监督、考核和验收工作，新组建的联盟名单需报河南省科技厅备案。

## 十二、科技资源共享平台

### 政策依据

《科技部 财政部关于印发〈国家科技资源共享服务平台管理办法〉的通知》（国科发基〔2018〕48 号）。

### 政策简介

为深入实施创新驱动发展战略，规范管理国家科技资源共享服务平台，推进科技资源向社会开放共享，提高资源利用效率，促进创新创业，根据《中华人民共和国科学技术进步法》和《国家科技创新基地优化整合方案》制定管理办法。国家科技资源共享服务平台属于基础支撑与条件保障类国家科技创新基地，面向科技创新、经济社会发展和创新社会治理、建设平安中国等需求，加强优质科技资源有效集成，提升科技资源使用效率。国家科技基础条件平台中心受科技部、财政部委托承担共享网的建设和运行，以及国家平台的考核、评价等管理工作。

### 政策支持

国家平台管理遵循合理布局、整合共享、分级分类、动态调整的基本原则，加强能力建设，规范责任主体，促进开放共享。利用财政性资金形成的科技资源，除保密要求和特殊规定外，必须面向社会开放共享。鼓励社会资本投入形成的科技资源通过国家平台面向社会开放共享。中央财政对国家平台的运行维护和共享服务给予必要的支持。为科学研究、技术进步和社会发展提供网络化、社会化的科技资源共享服务。

### 适用范围

国家平台主要指围绕国家或区域发展战略，重点利用科学数据、生物种质与实验材料等科技资源在国家层面设立的专业化、综合性公共服务平台。科研设施和科研仪器等科技资源，按照《国务院关于国家重大科研基础设施和大型科研仪器向社会开放的意见》（国发〔2014〕70 号）和《科技部 发改委 财政部印发〈国家重大科研基础设施和大型科研仪器开放共享管理办法〉》（国科发基〔2017〕289号）进行管理。图书文献等科技资源，依据相关管理章程和管理办法进行管理。

## 管理职责

1．科技部、财政部是国家平台的宏观管理部门，其主要职责如下。

（1）制定国家平台发展规划、管理政策和标准规范。

（2）确定国家平台总体布局，协调组建国家平台，批准国家平台的建立、调整和撤销。

（3）建设国家平台门户系统即"中国科技资源共享网"。

（4）组织开展国家平台运行服务评价考核工作，根据评价考核结果拨付相关经费。

（5）指导有关部门、地方政府科技管理部门开展平台工作。

2．国务院有关部门、地方政府科技管理部门是国家平台的主管部门，其主要职责如下。

（1）按照国家平台规划和布局，研究制定本部门或本地区平台发展规划、管理政策和标准规范。

（2）推动本部门或本地区平台建设，促进科技资源整合与共享服务。

（3）择优推荐本部门或本地区平台加入共享网，提出国家平台建设意见建议。

（4）负责本部门或本地区国家平台管理工作，支持和监督国家平台管理、运行与服务。

3．国家平台的依托单位应选择有条件的科研院所、高等院校等，是国家平台建设和运行的责任主体，其主要职责如下。

（1）制定国家平台的规章制度和相关标准规范。

（2）编制国家平台的年度工作方案并组织实施。

（3）负责国家平台的科技资源整合、更新、整理和保存，确保资源质量。

（4）负责国家平台的在线服务系统建设和运行，开展科技资源共享服务，做好服务记录。

（5）负责国家平台的建设、运行与管理并提供支撑保障，根据需要配备软硬件条件和专职人员队伍。

（6）配合完成相关部门组织的评价考核，接受社会监督。

（7）按规定管理和使用国家平台的中央财政经费，保证经费的单独核算、专款专用。

## 主要任务

1．围绕国家战略需求持续开展重要科技资源的收集、整理、保存工作。

2．承接科技计划项目实施所形成的科技资源的汇交、整理和保存任务。

3．开展科技资源的社会共享，面向各类科技创新活动提供公共服务，开展科学普及，根据创新需求整合资源开展定制服务。

4．建设和维护在线服务系统，开展科技资源管理与共享服务应用技术研究。

5．开展资源国际交流合作，参加相关国际学术组织，维护国家利益与安全。

### 组建条件

1. 依托单位拥有较大体量的科技资源或特色资源，建立了符合资源特点的标准规范、质量控制体系和资源整合模式，在本专业领域或区域范围内具有一定影响力，具备较强的科技资源整合能力。

2. 纳入共享网并公布科技资源目录及相关服务信息，且发布的科技资源均按照国家标准进行标识。

3. 已按照相关标准建成科技资源在线服务系统，并与共享网实现有效对接和互联互通，资源信息合格，更新及时。

4. 具备资源保存和共享服务所需要的软硬件条件，具有稳定的专职队伍，具有保障运行服务的组织机构、管理制度和共享服务机制。

5. 建立了符合资源特点的服务模式并取得良好服务成效。

### 程序要求

1. 科技部、财政部可根据国家平台发展的总体规划和布局，按照国家科技发展战略和重大任务需求，并商有关部门遴选基础较好、资源优势明显、资源特色突出的部门或地区平台组建形成国家平台。

2. 牵头组建国家平台的主管部门负责编制国家平台组建与运行管理方案，推荐国家平台依托单位和负责人，并报科技部。

国家平台负责人应由依托单位正式在职、具有较高学术水平、熟悉本领域科技资源、管理协调能力较强的科学家担任，由依托单位负责聘任。

3. 科技部、财政部委托平台中心负责组织对国家平台组建与运行管理方案进行论证评审，对上报材料进行形式审查，组织专家进行评审，进行现场考察核实，并将评审结果报科技部、财政部。由科技部、财政部确定并向社会发布国家平台和依托单位名单。

4. 根据资源类型和平台的特点，国家平台统一规范命名为"国家××科学数据中心""国家××资源库（馆）"等，英文名称为"National XX Data Center""National XX Resource Center"等。

## 十三、中小企业公共服务示范平台

### （一）国家中小企业公共服务示范平台

### 政策依据

《工业和信息化部关于印发〈国家中小企业公共服务示范平台认定管理办法〉的通知》（工信部企业〔2017〕156号）。

### 政策简介

国家中小企业公共服务示范平台是指由法人单位建设和运营，经工业和信息化部认定，围绕大众创业、万众创新，以需求为导向，为中小企业提供信息、技术、创业、培训、融资等公共服务，管理规范、业绩突出、公信度高、服务面广，具有示范带动作用的服务平台。工业和信息化部负责示范平台的认定管理工作。示范平台的认定遵循公开、公平、公正、自愿原则，对认定的示范平台实行动态管理。

　　工业和信息化部对示范平台予以重点扶持，并支持技术类示范平台申报进口科学研究、科技开发和教学用品免税资格，享受有关税收优惠政策。

**认定条件**

　　1. 示范平台应同时具备以下基本条件。

　　（1）具有独立法人资格，运营两年以上，资产总额不低于 300 万元，财务收支状况良好，经营规范，具有良好的发展前景和可持续发展能力的中小企业服务机构、社会中介机构、技术服务机构、科研院所，以及基于互联网等面向中小企业提供创业创新服务的企业。

　　（2）服务业绩突出。年服务中小企业 150 家以上，用户满意度在 80% 以上；近两年服务企业数量稳步增长，在专业服务领域或区域内有一定的声誉和品牌影响力。

　　（3）有固定的经营服务场所和必要的服务设施、仪器设备等；有组织带动社会服务资源的能力，集聚服务机构 5 家以上。

　　（4）获得省级示范平台认定或国家部委、全国性行业协会的相关认定。

　　（5）有健全的管理制度，规范的服务流程、合理的收费标准和完善的服务质量保证措施；对小型微型企业的服务收费要有相应的优惠规定，提供的公益性服务或低收费服务要不少于总服务量的 20%；有明确的发展规划和年度服务目标。

　　（6）有健全的管理团队和人才队伍。主要负责人要诚信、守法，具有开拓创新精神、丰富的实践经验和较高的管理水平；从事为中小企业服务的人员不少于 20 人，其中大专及以上学历和中级及以上技术职称专业人员的比例占 80% 以上。

　　属于享受西部大开发政策区域内的服务平台，上述条件（1）（2）（3）和（6）可适度放宽。

　　2. 示范平台应满足以下至少一项功能要求。

　　（1）信息服务。充分利用信息网络技术手段，形成便于中小企业查询的、开放的信息服务系统；具有在线服务、线上线下联动功能，线下年服务企业数量 150 家以上；年组织开展的相关服务活动八次以上。

　　（2）技术服务。具有组织技术服务资源的能力，具有专家库和新产品、新技术项目库等；具备条件的应开放大型、精密仪器设备与中小企业共享；年开展技术洽谈、产品检测与质量品牌诊断、技术推广、项目推介和知识产权等服务活动五次以上。

　　（3）创业服务。具有较强的创业辅导能力，建有创业项目库、创业指南、创业服务热线等；开展相关政务代理服务；年开展创业项目洽谈、推介活动八次以上。

　　（4）培训服务。具有培训资质或在中小企业主管部门备案，具有线上和线下培训能力，有完善的培训服务评价机制，年培训 2000 人次以上。

　　（5）融资服务。年组织开展投融资对接、企业融资策划、推荐和融资代理等服务活动 10 次以上，帮助中小企业融资总额八亿元以上的服务机构；或向中小企业提供年新增担保额 30 亿元以上的融资担保机构。

　　申报示范平台应当在创新服务模式，集聚创新资源，推进线上线下服务结合，促进服务与需求精准对接，激发中小企业创新活力、发展潜力和转型动力，推动创新驱动发展方面具有突出的特色优势和示范性。

### 认定程序

1. 省级中小企业主管部门按照本办法规定的条件和要求，负责本地区示范平台的推荐工作。

2. 省级中小企业主管部门对推荐的示范平台运营情况、服务业绩、满意度等进行测评，填写《国家中小企业公共服务示范平台推荐表》，并附被推荐示范平台的申请材料，报工业和信息化部。

3. 工业和信息化部对申报材料进行评审，评审结果在工业和信息化部门户网站及有关媒体公示 15 个工作日。

4. 工业和信息化部对评审合格的示范平台授予"国家中小企业公共服务示范平台"称号，并及时在工业和信息化部门户网站及有关媒体公布。

5. 示范平台的评审工作每年开展一次，具体时间按照当年申报工作通知要求进行。

### 认定材料

被推荐为示范平台的单位需提交下列材料。

（1）国家中小企业公共服务示范平台申请报告。

（2）法人证书或营业执照副本（复印件）。

（3）上一年度审计报告及服务收支情况的专项审计报告，或上一年度包含服务收支情况的审计报告。

（4）固定的经营服务场所证明复印件（房产证、租赁合同）。

（5）开展相关服务的证明材料（通知、照片、总结等）。

（6）省级示范平台认定或国家部委、全国性行业协会的相关认定的文件。

（7）国家颁发的从业资格（资质）、网站备案、许可证等证明（复印件）。

（8）能够证明符合申报条件的其他材料和对申报材料真实性的声明（加盖申报单位公章）。

## （二）河南省中小企业公共服务示范平台

### 政策依据

《河南省工业和信息化厅关于印发〈河南省中小企业公共服务示范平台认定管理办法〉的通知》（豫工信企业〔2020〕98 号）；《河南省工业和信息化厅办公室关于组织申报 2020 年度省级中小企业公共服务示范平台的通知》（豫工信办企业〔2020〕203 号）。

### 政策简介

河南省中小企业公共服务示范平台是指经河南省工业和信息化厅认定，由法人单位建设和运营，围绕大众创业、万众创新，以需求为导向，为中小企业提供信息、技术、创业、培训、融资等公共服务，业绩突出、运作规范、公信度高、服务面广，具有示范带动作用的服务平台。河南省工业和信息化厅负责示范平台的认定管理工作，对示范平台予以重点扶持，择优推荐申报国家级中小企业公共服务示范平台，并享受国家和省内财税、融资、创业、创新等相应支持。

## 认定条件

1. 示范平台应同时具备以下基本条件。

（1）在河南省注册登记时间两年以上，具有独立法人资格的中小企业服务机构、社会中介机构、技术服务机构、科研院所，以及基于互联网等面向中小企业提供创业创新服务的企业。

（2）运营单位资产总额不低于200万元，经营规范，财务收支状况良好。平台运行机制完善，社会效益明显，具有良好的发展前景和可持续发展能力。

（3）有健全的管理团队和人才队伍。主要负责人要诚信、守法，具有开拓创新精神、丰富的实践经验和较高的管理水平；从事为中小企业服务的人员不少于15人，其中大专及以上学历和中级及以上技术职称专业人员的比例占80%以上。

（4）有固定的经营服务场所和必要的服务设施、仪器设备等；有组织带动社会服务资源的能力，与大专院校、科研院所、行业协会、专业服务机构等相关服务资源有稳定、广泛的合作关系，集聚服务机构五家以上。

（5）有健全的管理制度，规范的服务流程、合理的收费标准和完善的保证措施；对小型微型企业的服务收费要有相应的优惠规定，提供的公益性服务或低收费服务要占到总服务量的20%以上；有明确的发展规划和年度服务目标。

（6）年服务中小企业不少于80家，服务业绩突出，用户满意度在80%以上，近两年服务企业数量稳步增长，在专业服务领域或区域内有一定的声誉和影响力。

2. 示范平台应满足相关功能要求，综合性平台至少满足三项，专业性平台至少满足一项。

（1）信息服务。充分利用信息网络技术手段，形成便于中小企业查询的、开放的信息服务系统；具有在线服务、线上线下联动功能，线下年服务企业数量80家以上；年组织开展的相关服务活动五次以上。

（2）技术服务。具有组织技术服务资源的能力，并建立良好的协同服务机制；具有专家库和新产品、新技术项目库等；具备条件的应开放大型、精密仪器设备与中小企业共享；年开展技术洽谈、产品检测与质量品牌诊断、技术推广和知识产权等服务活动五次以上。

（3）创业服务。具有较强的创业辅导能力，建有创业项目库、创业指南、创业服务热线等；开展相关政务代理服务；年开展创业项目洽谈、推介活动五次以上。

（4）培训服务。具有培训资质或在工业和信息化主管部门备案，具有远程培训能力，有完善的培训服务评价机制，年培训1000人次以上。

（5）融资服务。组织开展融资产品咨询、企业融资策划、推荐和融资代理等服务，年组织银企对接、企业融资策划、推荐和融资代理等活动五次以上，帮助中小企业融资总额两亿元以上的服务机构；或向中小企业提供年新增担保额五亿元以上的融资担保机构。

申报示范平台应当在创新服务模式，集聚创新资源，推进线上线下服务结合，促进服务与需求精准对接，激发中小企业创新活力、发展潜力和转型动力，推动创新驱动发展方面具有突出的特色优势和示范性。

## 认定程序

1. 省辖市、济源示范区、省直管县（市）工业和信息化主管部门按照规定的条件和要求，负责本辖区示范平台推荐工作。

2. 省辖市、济源示范区、省直管县（市）工业和信息化主管部门对推荐的平台运营情况、服务业绩、满意度等进行测评，填写《河南省中小企业公共服务示范平台推荐表》，并附被推荐平台的申报材料，报送河南省工业和信息化厅。

3. 国家或省属科研院所、省级商会协会及省工业和信息化厅厅属单位可直接向省工业和信息化厅提出申请。

4. 省工业和信息化厅组织专家对申报材料进行评审，确定河南省中小企业公共服务示范平台拟认定名单。

5. 拟认定名单在省工业和信息化厅网站上公示七个工作日，公示无异议的，授予"河南省中小企业公共服务示范平台"称号。

示范平台的评审工作每年开展一次，具体申报按照当年工作通知要求进行。示范平台每次认定有效期三年，在有效期满当年可再次申报。

### 申报材料

（1）河南省中小企业公共服务示范平台申请报告。

（2）法人证书或营业执照副本（复印件）。

（3）平台运营单位提交材料当月在"信用中国"网站（http：//www.creditchina.gov.cn）下载的"信用信息报告"和"国家企业信息公示系统"网站（http：//www.gsxt.gov.cn/index.html）中"行政处罚信息""列入经营异常名录信息""严重违法失信企业名单"的查询结果网页打印并加盖单位公章。

（4）固定的经营服务场所证明复印件（房产证、租赁合同）。

（5）获得专业服务机构从业资格（资质）、网站备案、许可证等证明材料（复印件）。

（6）上一年度审计报告及服务收支情况的专项审计报告，或上一年度包含服务收支情况的审计报告。

（7）主要服务设施、软件或仪器设备清单。

（8）申报单位管理制度、服务"五公开"（服务内容、服务流程、服务标准、服务收费、服务时间）。

（9）主要管理人员和专业技术人员名单、职称及从业经验情况。

（10）签订服务协议的中小企业名单和服务中小企业成效的评价。

（11）发展规划或年度运营计划。

（12）开展相关服务的证明材料（通知、照片、总结等）。

（13）能够证明符合申报条件的其他材料。

（14）对申报材料的真实性声明（加盖申报单位公章）。

## 十四、制造业创新中心

### （一）国家制造业创新中心

### 政策依据

《制造业创新中心建设工程实施指南（2016—2020年）》（本节简称《指南》）；《工业和信息化部印发〈关于完善制造业创新体系推进制造业创新中心建设的指导意见〉》（工信部科〔2016〕273号）；《工业和信息化部办公厅关于印发省级制造业创新中心升级为国家制造业创新中心条件的通知》（工信厅科〔2017〕64号）。

## 政策简介

国家制造业创新中心是国家级创新平台的一种形式，是由企业、科研院所、高校等各类创新主体自愿组合、自主结合，以企业为主体，以独立法人形式建立的新型创新载体；是面向制造业创新发展的重大需求，突出协同创新取向，以重点领域前沿技术和共性关键技术的研发供给、转移扩散和首次商业化为重点，充分利用现有创新资源和载体，完成技术开发到转移扩散到首次商业化应用的创新链条各环节的活动，打造跨界协同的创新生态系统。这种新型创新载体具有以下特征：①制造业创新生态系统的网络组织。②制造业创新资源的整合枢纽。③制造业创新服务的公共平台。④制造业创新人才的培育基地。按照统筹设计、阶段实施、突出重点、政策协同的要求，逐步推进创新中心建设工程，力争到2025年前后形成比较完善的、能够支撑制造强国建设的制造业创新体系。

## 适用范围

充分发挥企业、科研院所、高校、行业组织的主体性和积极性，以企业为主体，依托已有产业技术联盟，或引导鼓励企业、科研院所、高校，尤其是转制院所，自愿选择自主结合，构建各类产业技术联盟，发挥各自优势，整合相关资源，探索机制和模式创新，创建创新中心。发挥地方政府积极性，在有条件、地方综合实力较强的省市，鼓励开展制造业创新中心建设。

## 支持政策

1. 加强统筹协调和组织领导。加强创新中心顶层设计，推进创新中心建设工程的实施。设立制造业创新中心建设工程专家咨询委员会，为创新中心组建提供咨询服务。

2. 建立多元化融资渠道。探索采取企业主导、多方协同、多元投资、成果分享的新模式，构建多元化融资渠道。创新中心所在地的地方政府也要积极支持创新中心基本建设。

3. 加大资金支持。利用现有资金渠道，重点支持技术创新基础设施和公共实验平台建设、中试生产线及设备、产业共性技术开发和标准制定、人才培养和引进等。鼓励银行在风险可控条件下加大对创新中心的信贷支持力度。研究发行支持创新中心直接融资的创新债券品种。

4. 加大财税政策支持。落实支持创新的税收优惠政策。首次商业化的技术装备列入《首台（套）重大技术装备推广应用指导目录》的，通过首台（套）重大技术装备保险补偿政策，支持应用推广。对涉及科技研发相关内容，如确需中央财政支持的，应统筹考虑予以支持。

5. 加强人才培养和引进。建立健全制造业人才培养体系，建立和完善人才激励机制，落实科研人员科研成果转化的股权、期权激励和奖励等收益分配政策。

6. 鼓励参与国际合作。推进开放创新，加强创新中心在更高的层次上与全球创新要素深度融合。

## 功能定位

1. 加强产业前沿和共性关键技术研发。面向战略必争的重点领域，开展前沿技术研发及转化扩散，强化知识产权战略储备与布局，突破产业链关键技术屏障，支撑产业发展；面向优势产业发展需求，开展共性关键技术和跨行业融合性技术研发，突破产业发展的共性技术供给瓶颈，带动产业转型升级。

2. 促进技术转移扩散和首次商业化应用。打通技术研发、转移扩散和产业化链条，形成以市场化机制为核心的成果转移扩散机制。通过孵化企业、种子项目融资等方式，将创新成果快速引入生产系统和市场，加快创新成果大规模商用进程。

3. 加强制造业创新人才队伍建设。集聚培养高水平领军人才与创新团队，开展人才引进、人才培养、人才培训、人才交流，建设人才培训服务体系，为制造业发展提供多层次创新人才。

4. 提供制造业创新的公共服务。提供技术委托研发、标准研制和试验验证、知识产权协同运用、检验检测、企业孵化、人员培训、市场信息服务、可行性研究、项目评价等公共服务。

5. 积极开展国际交流与合作。广泛开展国际合作，积极跟踪国际发展前沿，通过项目合作、高水平技术和团队引进、联合研发、联合共建等形式，促进行业共性技术水平提升和产业发展。探索国际创新合作新模式。

## 认定条件

省级制造业创新中心升级为国家制造业创新中心须具备 12 个条件。

1. 创新中心建设领域应符合国家制造业创新中心建设领域总体布局要求。

2. 创新中心应面向制造业创新发展的重大需求，突出协同创新取向，符合《指南》有关要求。

3. 创新中心应以重点领域关键共性技术的研发供给、转移扩散和首次商业化为目标。

4. 创新中心组建应符合的条件：

（1）创新中心应是企业法人形态，采取"公司 + 联盟"等模式运行。

（2）创新中心的依托公司应是面向行业，由本领域骨干企业及产业链上下游单位以资本为纽带组成的独立企业法人，股东中应包括若干家在本领域排名前十的企业。

（3）创新中心的联盟应汇聚全国范围内，包括用户在内的企业、科研院所、高校等各类创新主体，并覆盖 50% 以上本领域的国家重点实验室、国家工程实验室、国家工程技术中心、国家工程研究中心等国家级创新平台。

5. 创新中心应建立高效、协同的运行机制。

（1）创新中心依托公司应建立现代企业制度，有责权明晰的董事会和经营管理团队，实现企业化运行。

（2）创新中心应充分发挥各类主体作用，通过内部管理制度建设，明确各类主体的责权利，形成产学研用协同的创新机制。

6. 创新中心应具备自我可持续发展能力。

（1）创新中心的股东投资应满足基本运行需要，建设运营过程中，应按市场化运行，并已与社会资本有密切合作。

（2）创新中心应通过技术成果转化、企业孵化、企业委托研发、检测检验和为行业提供公共服务等方式获得稳定收入。

7. 创新中心应拥有代表本领域先进水平的研发力量。

（1）创新中心内设专家委员会负责研判行业发展重大问题并筛选确定研究方

向，专家委员会应由行业领军专家担任主任。

（2）创新中心依托公司应有固定的研发队伍，从事研发和相关技术创新活动的科技人员占企业职工总数的比例不低于50%。

（3）创新中心的年度研发费用总额占成本费用支出总额的比例应不低于30%。

8. 创新中心通过关键共性技术研发，切实发挥行业引领作用。

（1）创新中心应在专家委员会的指导下，按照市场需求，结合行业发展，制定明确的技术路线图。

（2）创新中心组织本领域国内外企业、高校、研究机构共同实施技术路线图，突破制约产业发展的关键共性技术瓶颈。

9. 创新中心应建有市场化的知识产权与技术成果转化机制。

（1）创新中心已建立知识产权创造、运用、管理制度，根据前期投入比例享受相应的知识产权收益。

（2）创新中心拥有科学合理的成果转化机制和专利许可转让制度，已向企业尤其是中小企业或通过自行孵化企业，实现至少一项共性技术的转移扩散。

10. 创新中心应是资源开放共享的平台。

（1）创新中心充分发挥现有资源优势，实现与成员单位间的资源开放共享，具备持续提升创新水平的能力。

（2）创新中心已成为本领域具有一定影响的技术创新平台，具有与创新中心成员以外的单位开展技术合作的业绩。

11. 创新中心应与国外知名高校、科研机构或企业有开展技术交流或合作的基础。

12. 创新中心应运行一段时间，运行稳定且对本领域产业技术创新做出重大贡献、发挥重大作用、形成重大影响，方可提出升级国家创新中心的申请。

### 认定程序

创新中心的认定分为专家评审、现场考察、认定批准等环节。

1. 由工业和信息化部明确创新中心设立的领域、条件和时间、应准备的有关材料等。

2. 创新中心创建单位按照要求制定创新中心创建和运行方案，报送材料。

3. 由工业和信息化部组织建立制造业创新中心专家组，成员包括来自经济、技术、产业、管理、法律等领域的专家，对创新中心进行论证考察。

4. 综合评价，认定批准。

## （二）河南省制造业创新中心

### 政策依据

《河南省制造业创新中心建设工作实施方案》（豫制造强省办〔2017〕2号）；《河南省工业和信息化厅 河南省财政厅关于开展2020年度河南省制造业创新中心申报工作的通知》（豫工信联科〔2020〕26号）。

### 政策简介

制造业创新中心是由企业、科研院所、高校等各类创新主体自愿组合、自主结合，以企业为主体，以股份制独立法人形式建立的新型创新载体，主要定位于行业共性关键技术的研发供给、转移扩散和首次商业化。重点聚焦装备制造、食品制造、新型材料制造、电子制造、汽车制造等主导产业的同时，突出智能装备产业、新能源及网联汽车产业、新型显示和智能终端产业、汽车电子产业、智能传感器产业、新一代人工智能产业、尼龙新材料产业、5G产业、环保装备产业、现代生物和生命健康产业等十大新兴产业，兼顾钢铁、铝加工、煤化工、水泥等传统产业。凡有意发起或参与创新中心建设的单位应首先明确创新中心的定位与功能。

## 功能定位

围绕解决行业关键共性技术、提升成果转化和行业服务能力、打造新型创新载体，构建河南省相关行业（领域）的技术创新资源聚合平台、开放共享平台、产学研协同创新平台、人才培养和交流平台来确定创新中心的功能和定位，并以此引领拟建创新中心的培育建设工作。主要功能是：开展产业前沿及共性关键技术研发；探索产学研用协同创新机制；对技术成果进行中试、检验或验证；促进科技成果商业化应用；为行业提供公共服务；加强知识产权保护运用；强化标准引领和保障作用；开展人才交流与合作培养等。

## 运行模式

创新中心作为一种新型的创新平台，是由本行业骨干企业及产业链上下游单位以资本为纽带组成的一个公司制独立法人，不是某个企业的内部研发机构或附属部门，必须面向市场、独立运行，而不能依赖于任何一个企业或部门。创新中心依托载体作为一个独立企业法人，其股东中应包括若干家在本领域排名靠前的企业。围绕依托载体，创新中心应积极构建产业（技术创新）联盟，采取"公司＋联盟"的模式运行，而联盟应汇聚在全省乃至全国包括用户在内、与本领域密切相关的企业、科研院所、高校等各类相关的创新主体，并尽量整合本领域省级以上创新平台参与其中。创新中心应建立高效协同的运行机制，切实打通从实验室产品到生产线产品的各个环节，解决其中涉及的工艺、专用材料、专用设备、检测能力和标准等短板和弱项，建立基于自我造血、循环发展的商业模式，最终通过技术转让、技术授权、专利许可、产业孵化、知识产权运营和技术服务等方式获得稳定收入，从而实现自我造血、自负盈亏，自我发展。

## 认定条件

一般应是在本行业（领域）具有较强影响力和显著竞争优势的龙头骨干企业，或在相关领域具有雄厚创新实力的科研院所（含转制型科研院所）及高校；一般应建有省（部）级以上创新载体，有较雄厚的科研和经济实力，有较强研发能力和良好的产学研合作基础；有较好的技术创新机制和创新效益，有比较先进的科研设备和较为完善的基础设施；近三年无环境、安全、知识产权和税务等违法行为。同时具备以下"八有"要求。

1. 有明确的产业化技术发展方向和目标，有有待突破、可促进形成国内领先或国际先进的、拥有自主知识产权的核心技术。

2. 有产业链的重要客户、上下游企业、相关重点学科的科研院所和高校等单位作为创新中心组建成员，专业技术研发人员队伍相对稳定，人数不少于30人。

3. 有持续的投入保障和明晰的商业运行模式,并形成吸引可持续投资的能力。在组建过程中,成员单位之间应形成资金组建方案并有相应资金匹配。创新中心注册资本(包括研发设备、经过第三方评估的专有技术或专利)要在 1000 万元以上。

4. 有合理可行的发展规划,包括中长期研发项目、成果转化产业化目标、经费筹措、研发投入和转化收益预算以及实现市场化自主运营的进程等方面内容。

5. 有完备的章程和科学的运营机制,包括建立科学的决策机制、自主经营机制、内部财务、人事和科研项目管理制度、激励机制和成员单位利益共享、风险共担的紧密合作长效机制等。

6. 有明确的组织架构和管理队伍,建立由来自学术界、企业界和行业管理的专家组成技术专家委员会作为内部咨询机构;根据创新中心的专业领域,应有业内公认的技术权威在其中发挥重要作用。

7. 有开放合作交流机制,制定技术转让、专利保护、知识产权等规定,面向行业和地区提供服务。

8. 有吸引和培养制造业创新型人才、团队的能力。

**申报要求**

1. 各地工业和信息化、财政主管部门在前期工作的基础上,本着一个领域原则上只建一个创新中心的原则,按照当年申报方向和重点领域,有针对性地组织有意向且符合条件的企业进行申报。

2. 申请创建创新中心单位,应按要求填写《河南省制造业创新中心建设申报书》,并按照填写说明提供相关证明材料。

3. 牵头单位应会同参与创建单位共同编写创新中心建设方案,并按要求提交相关申报材料。含申报书和创新中心建设方案刻录光盘一式 4 份。提交的所有书面文件均采用 A4 纸双面打印,以普通纸质材料作为封面。

4. 各地工业和信息化、财政部门要加强对申报材料的审核,确保材料真实完整。有条件可邀请相关专家对本地拟推荐单位的申报材料进行前期研讨或论证,凡不具备申报条件的不要推荐。

5. 申报材料须由申报工作牵头单位首先报送至本单位注册地所在的省辖市、省直管县工业和信息化主管部门,之后由当地工业和信息化主管部门进行汇总,并与同级财政部门联合审核后共同行文,将推荐文件以及《河南省制造业创新中心申报推荐汇总表》分别报省工业和信息化厅、财政厅,同时将具体的申报材料报送至省工业和信息化厅。

# 第二章　创新载体

## 一、科技企业孵化器

### （一）国家级科技企业孵化器

#### 政策依据

《科技部关于印发〈科技企业孵化器管理办法〉的通知》（国科发区〔2018〕300号）；《财政部 税务总局 科技部 教育部〈关于科技企业孵化器大学科技园和众创空间税收政策〉的通知》（财税〔2018〕120号）；《科技部火炬中心关于印发〈科技企业孵化器评价指标体系〉的通知》（国科火字〔2019〕239号）。

#### 政策简介

定期对国家级科技企业孵化器开展考核评价工作，达到相关要求的给予支持。有效期内的国家级科技企业孵化器依法享受相关税收优惠政策。

#### 适用范围

科技企业孵化器（含众创空间等，本节简称孵化器）是以促进科技成果转化，培育科技企业和企业家精神为宗旨，提供物理空间、共享设施和专业化服务的科技创业服务机构，是国家创新体系的重要组成部分、创新创业人才的培养基地、大众创新创业的支撑平台。科技部和地方科技厅（委、局）负责对全国及所在地区的孵化器进行宏观管理和业务指导。

各地区应结合区域优势和现实需求引导孵化器向专业化方向发展，支持有条件的龙头企业、高校、科研院所、新型研发机构、投资机构等主体建设专业孵化器。

#### 申请条件

1. 申请国家级科技企业孵化器应具备以下条件。

（1）孵化器具有独立法人资格，发展方向明确，具备完善的运营管理体系和孵化服务机制。机构实际注册并运营满三年，且至少连续两年报送真实完整的统计数据。

（2）孵化场地集中，可自主支配的孵化场地面积不低于10000平方米。其中，在孵企业使用面积（含公共服务面积）占75%以上。

（3）孵化器配备自有种子资金或合作的孵化资金规模不低于500万元，获得投融资的在孵企业占比不低于10%，并有不少于三个资金使用案例。

（4）孵化器拥有职业化的服务队伍，专业孵化服务人员（指具有创业、投融资、企业管理等经验或经过创业服务相关培训的孵化器专职工作人员）占机构总人数80%以上，每10家在孵企业至少配备一名专业孵化服务人员和一名创业导师（指接受科技部门、行业协会或孵化器聘任，能对创业企业、创业者提供专业化、实践性辅导服务的企业家、投资专家、管理咨询专家）。

（5）孵化器在孵企业中已申请专利的企业占在孵企业总数比例不低于50%

或拥有有效知识产权的企业占比不低于 30%。

（6）孵化器在孵企业不少于 50 家且每千平方米平均在孵企业不少于三家。

（7）孵化器累计毕业企业应达到 20 家以上。

2．在同一产业领域从事研发、生产的企业占在孵企业总数的 75% 以上，且提供细分产业的精准孵化服务，拥有可自主支配的公共服务平台，能够提供研究开发、检验检测、小试中试等专业技术服务的可按专业孵化器进行认定管理。专业孵化器内在孵企业应不少于 30 家且每千平方米平均在孵企业不少于两家；累计毕业企业应达到 15 家以上。

3．艰苦边远地区（按照人力资源和社会保障部艰苦边远地区范围和类别规定）的科技企业孵化器，孵化场地面积、在孵和毕业企业数量、孵化资金规模、知识产权比例等要求可降低 20%。

### 在孵企业

孵化器在孵企业是指具备以下条件的被孵化企业。

1．主要从事新技术、新产品的研发、生产和服务，应满足科技型中小企业相关要求。

2．企业注册地和主要研发、办公场所须在本孵化器场地内，入驻时成立时间不超过 24 个月。

3．孵化时限原则上不超过 48 个月。技术领域为生物医药、现代农业、集成电路的企业，孵化时限不超过 60 个月。

### 毕业企业

企业从孵化器中毕业应至少符合以下条件中的一项。

1．经国家备案通过的高新技术企业。

2．累计获得天使投资或风险投资超过 500 万元。

3．连续两年营业收入累计超过 1000 万元。

4．被兼并、收购或在国内外资本市场挂牌、上市。

### 申报流程

1．企业申报和审核推荐。申报机构向所在地省级科技厅（委、局）提出申请。省级科技厅（委、局）负责组织专家进行评审并实地核查，评审结果对外公示。对公示无异议机构书面推荐到科技部。

2．审核确认。科技部负责对推荐申报材料进行审核并公示结果，合格机构以科技部文件形式确认为国家级科技企业孵化器。

3．评价管理。科技部依据孵化器评价指标体系定期对国家级科技企业解化器开展考核评价工作，并进行动态管理。对连续两次考核评价不合格的，取消其国家级科技企业孵化器资格。

## （二）省级科技企业孵化器

### 政策依据

《河南省科学技术厅关于印发〈河南省科技企业孵化器管理办法〉的通知》（豫科〔2019〕35 号）。

### 认定条件

1. 孵化器具有独立法人资格，在河南省内注册，注册地与实际运营地址一致。发展方向明确，具备完善的运营管理体系和孵化服务机制，实际注册并运营满 2 年，能够提供真实完整的统计数据，无社会信用黑名单记录。

2. 孵化器孵化场地集中，可自主支配的孵化场地面积不低于 5000 平方米。其中，在孵企业使用面积（含公共服务面积）占 70% 以上。

3. 孵化器具有投融资服务功能。孵化器自有种子资金或合作的孵化资金规模不低于 300 万元人民币，获得投融资的在孵企业占比不低于 6%，不少于两个资金使用案例。

4. 孵化器拥有职业化的服务队伍。专业孵化服务人员占机构总人数的 70% 以上，每 15 家在孵企业至少配备一名专业孵化服务人员。专业孵化服务人员指具有创业、投融资、企业管理等经验或经过创业服务相关培训的孵化器专职工作人员。

5. 孵化器拥有专业创业导师队伍。每 15 家在孵企业至少配备 1 名创业导师。创业导师是指接受孵化器聘任，能对创业企业、创业者提供专业化、实践性辅导服务的企业家、投资专家、管理咨询专家。

6. 孵化器在孵企业中已申请专利等知识产权的企业数量占在孵企业总数比例不低于 30%，或拥有有效知识产权的企业数量占在孵企业总数比例不低于 20%。

7. 孵化器在孵企业数量不少于 30 家，且每千平方米平均在孵企业数量不少于 1.5 家。

8. 孵化器累计毕业企业不少于 10 家。

### 认定程序

1. 申报机构向所在地（省辖市、省直管县市、国家级高新区、郑州航空港经济综合实验区）科技行政主管部门提出申请。

2. 所在地科技行政主管部门对申报机构进行审核，审查通过后，向省科技厅出具书面推荐意见。

3. 省科技厅组织专家评审，对符合条件的孵化器，同意其认定为"河南省省级科技企业孵化器"。

## 二、众创空间

### （一）国家级众创空间

### 政策依据

《科技部关于印发〈发展众创空间工作指引〉的通知》（国科发火〔2015〕297 号）；《科技部关于印发〈专业化众创空间建设工作指引〉及公布首批国家专业化众创空间示范名单的通知》（国科发高〔2016〕231 号）；《科技部火炬中心关于印发〈国家众创空间备案暂行规定〉的通知》（国科发高〔2017〕120 号）；《财政部 税务总局 科技部 教育部关于科技企业孵化器大学科技园和众创空间税收政策的通知》（财税〔2018〕120 号）；《科技部火炬中心关于开展 2021 年度众创空间国家备案工作的通知》（国科火字〔2021〕164 号）。

## 适用范围

众创空间是指为满足大众创新创业需求，提供工作空间、网络空间、社交空间和资源共享空间，积极利用众筹、众扶、众包等新手段，以社会化、专业化市场化、网络化为服务特色，实现低成本、便利化、全要素、开放式运营的创新创业平台。

专业化众创空间是聚焦细分产业领域，以推动科技型创新创业、服务于实体经济为宗旨的重要创新创业服务平台，强调服务对象、孵化条件和服务内容的高度专业化，是能够高效配置和集成各类创新要素实现精准孵化，推动龙头骨干企业、中小微企业、科研院所、高校、创客多方协同创新的重要载体。

国家（专业化）众创空间实行备案管理。

## 政策内容

经备案的众创空间纳入国家级科技企业孵化器管理服务体系。经备案的（专业化）众创空间可依法享受相关税收优惠政策。

2021年度备案工作重点支持以下几类众创空间：①依托当地产业优势或围绕大企业主营业务方向建立，服务于产业链创新的众创空间；②服务于高校院所科技人员硬科技创业，以创业孵化加速科技成果转化为主要业务的众创空间；③具备"投资＋孵化"功能，能够搭建有效投融资渠道，高效对接各层次资本市场的众创空间；④具备较强科技创业孵化服务能力，能够带动大学生高质量创业就业的众创空间。

## 申请条件

1. 申请国家备案众创空间，应同时具备下列条件。

（1）发展方向明确、模式清晰，具备可持续发展能力。

（2）应设立专门运营管理机构，原则上应具有独立法人资格。

（3）运营时间满18个月。

（4）拥有不低于500平方米的服务场地，或提供不少于30个创业工位。同时须具备公共服务场地和设施。提供的创业工位和公共服务场地面积不低于众创空间总面积的75%。

公共服务场地是指众创空间提供给创业者共享的活动场所，包括公共接待区、项目展示区、会议室、休闲活动区、专业设备区等配套服务场地。公共服务设施包括免费或低成本的互联网接入、公共软件、共享办公设施等基础办公条件。

（5）年协议入驻创业团队和企业不低于20家。

（6）入驻创业团队每年注册成为新企业数不低于10家，或每年有不低于五家获得融资。

（7）每年有不少于三个典型孵化案例。

（8）具备职业孵化服务队伍，至少三名具备专业服务能力的专职人员，聘请至少三名专兼职导师，形成规范化服务流程。

（9）每年开展的创业沙龙、路演、创业大赛、创业教育培训等活动不少于10场次。

（10）按科技部火炬中心要求上报统计数据，且数据真实、完整。

2. 专业化众创空间重点由龙头骨干企业、科研院所、高校等牵头建设。专业化众创空间的运营者可以是法人或其他社会组织，也可以是依托上述组织成立的相对独立的机构。专业化众创空间应具备以下基本条件。

（1）以服务科技型创新创业为宗旨，能够紧密对接实体经济，聚焦明确的产业细分领域。

（2）具备完善的专业化研究开发和产业化条件，能够提供低成本的开放式办公空间，具有专业化的研发设计、检验检测、模型加工、中试生产等研发、生产设备设施和厂房，并提供符合行业特征专业领域的技术、信息、资本、供应链、市场对接等个性化、定制化服务。

（3）具有开放式的互联网线上平台，集成或整合企业、科研院所、高校等的创新资源、产业资源及外部的创新创业等线下资源，实现共享和有效利用。

（4）具有活跃的创新和创业群体，特别是已有专业化的创客及创业团队积极参与，初步形成了良好的创新创业生态。

（5）具有创新导师、创业导师服务能力。由专业人士提供技术创新辅导、创业辅导、创业培训。

（6）具有创业投资基金或创新基金，或与天使投资、创投机构等合作设立股权投资基金，提供创业领域投融资服务，技术创新金融支持服务。

（7）专业化众创空间与建设主体之间具有良性互动机制，服务于建设主体转型升级和新业务开发、科技成果转化，并具备完善的运营管理制度，有清晰的可持续运营机制和管理模式。

## 申报要求

1. 本年度参加申报的机构，成立注册和实际运营时间须在 2020 年 4 月 30 日之前，并且按要求报送 2019 年、2020 年年报统计数据或者 2020 年年报以及 2020 年、2021 年半年报统计数据。

2. 申报机构须在"科技创业孵化机构信息服务系统"中完成信息填报工作，并生成申报材料。申报机构下载打印后，在首页加盖公章，按要求报送至各省级科技主管部门。

3. 申报机构通过"科学技术部政务服务平台"（https：//fuwu.most.gov.cn/）"法人登录"入口登录，进入"科技创业孵化机构信息服务系统"。在科技部政务服务平台办理过业务的申报机构，使用原有登录名和密码登录。仅办理过科技部火炬统计业务的申报单位，使用统一社会信用代码和统计系统密码登录，完成法人认证后方可进行信息填报。

## 申报流程

1. 备案通知。科技部火炬中心负责国家备案众创空间的管理工作，在科技部火炬中心官网发布年度申报通知。

2. 地方备案及推荐。各省级科技行政主管部门负责本地备案申报受理工作，组织专家进行评审和实地核查，将评审结果对外公示，公示期不少于五个工作日。公示无异议，推荐到科技部火炬中心进行审核。公示内容包括众创空间名称、运营主体、众创空间成立及运营时间、服务场地地址及面积、入驻团队数量、入驻企业数量及名单。省级科技管理部门须将专家评审及实地核查意见、加盖公章的推荐函和推荐表上传至"科技创业孵化机构信息服务系统"。

3. 审核备案。经科技部火炬中心审核后，对符合条件的国家众创空间，报国家科技行政主管部门备案。科技管理部门通过"科技创业孵化机构信息服务系统""管理部门"入口登录，登录名（以"fhjg"开头）和密码与免税资格审核系统一致。

4. 动态管理和考核。科技部火炬中心对国家备案众创空间进行动态管理，并适时开展国家备案众创空间的考核评价工作。每年公布一次备案名单，对连续两次未上报统计数据的众创空间取消国家备案资格。

## （二）省级众创空间

### 政策依据

《关于印发〈河南省众创空间管理办法〉的通知》（豫科〔2020〕101号）。

### 适用范围

众创空间是指在河南省创办的，围绕创新创业需求，为创新创业团队和初创企业提供工作空间、网络空间、社交空间和资源共享空间，通过市场化机制、专业化服务和资本化途径构建的低成本、便利化、全要素、开放式的创新创业孵化服务平台。众创空间分为综合性众创空间和专业化众创空间两种类型。

### 申请条件

1. 申请备案省综合性众创空间，应具备以下条件。

（1）独立法人机构运营，具有可持续发展能力。运营机构应当是在河南省注册的独立法人单位，且实际运营众创空间的时间满一年。众创空间发展方向明确、模式清晰，具备可持续发展能力。

（2）固定的孵化场所。具有500平方米以上固定集中的办公场所，提供不少于50个创业工位，同时能为创业团队和在孵企业提供会议室、洽谈培训空间及项目路演场地等公共服务场地。提供的创业工位和公共服务场地面积不低于众创空间总面积的75%。属租赁场地的，应保证五年（含）以上有效租期。

（3）低成本或免费的办公条件。建立新型市场化可持续发展商业模式，在利用现有设施的基础上，通过开放共享降低成本，向创业者提供灵活、低收费或免费的日常服务。

（4）一定数量的创业团队和初创期小微企业。入驻对象主要包括以技术创新、商业模式创新为特征的创业团队、初创公司（成立时间一般不超过一年）或从事软件开发、硬件研发、创意设计的创客群体及其他群体，入驻时限一般不超过三年。入驻团队和在孵企业数量不低于30家，其中在孵企业占比不低于25%。入驻创业团队和创客群体每年注册为在孵企业的比例不低于20%，每年有不少于三个典型孵化案例。

（5）一定的投融资服务功能。自有种子资金或合作的孵化资金规模不低于100万元人民币；或与金融机构、创投机构等建立密切联系，并协助不少于两个创业团队或初创企业获得融资。

（6）专业的孵化服务队伍。有不少于五人的专职孵化服务团队，团队成员本科以上学历占50%以上，服务团队应具备相应的运营管理和专业服务能力，并形成规范化服务流程。

（7）完善的创业导师服务机制。建立由天使投资人、成功企业家、资深管理者、技术专家、市场营销专家等组成的专兼职导师队伍，每15家入驻团队和在孵企业至少拥有一名创业导师。

（8）完善的运营工作机制和较强的资源整合能力。具有完善的项目遴选机制、毕业或淘汰机制、财务管理和创业导师工作机制，能积极推进资本、技术、人才、市场等要素不断融合，为入驻团队和在孵企业提供全方位的增值服务。每年举办项目发布、路演展示、培训沙龙、运营提升、融资对接等各类活动不少于10场次。

2. 申请省专业化众创空间备案，除具备综合性众创空间条件外，还应同时具备以下条件。

（1）由龙头骨干企业、科研院所、高校等牵头建设。

（2）具有 1000 平方米以上，免费或低成本为大工匠、创客团队或上、下游相关小微企业提供入驻的物理空间。

（3）产业领域聚焦，与建设主体良性互动。聚焦某一细分产业领域，且该领域内入驻的创业团队和创业企业数占众创空间内所有入驻创业团队和创业企业总数的 50% 以上。与建设主体之间形成良性互动机制，服务于建设主体转型升级和新业务开发、科技成果转化。

（4）建设有开放性公共技术创新平台。拥有创新创业所需的专业化研发、试制及检测用仪器设备，能够有效集成企业、科研院所、高校等外部创新资源和产业资源，实现共享共用。

### 优先事项

革命老区和脱贫攻坚任务较重的地区围绕主导产业和优势产业建设的众创空间，申请省众创空间备案的，在孵化场地面积和创业工位、入驻团队（企业）数量等方面条件可适当放宽。

各类企业、投资机构、行业组织等社会力量充分利用闲置厂房等潜在场地，改建为众创空间，为创业者提供创新创业服务的，在同等条件下优先备案。

### 备案程序

1. 申请单位向主管部门提出申请。

2. 主管部门对申请材料进行审核，审核通过后，向省科学技术厅出具书面推荐意见。

3. 省科学技术厅组织专家评审，对符合条件的众创空间，同意其备案为"河南省众创空间（综合性）"或"河南省众创空间（专业化）"。

## 三、国家大学科技园

### 政策依据

《财政部 税务总局 科技部 教育部关于科技企业孵化器 大学科技园和众创空间税收政策的通知》（财税〔2018〕120 号）；《科技部 教育部关于印发〈国家大学科技园管理办法〉的通知》（国科发区〔2019〕117 号）。

### 适用范围

国家大学科技园是指以具有科研优势特色的大学为依托，将高校科教智力资源与市场优势创新资源紧密结合，推动创新资源集成、科技成果转化、科技创业孵化、创新人才培养和开放协同发展，促进科技、教育、经济融通和军民融合的重要平台和科技服务机构。

高等学校是国家大学科技园建设发展的依托单位，申请进入大学科技园的企业，需符合《中小企业划型标准规定》所规定的小型、微型企业划分标准。

## 政策内容

科技部会同教育部建立国家大学科技园工作专家库和机构库，为国家大学科技园发展和管理提供支持。各地方省科技厅（委、局）、教育厅（委、局）及大学科技园所在地人民政府应将国家大学科技园工作纳入当地科技和教育发展规划，加强对国家大学科技园建设发展的指导和协调，制定和落实相关政策。

依托高校应把国家大学科技园纳入学校整体发展规划，在国家大学科技园发展中发挥核心作用，向国家大学科技园开放各种资源，给予相应支持。

发挥国家大学科技园联盟的协调促进作用，组织大学科技园座谈交流，面向大学科技园及创业企业、服务机构、高校师生等提供多元培训，总结推广国家大学科技园发展典型经验，不断提升大学科技园影响力。

## 认定条件

国家大学科技园实行认定管理。申请认定国家大学科技园，应具备以下条件。

1. 以具有科研优势特色的大学为依托，具有完整的发展规划，发展方向明确。

2. 具有独立法人资格；实际运营时间在两年以上，管理规范、制度健全，经营状况良好；具有职业化服务团队，经过创业服务相关培训或具有创业、投融资、企业管理等经验的服务人员数量占总人员数量的80%以上。

3. 具有边界清晰、布局相对集中、法律关系明确、总面积不低于15000平方米的可自主支配场地；提供给孵化企业使用的场地面积应占科技园可自主支配面积的60%以上；建有众创空间等双创平台。

4. 园内在孵企业达50家以上，其中30%以上的在孵企业拥有自主发明专利；大学科技园50%以上的企业在技术、成果和人才等方面与依托高校有实质性联系。

5. 能够整合高校和社会化服务资源，依托高校向大学科技园入驻企业提供研发中试、检验检测、信息数据、专业咨询和培训等资源和服务，具有技术转移、知识产权和科技中介等功能或与相关机构建有实质性合作关系。

6. 园内有天使投资和风险投资、融资担保等金融机构入驻，或与相关金融机构建立合作关系，至少有三个以上投资服务案例。

7. 具有专业化的创业导师队伍，在技术研发、商业模式构建、经营管理、资本运作和市场营销等方面提供辅导和培训。

8. 建有高校学生科技创业实习基地，能够提供场地、资金和服务等支持。

9. 举办多元化的活动，每年举办创业沙龙、创业大赛、创业训练营和大学生创业实训等各类创新创业活动。

10. 纳入大学和地方发展规划，已建立与地方协同发展的有效机制。

11. 欠发达地区的大学科技园，上述条件可适当放宽。

## 在孵企业条件

1. 在孵企业领域应属于《国家重点支持的高新技术领域》规定的范围，企业注册地及主要研发办公场所必须在大学科技园内。

2. 申请进入大学科技园的企业，需符合《中小企业划型标准规定》所规定的小型、微型企业划分标准。

3．企业在大学科技园的孵化时间不超过四年。

4．单一在孵企业使用的孵化场地面积不大于1000平方米；从事航空航天、生物医药等特殊领域的单一在孵企业，不大于3000平方米。

5．企业研发的项目（产品）知识产权界定清晰。

### 申报流程

1．申请提交。拟申请认定国家大学科技园须满足《国家大学科技园管理办法》的认定条件，并准备相关申报材料。

2．初审推荐。各地方省科技厅（委、局）会同教育厅（委、局）负责本地区国家大学科技园申报初审工作，择优向科技部和教育部推荐。

3．评审公布。科技部会同教育部组织专家对申请单位进行评审认定，并公布认定结果。

## 四、大众创业万众创新示范基地

### 政策依据

《国务院办公厅关于提升大众创业万众创新示范基地带动作用进一步促改革稳就业强动能的实施意见》（国办发〔2020〕26号）;《国务院办公厅关于建设第三批大众创业万众创新示范基地的通知》（国办发〔2020〕51号）。

### 适用范围

推进建设大众创业万众创新示范基地，旨在更大范围、更高层次、更深程度上推进大众创业万众创新，加快发展新经济、培育发展新动能、打造发展新引擎，建设一批双创示范基地、扶持一批双创支撑平台、突破一批阻碍双创发展的政策障碍、形成一批可复制可推广的双创模式和典型经验，重点围绕创业创新重点改革领域开展试点示范。

### 基地布局

1．统筹示范类型。强化顶层设计，注重分类指导，充分考虑各类主体特点和区域发展情况，有机衔接现有工作基础，有序推进双创示范基地建设。依托双创资源集聚的区域、高校和科研院所、创新型企业等不同载体，支持多种形式的双创示范基地建设。引导双创要素投入，有效集成高校、科研院所、企业和金融、知识产权服务及社会组织等力量，实施一批双创政策措施，支持建设一批双创支撑平台，探索形成不同类型的示范模式。

2．统筹区域布局。充分考虑东、中、西部和东北地区双创发展情况和特点，结合全面创新改革试验区域、国家综合配套改革试验区、国家自主创新示范区等布局，统筹部署双创示范基地建设，依托各自优势和资源，探索形成各具特色的区域双创形态。

3．统筹现有基础。有机衔接各地方、各部门已有工作基础，在双创示范基地遴选、政策扶持、平台建设等方面充分发挥现有机制作用，依托众创空间、小微企业创业基地和城市等各类双创平台和示范区域，各有区别、各有侧重，协同完善双创政策体系。

4．统筹有序推进。分批次、分阶段推进实施。首批双创示范基地选择在部分创新资源丰富、体制机制基础好、示范带动能力强的区域和单位先期开展示范布局，建立健全工作机制。在此基础上，逐步完善制度设计，有序扩大示范范围，探索统筹各方资源共同支持建设双创示范基地的新模式。

## 建设任务

1. 区域示范基地。结合全面创新改革试验区域、国家综合配套改革试验区、国家自主创新示范区等，以创业创新资源集聚区域为重点和抓手，集聚资本、人才、技术、政策等优势资源，探索形成区域性的创业创新扶持制度体系和经验。

2. 高校和科研院所示范基地。以高校和科研院所为载体，深化教育、科技体制改革，完善知识产权和技术创新激励制度，充分挖掘人力和技术资源，把人才优势和科技优势转化为产业优势和经济优势，促进科技成果转化，探索形成中国特色高校和科研院所双创制度体系和经验。

3. 企业示范基地。充分发挥创新能力突出、创业氛围浓厚、资源整合能力强的领军企业核心作用，引导企业转型发展与双创相结合，大力推动科技创新和体制机制创新，探索形成大中小型企业联合实施双创的制度体系和经验。

### 主要措施

按照创业就业、融通创新、精益创业、全球化创业等差异化功能定位，强化区域覆盖、功能布局、协同发展，增强示范功能和带动效应。推动双创示范基地特色化、功能化、专业化发展。

1. 聚焦稳就业和激发市场主体活力，着力打造创业就业的重要载体。深化"放管服"改革，推动在社会服务领域运用"互联网平台＋创业单元"新模式促进创新，有效支撑科研人员、大学生、返乡农民工、退役军人、下岗失业人员以及其他各类社会群体开展创新创业，促进创业带动就业、多渠道灵活就业，每年带动形成一定规模的创业就业。

2. 聚焦保障产业链供应链安全，着力打造融通创新的引领标杆。加快推进科技与经济深度融合、创新链与产业链协同布局、科技成果转化与应用体系建设紧密结合，推动产业链上下游、大中小企业融通创新，形成体系化融通创新格局。

3. 聚焦支持创新型中小微企业成长为创新重要发源地，着力打造精益创业的集聚平台。大力弘扬科学家精神、劳动精神和工匠精神，倡导敬业、精益、专注、宽容失败的创新创业文化，构建专业化、全链条的创新创业服务体系，增强持续创新创业能力，加快培育成长型初创企业、"隐形冠军"企业和"专精特新"中小企业。

4. 聚焦深化开放创新合作，着力打造全球化创业的重要节点。探索搭建创新创业国际化平台，深度参与全球创新创业合作，创新国际合作模式，培育创新创业国际化品牌，不断拓展创新创业国际合作空间。

## 五、国家小型微型企业创业创新示范基地

### 政策依据

《国务院关于大力推进大众创业万众创新若干政策措施的意见》（国发〔2015〕32号）;《工业和信息化部关于印发〈国家小型微型企业创业创新示范基地建设管理办法〉的通知》（工信部企业〔2016〕194号）。

## 适用范围

国家小型微型企业创业创新示范基地是经工业和信息化部公告的小型微型企业创业创新示范基地，是由法人单位建设或运营，聚集各类创业创新服务资源，为小微企业提供有效服务支撑的载体和场所。

各类符合条件的服务小微企业创业创新的创业基地、创业园、孵化器；产业集群、中小企业国际合作区、经济技术开发区、高新技术产业开发区、新型工业化产业示范基地等产业集聚区中面向小微企业的园中园；依托高校和科研院所的大学科技园；行业龙头骨干企业设立的面向小微企业、创业团队、创客的创业创新基地均可申报示范基地。

## 政策内容

工业和信息化部对示范基地予以重点扶持。

## 申请条件

1. 示范基地申报需同时满足以下基本条件。

（1）经省级中小企业主管部门认定的小型微型企业创业创新（示范）基地。

（2）申报主体具有独立法人资格并运营管理本基地，基地成立时间三年以上。

（3）目前基地入驻小微企业 80 家以上，从业人员 1500 人以上。

（4）专职从事创业创新服务的人员不少于 10 人，引入或战略合作的外部专业服务机构不少于五家。

（5）服务有特色，业绩突出。为小微企业提供的公益性服务或低收费服务不少于总服务量的 20%。

（6）西部地区的示范基地可适当放宽条件，优先支持新型工业化产业示范基地内符合条件的基地申报。

2. 示范基地申报需同时满足以下运营条件。

（1）有良好的基础设施条件，有满足入驻企业生产经营、创业孵化、创业创新的场地和服务场所。

（2）基地运营主体治理结构完善、内部运营管理体系规范。具有明确的发展规划、年度发展目标和实施方案。

（3）基地具有健全的管理制度、完备的创业创新服务流程、收费标准和服务质量监督保证措施。基地具备清楚、明晰的服务台账（台账内容应包括但不限于：企业服务诉求、提供服务的记录，服务时间、地点、参与的企业及人数，企业对服务的意见反馈等）。

3. 示范基地申报需同时具备不少于下列服务功能中的四种服务功能并达到相应的服务能力。

（1）信息服务。具有便于入驻企业查询的、开放的信息服务系统；具有在线服务、线上线下联动功能，线下年服务企业/团队 100 家次以上，年组织开展的相关服务活动六次以上。

（2）创业辅导。为创业人员或入驻小微企业提供创业咨询、开业指导、创业辅导和培训等服务。年服务企业 50 家次以上。

（3）创新支持。具有知识产权转化或组织技术服务资源的能力，能够进行研发项目、科研成果和资本等多方对接。年组织技术洽谈会和技术对接会六次以上。

（4）人员培训。为创业人员、企业经营者、专业技术人员和员工提供各类培训，年培训 300 人次以上。

（5）市场营销。组织企业参加各类展览展销、贸易洽谈、产品推介与合作等活动，每年两次以上；组织入驻企业与行业龙头企业的产品对接、合作交流等活动，每年两次以上。

（6）投融资服务。提供融资信息、组织开展投融资推介和对接等服务。年服务企业 30 家次以上，组织融资对接会四次以上。

（7）管理咨询。为企业提供发展战略、财务管理、人力资源、市场营销等咨询服务，年服务企业 20 家次以上。

（8）专业服务。为企业提供法律咨询及援助、代理会计、专利申请、审计、评估等服务，年服务企业 20 家次以上。

以上服务能力和次数的要求含基地引入的第三方专业机构的服务。

### 申报流程

1. 通知发布。工业和信息化部定期在其部门网站发布年度申报通知，明确有关申报要求。

2. 审核推荐。省级中小企业主管部门按照国家规定的条件和要求，负责本地区示范基地的推荐工作。省级中小企业主管部门对推荐的示范基地运营情况、服务业绩、满意度等进行测评，填写《国家小型微型企业创业创新示范基地推荐表》，并附被推荐示范基地的申报材料，报工业和信息化部。

3. 评审公示。工业和信息化部组织专家对申报材料进行评审，评审结果在工业和信息化部网站及有关媒体公示 15 个工作日。

4. 认定公告。工业和信息化部对公示无异议的公告为"国家小型微型企业创业创新示范基地"，并及时在工业和信息化部门户网站及有关媒体公布。

## 六、创业孵化示范基地

### （一）全国创业孵化示范基地

#### 政策依据

《人力资源和社会保障部关于推进创业孵化基地建设进一步落实创业帮扶政策的通知》（人社部函〔2012〕108 号）；《人力资源社会保障部办公厅关于开展全国创业孵化示范基地复评和推荐工作的通知》（人社厅函〔2018〕135 号）。

#### 适用范围

全国创业孵化示范基地既可在土地利用总体规划确定的城镇建设用地范围内经审批立项新建，也可利用符合条件的现有经济技术开发区、工业园区、高新技术园区、大学科技园区、小企业孵化园等通过挂牌、共建等方式，认定为创业孵化基地。

#### 政策内容

人力资源社会保障部开展全国创业孵化示范基地复评和推荐工作。各级人力资源社会保障部门要会同财政、税务、工商、工业和信息化、国土、科技等部门，对已经出台的税费减免、财政补贴、金融支持、土地供给、人才引进等各项创业帮扶政策进行认真梳理，厘清能够适用于孵化期内创业实体的政策，并进一步完善操作办法，以确保将这些政策切实落实到创业实体上。

### 申报条件

1. 由政府批准设立或依法成立，以创业孵化为主营业务的独立法人机构，无违法违纪行为和未了结的法律、经济纠纷，运营时间三年以上。

2. 拥有一定规模的创业孵化场所、必要的附属设施及配套基础设施。近三年，孵化场所利用率每年均不低于90%，在孵创业实体每年均不少于30户，在孵创业实体提供的就业岗位每年均不少于300个。

3. 创业孵化功能完善，各项管理制度健全，政府明确的帮扶创业实体的各项政策落实到位，孵化效果明显。自基地运营以来，入孵创业实体孵化成功率总体不低于60%，入孵创业实体到期出园率总体不低于95%。

4. 已被认定为省级创业孵化示范基地，发展前景良好，对全国具有示范性。

### 申报流程

1. 通知发布。人力资源社会保障部定期在其部门官网发布申报通知。

2. 筛选推荐。省级人力资源社会保障部门负责对照上述基本条件进行筛选并择优推荐。

3. 审核确定。人力资源社会保障部根据各地上报的推荐材料，组织开展全国示范基地的审核、公示、确定和授牌工作。

4. 复评管理。经确认的全国示范基地每两年进行复核评估。复评结果为A、B、C类的，继续保留其全国示范基地名号。自动放弃参加复评和复评结果为未通过的，取消其全国示范基地名号。

## （二）河南省创业孵化示范基地

### 政策依据

《河南省人力资源和社会保障厅关于印发〈河南省省级创业孵化示范基地认定办法〉的通知》（豫人社就业〔2013〕12号）。

### 基地类型

省级创业孵化示范基地分为综合型（包括产业集聚区、工业园区、科技园区）、楼宇型、门面型（包括一条街）、市场型、加工型等类型。

### 基地条件

1. 经政府批准设立或依法成立、以创业孵化为主营业务的独立法人机构，有固定的办公场所、健全的创业孵化管理制度和相应的管理服务人员，无违法违纪行为和未了结的法律、经济纠纷。

2. 创业孵化示范园服务场所面积不低于100平方米，服务设施齐全。综合型、楼宇型、门面型和市场型孵化基地经营场地面积不低于2000平方米，加工型孵化基地经营面积不少于4000平方米。

3. 在孵创业实体不少于30户，提供就业岗位不少于300个。孵化效果明显，创业实体创业孵化成功率不低于50%。

4. 使用统一标识，店铺使用统一装修装饰方案。

5. 设立专门的服务区域，配置相应的服务设施和人员，为进入园区的创业实体提供创业咨询、创业项目推介、创业培训、创业融资、人力资源和社会保障等综合服务，帮助落实相关创业扶持政策。

6. 建立完善的创业孵化台账和政策落实台账，基地内小额担保贷款、社会保险、劳动用工、税费减免等创业扶持政策得到全面落实。

7. 基地发展前景良好，对全省具有较强的示范性。

### 建设方式

可以充分利用产业集聚区及各类专业市场等载体，通过新建、改建等方式建立创业孵化基地。

（1）新建创业孵化基地指经过有关部门批准立项，以创业孵化为主要目的，利用各种渠道筹措资金新建的创业孵化基地。

（2）改建创业孵化基地指利用现有的成片商铺、商务用房、闲置厂房、专业市场，以市场化运作为基本原则，通过改造形成的创业孵化基地。

### 推荐程序

1. 推荐。各省辖市创办的创业孵化基地，由省辖市人力资源和社会保障部门推荐，推荐材料统一报省人力资源和社会保障厅。省直有关部门管理的创业孵化基地，由省直有关部门推荐，推荐材料报省人力资源和社会保障厅。

2. 评估。经省人力资源社会保障、财政等部门组成联合评估小组，对省辖市推荐的创业孵化基地进行实地考察评估，提出评估意见。

3. 授牌。经评估符合条件的，确定为省级创业孵化示范基地，授予"河南省创业孵化示范基地"牌匾。

## 七、现代农业科技园区

### （一）国家农业科技园区

#### 政策依据

《科技部 农业农村部 水利部 国家林业和草原局 中国科学院 中国农业银行关于印发〈国家农业科技园区发展规划（2018—2025年）〉的通知》（国科发农〔2018〕30号）;《科技部 农业农村部 水利部 国家林业和草原局 中国科学院 中国农业银行关于印发〈国家农业科技园区管理办法〉的通知》（国科发农〔2020〕173号）。

#### 政策简介

建设国家农业科技园区是党中央、国务院提出的一项重要任务，为进一步加强国家农业科技园区建设与规范化管理，深入推进农业供给侧结构性改革，加快培育农业农村发展新动能，推进农业农村现代化，根据《国家创新驱动发展战略纲要》《国家农业科技园区发展规划（2018—2025年）》及实施创新驱动发展战略、乡村振兴战略、区域协调发展战略等要求，制定《国家农业科技园区管理办法》。国家农业科技园区是指由国家农业科技园区协调指导小组批准建设的国家级农业科技园区（本节简称园区）。园区建设与管理要坚持"政府主导、市场运作、企业主体、农民受益"的原则，集聚创新资源，培育农业农村发展新动能，着力拓展农村创新创业、成果展示示范、成果转化推广和职业农民培训四大功能，强化创新链，支撑产业链，激活人才链，提升价值链，分享利益链，把园区建设成为现代农业创新驱动发展的高地。

## 申报条件

1. 园区申报单位原则上应为地市级及以上人民政府，应从严控制，避免同质化建设。

2. 园区要有科学的规划方案、合理的功能分区、明确的主导产业、完善的配套政策，并已正式成为省级农业科技园区一年以上。

3. 园区建设规划要符合国家农业科技园区发展规划，并经地市级及以上人民政府批准纳入当地社会经济发展规划。

4. 园区要有明确的地理界线和一定的建设规模，核心区、示范区、辐射区功能定位清晰，建设内容具体。

5. 园区要有较强的科技开发能力或相应的技术支撑条件，能够承接技术成果的转移转化；要有较好的研发基础设施条件和较完善的技术转化服务体系；要有一批专家工作站和科学测试检测中心，有利于聚集科技型人才。

6. 园区要有一批农业高新技术企业和科技服务机构，有效提高当地劳动生产率、土地产出率和资源利用率；要为职业农民培训提供场所，促进当地居民收入的提高；要为大学生、农民工等返乡创业提供孵化器和公共服务平台。

7. 园区要有健全的行政管理机构和服务管理体系。园区申报单位须成立园区建设领导小组，负责园区建设的组织领导和协调推进工作，落实国家和地方有关政策和制定配套政策；同时，组建具有专职工作人员的园区管理委员会，行使园区建设与管理的政府职能，负责园区规划编制、基础设施建设、创新能力建设、平台建设、产业发展等工作。鼓励园区组建具有法人资格的管理服务公司或投资管理公司，发挥市场在资源配置中的决定性作用，通过市场机制推进园区发展。

## 申报程序

1. 由园区申报单位通过所在地人民政府向省级科技主管部门提出申请。

2. 省级科技主管部门组织专家进行评审，并经省级人民政府审定后报送园区管理办公室。

## 申报材料

（1）国家农业科技园区建设申报书。
（2）国家农业科技园区总体规划。
（3）国家农业科技园区建设实施方案。
（4）其他有关附件材料。

## 论证审核

1. 园区管理办公室组织专家对申报园区进行实地考察，提出园区建设的相关建议，并形成考察报告。

2. 园区管理办公室组织专家通过视频答辩或会议评审等方式对申报园区进行论证和评审。

3. 园区管理办公室将考察报告及专家评审结果报请协调指导小组审定后，

由科技部发文正式批准。

## 建设管理

1. 园区申报单位须按照论证评审通过后的总体规划，组织编制实施方案。

2. 园区管理委员会负责协调和落实各级政府有关园区的土地、税收、财政等政策措施。

3. 地方科技主管部门要整合本地区各类涉农科技计划项目，倾斜支持园区发展。制定支持园区发展操作性强的相关政策。

4. 园区要坚持新发展理念，制定出台优惠政策，以推动农业供给侧结构性改革为主线，吸引优势企业和优秀人才入驻园区，着力孵化涉农高新技术企业，强化一二三产实质融合，营造科技成果转移转化的良好环境。

5. 园区实行年度报告制度和年度总结会议制度。

6. 园区实行创新能力监测与评价制度。

## 验收评估

1. 园区建设期为三年。建设期满后，由园区建设单位通过省级科技主管部门向园区管理办公室提出验收申请。园区管理办公室经综合评议后认定是否通过验收，并将评估结果以适当方式向社会公布。

2. 园区管理办公室对通过验收的园区，实行动态管理和综合评估。

3. 加大对评估优秀园区的支持力度，支持符合条件的园区申请建设国家农业高新技术产业示范区。

4. 园区一个评估阶段（一般为三年）有两年不参加创新能力监测，视为园区验收或评估不达标。

## （二）省级农业科技园区

### 政策依据

《河南省科技厅等6部门关于印发〈河南省农业科技园区管理办法〉的通知》（豫科〔2018〕202号）。

### 政策简介

根据科技部《国家农业科技园区发展规划（2018—2025年）》（国科发农〔2018〕30号）和《国家农业科技园区管理办法》（国科发农〔2018〕31号），结合河南省农业科技园区建设发展实际情况，省科技厅将农业科技园区建设作为重点工作进行部署。为抓实、抓好这项工作，进一步加强园区建设与规范化管理，深入推进农业供给侧结构性改革，加快培育农业农村发展新动能，推进乡村振兴和农业农村现代化，促进河南省园区的健康、快速和可持续发展，切实发挥园区在河南省现代农业发展中的引领、示范和带动作用，制定了《河南省农业科技园区管理办法》。

### 适用范围

河南省农业科技园区是指由河南省农业科技园区协调指导小组批准建设的省级农业科技园区（本节简称园区）。园区建设与管理要坚持"政府主导、市场运作、企业主体、农民受益"的原则，集聚创新资源，培育农业农村发展新动能，着力拓展农村创新创业、成果展示示范、成果转化推广和职业农民培训四大功能，强化创新链，支撑产业链，激活人才链，提升价值链，分享利益链，把园区建设成为现代农业创新驱动发展的高地。

### 政策措施

省科技厅对正式批准建设的省级园区建设实行项目倾斜，对三年建设期满，通过验收的园区，发文正式命名。支持符合条件的省级农业科技园区申报国家农业科技园区和国家农业高新技术产业示范区。凡正式批准建设的省级园区及园区内企业，可直接通过省辖市科技主管部门向省科技厅申报各类科技计划项目。

### 申报条件

1. 园区申报单位原则上应为县（区）级及以上人民政府，应从严控制，避免同质化建设。

2. 园区要有科学的规划方案、合理的功能分区、明确的主导产业、完善的配套政策，并已正式成为市级农业科技园区一年以上。

3. 园区要有明确的地理界线和一定的建设规模，核心区、示范、辐射区功能定位清晰，建设内容具体，能起到引导和带动周边地区农业和农村经济结构和产业升级的作用。

4. 园区要有较强的科技开发能力或相应的技术支撑条件，能够承接技术成果的转移转化；要有较好的研发基础设施条件和较完善的技术转化服务体系；有长期稳定的技术支持单位，有省级以上（含省级）科研单位、高等院校的技术支撑；要有比较完善的人才培养、技术培训体系；要有一批专家工作站、科学测试检测中心或围绕支柱产业成立新型科技研发机构，有利于聚集科技型人才。

5. 园区要积极开展科技特派员农村科技创业行动，要有一支科技服务人才队伍，要建设成为科技特派员农村科技创业和服务基地。

6. 园区要有一批农业高新技术企业和科技服务机构，有效提高当地劳动生产率、土地产出率和资源利用率；要有职业农民培训场所，有培训计划，促进当地居民收入的提高；要为大学生、农民工等返乡创业提供孵化器和公共服务平台。

7. 园区要有健全的行政管理机构和服务管理体系。

8. 园区申报认定标准。每个园区入驻五家以上涉农科技型中小企业，其中至少有一家省级及以上农业产业化重点龙头企业或涉农高新技术企业或河南省创新龙头企业；具有占主导地位的特色产业；具有技术研发平台两个以上（包括市级及以上的工程技术研发中心、标准化技术示范基地或良种繁育中心等），园区年总产值达到一亿元以上或研发年投入占园区年总产值比例不低于2%。

园区申报单位须成立县（区）园区建设领导小组，负责本园区建设的组织领导和协调推进工作，落实河南省和地方有关政策以及制定配套政策；同时，组建具有专职工作人员的园区管理委员会，行使园区建设与管理的政府职能，负责园区规划编制、基础设施建设、创新能力建设、平台建设、产业发展等工作。鼓励园区组建具有法人资格的管理服务公司或投资管理公司，发挥市场在资源配置中的决定性作用，通过市场机制推进园区发展。

**申报程序**

1. 由园区申报单位通过所在地人民政府向所在省辖市科技主管部门提出申请。

2. 地市级园区工作领导小组办公室组织专家进行评审、筛选，经地市级园区工作领导小组审定后，由省辖市人民政府以文件形式报送至省园区办。

**申报材料**

1. 河南省农业科技园区建设申报书。

2. 河南省农业科技园区总体规划。

3. 其他有关附件材料。

**论证审核**

1. 省园区办组织专家对申报园区进行实地考察，提出园区建设的相关建议，并形成考察报告。

2. 省园区办组织专家通过视频答辩或会议评审等方式对申报园区进行论证和评审。

3. 省园区办将考察报告及专家评审结果报请河南省农业科技园区协调指导小组审定批准后，由科技厅发文正式公布。

# 八、星创天地

## （一）国家级星创天地

**政策依据**

《科技部关于发布〈发展"星创天地"工作指引〉的通知》（国科发农〔2016〕210 号）。

**政策简介**

为贯彻全国科技创新大会精神和《国家创新驱动发展战略纲要》，落实《国务院办公厅关于深入推行科技特派员制度的若干意见》（国办发〔2016〕32 号）、《国务院办公厅关于印发促进科技成果转移转化行动方案的通知》（国办发〔2016〕28 号）、《国务院办公厅关于加快众创空间发展服务实体经济转型升级的指导意见》（国办发〔2016〕7 号）、《国务院办公厅关于发展众创空间推进大众创新创业的指导意见》（国办发〔2015〕9 号）、《国务院办公厅关于支持农民工等人员返乡创业的意见》（国办发〔2015〕47 号）等文件精神，动员和鼓励科技特派员、大学生、返乡农民工、职业农民等各类创新创业人才深入农村"大众创业、万众创新"，走一二三产业融合发展之路，科技部制定了《发展"星创天地"工作指引》。各地可结合本地实际，根据《发展"星创天地"工作指引》的精神和要求，按照成熟一批、推荐一批的原则，推荐模式新颖、服务专业、运营良好、效果显著的"星创天地"进行备案。

**适用范围**

"星创天地"是发展现代农业的众创空间，是农村"大众创业、万众创新"的有效载体，是新型农业创新创业一站式开放性综合服务平台，旨在通过市场化机制、专业化服务和资本化运作方式，利用线下孵化载体和线上网络平台，聚集创新资源和创业要素，促进农村创新创业的低成本、专业化、便利化和信息化。

## 主要功能

1. 集聚创业人才。以专业化、个性化服务吸引和集聚创新创业群体。

2. 技术集成示范。引导和鼓励"星创天地"依托单位面向现代农业和农村发展，开展农业技术联合攻关和集成创新，以及农业技术成果应用示范推广。

3. 创业培育孵化。引导和鼓励一批成功创业者、企业家、天使和创业投资人、专家学者任兼职创业导师，建设一批创业导师全程参与的创业孵化基地。

4. 创业人才培训。利用"星创天地"人才、技术、网络、场地等条件，形式多样的创业培训活动。

5. 科技金融服务。构建技术交易平台，畅通技术转移服务机构、投融资机构、高校、科研院所和企业交流交易途径。

6. 创业政策集成。梳理各级政府部门出台的创新创业扶持政策，完善创新创业服务体系。

## 备案条件

1. 具有明确的实施主体。具有独立法人资格，具备一定运营管理和专业服务能力。如农业高新技术产业示范区、农业科技园区、高等学校新农村发展研究院、工程技术研究中心、涉农高校科研院所、农业科技型企业、农业龙头企业、科技特派员创业基地、农民专业合作社或其他社会组织等。

2. 具备一二三产业融合发展的良好基础。立足地方农业主导产业和区域特色产业，有一定的产业基础；有较明确的技术依托单位，形成一批适用的标准化的农业技术成果，加快科技成果向农村转移转化；促进农业产业链整合和价值链提升，带动农民脱贫致富；促进农村产业融合与新型城镇化的有机结合，推进农村一二三产业融合发展。

3. 具备良好的行业资源和全要素融合，具备"互联网＋"网络电商平台（线上平台）。通过线上交易、交流、宣传、协作等，促进农村创业的便利化和信息化，推进商业模式创新。

4. 具有较好的创新创业服务平台（线下平台）。有创新创业示范场地、种植养殖试验示范基地、创业培训基地、创意创业空间、开放式办公场所、研发和检验测试、技术交易等公共服务平台，免费或低成本供创业者使用。

5. 具有多元化的人才服务队伍。有一支结构合理、熟悉产业、经验丰富、相对稳定的创业服务团队和创业导师队伍，为创业者提供创业辅导与培训，加强科学普及，解决涉及技术、金融、管理、法律、财务、市场营销、知识产权等方面实际问题。

6. 具有良好的政策保障。地方政府要加大对"星创天地"建设的指导和支持，制定完善个性化的财税、金融、工商、知识产权和土地流转等支持政策；鼓励探索投融资模式创新，吸引社会资本投资、孵化初创企业。

7. 具有一定数量的创客聚集和创业企业入驻。运营良好，经济社会效益显著，有较好的发展前景。

## 备案程序

网络申报→市县（区）初审→省厅审核推荐→科技部专家审核备案→科技部研究公布。

## （二）河南省"星创天地"

### 政策依据

《河南省"星创天地"建设实施细则》（豫科〔2018〕197号）。

### 政策简介

为贯彻落实《国务院办公厅关于发展众创空间推进大众创新创业的指导意见》（国办发〔2015〕9号）、《河南省人民政府办公厅关于深入推行科技特派员制度的实施意见》（豫政办〔2016〕188号）等文件精神，根据科学技术部《发展"星创天地"工作指引》（国科发农〔2016〕210号）要求，为加快河南省星创天地建设和发展，做好省级"星创天地"管理和服务工作，制定了《河南省"星创天地"建设实施细则》。

### 适用范围

"星创天地"是指在河南省范围内创办，由独立法人机构运营，面向农业农村创新创业主体，建设的集科技示范、技术集成、成果转化、创业孵化、平台服务等为一体的开放性综合服务平台。其主要功能是通过市场化机制、专业化服务和资本化运作方式，打造农业领域的众创空间，利用线下孵化载体和线上网络平台，聚集创新资源和创业要素，促进农村创新创业的低成本、专业化、便利化和信息化。

### 认定条件

1. 具有明确的实施主体。实施主体应是在河南省境内注册，具有独立法人资格或其他社会组织，具备一定运营管理和专业服务能力，成立并实际运营一年以上，包括农业高新技术产业示范区、农业科技园区、高等学校新农村发展研究院、工程技术研究中心、涉农高校科研院所、农业科技型企业、农业龙头企业、科技特派员创业基地、农民专业合作社等。

2. 具备一二三产业融合发展的良好基础。立足地方农业主导产业和区域特色产业，有一定的产业基础；有较明确的技术依托单位，形成一批适用的标准化的农业技术成果包，加快科技成果向农村转移转化；促进农业产业链整合和价值链提升，带动农民增收脱贫致富；促进农村产业融合与新型城镇化的有机结合，推进农村一二三产业融合发展。

3. 具备良好的行业资源和全要素融合，具备"互联网+"网络电商平台（线上平台）。通过线上交易、交流、宣传、协作等，促进农村创业的便利化和信息化，推进商业模式创新。

4. 具有较好的创新创业服务平台（线下平台）。具有建筑面积200平方米以上的固定办公场所，有创新创业示范场地、种植养殖试验示范基地、创业培训基地、创意创业空间、开放式办公场所、研发和检验测试、技术交易等公共服务平台，免费或低成本供创业者使用（租期须在一年以上）。

5. 具有多元化的人才服务队伍。至少有三名以上创业导师（可兼职）和五名以上具有相应专业知识、技能人员组成的熟悉产业、经验丰富、相对稳定的创业服务团队，为创业者提供创业辅导与培训，解决涉及技术、金融、管理、法律、财务、市场营销、知识产权等方面的实际问题。

6. 具有一定数量的创客聚集和创业企业入驻。已吸引入驻的创客、创业团队或初创企业不少于三个，且运营良好、有较好的发展前景。

7. 具有较完善的服务体系。创业服务主题明确，特点突出，管理规范，有健全的内部财务管理制度，针对创客、创业团队和初创企业建立了相应的管理和运营制度。

8. 具有良好的政策保障。地方政府要加大对"星创天地"建设的指导和支持，制定完善个性化的财税、金融、工商、知识产权和土地流转等支持政策；鼓励探索投融资模式创新，吸引社会资本投资、孵化初创企业。

优先支持在贫困县建设"星创天地"，创新驱动精准扶贫精准脱贫。优先支持产业带动能力强、创业培育孵化水平高、带动农民脱贫增收效果好的"星创天地"建设。

### 认定程序

1. 申报推荐。河南省科技厅负责下发认定通知，"星创天地"建设主体按照要求填写《河南省"星创天地"申请书》，向所在省辖市科技局、省直管县（市）科技行政主管部门、国家级高新区和涉农高校、科研院所提出申请，推荐单位审核同意后，向省科技厅出具推荐函。

2. 受理公示。省科技厅按照主管部门推荐情况，受理申请材料，不直接受理申请单位的材料，并对受理确认后的申报清单在河南科技网上向社会进行公示。

3. 专家评审。省科技厅对受理公示无异议的申报材料组织专家采取会议咨询等方式进行评审，同时，可根据需要增加答辩、现场考察等程序。专家评审全过程实行回避和保密制度。评审专家经纪检部门审核，按照有关规定从河南省专家库中抽取。

4. 认定公示。省科技厅根据专家评审意见，确定拟认定的"星创天地"，并通过河南科技网向社会进行公示，经公示无异议后进行发文认定。

### 评价指标

1. "星创天地"的运营和发展。上一年度星创天地运营情况；服务资源建设情况；运行机制建立情况；带动农户增收、助力脱贫情况。

2. 集聚创新创业人才。上一年度"星创天地"吸引和集聚创新创业人才等情况；对入驻创客（新创企业）投融资等支持情况。

3. 技术集成示范。开展农业科技成果转化和示范推广情况；入驻创客（新创企业）科技创新和成果转化情况。

4. 创业培育孵化。服务团队开展服务、发挥作用情况；创业辅导制度和创业服务平台建立情况；入驻创客（新创企业）发展情况。

5. 创业人才培训。开展创新培训情况；开展创业活动情况。

6. 其他情况。争取资金项目支持及创新平台建设情况；宣传推广工作情况。

## 九、中国创新创业大赛

### 政策依据

《国务院关于推动创新创业高质量发展打造"双创"升级版的意见》（国发〔2018〕32 号）；《科技部 财政部关于支持中国创新创业大赛有关工作的通知》

（国科发资〔2016〕186号）；《科技部关于举办第十届中国创新创业大赛的通知》（国科发火〔2021〕150号）。

### 适用范围

党中央、国务院高度重视大众创新创业，鼓励举办各类创新创业赛事，为创新创业者提供展示平台。由科技部、财政部、教育部和全国工商联等部门和单位共同举办的中国创新创业大赛是贯彻落实党中央、国务院工作部署，丰富双创平台服务功能，引导社会资源支持双创的重要举措。自2012年以来，中国创新创业大赛一共举办了十届。中国创新创业大赛分为地方赛、专业赛和全国赛，主要支持符合有关要求的科技型中小企业。

### 政策内容

1. 择优向国家中小企业发展基金设立的子基金、国家科技成果转化引导基金设立的子基金、科技型中小企业创业投资引导基金设立的子基金、中国互联网投资基金等国家级投资基金等推荐。

2. 大赛合作银行择优给予贷款授信支持。

3. 择优推荐参选"创新人才推进计划"等相关计划，参加相关展览交流等活动。

4. 促进与大企业的对接与合作，打造资源共享、合作共赢的创新链、产业链和生态圈，促进产业融通创新。

### 赛事安排

大赛设立组委会，负责大赛组织实施。组委会办公室设在科技部火炬高技术产业开发中心，负责大赛各项工作具体执行。大赛由地方赛、专业赛和全国赛组成。

1. 地方赛。由省级科技管理部门负责牵头组织，着力围绕战略性新兴产业重点领域，支持服务本地区广大中小微企业围绕新技术、新产品、新模式和新业态开展创新创业。地方赛产生的优胜企业按分配名额入围全国赛。鼓励国家高新区围绕主导优势产业积极承办地方赛相关赛事，助推"一区一产业"发展。

2. 全国赛。由大赛组委会办公室负责牵头组织，分全国半决赛和总决赛两个阶段，按初创企业组和成长企业组比赛。根据大赛进展情况和疫情防控工作要求，全国半决赛和总决赛采用线下或网上评审、公开路演方式进行，举办城市和时间另行公布。

3. 专业赛。由大赛组委会办公室负责牵头组织，举办颠覆性技术大赛、大中小企业融通专业赛、产业技术创新专业赛、科技计划项目产业化专业赛、技术融合专业赛，着力集聚龙头企业和社会资本力量支持科技型中小企业开展产业关键技术创新。各专业赛具体组织方案另行发布。

### 参赛条件

1. 企业具有创新能力和高成长潜力，主要从事高新技术产品研发、制造、服务等业务，拥有知识产权且无产权纠纷。

2. 企业经营规范、社会信誉良好、无不良记录，且为非上市企业。

3. 企业2020年营业收入不超过两亿元人民币。

4. 企业注册成立时间在2011年1月1日（含）以后。

5. 全国赛按照初创企业组和成长企业组进行比赛。工商注册时间在2020年1月1日（含）之后的企业方可参加初创企业组比赛，工商注册时间在2019年

12 月 31 日（含）之前的企业只能参加成长企业组比赛。

6. 入围全国赛的成长组企业，须获得 2021 年科技型中小企业的入库登记编号（登记网址：www.innofund.gov.cn）；对初创组企业不作此项要求。

7. 在前九届大赛全国总决赛或全国行业总决赛中获得一、二、三名或一、二、三等奖的企业不参加本届大赛。

### 工作流程

1. 地方赛。

（1）报名参赛。自评符合参赛条件的企业自愿登录"中国创新创业大赛"官网（网址：www.cxcyds.com）统一注册报名。各省、自治区、直辖市及计划单列市科技厅（委、局），新疆生产建设兵团科技局负责辖区内企业报名材料的形式审查，确认参赛资格。

（2）地方赛比赛。

（3）入围推荐。

2. 专业赛。

专业赛由大赛组委会办公室牵头组织，按专场举办，采用线下或网上评审方式进行。专业赛组织方案和服务政策将在大赛官网专门发布。包括：①颠覆性技术专业赛；②大中小企业融通专业赛；③产业技术创新专业赛；④科技计划项目产业化专业赛；⑤技术融合专业赛。

3. 全国赛。

（1）全国半决赛。

（2）全国总决赛。全国总决赛产生第十届中国创新创业大赛"创新创业 50 强"，并产生一、二、三等奖。全国总决赛采用公开路演方式，评委以创投专家为主。比赛向观众开放，并通过网络平台进行直播。

## 十、中国创新挑战赛

### 政策依据

《国务院关于强化实施创新驱动发展战略进一步推进大众创业万众创新深入发展的意见》（国发〔2017〕37 号）;《科技部关于举办第六届中国创新挑战赛的通知》（国科发火〔2021〕138 号）。

### 适用范围

中国创新挑战赛是针对具体技术创新需求，通过"揭榜比拼"方式，面向社会公开征集解决方案的创新众包服务活动。第六届中国创新挑战赛聚焦长三角区域一体化、技术融合、硬科技和新一代信息技术、高端装备制造、生物医药等战略性新兴产业，将举办 22 项赛事。

### 政策奖励

1. 在挑战赛中胜出的挑战者应获得一定额度的资金奖励。奖励资金原则上由需求方支付，仅用作奖励挑战者，不作为技术转让、技术许可或其他独占性合作的强制条件。

2. 对通过挑战赛成功对接的需求方，可按所在地技术成果转移转化相关政策给予奖励或补助；签订技术合同并形成产学研合作项目，可优先纳入地方科技计划给予支持。

3. 承办单位整合相关资源，提供包括科技政策咨询、企业战略咨询、知识产权、技术交易和投融资等服务，并进行后续跟踪与效果评价。

## 赛事申办

1. 申办要求。

（1）各地要结合当地实际，紧密围绕国家战略目标，聚焦战略性新兴产业，梳理区域产业（行业）关键技术需求，确定赛事专题或1—2个重点产业领域，推动赛事高质量发展。

（2）具体承办单位具备一定的需求征集、分析、对接和运行保障能力，能够保障挑战赛的具体实施，能够按照挑战赛整体进度开展工作。

（3）省级科技管理部门要积极牵头辖区内的赛事管理，要深度参与、统筹协调辖区内地市或国家高新区举办的赛事。

2. 申办流程。

省级科技管理部门组织辖区内各市级科技管理部门、国家高新区管委会等部门，根据通知及《第六届中国创新挑战赛工作方案》，结合地方实际情况，遴选有条件的地方（全省、城市或国家高新区）作为具体承办地，审核后出具申报函报送科技部火炬中心。

## 组织机构

在科技部指导下，由科技部火炬中心组织地方科技主管部门等承办挑战赛各项赛事。科技部火炬中心主要负责审定工作计划，建设、运行挑战赛官网和平台，协调各地赛事安排，开展赛事宣传、培训、监督和评价等。地方科技主管部门主要负责提出辖区赛事重点领域、制订实施计划、组织赛事活动，研究制定有关支持和补助政策等；承办单位负责赛事具体承办工作。

## 赛事组织

聚焦长三角区域一体化、技术融合、硬科技和新一代信息技术、高端装备制造、生物医药等战略性新兴产业，将举办22项赛事。"中国创新挑战赛"网站（http://challenge.chinatorch.gov.cn/）是官方网站及工作平台，参与挑战赛各方均需进行用户注册后开展赛事活动。

（1）需求征集。承办单位面向本区域开展需求征集工作，并组织专家团队或委托专业服务机构对需求进行梳理分析，提出综合建议。

（2）需求发布。承办单位须将所有公开发布的需求，按标准格式上传"中国创新挑战赛"网站，并通过相关媒体、科技平台等多种手段向社会公开发布和推送。科技部火炬中心开展需求集中发布工作，并通过各类平台、媒体、网络等渠道进行推送。

（3）解决方案征集。承办单位发布"挑战须知"，面向全社会征集挑战者，也可通过知识产权检索、成果库精准匹配等方式，积极寻找、定位和动员社会各界的技术持有者参赛。

（4）需求对接。承办单位围绕本地区内征集的所有需求，开展形式多样的对接服务，做到每个需求都有回应、力争得以解决。如有合作意向，应签订合作意向协议。

## 十一、"互联网 +"大学生创新创业大赛

### 政策依据

《教育部关于举办第七届中国国际"互联网 +"大学生创新创业大赛的通知》（教高函〔2021〕2 号）。

### 赛事简介

为全面落实习近平总书记给中国"互联网 +"大学生创新创业大赛"青年红色筑梦之旅"大学生回信重要精神，深入推进大众创业、万众创新，推动高等教育高质量发展，加快培养创新创业人才，定于 2021 年 4 月至 10 月举办第七届中国国际"互联网 +"大学生创新创业大赛。大赛主题是"我敢闯，我会创"。总体目标是更中国、更国际、更教育、更全面、更创新，传承跨越时空的伟大的井冈山精神，聚焦"五育"并举的创新创业教育实践，推进赛事组织线上线下相融合，打造共建共享、融通中外的创新创业盛会。主要任务是以赛促教，探索人才培养新途径；以赛促学，培养创新创业生力军；以赛促创，搭建产教融合新平台。

### 大赛内容

1. 主体赛事。包括高教主赛道、"青年红色筑梦之旅"赛道、职教赛道和萌芽赛道，增设产业命题赛道。

2. 青年红色筑梦之旅活动。

3. 同期活动。包括"慧秀中外"国际大学生创新创业成果展、"慧智创业"中国民族品牌主理人面对面、"慧展华彩"历届大赛优秀项目对接巡展、"慧治创新"全球乡村振兴智慧化高端论坛、"慧云闪耀"全球数字化教育云上峰会、"慧聚未来"国际青年学者前沿思辨会。

### 组织机构

1. 大赛由教育部、中央统战部、中央网络安全和信息化委员会办公室、国家发展改革委、工业和信息化部、人力资源社会保障部、农业农村部、中国科学院、中国工程院、国家知识产权局、国家乡村振兴局、共青团中央和江西省人民政府共同主办，南昌大学、南昌市人民政府和井冈山市人民政府承办。

2. 大赛设立组织委员会，由教育部和江西省人民政府主要负责同志担任主任，教育部和江西省分管领导担任副主任，教育部高等教育司主要负责同志担任秘书长，有关部门（单位）负责人作为成员，负责大赛的组织实施。

3. 大赛设立专家委员会，负责项目评审等工作。

4. 大赛设立纪律与监督委员会，负责对赛事组织、参赛项目评审、协办单位相关工作等进行监督，对违反大赛纪律的行为予以处理。

5. 大赛总决赛由中国建设银行冠名支持，各省级教育行政部门可积极争取中国建设银行分支机构对省级赛事的赞助支持。

6. 各省级教育行政部门可成立相应的赛事机构，负责本地比赛的组织实施、项目评审和推荐等工作。

**参赛要求**

1. 参赛项目能够将移动互联网、云计算、大数据、人工智能、物联网、下一代通信技术、区块链等新一代信息技术与经济社会各领域紧密结合，服务新型基础设施建设，培育新产品、新服务、新业态、新模式；发挥互联网在促进产业升级以及信息化和工业化深度融合中的作用，促进制造业、农业、能源、环保等产业转型升级；发挥互联网在社会服务中的作用，创新网络化服务模式，促进互联网与教育、医疗、交通、金融、消费生活等深度融合。

2. 参赛项目须真实、健康、合法，无任何不良信息，项目立意应弘扬正能量，践行社会主义核心价值观。参赛项目不得侵犯他人知识产权；所涉及的发明创造、专利技术、资源等必须拥有清晰合法的知识产权或物权；抄袭盗用他人成果、提供虚假材料等违反相关法律法规的行为，一经发现即刻丧失参赛相关权利并自负一切法律责任。

3. 参赛项目涉及他人知识产权的，报名时须提交完整的具有法律效力的所有人书面授权许可书等；已在主管部门完成登记注册的创业项目，报名时须提交营业执照、登记证书、组织机构代码证等相关证件的扫描件、单位概况、法定代表人情况、股权结构等。参赛项目可提供当前真实财务数据、已获投资情况、带动就业情况等相关证明材料。在大赛通知发布前，已获投资 1000 万元及以上或在 2020 年及之前任意一个年度的收入达到 1000 万元以上的参赛项目，请在总决赛时提供投资协议、投资款证明等佐证材料。

4. 参赛项目不得含有任何违反《中华人民共和国宪法》及其他法律、法规的内容。须尊重中国文化，符合公序良俗。

5. 参赛项目根据各赛道相应的要求，只能选择一个符合要求的赛道报名参赛。已获本大赛往届总决赛各赛道金奖和银奖的项目，不可报名参加本届大赛。

6. 参赛人员（不含师生共创参赛项目成员中的教师）年龄不超过 35 岁。

**比赛赛制**

1. 大赛主要采用校级初赛、省级复赛、总决赛三级赛制（不含萌芽赛道以及国际参赛项目）。校级初赛由各院校负责组织，省级复赛由各地负责组织，总决赛由各地按照大赛组委会确定的配额择优遴选推荐项目。大赛组委会将综合考虑各地报名团队数（含邀请国际参赛项目数）、参赛院校数和创新创业教育工作情况等因素分配总决赛名额。

2. 大赛共产生 3200 个项目入围总决赛（港澳台地区参赛名额单列），其中高教主赛道 2000 个（国内项目 1500 个、国际项目 500 个）、"青年红色筑梦之旅"赛道 500 个、职教赛道 500 个、萌芽赛道 200 个。

3. 高教主赛道每所高校入选总决赛项目总数不超过五个，"青年红色筑梦之旅"赛道、职教赛道、萌芽赛道每所院校入选总决赛项目各不超过三个。

**赛程安排**

1. 参赛报名（2021 年 4 月）。各省级教育行政部门及各有关学校负责审核参赛对象资格。参赛团队通过登录"全国大学生创业服务网"（网址：cy.ncss.cn）或微信公众号（名称为"全国大学生创业服务网"或"中国互联网十大学生创新创业大赛"）任一方式进行报名。服务网的资料下载板块可下载学生操作手册指导报名参赛，微信公众号可进行赛事咨询。

2. 初赛复赛（2021 年 6—8 月）。各地各学校登录"cy.ncss.cn/gl/login"进行大赛管理和信息查看。省级管理用户使用大赛组委会统一分配的账号进行登录，校级账号由各省级管理用户进行管理。初赛复赛的比赛环节、评审方式等由各校、各地自行决定，赛事组织须符合本地常态化疫情防控要求并制定应急预案。各地应在 8 月 31 日前完成省级复赛，并完成入围总决赛的项目遴选工作（推荐项目应有名次排序，供总决赛参考）。国际参赛项目的遴选推荐工作另行安排。

3. 总决赛（2021 年 10 月下旬）。大赛设金奖、银奖、铜奖和各类单项奖；另设高校集体奖、省市组织奖和优秀导师奖等。评审规则将于近期公布，请登录"全国大学生创业服务网"（网址：cy.ncss.cn）查看具体内容。大赛专家委员会对入围总决赛项目进行网上评审，择优选拔项目进行总决赛现场比赛，决出各类奖项。

大赛组委会通过"全国大学生创业服务网、教育部大学生就业服务网（新职业网）"为参赛团队提供项目展示、创业指导、投资对接、人才招聘等服务，各项目团队可登录上述网站查看相关信息，各地可利用网站提供的资源，为参赛团队做好服务。华为技术有限公司将为参赛团队提供多种资源支持。

# 十二、产业研究院

## 政策依据

《河南省工业和信息化厅办公室〈关于编制推荐报送产业研究院建设方案〉的通知》（豫工信办科〔2021〕182 号）。

## 政策简介

为贯彻落实省委工作会议和省委科创委第一次会议精神，实施创新驱动、优势再造、数字化转型、换道领跑战略，充分发挥"体系化、任务型、开放式"创新联合体对产业创新发展的重要推动作用，推进河南省制造业高质量发展，经省委省政府同意，决定启动河南省产业研究院建设工作。

## 工作要求

有关企业按照通知要求启动拟牵头建设的产研院建设方案编制工作。编制完成的产研院建设方案原则上由编制单位邀请相关领域专家进行论证，并报本单位董事会或单位领导集体讨论通过。有关企业编制完成的产研院建设方案须报所在地省辖市、省直管县（市）工业和信息化主管部门审阅，并根据审阅情况以正式文件形式出具推荐意见。

省工业和信息化厅将单独或会同省直有关单位共同组织专家对所收到的产研院建设方案进行评审论证，专家评审论证意见将反馈至相关企业。有关企业按照专家评审论证意见对建设方案进行修改完善补充，并按照规定的时间将修订后的建设方案报送至省工业和信息化厅，同时抄送本地工业和信息化主管部门。

## 方案内容

1. 牵头企业的地位和作用。

（1）企业基本情况。包括所有制性质、主要下属企业，截至 2020 年底职工人数、企业总资产、资产负债率、银行信用等级，2018 年至 2020 年销售收入、利润、研发投入情况，主导产品及市场占有率等，是否为高新技术企业。

（2）企业的行业地位和竞争力。结合行业集中度和企业在行业中的综合排序，分析企业在本行业的领先地位和竞争优势（以第三方机构编制的行业领域综合或年度报告为宜），与国际同行业企业相比所具有的规模和技术优势。

（3）企业对本行业技术创新的引领作用。包括企业对行业技术进步、结构调整、资源节约综合利用等方面的示范和带动作用。

（4）企业技术创新能力建设及取得的成果。包括：①企业技术创新带头人及创新团队建设情况、研发经费投入情况、研究开发和试验基础条件建设情况、信息化建设情况等；②"十三五"期间完成的重大产品创新、工艺创新、产学研合作、企业间合作、国际化研发活动等；③企业目前已形成的核心技术及自主知识产权情况，重点介绍相关技术成果对企业核心产品研发、核心竞争力提升的支撑作用，以及取得的经济社会效益。

（5）企业目前具有的各类国家和省（部）级研发平台情况及"十三五"期间获得国家和省（部）级科技（技术）创新及"双创"活动奖项情况。

2．组建相关专业产研院的必要性。

（1）拟建产研院所在方向领域的国内、省内产业技术创新现状。

（2）拟建产研院与国家和河南省产业发展目标、产业发展政策的关联性。重点说明产研院的技术创新活动是否符合国家和河南省"十四五"规划确定的重点领域，是否与国家相关产业发展、技术创新、产学研合作等政策实施的结合。

（3）产研院组建对推动产业技术创新的作用。主要围绕以下四方面进行阐述：①是否体现产业技术创新需求，有利于推动相关产业实现重大技术突破，形成产业核心技术标准，支撑和引领产业技术创新；②是否具有较强的产业带动作用，有利于集聚和整合创新资源，形成产业技术创新链；③是否有利于掌握具有自主知识产权的核心技术，提升产业核心竞争力，促进产业结构优化升级；④是否有利于形成持续和稳定的产学研合作关系。

3．相关专业产研院的组建及运行方式。

产研院的组建和运行必须充分体现作为"体系化、任务型、开放式"创新联合体的要求。

（1）产研院名称、组织原则和组建宗旨。①列明各方商定的产研院名称。②产研院的组织原则和产研院的组建宗旨。视产研院组建的实际情况，写明产研院与有关创新平台、社会组织的关系等。

（2）产研院成员构成。①除牵头单位外同意或拟吸引加入产研院的企业及其基本情况，与牵头单位的关系（包括产业链上下游、产品配套及竞争关系等）及行业地位；②拟加入产研院的高校、科研院所（含改制的科技型企业）基本情况，包括其在拟建产研院所在方向领域所掌握的核心技术及知识产权情况；③如有拟加入（或作为产研院依托载体）的国家和省级创新平台、社会组织，需介绍其基本情况；④未来加入产研院的新成员基本资格条件，新成员加入、产研院成员退出和除名的程序和方式。

（3）产研院的技术创新目标、任务和产研院成员的任务分工。技术创新目标部分根据产研院的实际情况，明确产研院技术创新的近期、远期目标。产研院应以为产业化服务的技术产出为创新目标，例如技术、产品、装置、生产线、工艺、标准等。产研院的任务及分工部分根据产研院的实际情况，明确为实现产研院技术创新目标而确定的具体任务，以及产研院成员的任务分工。产研院成员间的任务分工应当与产研院的创新目标和任务的内容相一致，任务分工要具体分解落实到各缔约方。

（4）产研院的组织机构及职责。①明确设立决策机构，如理事会；明确决策机构组成人员的产生方式；提出首届决策机构组成人员名单（可提建议名单）。②明确设立咨询机构的名称（视产研院具体情况，非必设机构），如专家咨询委员会；明确咨询机构人员组成、任期、职责和工作制度等。③明确设立执行机构和对外承担责任的主体（依托单位）；明确执行机构的组织结构、职责、主要负责人产生办法和工作制度；提出首届执行机构组成人员名单（可提建议名单）。

（5）产研院的技术创新与公共服务活动计划。①未来5—10年产研院拟突破的技术难点、拟组织的能力建设项目、拟开展的产业公共服务活动等；②中近期（1—3年）产研院拟组织实施的技术研发、中试、成果转化及企业孵化项目、能力建设项目等。

（6）产研院技术创新项目管理制度及工作体系建立计划。①技术创新项目管理制度构成，包括项目立项、实施、验收及知识产权申请及保护等内容；②技术创新项目组织管理和监督机制；③承担政府计划（批准、实施）的"揭榜挂帅"、"赛马制"、首席科学家制（PI制）、项目专员制、"军令状"、"里程碑"考核等组织管理方式的项目拟建立的项目管理办法。

（7）产研院的经费管理。①明确产研院经费的来源，如产研院成员投入、政府财政资助、银行贷款及其他渠道等；原则上产研院经费来源以产研院成员投入、吸引社会资金（基金）加入为主。②明确产研院经费的管理方式和管理机构及其责任。③明确产研院经费管理和使用的内部监督机制。

（8）产研院收益分配原则和知识产权管理。①产研院收益的范围，约定产研院收益的归属、使用和分配原则。②提出产研院成员原有知识产权投入和共享规则，新知识产权的权利归属、使用原则，以及许可使用、转让和转化产生的利益分配办法，产研院知识产权管理和保护等事项。③明确产研院对实施政府资助项目形成科技成果承担向产研院外扩散义务。

4. 其他事项。

根据产研院组建运行实际情况，认为需要在建设方案中阐述的内容。

## 十三、"一村一品"示范村镇认定

### 政策依据

《农业农村部关于落实好党中央、国务院2021年农业农村重点工作部署的实施意见》（农发〔2021〕1号）；《农业农村部办公厅关于开展第十一批全国"一村一品"示范村镇认定工作的通知》（农办产〔2021〕7号）。

### 政策简介

发展"一村一品"是培育农村主导产业的重要途径，是增强农业竞争力的重要举措，是促进农民增收的重要手段，培养新型农民的重要平台。为贯彻落实2021年"中央1号"文件精神和《国务院关于促进乡村产业振兴的指导意见》部署，加快发展壮大乡村产业，决定开展第十一批全国"一村一品"示范村镇认定工作。

### 申报主体

全国"一村一品"示范村镇申报主体为行政村或行政镇（乡），主导产业优势特色鲜明、乡土气息浓厚、文化内涵丰富、产村产镇深度融合、带农增收效果显著，有较强的辐射带动和示范引领作用。主要产品是特色种植、特色养殖、特色食品、特色文化（如传统手工技艺、民俗文化等）和新业态（如休闲旅游、电子商务等）的一个具体品类。

### 申报条件

1. 主导产业基础好。申报村主导产业总产值超过 1000 万元，占全村生产总值的 50% 以上（脱贫县可降低至 700 万元、占比不低于 30%）。申报镇主导产业总产值超过 5000 万元，占全镇生产总值的 30% 以上（脱贫县可降低至 3000 万元、占比不低于 20%）。

2. 融合发展程度深。主导产业生产、加工、流通、销售、服务等关键环节有机衔接，实现了链条化、一体化发展。电子商务、休闲体验、文化传承、生态涵养等农村一二三产业深度融合的新产业新业态已有初步发展。

3. 联农带农作用强。已成立农民合作社，申报村主导产业从业农户数量占村常住农户数的 50% 以上，申报镇主导产业从业农户数量占镇常住农户数的 30% 以上，村（镇）主导产业从业人员人均可支配收入近 3 年增长率均超过 10%。

4. 特色产品品牌响。申报村（镇）推行标准化生产，主要经营主体有注册商标，产品销售渠道畅通，主要产品在当地有一定知名度和美誉度。所在县已获得地理标志登记保护认证的村（镇）可优先申报。

### 认定程序

省级农业农村部门按照第十一批全国"一村一品"示范村镇分配名额组织申报推荐。

1. 村镇申报。县级农业农村部门组织符合条件的村（镇）自愿填报《全国"一村一品"示范村镇申报书》，并登录全国"一村一品"示范村镇信息监测平台（http://jc.ncpjg.org.cn）进行在线填报。同时，对村（镇）申报材料和在线填报数据进行审核把关，并协助提供产值、人均支配收入等证明材料。

2. 审核推荐。地市级农业农村部门认真核实县级申报材料和证明材料，择优推荐至省级农业农村部门。省级农业农村部门根据分配名额，择优向农业农村部推荐全国"一村一品"示范村镇名单。地市和省级农业农村部门同步进行网上审核推荐。

3. 审核认定。农业农村部组织专家对各省（区、市）申报材料进行审核，确定拟认定的全国"一村一品"示范村镇名单。公示无异议后，以农业农村部文件公布。

### 政策要求

1. 精心组织。认真按照分配名额、申报条件、认定程序等要求，做好组织申报工作。鼓励开展省级、地市级"一村一品"示范村镇遴选认定，推动建立国家、省、市三级"一村一品"发展格局。

2. 审核把关。按照优中选优、公平公正原则，严格标准，认真核实，确保推荐的村、镇（乡）情况真实，示范带动作用突出。

3. 动态管理。开展全国"一村一品"示范村镇动态监测工作，前十批已认定的全国"一村一品"示范村镇，需登录全国"一村一品"示范村镇信息监测平台更新年度数据。

4. 宣传推介。各地要认真总结"一村一品"示范村镇的好做法好经验，推介一批典型案例。

## 十四、中间试验基地

### 政策依据

《科技部办公厅关于加快推动国家科技成果转移转化示范区建设发展的通知》（国科办区〔2020〕50号）;《河南省科技成果中试基地建设工作指引》。

### 政策简介

建设国家创新高地的战略部署，必须引导和规范河南省科技成果转化中试基地建设发展，加快推动先进适用技术落地转化，支撑引领产业振兴发展。科技成果转化中试基地，是指以高校、科研机构、龙头企业、各类开发区等平台和载体为依托，为科技成果进行二次开发试验和企业规模生产提供成熟、适用、成套技术而开展中间试验的科研开发实体，是支撑引领产业链创新，加速科技成果产业化的重要平台。到2025年，建设50家左右省级中试基地，实现重点产业全覆盖，形成体制全新、机制灵活、服务特色鲜明的中试服务网络体系，为促进科技成果转化提供有力支撑。

### 支持政策

1. 省科技厅、财政厅对经过命名的中试基地统一授牌，对授牌的省级中试基地省财政一次性给予不低于1000万元资金支持，并引导地方政府与相关部门予以支持。

2. 批准建设运行三年后开展绩效考核，强化绩效考核结果应用，对绩效考核结果优秀、良好的省级中试基地给予奖励，支持其开展中试熟化活动、引进人才团队、建设中试平台、提升产业创新服务能力等。对引领示范性强、转化效果突出的中试基地，按照"一事一议"方式予以资金支持。

3. 对省级中试基地内的企业、新型研发机构等，按规定享受技术转移奖补、研发费用加计扣除、高新技术企业税收优惠、科研设施和仪器向社会开放共享双向补贴等政策。

4. 支持符合条件的省级中试基地优先承担省相关科技计划（专项、基金）项目任务。对省级中试基地承担的开放课题、研发合同项目，符合条件的可择优视同相应省级科技计划项目。

5. 对符合省产业发展的重大中试项目和装置，在环评、安评等前期手续办理方面开辟绿色审批通道，加快中试装置建设进度，为早日建成中试基地、加快成果转化提供设备支撑。

6. 省科技厅、财政厅对纳入建设管理的省级中试基地所能提供的中试服务事项通过"河南省科技成果转移转化公共服务平台"面向社会进行发布。

## 适用范围

省级中试基地建设主体为高校、科研机构、龙头企业、各类开发区等。

1. 依托省科学院、省农科院及省属科研机构等，在生物工程与药物、新能源、新材料、农作物新品种选育、农产品加工等优势技术领域，建设一批功能齐全，产业覆盖广泛的中试基地。

2. 依托"双一流"高校、特色骨干高校、中央驻豫单位等的优势特色学科与研究领域，与地方主导产业或特色产业相结合，建设一批推动河南省重点产业发展的中试基地，提供实验技术的二次开发和中试熟化等研发设计外包服务及中试熟化服务。

3. 依托省龙头企业、各类开发区等优势创新资源建设一批服务产业链中下游企业发展的中试基地，重点以扩散新技术、新模式，孵化新企业，培育新业态为目的，促进区域产业集群创新发展。

## 基地布局

中试基地通过"省级层面布局"和"地方政府主导创建"等方式组建。重点支持以下产业领域中试基地建设。

1. 战略性新兴产业。生物医药、节能环保、尼龙新材料、智能装备、新能源及网联汽车、新型显示和智能终端、网络安全、智能传感器、新一代人工智能、5G 等新兴产业。

2. 传统支柱产业。装备制造、绿色食品、电子制造、先进金属材料、新型建材、现代轻纺等传统产业。

3. 未来产业。区块链、量子信息、类脑智能、未来网络、第三代半导体、氢能与储能、生物药物与疫苗等未来产业。

## 建设条件

申请建设省级中试基地的单位（机构）应当具备以下基本条件。

1. 拥有核心服务能力。拥有承担中试任务必需的专用设备、检验检测设备、场地及配套设施。有必需的安全、环保设施设备及制度条件。至少拥有两条能够服务样品试制、工艺改进、数据模拟、临床应用、产品示范等的中试生产线，或至少已开展中试项目五项。

2. 拥有专业技术人才队伍。中试基地研究开发队伍结构合理，能组织制定科学合理的中试研究方案和规程。至少拥有五名专职从事中试验证的总体方案设计、工艺设计、生产运营的专业技术人才。

3. 具有对外服务意愿。愿意发挥中试基地的作用，为高校、科研机构、行业内企业等提供中试研究服务，至少成功实现三项成果的样品化、产品化。

4. 具有健全、高效的管理和创新服务体系。内部管理制度健全，有明晰的对外服务承接程序和合理的收费标准。

5. 自申请建设截止日期前三年内，未发生司法、行政机关认定的严重违法失信行为。

## 建设程序

建设程序采用常态化申报，实时受理的方式。

1. 组织申报。申报单位提出申请，由各省辖市科技管理部门会同财政管理部门、省直有关部门向省科技厅、财政厅择优推荐。

2. 专家论证。省科技厅会同财政厅组织专家或委托第三方进行形式审查、评审论证和实地考察，形成综合评审意见，提出省级中试基地拟建设、命名名单。

3. 建设管理。将通过专家论证的拟建设、命名名单经省科技厅办公会审定后，在省科技厅门户网站进行公示，公示期满无异议的纳入建设管理。

对有望突破河南省产业发展"卡脖子"技术的中试基地，允许随时申报，成熟一个，建设、命名一个。

申报建设省级中试基地的，其中建设成熟、运营良好的，可按一定程序直接命名；其中处于建设初期，具有较大发展潜力的，可按建设程序批准建设省级中试基地，待三年建设期满验收通过后，命名省级中试基地；三年建设期内提前完成建设任务且具备运行能力的，可提前申请验收命名省级中试基地。

# 十五、科普示范基地

## 政策依据

《河南省科学技术厅关于组织申报 2022 年河南省科普基地的通知》。

## 政策内容

为认真学习贯彻习近平新时代中国特色社会主义思想，深入贯彻落实习近平总书记关于"科技创新、科学普及是实现创新发展的两翼，要把科学普及放在与科技创新同等重要的位置"的重要指示精神，充分发挥各类科普场所和载体的宣教优势，提升广大公众科学素质，促进河南科普事业蓬勃发展，河南省科技厅每年拟选择 20 家左右省内科普支撑服务能力强的单位建设省级科普基地。对评审确定的基地由省科普专项给予每个 10 万元经费支持。

## 申报范围

在河南省行政区域内由政府投资建设或由社会力量建设，依托教学、科研、生产、传媒和服务等资源载体，面向社会和公众开放，普及科学知识，弘扬科学精神，具有特定科学技术宣传和教育、传播和普及、培训和服务功能的场馆、设施、场所或媒体。

1. 场馆类科普基地，是指面向公众开展科普活动的场馆。如科技馆、博物馆、文化馆、气象馆、地质馆、地震馆、水族馆、标本馆、陈列馆、天文台（馆、站）、青少年活动中心等。

2. 非场馆类科普基地，是指依托各类特色资源建立的向公众开放开展科普活动的场地、设施等。主要包括：①具有科普展教功能游览场地，如动植物园区、生态旅游区、森林公园、地质公园、矿山公园、自然保护区、文化保护地、人文景观、科技园区等；②将科技资源向公众开放的场地、设施，包括高等学校、科研院所、医院、企业及其他组织向公众开放的实验室、孵化器、技术创新中心、工程技术（研究）中心、教育科研平台、企业展览馆、野外观测站、大型工程技术设施等；③以提高青少年科学素质为目标，开展科技教育活动的场所，包括青少年宫、青少年活动中心等。

3. 信息传播类科普基地，是指以网络、电子媒介、印刷媒体等为载体，具有全省覆盖能力和丰富的科普资源及普及手段，面向公众开展科普作品创作、报道科技新闻、宣传科技成果、解读科技政策等科普工作的机构。包括各类传播媒体、出版机构等。

## 申报条件

1. 具有独立法人资格,能开展经常性科普活动。

2. 设有负责科普工作的职能部门,并配备开展科普活动的专(兼)职人员队伍。符合相关公共场馆、设施或场所的安全、卫生、消防标准。

3. 管理制度健全,将科普工作纳入本单位年度工作计划及目标。

4. 能够保障开展经常性科普活动所需的经费。

5. 场馆类科普基地有专用参观场所,用于科普展教活动的室内展厅总面积不小于 300 平方米。有可供观众演示、体验、互动的展品,同时要根据科技前沿和社会热点定期更新、补充科普展品。

6. 非场馆类科普基地有一定规模、固定用于科普教育展示及活动的室内外场所,并备有开展科普活动所需的演示设施设备,有较为完善的基地说明牌、解说牌、导览牌等,科普内容科学准确,通俗易懂。

7. 场馆类和非场馆类科普基地,每年开放天数不少于 200 天,对青少年实行免费开放或者优惠开放时间每年不少于 20 天。非场馆类科普基地,每年向公众开放的天数不少于 30 天。

8. 信息传播类科普基地应具有政府相关部门批准的传媒或出版资质;拥有专门从事科普内容策划、制作、编辑等职能的部门和专职业务人员;有固定的栏目、版面或新媒体平台从事科普宣传,并具有一定社会影响力;能够持续产出科普类出版物、音视频、展品等科普作品成果。

9. 能够积极参加河南省组织的科普讲解大赛、科技活动周、全国科普日、科普作品评选、省科普巡讲等各类科普活动,并结合本单位特色,每年开展 10 次以上科普活动。

10. 有网站、微博、微信公众号等科普宣传阵地,能够积极向"河南科普在线"(http://www.hnkponline.com)及微信公众号提供优质科普资源,协同开展线上和线下科普教育活动,形成科普宣传矩阵。

## 申报程序

1. 符合申报条件的单位请在规定时间前登陆"河南省科技计划管理信息系统"(http://xt.hnkjt.gov.cn/)填写申报书和预算书,并确保材料的完整性、真实性和准确性。

2. 请各有关单位积极做好申报组织工作,认真审核、择优推荐,对申报单位的申报资格、材料填写是否符合要求、附件资料是否齐全、内容是否属实等进行初步判定,并可开展实地考察和评估。科技、财政主管部门(单位)审核提交截止时间以当年通知为准,系统将在截止时间自动关闭。

3. 省科技厅将组织专家评审组,按照公平、公正、公开的原则,对通过形式审查的申报单位采取实地考察和会评相结合的方式进行评审,并按程序进行公示和备案。

# 第七篇　成果转化与人才激励

# 第一章　成果转化

## 一、促进科技成果转化法制保障

### 政策依据

《中华人民共和国促进科技成果转化法》;《国务院关于印发实施〈中华人民共和国促进科技成果转化法〉若干规定的通知》(国发〔2016〕16号)。

### 修订实施

2015年8月29日，第十二届全国人大常委会第十六次会议审议通过的《全国人民代表大会常务委员会关于修改〈中华人民共和国促进科技成果转化法〉的决定》，自2015年10月1日起实施。此次修订是该法自1996年颁布实施以来的首次修订，修订条款超过80%，新增调整了10个方面约30余项重要制度，体现了国家对科技成果转化问题的高度重视，符合着力构建以企业为主体、市场为导向、产学研相结合的技术创新体系的原则要求。

### 适用范围

我国境内研究开发机构、高等院校、企业等创新主体及科技人员转移转化科技成果。

### 核心概念

科技成果，是指通过科学研究与技术开发所产生的具有实用价值的成果。职务科技成果，是指执行研究开发机构、高等院校和企业等单位的工作任务，或者主要是利用上述单位的物质技术条件所完成的科技成果。

科技成果转化，是指为提高生产力水平而对科技成果所进行的后续试验、开发、应用、推广直至形成新技术、新工艺、新材料、新产品，发展新产业等活动。

科技成果是"具有实用价值"的成果，科技成果转化活动中涉及的知识产权受法律保护;同时需要注意的是,《中华人民共和国促进科技成果转化法》中的"科技成果"也包括未获知识产权保护的科技成果。

### 制度突破

科技成果转化是一个系统性工程，涉及领域广、环节多且法律关系复杂。施行《中华人民共和国促进科技成果转化法》的目的是建设创新型国家、调动科技人员积极性。应该特别强调科技成果转化尊重市场规律，发挥企业主体作用。

1. 完善企业参与科研组织、实施的制度。第十条明确利用财政资金设立应用类科技项目和其他相关科技项目，在制定相关科技规划、计划和编制项目指南时应当听取相关行业、企业的意见。强化企业在科技成果转化中的主体地位，体现企业主体作用。

2. 完善科技成果信息发布系统。第十一条为解决科技成果供求双方信息交流不够通畅影响科技成果转化的问题，明确规定了建立、完善科技报告制度和科技成果信息系统要求；以及利用财政资金设立的科技项目承担者的报告义务。完善科技成果信息发布制度，为科技成果供求提供信息平台的规定，从法律上、制度上为科技成果持有者和企业创造了良好的科技成果转化服务环境。

3. 新增国家支持的方式和项目种类。第十二条相较于旧法"定期发布科技成果目录和重点科技成果转化项目指南"两种方式，新增了国家支持科技成果转化的方式，如政府采购、研究开发资助等；增加了国家支持项目种类，如能够显著提高国家安全能力和公共安全水平、能够保护生态、提高应对气候变化和防灾减灾能力或者能够改善民生和提高公共健康水平的项目等。

4. 明确科技成果转化方式。第十七条明确科技成果可以通过转让、许可或者作价投资等方式向企业或其他组织转移。反映了科研机构和科技人员的呼声，并有助于调动科研机构和科研人员从事科技成果转化的积极性。第十八条明确研究开发机构、高等院校可以自主决定对科技成果转化，体现了"三权改革"（即使用权、处置权、收益权）精神。

5. 完善科技成果转化义务规定和考评体系。第十九条删除了旧法中关于"本单位未能适时地实施转化"的限制性条件。第二十条为解决研究开发机构、高等院校重研发、轻转化的现象，将科技成果转化列入绩效考核体系。

6. 规定转化情况列入年度报告。第二十一条明确将科技成果转化情况列为年度研究开发机构、高等院校年度报告事项。

7. 明确科技人员兼职的有关原则。第二十七条明确鼓励开发机构、高等院校聘请企业科技人员兼职从事教学和科研工作，以及支持该等单位科技人员到企业中从事科技成果转化活动。

8. 鼓励科技成果转化服务。第三十条首次从法律上对科技市场的发展做出明确规定。表明国家对科技成果转化服务的支持和鼓励，并为科技成果转化的纽带环节提供保障。

9. 鼓励金融机构提供科技转化成果的保障措施。第三十五条因科技成果及知识产权自身的特点，科技成果转化实施过程中，无论是风险投资，还是知识产权质押融资，都需要承担比较高的财务风险。特别从风险补偿角度，增加规定了国家鼓励银行业金融机构和政策性金融机构对科技成果转化提供金融支持等。法律中明确规定的保障措施，还包括税收优惠，支持股权交易、依法发行股票和债券，合理利用保险等。

10. 完善科技人员的奖励和报酬制度。第四十四条完善了关于对完成、转化科技成果做出重要贡献的人员给予奖励和报酬的规定；并且，将奖励和报酬的比例提高到不低于50%。国有企业、事业单位对科技人员的奖励和报酬不受当年本单位工资总额限制，打破了科研事业单位科技成果转化和知识产权运用的主要体制障碍。

## 二、促进科技成果转移转化行动

### 政策依据

《国务院办公厅关于印发促进科技成果转移转化行动方案的通知》（国办发〔2016〕28号）。

## 政策简介

促进科技成果转移转化是实施创新驱动发展战略的重要任务，是加强科技与经济紧密结合的关键环节，对于推进结构性改革尤其是供给侧结构性改革、支撑经济转型升级和产业结构调整，促进大众创业、万众创新，打造经济发展新引擎具有重要意义。要完善有利于科技成果转移转化的政策环境，发挥市场配置资源的决定性作用，更好发挥政府作用，推动建立符合科技创新规律和市场经济规律的科技成果转移转化体系，促进科技成果资本化、产业化，形成经济持续稳定增长新动力。

## 政策支持

落实《中华人民共和国促进科技成果转化法》及相关政策措施，完善有利于科技成果转移转化的政策环境。建立科研机构、高校科技成果转移转化绩效评估体系，将科技成果转移转化情况作为对单位予以支持的参考依据。推动科研机构、高校建立符合自身人事管理需要和科技成果转化工作特点的职称评定、岗位管理和考核评价制度。完善有利于科技成果转移转化的事业单位国有资产管理相关政策。研究探索科研机构、高校领导干部正职任前在科技成果转化中获得股权的代持制度。各地方要围绕落实《中华人民共和国促进科技成果转化法》，完善促进科技成果转移转化的政策法规。建立实施情况监测与评估机制，为调整完善相关政策举措提供支撑。

## 主要目标

推动一批短中期见效、有力带动产业结构优化升级的重大科技成果转化应用，企业、高校和科研院所科技成果转移转化能力显著提高，市场化的技术交易服务体系进一步健全，科技型创新创业蓬勃发展，专业化技术转移人才队伍发展壮大，多元化的科技成果转移转化投入渠道日益完善，科技成果转移转化的制度环境更加优化，功能完善、运行高效、市场化的科技成果转移转化体系全面建成。即建设 100 个示范性国家技术转移机构，支持有条件的地方建设 10 个科技成果转移转化示范区，在重点行业领域布局建设一批支撑实体经济发展的众创空间，建成若干技术转移人才培养基地，培养一万名专业化技术转移人才，全国技术合同交易额力争达到两万亿元。

## 重点任务

围绕科技成果转移转化的关键问题和薄弱环节，加强系统部署，抓好措施落实，形成以企业技术创新需求为导向、以市场化交易平台为载体、以专业化服务机构为支撑的科技成果转移转化新格局。部署八个方面、26 项重点任务。

1. 开展科技成果信息汇交与发布。发布转化先进适用的科技成果包，建立国家科技成果信息系统，加强科技成果信息汇交，加强科技成果数据资源开发利用，推动军民科技成果融合转化应用。突出围绕新一代信息网络、智能绿色制造等重点产业领域，发布转化一批促进产业转型升级、投资规模与带动作用大的科技成果包，探索市场化的科技成果产业化路径。

2. 产学研协同开展科技成果转移转化。支持高校和科研院所开展科技成果转移转化，推动企业加强科技成果转化应用，构建多种形式的产业技术创新联盟，发挥科技社团促进科技成果转移转化的纽带作用。突出支持高校和科研院所建设一批机制灵活、面向市场的国家技术转移机构，加强科技成果与产业、企业需求有效对接。支持企业与高校、科研院所构建产业技术创新联盟，协同开展成果转化。

3. 建设科技成果中试与产业化载体。建设科技成果产业化基地，强化科技成果中试熟化。突出建设一批符合特色产业需求的科技成果产业化基地，加强中试熟化与产业化开发，发挥技术开发类科研基地作用，推动更多共性技术成果转化应用。

4. 强化科技成果转移转化市场化服务。构建国家技术交易网络平台，健全区域性技术转移服务机构，完善技术转移机构服务功能，加强重点领域知识产权服务。突出构建线上与线下相结合的国家技术交易网络平台，鼓励区域性、行业性技术市场发展，完善技术转移机构投融资、科技成果评价、知识产权服务等功能。

5. 大力推动科技型创新创业。促进众创空间服务和支撑实体经济发展，推动创新资源向创新创业者开放，举办各类创新创业大赛。突出推动成果转化与创新创业互动融合，建设一批以成果转化为主要内容的众创空间，支持以核心技术为源头的创新创业。

6. 建设科技成果转移转化人才队伍。开展技术转移人才培养，组织科技人员开展科技成果转移转化，强化科技成果转移转化人才服务。突出组织科技人员开展科技成果转移转化活动，将科技成果转移转化领军人才纳入创新创业人才引进培养计划，培养专业化技术经纪人。

7. 大力推动地方科技成果转移转化。加强地方科技成果转化工作，开展区域性科技成果转移转化试点示范。突出建设一批国家科技成果转移转化示范区，探索可复制、可推广的工作经验与模式。

8. 强化科技成果转移转化的多元化资金投入。突出发挥中央财政对科技成果转移转化引导基金的杠杆作用，加大地方财政支持科技成果转化力度，运用投贷联动、众筹等金融手段，拓宽科技成果转化资金市场化供给渠道。

## 三、科技企业股权和分红激励扩大范围

### 政策依据

《财政部 科技部 国资委关于印发〈国有科技型企业股权和分红激励暂行办法〉的通知》（财资〔2016〕4号）；《关于扩大国有科技型企业股权和分红激励暂行办法实施范围的通知》（财资〔2018〕54号）（本节简称《激励办法》）。

### 政策简介

为加快实施创新驱动发展战略，进一步激发广大技术和管理人员的积极性和创造性，促进国有科技型企业可持续发展，经国务院同意，2016年2月26日，财政部、科技部、国资委联合印发了《国有科技型企业股权和分红激励暂行办法》，自2016年3月1日起在全国范围内实施。为推动国有科技型企业建立健全激励分配机制，进一步增强技术和管理人员的获得感，2018年9月18日，财政部、科技部、国资委三部门又发布《关于扩大国有科技型企业股权和分红激励暂行办法实施范围的通知》。

### 适用范围

中国境内具有公司法人资格的国有及国有控股未上市科技企业（含全国中小企业股份转让系统挂牌的国有企业、国有控股上市公司所出资的各级未上市科技子企业），具体包括：国家认定的高新技术企业、转制院所企业及所投资的科技企业、高等院校和科研院所投资的科技企业、纳入科技部"全国科技型中小企业信息库"的企业、国家和省级认定的科技服务机构。

### 调整内容

对于国家认定的高新技术企业不再设定研发费用和研发人员指标条件。将《激励办法》第六条第（二）款调整为"（二）对于本办法第二条中的（二）（三）（四）类企业，近三年研发费用占当年企业营业收入均在3%以上，激励方案制定的上一年度企业研发人员占职工总数10%以上。成立不满三年的企业，以实际经营年限计算"。将《激励办法》第六条第（三）款调整为"（三）对于本办法第二条中的（五）类企业，近三年科技服务性收入不低于当年企业营业收入的60%"。

### 激励对象

激励对象必须是与本企业"签订劳动合同"的职工。"企业监事、独立董事不得参与企业股权或者分红激励"，重要技术人员、经营管理人员兼任企业职工代表监事的，不能纳入激励人员范围。对同一激励对象就同一职务科技成果或者产业化项目，企业只能采取一种激励方式、给予一次激励。

### 前置条件

企业应建立规范的内部财务管理制度和员工绩效考核评价制度，年度财务会计报告经过中介机构依法审计，且激励方案制定近三年未因财务、税收等违法违规行为受到行政、刑事处罚。成立不满三年的企业，以实际经营年限计算。

### "约定"条款

项目收益分红激励与《中华人民共和国促进科技成果转化法》相关规定一致。国有科技型企业有规定或与重要技术人员有约定的，按规定或约定的方式、数额和时限执行。没有约定的，按《激励办法》第二十三条执行。

### 具体流程

企业内部决策机构（即总经理班子或者董事会）负责拟订企业股权和分红激励方案，并应当通过职工代表大会或者其他形式充分听取职工的意见和建议。

审核单位是指履行出资人职责或国有资产监管职责的部门、机构、企业。即中央企业集团公司相关材料报履行出资人职责的部门或机构批准；中央企业集团公司所属子企业，相关材料报中央企业集团公司批准；履行出资人职责的国有资本投资、运营公司所属子企业，相关材料报国有资本投资、运营公司批准；中央部门及事业单位所属企业，按国有资产管理权属，相关材料报中央主管部门或机构批准；地方国有企业相关材料，按现行国有资产管理体制，报同级履行国有资产监管职责的部门或机构批准。

## 四、科技成果转化激励创新创业

### 政策依据

《国务院关于印发实施〈中华人民共和国促进科技成果转化法〉若干规定的通知》(国发〔2016〕16号)(本节简称《若干规定》);《财政部 科技部 国资委关于印发〈国有科技型企业股权和分红激励暂行办法〉的通知》(财资〔2016〕4号)。

### 政策简介

国家设立的研究开发机构、高等院校制定转化科技成果收益分配制度时,要按照规定充分听取本单位科技人员的意见,并在本单位公开相关制度,依法对职务科技成果完成人和为成果转化做出重要贡献的其他人员给予奖励。对于担任领导职务的科技人员获得科技成果转化奖励,按照分类管理的原则执行。鼓励企业建立健全科技成果转化的激励分配机制。要研究制定国有科技型企业股权和分红激励政策,结合深化国有企业改革,对科技人员实施激励。

### 适用范围

1. 研究开发机构、高等院校制定转化科技成果收益分配制度。
2. 担任领导职务的科技人员获得科技成果转化奖励。
3. 企业科技成果转化的激励分配机制。
4. 国有科技型企业股权和分红激励政策。

### 政策内容

1. 研究开发机构、高等院校制定转化科技成果收益分配制度时,按照以下规定执行。

(1)以技术转让或者许可方式转化职务科技成果的,应当从技术转让或者许可所取得的净收入中提取不低于50%的比例用于奖励。

(2)以科技成果作价投资实施转化的,应当从作价投资取得的股份或者出资比例中提取不低于50%的比例用于奖励。

(3)在研究开发和科技成果转化中做出主要贡献的人员,获得奖励的份额不低于奖励总额的50%。

(4)对科技人员在科技成果转化工作中开展技术开发、技术咨询、技术服务等活动给予的奖励,可按照《中华人民共和国促进科技成果转化法》和《若干规定》执行。

2. 对于担任领导职务的科技人员获得科技成果转化奖励,按照分类管理的原则执行。

(1)国务院部门、单位和各地方所属研究开发机构、高等院校等事业单位(不含内设机构)正职领导,以及上述事业单位所属具有独立法人资格单位的正职领导,是科技成果的主要完成人或者对科技成果转化做出重要贡献的,可以按照《中华人民共和国促进科技成果转化法》的规定获得现金奖励,原则上不得获取股权激励。其他担任领导职务的科技人员,是科技成果的主要完成人或者对科技成果转化做出重要贡献的,可以按照《中华人民共和国促进科技成果转化法》的规定获得现金、股份或者出资比例等奖励和报酬。

(2)对担任领导职务的科技人员的科技成果转化收益分配实行公开公示制

度，不得利用职权侵占他人科技成果转化收益。

3. 国家鼓励企业建立健全科技成果转化的激励分配机制，充分利用股权出售、股权奖励、股票期权、项目收益分红、岗位分红等方式激励科技人员开展科技成果转化。

4. 建立国有科技型企业自主创新和科技成果转化的激励分配机制，包括股权激励、分红激励。国有科技型企业负责拟订股权和分红激励方案，履行内部审议和决策程序，报经履行出资人职责或国有资产监管职责的部门、机构、企业审核后，对符合条件的激励对象实施激励。激励对象为与本企业签订劳动合同的重要技术人员和经营管理人员。

企业可以采取股权出售、股权奖励、股权期权等一种或多种方式对激励对象实施股权激励，大、中型企业不得采取股权期权的激励方式。股权激励总额最高不超过企业总股本的30%，且单个激励对象获得的激励股权不得超过企业总股本的3%。

企业实施项目收益分红，应当依据《中华人民共和国促进科技成果转化法》在职务科技成果完成、转化后，按照企业规定或者与重要技术人员约定的方式数额和时限执行。企业未规定也未与重要技术人员约定的，按照《国有科技型企业股权和分红激励暂行办法》规定标准执行。

5. 科技成果转化过程中，通过技术交易市场挂牌交易、拍卖等方式确定价格的，或者通过协议定价并在本单位及技术交易市场公示拟交易价格的，单位领导在履行勤勉尽责义务、没有牟取非法利益的前提下，免除其在科技成果定价中因科技成果转化后续价值变化产生的决策责任。

## 五、科技成果直通车

### 政策依据

《关于启动2021年度"火炬科技成果直通车"工作的通知》（国科火字〔2021〕81号）。

### 政策简介

针对解决科技成果转化供给质量不高、受众企业不优、对接渠道不畅等现实难题，打通科技成果供给侧、需求侧、服务侧，提高技术要素与资本、人才要素配置效率，更好发挥政府作用，建立常态化科技成果转化工作机制，激发全社会创造力和市场活力，为科技自立自强和产业转型升级提供技术供给和创新支撑，助力我国经济高质量发展。通过开展"火炬科技成果直通车"，为各类市场主体"赋能"和"搭台"，为科技成果转化创造应用场景，加速形成多方联动、运行高效的技术转移机制和区域技术转移体系，树立具有全国影响力的科技成果转化公共服务品牌，带动提升我国科技成果转化工作整体效能。

### 适用范围

全年常态化征集新一代信息技术、高端装备制造、新材料、新能源、节能环保、生物医药、现代农业及其他领域的高水平科技成果。

### 政策内容

科技部火炬中心委托专业化技术转移机构对所有入库项目进行认真筛选和专业评价，联合深圳证券交易所、地方科技管理部门、国家高新区等，对适宜转化和具有产业化前景的科技成果项目提供包括但不限于以下服务。

1. 推荐参加科技成果直通车现场路演，精准对接全国科技企业、投资机构及产业园区。

2. 线上线下推荐对接本领域的上市科技企业、国家高新技术企业及行业领军企业。

3. 推荐给地方科技管理部门及国家高新区，获得科技成果转化方面的服务及支持。

4. 获得路演辅导和专业培训，协助完成科技成果的商业计划书。

5. 通过科技成果直通车官方平台和深圳证券信息公司网络平台进行项目展示推广。

6. 获得专业化技术转移机构服务推广。

7. 在地方落地转化的科技成果有机会获得项目资金支持。

## 征集条件

1. 属于新一代信息技术、高端装备制造、新材料、新能源、节能环保、生物医药等产业领域。

2. 技术领先性强，一般应达到国内同业领先水平。

3. 产业化成熟度高，具备明确的产业化前景和较好的经济社会潜在效益。

4. 具有独立自主知识产权，不存在侵犯他人知识产权或其他法律纠纷等情况。

5. 拟通过技术许可或转让、合作开发、中试熟化、技术入股、技术并购、技术融资等方式与科技企业、园区、机构等开展合作。

## 申请流程

1. 提出申请。各省级科技管理部门根据本地实际情况和《科技成果直通车工作指引》，自愿申请开展科技成果直通车。

2. 确定名单。科技部火炬中心根据各地方提出的对接技术领域、产业发展基础、科技企业规模、工作经费保障等因素，结合全年工作计划，研究确定年度承办单位名单。

3. 正式启动。科技部火炬中心印发通知，组织动员全国高校、院所科研人员、科技企业、产业园区、各类技术转移机构积极参与。

4. 制定方案。科技部火炬中心分别指导各承办单位研究制定科技成果直通车工作方案，确保各场活动特色突出、形式丰富、基础扎实、成效显著。

5. 征集项目。采取常态化开放征集和根据需求重点征集相结合的方式。通过对接国家科技计划项目科技成果，面向高校、院所公开征集，鼓励科研人员自主推荐，委托技术转移机构挖掘等多元化渠道，长期征集并建过科技成果直通车项目库。

6. 筛选项目。根据各承办单位确定的对接技术领域和产业需求，组织专业化技术转移机构从科技成果直通车项目库中初步筛选出 100 个左右高水平科技成果。承办单位将初筛的科技成果项目信息主动推送给地方科技企业，征求企业对接意愿和相关建议，从中筛选确定拟路演对接的重点项目（10—20 个）。

7. 组织动员。承办单位组织动员地方科技企业、产业园区、投资机构积极参与路演对接，提高科技成果路演受众质量。深圳证券交易所组织动员上市科技企业参与路演对接。

8．项目路演。由深圳证券交易所和专业技术转移机构对拟路演项目进行路演辅导，重点突出路演项目的技术领先性、产业化可行性和产业发展前景。路演活动流程一般分为：科技成果转化主旨演讲与经验分享、科技成果持有人现场路演、技术及行业专家现场评议、科技企业及产业园区问答、台下"一对一"对接交流。同时，为未进入现场路演的科技成果项目提供线上线下的对接交流渠道。

9．跟踪服务。对所有路演的科技成果项目进行长期跟踪，了解路演项目的产业化进展。对拟落地转化的路演项目，主办单位及承办单位研究制定相关政策，积极支持科技成果在地方落地转化。

# 六、技术转移示范机构

## （一）国家技术转移示范机构

### 政策依据

《国务院关于印发国家技术转移体系建设方案的通知》（国发〔2017〕44号）；《国家技术转移示范机构管理办法》（国科发火字〔2007〕565号）；《关于印发〈国家技术转移示范机构评价指标体系（修订稿）〉的通知》（国科火字〔2016〕12号）。

### 政策简介

技术转移是指制造某种产品、应用某种工艺或提供某种服务的系统知识，通过各种途径从技术供给方向技术需求方转移的过程。技术转移机构是指为实现和加速上述过程提供各类服务的机构，包括技术经纪、技术集成与经营、技术投融资服务机构等，但单纯提供信息、法律、咨询、金融等服务的除外。

技术转移机构可以是独立的法人机构、法人的内设机构。

### 政策内容

根据《中华人民共和国促进科技成果转化法》《中华人民共和国中小企业促进法》等法律、法规及《国家技术转移促进行动实施方案》，各地政府及其相关部门应在财政、税收、人才等方面为技术转移机构提供政策支持。

国务院科技行政部门将技术转移机构的管理工作纳入国家创新环境与产业化建设的内容。在国家科技计划中安排技术转移经费，对国家技术转移示范机构的技术转移行为进行补助以支持其能力建设。

地方和行业科技行政部门要将技术转移机构的管理工作纳入当地及本行业的科技发展计划，为技术转移机构的建设和发展提供必要的经费和条件支持。

国务院科技行政部门将不定期对国家技术转移示范机构的工作进行评价和总结，并对做出突出贡献的单位和个人给予表彰。

### 申请条件

1．业务范围。

技术转移机构的主要功能是促进知识流动和技术转移，其业务范围是：对技术信息的搜集、筛选、分析、加工；技术转让与技术代理；技术集成与二次开发；提供中试、工程化等设计服务、技术标准、测试分析服务等；技术咨询、技术评估、技术培训、技术产权交易、技术招标代理、技术投融资等服务；提供技术交易信息服务平台、网络等；其他有关促进技术转移的活动。

2．基本条件。

（1）符合国家产业政策，发展方向明确，有符合本机构实际情况和发展要求的经营理念。

（2）有适合机构本身发展要求的独特商业模式、特色经营项目和核心竞争力。

（3）有两年以上从事技术转移业务的经历。

（4）有符合条件的经营场所；有满足经营要求的办公设备和条件；有独立的网站；有稳定的客户群及长期合作伙伴。

（5）机构主要领导者具有较强的开拓创新精神、丰富的实践经验及较高的管理水平；有符合规定的专职人员，综合性技术转移机构专职人员在 20 人以上；人员结构及部门设置合理，管理人员中具有大专以上学历的占 80% 以上；科技人员的比例不得低于本机构从业人员总数的 60%。

（6）管理规范，规章制度健全，有明确的从事技术转移服务的章程、客户管理服务规范和程序、健全的内部管理制度、科学合理的员工激励和惩处制度。

（7）有较显著的服务业绩，经营状况良好。

（8）在行业内有较高的认知度和知名度；连续两年无投诉、无诉讼，或有投诉但机构无责任，有诉讼但从未败诉。

**申请流程**

1．企业申请。各省（区、市）、计划单列市科技厅（委、局），新疆生产建设兵团技术市场管理部门负责本辖区内国家技术转移示范机构申报的组织管理工作。各地组织管理部门和申报机构均需登录国家技术转移示范机构管理系统，进行网上申报、审核和提交。

2．初审推荐。各组织管理部门需对本辖区技术转移机构进行初审，按推荐限额确定申报机构后，凭科技部火炬中心分配的用户名和密码登录国家技术转移示范机构管理系统，在"用户管理"中添加申报机构名称，设置申报机构用户名和密码，并告知申报机构登录系统填报。

3．机构填报。申报机构登录国家技术转移示范机构管理系统，按要求在线填写申报材料。各组织管理部门对申报材料审核通过后，按期将申报材料在线提交至科技部火炬中心。

4．评审备案。科技部火炬中心组织专家对申报单位进行评审。评审通过后，入选的申报机构需在系统中在线打印材料并装订成册，报送各组织管理部门。各组织管理部门将本辖区内入选机构的纸质材料一份和汇总表寄送我中心留作备案。材料需加盖申报单位公章和组织管理部门公章。

## （二）河南省技术转移示范机构

### 政策依据

《关于印发〈培育发展河南省技术转移示范机构工作指引〉的通知》（豫科〔2016〕155 号）;《河南省人民政府关于印发河南省技术转移体系建设实施方案的通知》（豫政〔2019〕8 号）。

### 政策内容

发展壮大技术转移机构。按照《培育发展河南省技术转移示范机构工作指引》，加强对全省技术转移示范机构发展的统筹、指导和协调，引导技术转移示范机构市场化、规范化发展，提升服务能力和水平。引导高校、科研院所在不增加编制的前提下建设专业化技术转移机构，组织开展科技成果推广和服务。引导各类中介机构为技术转移提供知识产权、科技金融、法律咨询、资产评估、文献情报、技术评价等专业服务。对促成技术在省内转移转化的省级以上技术转移示范机构，省财政按其上年度技术合同成交额（依据转账凭证和发票）给予最高2%的后补助，每家机构每年最高不超过100万元。

### 适用范围

申报河南省技术转移示范机构的单位须在河南省行政区域内注册，具有独立法人资格的高等院校、科研单位和企业。

### 申报条件

1. 符合河南省产业政策，发展方向明确，有符合本机构实际情况和发展要求的经营理念。

2. 有适合机构本身发展要求的独特商业模式、特色经营项目和核心竞争力，能够从技术转移服务中获取稳定的收入，并能维持其日常运营活动。

3. 有两年以上从事技术转移业务的经历及开展技术转移业务的成功案例。

4. 有固定的营业场所，面积一般不小于150平方米（可合并计算）；有满足经营要求的办公设备和条件；有稳定的客户群及长期合作伙伴。

5. 机构部门设置及人员结构合理，有符合规定的专职人员，管理人员中具有本科以上学历人员比例不低于70%。

6. 有高效、专业的管理团队，管理规范，规章制度健全，有明确的从事技术转移服务的章程、客户管理服务规范和程序、健全的内部管理制度。

7. 在行业内有较高的认知度和知名度；无违法违纪记录，连续多年无投诉或有投诉但机构无责任，在主流新闻媒体（网站）上没有负面报道。

8. 其他事项参照《培育发展河南省技术转移示范机构工作指引》具体要求。

### 申报流程

申报单位请认真填写《河南省技术转移示范机构申报书》，并按照申报书要求提供相关附件材料。

各科技主管部门对申报单位所提交材料的真实性、合规性等进行审核（附件材料中为复印件的须审验原件），并填写《河南省技术转移示范机构审核推荐汇总表》，加盖主管部门公章，并在规定时间内邮寄申请材料，同时上报申报材料Word电子版。

## 七、科技成果转移转化示范区

### 政策依据

《科技部办公厅关于加快推动国家科技成果转移转化示范区建设发展的通知》（国科办区〔2020〕50号）。

### 政策简介

国家科技成果转移转化示范区是实施创新驱动发展战略的重要载体，是创新科技成果转移转化机制的试验田，是促进科技与经济社会融合发展的先行区。按照国家技术转移体系建设的任务要求，科技部已批复建设江苏苏南、四川成德绵等九家示范区，为探索科技成果转化机制和推进全面创新发展提供了经验和示范。为优化创新创业生态，打通产学研相结合的创新链、产业链和价值链，充分发挥示范区示范带动作用，统筹推进科技支撑"六稳"工作和"六保"任务，以科技成果转化引领示范区高质量发展。

## 政策内容

1. 以服务科技型企业为重点，发挥支撑复工复产示范带动作用。以实施"百城百园"行动为抓手，加快项目建设，扶持科技型企业发展，以创新创业带动就业。通过成果转化助力示范区成为新基建、新技术、新材料、新装备、新产品、新业态的主阵地，培育一批科技成果转化示范企业。实施科技人员服务企业专项行动，积极开展技术转让、技术许可、技术开发、技术咨询和技术服务等活动。

2. 以创新促进科技成果转化机制模式为重点，进一步加大先行先试力度。坚持以供给侧结构性改革为主线，进一步创新科技成果转化机制，促进技术、资金、应用、市场等对接。鼓励有条件的示范区开展赋予科研人员职务科技成果所有权或长期使用权试点。健全以转化应用为导向的科技成果评价机制。完善科技成果转化容错纠错机制，探索知识产权证券化。

3. 以强化科技成果转化全链条服务为重点，提高成果转化专业化服务能力。加强综合性科技创新公共服务平台建设，着力提升科技成果、产业服务、科技金融、市场应用等公共科技服务能力。建立绩效奖励机制，支持各类技术转移机构发展。在高等学校中开展国家技术转移中心建设试点，培育和发展一批特色明显、服务能力突出的专业化技术转移机构。建设职业化技术转移人才培养基地，将技术转移人才纳入相关人才计划。

4. 以示范区主导产业为重点，加快推进重大科技成果转化应用。聚焦高新区、农高区等科技园区主导产业，加快培育新兴产业和创新型产业集群，定期发布技术需求清单和新技术应用场景清单，建立以企业为主体的科技成果转化中试熟化基地，加强产学研协同技术攻关与成果转化应用。支持承担国家科技计划项目的企业，在示范区开展成果落地转化。依托先进技术成果信息共享服务平台，推动科技成果惠及民生。

5. 以集聚创新资源为重点，促进技术要素的市场化配置。重视和积极发展技术要素市场，建立健全技术交易规则、服务标准规范和从业信用体系，完善科技成果常态化路演机制。推动科技创新券对科技型中小微企业和创新创业人员全覆盖，推动跨区域互通互认。积极探索综合运用后补助、引导基金、风险补偿、科技保险、贷款贴息等方式支持成果转化。鼓励示范区组织发行高新技术企业集合债券，支持商业银行与示范区共建科技支行等特色专营机构，开展高新技术企业上市培育行动，推动企业进入科创板、创业板等多层次资本市场融资。

6. 以完善工作推进体系为重点，提升示范区治理水平。落实《国家科技成果转移转化示范区建设指引》相关要求，健全示范区多部门协调联动机制，明确建设主体，健全人员、资金、政策等支持保障。健全政策先行机制和专家咨询指导机制，完善科技成果转化考核机制。鼓励示范区建立与国家区域战略的对接机制。

7. 以优化布局和绩效评价为重点，加快推进示范区高质量发展。科技部按照区域创新战略布局，进一步完善示范区建设标准要求和评估遴选程序，建立高层次专家咨询制度，未来五年再布局建设一批创新引领、特色鲜明的示范区。建立示范区监测评价机制和示范区发展报告制度。

8. 各级科技部门要加强管理服务与指导，及时掌握本地区示范区的建设发展情况，研究解决执行中出现的问题，有力推进政策落实落地。

# 八、科技成果评价

## 政策依据

《国务院办公厅关于完善科技成果评价机制的指导意见》（国办发〔2021〕26号）；《关于印发〈科技评估管理暂行办法〉的通知》（国科发计字〔2000〕588号）；《科学技术部关于印发〈科学技术评价办法（试行）〉的通知》（国科发基字〔2003〕308号）。

## 政策简介

科技成果评价或称科研成果评价，是指评价主体按相关标准、规定、方法和专家咨询意见对科技成果的价值进行做出定性、定量综合判断的过程。科技成果评价通常又被称为科技成果鉴定。2016年8月，科技部废止《科学技术成果鉴定办法》，传统的科技成果鉴定正式退出历史舞台。科技成果评价工作由委托方委托专业评价机构执行。这意味着，我国正探索和建立以市场为导向的新型科技成果评价机制，新型科技成果评价将由市场"唱主角"，也更为直接地促进科技成果的转移转化及技术交易。作为科技成果转移转化的重要环节，科技成果评价是启动科技成果转化的"金钥匙"。

## 评价报告

科技成果报告是科技工作者对自己所承担的科研课题取得实质性成果而择写的科技文书，它表达了某项科研课题的进展情况与阶段成果，或是表述某一具体项目研究的总体与阶段成果，或是表述某一研究、试制的结果，或是论述某个科学技术问题研究的现状及发展情况。科技成果报告具有三大特点：一是真实性；二是新闻性；三是规范性。

## 评价作用

1. 行业认可。权威的科技评价报告是获得投融资机构及行业认可的"通行证"和"风险证明"，从而促进成果的市场化应用和推广。

2. 佐证材料。客观的科技成果评价报告是获得政府及申报政府专项资金的重要佐证材料。

3. 技术交易。通过对技术研发全过程和创新成果的严格评测及全面评价，将科技语言翻译成市场语言，减少交易双方的信息不对称及沟通和谈判成本，提高交易效率。

4. 项目融资。全面、科学的技术评价报告，有利于项目融资、合作开发、成果推广转化及产业化。

5. 技术改进。客观、全面的定量分析与专家定性分析，可诊断出评价对象存在的风险和不足，为产品和技术改进、提升，提供了解决方案，指明了完善的方向。

6. 专家对接。业内专家全程参与科技评价，通过评价为企业与专家搭建了直接交流与合作的平台。

7. 集聚资源。通过科技成果的积累、评价专家和企业的互动，集聚形成务实可用的科技成果库和专家资源库。

8. 招商引资。通过对政府招商引资的项目进行事前评价，判断项目质量和成熟度、识别项目风险，提高招商引资的效率和质量，降低决策风险。

9. 招才引智。通过对政府或企业拟引进的高层次人才的代表性科技成果进行事前评价，判断人才的层次，为人才的遴选和支持提供依据。

10. 结题验收。由权威专业机构出具的评价报告，是科学判断成果创新价值和应用价值的重要依据，是成果是否通过验收、确定整改方向的重要依据。

### 评价体系

1. 评价原则。遵守政策法规、客观公正、定性定量结合、差异化评价。
2. 指标维度。技术水平、经济价值、知识产权、人员团队、潜在风险。
3. 评价方法。行业专家、专家评议、技术协调、大数据综合评估。
4. 评价流程。需求审查、制定方案、信息收集、数据分析。

### 指标内容

1. 技术水平。技术成熟度创新性可替代性。
2. 市场价值。市场应用情况性能、价格竞争力、市场规模前景。
3. 知识产权。不可规避性侵权可判定性时效。
4. 团队水平。支撑后续研发能力创新能力稳定性。
5. 风险评估。技术可实现性、竞争风险、政策风险等。

### 评价指标

1. 技术创新度。
2. 技术成熟度。
3. 技术先进度。
4. 转化风险。
5. 技术难度和复杂程度。
6. 经济与社会效益。

### 工作流程

1. 评价材料形式审查。
2. 签订委托评价协议。
3. 遴选评价专家。
4. 召开技术成果评价会。
5. 做出成果评价结论。
6. 出具成果评价报告。

## 九、科技成果登记

### 政策依据

《科技部关于印发〈科技成果登记办法〉的通知》（国科发计字〔2000〕542号）;《河南省科技成果登记办法实施细则》。

## 政策简介

科学技术部管理指导全国的科技成果登记工作。省、自治区、直辖市科学技术行政部门负责本地区的科技成果登记工作；国务院有关部门、直属机构、直属事业单位负责本部门的科技成果登记工作。各省辖市科学技术行政部门负责本地区科技成果登记的申报工作；各申报部门及单位在推荐申报前应对成果的真实性进行审查。科技成果登记坚持客观、准确、及时的原则。已通过鉴定或取得视同鉴定证明的科技成果，应及时申报登记。科技成果完成人（含单位）可按直属或属地关系向科技成果登记机构办理科技成果登记手续。两个或两个以上完成人（单位）共同完成的科技成果，由第一完成人（单位）办理登记手续，不得重复登记。

## 登记范围

执行各级、各类科技计划（含专项）产生的科技成果和非财政投入产生的科技成果都应当登记（未经登记的科技成果不得参加省科学技术奖的评审）；涉及国家秘密的科技成果，按照国家科技保密的有关规定进行管理，不按照本细则登记。

## 登记条件

科技成果（包括应用技术成果、基础理论成果、软科学成果）登记应当同时满足下列条件。

1. 登记材料规范、完整。
2. 已有的评价结论持肯定性意见。
3. 不违背国家的法律、法规和政策。

## 登记机构

一级登记机构：国家科学技术奖励办公室；二级登记机构：省、自治区、直辖市等科技管理部门；三级登记机构：由二级登记机构授权开展科技成果登记的单位，如省辖市科技管理部门、直管县科技管理部门、省直相关部门以及二级登记机构设置的成果登记点；四级登记机构：成果完成单位（如高等院校、科研机构、企业）。

## 登记程序

1. 科技成果完成单位按照要求准备相关材料、利用"国家科技成果登记系统"（cgdj.tech110.net）录入成果信息，根据属地化原则或行业管理原则向所在省辖市科技局或省直有关部门提出申请登记。

2. 各省辖市科技局或省直有关部门应对成果的真实性、完整性进行审查，对成果登记的条件进行初审。对初审合格的科技成果，向科技成果登记部门推荐申请登记。

3. 科技成果登记部门对办理登记的科技成果进行在线审核，对审核通过的科技成果予以办理登记，由登记部门颁发登记证书。

## 登记材料

1. 应用技术类。

（1）财政性投入产生的科技成果须提供以下材料。

①科技计划项目验收或结项证书；②技术研究报告；③科技查新报告；④检

测报告；⑤一篇 SCI 论文或两篇中文核心期刊（论文为发表五年以内，只提供成果登记第一完成人所发表的文章，其他完成人的文章不用提供）；⑥两家单位出具的应用佐证材料（需盖应用单位公章）。

（2）非财政投入产生的科技成果须提供以下材料。

①技术研究报告；②科技查新报告；③检测报告；④一篇 SCI 论文或两篇中文核心期刊（论文须发表五年以内，只提供成果登记第一完成人所发表的文章，其他完成人的文章不用提供）；⑤两家单位出具的应用佐证材料（需盖应用单位公章）。

2．基础理论类。

（1）财政性投入产生的科技成果须提供以下材料。

①科技计划项目验收或结项证书；②研究报告；③科技查新报告；④一篇 SCI 论文或两篇中文核心期刊（论文须发表五年以内，只提供成果登记第一完成人所发表的文章，其他完成人的文章不用提供）或两部学术专著（只提供成果登记第一完成人的专著，专著须发表五年以内）；⑤论文收录引用检索报告。

（2）非财政投入产生的科技成果须提供以下材料。

①研究报告；②科技查新报告；③一篇 SCI 论文或两篇中文核心期刊（论文须发表五年以内，只提供成果登记第一完成人所发表的文章，其他完成人的文章不用提供）或两部学术专著（只提供成果登记第一完成人的专著，专著须发表五年以内）；④本单位学术部门（或学术委员会）等出具的评价意见；⑤论文收录引用检索报告。

3．软科学类。

（1）财政性投入产生的科技成果须提供以下材料。

①科技计划项目结项证书；②研究报告；③科技查新报告；④一家厅级行政机关或以上单位应用佐证材料；⑤两篇核心期刊论文（论文须发表五年以内，只提供成果登记第一完成人所发表的文章，其他完成人的文章不用提供）或两部学术专著（只提供成果登记第一完成人的专著，专著须发表五年以内）。

（2）非财政投入产生的科技成果须提供以下材料。

①研究报告；②科技查新报告；③一家厅级行政机关或以上单位应用佐证材料；④两篇核心期刊论文（论文须发表五年以内，只提供成果登记第一完成人所发表的文章，其他完成人的文章不用提供）或两部学术专著（只提供成果登记第一完成人的专著，专著须发表五年以内）。

## 注意事项

1．持一年以内（以证书授予日期和申请成果登记日期为起止时间）知识产权证明（发明专利证书、动植物新品种权证书、品种审定证书、软件著作权登记证书、国家标准、行业标准等）、或行业准入证书（如新药证书、医疗器械准入证书、原药和制剂农药登记证等）可直接进行登记，无需提供其他附件材料。成果登记名称和完成人须与证书名称和人员保持完全一致。（持专利受理通知书不能直接登记）

若上述证书仅显示单位持有信息，须补充提供证书持有单位意见、包括成果完成人名单、证书名称、编号并加盖证书持有单位公章。

2．企业申报应用技术类时，发明专利、实用新型专利等知识产权证明（外观设计专利除外）可替代核心期刊论文，知识产权证明名称需和申报成果名称具有关联性，且证书的第一完成人与成果登记第一完成人一致。

3. 财政性投入产生的科技成果进行登记时的人员名单须与验收结项时人员名单保持一致。

4. 发表论文为外文时须提交论文收录引用检索报告，期刊名称、论文摘要、发表论文作者及论文题目的中文翻译；成果登记第一完成人须为论文第一作者或通讯作者；中文论文须上传能确认为核心期刊的封面等材料及目录；提供的学术专著须上传专著的封面及出版年份信息页的扫描件，成果登记第一完成人须为专著的第一作者；论文收录引用检索报告须由国家正规检索机构出具并加盖检索机构公章。

5. XX（遴选）数据库收录期刊、XX 数据库统计源期刊、XX 数据库来源期刊及 XX 数据库收录期刊为非核心期刊。

6. 应用佐证材料要求为除本单位外，提供加盖应用单位公章的推广应用佐证材料。

7. 上传登记材料附件时，由于上传附件系统无法清晰显示，导致无法审核，请压缩后上传附件。

8. 验收结项证书、查新报告、应用证明均要求为一年以内。

9. 成果登记的第一完成人和第一完成单位对所申报成果登记材料的真实性负责，成果推荐单位要切实履行好监督责任。对于在成果登记中伪造、提供虚假材料等行为，成果第一完成单位和第一完成人将取消成果登记资格。

# 十、技术合同登记

## 政策依据

《科技部 财政部 国家税务总局关于印发〈技术合同认定登记管理办法〉的通知》（国科发政字〔2000〕63 号）;《关于印发〈关于加快发展技术市场的意见〉的通知》（国科发市字〔2006〕75 号）。

## 政策简介

为了贯彻落实《中共中央 国务院关于加强技术创新，发展高科技，实现产业化的决定》精神，加速科技成果转化保障国家有关促进科技成果转化政策的实施，加强技术市场管理，规范技术合同认定登记，完善技术合同登记制度，保证国家扶持技术创新、促进科技成果转化优惠政策的连续性和稳定性。明确规定：未申请认定登记和未与登记的技术合同，不得享受国家对有关促进科技成果转化规定的税收、信贷和奖励等方面的优惠政策。明确规定：技术合同认定登记实行卖方登记制度。

## 前提条件

1. 具备双方签订的正式书面合同（符合《中华人民共和国合同法》规定，真实、有效的技术合同）。

2. 技术合同文本中必须明确甲乙双方的主体资质，必须明确技术标的内容，必须明确技术的报酬或价款，如实表述双方相互的权利和义务关系。对弄虚作假和欺骗行为将根据后果追究其相应责任。

3. 每项合同只能申报登记一次，而且只能由卖方（技术输出方）在其注册地区（省、自治区、直辖市）任选一个登记机构进行申报，不能重复申报登记。

## 基本步骤

可以直接应用"全国技术合同网上登记系统"网站（http：//210.12.174.1:8084/）进行技术合同的申报登记，为了使技术合同卖方能够方便、快捷、安全的进行登记和查询，特做明确以下主要步骤。

1. 卖方用户注册。

初次申报登记技术合同需要携带自己的身份证明材料（机构代码证书、法人证书或身份证等），到选定的一个登记机构（可在网站主页的"技术合同登记机构查询"选定），由登记员负责核对材料、进行注册，给予"用户名 ID"和"密码 PW"。

2. 网上申报"登记表"。

单击网站主页的"合同卖方"，打开用户登录界面，输入"用户名 ID"和"密码 PW"，进入卖方自己的主页面。

3. 报送合同文本。

卖方完成申报登记表后，还应当及时将该合同文本送到已经选定的登记机构，因为登记机构的工作人员在卖方按"提交"完成申报后，虽然立即就能在自己工作端的计算机上查看该表，但必须要对照审核合同文本才能进行审批，及时报送文本才算完成申报步骤。

4. 审核、认定登记。

登记机构的工作人员根据收到的合同文本进行审核，然后对照卖方网上申报的登记表，单击相应的按键，做出予以登记或不予登记的处理结果，程序自动生成合同编号，登记员随即将编号记录在对应的合同文本上，并签字盖章予以确认。

5. 核定技术性收入。

合同履行后，卖方取得经济收入，其财务部门应如实填报"技术性收入核定表"，报送到原登记机构核定、备案，登记员通过网络记录、核定后，签字和加盖公章，用于存档和作为享受优惠政策的依据，并同时开具奖酬金单。

## 注意事项

技术合同网上登记操作需要注意以下几点。

1. 保护好自己的"用户名 ID"和"密码 PW"。密码由六位以上的西文字母和数字混合编制（如：a3b6c9d88……），要记得牢、用着快、保密好。

2. 注意选择登记机构。卖方在网上申报合同"登记表"时，默认的登记机构是最初为卖方进行注册的登记机构，但是卖方也可在其注册地区（省、自治区、直辖市）任意选择其他登记机构进行申报，申报的"登记表"只能由选定的登记机构受理登记，其他登记机构看不到，也不能受理该项合同认定登记。

3. 充分利用"合同查询"的多种功能。卖方可选择"合同查询"对尚未审核的登记表进行检查、修改、重新提交申报，对于正在处理、已收文本的登记表将不能再进行随意修改，只能进行查阅。

4. 及时报送合同文本。卖方在网上申报合同"登记表"完成后，必须及时将该合同文本报送到已经选定的登记机构，在卖方自己的主页面或"合同查询"列表上，30天以上未报送合同文本的不仅显示灰色标记，而且该登记表自动转为"撤销状态"。

5. 及时核对执行记录。"技术性收入核定表"报送到原登记机构进行核准、盖章，登记员通过网络核算、生成"技术合同执行表"并打印"奖酬金单"，卖方应及时查询、核对每份合同的全部信息，保持技术合同登记信息与实际履行状况一致。

# 第二章　人才激励

## 一、国家高层次人才特殊支持计划

### 政策依据

《中共中央组织部关于印发〈国家海外高层次人才引进计划管理办法〉〈国家高层次人才特殊支持计划管理办法〉的通知》（组通字〔2017〕9号）。

### 适用范围

"国家高层次人才特殊支持计划"是国家层面实施的重大人才工程，旨在重点遴选一批自然科学、工程技术和哲学社会科学领域的杰出人才、领军人才和青年拔尖人才，给予特殊支持。该计划由三个层次构成：第一层次为杰出人才；第二层次为领军人才，包括科技创新领军人才、科技创业领军人才、哲学社会科学领军人才、教学名师；第三层次为青年拔尖人才。根据国家经济社会发展和人才队伍建设需要，经中央人才工作协调小组批准，可调整计划项目设置。

### 政策内容

1. 中央组织部、人力资源社会保障部为入选者颁发证书。

2. 为杰出人才设立科学家工作室，通过"一事一议、按需支持"方式给予特殊支持。中央组织部、科技部、财政部等部门共同负责，委托自然科学基金会做好人选推荐评审、建设方案论证、周期考核评估等工作。科学家工作室依托杰出人才所在单位建设。依托单位负责工作室日常管理，提供运行保障和配套支持。

3. 给予科技创新领军人才、哲学社会科学领军人才、教学名师每人一定额度的特殊支持经费，用于自主选题研究、人才培养和团队建设等，由平台部门负责落实，财政部专管，商各主管部门统一拨付。青年拔尖人才支持经费由财政部设立专项予以支持，中央组织部负责具体拨付。用人单位不得截留挪用，不得提取管理费用。经费使用进度不按年度考核，原则上三年内统筹使用，确有需要可延长两年。入选专家转换工作单位，中央财政给予的支持经费一并流转。

4. 专项办会同有关部门研究制定相应政策，在科研项目、事业平台、人事制度、经费使用、激励保障等方面对入选专家给予特殊支持。鼓励地方和用人单位提供相关配套支持政策。

### 申请条件

1. 杰出人才。申报人研究方向应当处于世界科技前沿，科研上取得重大成果，具有成长为世界级科学家的潜力。

2. 科技创新领军人才。申报人应当为主持重大科研任务、领衔高层次创新团队、领导国家级创新基地和重点学科建设的科技人才和科研管理人才，研究方向属于《国家中长期科学和技术发展规划纲要》确立的重点领域，研究工作具有重大创新性和发展前景。

3. 科技创业领军人才。申报人应当为企业主要创办者和实际控制人（为企业第一大股东或者法人代表)。运用自主知识产权创建科技企业的科技人才,或者具有突出经营管理才能的高级管理人才。创业项目符合我国战略性新兴产业发展方向并处于领先地位。企业创办时间一般不超过五年,特殊情况可适当放宽。

4. 哲学社会科学领军人才。申报人必须拥护党的领导和中国特色社会主义制度,坚持正确政治方向,是主持重大课题任务、领导重点学科建设的专业人才和科研管理人才,研究成果有重要创新和重大影响。

5. 教学名师。申报人应当忠诚于党和人民的教育事业,全面贯彻党的教育方针,长期从事一线教学工作,对教育思想和教学方法有重要创新,教学成果和教育质量突出,在学生培养方面有突出贡献,教书育人,立德、树人,为人师表,师德高尚。

6. 青年拔尖人才。申报人在自然科学、工程技术、哲学社会科学和文化艺术重点领域崭露头角,获得较高学术成就,具有创新发展潜力,有一定社会影响。自然科学、工程技术领域,年龄不超过 35 岁(女性不超过 37 岁);哲学社会科学、文化艺术领域,年龄不超过 38 岁(女性不超过 40 岁)。一般应当取得博士学位。

### 申报流程

1. 遴选通知。专项办部署年度遴选总体安排,设立平台的部门对所负责项目遴选工作做出具体部署。中央组织部会同平台部门印发遴选通知,统一部署,分头实施。

2. 审查评审。平台部门做好申报推荐和形式审查工作。推荐工作应当充分体现广泛性、代表性。平台部门应当将形式审查情况及时反馈推荐单位。平台部门应当组织小同行专家进行评审。评审专家应当覆盖申报人专业领域。评审工作可针对申报人类别采取会议、通讯评审、面谈、远程视频答辩等方式。

3. 咨询审核。组建评审工作巡察小组,对评审工作全过程严格监督。召开专家咨询顾问会议,通报评审工作情况,接受专家质询,对建议人选进行审核,研究提出审核意见并向平台部门反馈。

4. 公示批准。拟入选名单须通过媒体向社会公示,公示期为七个工作日。相关平台部门负责对公示反映的问题进行调查核实,提出处理意见。确定入选名单。

## 二、国家创新人才推进计划

### 政策依据

《科技部 人力资源和社会保障部 财政部 教育部 中国科学院 中国工程院 国家自然科学基金委员会 中国科学技术协会关于印发创新人才推进计划实施方案的通知》(国科发政〔2011〕538 号);《科技部关于开展 2020 年创新人才推进计划组织推荐工作的通知》(国科发政〔2020〕467 号)。

### 适用范围

"创新人才推进计划"(本节简称"推进计划")是《国家中长期人才发展规划纲要(2010—2020 年)》(本节简称《人才规划纲要》)确定的 12 项重大人才工程首项任务,旨在通过创新体制机制、优化政策环境、强化保障措施,培养和造就一批具有世界水平的科学家、高水平的科技领军人才和工程师、优秀创新团队和创业人才，打造一批创新人才培养示范基地，加强高层次创新型科技人才队伍建设，引领和带动各类科技人才的发展，为提高自主创新能力、建设创新型国家提供有力的人才支撑。

### 政策内容

1. 统筹国家科技计划等相关经费的安排，调整投入结构，创新支持方式，加大对"推进计划"入选对象的支持力度。在充分利用现有资源的基础上，设立中央财政专项经费，对科学家工作室等重点任务给予支持。加强专项经费监督管理，提高经费使用效益。

2. 科学家工作室采取"一事一议、按需支持"的方式，给予充分的经费保障，不参与竞争申请科研项目；首席科学家实行聘期制，赋予其充分的科研管理自主权，建立国际同行评议制度。对中青年科技创新领军人才、创新团队加大培养和支持力度，扩大科研经费使用自主权。落实期权、股权和企业年金等中长期激励措施，加强科技与金融结合，加大对科技创新创业人才的支持力度。鼓励创新人才培养示范基地加强体制机制改革与政策创新，大胆探索，先行先试。

3. "推进计划"入选对象所在单位、园区、地方和部门要集成各方资源，加大政策和资金支持力度；及时总结推广在"推进计划"实施过程中创造的典型经验和成功做法，加强对优秀科技人才和创新团队的宣传报道，为加强创新人才队伍建设营造良好的社会氛围。

### 申请条件

1. 科学家工作室。

科学家工作室实行首席科学家负责制。首席科学家原则上应具备以下基本条件：①研究方向处于我国具有相对优势的世界科技前沿领域；②取得了国内外同行公认的突出成就，具有发展成为世界级科技大师的潜力；③能够坚持全职潜心研究；④坚持科学精神、品德高尚。

2. 中青年科技创新领军人才。

中青年科技创新领军人才原则上应具备以下基本条件：①在科技前沿和战略性新兴产业领域取得高水平创新成果，具有较大的发展潜力；②具有主持承担国家或地方重要科技项目的经验；③表现出较强的领军才能、团队组织能力；④拥有博士学位或副高级以上职称，年龄在45周岁以下。

3. 科技创新创业人才。

科技创新创业人才原则上应具备以下基本条件：①科技型企业的主要创办人，具有本科以上学历和较强的创新创业精神；②企业创办不足五年；③企业拥有核心技术或拥有自主知识产权；④企业具有较好的经营业绩和成长性。

4. 重点领域创新团队。

重点领域创新团队原则上应具备以下基本条件：①所从事科研工作符合国家、行业重点发展方向和长远需求；②具有承担国家重大科研课题、重点工程和重大建设项目的经历；③团队创新业绩突出，具有较好的发展前景；④团队组织结构合理、核心人员相对稳定；⑤团队具有明确的创新目标和科研规划。

5. 创新人才培养示范基地。

创新人才培养示范基地原则上应具备以下基本条件：①牵头单位为高等学

校、科研院所和科技园区；②牵头单位应有丰富的科技资源、较强的创新能力和良好的人才培养基础；③牵头单位建立了产学研紧密结合的人才培养机制，积极开展国际化人才交流与合作培养；④牵头单位建立了科教资源面向社会开放共享的机制；⑤在人才培养的体制机制改革和政策创新方面先行先试，能够发挥较强的示范、辐射和带动作用。

### 申报流程

1. 项目申报。创新人才推进计划实行网上统一申报、推荐，具体申报流程请认真阅读网站说明。网址为：国家科技计划申报中心（http：//program.most.gov.cn）。

2. 审核推荐。依托单位和推荐单位认真审核推荐对象的申报材料。按照各自的权限在申报系统中逐一确认后，由推荐单位提交至科技部。纸质申报材料邮寄或送达科技部科技人才中心。

3. 公示批准。科技部组织专家咨询论证，经公示无异议后批准支持。

## 三、现代农业人才支撑计划

### 政策依据

《关于印发〈现代农业人才支撑计划实施方案〉的通知》（农人发〔2011〕6号）;《农业部关于印发〈现代农业人才支撑计划项目资金管理办法〉的通知》（农财发〔2018〕10号）。

### 适用范围

现代农业人才支撑计划项目，是指中央财政在农业农村部部门预算中设立的，履行农业农村部职责所必需的，用于实施农业科研杰出人才培养计划，支持遴选产生的农业科研杰出人才及其创新团队建设的项目支出。到2020年，选拔一批农业科研杰出人才，给予科研专项经费支持；支持一万名有突出贡献的农业技术推广人才，开展技术交流、学习研修、观摩展示等活动；选拔三万名农业产业化龙头企业负责人和专业合作组织负责人、10万名生产能手和农村经纪人等优秀生产经营人才，给予重点扶持。

### 政策内容

对入选的农业科研杰出人才及其创新团队，农业农村部分年度给予项目资金支持。每个团队资助周期五年，每年20万元。项目资金主要用于农业科研杰出人才及其创新团队开展自主选题、学术交流、学习培训和文献出版等支出。开支范围主要包括项目实施过程中发生的邮电费、印刷费、专用材料费、维修（护）费、租赁费、差旅费、劳务费、咨询费、委托业务费及其他与项目直接相关的支出。

通过政府购买服务方式支付给承担单位的现代农业人才支撑计划项目资金，其开支范围按照政府购买服务有关规定执行。

### 实施管理

1. 农业农村部是现代农业人才支撑计划项目的实施主体，对项目资金的管理和使用承担主体责任，负责归口管理和直接承担项目的组织实施和监督检查。

各项目承担单位对项目资金的管理和使用承担直接责任。

2. 农业农村部应当根据项目支出规划和年度预算，制定现代农业人才支撑计划项目年度实施方案，做好组织实施工作。项目年度实施方案主要包括年度绩效目标、重点实施内容和区域、承担单位范围、资金安排意见、监督管理措施等内容。

3. 按照项目实施方案，农业农村部与项目承担单位签订科研杰出人才培养计划合同书，明确任务内容、实施方案、经费预算、资金结算、违约责任等内容，并纳入项目档案管理。

4. 农业农村部对项目实施情况跟踪调度，按照科研杰出人才培养计划合同书的约定，按时验收合同成果。

## 四、高层次人才认定与支持

### 政策依据

《中共河南省委 河南省人民政府关于深化人才发展体制机制改革加快人才强省建设的实施意见》（豫发〔2017〕13号）；《河南省人才工作领导小组关于印发〈河南省高层次人才认定和支持办法〉的通知》（豫人才〔2017〕5号）；《关于印发〈河南省高层次人才认定工作实施细则（试行）〉的通知》（豫人社〔2018〕37号）。

### 政策简介

2017年11月20日，为贯彻落实《中共河南省委 河南省人民政府关于深化人才发展体制机制改革加快人才强省建设的实施意见》精神，建立科学、规范的高层次人才选拔、评价、培养和激励保障体系，充分发挥高层次人才在加快推进经济社会发展中的高端引领和关键支撑作用，河南省人才工作领导小组办公室制定了《河南省高层次人才认定和支持办法》。

### 认定范围

高层次人才认定范围为在豫工作、来豫自主创业、河南省全职或柔性引进的人才，重点是符合河南省建设先进制造业强省、现代服务业强省、现代农业强省、网络经济强省需要的高精尖缺人才。国家公务员及参照公务员法管理的事业单位工作人员不列入认定对象。

### 认定条件

1. 高层次人才须具备以下基本条件。

（1）遵纪守法。

（2）有良好的职业道德，严谨的科研作风和科学、求实、团结、协作的精神。

（3）有较强的创新创业能力，学术技术、经营管理水平达到国际先进或国内领先，能够引领和带动某一领域科技进步、产业升级、文化繁荣、社会发展和管理服务水平突破或提升。

（4）年龄一般应在60周岁以下，身体健康；贡献突出或急需紧缺人才，年龄条件可适当放宽。

2. 认定分类及标准。

高层次人才认定分为三个层次：顶尖人才（A类人才）、领军人才（B类人才）和拔尖人才（C类人才）。具体标准如下。

（1）A类人才应符合下列标准之一。

①诺贝尔奖获得者（物理学、化学、生理学或医学、文学、经济学奖）；国家最高科学技术奖获得者。

②中国科学院院士、中国工程院院士。

③美国、英国、德国、法国、日本、意大利、加拿大、瑞典、丹麦、挪威、芬兰、比利时、瑞士、奥地利、荷兰、澳大利亚、新西兰、俄罗斯、新加坡、韩国、西班牙、以色列等国家相当于院士的最高学术权威机构会员（成员或高级成员）。

④国家"万人计划"杰出人才人选。

⑤担任过下列职务之一者：国际著名金融机构首席执行官或首席专家，国际著名会计师事务所首席执行官；国际著名学术组织主席或副主席；国际标准组织（ISO）标样委员会委员。

⑥相当于上述层次的其他顶尖人才。

（2）B类人才应符合下列标准之一。

①入选以下计划或获得下列资助、荣誉称号之一者：国家"千人计划"人选；国家"万人计划"领军人才；教育部"长江学者奖励计划"特聘教授；国家杰出青年科学基金获得者；全国杰出专业技术人才；百千万人才工程国家级人选；科技部"创新人才推进计划"人选；国家外国专家局"首席外国专家项目"人选；中央直接联系掌握的高级专家；中宣部文化名家暨"四个一批"人才。

②近五年获得下列奖项之一者：国家科技进步奖特等奖前五名完成人；国家自然科学奖一等奖前三名完成人；国家技术发明奖一等奖前三名完成人；国家科技进步奖一等奖前三名完成人；"全国创新争先奖"奖章获得者；中国专利金奖前三位专利发明人或设计人；长江学者成就奖。

③近五年担任过下列职务之一者：国家重点实验室、工程实验室、工程技术研究中心主任、首席专家；全国专业标准化技术委员会主任委员；国家科技重大专项专家组组长、副组长；国家重点研发计划项目主要负责人（国家科技支撑计划项目负责人，"973计划"项目首席科学家，"863计划"领域主题专家组组长、副组长、召集人）；国家自然科学基金重大项目牵头负责人；国家社会科学基金重大项目首席专家。

④具有下述各岗位经历之一者。世界500强企业总部董事会成员、首席技术官或技术研发负责人；国际著名金融机构、国际著名会计师事务所中层正职管理人员或技术岗位负责人；国际著名学术组织成员。

⑤省科学技术杰出贡献奖获得者；省海外高层次人才引进计划（"中原百人计划"）人选；省高层次人才特殊支持计划（"中原千人计划"）人选。

⑥相当于上述层次的其他领军人才。

（3）C类人才应符合下列标准之一。

①入选以下计划或获得下列资助、荣誉称号之一者：国家"千人计划"青年项目人选；国家"万人计划"青年拔尖人才；"长江学者奖励计划"青年学者；国家优秀青年科学基金获得者；享受国务院政府特殊津贴专家；国家外国专家局"高端外国专家项目""重点外国专家项目"人选；全国知识产权领军人才；全国会计领军人才；中国工艺美术大师。

②近五年获得下列奖项之一者。国家自然科学奖二等奖前三名完成人；国家技术发明奖二等奖前三名完成人；国家科技进步奖二等奖前三名完成人；省部级

科学技术进步奖一等奖前三名完成人；"全国创新争先奖"奖状获得者；教育部高等学校科学研究优秀成果奖（人文社会科学）一、二等奖前三名完成人；中国青年科技奖；全国精神文明建设"五个一工程"获奖作品主创人员；中国文化艺术政府奖获奖作品主创人员和获奖个人；中国广播电视大奖获奖作品主创人员和获奖个人；中国文联12个奖项获奖作品主创人员和获奖个人；中国作协四个奖项获奖个人；长江韬奋奖、中国出版政府奖优秀出版人物奖、中国新闻奖一等奖获得者或主要作者；中国播音主持"金话筒"奖获奖主持人。

③近五年担任过下列职务之一者。国家重点实验室、工程实验室、工程技术研究中心副主任前两名；国家科技重大专项专家组成员、项目分课题组长；国家重点研发计划项目负责人（国家科技支撑计划课题第一负责人，"973计划"项目首席科学家助理、课题组第一负责人，"863计划"主题项目或重大项目首席专家，专题组组长、副组长）；国家自然科学基金重点项目负责人；国家社会科学基金优秀成果项目第一负责人；全国专业标准化技术委员会副主任委员；省级重点实验室、工程技术研究中心、工程实验室（工程研究中心）主任；世界500强企业二级公司或地区总部高管及技术研发负责人；全国知名学会会长、副会长。

④省优秀专家；省杰出专业技术人才；省科技创新杰出人才和杰出青年；享受省政府特殊津贴人员；省学术技术带头人；省特聘教授；省特聘研究员；省职业教育教学专家；省"国际人才合作项目计划"外国专家人选；省会计领军人才；省文学艺术优秀成果奖获奖作品主创人员。

⑤近五年，获得"中华技能大奖""全国技术能手"或"中原技能大奖"荣誉称号的技术技能型、复合技能型高技能人才。

⑥相当于上述层次的其他拔尖人才。

根据河南省产业发展和人才需求状况，以上标准可适时调整并实行动态发布。

## 支持政策

经认定的高层次人才按"就高从优不重复"原则，享受相应支持政策和待遇。

1. 奖励补贴。对全职引进和河南省新入选的A类人才，省政府给予500万元的奖励补贴，其中一次性奖励300万元，其余200万元分五年逐年拨付。对经认定的A类人才，在岗期间用人单位可给予不低于每月三万元的生活补贴；对经认定的B类人才，在岗期间用人单位可给予不低于每月两万元的生活补贴。省财政设立中原院士基金，用于对经认定的高层次人才的科研经费支持等，经评估根据实际需要确定资助额度，用人单位可给予一定比例配套支持。

2. 薪酬待遇。鼓励和支持用人单位按照"同层次人才同等待遇"原则，对经认定的高层次人才根据实际贡献和学术水平，实行协议工资制、年薪制和项目工资等；省属科研院所、省级以上重点实验室和协同创新中心、河南省优势特色学科通过上述方式给予高层次人才的收入，不计入工资总额和绩效工资总量基数。用人单位可按照规定采取股权、期权、分红、净资产增值权、特别奖励等方式，对经认定的高层次人才予以激励。

3. 税收优惠。对由省政府或以省政府名义发给高层次人才的奖金，依法免纳个人所得税。对经认定的高层次人才和科技创业领军人才的创业团队核心成员，三年内由当地政府根据本人贡献情况给予适当奖励。对高校、科研院所和高新技术企业、科技型中小企业转化科技成果给予个人的股权奖励，递延至取得股权分红或转让股权时按规定纳税。

4. 医疗社保。经认定的 A、B、C 类人才，分别纳入一级、二级、三级保健对象范围，享受相应的医疗保健（医疗保险）服务。经认定的高层次人才本人及其配偶、未婚子女，可按有关规定参加相关社会保险，其在校就读的子女按规定参加城乡居民基本医疗保险，缴纳相应医疗保险费后，享受相应待遇。对引进的高层次人才办理医疗、社保转移接续手续提供便利化服务。

5. 子女入学和配偶就业。高层次人才子女在基础教育阶段，可按本人意愿，选择当地公办学校就读，当地教育行政部门优先为其协调办理入学手续。配偶一同来豫就业的，由当地协调妥善安排。

6. 出入境和居留便利。经认定的外籍高层次人才，无签证或持非 R 字签证来河南省的，允许其在抵达口岸后申请 R 字签证，入境后根据工作需要和有关规定办理居留许可；经认定的外籍高层次人才及其配偶和未满 18 周岁未婚子女，根据本人意愿，可直接通过有关部门向国家部委推荐申报永久居留证。

对柔性引进的 A、B、C 类人才，视业绩贡献可与本地同类人才在领办创办科技型企业、表彰奖励、科研立项、成果转化、生活待遇、医疗保障等方面享受同等待遇。

经认定的郑州航空港经济综合实验区、郑洛新国家自主创新示范区、中国（河南）自由贸易试验区的高层次人才，相应享受郑州航空港经济综合实验区、郑洛新国家自主创新示范区、中国（河南）自由贸易试验区有关高层次人才的特殊支持政策。

## 认定程序

省人才工作领导小组办公室负责高层次人才认定工作的宏观指导和统筹协调，各省辖市、省直管县（市）党委组织部，省人力资源社会保障厅、省政府国资委、省教育厅负责高层次人才认定工作的组织实施。

1. 提出申请。个人向用人单位提出认定申请，并提供有关证明材料。

2. 审核认定。用人单位对申请人各项条件进行审核，符合条件的，出具推荐意见，连同相关证明材料按隶属关系报有关部门认定。

（1）各省辖市、省直管县（市）人选，由用人单位（含非公有制经济组织和社会组织）将人选名单及材料报各省辖市、省直管县（市）人力资源社会保障局，各省辖市、省直管县（市）党委组织部会同当地人力资源社会保障、科技等部门对照认定标准，研究确定人选层次。

（2）省直单位（含驻豫单位）人选，由本单位组织人事部门将人选名单及材料报省人力资源社会保障厅，由省人力资源社会保障厅对照认定标准，研究确定人选层次。

（3）省管企业人选，由本单位组织人事部门将人选名单及材料报省政府国资委，由省政府国资委对照认定标准，研究确定人选层次。

（4）省管高等院校（含党组织关系隶属省委高校工委的民办高等院校）人选，由本单位组织人事部门将人选名单及材料报省教育厅，由省教育厅对照认定标准，研究确定人选层次。

3. 人选公示。人选层次确定后，由各省辖市、省直管县（市）人力资源社会保障局、省人力资源社会保障厅、省政府国资委、省教育厅分别在有关媒体上向社会公示，公示期为 10 个工作日。

4. 发证备案。经公示无异议的人选，由各省辖市、省直管县（市）人力资源社会保障局、省政府国资委、省教育厅将人选名单报省人力资源社会保障厅审核后颁发证书。证书颁发后，省人力资源社会保障厅将认定结果报省人才工作领导小组办公室备案。

### 日常管理

1. 高层次人才实行任期制，任期为五年，期满继续在豫工作的可自动延期。任期内实行动态管理，对因工作调动等原因不在河南省工作的，适时进行调整；达到更高层次认定条件的，可按规定申请相应层次人才的认定。

2. 申报人员经认定后，列入河南省高层次人才信息库管理。各省辖市、省直管县（市）可参照本办法有关规定，结合本地实际和发展需要，研究制定具体实施细则。

## 五、中原学者

### 政策依据

《关于实施河南省高层次人才特殊支持"中原千人计划"的通知》（豫组通〔2017〕44号）;《关于开展2021年度"中原英才计划（育才系列）"申报工作的通知》（豫人才办〔2021〕1号）;《河南省科学技术厅 河南省财政厅关于印发〈中原学者管理办法〉的通知》（豫科〔2018〕82号）;《2021年度中原英才计划（育才系列）——中原学者申报指南》。

### 申报条件

1. 申请者应具备以下基本条件。

（1）具有中国国籍，拥护中国共产党领导，热爱祖国，遵守宪法和法律，在河南省行政区划范围内的高校、科研院所或企业等单位全职固定工作，且至少已工作一年以上。

（2）有良好的科学道德和严谨的学风，有强烈的事业心和求实、创新、协作、奉献精神。

（3）2021年12月31日未满60周岁，有充分的时间和精力从事研究工作，仍然坚持工作在科研生产一线。

（4）原则上应具有正高级专业技术职务。

（5）在自然科学或工程技术领域中，已取得同行公认的创新性成绩或创造性科技成果，并对本学科领域或相关学科领域的发展具有重要推动作用，或对国民经济和社会发展有较大影响。

（6）具备从事研究所必需的工作基础、实验条件以及研究团队等基本保障。

2. 申请者还应具备以下条件之一。

（1）河南省杰出贡献奖获得者。

（2）获得国家科学技术奖前两名完成人或省、部级科学技术奖一等奖第一名完成人。

（3）国家重大科技项目（科技重大专项、重点研发计划、自然科学基金重大项目、自然科学基金创新群体项目、国家重大科研仪器研制项目、自然科学基金重点项目等）的首席专家或主持人。

（4）国家科技创新基地（国家实验室、国家重点实验室、国家技术创新中心、国家工程研究中心、国家临床医学研究中心、国家野外科学观测研究站等）的主要负责人。

（5）国家重点人才计划、国家杰出青年基金、长江学者等获得者。

（6）全国杰出专业技术人才，国家现代农业产业技术体系首席科学家等。

### 申报材料

申请者要认真填报《中原学者申请书》，内容要完整、真实，文字描述要准确、客观，同时按要求提供相关附件材料。申报材料不得填写任何涉及国家秘密的内容，所有内容应可公开。

### 推荐要求

"中原学者"申报推荐分为"通过所在单位和主管部门推荐"和"由在豫的中国科学院院士、中国工程院院士和中原学者推荐"两种渠道。

1. 所在单位和主管部门推荐。

（1）申请者所在工作单位隶属于省直部门的，通过省直主管部门推荐；其他单位分别通过所在地省辖市、省直管县（市）科技主管部门和各国家级高新区、郑州航空港区、郑州经开区管委会推荐。

（2）申请者所在工作单位和主管部门，认真审查和审核申报材料，提出推荐意见，对材料的真实性负责。

（3）申报材料由主管部门统一推荐上报。

2. 在豫两院院士和中原学者推荐。

（1）申请者可通过两名以上（含两名）在豫两院院士推荐，也可以通过三名以上（含三名）在豫中原学者推荐。其中至少有一名院士或者两名中原学者推荐人的研究领域与被推荐人的相同，推荐方为有效。研究领域以《学科分类与代码》（GB/T 13745–2009）中一级学科为准。参与推荐的院士一般不超过 80 周岁，参与推荐的中原学者一般不超过 70 周岁。

（2）推荐人应认真审阅申报材料，对材料的真实性负责，对被推荐人的成就、贡献和学风道德进行评价，提出推荐意见。

（3）在豫两院院士和中原学者每年度每人最多可推荐两名申请者。

### 申报程序

1. 申请人和申请单位需登录"河南省科技管理信息系统"（http://xm.hnkjt.gov.cn/)，按要求填写《申请书》，并上传相关附件材料。

2. 纸质申请材料由系统导出 PDF 格式文档打印生成，连同相关附件材料竖向左侧装订份报送。

3. 在线填报和提交纸质申报材料截止时间以年度通知为准。

### 遴选程序

1. 受理公示及申报材料形式审查。

2. 组织专家评审。

3. 评审结果公示。

4. 报批和公布。

## 六、中原产业创新领军人才

### 政策依据

《关于实施河南省高层次人才特殊支持"中原千人计划"的通知》（豫组通〔2017〕44号）；《关于开展2021年度"中原英才计划（育才系列）"申报工作的通知》（豫人才办〔2021〕1号）；《关于发布〈2021年度中原英才计划（育才系列）——中原科技创业领军人才申报指南〉的通知》（豫科人才〔2021〕8号）。

### 遴选对象

围绕河南省主导产业和战略性新兴产业，面向企业遴选和培育一批具有全球视野、站在科技前沿和产业高端，核心技术能力突出、集成创新能力强、产业贡献重大、引领作用显著的人才及团队，构建产业创新领军人才队伍体系，进一步推动企业成为技术创新的主体。

### 申报条件

1. 申请者应具备以下基本条件。

（1）具有中国国籍，有良好的学风和科学道德，热爱祖国，遵纪守法，诚实守信。

（2）年龄不超过60周岁。

（3）在河南省内有固定工作单位，全职工作五年以上，且仍工作在产业一线。

（4）原则上具有博士学位或副高级以上（含副高）职称。

（5）在相关产业领域已取得同行公认的创新性成绩或创造性科技成果，并对本产业的发展具有重要推动作用，或对国民经济和社会发展有较大影响。

2. 申请者所在企业应满足以下基本条件。

（1）具有明确的创新发展战略和持续创新能力，拥有核心技术和自主知识产权，能够引领产业发展。

（2）主营业务和技术发展重点符合国家产业政策、能源政策和环保政策等。

（3）具有自主品牌和较强的盈利能力、较高的管理水平、较好的行业带动性、良好的企业文化。

（4）守法经营，近两年无重大质量、安全、环保问题及相关负面信息和法律纠纷。

### 申报要求

1. 中原产业创新领军人才按照隶属关系申报，隶属于省直部门（单位）的通过省直部门（单位）申报；郑州航空港经济综合实验区、国家高新区、国家郑州经济技术开发区内的通过管委会申报；其他单位均通过所在省辖市或济源示范区或省直管县（市）科技主管部门申报。

2. 为保证质量，中原产业创新领军人才实行限额择优推荐的办法，具体推荐名额分配以通知为准。

3. 申报人每年度仅可申报一个类别的一个人才项目，不得重复申报。

4. 根据省财政经费管理有关规定，凡承担省财政经费资助的科研项目尚未结项的，不再参与中原产业创新领军人才的申报。

5.国家杰出青年科学基金、国家重点人才计划科技创新领军人才、教育部"长江学者奖励计划"特聘教授、科技部创新人才推进计划中青年科技创新领军人才、中国科学院人才计划不再参与中原产业创新领军人才的申报。

### 材料要求

1.申请者需认真填报《中原产业创新领军人才申请书》，内容要完整、真实，文字描述要准确、客观，同时按要求提供相关附件材料。

2.需提供的附件材料。

（1）附件材料目录，包括附件页码。

（2）支持在现单位工作时间的旁证材料复印件。

（3）本人身份证和最高学历、学位、职称证书复印件。

（4）本人电子证件照片。

（5）支持主要学术团体任职情况成立的旁证材料复印件。

（6）支持获得个人荣誉称号成立的旁证材料复印件。

（7）支持所在科技创新基地（平台、团队）及任职情况成立的旁证材料复印件。

（8）已完成的科研项目的计划任务文件（含项目主持人）、项目验收结论（意见）及验收专家组名单复印件。

（9）支持获奖情况成立的旁证材料复印件。

（10）支持申请人作为权利人、发明人已授权知识产权的旁证材料复印件。

（11）在国内、国际学术会议上作大会报告、特邀报告，应提供邀请信或通知复印件。

（12）纪检监察机关出具的廉洁自律情况证明材料和卫生健康部门提供的计划生育证明材料。

（13）其他申请书中有关内容的旁证材料。

3.申报材料不得填写任何涉及国家秘密的内容，所有内容应可公开。

### 申报流程 评审程序

参照中原学者。

## 七、中原科技创新领军人才

### 政策依据

《关于实施河南省高层次人才特殊支持"中原千人计划"的通知》（豫组通〔2017〕44号）；《关于开展2021年度"中原英才计划（育才系列）"申报工作的通知》（豫人才办〔2021〕1号）；《河南省科学技术厅 河南省财政厅关于印发〈中原科技创新领军人才管理办法〉的通知》（豫科〔2018〕83号）；《关于发布〈2021年度中原英才计划（育才系列）——中原科技创新领军人才申报指南〉的通知》（豫科人才〔2021〕7号）。

### 遴选对象

在河南省中长期科学和技术发展规划确立的重点领域，瞄准科技创新着力点，引领科技发展新方向，主持重大科研任务、领衔高层次创新团队、领导重大创新基地和重点学科建设的科技人才和科研管理人才，其研究工作具有重大创新性和发展前景。

## 申报条件

1. 申请者应具备以下基本条件。

（1）具有良好的学风和科学道德。

（2）在自然科学或工程技术领域中，已取得同行公认的创新性成绩，并对学科发展、经济发展方式转变、创新型河南建设具有重要推动作用，或对国民经济和社会发展有较大影响。

（3）在河南省内有固定工作单位。省外人员须与河南省内的聘用单位签订五年以上工作合同，且合同期覆盖项目执行期限，年度工作任务明确。

（4）申请者有充分的时间和精力从事本项资助的研究工作。申请者所在单位（聘用单位）具备从事研究所必需的主要实验条件以及研究团队等基本保证。

2. 申请者还应具备以下条件。

（1）年龄不超过 55 周岁。

（2）具备下列条件之一。

①获得博士学位五年以上（证件签发日期到受理申请当年 12 月 31 日满五年）。

②原则上具有正高级专业技术职务。

③获得国家科学技术奖前五名主要完成人、省科学技术奖一等奖的前三名主要完成人、省科学技术奖二等奖的第一完成人。

④国家实验室、国家科技创新基地（国家重点实验室、国家工程研究中心、国家技术创新中心、国家临床医学研究中心）负责人和省级重点实验室、工程实验室、协同创新中心、制造业创新中心、企业技术中心、工程（技术）研究中心、国际联合研究中心（实验室）、临床医学研究中心、院士工作站、院士及团队服务站、省野外科学观测研究站、新型研发机构、优势特色学科、博士后科研流动站（工作站）、博士后创新实践基地及产业技术创新战略联盟等高层次创新创业平台主要技术负责人。

⑤国家重点人才计划青年项目获得者，国家优秀青年科学基金获得者，"长江学者奖励计划"青年学者，国务院特殊津贴专家，国家有突出贡献的中青年科技专家，河南省杰出专业技术人才、省优秀专家、省科技创新杰出人才（杰出青年）、省杰出青年科学基金获得者等。

⑥已取得了突出的科研成绩（如在 *Science*、*Nature* 和 *Cell* 等国际顶尖期刊主刊上发表论文等）。

## 申报要求

1. 申报推荐分为"通过所在单位和主管部门推荐"和"由在豫的中国科学院院士、中国工程院院士和中原学者推荐"两种渠道。

（1）所在单位和主管部门推荐。

①申请者所在工作单位隶属于省直部门的，通过省直主管部门推荐；其他单位分别通过所在地省辖市、省直管县（市）科技主管部门和各国家级高新区、郑州航空港区、郑州经开区管委会推荐。

②申请者所在工作单位和主管部门，认真审查和审核申报材料，提出推荐意

见，对材料的真实性负责。

③申报材料由主管部门统一推荐上报。

（2）在豫院士和中原学者推荐。

①申请者可通过两名或两名以上在豫80岁以内的两院院士推荐，且至少有一名推荐人的研究领域与被推荐人的相同，推荐方为有效；也可通过三名或三名以上中原学者推荐，且至少有两名推荐人的研究领域与被推荐人的相同，推荐方为有效。在豫两院院士和中原学者每年度每人最多可推荐两名申请人，超过两名的，则全部视为无效推荐。

②推荐人应认真审阅申报材料，对材料的真实性负责，对被推荐人的成就、贡献和学风道德进行评价，提出推荐意见。

③推荐人和被推荐人应符合回避要求。

2. 中原科技创新领军人才实行限额择优推荐的办法。

3. 申请者每年度仅可申报一个类别的一个人才项目，不得重复申报。

4. 根据省财政经费管理有关规定，凡承担省财政经费资助的科研项目尚未结项的，不再参与中原科技创新领军人才的申报。

5. 为避免重复支持，对已入选国家重点人才计划、教育部"长江学者奖励计划"、科技部"创新人才推进计划"、国家杰出青年科学基金等国家人才支持计划（青年项目除外）的人选，不再参与中原科技创新领军人才的申报。

### 材料要求　申报流程　评审程序

参照中原科技创新领军人才。

## 八、中原科技创业领军人才

### 政策依据

《关于实施河南省高层次人才特殊支持"千人计划"的通知》（豫组通〔2017〕44号）;《关于开展2021年度"中原英才计划（育才系列）"申报工作的通知》（豫人才办〔2021〕1号）;《关于发布〈2021年度"中原英才计划（育才系列）"——中原科技创业领军人才申报指南〉的通知》（豫科人才〔2021〕8号）。

### 申报条件

1. 申请者具有中国国籍，热爱祖国，遵纪守法，品行端正，学风正派，诚实守信。

2. 年龄不超过60周岁。

3. 申请者为科技型企业主要创办者和实际控制人，原则上具有本科以上学历，具有较强的创新创业精神、市场开拓能力和经营管理能力。

4. 所创办企业在河南省内注册，创办时间两年以上，一般不超过五年，对于转型升级二次创业的原则上放宽至10年。

5. 所创办企业拥有核心技术和自主知识产权，至少拥有一项主营业务相关的发明专利（或动植物新品种、著作权等），创业项目符合河南省战略性新兴产业发展方向，具有特色产品或创新性商业模式，技术水平在行业中处于国内领先地位。

6. 所创办依法经营，无不良记录，具有较好的经营业绩、纳税记录和高成长性，具备良好的盈利能力和市场前景。创办五年以内的企业最近一年盈利且主营业务收入不少于 300 万元；最近两年净利润累计不少于 500 万元。

7. 高新技术企业、国家科技型中小企业的主要创办者、中国创新创业大赛奖项获得者等，同等条件下优先推荐。

## 申报要求

1. 中原科技创业领军人才按照隶属关系申报，隶属于省直部门（单位）的通过省直部门（单位）申报；郑州航空港经济综合实验区、国家高新区、国家郑州经济技术开发区内的通过管委会申报；其他单位均通过所在省辖市或济源示范区或省直管县（市）科技主管部门申报。

2. 实行限额择优推荐办法。

3. 申报人每年度仅可申报一个类别的一个人才项目，不得重复申报。

4. 根据省财政经费管理有关规定，凡承担省财政经费资助的科研项目尚未结项的，不再参与中原科技创业领军人才的申报。

5. 国家重点人才计划科技创业领军人才、科技部创新人才推进计划科技创新创业人才、中国科学院人才计划入选者不再参与中原科技创业领军人才的申报。

## 材料要求

1. 认真填报《中原科技创业领军人才申请书》，内容要完整、真实，文字描述要准确、客观，同时按要求提供相关附件材料。

2. 需提供的附件材料。

（1）经过当年年检的企业法人营业执照和组织机构代码证，或营业执照（三证合一版）。

（2）公司章程及股权结构证明（必须能证明其为第一大股东或公司法人）。

（3）入资投资协议或入资投资证明。

（4）已获科技奖励、荣誉称号等证书（证明）复印件。

（5）已授权的发明专利等知识产权旁证材料复印件。

（6）主导制定国际、国家或行业标准证明材料。

（7）经认定的省部级（含）以上研发机构证明材料。

（8）近三年的审计报告及申报之前最近一期的财务报表或提供近三年的纳税证明及申报之前最近一期财务报表（至少提供最近一期的审计报告，必须有资产负债表、损益表和现金流量表，以第三方审计机构出具的材料或加盖的公章为准）。

（9）申请者身份证、最高学历、学位证书、专业技术职务证书复印件。

（10）本人电子证件照片。

（11）纪检监察机关出具的廉洁自律情况证明材料和卫生健康部门提供的计划生育证明材料。

（12）申请者认为有必要提供的其他材料。

3. 申报材料不得填写任何涉及国家秘密的内容，所有内容应可公开。

### 申报流程 评审程序

参照中原科技创新领军人才。

## 九、科学技术奖

### （一）国家科学技术奖

#### 政策依据

《国家科学技术奖励条例》及其实施细则（2019 年修订）;《关于印发〈国家科学技术奖提名制实施办法（试行）〉2019 年修订版的通知》（国科奖字〔2019〕37 号）;《科技部 财政部关于调整国家科学技术奖奖金标准的通知》（国科发奖〔2019〕7 号）。

#### 适用范围

国家科学技术奖主要奖励在科学技术进步活动中做出突出贡献的公民、组织，调动科学技术工作者的积极性和创造性，加速科学技术事业的发展，提高综合国力。国家最高科学技术奖的奖金数额由国务院规定。国家自然科学奖、国家技术发明奖、国家科学技术进步奖的奖金数额由国务院科学技术行政部门会同财政部门规定。国家科学技术奖的奖励经费由中央财政列支。

#### 政策内容

国家最高科学技术奖报请国家主席签署并颁发证书和奖金。国家自然科学奖、国家技术发明奖、国家科学技术进步奖由国务院颁发证书和奖金。中华人民共和国国际科学技术合作奖由国务院颁发证书。

国家最高科学技术奖的奖金标准为 800 万元 / 人，全部属获奖人个人所得；国家自然科学奖、国家技术发明奖、国家科学技术进步奖的特等奖奖金标准为 150 万元 / 项，一等奖奖金标准为 30 万元 / 项，二等奖奖金标准为 15 万元 / 项。

#### 申请条件

1. 国家最高科学技术奖授予下列科学技术工作者。

①在当代科学技术前沿取得重大突破或者在科学技术发展中有卓越建树的；②在科学技术创新、科学技术成果转化和高技术产业化中，创造巨大经济效益或者社会效益的。

2. 国家自然科学奖授予在基础研究和应用基础研究中阐明自然现象、特征和规律，做出重大科学发现的公民。前款所称重大科学发现，应当具备下列条件。

①前人尚未发现或者尚未阐明；②具有重大科学价值；③得到国内外自然科学界公认。

3. 国家技术发明奖授予运用科学技术知识做出产品、工艺、材料及其系统等重大技术发明的公民。重大技术发明，应当具备下列条件。

①前人尚未发明或者尚未公开；②具有先进性和创造性；③经实施，创造显著经济效益或者社会效益。

4. 国家科学技术进步奖授予在应用推广先进科学技术成果，完成重大科学技术工程、计划、项目等方面，做出突出贡献的下列公民、组织。

①在实施技术开发项目中，完成重大科学技术创新、科学技术成果转化，创造显著经济效益的；②在实施社会公益项目中，长期从事科学技术基础性工作和社会公益性科学技术事业，经过实践检验，创造显著社会效益的；③在实施国家安全项目中，为推进国防现代化建设、保障国家安全做出重大科学技术贡献的；④在实施重大工程项目中，保障工程达到国际先进水平的。重大工程类项目的国家科学技术进步奖仅授予组织。

5. 中华人民共和国国际科学技术合作奖授予对中国科学技术事业做出重要贡献的下列外国人或者外国组织。

①同中国的公民或者组织合作研究、开发，取得重大科学技术成果的；②向中国的公民或者组织传授先进科学技术、培养人才，成效特别显著的；③为促进中国与外国的国际科学技术交流与合作，做出重要贡献的。

### 申报流程

1. 提名申请。专家提名前，由责任提名专家通过本人电子邮件向国家奖励办提出申请，并同时抄送其他提名专家和项目联系人。提名推荐时，应当填写统一格式的推荐书，提供真实、可靠的评价材料。经审核符合提名要求的，由奖励办发送提名号和密码。

2. 审核评审。评审委员会做出认定科学技术成果的结论，并向国家科学技术奖励委员会提出获奖人选和奖励种类及等级的建议。国务院科学技术行政部门对国家科学技术奖励委员会做出的国家科学技术奖的获奖人选和奖励种类及等级的决议进行审核，报国务院批准。

3. 颁发证书与奖金。国家最高科学技术奖报请国家主席签署并颁发证书和奖金。国家自然科学奖、国家技术发明奖、国家科学技术进步奖由国务院颁发证书和奖金。中华人民共和国国际科学技术合作奖由国务院颁发证书。

## （二）河南省科学技术奖

### 政策依据

《河南省科学技术奖励办法》（省政府令第 57 号）；《河南省人民政府办公厅关于印发〈河南省深化科技奖励制度改革方案〉的通知》（豫政办〔2019〕32 号）；《河南省科学技术奖提名制实施办法（试行）》（豫科〔2020〕43 号）；《河南省科技厅关于 2021 年度河南省科学技术奖提名工作的通知》（豫科〔2021〕34 号）；《2021 年度河南省科学技术奖提名工作手册》。

### 政策简介

河南省人民政府设立省科学技术杰出贡献奖、省自然科学奖、省技术发明奖、省科学技术进步奖、省科学技术合作奖五类河南省科学技术奖。科学技术奖应当与国家、省重大战略需要和中长期科技发展规划紧密结合。自然科学奖应当注重前瞻性、理论性，技术发明奖应当注重原创性、实用性，省科学技术进步奖应当注重创新性、效益性。省人民政府所属部门、省级以下各级人民政府及其所属部门，其他国家机关、群众团体，以及参照公务员法管理的事业单位，不得设立科学技术奖。

省科学技术杰出贡献奖的奖金标准为 300 万元／人，省自然科学奖、省技术发明奖、省科学技术进步奖的奖金标准为一等奖 50 万元／项、二等奖 30 万元／

项、三等奖 20 万元／项。省科学技术合作奖的奖金标准为 30 万元／个。省科学技术奖奖金标准应根据本省经济社会发展情况适时调整。省科学技术奖的奖金标准，由省科学技术行政部门会同省财政部门研究提出意见，报省政府批准。省科学技术奖的奖励经费由省财政列支。

对获得国家科学技术奖的人员给予配套奖励。配套奖金数额由省科学技术行政部门会同省财政部门规定，奖励经费由省财政列支。

## 奖项设置

1. 省科学技术杰出贡献奖。授予在本省工作的两类科技工作者。

（1）在当代科学技术前沿取得突破或者在科学技术发展中有重要建树的。

（2）在科学技术创新、科技成果转化和高新技术产业化中，创造出了显著经济效益、社会效益或者生态环境效益的。每年授予人数不超过两名。

2. 省自然科学奖。授予在基础研究和应用基础研究中阐明自然现象、特征和规律，做出重要科学发现的个人、组织。重要科学发现应当具备下列条件。

（1）前人尚未发现或者尚未阐明。

（2）具有重要科学价值。

（3）得到国内外自然科学界公认。

3. 省技术发明奖。授予运用科学技术知识做出产品、工艺、材料、器件及其系统等重要技术发明的个人、组织。重要技术发明，应当具备下列条件。

（1）前人尚未发明或者尚未公开。

（2）具有先进性、创造性、实用性。

（3）经实施，创造显著经济效益、社会效益或者生态环境效益，且具有良好的应用前景。

4. 省科学技术进步奖。授予完成和应用推广创新性科学技术成果，为推动科技进步和经济社会发展做出突出贡献的个人、组织。创新性科学技术成果，应当具备下列条件。

（1）技术创新性突出，技术经济指标先进。

（2）经应用推广，创造显著经济效益、社会效益或者生态环境效益。

（3）在推动行业科技进步等方面有重要贡献。

5. 省科学技术合作奖。授予对本省科学技术事业做出重要贡献的下列外国人、外国组织。

（1）同河南省的公民或者组织合作研究、开发，取得重要科学技术成果的。

（2）向河南省的公民或者组织传授先进科学技术、培养人才，成效显著的。

（3）为促进本省与外国的科学技术交流与合作，做出重要贡献的。

## 提名资格

省科学技术奖实行提名制度，不受理自荐。候选者由下列单位或个人提名。

（1）省辖市人民政府、省直管县（市）人民政府。

（2）省人民政府组成部门、直属机构、直属事业单位以及经省科学技术行政部门认定的其他部门。

（3）符合省科学技术行政部门规定的资格条件的组织机构和专家学者。

组织机构是指科技部门认定的具有提名资格的省内学会、行业协会以及其他组织机构。专家学者是指国家最高科学技术奖获奖人、中国科学院院士、中国工程院院士（不含外籍院士），本省 2000 年（含）以后的国家自然科学奖、技术发明奖、科技进步奖第一完成人，河南省科学技术杰出贡献奖获奖人，河南省自然科学奖、技术发明奖、科技进步奖一等奖第一完成人等。

## 提名条件

省科学技术杰出贡献奖和省科学技术合作奖不分等级，省自然科学奖、省技术发明奖、省科学技术进步奖分为一等奖、二等奖和三等奖。被提名项目（人）必须满足以下条件。

1. 省科学技术杰出贡献奖候选人，须作为第一完成人获得过国家科学技术奖或者省科学技术奖一等奖，且在河南省工作满五年以上，并将继续在河南省工作。

2. 省科学技术合作奖候选人或组织，与河南省的合作须满三年以上，合作协议日期应在 2018 年 1 月 1 日前。

3. 提名省自然科学奖项目，其提供的代表性论文（论著），应于 2019 年 1 月 1 日前公开发表；提名省技术发明奖和省科学技术进步奖项目，应当于 2019 年 1 月 1 日前完成整体技术应用。

4. 涉及国家法律法规要求审批（准入）的项目（如新药、医疗器械、动植物新品种、农药、化肥、兽药、食品、通信设备、压力容器、基因工程和技术产品、标准等），必须完成审批（准入）手续，且获得批准时间必须满两年以上（即 2019 年 1 月 1 日前已获得审批）。

5. 重大工程项目（含基本建设工程、科学技术工程等）必须在工程全面验收后，经过两年以上的应用（即 2019 年 1 月 1 日前验收），且至今仍在使用。

6. 列入国家或省部级计划、基金支持的项目，应当在项目整体验收通过后提名。

7. 提名省技术发明奖项目的核心技术，必须取得授权发明专利（或动植物品种权），且前三位完成人应当是授权发明专利（或动植物品种权）的发明人（或权利人），并提供相关知识产权证明。

8. 同一人同一年度只能作为一个提名项目的完成人；同一人同一年度只能被提名一个奖种。

9. 2020 年度获省科学技术奖项目的第一完成人不能作为第一完成人被提名 2021 年度省科学技术奖。

10. 所列论文（专著）、专利、版权等知识产权署名第一单位须为国内单位。

11. 项目完成单位应具有独立法人资格，第一完成单位须为河南省内注册的单位。

12. 原则上国家公务员不得作为项目的主要完成人。

13. 不得提名涉密项目。

14. 提名单位应按照属地和主管原则提名。省辖市、直管县、示范县等不得提名非本行政区域内注册单位的项目。

15. 提名项目应提前完成科技成果登记。

16. 2020 年参评未获奖项目如无新突破，不得被提名参评 2021 年度省科学技术奖；连续两年参评未获奖项目不得被提名本年度省科学技术奖。

17. 满足《2021 年度河南省科学技术奖提名工作手册》的其他规定。

### 提名步骤

1. 提名申请。

（1）提名者获取提名用户名和密码。

（2）提名者生成提名号和校验码。

（3）完成单位在线填写提名书。

（4）提名者在线审核提交，登录"河南省科技奖励工作网"（http：//jl.hnkjt.gov.cn/），完成在线提名工作。

2. 提名公示。提名单位应通过网络或书面进行公示，同时，提名者应责成项目所有完成人所在单位进行公示。公示无异议或虽有异议但经核实处理后再次公示无异议的项目方可提名。

3. 提名书填写要求。

（1）提名书（含主件和附件）是省科学技术奖励评审的主要依据。

（2）提名书应重点突出项目的主要科技创新内容或主要技术发明或重要科学发现。

（3）要根据提名项目（人）的科技创新点、技术发明点、科学发现点，按要求在提名系统中慎重、准确选择"学科分类名称"。

（4）提名者应对提名书内容进行审核把关，提出项目的提名等级和理由。

（5）提名书分为电子版提名书和纸质版提名书。纸质版提名书和电子版提名书内容应完全一致。

（6）纸质版附件前须增加附件目录，编写附件页码。附件中推广应用等佐证材料须提供原件。

4. 提名材料报送要求。

（1）单位提名。以正式公函的方式报送提名材料。包括：①提名公函一份；②省科学技术杰出贡献奖、省自然科学奖、省技术发明奖、省科学技术进步奖、省科学技术合作奖纸质提名书一份。

（2）专家提名。纸质提名书一份。由责任提名专家直接寄送或委托工作人员报送。

（3）其他情况。①提名二等奖及以上的项目须提供电子讲稿；②软科学类项目需附一套项目《研究报告》；科普项目需附三套科普作品；③每个提名项目的全部提名材料要单独装袋。

5. 提名时间及地点。

相关事项以年度通知或参阅河南省科学技术奖网络提名系统（http：//jl.hnkjt.gov.cn/）开放时间等情况。

## 十、全国创新争先奖

### 政策依据

《人力资源社会保障部 中国科协 科技部 国务院国资委关于评选第二届全国创新争先奖的通知》（人社部函〔2020〕27号）。

### 适用范围

先进个人300名，奖励在工作一线做出突出贡献的优秀科技工作者，颁发"全国创新争先"奖状，对其中30名做出重大贡献的科技工作者颁发"全国创新争先"奖章。

先进集体 10 个，奖励科技工作者团队，颁发"全国创新争先"奖牌。

### 政策内容

人力资源社会保障部、中国科协、科技部、国务院国资委联合印发表彰决定，对获奖个人和团队颁发证书、奖章（奖状、奖牌），并对获奖个人按有关规定发放奖金，其中全国创新争先奖章获得者享受省部级表彰奖励获得者待遇。

### 申请条件

1. 拥护党的路线、方针、政策，思想政治坚定，坚决维护习近平总书记党中央的核心、全党的核心地位，坚决维护党中央权威和集中统一领导，热爱祖国，作风廉洁，遵纪守法，具有良好学风，恪守科学道德。

2. 科技工作者或团队应于三年内在以下任一方面取得突出成绩。

（1）疫情防控。在应对新冠肺炎疫情中投身防控一线或在科研、物资生产方面做出突出贡献、具有典型学习宣传事迹的科技工作者优秀代表。

（2）脱贫攻坚。在脱贫攻坚工作中深入基层一线、为地方经济社会发展和科技扶贫做出重大贡献、具有典型先进事迹的科技工作者优秀代表。

（3）基础研究和前沿探索。面向世界科技前沿，取得重大原创性科学发现，提出或解决重大科学问题，开辟新方向，探索无人区，实现前沿领域领跑或突破。

（4）重大装备和工程攻关。引领完成重大工程和装备研发，突破关键核心技术，为应对经济社会发展瓶颈制约、国家安全挑战等取得新成果和做出新贡献；长期服务在生产服务一线岗位，具有高超技艺技能的学习型、创新型的人才。

（5）成果转化和创新创业。面向经济主战场，推动科学技术成果转化为产品或服务，开发、应用、推广科技成果，形成新技术、新产业、新标准和规模化应用示范等，经济社会生态效益显著。

（6）社会服务。开展科学普及活动，产生显著社会效益；围绕经济社会建设、科学技术发展、生态环境保护等开展决策咨询，政策建议对促进发展和有关问题的解决产生显著成效或得到有关部门重视和批示；促进开放合作，在推动国际民间科技交流与合作中做出突出贡献；开展科技志愿服务活动，有典型学习宣传事迹。

（7）获奖科技工作者应为中国籍。表彰的先进个人一般为在职；团队成员 70% 以上应为中国籍，其中团队负责人必须为中国籍。

（8）已获得往届全国创新争先奖个人奖（奖状或奖章）的个人不纳入本届全国创新争先奖个人奖的候选人范围。

### 申报流程

1. 推荐审核。各推荐渠道要对拟推荐对象所在单位工作规范性和相关推荐材料进行审核，通过相关民主程序产生推荐对象并公示。

2. 网上填报。请各推荐渠道根据分配的用户名和密码登录"全国创新争先奖推荐和评审管理系统"（http：//qwyc.cast.org.cn/），填报《全国创新争先奖推荐渠道工作机构成员名单》，并根据要求组织候选人和候选团队登录后填报电子材料。涉密电子版材料要求以附件形式使用涉密存储介质和书面材料一起以符合保密管理要求的方式报送到指定接收单位。

3. 书面提交。使用全国创新争先奖推荐及评审管理系统打印书面材料。涉密推荐的书面材料（包括申报表和有关支撑材料）须以符合保密管理要求的方式打印，并送达中国科协培训和人才服务中心。

4. 评审公示。全国创新争先奖评选奖励委员会办公室审查通过后组织评审，差额产生获奖者并公示。

## 十一、中国青年科技奖

### 政策依据

《中国青年科技奖条例》；《中共中央组织部　人力资源社会保障部　中国科协　共青团中央关于开展第十六届中国青年科技奖候选人推荐与评选工作的通知》（科协发组字〔2019〕43 号）。

### 适用范围

中国青年科技奖是中共中央组织部、人力资源社会保障部、中国科协、共青团中央共同设立并组织实施，面向全国广大青年科技工作者的奖项。每届评选中国青年科技奖获奖者不超过 100 名；由当届获奖者中产生中国青年科技奖特别奖获奖者不超过 10 名。往届获奖者不重复授奖。

### 政策内容

中共中央组织部、人力资源社会保障部、中国科协共同发布颁奖决定，举行颁奖仪式，获奖决定将分别通报各推荐单位、获奖者所在单位及获奖者本人。获奖者有关材料应存入其人事档案，作为考核、晋升的重要依据之一。

为支持部分获奖者开展科学研究、出版学术著作和参加国内外学术交流，设立"中国青年科技奖奖励基金"，向海内外团体、企业和个人募集资金。基金管理、使用等办法另行制定。

### 申请条件

1. 拥护党的路线、方针和政策，热爱祖国，遵纪守法，具有"献身、创新、求实、协作"的科学精神，学风正派。

2. 男性候选人年龄不超过 40 周岁，女性候选人年龄不超过 45 周岁。

3. 中国青年科技奖评选符合以下条件之一。

（1）在自然科学研究领域取得重要的、创新性的成就和做出突出贡献。

（2）在工程技术方面取得重大的、创造性的成果和做出贡献，并有显著应用成效。

（3）在科学技术普及、科技成果推广转化、科技管理工作中取得突出成绩，产生显著的社会效益或经济效益。

4. 中国青年科技奖特别奖评选符合以下条件。

在科学研究或工程技术等方面取得重大成就或做出突出贡献、具有较大发展潜力、堪为青年科学家伦理道德典范的优秀科技领军人才。

**申报流程**

1. 申报人填表。申报人填写《中国青年科技奖推荐表》及有关证明材料文件电子版发邮件至中国卒中学会科技奖励办公室邮箱。

2. 审核与评审。评审委员申报资格审查。组织评审委员会进行评审，获推荐候选人不超过两人。

3. 推荐候选人。推荐候选人通过中国科协"中国青年女科学家奖推荐及评审管理系统"，根据要求在线填写推荐信息。推荐候选人将材料报送至学会。

4. 评选与颁奖。中国青年科技奖领导工作委员会办公室受理推荐、组织评审、颁奖及其他日常工作。中国青年科技奖评审委员会对进入复评的人选进行投票表决。

# 十二、专利奖

## （一）中国专利奖

**政策依据**

《中国专利奖评奖办法》（国知办发管字〔2018〕20 号）;《国家知识产权局关于评选第二十二届中国专利奖的通知》（国知发运函字〔2020〕138 号）。

**适用范围**

中国专利奖主要鼓励和表彰为技术（设计）创新及经济社会发展做出突出贡献的专利权人和发明人（设计人）。国家知识产权局与世界知识产权组织共同开展中国专利奖评选工作，每年举办一届，已评选了 22 届。

**奖项设置**

中国专利奖设中国专利金奖、中国专利银奖、中国专利优秀奖，中国外观设计金奖、中国外观设计银奖、中国外观设计优秀奖。

中国专利金奖、中国专利银奖、中国专利优秀奖从发明专利和实用新型专利中评选产生，中国专利金奖项目不超过 30 项，中国专利银奖项目不超过 60 项。中国外观设计金奖、中国外观设计银奖、中国外观设计优秀奖从外观设计专利中评选产生，中国外观设计金奖项目不超过 10 项，中国外观设计银奖项目不超过 15 项。

**参评条件**

已获得国家知识产权局授权的专利，并同时具备以下条件的，可以参加中国专利奖评选。

（1）在 2019 年 12 月 31 日前（含 12 月 31 日，以授权公告日为准）被授予发明、实用新型或外观设计专利权（含已解密国防专利，不含保密专利）。

（2）专利权有效，在申报截止日前无法律纠纷。

（3）全体专利权人均同意参评。

（4）未获得过中国专利奖。

（5）一项专利作为一个项目参评。

（6）相同专利权人参评项目不超过两项。

### 申报流程

1. 推荐申报。由地方知识产权局、国务院有关部门和单位知识产权工作管理机构、全国性行业协会、中国科学院院士和中国工程院院士等根据当年评选通知要求择优推荐。推荐工作应以高质量发展为导向，优先推荐在基础研究、应用基础研究、关键核心技术攻关等方面形成的核心专利。自 2019 年起，国家知识产权示范企业每两年可自荐一个项目参评。《中国专利奖评奖办法》《中国专利奖申报书》等可到国家知识产权局网站搜索下载最新版。

2. 审核与评审。评审办公室负责对推荐项目进行初审。评审办公室根据初评情况，提出预获奖项目名单，报评审委员会。评审委员会对预获奖项目名单进行审定，确定获奖项目及其奖励等级。

3. 公布授奖。评审办公室在国家知识产权局政府网站公示评选结果。国家知识产权局及世界知识产权组织根据评选结果公示情况，对无异议或异议不成立的项目予以授奖。

## （二）河南专利奖

### 政策依据

《河南省专利奖励办法》（豫政〔2017〕28 号）;《河南省知识产权局 河南省人力资源和社会保障厅关于印发〈河南省专利奖励办法实施细则〉的通知》（豫知〔2017〕53 号）。

### 奖项设置

河南省专利奖由省政府设立，设特等奖和一、二、三等奖，奖励对促进本省经济和社会发展具有突出贡献的发明专利、实用新型专利和外观设计专利。

河南省专利奖每两年评审一次。每次评审特等奖不超过两项，一等奖不超过五项，二等奖不超过 18 项，三等奖不超过 25 项，其中授予发明专利的奖项均不少于 70%。

### 奖励政策

奖励金额为特等奖每项 30 万元，对特别重大的发明专利，根据其价值和影响可给予特殊奖励，金额不超过 100 万元；一等奖每项 10 万元，二等奖每项三万元，三等奖每项一万元。获得中国专利奖项目，采取以奖代补方式给予资金支持，标准参照省特等奖、一等奖。

获得河南省专利奖的单位及个人，由省政府进行表彰和奖励，并颁发证书和奖金。河南省专利奖奖金由省财政列支。

获得河南省专利奖的发明人（设计人）所在单位或人事管理部门应当将获奖情况及其主要贡献记入本人档案，作为评优评先、专业技术职务评聘、职务晋升、业绩考核等的重要依据。

### 申报条件

1. 申报单位为在本省行政区域内登记注册、具备独立法人资格的专利权人；申报个人为在本省行政区域内具有经常居住地的专利权人。

2. 申报专利在申报上一年度 12 月 31 日前（含 12 月 31 日）已获得授权（不

含国防专利和保密专利）。

3. 截止申报日该专利权有效稳定，不存在专利权属纠纷、发明人或者设计人纠纷，专利权未处于无效宣告请求程序中。

4. 该专利已在本省境内实施并实现产业化，取得了显著的经济效益和社会效益，且该专利技术及其产品须符合国家和河南省的产业及环保政策。

5. 该专利未获得过中国专利奖或河南省专利奖。

### 申报材料

1.《河南省专利奖申报书》。

2. 专利证书、专利登记簿副本。

3. 发明、实用新型专利的授权公告文本（包括说明书摘要、摘要附图、权利要求书、说明书、说明书附图）。

4. 外观设计专利的授权公告文本（包括简要说明、照片或图片）及实物照片。

5. 经济效益证明材料，重点说明销售额、利润额、出口额等经济指标，并提供同年度缴税证明、审计报告等。

6. 社会效益证明材料，重点说明专利对环境保护、节能减排、产业进步、公共安全、劳动就业、社会发展等方面产生的贡献。

7. 国家法律法规规定要求检测或审批的产品，需出具法定检测报告或行业审批文件。

8. 专利运用措施证明材料。如专利实施许可合同、专利实施许可合同备案证明、专利权质押融资合同、专利权质押登记通知书、专利投资协议、专利保险合同等。

9. 申报单位为企业的，需提供营业执照副本；申报单位为科研机构或高等院校等事业单位的，需提供法人证书；申报人为个人的，需提供身份证。

10. 专利权人为两个或两个以上的，可以共同申报或协商由部分专利权人申报，由部分专利权人申报的，需提供全体专利权人同意申报的情况说明。

11. 知识产权管理方面的证明材料，如相关制度建设、条件保障措施、维权保护、专利布局等方面材料。

12. 其他有助于评价专利的证明材料，如省级以上获奖证书、列入省级以上重大科技专项、专利联盟、专利分析评议、标准制定等方面材料。

### 申报推荐

原则上同一申报单位（或申报人）同一年度的申报专利不超过两项。河南省专利奖采取推荐方式。推荐单位或推荐人按照要求，对申报材料进行审查，择优推荐。申报材料符合规定的，推荐单位或推荐人应出具推荐函，写明推荐理由。

### 评审标准

1. 发明、实用新型专利的评审标准。

（1）专利权稳定，专利授权文本质量优秀。

（2）技术方案新颖独特，创新性强，技术水平高。发明专利对解决本领域关键性、重要性技术问题贡献度较大，促进了本领域技术进步和产业结构优化升级。实用新型专利对本领域技术革新、产品换代升级的贡献度较大，促进了行业技术发展和产品优化升级。

（3）专利运用转化积极主动，取得了明显的经济效益和社会效益，具有良好的发展前景。

（4）专利权保护措施得力，成效显著。

2. 外观设计专利的评审标准。

（1）专利权稳定，专利授权文本质量优秀。

（2）设计新颖、富有创意，形状、图案、色彩设计独特，要点突出，兼具装饰性和功能性。

（3）专利运用转化积极主动，取得了明显的经济效益和社会效益，具有良好的发展前景。

（4）专利权保护措施得力，成效显著。

### 评审程序

1. 对形式审查合格的参评专利，由专业机构对其进行检索和初步评价。

2. 评委会办公室结合参评专利 IPC 分类、所属专业学科等情况，组建若干专业评审组进行初评。

3. 专业评审组对相关领域符合条件的参评专利进行评审打分，按照得分高低进行排序，由评委会办公室按照一定比例组织申报单位（或申报人）进行答辩，确有需要的组织专家到现场考察。专业评审组根据评审、答辩、现场考察结果产生初评意见，提出拟奖励名单和等级建议。

4. 评委会办公室将初评意见提交评审委员会进行综合评审。

5. 评审委员会召开综合评审会议，以无记名投票表决方式确定拟奖励名单及等级，形成评审决议。

6. 评审委员会综合评审会议必须有全体委员的四分之三以上（含四分之三）参加，表决结果以到会委员的三分之二以上（含三分之二）同意为有效。

# 第八篇　知识产权与国际合作

# 第一章　知识产权

## 一、知识产权保护运用

### 政策依据

《国务院关于印发"十四五"国家知识产权保护和运用规划的通知》（国发〔2021〕20号）。

### 政策简介

为全面加强知识产权保护，高效促进知识产权运用，激发全社会创新活力，推动构建新发展格局，日前，国务院印发《"十四五"国家知识产权保护和运用规划》（本节简称《规划》）。《规划》明确了"十四五"时期开展知识产权工作的指导思想、基本原则、主要目标、重点任务和实施保障措施，对未来五年的知识产权工作进行了全面部署。

### 目标指标

坚持质量优先、强化保护、开放合作、系统协同，到2025年，知识产权强国建设阶段性目标任务如期完成，知识产权领域治理能力和治理水平显著提高，知识产权事业实现高质量发展，有效支撑创新驱动发展和高标准市场体系建设，有力促进经济社会高质量发展。《规划》提出知识产权保护迈上新台阶、知识产权运用取得新成效、知识产权服务达到新水平、知识产权国际合作取得新突破等四个主要目标，设立"每万人口高价值发明专利拥有量"等八个主要预期性指标。

### 重点任务

《规划》围绕五个方面部署了重点任务：一是全面加强知识产权保护激发全社会创新活力，完善知识产权法律政策体系，加强知识产权司法保护、行政保护、协同保护和源头保护；二是提高知识产权转移转化成效支撑实体经济创新发展，完善知识产权转移转化体制机制，提升知识产权转移转化效益；三是构建便民利民知识产权服务体系促进创新成果更好惠及人民，提高知识产权公共服务能力，促进知识产权服务业健康发展；四是推进知识产权国际合作服务开放型经济发展，主动参与知识产权全球治理，提升知识产权国际合作水平，加强知识产权保护国际合作；五是推进知识产权人才和文化建设夯实事业发展基础。围绕五大任务，《规划》还设立了商业秘密保护工程等十五个专项工程。

### 保障措施

《规划》从加强组织领导、鼓励探索创新、加大投入力度、狠抓工作落实等四个方面保障实施，确保目标任务落到实处。

## 二、专利优先审查

### 政策依据

《专利优先审查管理办法》（国家知识产权局令第七十六号）。

### 政策简介

国家知识产权局同意进行优先审查的，应当自同意之日起，在以下期限内结案。

1. 发明专利申请在四十五日内发出第一次审查意见通知书，并在一年内结案。

2. 实用新型和外观设计专利申请在两个月内结案。

3. 专利复审案件在七个月内结案。

4. 发明和实用新型专利无效宣告案件在五个月内结案，外观设计专利无效宣告案件在四个月内结案。

### 适用范围

1. 下列专利申请或者案件的优先审查适用本办法。

（1）实质审查阶段的发明专利申请。

（2）实用新型和外观设计专利申请。

（3）发明、实用新型和外观设计专利申请的复审。

（4）发明、实用新型和外观设计专利的无效宣告。

2. 依据国家知识产权局与其他国家或者地区专利审查机构签订的双边或者多边协议开展优先审查的，按照有关规定处理，不适用上述办法。

### 申请条件

1. 有下列情形之一的专利申请或者专利复审案件，可以请求优先审查。

（1）涉及节能环保、新一代信息技术、生物、高端装备制造、新能源、新材料、新能源汽车、智能制造等国家重点发展产业。

（2）涉及各省级和设区的市级人民政府重点鼓励的产业。

（3）涉及互联网、大数据、云计算等领域且技术或者产品更新速度快。

（4）专利申请人或者复审请求人已经做好实施准备或者已经开始实施，或者有证据证明他人正在实施其发明创造。

（5）就相同主题首次在中国提出专利申请又向其他国家或者地区提出申请的该中国首次申请。

（6）其他对国家利益或者公共利益具有重大意义需要优先审查。

2. 有下列情形之一的无效宣告案件，可以请求优先审查。

（1）针对无效宣告案件涉及的专利发生侵权纠纷，当事人已请求地方知识产权局处理、向人民法院起诉或者请求仲裁调解组织仲裁调解。

（2）无效宣告案件涉及的专利对国家利益或者公共利益具有重大意义。

3. 对专利申请、专利复审案件提出优先审查请求，应当经全体申请人或者全体复审请求人同意；对无效宣告案件提出优先审查请求，应当经无效宣告请求人或者全体专利权人同意。

处理、审理涉案专利侵权纠纷的地方知识产权局、人民法院或者仲裁调解组织可以对无效宣告案件提出优先审查请求。

**申请流程**

1. 优先审查申请。申请人提出专利申请优先审查请求，并递交（面交或寄交）申请文件。

2. 审查推荐。地方知识产权局根据申请人提交的优先审查请求，经审查合格出具推荐意见，由国家知识产权局专利局地方代办处或申请人上传系统。

3. 受理通知。国家知识产权局受理和审核优先审查请求后，将审核意见通知优先审查请求人，并下达优先审查通知书。

4. 答复补正。对于优先审查的专利申请，申请人应当尽快做出答复或者补正。申请人答复发明专利审查意见通知书的期限为通知书发文日起两个月，申请人答复实用新型和外观设计专利审查意见通知书的期限为通知书发文日起十五日。

## 三、知识产权认证

**政策依据**

《国家认监委　国家知识产权局关于联合发布〈知识产权认证管理办法〉的公告》（中国国家认证认可监督管理委员会、国家知识产权局公告 2018 年第 5 号）。

**政策简介**

为贯彻落实《中共中央　国务院关于开展质量提升行动的指导意见》（中发〔2017〕24 号）、《国务院关于加强质量认证体系建设促进质量管理的意见》（国发〔2018〕3 号），2018 年 2 月 11 日，《国家认监委　国家知识产权局联合发布〈知识产权认证管理办法〉的公告》（2018 年第 5 号公告）（本节简称《管理办法》），旨在全面规范知识产权认证活动，提高知识产权认证有效性，加强对认证机构事中事后监管。《管理办法》的出台是落实我国创新型国家建设和质量强国建设的具体举措，为推动构建符合我国经济社会发展需要的知识产权认证体系提供了重要的法规和政策依据。

**适用范围**

在中华人民共和国境内从事知识产权认证及其监督管理的所有机构及人员。

知识产权认证是指由认证机构证明法人或者其他组织的知识产权管理体系、知识产权服务符合相关国家标准或者技术规范的合格评定活动。包括知识产权管理体系认证和知识产权服务认证。知识产权管理体系认证是指由认证机构证明法人或者其他组织的内部知识产权管理体系符合相关国家标准或者技术规范要求的合格评定活动。知识产权服务认证是指由认证机构证明法人或者其他组织提供的知识产权服务符合相关国家标准或者技术规范要求的合格评定活动。

**行为规范**

1. 认证机构应当建立风险防范机制，对其从事认证活动可能引发的风险和责任，采取合理、有效的防范措施。

2. 认证机构不得从事与其认证工作相关的咨询、代理、培训、信息分析等服务以及产品开发和营销等活动，不得与认证咨询机构和认证委托人在资产、管理或者人员上存在利益关系。

3. 认证机构及其认证人员对其从业活动中所知悉的国家秘密、商业秘密和技术秘密负有保密义务。

4. 认证机构应当履行以下职责。

（1）在批准范围内开展认证工作。

（2）对获得认证的委托人出具认证证书，允许其使用认证标志。

（3）对认证证书、认证标志的使用情况进行跟踪检查。

（4）对认证的持续符合性进行监督审核。

（5）受理有关的认证申诉和投诉。

5. 认证机构应当建立保证认证活动规范有效的内部管理、制约、监督和责任机制，并保证其持续有效。

6. 认证机构应当对分支机构实施有效管理，规范其认证活动，并对其认证活动承担相应责任。分支机构应当建立与认证机构相同的管理、制约、监督和责任机制。

7. 认证机构应当依照《认证机构管理办法》的规定，公布并向国家认监委报送相关信息。

8. 认证机构应当建立健全人员管理制度以及人员能力准则，对所有实施审核（审查）和认证决定等认证活动的人员进行能力评价，保证其能力持续符合准则要求。认证人员应当诚实守信，恪尽职守，规范运作。

9. 认证机构及其认证人员应当对认证结果负责并承担相应法律责任。

## 认证机构和人员

从事知识产权认证的机构应当依法设立，认证机构可以设立分支机构、办事机构，认证机构从事认证审核（审查）的人员应当为专职认证人员，满足从事知识产权认证活动所需的相关知识与技能要求，并符合国家认证人员职业资格的相关要求。

1. 认证机构资质要求。

（1）资质要求。

①通用性要求。通用性要求为《中华人民共和国认证认可条例》第十条以及《认证机构管理办法》第八条的有关规定，具体为以下五方面：一是取得法人资格；二是有固定的办公场所和必要的设施；三是有符合认证认可要求的管理制度；四是注册资本不得少于人民币300万元；五是有10名以上相应领域的专职认证人员。

②专业性要求。专职认证人员专业性要求：一是上述10名以上相应领域的专职认证人员必须涵盖《国家认监委关于自愿性认证领域目录和资质审批要求》（国家认证认可监督委员会公告2016年第24号）中规定的六类人员；二是10名以上专职认证人员中至少八名具有从事知识产权认证活动的相关专业能力要求，即至少一名认证规则和认证方案制定人员，至少六名认证审核人员，至少一名认证决定或复核人员；三是专利代理人资格可作为"具有从事知识产权认证活动的相关专业能力要求"的证明依据。

（2）审批程序。

认证机构资质审批程序遵照《认证机构管理办法》第九条的有关规定执行。认证机构的申请人应当向国家认监委提出申请，提交符合上述"资质要求"的申请材料及证明文件，并对其真实性、有效性、合法性负责。认证机构资质审批程序详见"国家认证认可监督管理委员会（www.cnca.gov.cn）→办事大厅→行政许可项目→设立认证机构审批"。

（3）申请材料。

认证机构资质申请所需材料详见"国家认证认可监督管理委员会（www.cnca.gov.cn）→办事大厅→行政许可项目→设立认证机构审批→申请材料目录→设立认证机构材料要求"。

（4）处罚规定。

如认证机构在资质审批过程中弄虚作假、隐瞒真实情况或者不能持续性地满足认证机构资质条件等行为发生，国家认监委将依照《认证机构管理办法》第三十六条的有关规定，采取不予受理或者不予批准且给予警告，以及申请人在一年内不得再次申请的处理。针对不能持续性地满足认证机构资质条件的，国家认监委将依照《认证机构管理办法》第三十一条的有关规定，根据利害关系人的请求或者依据职权，撤销其资质。

2. 认证审核人员。

（1）资格要求。

①通用要求：依照中国认证认可协会发布的《管理体系审核员注册准则》（CCAA-101.2）中第二章的通用要求执行。

②特定要求：认证审核人员应当"满足从事知识产权认证活动所需的相关知识与技能要求"的具体要求同认证机构专业性要求，即认证审核人员具有专利代理人资格证视为"具备满足从事知识产权认证活动所需的相关知识与技能要求"。

（2）专职要求。

满足以下条件的人员可以认定为认证机构专职人员。①与认证机构建立劳动关系并签订劳动合同的工作人员。社保缴费单位为认证机构、认证机构分支机构或认证机构委托的人力资源服务机构。②认证机构返聘的具有认证人员注册资格的退休人员和企事业单位内退人员。正式退休或提前退休的人员，提供退休证明以及与认证机构签订的聘用合同或劳务合同；内退人员提供由退休前所在单位或单位人事部门确认的证明以及与认证机构签订的聘用合同或劳务合同。③认证机构的出资方为事业单位时，由出资方任命在认证机构任职的事业编制人员。由认证机构的出资方提供事业编制证明。

（3）处罚规定。

若认证审核（审查）人员在从事认证活动过程中不符合专职要求的，国家认监委将依照《中华人民共和国认证认可条例》第六十三条的规定进行处罚，即"认证人员从事认证活动，不在认证机构执业或者同时在两个以上认证机构执业的，责令改正，给予停止执业六个月以上两年以下的处罚，仍不改正的，撤销其执业资格"。

### 认证实施

1. 认证机构从事认证活动，应当按照知识产权认证基本规范、认证规则的规定从事认证活动，做出认证结论，确保认证过程完整、客观、真实，不得增加、减少或者遗漏认证基本规范、认证规则规定的程序要求。

2. 知识产权管理体系认证程序主要包括对法人或者其他组织经营过程中涉及知识产权创造、运用、保护和管理等文件和活动的审核，获证后的监督审核，以及再认证审核。

知识产权服务认证程序主要包括对提供知识产权服务的法人或者其他组织的

服务质量特性、服务过程和管理实施评审，获证后监督审查，以及再认证评审。

3. 被知识产权行政管理部门或者其他部门责令停业整顿，或者纳入国家信用信息失信主体名录的认证委托人，认证机构不得向其出具认证证书。

4. 认证机构应当对认证全过程做出完整记录，保留相应认证记录、认证资料，并归档留存。认证记录应当真实、准确，以证实认证活动得到有效实施。

5. 认证机构应当在认证证书有效期内，对认证证书持有人是否持续满足认证要求进行监督审核。初次认证后的第一次监督审核应当在认证决定日期起12个月内进行，且两次监督审核间隔不超过12个月。每次监督审核内容无须与初次认证相同，但应当在认证证书有效期内覆盖整个体系的审核内容。

认证机构根据监督审核情况做出认证证书保持、暂停或者撤销的决定。

6. 认证委托人对认证机构的认证决定或者处理有异议的，可以向认证机构提出申诉或者投诉。对认证机构处理结果仍有异议的，可以向国家认监委或者国家知识产权局申诉或者投诉。

## 四、计算机软件著作权

### 政策依据

《计算机软件保护条例》（中华人民共和国国务院令第84号）。

### 政策简介

计算机软件著作权是指软件的开发者或者其他权利人依据有关著作权法律的规定，对于软件作品所享有的各项专有权利。就权利的性质而言，它属于一种民事权利，具备民事权利的共同特征。著作权是知识产权中的例外，因为著作权的取得无须经过个别确认，这就是人们常说的"自动保护"原则。软件经过登记后，软件著作权人享有发表权、开发者身份权、使用权、使用许可权和获得报酬权。

### 保护范围

1. 计算机程序，是指为了得到某种结果而可以以计算机等具有信息处理能力的装置执行的代码化指令序列，或者可以被自动转换成代码化指令序列的符号化指令序列或者符号化语句序列。同一计算机程序的源程序和目标程序为同一作品。

2. 计算机软件的文档，是指用来描述程序的内容、组成、设计、功能规定、开发情况、测试结果及使用方法的文字资料和图表。如程序设计说明书、流程图、用户手册等。

3. 计算机软件著作权的保护不延及开发软件所用的思想、处理过程、操作方法或者数学概念等。

### 保护权利

软件著作权人享有下列各项权利。

1. 发表权。即决定软件是否公之于众的权利。

2. 署名权。即表明开发者身份，在软件上署名的权利。

3. 修改权。即对软件进行增补、删节，或者改变指令、语句顺序的权利。

4. 复制权。即将软件制作一份或者多份的权利。

5. 发行权。即以出售或者赠与方式向公众提供软件的原件或者复制件的权利。

6. 出租权。即有偿许可他人临时使用软件的权利，但是软件不是出租的主要标的的除外。

7. 信息网络传播权。即以有线或者无线方式向公众提供软件，使公众可以在其个人选定的时间和地点获得软件的权利。

8. 翻译权。即将原软件从一种自然语言文字转换成另一种自然语言文字的权利。

9. 应当由软件著作权人享有的其他权利。

### 保护条件

软件著作权受保护的条件如下。

1. 原创性。即软件应该是开发者独立设计、独立编制的编码组合。

2. 感知性。受保护的软件须固定在某种有形物体上，客观地表达出来并为人们所知悉。

3. 可再现性。即把软件转载在有形物体上的可能性。

### 工作流程

1. 申请人可以自己办理计算机软件著作权登记，也可以委托代理机构办理登记。

2. 申请人应当将所提交的申请文件留存一份，便于在补正程序中保持文件内容的一致。

3. 办理软件著作权登记可到登记大厅现场办理，也可使用挂号信函或特快专递邮寄。

## 五、向国外申请专利专项资金

### 政策依据

《关于印发资助向国外申请专利专项资金管理办法的通知》（财建〔2012〕147号）（本节简称《办法》）;《关于印发〈资助向国外申请专利专项资金申报细则（暂行）〉的通知》（国知发管字〔2012〕67号）。

### 政策简介

根据国务院关于实施国家知识产权战略的要求，为支持国内申请人积极向国外申请专利，保护自主创新成果，中央财政设立资助向国外申请专利专项资金。为加强和规范专项资金的管理，提高资金使用效益，2012年根据《中华人民共和国预算法》及其实施细则有关规定，财政部制定《资助向国外申请专利专项资金管理办法》。

### 适用范围

"国内申请人"限于符合国家法律法规规定的国内中小企业、事业单位及科研机构。《办法》中所称"向国外申请专利"，是指通过专利合作条约（PCT）途径提出并以国家知识产权局为受理局的专利申请。

专项资金主要用于资助国内申请人向国外申请专利时向有关专利审查机构缴纳的在申请阶段和授予专利权当年起三年内的官方规定费用，向专利检索机构支付的检索费，以及向代理机构支付的服务费。

### 政策内容

实行事后资助，向国外申请专利项目在外国国家（地区）完成国家公布阶段和征收获得授权后分两次给予资助。

1. 专项资金重点资助国外专利申请中保护类型与我国发明专利相同的专利申请。每件专利项目最多支持向五个国家（地区）申请，资助金额为每个国家（地区）不超过 10 万元，有重大创新的项目除外。

2. 专项资金主要用于资助国内申请人向国外申请专利时向有关专利审查机构缴纳的在申请阶段和授予专利权当年起三年内的官方规定费用、向专利检索机构支付的检索费，以及向代理机构支付的服务费等。

3. 凡获得中央财政有关科技研发资金以及地方财政有关资金支持向国外申请专利的项目，不得重复申报资助。

### 申请条件

1. 项目范围。

（1）申报项目应是通过专利合作条约（PCT）途径和巴黎公约途径提出、并委托国内专利代理机构办理的向国外专利申请。

向国外专利申请已在外国国家（地区）完成国家公布的，在申报专项资金时应处于正常审查程序中并具有新颖性、创造性和实用性等条件；已经正式获得授权的，在申报专项资金时应处于专利权维持状态并无权利纠纷等问题，向在外国国家（地区）完成国家公布的向国外专利申请不得申报资助。

（2）专项资金重点支持符合国家知识产权战略需求导向，有助于提升自主创新能力，支撑我国高技术产业与战略性新兴产业发展的技术领域；并重点资助有助于构建专利池、获取核心专利技术、参与国际技术标准制定，保护类型与我国发明专利相同的向国外专利申请。

2. 费用范围。

（1）向国外申请专利时向有关专利审查机构缴纳的在申请审批阶段和授予专利权当年起三年内的官方规定费用。具体为 PCT 申请在国际阶段缴纳的国际申请费、检索费、传送费、初步审查费、手续费等费用，PCT 申请和通过巴黎公约途径提出的申请在外国国家（地区）缴纳的国外审查费、授权登记费、授权后三年的年费等费用（以各国国内法律规定为准）。

（2）向专利代理机构支付的服务费。

（3）委托国家知识产权局专利检索咨询中心出具查新检索报告、法律状态检索报告所发生的检索费用。

3. 单位范围。

申报单位为符合国家法律法规规定的国内中小企业、事业单位及科研机构。

### 申报材料

申报专项资金的单位，应当提交以下材料。

1.《资助向国外申请专利专项资金申报表》。

2. 企业营业执照，或事业单位及科研院所法人资格证书。

3. 专利申请受理通知书或专利授权证书。

4. PCT 申请的国际检索报告等。

5. 专利审查机构、国内专利代理机构、专利检索机构出具的发票等有效缴费凭证。

6. 专利申请文件（中文），以及申报专项资金的单位认为需要提交的其他材料，如评估报告、有关协议或合同等。

上述申报材料，除 1、4、6 外，其余提供复印件，并加盖公章。

### 办理程序

1. 中央单位通过国家知识产权局向财政部提出申请，地方单位通过省级知识产权部门向省级财政部门提出申请。省级财政部门对各省申报项目进行审核、汇总后，于每年 9 月 10 日前报财政部。对受理项目的技术支撑材料由各省级知识产权部门核实后报送国家知识产权局。

2. 国内申请人每年申报时间截至 8 月 15 日。凡上年 7 月 1 日至当年 6 月 30 日向国外申请专利所发生的费用，可申报当年的专项资金资助。

3. 财政部会同国家知识产权局对申报项目组织专家评审。

4. 根据评审结果及当年专项资金财政预算安排，财政部下达资助项目预算。专项资金拨付按照财政国库管理制度的有关规定执行。

5. 省级财政部门在收到财政部下达的专项资金后，应当及时、足额将专项资金拨付给有关申报单位。

## 六、知识产权质押融资

### 政策依据

《国家知识产权局关于〈专利权质押登记办法〉的公告》（国家知识产权局公告令第四六一号）;《银监会关于商业银行知识产权质押贷款业务的指导意见》（银监发〔2013〕6 号）;《中国银保监会　国家知识产权局　国家版权局关于进一步加强知识产权质押融资工作的通知》（银保监发〔2019〕34 号）。

### 政策简介

知识产权质押融资，是指企业以合法拥有的专利权、商标权、著作权中的财产权经评估作为质押物从银行获得贷款的一种融资方式，旨在帮助科技型中小企业解决因缺少不动产担保而带来的资金紧张难题。自 1996 年国家知识产权局出台《专利权质押合同登记管理办法》以来，知识产权质押融资开始进入大众视野。从 2006 年开始，上海、北京、武汉、广州等地成为首批试点区域，知识产权质押融资才开始较大面积地试行。知识产权质押融资业务规模实现有序增长。

### 适用范围

重点支持知识产权密集的创新型（科技型）企业的知识产权质押融资需求。

### 政策措施

为深入贯彻落实国务院常务会议和《政府工作报告》关于"扩大知识产权质押融资"的工作部署，银保监会联合国家知识产权局、国家版权局发布了《关于进一步加强知识产权质押融资工作的通知》。包括四个方面的内容：强调优化知识产权质押融资服务体系，明确加强知识产权质押融资服务创新，要求健全知识产权质押融资风险管理，明确完善知识产权质押融资保障工作。同时，进一步提出了多条具体举措：

（1）鼓励商业银行在风险可控的前提下，通过单列信贷计划、专项考核激励等方式支持知识产权质押融资业务发展。

（2）鼓励商业银行在知识产权打包融资及地理标志、集成电路布图设计作为知识产权质押物的可行性等方面进行探索。

（3）规定商业银行知识产权质押融资不良率高出自身各项贷款不良率三个百分点（含）以内的，可不作为监管部门监管评级和银行内部考核评价的扣分因素等。

## 七、专利导航

### 政策依据

《专利导航指南》（GB/T 39551–2020）系列国家标准。

### 政策简介

专利导航是在宏观决策、产业规划、企业经营和创新活动中，以专利数据为核心深度融合各类数据资源，全景式分析区域发展定位、产业竞争格局、企业经营决策和技术创新方向，服务创新资源有效配置，提高决策精准度和科学性的新型专利信息应用模式。《专利导航指南》（GB/T 39551–2020）系列国家标准为推荐性国家标准，是国家知识产权局对多年来专利导航系列工作成果的总结和凝练，包括总则、区域规划、产业规划、企业经营、研发活动和人才管理等专项指南，以及服务要求七个标准。

### 主要特点

1. 内容的全面性。

《专利导航指南》系列标准将专利导航试点工程、知识产权分析评议和知识产权区域布局等实践探索的专利信息利用方法，拓展为面向区域规划、产业规划、企业经营、研发活动、人才管理等不同应用场景的专利导航方法，以总则提出专利导航项目实施通用模板，以各专项指南提出面向不同应用场景的逻辑分析模型和特殊要求，以服务要求规定在有外部机构提供相关服务的情况下针对服务提供的全面要求。既有专利导航服务创新资源有效配置的产业、区域等战略层面的内容，又有服务企业技术创新、合规管理、风险防控和投资并购等操作层面的内容。

2. 方法的实用性。

该系列标准将专利导航实施过程解构为专利导航基础条件、专利导航项目启动、项目实施、成果产出、成果运用和绩效评价等工作流程，并对专利导航项目实施中的信息采集、数据处理、专利导航分析等关键步骤分解为输入、步骤与方法、输出、质量控制，便于各类主体灵活运用流程化、模块化的工具和方法开展专利导航工作实践。

3. 成果的有效性。

一方面在项目实施过程中以质量控制的方式加强全过程管理，确保专利导航研究的系统性、分析方法的科学性、成果呈现的规范性；另一方面以绩效评价的方式加强结果管理，要求对照专利导航工作需求，采取目标管理评价方法进行成果运用绩效评价，确保专利导航的决策建议有效应用。

### 标准组成及逻辑关系

《专利导航指南》系列国家标准目前由"1 个总则 +5 个专项指南（区域规划、产业规划、企业经营、研发活动和人才管理）+1 个服务要求"共七个标准构成。

《专利导航指南》系列国家标准内容框架及逻辑关系如下。

总则提出了专利导航项目实施的通用模板。专项指南以总则为基础，分别面向不同应用场景，提出了针对区域规划、产业规划、企业经营、研发活动、人才管理等各类别专利导航项目实施的逻辑分析模型和特殊要求。其中，区域规划类专利导航、产业规划类专利导航、企业经营类专利导航分别用于服务支撑区域、产业、企业的创新发展决策，相关成果输出可作为其他类别专利导航的前置输入和重要参考，研发活动类专利导航、人才管理类专利导航可单独实施，也可组合实施，并可被其他类别专利导航引用。服务要求规定了在有外部机构提供相关服务的情况下针对服务提供的全面要求。

### 标准用途及使用方法

系列标准为政府部门、企事业单位、行业组织、服务机构等各类主体提供了实施专利导航项目的基本工作流程和典型应用方法。各类主体根据创新发展决策工作的实际需求，选择适用的相关标准，按照标准的规范要求，在具备专利导航项目实施的基础条件下，遵循专利导航项目启动、项目实施的业务流程，产出专利导航成果，并通过建立成果运用机制、开展绩效评价等手段，能够确保专利导航成果的有效运用，实现为创新发展决策提供有效支撑的目标。

## 八、专利申请

### 政策依据

《中华人民共和国专利法》（2020 年修正）。

### 政策简介

申请专利并获得专利权后，既可以保护自己的发明成果，防止科研成果流失，获取垄断利润来弥补研发投入，同时也有利于科技进步和经济发展。可以通过申请专利的方式占据新技术及其产品的市场空间，获得相应的经济利益。

### 授予条件

1. 授予专利权的发明和实用新型，应当具备新颖性、创造性和实用性。

（1）新颖性。是指该发明或者实用新型不属于现有技术；也没有任何单位或者个人就同样的发明或者实用新型在申请日以前向国务院专利行政部门提出过申请，并记载在申请日以后公布的专利申请文件或者公告的专利文件中。

（2）创造性。是指与现有技术相比，该发明具有突出的实质性特点和显著的进步，该实用新型具有实质性特点和进步。

（3）实用性。是指该发明或者实用新型能够制造或者使用，并且能够产生积极效果。

现有技术是指申请日以前在国内外为公众所知的技术。

2. 授予专利权的外观设计，应当不属于现有设计；也没有任何单位或者个人就同样的外观设计在申请日以前向国务院专利行政部门提出过申请，并记载在申请日以后公告的专利文件中。

授予专利权的外观设计与现有设计或者现有设计特征的组合相比，应当具有明显区别。

授予专利权的外观设计不得与他人在申请日以前已经取得的合法权利相冲突。

3. 申请专利的发明创造在申请日以前六个月内，有下列情形之一的，不丧失新颖性。

（1）在国家出现紧急状态或者非常情况时，为公共利益目的首次公开的。

（2）在中国政府主办或者承认的国际展览会上首次展出的。

（3）在规定的学术会议或者技术会议上首次发表的。

（4）他人未经申请人同意而泄露其内容的。

4. 对下列各项，不授予专利权。

（1）科学发现。

（2）智力活动的规则和方法。

（3）疾病的诊断和治疗方法。

（4）动物和植物品种。

（5）原子核变换方法以及用原子核变换方法获得的物质。

（6）对平面印刷品的图案、色彩或者二者的结合做出的主要起标识作用的设计。

对动物和植物品种产品的生产方法，可以依照专利法规定授予专利权。

## 申请流程

专利审批程序依据专利法，发明专利申请的审批程序包括受理、初审、公布、实审以及授权五个阶段。实用新型或者外观设计专利申请在审批中不进行公布和实质审查，只有受理、初审和授权三个阶段。

1. 专利申请文件的填写和撰写。

专利申请文件的填写和撰写有特定的要求，申请人可以自行填写或撰写，也可以委托专利代理机构代为办理。

2. 专利申请的受理。

专利局受理处或各专利局代办处收到专利申请后，对符合受理条件的申请，将确定申请日，给予申请号，发出受理通知书。

3. 申请费的缴纳方式。

申请费以及其他费用都可以直接向专利局收费处或专利局代办处面交，或通过银行或邮局汇付。费用不得寄到专利局受理处。

4. 申请费缴纳的时间。

当面交专利申请文件的，可以在取得受理通知书及缴纳申请费通知书以后缴纳申请费。通过邮寄方式提交申请的，应当在收到受理通知书及缴纳申请费通知书以后再缴纳申请费。

5. 对专利申请文件的主动修改和补正。

对专利申请文件的主动修改和补正也是申请人可以视需要选择的一项手续。

实用新型和外观设计专利申请，只允许在申请日起两个月内提出主动修改；发明专利申请只允许在提出实审请求时和收到专利局发出的发明专利申请进入实质审查阶段通知书之日起三个月内对专利申请文件进行主动修改。

6. 答复专利局的各种通知书。

（1）遵守答复期限，逾期答复和不答复后果是一样的。针对审查意见通知书指出的问题，分类逐条答复。

（2）属于格式或者手续方面的缺陷，一般可以通过补正消除缺陷；明显实质性缺陷一般难以通过补正或者修改消除，多数情况下只能就是否存在或属于明显实质性缺陷进行申辩和陈述意见。

（3）对发明或者实用新型专利申请的补正或者修改均不得超出原说明书和权利要求书记载的范围，对外观设计专利申请的修改不得超出原图片或者照片表示的范围。

（4）答复应当按照规定的格式提交文件。如提交补正书或意见陈述书。

7. 专利申请被视为撤回及其恢复。

逾期未办理规定手续的，申请将被视为撤回，专利局将发出视为撤回通知书。请求恢复权利的，应当提交"恢复权利请求书"，同时补办未完成的各种应当办理的手续。补办手续及补缴费用一般应当在两个月内完成。

## 申请材料

1. 发明专利的名称。

2. 发明专利所属技术领域和背景技术。

3. 完成本发明的目的。

4. 达到本发明目的的技术方案。

5. 附图（机械领域的发明一定要求有附图）：能清楚看到产品的结构，分清各零部件的连接关系，可是分解图、剖面图等。

6. 具体实施例（完成本发明的具体的实施方式）。

7. 本发明能够达到的最佳效果。

8. 申请人为单位的需要单位盖章；申请人为个人的需要个人签字。

9. 申请人为单位的需要营业执照复印件；申请人为个人的需提供个人身份证复印件。

10. 提供清楚的申请人名称、详细地址、电话、邮编、设计人名称等材料。

## 申请费用

1. 申请费。

申请费的缴纳期限是自申请日起算两个月内。与申请费同时缴纳的费用还包括发明专利申请公布印刷费、申请附加费，要求优先权的，应同时缴纳优先权要求费。未在规定的期限内缴纳或缴足的，专利申请将视为撤回。

说明书（包括附图）页数超过30页或者权利要求超过10项时，需要缴纳申请附加费，金额以超出页数或者项数计算。

优先权要求费的费用金额以要求优先权的项数计算。未在规定的期限内缴纳或缴足的，视为未要求优先权。

2. 发明专利申请实质审查费。

申请人要求实质审查的，应提交实质审查请求书，并缴纳实质审查费。实质审查费的缴纳期限是自申请日（有优先权要求的，自最早的优先权日）起三年内。未在规定的期限内缴纳或缴足的，专利申请视为撤回。

3. 复审费。

申请人对专利局的驳回决定不服提出复审的，应提交复审请求书，并缴纳复审费。复审费的缴纳期限是自申请人收到专利局做出驳回申请决定之日起三个月内。未在规定的期限内缴纳或缴足的，复审请求视为未提出。

4. 著录事项变更费等。

著录事项变更费、实用新型检索报告费、中止程序请求费、无效宣告请求费、强制许可请求费、强制许可使用费的裁决请求费的缴纳期限是自提出相应请求之日起一个月内。未在规定的期限内缴纳或缴足的，上述请求视为未提出。

5. 恢复权利请求费。

申请人或专利权人请求恢复权利的，应提交恢复权利请求书，并缴纳费用。该项费用的缴纳期限是自当事人收到专利局确认权利丧失通知之日起两个月内。未在规定的期限内缴纳或缴足的，其权利将不予恢复。

6. 延长期限请求费。

申请人对专利局指定的期限请求延长的，应在原期限届满日之前提交延长期限请求书，并缴纳费用。对一种指定期限，限延长两次。未在规定的期限内缴纳或缴足的，将不同意延长。

7. 办理退款的手续。

当事人对多缴、重缴、错缴的专利费用，可以自缴费之日起一年内，提出退款请求。提出退款请求的，应提交意见陈述书，并提交《国家知识产权局专利收费收据》复印件。

8. 专利费用的减缓。

申请人或者专利权人缴纳专利费用确有困难的，可以请求减缓。可以减缓的费用包括五种：申请费（其中印刷费、附加费不予减缓）、发明专利申请审查费、复审费、发明专利申请维持费、自授予专利权当年起三年的年费。其他费用不予减缓。

请求减缓专利费用的，应当提交费用减缓请求书，如实填写经济收入状况，必要时还应附具有关证明文件。

9. 年费的缴纳。

（1）申请人办理登记手续时，应当缴纳专利登记费、公告印刷费和授予专利权当年的年费。发明专利申请需要缴纳申请维持费的，申请人应当一并缴纳各个年度的申请维持费。期满未缴纳或未缴足费用的，视为未办理登记手续。授予专利权当年的年费，应当在专利局发出的授予专利权通知书中指定的期限内缴纳，以后的年费应当在前一年度期满前一个月内预缴。

（2）需要缴纳申请维持费的情况是，发明专利申请自申请日起满两年尚未被授予专利权的，申请人应当自第三年度起缴纳申请维持费。

10. 滞纳金的缴纳。

（1）专利权人未按时缴纳授予专利权当年以后的年费或者缴纳的数额不足的，专利权人自应当缴纳年费期满之日起最迟六个月内补缴，同时缴纳滞纳金。交费时间超过规定交费时间不足一个月的，不收滞纳金，超过规定缴费时间一个月的，每多一个月，加收当年全额年费的5%作为滞纳金，例如，缴费时超过规定缴费时间两个月，滞纳金金额为年费标准值乘以10%（专利法实施细则

第 96 条）。

（2）首次缴纳数额不足时年费滞纳金的计算。专利权人再次补缴时，应依照实际补缴日所在滞纳金时段内的滞纳金标准，补足应缴纳的全部年费滞纳金。例如，年费滞纳金 5% 的缴纳时段为 5 月 5 日至 6 月 5 日，滞纳金为 45 元，但缴费人仅缴纳了 25 元；缴费人在 6 月 7 日补缴滞纳金时，应依照实际缴费日所对应的滞纳期时段的标准 10% 缴纳，该时段滞纳金为 90 元，所以缴费人还应补缴滞纳金 65 元。

（3）办理恢复手续时年费滞纳金的计算。专利权人因专利权终止办理恢复手续时，年费滞纳金应按当年年费全额的 25% 缴纳。

## 代理申请

委托专利代理机构申请专利一般要经过以下几个步骤。

1．咨询。

（1）确定发明创造的内容是否属于可以申请专利的内容；对此咨询，建议多咨询几家专利代理机构后对比确定正确的结论。

（2）确定发明创造的内容可以申请哪一种专利类型（发明、实用新型、外观设计）。

2．签订代理委托协议。

签订代理协议的目的是明确申请人和专利代理机构之间的权利和义务，主要是约束专利代理人对申请人的发明创造内容负有保密的义务。

3．技术交底。

（1）申请人向专利代理人提供有关发明创造的背景资料或委托检索有关内容。

（2）申请人详细介绍发明创造的内容，帮助专利代理人充分理解发明创造的内容。

4．确定申请方案。

代理人在对发明创造的理解基础上，会对专利申请的前景做出初步的判断，确定是否正式申请。若正式申请将准备正式申请工作。

5．准备申请文件。

（1）撰写专利申请文件。

（2）制作申请书文件。

（3）提交专利申请并获取专利申请号。

6．审查。

中国专利局会对专利申请文件进行审查，在审查过程中专利代理人会进行专利补正、意见陈述、答辩、变更等工作。如有需要，申请人应该配合专利代理人完成以上工作。

7．审查结论。

中国专利局根据审查情况将会做出授权或驳回审查结论，这一过程的时间一般为：外观设计 3—6 个月，实用新型 6—10 个月，发明专利 2—4 年。

8．办理专利登记手续或复审请求。

如果专利申请被授权，则根据专利授权通知书的要求办理登记手续，领取专利证书。

如果专利申请被驳回，则根据具体的情况确定是否提出复审请求。

# 第二章　国际科技合作

## 一、政府间国际科技创新合作

### 政策依据

《科技部关于发布国家重点研发计划"政府间国际科技创新合作"等重点专项 2021 年度第二批项目申报指南的通知》（国科发资〔2021〕76 号）。

### 政策简介

专项支持我国与相关国家、地区、国际组织和多边机制签署的有关政府间协议框架下开展的各类国际科技创新合作与交流项目，项目任务涉及政府间科技合作层面共同关注的科学、技术和工程问题以及通过科技创新合作应对全球性重大挑战的有关问题等。以科技创新领域交流合作为先导，围绕互联互通和其他民生科技领域，推动加强能力建设，促进与周边国家和其他发展中国家协同发展。积极参与政府间国际科技组织，促进创新领域的多边科研和技术合作。

### 领域方向

经与有关合作方磋商议定，2021 年度第二批项目将设立八个指南方向，支持与七个国家、地区、国际组织和多边合作机制开展科技合作，项目任务数 79—82 项，国拨经费总概算 2.578 亿元，每个项目实施周期一般为 2—3 年。具体指南方向为：中国和以色列产业技术研发合作项目、中国和日本理化学研究所（RIKEN）联合资助项目、中国科技部与日本国际协力机构（JICA）联合研究项目、中国和欧盟科技创新合作联合资助机制研究创新合作项目、中国和丹麦政府间科技合作项目、中国和挪威政府间科技合作项目合作协议、中国和马耳他政府间联合研究项目、中国和克罗地亚政府间科技创新合作项目，详情可查阅年度申报指南。

### 资格条件

1. 项目牵头申报单位和参与单位应为中国大陆境内注册的科研院所、高等学校和企业等，具有独立法人资格，注册时间为 2020 年 2 月 29 日前，有较强的科技研发能力和条件，具有良好国际合作基础，运行管理规范。国家机关不得牵头或参与申报。

项目牵头申报单位、项目参与单位以及项目团队成员诚信状况良好，无在惩戒执行期内的科研严重失信行为记录和相关社会领域信用"黑名单"记录。

申报单位同一个项目只能通过单个推荐单位申报，不得多头申报和重复申报。

2. 项目负责人须具有高级职称或博士学位，1961 年 1 月 1 日以后出生，每年用于项目的工作时间不少于六个月。

3. 项目负责人原则上应为该项目主体研究思路的提出者和实际主持研究的科技人员。中央和地方各级国家机关的公务人员（包括行使科技计划管理职能的其他人员）不得申报项目。

4. 项目负责人限申报一个项目；国家科技重大专项、国家重点研发计划重点专项、科技创新 2030-重大项目的在研项目（含任务或课题）负责人不得牵头申报项目。国家重点研发计划重点专项、科技创新 2030-重大项目的在研项目负责人（不含任务或课题负责人）也不得参与申报项目。

项目负责人和项目骨干只能主持或参与一项本专项项目。

对于"政府间国际科技创新合作"重点专项中央财政专项资金预算不超过 400 万元的项目，与其他重点专项项目（课题）互不查重。

项目负责人、项目骨干的申报项目和国家科技重大专项、国家重点研发计划、科技创新 2030-重大项目在研项目总数不得超过两个；国家科技重大专项、国家重点研发计划、科技创新 2030-重大项目的在研项目（含任务或课题）负责人不得因申报国家重点研发计划重点专项项目而退出目前承担的项目（含任务或课题）。国家科技重大专项、国家重点研发计划、科技创新 2030-重大项目的在研项目（含任务或课题）负责人和项目骨干退出项目研发团队后，在原项目执行期内原则上不得牵头或参与申报新的国家重点研发计划项目。

计划任务书执行期（包括延期后的执行期）到 2021 年 12 月 31 日之前的在研项目（含任务或课题）不在限项范围内。

5. 特邀咨评委委员不能申报项目；参与重点专项实施方案或本年度项目指南编制的专家，不能申报该重点专项项目。

6. 受聘于内地单位的外籍科学家及港、澳、台地区科学家可作为重点专项的项目负责人，全职受聘人员须由内地聘用单位提供全职聘用的有效材料，非全职受聘人员须由双方单位同时提供聘用的有效材料，并作为项目预申报材料一并报送。

7. 申报项目受理后，原则上不能更改申报单位和负责人。

8. 项目合作内容和方式应符合我国及各合作机构所在国家（地区、国际组织）有关法律法规和科研伦理相关规定。凡开展须事先审查报批的合作活动，例如涉及人类遗传资源或种质资源等，申报单位必须事先依法依规履行国内有关审查报批手续。所有必需的手续完备后，项目才可正式立项。

9. 项目的具体申报要求，详见当年项目申报指南。

各申报单位在正式提交项目申报书前可利用"国家科技管理信息系统公共服务平台"（http://service.most.gov.cn）查询相关科研人员承担国家科技重大专项、国家重点研发计划重点专项、科技创新 2030-重大项目在研项目（含任务或课题）情况，避免重复申报。

**工作流程**

1. 申报单位根据指南支持方向的研究内容以项目形式组织申报，项目不设任务（或课题）。项目应整体申报，须覆盖相应指南方向的全部考核指标。项目申报单位推荐一名科研人员作为项目负责人。

2. 国家重点研发计划项目申报评审采取填写预申报书、正式申报书两步进行，具体工作流程如下。

（1）网上填报，申报实行无纸化申请。项目申报单位根据指南相关申报要求，通过"国家科技管理信息系统公共服务平台"填写并提交 3000 字左右的项目预申报书，详细说明申报项目的目标和指标，简要说明创新思路、技术路线和研究基础并附指南要求的有关附件。从指南发布日到预申报书受理截止日不少于

50 天。

（2）项目申报单位应与所有参与单位签署联合申报协议，并明确协议签署时间；项目申报单位和项目负责人须签署诚信承诺书，项目申报单位及所有参与单位要落实《关于进一步加强科研诚信建设的若干意见》要求，加强对申报材料审核把关，杜绝夸大不实，甚至弄虚作假。

（3）各推荐单位加强对所推荐的项目申报材料审核把关，按时将推荐项目通过国家科技管理信息系统统一报送，将加盖推荐单位公章的推荐函以电子扫描件上传。

（4）中国科学技术交流中心在受理项目预申报后，组织形式审查，并开展首轮评审工作。首轮评审不需要项目负责人进行答辩。根据专家评审结果，结合磋商协调情况，遴选出 3—4 倍于拟立项数量的申报项目，进入下一轮答辩评审。对于未进入答辩评审的申报项目，及时将评审结果反馈项目申报单位和负责人。

（5）申报单位在接到中国科学技术交流中心关于进入答辩评审的通知后，通过"国家科技管理信息系统公共服务平台"填写并提交项目正式申报书。正式申报书受理时间为 30 天。

（6）中国科学技术交流中心对进入正式评审的项目申报书进行形式审查，并组织答辩评审。申报项目的负责人通过网络视频进行报告答辩。根据专家评议结果，结合磋商协调情况，选择立项。

## 二、国际大科学计划和大科学工程

### 政策依据

《国务院关于印发积极牵头组织国际大科学计划和大科学工程方案的通知》（国发〔2018〕5 号）。

### 政策简介

积极提出并牵头组织国际大科学计划和大科学工程是党中央、国务院做出的重大决策部署。国际大科学计划和大科学工程是人类开拓知识前沿、探索未知世界和解决重大全球性问题的重要手段，是一个国家综合实力和科技创新竞争力的重要体现。牵头组织大科学计划是解决全球关键科学问题的有力工具，是聚集全球优势科技资源的高端平台，是构建全球创新治理体系的重要内容。牵头组织大科学计划作为建设创新型国家和世界科技强国的重要标志，对于我国增强科技创新实力、提升国际话语权具有积极深远意义。基本原则是国际尖端、科学前沿、战略导向、提升能力，中方主导、合作共赢，创新机制、分步推进。

### 主要目标

通过牵头组织大科学计划，在世界科技前沿和驱动经济社会发展的关键领域，形成具有全球影响力的大科学计划布局，开展高水平科学研究，培养引进顶尖科技人才，增强凝聚国际共识和合作创新能力，提升我国科技创新和高端制造水平，推动科技创新合作再上新台阶，努力成为国际重大科技议题和规则的倡导者、推动者和制定者，提升在全球科技创新领域的核心竞争力和话语权。到2035 年，培育 6—10 个项目，启动培育成熟项目，形成我国牵头组织的大科学计划初期布局，提升在全球若干科技领域的影响力。

**重点任务**

1. 制定战略规划，确定优先领域。根据《国家创新驱动发展战略纲要》等部署，结合当前战略前沿领域发展趋势，立足我国现有基础条件，综合考虑潜在风险，组织编制牵头组织大科学计划规划，围绕物质科学、宇宙演化、生命起源、地球系统、环境和气候变化、健康、能源、材料、空间、天文、农业、信息以及多学科交叉领域的优先方向、潜在项目、建设重点、组织机制等，制定发展路线图，明确阶段性战略目标、资金来源、建设方式、运行管理等，科学有序推进各项任务实施。

2. 做好项目的遴选论证、培育倡议和启动实施。立足我国优势特色领域，根据实施条件成熟度和人力财力保障等情况，遴选具有合作潜力的若干项目进行重点培育，发出相关国际倡议，开展磋商与谈判，视情确定启动实施项目。要加强与国家重大研究布局的统筹协调，做好与科技创新2030–重大项目等的衔接，充分利用国家实验室、综合性国家科学中心、国家重大科技基础设施等基础条件和已有优势，实现资源开放共享和人员深入交流。

3. 建立符合项目特点的管理机制。依托具有国际影响力的国家实验室、科研机构、高等院校、科技社团，通过科研机构间合作或政府间合作等模式，整合各方资源，组建成立专门科研机构、股份公司或政府间国际组织进行大科学计划项目的规划、建设和运营。积极争取把新组建的政府间国际组织总部设在中国。每个大科学计划可成立项目理事会和专家咨询委员会，对项目实施做出决策部署和提供专业化咨询建议。

4. 积极参与他国发起的大科学计划。继续参与他国发起或多国共同发起的大科学计划，积极承担项目任务，深度参与运行管理，积累组织管理经验，形成与我国牵头组织的大科学计划互为补充、相互支撑、有效联动的良好格局。积极参加重要国际组织的大科学计划相关活动，主动参与大科学计划相关国际规则的起草制定。

## 三、国际科技合作基地

### （一）国家国际科技合作基地

**政策依据**

《国家国际科技合作基地管理办法》（国科发外〔2011〕316号）；《科技部关于印发〈国家国际科技合作基地评估办法（试行）〉的通知》（国科发外〔2014〕77号）；《国家国际科技合作基地重大事项调整实施细则（试行）》（国科外〔2017〕4号）。

**适用范围**

国家国际科技合作基地（本节简称国合基地）是指由科学技术部及其职能机构认定，在承担国家国际科技合作任务中取得显著成绩、具有进一步发展潜力和引导示范作用的国内科技园区、科研院所、高等学校、创新型企业和科技中介组织等机构载体，包括国际创新园、国际联合研究中心、国际技术转移中心和示范型国际科技合作基地等不同类型。

为突出国际科技合作的特点，国合基地采用"分类认定，统一管理"的认定和管理原则，即对国际创新园、国际联合研究中心、国际技术转移中心、示范型国际科技合作基地四种不同类型的国合基地，按照不同的条件和程序进行认定，并由科技部对全国的各类国合基地统一进行宏观管理。

### 政策内容

科技部在能源资源开发利用、新材料与先进制造、信息网络、现代农业、生物与健康、生态环境保护、空间和海洋、公共安全等国际科技合作重点领域专门对国合基地建设进行部署，使国合基地真正成为国际科技合作项目实施的重要载体，人才培养和创新团队建设的重要平台。国家国际科技合作专项对国合基地所开展的国际科技合作项目给予重点支持，并通过进一步加大相关项目资金的投入力度和强度，推动国合基地更好更快发展，适应做大项目、攻关键技术和出高水平成果的要求。国合基地的推荐部门也应对列入国家国际科技合作专项的基地项目予以经费匹配。

### 申请条件

1. 国际创新园。

（1）是领域或地区研发力量集聚的重要平台，机构发展方向与《国家中长期科学和技术发展规划纲要（2006—2020年）》（本节简称《规划纲要》）确定的重点领域相一致，具有技术研发、智力引进、技术转移、技术产业化等多种功能和条件。

（2）具有完整、可行的发展规划，以及明确的国际科技合作发展目标和体现管理创新的实施方案。

（3）建立有完善的国际科技合作管理机构，具有相应的政策、制度、资金和服务保障体系。

（4）与国外政府、知名企业、研发机构等建立有长期稳定的合作关系，所开展的高水平国际科技合作对国家科技发展具有引领、辐射和示范作用。

（5）可有效推进国际产学研合作，在提高科技创新能力、培育新的经济增长点和推动产业结构升级等方面取得显著成绩。

2. 国际联合研究中心。

（1）研发方向符合《规划纲要》中确立的重点领域，在前沿技术、竞争前技术和基础科学领域具有较强研发实力，是国家研发任务的重要承担机构，并多次承担国家国际科技合作专项项目和政府间科技合作项目。

（2）属于国内知名的重点科研机构、重点院校、创新型企业等单位，并具有与国外开展高水平合作研发的条件、能力、人才和经验。

（3）具有相对稳定的国际科技合作渠道，有条件吸引海外杰出人才或优秀创新团队来华开展短期或长期的合作研发工作，具有国际科技合作的良好基础。

（4）具有明确的国际科技合作发展目标和可行的合作实施方案，以及相对稳定的资金来源和专门的管理机构，同时对本领域或本地区开展国际科技合作具有引导和示范作用。

（5）有能力与世界一流科研院所、著名大学和高技术企业建立长期合作伙伴关系，能够使国外合作伙伴同时接受国际联合研究中心的资格认定。

3. 国际技术转移中心。

（1）依托国家高新区建设，以推动国际产学研合作和促进高新技术产业国际化发展为目标，主要从事国际技术转移和国际科技合作中介服务的独立法人机构，依法注册一年以上。

（2）具有明确的机构功能定位和发展目标，以及符合市场经济规律的机制体制，并得到所在国家高新区政策、资金、条件环境等方面的支持。

（3）具有广泛并相对稳定的国际科技合作渠道和较为完备的服务支撑条件，拥有具备国际技术转移服务能力和经验，可以提供高效服务的专业化团队，有能力提供技术、人才国际寻访、引入、推荐和测评等中介服务。

（4）具有明确的目标服务群体和特色鲜明的发展模式，在技术引进、技术孵化、消化吸收、技术输出、技术产业化，以及国际人才引进等领域具有效果显著的服务业绩。

4. 示范型国际科技合作基地。

（1）具有独立开展国际科技合作的条件和能力，承担过国家级或省部级国际科技合作项目，研发方向与《规划纲要》中确立的重点领域相一致。

（2）具有相对稳定的国际科技合作队伍、渠道和资金来源，设有专职开展国际科技合作的管理机构和管理人员。

（3）具有明确的国际科技合作发展目标和实施方案，并积极在现有合作基础上不断拓展国际合作渠道，深化合作内涵。

（4）已取得显著的国际科技合作成效，合作成果具有国内领先或国际先进水平，人才引进成效明显。

（5）对本地区、本领域或本行业国际科技合作的发展具有引导和示范作用。

## 认定流程

1. 国际创新园由科技部负责认定，并按照以下程序进行。

（1）将部省共建国际创新园的相关任务列入年度部省会商议题。

（2）申报机构所在地省级人民政府向科技部提出申请。

（3）科技部组织专家对申报材料进行评审，对申报机构进行考核。

（4）根据认定标准并参考专家意见和考核情况进行综合评价，由科技部发文进行认定并授牌。

2. 国际联合研究中心由科技部进行认定，并按照以下程序进行。

（1）由国务院有关部门及各省、市、自治区科技主管部门从执行国家国际科技合作专项项目和政府间科技合作项目的相关机构中向科技部进行推荐。

（2）科技部组织专家对申报材料进行评审，对申报机构进行考核。

（3）根据认定标准并参考专家意见和考核情况进行综合评价，由科技部发文认定并授牌。

（4）由认定的国际联合研究中心与国外合作伙伴机构商相关国家政府主管部门进行资格认同，并经双边政府间科技合作机制确认后，择机在国外合作伙伴机构挂牌。

3. 国际技术转移中心由科技部国际合作司联合科技部火炬中心进行认定，并按照以下程序进行。

（1）符合认定条件的相关机构提出申请，由所在国家高新区出具支持意见，经国务院有关部门及各省、市、自治区科技主管部门审核同意，向科技部国际合作司推荐。

（2）科技部国际合作司会同科技部火炬中心组织专家对申报材料进行评审，

对申报机构进行考核。

（3）根据认定标准并参考专家意见和考核情况进行综合评价，综合考虑国家高新区国际化发展需求、地域分布、发展潜力和示范效应等因素择优选择后，由科技部国际合作司和火炬中心共同发文认定并授牌。

4. 示范型国际科技合作基地由科技部国际合作司负责认定，并按照以下程序进行。

（1）申报机构结合取得的国际科技合作成效，以及自身的国际合作需求和发展目标，根据隶属或属地关系，经国务院有关部门或省、市、自治区科技主管部门向科技部国际合作司提出申请。

（2）科技部国际合作司根据部门或地方推荐意见，组织专家对申报材料进行评审，对申报机构进行考核。

（3）根据认定标准并参考专家意见和考核情况进行综合评价，综合考虑全国整体布局和各单位具体情况，由科技部国际合作司发文进行认定并授牌。

## （二）河南省国际科技合作基地

### 政策依据

《河南省国际科技合作基地管理办法》《河南省国际科技合作基地申报指南》。

### 政策简介

河南省国际科技合作基地是指由河南省科技厅认定，在承担国家、省国际科技合作任务中取得显著成绩、具有进一步发展潜力和引导示范作用的国内科技园区、科研院所、高等学校、创新型企业和科技中介组织等机构载体，包括国际联合实验室、国际技术转移中心和示范型国际科技合作基地三种类型。为突出国际科技合作的特点，国合基地采用"分类认定，统一管理"的认定和管理原则，即对国际联合实验室、国际技术转移中心和示范型国际科技合作基地三种不同类型的国合基地，按照不同的条件和程序进行认定，并由省科技厅统一进行管理。

### 政策支持

1. 省科技厅在新一代信息技术、新材料、新能源、生物与健康、高端装备制造等战略性新兴产业等国际科技合作重点领域专门对国合基地建设进行部署，使其真正成为国际科技合作项目实施的重要载体，人才培养和创新团队建设的重要平台。

2. 省重大科技专项、成果转化、重大攻关、省科技开放合作工程和省国际科技合作计划将择优给予支持，以推动其更好更快发展，适应做大项目、攻关键技术和出高水平成果的要求。各推荐部门也应对国合基地开展的优秀项目择优给予支持。

3. 省科技厅支持国合基地开展国际技术培训、人才培养和信息服务等工作，以提高基地的辐射影响力，并把国合基地的人才引进工作纳入省相关人才计划择优予以支持。

4. 省科技厅对成绩突出的省级国际科技合作基地优先推荐申报国家级国际科技合作基地和国际科技合作专项。

## 条件程序

1. 国际联合实验室认定条件和程序。

河南省国际联合实验室的认定和管理参照河南省科技厅豫科外〔2011〕19 号文件《关于印发〈河南省国际联合实验室管理办法（试行）〉的通知》执行。

2. 国际技术转移中心认定条件和程序。

河南省国际技术转移中心的认定和管理参照科技部的有关规定执行。国际技术转移中心是专门面向国际技术转移和科技合作中介服务，依托独立法人机构建立的国际科技合作基地。

申报国际技术转移中心的机构应满足下列条件。

（1）依托主要从事国际技术转移和国际科技合作中介服务的独立法人机构建设，依法注册一年以上。在国家和省级高新技术开发区、经济技术开发区和产业集聚区的机构优先。

（2）具有明确的机构功能定位和发展目标，以及符合市场经济规律的机制体制，并得到所在地政策、资金、条件环境等方面的支持。

（3）机构管理规范，规章制度健全。有明确的从事技术转移服务的章程和健全的内部管理制度。

（4）具有广泛并相对稳定的国际科技合作渠道和较为完备的服务支撑条件，拥有具备国际技术转移服务能力和经验，可以提供高效服务的专业化团队。有能力提供技术、人才国际寻访、引入、推荐和测评等中介服务。管理人员中具有大专以上学历的占 80% 以上。科技人员的比例不得低于本机构从业人员总数的 60%。

（5）具有明确的目标服务群体和特色鲜明的发展模式，经营状况良好，在技术引进、技术孵化、消化吸收、技术输出、技术产业化，以及国际人才引进等领域具有显著的服务业绩。

国际技术转移中心由省科技厅进行认定，并按照以下程序进行。

（1）符合认定条件的相关机构提出申请，经各级科技主管部门审核并出具推荐意见，报送省科技厅。

（2）省科技厅组织专家对申报材料进行评审，对申报机构进行考核。

（3）根据认定标准并参考专家意见和考核情况进行综合评价，综合考虑地域分布、发展潜力和示范效应等因素择优选择后，由省科技厅发文认定并授牌。

3. 示范型国际科技合作基地认定条件和程序。

河南省示范型国际科技合作基地的认定和管理参照科技部的有关规定执行。示范型国际科技合作基地是积极开展国际科技合作，并取得显著合作成效及示范效应，依托省内各类机构建立的国际科技合作基地，是国合基地建设的基础性力量。

申报示范型国际科技合作基地的机构应满足下列条件。

（1）应为省级以上重点实验室、院士工作站和工程技术中心等，具有独立开展国际科技合作的条件和能力，承担过省级以上（含省级）国际科技合作项目，研发方向与《规划纲要》及河南省经济发展的重点领域相一致。

（2）具有相对稳定的国际科技合作队伍、渠道和资金来源，设有专职开展国际科技合作的管理机构和管理人员，管理制度规范健全。

（3）已取得显著的国际科技合作成效，合作交流扎实丰富，合作成果国内领先（或国际先进），人才引进成效明显。

（4）具有明确的国际科技合作发展目标和实施方案，并积极在现有合作基础上不断拓展国际合作渠道，深化合作内涵。

（5）对本地区、本领域或本行业国际科技合作的发展具有引导和示范作用。

示范型国际科技合作基地由省科技厅负责认定，并按照以下程序进行。

（1）依托单位结合取得的国际科技合作成效，以及自身的国际合作需求和发展目标提出申请，经各级科技主管部门审核后报送省科技厅。

（2）省科技厅根据推荐部门意见，组织专家对申报材料进行评审，对申报机构进行考核。

（3）根据认定标准并参考专家意见和考核情况进行综合评价，由省科技厅发文进行认定并授牌。

## 四、国家海外高层次人才引进计划

### 政策依据

《中共中央组织部关于印发〈国家海外高层次人才引进计划管理办法〉〈国家高层次人才特殊支持计划管理办法〉的通知》（组通字〔2017〕9号）。

### 政策简介

国家海外高层次人才引进计划是国家层面实施的重大人才工程，旨在围绕国家发展战略目标，重点引进一批自然科学、工程技术、哲学社会科学等领域高层次创新创业人才。由以下项目构成：创新人才长期项目、创新人才短期项目、创业人才项目、青年项目、外国专家项目、顶尖人才与创新团队项目、新疆西藏项目、文化艺术人才项目。根据国家经济社会发展和人才队伍建设需要，经中央人才工作协调小组批准，可调整计划项目设置。

### 适用范围

符合规定条件的人才和团队。

### 政策内容

中央财政给予入选专家一定经费补助。入选专家正式履行工作合同后一次性发放，免征个人所得税，由专家自主使用，用人单位不得截留挪用。中央财政给予青年项目、外国专家项目、新疆西藏项目入选专家一定额度的科研经费补助。经费额度一次性核定，分三年拨付，用于支持专家自主选题研究，不得用于有工资性收入的人员工资、奖金、津补贴和福利支出。用人单位不得提取管理费用。经费使用进度不按年度考核，原则上三年内统筹使用，确有需要且有工作合同的，可延长两年。

### 申请条件

1. 创新人才长期项目。申报人一般应当取得博士学位，在国外著名高校、科研机构担任相当于教授职务或者在国际知名企业、金融机构担任高级职务的专业技术人才和经营管理人才，年龄不超过55岁。引进时未全职在国内（来华，本节同）工作，或者在国内工作不超过1年。引进后须全职在国内工作三年以上。对业绩特别突出或者国家急需紧缺人才，可适当放宽年龄、学历、专业职务要求。

2. 创新人才短期项目（含非华裔外国专家）。引进时未全职在国内工作，且符合创新人才长期项目其他资格条件。引进后须在国内连续工作三年以上，每年不少于两个月。

3. 创业人才项目。申报人一般应当在海外取得学位，年龄不超过55岁，并符合下列条件：①拥有国际领先技术成果，或者能够填补国内空白，产业化开发潜力大；②有海外创业经验或者曾任国际知名企业中高层管理职位，有较强的经营管理能力；③在国内时间不超过六年，其创办企业成立两年以上、五年以下，产品具有核心技术且处于中试或者产业化阶段；④是企业主要创办人且为第一大股东或者最大自然人股东。一家企业只能申报一名。特别优秀的可适当放宽年龄要求。

4. 青年项目。高等学校、科研机构、中央企业的申报人，应当属于自然科学或者工程技术领域，年龄不超过40岁，具有博士学位，并符合下列条件：①在海外知名高校、科研机构或者知名企业研发机构有正式教学或者科研职位，取得博士学位后在海外连续工作36个月以上；②取得同行专家认可的科研成果，且具有成为该领域学术或者技术带头人的发展潜力；③申报时未全职在国内工作，或者在国内工作不超过一年；④引进后须全职在国内工作三年以上。

大中型金融机构或者国家金融管理部门的申报人，一般应当在知名高校取得博士学位，年龄不超过40岁，并符合下列条件：①在海外商业性金融机构或者金融监管机构连续全职工作36个月以上；②业绩突出，在业内具有一定知名度，且具有成为所在领域领军人才的发展潜力；③申报时应当未全职在国内工作，或者在国内工作不超过一年；④引进后须全职在国内工作三年以上。在海外取得博士学位、业绩特别突出或者国家急需紧缺的人才，可适当放宽工作年限要求。

5. 顶尖人才与创新团队项目。申报人应当为自然科学或者工程技术领域的国际顶尖专家，引进后须全职在国内工作五年以上，并具备下列条件之一：①诺贝尔奖、图灵奖、菲尔兹奖等国际大奖的获得者；②美国、英国、加拿大、澳大利亚等发达国家科学院院士或者工程院院士；③在世界一流大学、科研机构任职的国际著名学者；④国家急需紧缺的其他顶尖人才。

6. 新疆西藏项目。引进主体为在新疆、西藏的高等学校、科研机构、企业和高新技术产业开发区为主的各类园区等用人单位。创新人才须具备下列条件：①属于自然科学或者工程技术领域，年龄不超过40岁；②在海外取得硕士以上学位，或者在国内取得硕士以上学位并在国外连续工作36个月以上；③取得同行专家认可的科研成果，且具有成为该领域学术或者技术带头人的发展潜力；④引进后全职在新疆、西藏工作至少三年。创业人才可适当放宽条件。

7. 文化艺术人才项目。引进主体为国有文化单位、高等学校和有影响力的非公有制文化单位。从事研究工作的申报人，一般应当取得博士学位，年龄不超过55岁；从事舞台艺术、经营管理、创意设计等专业的申报人，可适当放宽学历和年龄要求。申报时一般应当未全职在国内工作，或者在国内时间不超过一年。申报长期项目的，引进后须全职在国内工作三年以上，申报短期项目的，须在国内连续工作三年以上，每年不少于两个月。

8. 除创业人才项目外，其他项目申报人须与用人单位签订工作合同或者意向性协议。申报人不得通过多个平台渠道同时申报。除研究成果、技术水平出现重大进展或者突破外，申报次数累计不超过两次。创业人才、青年项目不限制申报次数。未履行和妥善处理原协议的国家公派留学人员、高级访问学者、"博士后国际交流计划"派出人员，由国家财政支持出国的其他人员，存在违纪违法、学术不端等行为的人员，不允许申报。

### 遴选程序

1. 年度部署。年度遴选工作由专项办统筹安排、统一部署。一般每年安排一次。

2. 项目申报。各地区各部门按照下列渠道组织申报工作。创新人才长期（短期）项目：国家科技计划拟引进人才报科技部；中央部门所属单位报业务或者人事主管部门，经审核后分别报平台部门；地方所属单位拟引进人才，由所在省（自治区、直辖市）党委组织部统筹报有关平台部门。

3. 审查评审。由平台部门负责，对申报人资格条件和申报材料等进行审核。同行专家评审由平台部门负责，可针对申报人类别采取会议、通讯评审、面试、远程视频答辩等方式。

4. 咨询审核。组建评审工作巡察小组，对评审工作全过程严格监督。召开专家咨询顾问会议通报评审工作情况，接受专家质询，对平台部门推荐人选进行审核，研究提出审核意见并向平台部门反馈。

5. 公示批准。创业人才项目、青年项目拟入选名单须通过媒体向社会公示，公示期为七个工作日。相关平台部门负责对公示反映的问题进行调查核实，提出处理意见。入选资格名单经专项办报引才小组审批后印发。

## 五、国家外国专家引进计划

### 政策依据

《国家外国专家项目和经费管理办法》（国科发专〔2021〕49号）；《关于申报科技部2021年度国家外国专家项目的通知》。

### 申报原则

全面提升支撑科技创新发展能力。聚焦重点引进用好外国人才。充分发挥外专工作平台引领示范作用。

### 适用类别

国家外国专家项目包括"高端外国专家引进计划"、"一带一路"创新人才交流外国专家项目和"外国青年人才计划"三类项目。项目申报无数量限制，项目执行周期为自然年，分一年期执行期和两年期。

### （一）高端外国专家引进计划

1. 项目定位。

服务创新驱动发展战略，支撑引领新发展格局，以提升科技创新能力为目标，充分激发人才创新活力，面向世界科技前沿、面向经济主战场、面向国家重大需求，面向人民生命健康，牢牢把握科技工作重点，大力引进能够促进原始创新、突破关键技术、发展高新产业、带动新兴学科的科学家、科技领军人才、经营管理人才及创新创业人才。

2．支持重点。

着力支撑国家科技重大专项及科技创新 2030-重大项目、国家重点研发计划、国家实验室和国家重点实验室、国际大科学计划和大科学工程等科研重大项目和平台建设实现突破，对上述在研项目引进外国专家工作予以重点支持；重点支持引进研究方向处于世界科技前沿领域，从事探索性、原创性研究，能够领衔国家重大科研任务、重大工程建设，具备在前瞻性战略性重大科研任务上实现重大突破能力的顶尖人才；大力引进各类技术创新人才，推动关键技术、生产工艺、产品设计新突破，产生重大经济和社会效益；加快培育新兴技术和产业，大规模引进能够在新一代信息技术研发，制造业关键核心技术、新材料全链条攻关，重大工程推进中发挥突出作用的高层次外国专家。

3．申报条件。

（1）外国专家或团队人选须符合下列基本条件之一。

①在国际学术技术界享有一定声望，为某一领域的开拓者、奠基人，或对某一领域的发展有过重大贡献的著名科学家。

②在国外著名高校、科研院所担任相当于副教授、副研究员及以上职务、职称的专家学者。

③在国际知名企业、机构担任高级职务的专业技术人才和经营管理人才。

④学术造诣深厚，对某一专业或领域的发展有过重大贡献，其成果处于本行业或本领域学术或技术前沿，为业内普遍认可的专家学者。

⑤主持过国际大型科研或工程项目，有较丰富的科研、工程技术经验的专家、学者、技术人员。

⑥拥有重大技术发明、专利等或专有技术的专业技术人员。

⑦具有特殊专长并为国家急需紧缺的其他高层次外国人才。

（2）工作时间须符合下列条件。

①对于申报个人项目的，专家来华工作时间原则上每年累计不少于一个月；对于申报团队项目的，团队成员来华工作时间原则上每年累计不少于两个月。

②对采取远程合作等方式实施的项目，应当参照来华工作时间要求，科学核算外国专家工作量，以合同（协议）等方式明确工作报酬，按照项目经费资助有关标准，提出经费申请。

4．申报说明。

（1）以工作内容（研究方向或技术目标）为基础申报项目，围绕同一工作内容聘请多位外国专家，应按照一个项目申报。

（2）该项目每年申报一次，项目资助期限最长为两年，期满后应重新申报参加评审。

## （二）"一带一路"创新人才交流外国专家项目

1．项目定位。

深化"一带一路"科技创新合作，为"一带一路"科技创新行动计划深入实施提供支撑，支持中外创新人才开展科技合作、人文交流、联合研究，提升我国与"一带一路"沿线国家的科技合作水平。

2．支持重点。

围绕支撑和服务高质量互联互通，聚焦"一带一路"双多边创新合作重点领域，包括人工智能、生命科学、高端制造、现代农业等前沿领域。支持来自"一带一路"沿线国家的外国专家来华开展学术交流、人才培养、产品研发、技术咨询等；支持外国专家来华开展关于"一带一路"沿线国家法律政策、经济金融、人文历史、语言文字等方面的合作研究。

3. 申报条件。

（1）该项目主要支持团队（五人以上）申报，且人选须符合下列基本条件之一。

①在国外著名高校、科研院所担任相当于副教授及以上职务、职称的专家学者。

②在国际知名企业、机构担任高级职务的专业技术人才和经营管理人才。

③相关领域急需紧缺的其他高层次外国人才。

（2）工作时间须符合下列条件。

①团队成员来华工作时间原则上每年累计不少于两个月。

②对采取远程合作等方式实施的项目，应当参照来华工作时间要求，科学核算外国专家工作量，以合同（协议）等方式明确工作报酬，按照项目经费资助有关标准，提出经费申请。

4. 申报说明。

该项目每年申报一次，项目资助期限最长为两年，期满后应重新申报参加评审。

### （三）外国青年人才计划

1. 项目定位。

聚焦国家创新驱动发展战略，支持一批对华友好、年富力强、具有高水平科研潜质的外国青年人才来华开展包括博士后研究等在内的科研合作，促进外国青年学者在华开展长期、稳定的学术交流与研究工作。

支撑与自然科学基金委联合实施的"外国青年学者研究基金"项目，支持外国青年学者在华承担科研任务。

2. 申报条件。

（1）外国青年人才年龄一般不超过40周岁；在国（境）外高校获得博士学位。

（2）申请人每年应在华工作九个月以上。

3. 申报说明。

（1）已获得自然科学基金委"外国青年学者研究基金"项目立项，且仍在有效期内的青年学者，可通过外国青年人才计划为其申请外国专家经费支持。

（2）该项目每年申报一次，项目资助期限最长为两年。

### 申报要求

1. 各项目单位要组织专家充分论证、据实填报各项信息，确保申报内容准确、完整，提高项目申报质量。经费申请须根据项目实际需要填报，不得虚列虚报。

2. 各项目单位要加强形势研判，结合学院及科研实际，主动应对国际科技合作不确定性增强和全球新冠肺炎疫情防控复杂形势，积极探索采用外国专家远程视频、网络办公等多种方式开展相关工作，完成各项任务。对采取上述方式实施的项目，应当科学核算外国专家工作量，以合同（协议）等方式明确工作报酬，按照经费管理办法规定的有关标准，提出经费申请。

3. 涉及经费拨付方式调整的单位，要主动转变观念，理顺管理流程，准确把握相关政策规定，按照外专项目和经费管理的新要求积极主动开展申报工作，提升项目组织实施能力。

4. 各项目单位要按要求对上一年度项目执行情况进行认真梳理，如实填报有关数据，上报项目实施成果并开展绩效评价。各部门要对所属地区和部门上年度外国专家项目工作进行全面总结，对总体执行情况进行分析，上报总结报告，推荐典型成果案例，并对更好组织实施外专项目提出意见建议。

5. 各项目单位要依法依规开展外国专家引进工作，严格遵守在知识产权、竞业禁止、聘用及薪酬等方面的法律规定，按照国际惯例与通行做法，推进互利共赢合作。

6. 在项目申报过程中如有通过提供虚假材料或其他不正当手段参与申报的，将按照《科学技术活动违规行为处理暂行规定》（科学技术部令第 19 号）对相关工作主体进行严肃处理。

### 申报系统

项目申报通过"外国专家项目管理信息系统"（http：//ceps.safea.gov.cn/Default.aspx），各项目单位须在线填写申报材料。

## 六、高层次留学人才回国资助计划

### 政策依据

《人力资源社会保障部办公厅关于开展 2021 年度高层次留学人才回国资助试点工作的通知》（人社厅函〔2020〕185 号）。

### 适用范围

围绕国家重大战略和经济社会发展需要，坚持需求导向和问题导向，聚焦自主创新能力提升和关键核心技术突破，遴选支持一批高水平留学回国创新人才。加大对前沿领域和基础科研人才的支持。

### 政策内容

根据财政部下达的经费预算和有关规定，高层次留学人才回国资助试点工作在部分地区和部门进行。人力资源社会保障部将对确定的资助人选一次性提供资助金 30 万元，申报单位提供比例不低于 1∶1 的配套资金。

### 申请条件

1. 申报人员须同时具备以下条件。
（1）具有中国国籍。
（2）在国（境）外获得博士学位。
（3）2016 年 1 月 1 日后回国。
（4）在国内每年稳定工作九个月以上，并由申报单位人事部门出具证明。
（5）年龄一般在 50 周岁以下。
2. 对业绩特别突出的可适当放宽回国时限、年龄要求。同等条件下，各单位择优推荐曾在国外跨国公司、著名高校、科研院所、国际组织等机构担任高级管理职务或相当于副教授（副研究员）以上专业技术职务，并取得显著成绩的留学回国人员。各单位在提交申报材料时需参考申报人已获得的其他资助情况，尽量避免重复资助。

### 申报流程

1. 项目申报。各单位（部门）、留创园收到通知后，按照行政区域（工作隶属关系）组织开展申报工作，推荐所属人才。申报人填写《高层次留学人才回国工作资助申请表》。

2. 项目审核。各单位（部门）、留创园对申报材料进行审核，对审核合格的申报项目择优推荐，以正式文件形式报送省人力资源社会保障厅。原则上每个单位（部门）可以推荐一名人才。省人力资源社会保障厅对申报情况进行综合评定，根据数量需求，择优向国家人力资源社会保障部推荐。

3. 资金下达。根据《关于开展高层次留学人才回国资助试点工作的意见》等有关规定下达资金。

## 七、河南省留学人员科技活动项目

### 政策依据

《河南省人力资源和社会保障厅关于开展 2021 年度河南省留学人员科技活动项目择优资助经费申报工作的通知》（豫人社办函〔2020〕68 号）。

### 支持重点

重点资助前沿基础交叉科学、新型能源技术、新一代信息技术、先进材料、先进装备制造与智能制造、农业与粮食安全、资源生态环境、现代医学与前沿生物、金融安全等前沿科学和重点技术方向的留学回国人才。

### 政策内容

留学人员科技活动项目资助分优秀、启动两类申报。其中，优秀项目资助金额 8 万—10 万元，主要资助留学回国人员主持省部级重点科技攻关或技术改造项目，或某一学科领域具有领先水平的研究开发项目；启动项目资助金额 3 万—5 万元，主要资助新近回国的留学人员，从事某一学科或技术领域的研究。

### 申报条件

申请资助项目的留学人员必须同时具备以下条件。

（1）在外留学一年以上，学有所成，于 2016 年 1 月 1 日以后新近回国工作。

（2）取得硕士以上学位或获得中级以上专业技术职称。

（3）年龄一般在 45 岁以下。

（4）能独立主持研究开发工作，有培养发展前途。

（5）申报项目在国内或本地区、本领域具有领先水平，具有应用开发前景，可产生良好的社会经济效益。

已入选国家、本省人才计划的人才不纳入资助范围，本资助项目往年入选人员不得再次申报。

### 申报办法

各地、各单位根据省厅通知要求，对申报材料进行汇总、审核申报。

（1）申报函。来函请注明申报单位联系人姓名、电话，划拨经费所用的户名、账号、开户银行。

（2）《留学人员科技活动项目择优资助经费申请表》一式一份，并提交电子版。表格可从省人力资源和社会保障厅网站"留学回国"专栏下载。

（3）留学回国人员相关证明材料的复印件及扫描件。原件由报送单位审核，复印件上盖单位审核章。相关复印件附申请表后装订。

## 八、河南省国外智力引进计划

### 政策依据

河南省科学技术厅《关于征集 2021 年度河南省国外智力引进计划的通知》（豫科〔2020〕124 号）。

### 政策简介

为深入实施创新驱动发展战略和人才强省战略，引进用好外国人才，增强河南省经济社会发展动能，提升对外开放水平。2021 年度河南省国外智力引进计划要进一步聚焦核心关键技术，全面服务基础研究和应用基础研究重大需求，为进一步加快科技成果突破和应用，培育新兴技术和产业发挥独特作用。要聚焦"高精尖缺"引才重点，积极引进具有重大原始创新能力和推动重大技术革新能力的外籍科学家，着力引进具有世界眼光和开拓能力的企业家、符合河南省战略发展需要的人文社科专家、青年创新人才、创新团队及各类急需紧缺人才。要坚持成果绩效导向，建立以创新质量、贡献、绩效相结合的项目评价体系，将评价结果作为项目经费持续支持的重要依据。

### 项目类别

1. 河南省杰出外籍科学家工作室。是以国家、省部级重点实验室或工程（技术）中心等研发平台为依托，以河南省相关产业发展和科技创新需求为导向，以杰出外籍科学家为引领，以国内外创新团队为支撑，以提高科技创新能力和打造国际一流科研团队为目标的人才创新平台。

2. 河南省高等学校学科创新引智基地。以争创世界一流学科为目标，以引进国际学术大师和创新团队为手段，努力汇聚一批世界一流人才，开展高水平合作研究、高质量学术交流、高层次人才培养，促进海外人才与国内学术骨干互相融合，努力建设一批具有自主创新能力的重点学科，打造一批高水平国际化学术团队。

3. 河南省高端外国专家引进计划。面向河南省重大需求，围绕产业转型升级、社会与生态文明建设，服务乡村振兴战略，重点支持引进外国"高精尖缺"人才和创新团队。主要按四个领域进行申报：一是农业与乡村振兴类，二是战略科技发展类，三是产业技术创新类，四是社会与生态建设类。

4. 河南省引智成果示范推广基地。引智成果示范推广基地主要是通过引进或者"二次引进"国外先进技术和成果，经自主培育研发后在省内乃至全国同行业具有领先地位，对周边地区或相关领域起到较强的示范、带动和推广作用，可以拉长本地区、本行业产业链条，发挥引领辐射作用，能有效为经济社会发展服务。

## 政策支持

经批准命名的"河南省杰出外籍专家工作室"和"河南省高等学校学科创新引智基地"，将由河南省引智专项经费连续支持三年，每个项目支持总额最高不超过 100 万元，实施期满后省科技厅将组织相关单位进行综合绩效测评，根据绩效测评结果对经费进行核销。

经立项的"河南省高端外国专家引进计划"将根据专家层次、来豫工作时间、人次等情况给予不超过 15 万元的经费支持。经立项的"引智成果示范推广基地"将给予 5 万—15 万元的引智经费支持。

## 申报条件

1. "河南省杰出外籍科学家工作室"应当具备以下条件。

（1）工作平台。①单位建有专门的研发机构，原则上应建有国家、省部级实验室或工程（技术）中心等研发平台。②具备较强的研发能力，拥有较高水平、结构合理的研发团队，研究方向与外籍科学家研究领域相关，能够为外籍科学家及其创新团队开展科研活动提供必要的支持条件。

（2）团队人员条件。①申请单位要与符合要求的一名或一名以上的杰出外籍科学家及其团队签约，建立长期稳定的合作关系。②外方团队成员（持有外国护照）应包括三名以上高水平海外学术骨干，原则上应具有博士学位。海外学术骨干应受聘于副教授以上或其他同等职位，在所属领域取得过同行公认的创新性成果。③国内团队应配备五名以上高水平学术骨干，原则上应具有博士学位和高级专业技术职称。

2. "河南省高等学校学科创新引智基地"应具备以下条件。

（1）学科基础。依托学科原则上应为河南省优势特色学科，建有国家、省部级重点科研平台，具有良好的国际合作研究基础。

（2）团队人员条件。①申请单位应聘请一名以上国际学术大师，国际学术大师应为外国科学院院士、工程院院士、国际著名教授或同领域公认的知名学者，其学术水平在国际同领域处于领先地位，取得过国际公认的重要成就。②外方团队人员应包括四名以上国外学术骨干，或成建制引进五名以上国际一流国外专家团队，团队人员应在世界综合排名前 100 位的大学、研究机构，或世界排名前 50 位的大学学科等研究机构任职，受聘于副教授以上或其他同等职位，原则上应具有博士学位，在所属领域取得过同行公认的创新性成果。③国内团队应配备不少于 10 名学术骨干，原则上应具有博士学位和高级专业技术职称。④一名国际学术大师不得在两个及以上"河南省高等学校学科创新引智基地"同时任职。

3. "河南省高端外国专家引进计划"应具备以下条件。

（1）在境外著名高校、科研院所、国际知名企业担任相当副教授职务或副高级职务以上的专家学者。

（2）拥有自主知识产权或掌握核心技术的创新、创业人才。

（3）急需紧缺的其他高层次外国专家。

4. 河南省引智成果示范推广基地应具备以下条件。

（1）引智成果必须是引进或二次引进的国外先进技术和成果。

（2）申请单位具有一定的推广能力，引智成果在当地经济中可以发挥主导和示范作用。

（3）申请单位每年至少聘请一名外国专家来豫指导工作。

### 申报要求

1. 申请单位：以法人为单位填报系统。

2. 外国专家须在 2021 年 1 月 1 日至 2021 年 12 月 31 日期间来豫工作。

3. 申请专家工薪。各项目应提供与外国专家签署的工薪合同、协议或其他相关文件扫描件，并将原件留存备查。

4. 要依法依规开展外国专家引进工作，严格遵守在知识产权、同业禁止、聘用及薪酬等方面的法律规定，按照国际惯例与通行做法，推进互利共赢合作。

5. 申报项目统一使用"河南省外国专家项目管理系统"（网址为：http：//xt.hnkjt.gov.cn/yzxm/index.ignore）在线申报。系统开放截止时间以每年度通知为准。

6. 各省辖市科技局和各有关单位引智归口部门要严格把关，按照申报条件和要求认真组织申报，按时完成网上审核、盖章、报送至河南省科技厅外国专家服务处。

# 第九篇　创新濮阳与助企新政

# 第一章　决策部署

## 一、科技创新委员会决策运行推进机制

### 政策依据

《中共濮阳市委 濮阳市人民政府关于成立濮阳市科技创新委员会的通知》（濮文〔2021〕83 号）；濮阳市科技创新委员会《关于印发〈濮阳市科技创新委员会工作规则〉〈濮阳市科技创新委员会办公室工作细则〉的通知》（濮科创〔2021〕1 号）；濮阳市科技创新委员会《关于明确濮阳市科技创新委员会成员单位的通知》（濮科创〔2021〕2 号);《濮阳市科技创新委员会会议纪要》（〔2021〕1 号）。

### 政策简介

2021 年 8 月 4 日,《中共濮阳市委 濮阳市人民政府关于成立濮阳市科技创新委员会的通知》正式印发，濮阳市在河南省率先成立市级科技创新委员会。2021 年 10 月 21 日，市委书记、市科技创新委员会主任杨青玖主持召开濮阳市科技创新委员会（以下简称市科创委）第一次会议，研究审议了"市科创委工作规则""市科创办工作细则""科技创新型小微企业增量提质'春笋行动'（2021—2023 年）及考核办法""科技服务专员制度实施方案""科技企业孵化器绩效考核办法""促进科技成果转化实施办法""支持科技研发平台建设八条措施""重大科技项目'揭榜挂帅'暂行办法""科创资金保障办法"等文件。会议强调，要发挥市科创委统筹全局、顶层设计、重大决策的作用，按照楼阳生书记"省市联动、全省统筹一盘棋"要求，建立市县联动、全市统筹一盘棋的工作机制，坚定不移走自主创新之路，加快建设国内一流的新材料产业基地，加快打造中部地区创新开放高地，为河南建设国家创新高地做出濮阳贡献。

### 工作规则

为进一步加强市委（中共濮阳市委，下同）、市政府（濮阳市人民政府，下同）对科技创新工作的领导，充分发挥市科创委作用，制定此工作规则。

1. 机构设置。

（1）市科创委是市委、市政府常设议事协调机构，在市委、市政府领导下开展工作。

（2）市科创委设主任两名，由市委书记和市委副书记、市政府市长担任；副主任一名，由不担任市政府职务的市委副书记担任；委员若干名，由市委和市政府有关领导同志担任。

（3）市科创委的办事机构为濮阳市科技创新委员会办公室（以下简称市科创办），设在市科技局。负责处理市科创委日常事务工作。

2. 职责任务。

（1）市科创委负责全市科技创新领域重大工作的统筹协调、整体推进、督促落实。主要职责是：贯彻落实党中央关于科技创新工作的重大决策及省委、省政

府和市委、市政府有关工作部署，研究解决濮阳市"创新濮阳"建设中的重大原则、重大方针和政策、重大战略和规划、重大项目建设等；全面规划、统一安排全市性重大科技创新工作，对接国家和省战略科技力量体系，研究推进国家、省科技创新战略规划和重大创新平台在濮阳市的落实；统筹协调全局性、长远性、跨领域、跨地区、跨部门的重大科技创新问题；指导、推动、督促中央及省委、市委重大科技创新决策部署的贯彻落实，组织开展重大科技创新决策督察，总结推广科技创新工作典型经验。

（2）市科创委根据工作需要，定期或不定期进行专题调研，包括开展实地调研、召开座谈会等。专题调研安排由市科创办根据市科创委主任要求提出建议。市科创委根据工作需要，可以委托市科创办或者组织有关部门和地方，深入实际，调查研究；也可以请有关部门和地方的主要负责同志汇报"创新濮阳"建设工作。

3. 会议制度。

（1）市科创委实行集体讨论重大问题的会议制度，分为全体会议和专题会议。

①全体会议。市科创委全体会议由主任召集，会议出席人员为：市科创委主任、副主任、委员、市科创办主任、副主任。根据会议议题请其他市级领导同志及有关部门和地方主要负责同志列席会议。会议原则上每季度召开一次，也可根据工作需要适时召开。

②专题会议。市科创委专题会议由副主任召集，经市科创办请示市科创委主任同意后召开。

（2）市科创委会议由市科创办承办，会议议题由市科创办根据市科创委主任要求研究提出建议，报市科创委主任确定。

（3）市科创委会议纪要由市科创办根据会议研究的结论性意见整理形成，由市科创委主任或委托副主任签发。会议纪要印发市科创委主任、副主任、委员，以及与会议研究事项有关的市级领导同志及有关部门和地方。

（4）市科创委委员不能出席会议的，需向会议召集人请假，会议列席人员请假的，由市科创办汇总后向会议召集人报告。

（5）市科创委会议研究意见所涉及的部门和地方必须认真贯彻执行，并将贯彻落实情况及时报送市科创委及其办公室。

4. 其他事项。

（1）市科创委采取听取汇报、开展督促检查等方式，推动和督促各地、各部门贯彻落实党中央关于科技创新及省委、省政府关于国家创新高地和一流创新生态建设，市委、市政府关于"创新濮阳"建设的重大决策部署。根据工作需要，可委托市科创办具体负责督促落实并及时向市科创委报告。

（2）市科创委委员要认真落实会议议定的事项，积极推进相关工作，提出政策建议或督促、指导有关部门制定相关配套政策，协调解决工作中遇到的问题。

（3）市科创委重要工作部署纳入市委、市政府督查督办平台跟踪落实。

## 工作细则

为促进濮阳市科技创新委员会办公室（以下简称市科创办）工作科学化、制度化、规范化，做好市科创委的服务保障工作，制定此工作细则。

1. 组织机构。

（1）市科创办是市科创委的常设办事机构，直接受市科创委领导，负责处理市科创委日常事务。

（2）市科创办设在市科技局。市科创办设主任两名，由市委常委、常务副市长和市政府分管科技工作的副市长兼任，市科技局党组书记兼任市科创办副主任。

（3）在市科技局设立市科创办秘书科，负责市科创办日常工作。

2．职责任务。

（1）深入贯彻落实党中央关于科技创新的重大战略、方针、政策，以及省委、省政府、市委、市政府和省科创委、市科创委关于全市科技创新领域重大工作的决策部署，了解、掌握并及时反映"创新濮阳"建设重要情况和重大问题，研究提出对策建议。

（2）负责濮阳市中长期科技发展规划、科技创新五年规划，以及"创新濮阳"建设重大政策的审核把关，及时报市科创委研究。

（3）组织有关方面提出"创新濮阳"建设重大项目、重大平台、重要人才团队建设、重大资金和财政科技投入安排预算建议及资金保障办法等，及时报市科创委研究。

（4）负责市科创委调查研究工作的部署和落实，协调有关方面就"创新濮阳"建设重大改革、重大问题进行调研和咨询，在综合各方面意见的基础上提出对策建议，为市科创委提供参考。

（5）研究处理有关方面向市科创委提出的"创新濮阳"建设相关重大事项，积极与有关方面沟通酝酿相关政策措施，及时向市科创委请示报告重大事项并提出建议。

（6）组织筹备、协调服务市科创委会议，按照市科创委主任要求，研究提出会议议题建议及会议方案，报市科创委主任确定。对提交会议研究的材料进行审核把关。起草市科创委会议纪要，按照程序报批印发。

（7）按照市委督查工作规定，组织开展市科创委重大科技创新工作部署落实情况督查，督促各地、各部门整改落实督查中发现的突出问题，总结宣传典型经验。

（8）完成市委、市政府和市科创委交办的其他事项。

3．工作机制。

（1）市科创办实行主任办公（扩大）会议制度，落实市委、市政府和市科创委工作部署，沟通工作进展情况，研究安排市科创办具体工作。

（2）实行与科技创新相关部门常态化联系工作机制，及时掌握"创新濮阳"建设情况，重要情况及时向市科创委报告。

（3）实行调查研究工作制度，对有关方面提请市科创委研究的重大事项进行调查分析，及时向市科创委报告情况并提出建议。

（4）不定期编发濮阳市"创新濮阳"建设工作信息简报，刊发工作动态，展示成效、交流经验、推荐典型，为市科创委科学研究提供服务。

（5）通过情况调度、工作通报、专项督导、重点督察、经验推广等方式，推动市科创委工作部署落实。

**成员单位**

为统筹协调全市科技创新工作，形成科技创新合力，推动创新驱动发展，加快"创新濮阳"建设，根据市科创委第一次会议要求，确定其成员单位分别为：市委办公室、市政府办公室、市科技局、市委组织部、市委营商环境办、市发展改革委、市教育局、市工业和信息化局、市财政局、市人力资源和社会保障局、市自然资源和规划局、市农业农村局、市商务局、市卫生健康委、市市场监管局、市金融工作局、市政务服务和大数据管理局、市税务局、濮阳投资集团、中原油田。

## 二、科技创新"十四五"规划及二○三五远景目标

### 政策依据

《濮阳市人民政府关于印发濮阳市国民经济和社会发展第十四个五年规划和二○三五年远景目标纲要的通知》(濮政〔2021〕16 号)。

### 政策简介

濮阳市国民经济和社会发展第十四个五年规划和二○三五年远景目标纲要(本节简称《纲要》),主要阐明规划期内政府的战略意图、工作重点及政策取向,是今后五年乃至更长时期全市经济社会发展的宏伟蓝图,是政府履职尽责的重要依据,是引导市场主体行为的重要指南,是全市人民共同奋斗、努力建设美好家园的行动纲领。《纲要》第二篇"着力增强创新驱动能力"针对科技创新工作明确提出:坚持"创新兴市"战略,统筹推进自主创新和开放创新、科技创新和制度创新、技术创新和产业升级,实施创新平台扩量提质行动,加快推进科技成果转移转化,努力建设创新型城市,实现依靠创新驱动的内涵型增长。

### 重点内容

1. 提升科技创新能力。

抢抓沿黄科技创新带建设重大机遇,持续推进"科创中国"创新枢纽城市试点市建设,强化要素集聚、资源共享、载体联动,充分激活高质量发展第一动力。

(1)提升区域创新载体能级水平。积极融入郑洛新国家自主创新示范区,争取纳入辐射区、辐射点建设范围,更好享受国家自创区政策支持,引领带动全市科技创新水平整体提升。优化创新要素配置,健全高新技术成果产出、转化和产业化机制,积极发展异地孵化、飞地经济、伙伴园区等多种合作模式,加快推进濮东产业集聚区升级为省级高新技术产业开发区、争创国家级高新技术产业开发区,筛选培育两家以上科技创新基础较好的产业集聚区争创省级高新技术产业开发区。依托产业集聚区公共研发平台创建国家级科技企业孵化器。加快濮阳"三创园区"和众创空间提质增效,营造大众创业、万众创新的浓厚氛围。

(2)建设科技创新重大平台体系。抢抓国家、省优化区域创新布局机遇,争取国家、省重点实验室和工程技术研究中心等平台布局,填补关键领域重大创新平台空白。充分发挥高校人才资源优势,围绕优势学科,打造一批高水平研发中心。重点围绕战略性新兴产业、高技术制造业以及传统产业智能化改造等领域,完善研发平台梯次培育机制,加快建设一批制造业创新中心、工程研究中心、重点实验室、企业技术中心等创新引领型平台,实现省级以上研发平台大中型工业企业全覆盖。探索推广多元投入和市场化管理运行机制,大力培育和引进产业技术研究院等新型研发机构。鼓励创新型龙头企业将内设工程技术研究中心、重点实验室等独立运营,面向产业开展共性关键技术研发和产业化服务。鼓励引导产

业技术创新战略联盟法人化经营，转变为实行专业化和市场化运作的新型研发机构。积极培育市场化新型研发组织、研发中介和研发服务外包等新业态。

（3）加强科技开放与合作。创新丰富科技开放合作机制，推动科技招商向招院引校、招才引智、招引团队转变，以科技创新合作催生新发展动能。持续深化与中科院、中国科协、中关村、清华大学等科技组织合作，争取在濮设立分支机构和研发中心。强力推进与嵩岳集团、中国科技开发院、中科院上海高等研究院、西安交大等合作，加快建设濮阳化工新材料科技创新园、产业技术研究院等新型研发机构。加强与中石化集团、中石油集团合作，建设中原石化新材料中试基地、盛通聚源聚碳新材料产业集群。推动光电研究院与华为海思合作，加快科技成果转化。加强国际创新交流合作，以中国国际人才交流大会、跨国技术转移大会、国际进口博览会及各类高层次国际引智大会为媒介，大力引进外国专家与新技术。

2. 培育壮大创新主体。

强化企业创新主体地位，完善企业创新引导促进和梯次培育机制，加快生产组织创新、技术创新、市场创新，促进各类创新要素向企业集聚。

（1）引导企业加大研发投入。加大企业研发后补助、研发准备金、研发风险分担、科技创新券等财政奖补力度，落实企业投入基础研究税收优惠、研发费用加计扣除、创新产品政府优先采购等普惠性政策，引导企业加大研发投入，增强企业创新活力。依托龙头企业，完善政府引导、企业主导、社会参与的协同研发投入机制，加强共性技术平台建设，推动产业链上中下游、大中小企业融通创新。发挥企业家作用，支持企业采取多种方式建设重点实验室、工程研究中心、企业技术中心等研发平台。推进产学研深度融合，支持企业牵头组建创新联合体、行业研究院，承担国家和省级重大科技项目、创新能力建设专项、关键核心技术攻关专项。

（2）加快创新型企业培育。实施创新型龙头企业树标引领计划，建立分层次遴选培育标准和动态调整机制，重点培育10家"瞪羚"企业和10家创新型龙头企业，力争涌现"独角兽"（培育）企业；实施高新技术企业倍增计划，力争高新技术企业突破200家；实施科技型中小企业"春笋"计划，完善孵化培育和创新能力评估机制，争取科技型中小企业达到400家，形成以创新型龙头企业为引领、以高新技术企业为骨干、以科技型中小企业为生力军的全链条创新型企业集群。支持企业间战略合作和跨行业、跨区域兼并重组，提高规模化、集约化经营水平，培育一批核心竞争力强的企业集团。引导大企业与中小企业通过专业分工、服务外包、订单生产等多种方式，实现协同创新、合作共赢发展局面。

3. 推动产业链创新链深度融合。

坚持市场导向，促进产业链与创新链精准对接，畅通价值链跃升关键环节，提高创新链整体效能。

（1）加强关键技术研发攻关。围绕新兴产业培育和传统产业升级，聚焦"卡脖子"关键问题，制定实施关键核心技术攻关清单，整合部门、企业、新型研发机构、行业协会等各方力量，强化与高校、科研机构对接合作，采用"揭榜挂帅"等组织方式，集中力量在化工新材料、生物降解材料、新能源、节能环保等产业领域突破一批关键技术、共性技术，形成一批重大科技成果，加快科技成果产业化进程。依托重点企业、新型研发机构和产业技术创新战略联盟，积极承接国家、省重大重点科技计划，实施市级以上重大科技专项100项以上。支持具备条件的企业在 5G、新能源动力电池、互联网、节能环保等领域，建设一批研发平台，实现关键技术应用创新。

（2）促进科技成果转化。完善科技成果转化运行机制，搭建科技成果转化平台，健全以技术交易市场为核心的技术转移和产业化服务体系，努力解决成果转化、市场应用"最后一公里"。完善科技成果转化激励机制，推动科技成果使用、处置和收益管理改革，健全科技成果科学评估和市场定价机制。引导"政产学研用金"加强合作，支持有条件的县（区）建设区域性科技大市场，鼓励企业和社会资本建立一批从事技术集成、熟化和工程化的中试基地；设立科技成果转化基金，培育发展技术转移机构和技术经理人，加速科技成果转化进程。

4. 集聚高端创新人才。

坚持尊重劳动、尊重知识、尊重人才、尊重创造，深化人才发展体制机制改革，统筹各类人才队伍发展，全方位培养、引进、用好人才，激发人才创新活力，加快建设人才强市。

（1）加强人才培养开发。围绕主导产业和战略性新兴产业，加强创新型、应用型、技能型人才培养，构建从研发、转化、生产到管理的人才体系。强化教育与产业对接、专业和职业对接，健全高校人才分类培养机制，扩大高层次人才培养规模，鼓励河南大学濮阳工学院、濮阳石油化工职业技术学院等高校与企业开展合作，培养战略性新兴产业、数字经济等领域急需的科研人员、技术技能人才与复合型人才。实施知识更新工程和技能提升行动，持续推进全民技能振兴工程和高技能人才振兴计划，壮大高水平工程师和高技能人才队伍。实施创新型科技人才培养工程，依托创新平台和重大项目建设，探索"人才+团队+基金"模式，培养一批有基础、有潜力、研究方向明确的高水平创新团队。弘扬企业家精神，营造企业家健康成长环境，实施民营企业家和新生代企业家培养计划，形成领军企业家、骨干企业家和成长型企业家的优秀企业家雁阵。

（2）更大力度引进人才。坚持"招才引智"与"招院引校"同步推进，深入实施"濮上英才计划"，全面落实人才引进政策，重点突出高层次产业创新领军人才、高层次科技创新团队和青年人才，培养引进一批以两院院士、中原学者为引领的科技创新人才、创新团队。完善"全职+柔性"引才引智机制，鼓励通过兼职挂职、技术咨询、项目合作、周末教授等方式汇聚人才智力资源。建立健全引才目录，完善各类人才信息库，积极参加国内外重大招才引智活动，多种方式招聘各类优秀人才。支持企业实行股权、期权、分红等激励措施，全面增强对高端人才的吸引力和汇聚力。

（3）深化人才体制机制改革。搭建高层次人才数据平台，促进人才资源集聚共享。健全以创新能力、质量、实效、贡献为导向的科技人才评价体系，全面落实企事业单位用人自主权和评价自主权，推行代表作评价和第三方人才评价。扩大职称自主评审范围，畅通全覆盖的专业技术人员职称申报渠道，推进社会化职称评审。建立科研单位绩效工资总量动态调整机制和竞争性科研项目奖酬金提取机制，完善科研人员职务发明成果权益分享机制。畅通高校、科研院所和企业专业技术人才双向流动渠道，激励人才向科研一线流动。加强学术诚信和学风建设。建立完善科技人才服务机构。

5. 优化创新创业发展环境。

深化科技体制机制改革，完善开放创新合作机制，进一步释放科技创新的活力和动力。

（1）持续深化科技体制机制改革。优化科技规划体系和运行机制，推动重点领域项目、基地、人才、资金一体化配置。强化科技计划的顶层设计，完善科技计划管理体系，构建布局合理、定位清晰、具有濮阳特色的科技计划体系。继续深化科技评价制度改革，建立健全科技创新基础制度，加快政府职能从研发管理向创新服务转变。深化以增加知识价值为导向分配政策，赋予创新领军人才更大技术路线决定权和经费使用权，推行重大科技专项首席专家负责制，激发科技人才自主创新主动性、积极性。弘扬科学精神，强化科普工作，加强科研诚信建设，营造崇尚创新的社会氛围。

（2）完善企业创新服务体系。改革政府出资产业投资基金管理机制，建立种子期、初创期企业投资容错和政府让利机制，打造覆盖"募投管退"全流程服务链条。完善科技金融支持体系，引进培育创业投资和天使投资机构，充分利用多层次资本市场，支持符合条件的科技企业在境内外上市融资。支持重点领域大型科技型企业开展产融结合试点，通过融资租赁等方式促进产业转型升级。扩大"科技贷"和发放科技创新券额度，加强专利权质押贷款协调服务，有效缓解中小企业融资难问题。围绕企业创新需求，打造一站式服务平台，加强科技服务人才培养，逐步实现"点对点"服务，提高对企业创新的扶植力度。

6. 实施创新能力建设重大工程。

（1）创新平台培育工程。建设轻烃清洁制造等省级重点实验室和顺酐及其衍生物、秸秆制乳酸工艺升级、复杂油藏石油、河南省碳五石油树脂等省级工程技术研究中心。推进重点实验室、工程技术研究中心、企业技术中心、临床医学研究中心、检验检测中心等市级以上研发平台建设，力争市级以上研发平台达到600家。加快清濮产业技术研究院、濮阳化工新材料产业技术研究院、国家科技企业孵化器（二期）、生物基材料联合研究院和中试孵化基地、濮东产业集聚区专利导航产业发展实验区、工业园区创新中心等建设，新增市级以上新型研发机构10家以上。争创一家国家级双创示范基地、2—3家省级双创示范基地，争创25家以上省级众创空间、科技型孵化器、星创天地。

（2）创新型企业培养工程。新培育联众兴业、欧亚化工等"瞪羚"企业，盛源集团、天能集团、蔚林化工、星汉生物等创新龙头企业，朗润新材料、浩森生物、华瑞通能、兴泰金属、沃森超高等一大批高新技术企业，加快形成全产业链创新型企业集群。

（3）重大科技专项行动。重点围绕石油化工、新材料、高端装备等领域，实施微化工连续生产工艺、高性能聚苯乙烯树脂开发、秸秆制乳酸技术等100项重大科技专项，突破橡胶促进剂DPTT、丙交酯、新能源汽车配件等关键技术。

## 三、优化产业布局推进动能转换加快创新发展

**政策依据**

市委书记杨青玖《在中国共产党濮阳市第八次代表大会上的报告》《在市科技创新委员会第一次会议上的讲话》。

**重点目标**

1. 经济建设取得重大成效。

生产总值和一般公共预算收入增速高于全省平均水平，人均指标达到全省平

均水平。培育形成千亿级、500亿级产业集群各两个和百亿级企业八个，初步建成国内一流新材料产业基地，成为全国资源枯竭城市转型发展示范区。

2. 创新驱动实现新的突破。

全社会研究与试验发展经费投入强度年均增长19%左右，建成省实验室一个、省级工程技术研究中心15个，培育省创新龙头企业6家、"瞪羚"企业8家，"科创中国"创新枢纽城市试点市建设走在全国前列。

3. 区域发展达到更高水平。

新型城镇化加速推进，常住人口城镇化率达到60%左右、在全省位次前移。市城区能级全面提升，县城带动作用更加突出，小城镇建设富有特色，乡村面貌焕然一新。豫鲁冀省际区域中心地位确立巩固，开放前沿作用日益彰显，基本建成豫东北门户枢纽城市。

## 重点任务

1. 大力发展先进制造业，加快建设富强濮阳。

实施换道领跑战略，壮大转型发展新动能。把制造业高质量发展作为主攻方向，扎实推动产业基础高级化和产业链现代化，努力在国内大循环和国内国际双循环中处于关键环、进入中高端。

（1）以"四化"改造为抓手，转型升级传统产业。通过高端化、智能化、绿色化、服务化改造，与前沿技术、跨界创新、颠覆模式对接链接，推动化工、装备制造、食品加工、现代家居、羽绒制品等传统产业蝶变升级。做大做强化工产业，实施一批延链补链强链的关键节点项目，打造千亿级绿色化工发展示范区。推动石油装备等装备制造业向服务型制造业转变，提升产品智能化水平和产业服务化水平。聚焦食用菌、冷冻食品、休闲食品、肉制品四大领域，建设500亿级绿色食品生产基地。加快发展高端、智能、定制家居，打造绿色家居全国集散地。坚持羽绒加工和服饰制造双向发力，打造全国重要的羽绒制品特色产业集群。促进生产性服务业与制造业高效融合，推动现代物流、金融服务、创意设计、中介服务等生产性服务业向专业化和价值链高端延伸。

（2）以"四新"产业为重点，发展壮大新兴产业。实施新材料、新能源、节能环保、新一代信息技术四大新兴产业规模倍增计划，推行产业链链长和产业联盟会长"双长制"，加快数字化转型，培育新的增长引擎。以濮阳新型化工基地为中心、各开发区为节点，聚焦聚碳新材料、生物可降解材料、高端聚烯烃材料、绿色涂料、绿色助剂、非金属新材料等领域，突出抓好聚碳新材料科技园和绿色涂料产业园建设，培育一批具有链主地位的"头部企业"，形成千亿级新材料产业集群，打造国内一流新材料产业基地。以风电、光伏、储能等为重点，打造全产业链条，促进新能源开发、应用与新能源材料、装备制造联动发展，培育500亿级新能源产业集群，建设中部地区重要的新能源装备制造基地。积极发展先进环保设备、高效节能装备、资源循环利用和环保服务产业，打造全省一流的节能环保产业基地。实施数字化转型战略，大力发展数字经济，加快建设数字濮阳。重点发展5G、物联网、大数据、区块链等新一代信息技术产业，实施工业互联网创新发展工程，构建基于5G的应用场景和产业生态；着力推进大数据智慧生态园、京东数字产业园、大数据中心等园区和新型基础设施建设，培育一批数字经济企业；推进智能制造、数字政府、新型智慧城市、数字乡村等建设，全面提升数智赋能水平。

（3）以氢能利用为突破，加快布局未来产业。坚持"现有产业未来化"和"未来技术产业化"，加强跨周期战略谋划，既要在空白领域、初创领域勇于尝试、敢于角力，也要推动处于未来产业"门口"的企业跨过"门槛"率先发展。坚持"有中育新"，依托现有产业基础，加快建设氢能产业园，推动产业链由绿氢制造向制氢、储运氢、加氢设备制造，向氢燃料电池、发动机、车辆制造全产业链延伸，抢占氢能产业发展制高点。坚持"无中生有"，紧跟全球趋势、国家战略，紧盯第六代移动通信、前沿新材料、基因技术、人工智能、未来网络等未来产业重点领域，提前布局，积极培育，努力实现更多"从0到1"的突破，为濮阳今后30年发展夯基垒台。

2. 强力推进新旧动能转换，加快建设创新濮阳。

坚持把创新摆在发展的逻辑起点、现代化建设的核心位置，实施创新驱动、科教兴省、人才强省战略，坚定走好创新驱动高质量发展之路，纵深推进"科创中国"创新枢纽城市试点市建设，让创新潜力有效释放、创新活力充分涌流。

（1）激发创新第一动力。强化优化创新平台体系，积极融入郑洛新国家自主创新示范区，争取更多国家、省重点实验室和工程技术研究中心、企业技术中心等创新平台布局濮阳；吸引更多高水平科研院所、一流大学、龙头企业在濮设立研发中心，与本地高校、科研单位、企业开展合作。建设更多双创载体。推动濮东产业集聚区争创国家级高新技术开发区，支持开发区创建国家双创示范基地，建设一批科技创新园。壮大创新主体。实施创新型企业树标引领计划、高新技术企业倍增计划、科创型小微企业"春笋"计划，加强创新企业"微成长、小升高、高变强"梯次培育。加快构建产业链上下游、大中小企业融通创新机制，建立产业研究院、创新联盟、创新联合体等，实现主导产业、主要企业研发机构全覆盖。推行"揭榜挂帅""赛马制"等新兴科研组织方式，集中力量在生物可降解材料等新材料、新能源、新一代信息技术领域攻克"卡脖子"技术。打造一流创新生态。加快形成一流的创新链条、创新制度、创新文化，推动政、产、学、研、用主体贯通，人才、金融、土地、数据要素汇聚，全面激发创新创业创造活力。

（2）推动科教融合发展。大力提升我市高校和科研院所创新源头供给能力，提高科技成果转移转化成效。抢抓国家振兴中西部高等教育机遇，设置独立本科高校，实施高水平职业院校建设行动计划，构建高等教育"一本六专"格局，结合主导产业发展一批重点学科，支持濮阳职业技术学院、濮阳医学高等专科学校、濮阳石油化工职业技术学院独立或与其他科研院所、高校、企业联合打造高水平研发中心。推动市农科院、市林科院等科研院所改革发展，支持油田实验室建设，重塑研发体系、转化体系和服务体系。深化职业教育校企合作、产教融合，各开发区各建设一个以上高水平专业化产教融合实训基地。

（3）汇聚人才第一资源。扎实做好"引、育、留"三篇文章，打造人才友好型城市，聚天下英才而用之。加大引才力度。聚焦创新需求，实行更加积极、开放、有效的人才政策，大力引进领军型、高层次、紧缺型高端人才（团队）和各领域、各层次所需人才，育好本地人才。持续开展政府特殊津贴专家、濮阳大工匠等评选活动，实施"人人持证、技能濮阳"素质提升工程，拓展本地人才成长发展空间。优化留才环境。提供干事的工作平台，创造舒心的工作环境，为各方面人才提供施展才华的舞台和机会；建立完善以创新价值、能力、贡献为导向的人才评价、使用、激励等机制，充分调动各类人才创新创业积极性；解决好人才薪酬待遇、住房、子女就学、就医等问题，为人才发挥作用营造良好环境。

**推进措施**

1. 三个明确。

创新是引领发展的第一动力，没有创新就没有出路。加快推进科技创新工作，强调三个明确。

（1）明确依靠谁。进一步突出企业的技术创新主体地位，党委和政府要发挥积极作用，制定政策、打造环境、给予支持，引导、激励企业并动员全社会力量行动起来开展自主创新。加大力度培养本地的"头部企业"，提升企业发展能级；加大力度培育科创型小微企业，争取利用三年时间助其从"种子、幼苗"长成"参天大树"，夯实濮阳未来发展根基。

（2）明确干什么。抓住重点，瞄准省委书记楼阳生提出的"十大战略"，立足濮阳市情实际，推动市属高校、科研院所改革发展，依托龙头企业高标准建设产业研究院、中试基地、科技孵化器、科创园区等，努力实现规模以上工业企业研发活动全覆盖；持续创优人才政策、深化体制机制改革、整合有效资金，加速科创成果转移转化。

（3）明确怎么干。充分发挥市科创委牵头抓总作用，高起点规划、高标准统筹；市科技局发挥主观能动性，勇担重任、主动作为；委员会各成员单位充分发挥主力军作用，全市"一盘棋"、市县联动，艰苦奋斗、久久为功，全力推进"创新濮阳"建设。

2. 五个聚焦。

立足濮阳资源枯竭型城市实际，围绕科技创新高质量发展主题主线，突出五个聚焦。

（1）聚焦主导产业发展，提高传统产业科技含量，以传统产业高新技术化推动产业转型升级。

（2）聚焦创新主体，以企业为主导，加快培养濮阳自己的科创生力军。

（3）聚焦科创公共平台建设，以企业为主体，政府为平台建设提供全方位服务、保障和支持，平台直面企业需求。

（4）聚焦创新人才集聚，既招引外来人才又培育本土人才，实现人才与产业发展相融合；聚焦科技成果转化，以成果转化是否成功、转化效应大小等来评价转化行为。

（5）聚焦多元资金投入，全方位推动科创工作深入发展。

# 四、推动企业上市实现高质量发展

## 政策依据

《濮阳市人民政府关于推动企业上市实现高质量发展的实施意见》（濮政〔2021〕28号）。

## 政策简介

旨在深入贯彻落实《国务院关于进一步提高上市公司质量的意见》（国发〔2020〕14号）、《河南省人民政府关于进一步提高上市公司质量的实施意见》（豫政〔2021〕16号）、《河南省人民政府办公厅关于加快推进企业上市挂牌工作的意见》（豫政办〔2020〕22号）等文件精神，抢抓资本市场改革重大历史机遇，充分发挥多层次资本市场对企业发展的助推作用，推动更多企业借力资本市场实现高质量可持续发展。

## 目标任务

坚持宣传引导、政策引领，强化协同推进、高效服务，按照"培育储备一批、后备改制一批、申报上市一批"分层推进模式，力争到 2025 年年底，我市境内外上市公司数量达到五家以上，实现上市公司数量快速增长。同时，通过不断规范上市公司内部治理、提升信息披露质量、严控上市公司风险等，引导其规范发展，提高上市公司质量。

## 政策措施

1. 突出政策支持引导。

积极发挥财政资金引导激励作用，严格落实《濮阳市人民政府关于印发濮阳市促进金融业发展若干措施的通知》（濮政〔2021〕1 号），及时为成功上市企业和已上市企业实现再融资兑现奖励资金，进一步降低企业上市融资成本。对在北京证券交易所上市的企业，参照在沪深交易所上市奖励标准执行，奖励总额不超过 1000 万元。

2. 扶持优质企业上市。

（1）完善市级企业上市后备库。各县（区）和市直有关单位要强化合作，参照境内外交易所上市条件，围绕"三大三专四新"重点产业，深入挖掘上市后备资源，将符合国家产业政策的行业龙头企业、地方支柱企业、高新技术企业作为重点培育对象，纳入市级企业上市后备库，实施动态管理，不断优化后备企业行业分布和产业结构，形成梯队对接多层次资本市场的良好格局。

（2）加强企业上市培育辅导。开展多形式、多层次、多角度的培训学习活动，切实提高政府各部门业务指导能力和企业高管人员实际操作能力。及时通报资本市场最新要求和发展动态，交流上市工作经验，增强企业上市积极性和主动性，加快企业股份制改造、上市步伐。持续推动与沪深交易所河南服务基地、全国股转公司河南基地、中原股权交易中心、证券公司等中介机构合作，为企业上市培育对象做好对口联络、配套服务和政策支持工作。组织专家团队对股改、挂牌、上市培育对象实行分类指导和全过程跟踪服务，力争实现对接资本市场业务培训全覆盖。

（3）推动企业股份制改造。以股改为切入点，强化基础培育，大力推进"个转企、小升规、规改股、股上市"，分阶段培育做大企业。各县（区）要对辖区内的规上企业分类施策，引导企业完善治理结构，建立现代企业制度，并鼓励企业引进各类战略投资者参与股份制改造，夯实企业上市基础。鼓励有意向上市挂牌的新设市场主体初始登记为股份公司。引导证券公司、会计师事务所、律师事务所等中介机构发挥自身专业优势，加大对企业股改、财务规范等方面的业务指导。

（4）引导对接金融资源。支持本市银行业等金融机构在风险可控前提下，对上市后备企业制定综合融资方案，开展灵活多样的组合融资，提供信用贷款、知识产权质押贷款、担保贷款、并购贷款、贸易融资等金融服务。引导全市政府性融资担保机构对重点上市后备企业提供融资增信支持，并给予担保费率优惠。积极与河南农开基金、中鼎开源等知名私募基金对接，邀请基金管理公司考察上市后备企业，精准匹配投融资需求。

（5）健全企业上市绿色通道。各有关单位在为企业上市办理股权转让、土地处置、项目报批、历史沿革审核、社保、税收、环保、注册登记、出具合规性证明函件等事项时，要在合法合规前提下进一步简化审批流程，实行限时办结，并积极配合保荐机构等开展现场访谈。推动上市后备企业规范发展，通过指导、教育、警告等方式，督促企业限期整改不合规行为，促进企业规范、守法经营。

（6）持续完善协同推进机制。充分发挥市企业上市挂牌工作专班和县（区）重点上市后备企业工作专班作用，有针对性地协调解决企业上市过程中遇到的困难和问题，一企一策，精准服务，推动上市后备企业通过资本市场发展壮大。

3. 推动上市公司做优做强。

（1）支持上市公司再融资。加强上市公司再融资政策宣传，引导上市公司兼顾发展需要和市场状况，优先融资安排。支持上市公司通过增发、配股、可转债、公司债等方式融资，提高直接融资比重。对上市公司再融资所涉及的募集资金投资项目立项、环评、用地等程序，相关部门要主动协调，加快办理进度。鼓励金融机构开发定制多元化融资产品支持上市公司及其大股东、管理层融资，鼓励融资担保机构为上市公司融资项目提供担保。

（2）促进市场化并购重组。充分发挥资本市场的并购重组主渠道作用，鼓励上市公司盘活存量、调整结构、优化资源配置、提高治理水平。引导上市公司立足主业和产业链关键环节开展境内外投资并购和产业整合，在产品竞争、市场开拓、渠道布局等方面快速突破。鼓励上市公司联合政府性产业基金、行业龙头企业通过建立并购基金等方式，围绕产业链条开展并购重组，获取高端技术、品牌和人才，提升发展实力。

4. 引导上市公司规范发展。

（1）提高上市公司治理水平。加强对上市公司控股股东、实际控制人、董事、监事、高级管理人员等"关键少数"行为规范的引导和教育，督促其勤勉履职、守法诚信，维护上市公司独立性。推动上市公司提高股东大会、董事会、监事会、经理层管理运作水平，充分发挥独立董事、监事会监督作用，不断优化上市公司内部治理结构。督促上市公司规范关联交易，切实履行承诺，解决各类历史遗留问题。鼓励上市公司完善董事会与投资者沟通机制，健全机构投资者参与公司治理的渠道。引导上市公司按照中国证监会、证券交易所要求完善内部控制制度，提高内部控制制度的有效性。

（2）提升信息披露质量。督促上市公司及其控股股东、实际控制人、其他信息披露义务人依法依规履行信息披露义务，真实、准确、完整、及时、公平披露信息，保障投资者知情权。增强信息披露的针对性和有效性，做到简明清晰、通俗易懂，便于投资者做出价值判断和投资决策。

（3）严控上市公司风险。引导上市公司诚信规范经营，督促上市公司履行主体责任，严格控制股票质押比例，避免出现股票高质押风险。积极配合监管部门定期对上市公司及其控股股东、实际控制人的债务风险进行排查。对存在风险隐患的公司进行重点摸排，掌握风险底数，一企一策，研究制定风险化解措施，坚决守住不发生系统性区域性风险的底线。

**工作保障**

1. 加强组织领导。

加强对企业上市工作的组织领导，市政府成立由市长任组长的企业上市工作领导小组，统筹推动全市企业上市工作。领导小组办公室设在市金融工作局，确保企业上市工作上下联动、有序推进。

2. 明确工作责任。

各县（区）等将推进企业上市工作纳入"一把手工程"，积极做好企业上市的组织、协调和推进工作。市企业上市工作领导小组成员单位各司其职，密切配合，形成工作合力。各行业主管部门充分发挥职能作用，集中资源扶持重点拟上市企业快速做大做强。

3. 提供人才智力支持。

聘请10名左右专家建立濮阳市企业上市服务团队，积极对接金融机构与行业协会，搭建对接交流平台，不定期邀请专家为濮阳市企业开展调研、咨询、辅导等服务，指导企业对接资本市场，辅助上市企业做好风险防控。

4. 加强新闻宣传。

充分发挥电视、报纸、网络等新闻媒体作用，强化舆论引导，积极宣传企业上市的优惠政策、服务措施及已上市企业利用资本市场实现跨越式发展的优秀案例等，普及资本市场知识，推动企业合理利用资本市场解决发展问题，营造企业上市良好舆论氛围。

## 五、推进产业集聚区高质量发展

**政策依据**

《濮阳市人民政府办公室关于印发濮阳市推进产业集聚区高质量发展三年行动方案（2021—2023年）的通知》（濮政办〔2021〕5号）。

**总体目标**

经过三年努力，全市九个产业集聚区高质量发展取得实质性进展，至少三个产业集聚区进入全省第一方阵，二星级产业集聚区达到三家以上，其余均为一星级；整备、盘活存量建设用地2.5万亩以上，工业用地亩均税收突破15万元，单位工业增加值能耗年均下降4%以上，规模以上工业企业智能化改造普及率达到60%以上，打造特色鲜明的专精产业集群，最终形成千亿级化工产业集群，装备制造、食品加工、新材料等三个500亿级产业集群，家具制造、羽绒及服饰、生物基材料、新能源、节能环保、信息技术等六个百亿级产业集群。

**提升行动**

1. 提高亩均产出效益。

（1）持续开展企业分类综合评价。每年度对全市九个产业集聚区企业开展一次评价，将企业分为A（优先发展类）、B（鼓励提升类）、C（倒逼转型类）三类。

（2）配套实行差别化政策。研究制定支持A类企业做大做强、鼓励B类企业改造提升、推进C类企业退出转型的配套政策。

（3）促进土地节约集约利用。全面开展产业集聚区"百园增效"行动，建立工业地用地"标准地"出让和全生命周期管理制度，2022年年底前整备盘活存量建设用地 2.5 万亩以上。

2. 提速产业集群培育。

（1）做好产业集聚区新一轮规划修编。围绕提升产业链、培优产业集群、打造综合载体，重新梳理主导产业定位，优化调整空间布局，高标准编制全市产业集聚区规划纲要和各产业集聚区总体发展规划。

（2）开展产业集群转型升级行动。各产业集聚区聚焦主导产业中有比较优势的细分产业领域或产业中高端环节，谋划实施一批扩链、补链、强链项目，完善产业配套，加快培育引进科技型高成长企业，限制发展并逐步退出高耗能、高污染、低附加值的一般制造业，打造特色鲜明的"136"专精产业集群。

（3）提升产业技术创新能力。支持各产业集聚区内制造业企业建立企业技术中心、工程（技术）研究中心、重点实验室等研发平台，实现大中型企业省级以上研发机构全覆盖。

（4）培育引领型龙头企业。各产业集聚区按主导产业分别确定 2—3 家龙头骨干企业，在项目建设、技术创新、人才引进、重组合作等方面给予专项政策支持，培育成为带动力强的引领型企业。

（5）培育优势企业品牌。深入开展质量品牌提升行动，各产业集聚区培育形成 3—5 个高技术含量、高市场占有率的名优产品；大力实施品牌战略，积极推进产业集群商标品牌培育基地建设，力争培育两个国家级产业集群区域品牌建设示范区。

（6）推进区中园建设依托现有产业基础，拓展产业链条，壮大产业规模，形成一批以新兴产业为主导的高端专业园区；培育发展生产性服务业，实现二、三产业有机融合，增强服务能力，推动产业转型升级、提质增效；鼓励有条件的集聚区设立小微企业产业园，促进小微企业集聚发展，形成规模化产业集群。

（7）提高产业承载能力。实施产业集聚区基础设施建设提升工程，持续完善路网、供水、污水处理、电网、供热、供气等基础设施；突出抓好新型化工基地基础设施互联互通、公共管廊、工业气公共平台等重大工程，提升基地承载能力；开展产业集聚区公共服务平台建设攻坚行动，切实提升公共服务能力。

3. 提升绿色发展水平。

（1）推进绿色工厂建设。开展企业对标提升活动，建立绿色制造评价机制，发展绿色产品和绿色供应链，累计培育创建 5—6 家绿色工厂。

（2）开展绿色园区创建。所有产业集聚区完成循环化改造，实现工业高效清洁低碳循环和可持续发展，有条件的产业集聚区建设集中喷涂中心，配备高效治污设施，促进企业间资源循环链接和综合利用，争取培育一家以上绿色园区。

（3）整治提升以化工为主导产业的产业集聚区。开发区、工业园区及范县、台前县产业集聚区和濮阳市化工产业集聚区按照《化工园区安全风险排查治理导则（试行）》要求，定期开展园区整体性安全风险评价和安全容量评估。开展产业集聚区化工企业隐患排查治理，持续推进产业集聚区化工企业"红黄蓝绿"标识管理，严格执行《濮阳市化工产业限制发展产品目录》，引导化工产业绿色安全高质量发展。

（4）实行生态共建环境共治。推进区域生态一体化建设，将产业集聚区纳入城市生态修复专项规划范围，统一开展生态修复、海绵化改造和绿化建设。开展产业集聚区规划环评跟踪评价，根据城市或区域污染防治目标，合理确定产业集聚区污染物排放总量和环境准入条件，制定实施产业集聚区污染防治攻坚计划。

4. 推进智能化改造。

（1）加快发展智能制造。全面开展产业集聚区规模以上工业企业智能化改造诊断服务，推广智能制造新业态新模式，因企施策推进产业集聚区企业实施"机器换人""生产换线""设备换芯"，推动A类和B类企业智能化改造实现应改尽改。

（2）推动企业建平台用平台。拓展"智能+"，大力发展服务型制造、个性化定制、网络化协同制造等新模式、新业态。开展"企业上云"深度行等活动，按需使用平台提供的产品、资源和服务。

（3）推进智能示范园区创建。完善濮阳市产业集聚区、范县产业集聚区等智能化示范园区推进机制，争取纳入第二批省级智能化示范园区试点，推动其他产业集聚区全面启动智能化示范园区建设。

5. 深化体制机制改革。

（1）完善管理体制。坚持开发运营去行政化和主责主业去社会化改革方向，全面推行"管委会+公司"管理模式，推行产业集聚区管委会中层及以下干部全员聘任制、竞争上岗制、绩效工资制等人事薪酬制度改革，建立精干高效、充满活力的新型管理体制机制。

（2）创新高层次人才引进机制。坚持"招才引智"与"招校引院"同步推进。完善产业集聚区相关生活配套设施，营造良好的"筑巢"环境，采取通过个人所得税奖补等多种方式，大力支持企业柔性引进高层次人才。

（3）推行市场化开发运营。

推进产业集聚区成立或将投融资平台改造为市场化运营公司，逐步壮大实力，承担产业集聚区或部分园区开发建设、投资运营、招商引资、专业化服务等功能。

**奖惩措施**

完善考核激励。突出高质量发展导向，按照"季观摩、年考评"对各产业集聚区进行考核评价，季度通报年度奖惩。对年综合考评排名前两位的产业集聚区所在县（区）分别奖励100万元、80万元，排名后两位的分别扣减财政资金100万元、80万元。依据全省产业集聚区年度综合考核晋级结果，对首次晋星升级的一次性奖励200万元，星级下降的一次性扣减财政资金200万元；对在全省排名晋升10个位次以上的一次性奖励100万元；对全省排名位次下降的，每下降一个位次扣减财政资金50万元。对连续两年排名最后一位的产业集聚区主要负责人建议给予组织处理。

# 六、推动制造业高质量发展

## 政策依据

《濮阳市人民政府办公室关于印发濮阳市推动制造业高质量发展实施方案的通知》（濮政办〔2021〕8号）；《濮阳市人民政府办公室关于印发濮阳市制造业高质量发展支持奖励政策的通知》（濮政办〔2021〕46号）。

## 政策简介

把握中部地区崛起、黄河流域生态保护和高质量发展等国家重大战略机遇，坚持新发展理念，把制造业高质量发展作为主攻方向，发挥数字经济引领作用，围绕稳定供应链、优化产业链、提升价值链，着力做大做强化工、装备制造、食品加工三个主导产业，优化提升现代家居、羽绒及服饰、生物基材料三个特色产业，培育发展新材料、新能源、节能环保、新一代信息技术四个新兴产业，构建"三大三专四新"产业体系，实施"六大提升专项"，打造"五强一优"要素保障生态，打好产业基础高级化、产业链现代化攻坚战，加快制造业质量变革、效率变革、动力变革，形成能级更高、结构更优、创新更强、动能更足、效益更好的发展新格局。

## 发展目标

到 2022 年，制造业增加值占全市生产总值比重 30% 左右，规模以上工业企业研究开发与试验发展经费支出占营业收入比重达到 1.5%，单位工业增加值能耗年均下降 5%。到 2025 年，产业基础能力和产业链现代化水平达到省内先进水平，形成一个 1000 亿级（化工）产业集群，三个 500 亿级（装备制造、食品加工、新材料）产业集群，六个百亿级产业集群。

## 产业方向

1. 做大做强主导产业。

实施主导产业优化升级计划，打造一批创新能力强、行业领先的大型龙头企业，提升产业链供应链水平，推动化工、装备制造、食品加工"三大"主导产业向高端化、智能化、绿色化发展。到 2022 年、2025 年，"三大"主导产业增加值占规模以上工业增加值比重分别达 65%、60%。

（1）化工产业。以化工产业高质量发展为核心任务，打造全国重要的化工新材料生产基地。到 2022 年、2025 年，产业规模分别达 600 亿元、1000 亿元。

（2）装备制造业。加快石油装备制造基地建设，大力发展先进农机装备，加快形成整车改装、零部件制造、传动轴等配套产业链，推进高端装备制造与新能源产业融合发展，打造国家重要的风电设备制造和综合服务基地。到 2022 年、2025 年，产业规模分别达 200 亿元、500 亿元。

（3）食品加工业。坚持绿色、休闲、品牌发展方向，围绕肉制品、面制品、特色食品、冷冻食品四大优势产业链条，打造肉禽全产业链条和华北地区最大的肉禽加工基地，打造中原地区冷饮制品生产基地，大力发展具有鲜明地方特色的深加工食品。到 2022 年、2025 年，产业规模分别达 300 亿元、500 亿元。

2. 做精做优特色产业。

实施特色产业集群提升计划，坚持承接产业转移和产业提质增效并重，以大型主导企业为核心，构建产业配套协作体系，着力培育一批知名品牌，推动现代家居、羽绒及服饰、生物基材料"三专"产业实力提升。到 2022 年、2025 年，"三专"产业增加值占规模以上工业增加值比重分别达 10%、15%。

（1）现代家居产业。重点推动实木、板式、软体三大特色集群加快向高端家居、智能家居、定制家居转型发展，规划建设中国家居商贸物流中心，建成河南省家居质量检测中心等平台，推进产业园区向木材深加工领域发展。到 2022 年、2025 年，产业规模分别达 40 亿元、100 亿元。

（2）羽绒及服饰产业。拓展做大上游，做强做优中游，延伸做精下游，依托台前县产业集聚区，打造"两基地一中心"（中国最大的羽绒生产基地、国家羽绒制品产业基地、国际羽绒交易中心）。到 2022 年、2025 年，产业规模分别达

60 亿元、100 亿元。

（3）生物基材料产业。打造全国最大的生物基材料生产基地，加大重要产品和关键核心技术攻关力度，突破丙交酯技术等"卡脖子"核心环节。到 2022 年、2025 年，产业规模分别达 40 亿元、100 亿元。

3. 培育壮大新兴产业。

抓住新一轮科技革命和产业变革机遇，实施新兴产业规模倍增计划，重点围绕新材料、新能源、节能环保、新一代信息技术四个新兴产业，培育一批先导性、支柱性的示范引领企业，打造新兴产业链，构建战略性新兴产业增长引擎。到 2022 年、2025 年，新兴产业增加值占规模以上工业增加值比重分别达 10%、15% 以上。

（1）新材料产业。重点发展具有广阔前景的新型功能材料。到 2022 年、2025 年，产业规模分别达 200 亿元、500 亿元。

（2）新能源产业。建设氢能产业园，推动氢能与氢燃料电池核心技术突破，开展新能源特种车辆的研发和生产，提高区域供热能源利用效率和清洁化水平。到 2022 年、2025 年，产业规模分别达 40 亿元、100 亿元。

（3）节能环保产业。大力发展技术咨询、工程施工、运维管理等专业化服务，提高重金属及固废物回收、处置、再利用水平，发展新型绿色建材，打造全省重要的节能环保产业基地。到 2022 年、2025 年，产业规模分别达 30 亿元、100 亿元。

（4）新一代信息技术产业。加大 5G 建设投资，加快 5G 商用发展步伐，实施中小企业数字化赋能专项行动，培育形成一批支柱性企业。到 2022 年、2025 年，产业规模分别达 40 亿元、100 亿元。

## 主要任务

1. 科技创新专项。

深入实施"创新兴市"战略，坚持问题导向、目标导向、结果导向，聚焦"卡脖子"问题，集中力量打好关键核心技术攻坚战。深入实施创新型龙头企业树标提升、高新技术企业培育、科技型中小企业评价"三大行动"。鼓励企业自主创新或与清华大学、西安交大、中科院过程所等开展合作，集中力量在化工新材料、生物基材料、新能源、节能环保等产业领域突破一批关键技术、共性技术，形成一批重大科技成果。加快建立以企业为主体、市场为导向、"产学研用金服"深度融合的技术创新体系，实施创新企业树标引领行动、高新技术企业倍增和科技型中小企业"春笋"计划。到 2022 年、2025 年，高新技术企业分别新增 40 家、100 家以上，科技型中小企业分别达 270 家、400 家，分别建成 3 家、6 家新型研发机构。

2. 基础能力提升专项。

推动企业在核心基础零部件（元器件）、先进基础工艺、关键基础材料、产业技术基础"四基"方面实现突破。推进 5G、大数据中心等新基建项目，提升工业基础设施数字化、网络化、智能化、安全化水平。建立专业技术服务平台，开展能效、水效领跑者和绿色制造提升行动，推进企业加快新一轮大规模技术改造，推动"工业互联网 + 安全生产"融合创新应用。到 2025 年，新培育 10 家"专精特新"中小企业，八个绿色工厂（园区），规划建设两个大数据产业园、人工智能产业园，培育三个行业工业互联网平台。

3. 集群强链提升专项。

围绕新材料、新一代信息技术等七个新兴产业链，建立链长牵头、部门负责的产业链推进机制，筛选一批产业实力强、产业链条完善、龙头企业支撑突出、发展空间大的重点产业链，提升产业链、供应链现代化水平。实施产业集聚区"二次创业"行动，开展产业集聚区规划修编，调整优化主导产业定位和空间布局。到 2025 年，产业集聚区全部晋星升级，力争打造两个二星级产业集聚区。

4. 融合赋能提升专项。

实施数字经济与制造业融合发展计划，实现企业"上云用数赋智"全覆盖，初步建成全市统一的工业互联网平台。开展智能制造创新示范行动，持续创建智能工厂、智能车间，打造智慧园区，大力发展服务型制造新业态。到 2022 年、2025 年，分别新增省级智能工厂 4 家、11 家，新增省级智能车间 9 家、24 家，新增省级服务型制造示范企业 2 家、7 家，上云企业分别达 1800 家、1950 家。

5. 区域协同提升专项。

高标准编制市产业集聚区规划纲要，高质量修编产业集聚区总体发展规划，优化调整空间布局，科学定位主导产业，促进各产业集聚区协同、联动发展。建立重大制造业项目优先落地保障机制，大力实施制造业能级提升行动。高质量承接产业转移，深化豫鲁协同，强化京津冀协同，加强长三角、珠三角协同，提升新型化工基地发展水平。

6. 精品强企专项。

支持企业提品质、扩规模、增效益，开展消费品工业增品种、提品质、创品牌"三品"专项行动，建立"专精特新"、"小巨人"、单项冠军企业培育体系，鼓励中小企业走专业化、精细化、特色化、新颖化之路。落实"头雁"企业培育工程，实施企业家培训提升工程，支持企业参与"一带一路"建设，鼓励企业采用国际先进标准组织生产，选树一批质量标杆企业，建设商标品牌示范基地，培育品牌产业集群。到 2022 年、2025 年，全市百亿级企业分别达 3 家、6 家以上。

## 奖励政策

1. 支持大企业发展。

（1）筛选年度营业收入、上缴地方财政税金双增长的工业企业，且对年度上缴地方财政税金前 10 名的工业企业，给予 100 万元奖励。

（2）对年营业收入首次突破 20 亿元、50 亿元、100 亿元的工业企业，分别奖励 50 万元、80 万元、100 万元。

（3）支持高成长性企业倍增发展。对培育企业承诺营业收入三年倍增且制定分年度发展目标规划，年复合增长率不低于 26% 的，给予 50 万元的事后奖励。

2. 支持战略性新兴产业发展。

（1）对年营业收入首次突破 5 亿元、10 亿元，且战略性新兴产品营业收入占该企业营业收入 50% 以上的工业企业，分别给予一次性奖励 30 万元、50 万元。

（2）做大做强新一代信息技术企业，重点支持集成电路、智能化终端（模组）、软件开发等新一代信息技术产业发展，新创办企业自获利年度起，三年内按地方综合贡献额给予全额奖励。

3. 支持中小企业发展。

（1）对新认定的省"专精特新"中小企业，给予 30 万元奖励；对新认定的国家"专精特新""小巨人"企业，给予 60 万元奖励。文件出台后同一企业已受过同一事项奖励的不再重复奖励。

（2）对新认定的省中小企业公共服务示范平台，给予 30 万元奖励；对新认定的国家中小企业公共服务示范平台，给予 60 万元奖励。文件出台后同一企业（平台）已受过同一事项奖励的不再重复奖励。

（3）对新认定的省小型微型企业创业创新示范基地，给予 30 万元奖励；对新认定的国家小型微型企业创业创新示范基地，给予 60 万元奖励。文件出台后同一企业（基地）已受过同一事项奖励的不再重复奖励。

（4）对获得诚信管理体系认证的食品工业企业一次性给予 30 万元奖励。

4. 支持企业实施"四化改造"。

（1）高端化改造。①对上年度缴纳增值税 300 万元以上的企业，本年度实施的技改项目列入省、市技术改造项目库，且计算区间内，该项目设备、软件实际完成投资不低于 300 万元（税后），按照实际投资 15% 的比例给予补助，且单个项目最高补助金额不超过 200 万元。②对新认定的省级、市级产业研究院的牵头企业，分别一次性给予 100 万元、50 万元奖励。③对新认定为制造业单项冠军示范企业、产品，分别给予 100 万元、50 万元奖励。④对新认定的省级质量标杆企业、技术创新示范企业，给予 30 万元奖励。⑤对新认定的省级制造业头雁企业且获得省级头雁企业定额奖励的企业，一次性给予 40 万元奖励。

（2）绿色化改造。对新认定为国家级、省级绿色园区的，分别给予 100 万元、50 万元奖励。对新认定为国家级、省级绿色工厂的，分别给予 100 万元、50 万元奖励。对新认定为国家级、省级绿色供应链管理企业的，分别给予 50 万元、30 万元奖励。

（3）智能化改造和服务化改造。①对经省认定的产业集群工业互联网平台，特定领域、细分行业工业互联网平台，通过省级验收后，给予一次性奖补 200 万元。②对经省认定的新一代信息技术融合应用新模式项目，给予一次性奖补 30 万元。③对新认定的省级智能工厂、智能车间企业，分别给予 30 万元、20 万元奖励。④对获得国务院或工信部认定的国家工业互联网、大数据产业发展、服务型制造、新一代信息技术与制造业融合发展、信息消费等领域试点示范或称号的企业（项目、平台），给予一次性奖励 50 万元。⑤对新认定的省级、市级 5G 应用场景示范项目分别给予 60 万元、30 万元奖励。⑥对市级新认定的特色工业互联网平台、5G 全连接工厂，分别给予 100 万元、80 万元奖励。⑦工业企业购买市"5G+ 工业互联网"平台服务和应用的，按实际费用的 30% 给予补助，最高不超过 100 万元。

5. 政策执行相关问题。

（1）对企业涉及本政策多项奖励的，按最高奖励执行，奖励资金由受益财政承担。

（2）当年发生生产安全死亡事故、食品安全、环境污染等重大责任事故，因偷税、骗税等税收违法行为被立案查处或发生重大群体性事件的企业，不享受本政策。

（3）凡涉嫌虚假申报和骗取、套取财政资金的，一经查实，取消奖励资格，收回奖励资金，并依据有关法律法规进行处理。

## 七、支持氢能与氢燃料电池产业发展

### 政策依据

《濮阳市人民政府关于支持氢能与氢燃料电池产业发展若干政策的通知》（濮政〔2021〕27号）。

### 政策简介

氢能是理想的清洁二次能源，是可再生能源之外实现碳达峰碳中和的重要路径。濮阳市氢能源丰富，发展氢能与氢燃料电池产业具有良好的基础，抢抓氢能与氢燃料电池产业发展机遇，对本市氢燃料电池及汽车产业前瞻布局、转型发展具有重要意义。为贯彻落实《国务院办公厅关于印发新能源汽车产业发展规划（2021—2035年）的通知》（国办发〔2020〕39号）、河南省工业和信息化厅等八部门《关于印发河南省氢燃料电池汽车产业发展行动方案的通知》（豫工信联装〔2020〕27号）、《濮阳市人民政府关于印发濮阳市国民经济和社会发展第十四个五年规划和二〇三五年远景目标纲要的通知》（濮政〔2021〕16号）等文件精神，推动本市氢能与氢燃料电池产业加快发展，制定本政策。

### 适用范围

1. 本政策中所需奖励支持资金由受益财政负责兑现。市、县（区）共同受益的，市与县（区）按受益比例分担。

2. 对企业申报当年的上一年度存在重大违法、违纪和其他严重失信行为的，取消其当年申报资金支持资格。

3. 本政策有效期至2025年12月31日。对已有相关奖励文件中与本政策同一性质的条款，按照就高不重复的原则执行。

### 政策内容

1. 培育产业集群集聚基地。

依托濮阳市产业集聚区、濮东产业集聚区、濮阳经济技术产业集聚区，加快推进氢能产业园建设。充分利用我市工业副产氢优势，大力发展氢气提纯技术，不断提高工业副产氢利用率。逐步形成制氢、氢储存和输送、氢基础设施建设、关键材料和零部件、动力系统集成，交通运输、分布式发电、备用电源、特种领域等氢燃料电池应用产业制造和运营服务的产业集群，力争将氢能和氢燃料电池产业培育成对全市产业转型升级具有重大引领带动作用的战略性新兴产业。重点围绕制氢、储运、加注、应用等领域，引进一批研发能力强、制造水平高、产品质量优的重大项目落户濮阳，相关支持政策按照《濮阳市人民政府关于印发濮阳市支持双招双引促进高质量发展二十三条措施的通知》（濮政〔2020〕29号）执行。

2. 支持龙头企业加快发展。

鼓励本地涉及氢能产业的企业充分利用自身优势，加大整机产品、关键材料、核心部件及制造设备的创新力度，加强氢能产业链上相关企业的合作，着力培育一批竞争力强、带动力强的优势龙头企业。本地企业转型氢能与氢燃料电池产业，设备投资额度超过3000万元的，给予设备投资额的10%补助。对企业新研发的氢燃料特种车辆车型进入国家《新能源汽车推广应用推荐车型目录》一年内实现上市推广的，按照销售金额的2%进行奖励，单个企业本年度内奖励总额最高不超过1000万元。

3.鼓励企业搭建科研创新载体。

依托骨干企业、高校、科研院所，组建氢能产业研究院、技术创新平台，开展氢能前沿技术研究和重大技术联合攻关。鼓励企业和科研机构布局建设氢气制取与储存、燃料电池及动力系统、整车生产、燃料电池关键材料、检验检测等创新支撑服务平台。对涉及氢能产业新认定的国家级、省级制造业创新中心培育单位，分别给予一次性奖励300万元、200万元；对新认定的国家级、省级企业技术中心、重点实验室、工程（技术）研究中心、院士工作站，分别给予一次性奖励200万元、100万元；对从外地搬迁至濮阳的省级以上科研创新平台，给予搬迁费30%的补助和最高不超过100万元的开办费补贴。对新认定的国家、省首台（套）重大技术装备，分别给予一次性奖励50万元、30万元。

4.强化企业知识产权保护。

鼓励氢能与氢燃料电池企业申请发明专利，对企业获得国内外发明专利授权的，每件按照所获得专利权缴纳的官方规定费用的50%给予资助，单个企业每年累计不超过20万元。支持企业开展知识产权维权，企业在知识产权（专利、商标）维权中胜诉的，按照核定后的律师费、调处费、诉讼费、咨询费、鉴定费、检测费等费用实际支出的50%予以资助，单个企业年度累计不超过10万元。支持企业开展知识产权质押融资，对企业以知识产权（专利、商标）出质获得金融机构贷款的，按不超过企业贷款利息额的50%贴息，单个企业年补助不超过20万元，原则上一个企业连续贴息不超过三年。支持企业专利技术转化实施，对企业获得发明专利授权并在我市辖区内实施产业化的，每项奖励50万元；对企业购买、引进国内外高等院校、科研机构及个人优秀专利技术并实施转化的（应属非关联交易），依技术交易额给予10%的奖励，单个企业最高奖励不超过20万元；对评为国家级、省级知识产权优势企业的，分别给予50万元、30万元奖励。

5.加快推进加氢站建设。

统筹规划全市氢基础设施建设，加氢站的规划建设、审批、设计、标准及安全管控规范等，依照《濮阳市燃气管理办法》《加氢站技术规范》（GB 50516—2010〔2021年版〕）、《加氢站用储氢装置安全技术要求》（GB/T 34583—2017）、《加氢站安全技术规范》（GB/T 34584—2017）等执行。鼓励加氢/加油、加氢/加气、加氢/充电等合建站发展模式，引导社会资本参与氢基础设施建设和运营，合建站应符合《汽车加油加气加氢站技术标准》（GB 50156—2021）。对新建日加氢能力不低于500公斤的固定式加氢站，按建设实际投资（不含土地费用）的40%给予补助，最高不超过1000万元。

6.加大应用试点示范。

重点推动氢燃料电池在公交车、物流车、环卫车、特种车辆等交通运输领域推广应用。鼓励市、县（区）政府（管委会）和中原油田分公司将氢燃料电池汽车纳入统一采购范围，新购置或更换的公交车、环卫车、物流车等要按照一定比例选用燃料电池汽车。逐步推进氢燃料电池汽车在油区作业、重点工业园区等示范应用，有效减少作业车辆污染物排放。探索推进氢燃料电池在储能发电、石油化工和铸造加工等领域的应用示范。对本市购置公交、物流、环卫等氢燃料电池汽车的用户，单车运行里程达两万公里以上的，按最高不超过车辆销售价格的

60%进行补贴。

7. 聚力引优做强产业链。

紧扣氢燃料电池产业链短板，围绕催化剂、质子交换膜、碳纸、膜电极、双极板、压缩机、加湿器等核心零部件，积极对接国内外先进技术团队和企业，吸引重点企业落户濮阳市。对氢能与氢燃料电池核心部件、燃料电池生产、整车制造企业落户我市，经认定填补濮阳市氢能产业链空白的，在享受濮政〔2020〕29号文件等有关政策基础上，再给予一定奖补。可实行"一事一议"。

8. 加强氢能产业创新人才培育。

支持企业与国内外"高精尖"人才团队主动对接，积极引进高层次氢能与氢燃料电池创新型团队。开展对外科技交流和招商引智，落实人才引进各项优惠政策。依托本地院校与企业、研究机构对接合作，加快培育一批产业技能人才、领军型复合人才、创新型和高技能应用型人才。适时建立氢能产业发展专家智库，提供决策咨询、技术联合攻关、技术成果转化等合作与服务。相关支持政策按照濮政〔2020〕29号文件执行。

## 八、生物降解材料产业培育提升

### 政策依据

《濮阳市人民政府办公室关于印发〈濮阳市生物降解材料产业培育提升方案〉的通知》（本节简称《方案》）。

### 政策简介

为进一步加快濮阳市生物降解材料产业发展，快速做大总量，提高核心竞争力，推动产业高质量发展，建设全国重要的生物降解材料产业基地，制定本方案。《方案》以濮阳市生物降解材料产业链条化、集聚式发展为主攻方向，坚持项目为王、结果导向理念，高树目标，挂图作战，按照"332432"工作总思路，即：制定三个政策（《濮阳市不可降解塑料制品管理条例》《濮阳市关于支持生物降解材料产业发展的若干政策》《濮阳市塑料制品禁限目录》）、建设三大园区、聚焦两个链条（生物基产业链条、石油基产业链条）、紧盯四个图谱（产业链全景图谱、技术路线图谱、应用领域图谱、重点招商图谱）、落实三项推进机制（工作运行机制、清单式台账化管理机制、督查通报机制）、实现两大目标（2025年产值达500亿元、2035年达1500亿元），到2025年建成全国重要的生物降解材料产业基地，到2035年建成全国排名前五的生物降解材料产业基地。

### 主要目标

1. 到2025年，新落地生物降解材料产业项目70个，总数达到90个；力争突破丙交酯"卡脖子"核心技术，打通"L—乳酸—丙交酯—PLA（聚乳酸，生物基生物降解材料）"产业链；PLA和PBAT（聚己二酸—对苯二甲酸丁二醇酯，石油基生物降解材料）产能分别达15万吨和60万吨；终端产品产能达50万吨；打造两家百亿规模的龙头企业；总产值达到500亿元，建成全国重要的生物降解材料产业基地。

2. 到2035年，新落地生物降解材料产业项目150个，总数达240个；产业链、创新链更加完善，PLA和PBAT产能分别达40万吨和120万吨；终端产品产能达 160 万吨；打造五家百亿规模的龙头企业；总产值达 1500 亿元，成为全国排名前五的生物降解材料产业基地。

## 重点任务

1. 构建政策法规支撑体系。

实施《濮阳市不可降解塑料制品管理条例》，加快一次性不可降解塑料制品替代进度。制定《濮阳市关于支持生物降解材料产业发展的若干政策》，加大对集群、企业、项目、平台等支持力度，保障产业发展所需土地、能源、交通、水、环境容量等指标。更新发布《濮阳市塑料制品禁限目录》，企业依法获得节能产品、环保标志产品认证，享受政府优先采购和强制采购政策，促进生物降解塑料制品推广应用。

2. 规划建设三大园区，促进产业集聚发展。

（1）完善规划建设三大园区。到 2025 年，以生物基降解材料及其制品为主要发展方向，完善提升南乐县国家生物基材料产业园区功能。以南乐县生物质能产业园区为基础，规划建设生物降解材料产业园区。在开发区规划建设石油基生物降解材料及其制品产业园区，实现"原材料＋终端制品"的全产业链发展。

（2）兼收并蓄，鼓励更多生物降解及其他降解材料企业落户本市，快速产生集聚效应。2021 年、2022 年、2023 年、2024 年、2025 年总产值分别达 10 亿元、30 亿元、200 亿元、330 亿元、500 亿元。2035 年总产值达 1500 亿元。

3. 聚焦重点环节，培育完善产业链条。

（1）聚焦 PLA、PBAT 两个重点环节，依据产业链全景图谱，针对生物基和石油基产业链条延链补链强链。PLA 产能 2021 年、2022 年、2023 年、2024 年、2025 年分别达 0.5 万吨、1.5 万吨、6.5 万吨、9 万吨、15 万吨，PBAT 产能 2022 年、2023 年、2024 年、2025 年分别达 20 万吨、35 万吨、50 万吨、60 万吨；2035 年 PLA、PBAT 产能分别达 40 万吨和 120 万吨。同时积极引进、建设煤基和碳基产业链条，PGA（聚乙醇酸）产能 2022 年、2023 年、2024 年、2025 年分别达 0.1 万吨、1 万吨、20 万吨、20 万吨。

（2）在生物基方面，依托星汉生物、河南谷润等重点企业，利用 L—乳酸一步法工艺生产 PLA；通过引进安徽丰原、浙江海正、德国伍德等企业和技术攻关，突破丙交酯技术壁垒，利用两步法工艺生产 PLA，向下游发展终端产品。在石油基方面，依托宏业生物等重点企业，加快生物降解材料项目建设，利用丰富的石油液化气资源生产 BDO（1，4-丁二醇），发展 PBAT、PBS（聚丁二酸丁二醇酯）等生物降解材料，为终端产品大规模化生产提供原料保障。

4. 招引培强打造龙头企业。

围绕招商图谱，制定招引、嫁接、整合、培育龙头企业台账。瞄准行业骨干企业，开展靶向招商、产业链招商。每年整合和培育年产值超 10 亿元企业两家。到 2025 年打造百亿规模的龙头企业两家，2035 年打造百亿规模的龙头企业五家，引领支撑产业快速发展。

5. 提升产业技术创新能力。

围绕产业链和 PLA、PBAT 技术路线图谱部署创新链。深化与科研院所合作，建设一批创新平台，实现规上生物降解材料企业市级以上研发平台全覆盖。充分发挥河南省生物基化学品绿色制造重点实验室作用，汇聚全省资源，推动河南省生物降解材料产业技术创新中心在濮阳布局；与中国化工学会、北京化工大学、郑州大学等合作，建设濮阳（南乐）可降解材料产业研究院。"十四五"期间，力争突破丙交酯等"卡脖子"核心技术，打通"L—乳酸—丙交酯—PLA"产业链，提高整个产业的技术创新能力。

6. 强化要素保障。

（1）积极争取土地指标、环境容量、电力配置、能耗指标，依法组织并指导监督实施安全生产准入制度，保障园区和项目发展需求。

（2）充分发挥生物降解材料产业投资基金和省、市相关产业基金的作用，畅通融资渠道，为产业发展提供全方位金融支持。

7. 建设公共服务平台。

充分发挥市、县降解材料产业协会作用，支持行业协会牵头组建河南省生物降解新材料产业联合会，整合资源，协同创新。支持河南省可降解聚乳酸产品（南乐）质量监督检验中心创建国家级生物降解材料制品检测平台，提升生物降解材料产品检测评价认证的公共服务能力。

8. 健全产品标准体系。

支持龙都天仁、青源天仁等重点企业主导或参与制定 10 项以上国家标准、行业标准或地方标准，增强行业话语权，引领示范产业发展。鼓励企业采用先进标准进行产品生产，不断提升生产水平和产品质量。

9. 强化市场开拓。

围绕应用领域图谱，积极推进省级层面出台产品推广政策，拓展生物降解材料制品市场空间。加快生物降解材料产业品牌培育，推动建立生物降解材料产品标识制度。加强舆论宣传引导，进一步增强消费者对生物降解材料产品的市场认可度。

10. 组建产业咨询专家委员会。

组建由技术、产业、市场、投资、法律等领域专家组成的生物降解材料产业专家咨询委员会，为产业发展的重点方向、重点任务、战略规划、政策制定和项目论证等提供决策咨询，给重点项目、龙头企业把脉问诊。

**保障措施**

1. 完善工作运行机制。

加强统筹协调，市生物降解材料产业工作专班召集人每季度召开一次推进会，副召集人根据工作需要适时调度，及时研究解决产业发展重大事项。

2. 实行清单式台账化管理机制。

各牵头单位负责目标任务分解并建立清单台账，厘清责任，分工负责，明确责任单位和责任人员，按月向工作专班报告清单台账落实情况，确保各项工作落到实处。

3. 建立督查通报机制。

市工作专班会同市委市政府督查局按照清单台账规定的目标任务、时间节点，每季度通报工作进展情况。对主要工作滞后的，由市委市政府督查局进行重点督查。

## 九、支持绿色涂料产业发展

### 政策依据

《濮阳市人民政府关于支持绿色涂料产业发展的意见》(濮政〔2021〕25 号)。

### 政策简介

根据《河南省先进制造业发展专项资金管理办法》及《河南省加快培育创新型企业三年行动计划(2020—2022 年)》，参考《广东省培育先进材料产业集群行动计划(2021—2025 年)》等外地出台的相关支持政策及先进做法，在《濮阳市支持双招双引促进高质量发展二十三条措施》基础上，结合濮阳实际，形成《濮阳市人民政府关于支持绿色涂料产业发展的意见》。

### 政策内容

1. 指导思想。

立足新发展阶段，坚持新发展理念，融入新发展格局，构建高效、清洁、低碳、循环的绿色涂料产业发展体系，打造集研发、生产、交易、应用、服务于一体的中国重要的绿色涂料生产基地。

2. 基本原则。

坚持绿色发展，把绿色发展理念贯穿发展全过程和各领域；坚持系统发展，突出高端化、差异化、绿色化、一体化，打造优势产业集群；坚持创新驱动，加快构建具有国内竞争力和区域带动力的高能级产业体系。

3. 支持政策。

(1)支持企业科技创新。对新认定为国家级、省级制造业创新中心培育单位进行奖励，分别是 300 万元、200 万元；鼓励企业与高等院校、科研院所建立产学研合作关系，围绕战略性新兴产业培育和传统产业改造提升，开发新技术、新产品，并实现产业化的，每项补助 30 万元。

(2)支持企业参与标准制定。企业每主持一项国际、国家标准、行业标准制定，分别奖励 100 万元、30 万元、20 万元，每个企业每年最高不超过 200 万元；每参与一项国际标准、国家标准、行业标准制定，分别奖励 50 万元、20 万元、10 万元，每个企业每年最高不超过 100 万元。

(3)支持企业做大做强。加强涂料产业龙头企业培育，支持企业做大做强。筛选年度上缴地方财政税金前三名，且纳税额在 500 万元以上的涂料企业，给予 100 万元奖励。对营业收入首次突破 10 亿元、20 亿元、50 亿元、100 亿元的企业，分别奖励 30 万元、50 万元、100 万元、200 万元。鼓励营业收入超 10 亿元涂料企业在濮阳发展总部经济，一次性给予企业初设奖励 50 万元。

(4)支持"专精特新"企业。加快构建单项冠军企业培育体系，引导我市涂料企业走"专精特新"道路。对荣获国家级、省级制造业单项冠军(隐形冠军)的企业分别奖励 100 万元、50 万元；对认定为国家级"专精特新""小巨人"企业的，奖励 60 万元，对认定为省"专精特新"中小企业的，奖励 30 万元；对工信部认定的品牌培育示范企业、全国质量标杆企业，一次性奖励 50 万元。对首次认定为国家高新技术企业和连续三次通过认定的高新技术企业，一次性给予 10 万元奖励。

（5）支持项目加快建设。鼓励重点项目加快建设，对投资一亿元以上、开工当年完成概算投资 50% 以上的涂料产业项目，按照固定资产实际投入的 15% 给予支持，最高不超过 200 万元。

（6）支持企业"三大改造"。对新认定的省级智能工厂、智能车间企业，分别给予 30 万元、20 万元奖励，对新认定的河南省机器人"十百千"示范应用倍增工程示范项目，按照省级补贴资金进行 1：1 配套，单个项目最高支持金额不超过 100 万元。对新认定的国家级、省级绿色工厂，分别给予 50 万元、30 万元奖励。对列入省、市技术改造项目库、完成投资 200 万元以上的项目，按照实际投资的 15% 给予补助，单个项目最高补助金额不超过 200 万元。

（7）支持产业链招商。在《濮阳市支持双招双引促进高质量发展二十三条措施》（濮政〔2020〕29 号）基础上，鼓励以商招商，提出对引进涂料产业上下游关联生产项目企业进行奖励，标准参照招商顾问奖励标准。提出对引进世界 500 强企业、国内 500 强企业、国内民企 500 强企业的项目进行奖励，分别奖励 30 万元、20 万元、10 万元。

（8）支持企业融资。对科技含量高、市场前景好的新上企业，优先推荐新型"政银担"合作担保方式进行融资，对厂房、设备投资 5000 万元以上，且属高新技术企业或属于战略性新兴产业的企业，向有关金融机构申请固定资产贷款 1000 万元以上的，可按照同期中国人民银行贷款基准利率，给予企业贷款利息 50% 的贴息，期限原则上不超过两年，贴息总额不超过 500 万元。

（9）支持人才建设。为培养储备涂料产业技术人才，充分发挥濮阳职业技术学院、石油化工职业技术学院的专业特长，设置涂料专业班。为提升各级领导干部指导涂料产业发展的能力和水平，提出对各级领导干部加强相关政策、行业发展动向等专业知识培训。

（10）支持交流合作。鼓励企业加强技术交流，促进合作发展，不断提升行业影响力，对于承办由市政府主办的活动，按实际支出额的 30% 予以支持，每次活动最高不超过 20 万元。

（11）支持文化创新。为引导企业加强文化创新，结合濮阳市实际，鼓励企业设置多媒体展厅，高标准制作企业宣传片，全方位展示企业。

# 第二章　创新举措

## 一、科技创新型小微企业增量提质春笋行动

### 政策依据

《濮阳市人民政府办公室关于印发濮阳市科技创新型小微企业增量提质春笋行动实施方案（2021—2023年）的通知》（濮政办〔2021〕44号）。

### 政策简介

以习近平新时代中国特色社会主义思想为指导，深入贯彻落实省委、省政府建设国家创新高地的决策部署，以加快培育科创型小微企业为着力点，围绕本市传统产业和新兴产业，坚持结果导向，高树"三大目标"，采取"十项措施"，强化组织保障，推进"微成长、小升高、高变强"梯次培育，力争用三年时间实现科创型小微企业总量翻番，质量明显提升，育成一批高新技术企业、"雏鹰"企业和"瞪羚"企业，为建设"创新濮阳"提供科技支撑，为全省建设国家创新高地贡献濮阳力量。

### 适用范围

科创型小微企业是指在濮阳市域内注册并纳税，具有独立法人资格，满足《国家统计局关于印发〈统计上大中小微型企业划分办法（2017）〉的通知》（国统字〔2017〕213号）中规定的小微企业条件，符合国家产业技术政策，且持续进行研究开发和技术成果转化，形成企业核心知识产权，并以此为基础开展经营活动的小微企业。

### 主要目标

1. 主体总量快速增长。

到2023年，全市新增科创型小微企业190家以上，总量达300家，年平均增速40%以上，三年实现总量翻番以上。

2. 主体质量明显提升。

到2023年，全市科创型小微企业新增知识产权1120件以上，总量达1600件以上，年平均增速45%以上；新增科技人员2130人以上，总量达3000人以上，年平均增速50%以上；主营业务收入增加11.7亿元以上，达16.3亿元以上，年平均增速50%以上。科技研发投入占销售收入达5%以上。三年累计为科创型小微企业培训1000人次以上，科创型小微企业创办人轮训一遍。

3. 孵化载体提质增效。

到2023年，全市新增国家级科技企业孵化器一家、省级科技企业孵化器3家、市级科技企业孵化器9家，在孵企业总量达500家。累计出孵企业超过100家，其中落户濮阳市产业园区25家以上、落户特色产业基地50家以上。在孵企业研发投入占销售收入5%以上。孵化获得国家科技型中小企业入库编号的科创型小微企业超过90家。

## 主要措施

1. 加快创新主体培育。

建设市、县（区）两级科创型小微企业培育库，推动科创型小微企业沿链培育、梯次成长、集聚发展，快速壮大群体规模。通过国家科技型中小企业评价获得入库编号的，受益财政给予每家企业一万元奖励，并按照每家企业5000元的标准奖励所在孵化器。

2. 提升科技创新能力。

支持科创型小微企业开展研发活动，落实研发费用加计扣除、财政补助等政策措施。对获得省级企业研发财政补助资金的，受益财政对其进行等额奖补。鼓励各县（区）对形成核心知识产权或专有技术的科创型小微企业给予适当奖励。支持科创型小微企业转移转化市外先进科技成果，对购买市外先进科技成果在濮阳转化、产业化的，受益财政按其上年度技术合同成交额给予5%后补助，每家企业每年最高不超过50万元。

3. 加速孵化空间建设。

建设濮阳市国家级科技企业孵化器二期，打造科创型小微企业成长培育高地。鼓励有条件的企业、科研院所、大专院校建设专业化的众创空间、孵化器等孵化载体。科创型小微企业租用由财政出资或国有单位建设的厂房（楼宇）的，三年内免缴租金。由各级财政出资建设的孵化载体，按照科技部门会同财政部门核定的孵化载体当年运营费用的50%给予专项补助，列入各级财政年度预算。鼓励各级财政根据孵化绩效对社会投资的孵化载体给予支持。

制定濮阳市科技企业孵化器绩效考核办法，考核结果为优秀、良好等级的，由受益财政分别给予孵化器20万元和10万元的奖励，连续两年不合格的取消孵化器资格。孵化器当年毕业企业入驻市域内产业园区的，由园区给予所在孵化器奖励，毕业入园企业享受招商引资优惠政策，并视同科技部门招商引资项目给予额外加分。

4. 畅通投融资渠道。

市财政（含开发区、工业园区、示范区财政）设立5000万元规模、其他县（区）财政设立不低于1000万元规模的科创型小微企业政府基金，濮阳投资集团具体负责基金的使用管理，以无息或低息使用为主，资金无偿注入为辅（不超过基金总额的三分之一）。市财政设立1000万元规模的信贷风险补偿资金，各县和华龙区财政设立相应资金。发挥市、县两级投融资平台作用，与国内投融资机构合作共同设立天使投资基金。

充分发挥人社部门创业担保贷款的作用。科创型小微企业贴息贷款最高300万元，贷款期限最长两年；贴息贷款累计次数不得超过三次。科创型小微企业非贴息贷款最高500万元。放宽贷款申请条件，反担保拓展到省内符合条件的担保人。对获得市级以上荣誉称号或承办创业担保贷款金融机构评估认定信用良好的，可以取消反担保。

市智慧金融服务平台要在全市科技企业孵化器设立服务终端。鼓励银行业机构设立科技银行，建立科创型小微企业主办行分包机制。国有商业银行实现科创型小微企业贷款全年增长30%以上。积极开展知识产权质押贷款，加强投资、贷款、基金、担保联动。

抢抓北京证券交易所成立和新三板改革的重大机遇，培育更多科创型小微企业在北京证券交易所挂牌上市。科创型小微企业在新三板挂牌的，市财政一次性给予 100 万元的奖励；实现上市的，市财政分阶段给予 500 万元的奖励。

5. 破解人才发展瓶颈。

加强自有人才培育。濮阳职业技术学院、濮阳石油化工职业技术学院要设置专业课程开设大中专班，每年举办不少于两期的定向培训班、特需培训班等，纳入人社部门年度培训计划。人社部门要大力推动职业技能培训机构发展，三年内将科创型小微企业创办人轮训一遍。

注重柔性人才引进。到 2023 年，每家科创型小微企业柔性引进科技人才一名以上。科创型小微企业创办人和引进的各类人才符合条件的，在濮阳市范围内购买首套住房或租房时，按照濮政〔2020〕29 号文件规定，享受购房补贴和租房补贴政策。

支持和鼓励本市事业单位科研人员兼职创新、离岗或在职创办科创型小微企业。离岗创办企业的期限不超过三年，期满后创办企业尚未实现盈利的可以申请延长一次，延长期限不超过三年。允许离岗创办企业人员在所创办企业申报职称，所获得的职称可以作为其返回事业单位后参加岗位竞聘、重新订立聘用合同的参考。离岗创办企业人员离岗创业期间保留人事关系，依法继续在人事关系所在单位缴纳社会保险。兼职创新、在职创办企业人员继续享有参加职称评审、项目申报、岗位竞聘、培训、考核、奖励等各方面权利，工资、社会保险等各项福利待遇不变。到企业兼职创新的人员，与企业职工同等享有获取报酬、奖金、股权激励的权利。

6. 加大知识产权保护力度。

强化行政执法，依法严厉打击侵犯知识产权和制售假冒伪劣商品行为，加大对重复侵权、恶意侵权查处力度，加强对高价值专利、商标标志等重点对象的执法保护。开展知识产权维权援助活动，支持科创型小微企业设立知识产权工作站，提高自身知识产权保护意识。

7. 开放科研设施和仪器共享等公共服务平台。

建设濮阳市科研设施和仪器共享服务平台，对科创型小微企业开放共享。利用财政资金购置的科研设施和仪器，以及市级以上重点实验室、工程技术研究中心的科研设施和仪器应当纳入市共享服务平台，鼓励非财政资金购置的科研设施和仪器自愿纳入市共享服务平台。科创型小微企业使用共享服务平台科研设施和仪器的，按照实际使用费用的 20% 给予补助，每年最高 10 万元。整合、提升现有各类公共技术服务平台，支持公共技术服务平台、科技中介机构等更好地发挥作用，为科创型小微企业提供技术、人才、成果转化、检验检测和法律、财务等方面的服务。

8. 助力企业拓展市场。

支持和引导科创型小微企业主动对接龙头企业需求，积极参与国内大循环，实现上下游、产供销有效衔接。制定具体措施，助力科创型小微企业拓展"一带一路"沿线新兴市场，积极融入国内国际双循环。县（区）财政可给予补助。

科创型小微企业生产的产品（服务）在同等条件下优先列入政府采购目录。落实价格评审优惠政策，对科创型小微企业产品（服务）价格给予 6%—10% 的价格扣除，以扣除后的价格参与政府采购评审。部门预算单位在条件许可时向科创型小微企业预留本部门年度政府采购项目预算总额的比例应当不低于 20%。

发挥市"5G+工业互联网""濮阳助企"等平台作用，设立专门板块，宣传推介科创型小微企业产品（服务）。各级政府、各有关部门，以及"万人助万企"分包人员、首席服务员、科创型小微企业服务专员等，要积极帮助科创型小微企业开拓市场、推介产品（服务），畅通营销渠道。

9. 开展"科技之星"评选。

开展科创型小微企业"科技之星"年度评选活动，对创新能力强、成长性好的企业授予濮阳市"科技之星"企业称号，受益财政给予5万—10万元一次性奖励。支持科创型小微企业参加各级政府组织的创新创业大赛，所在县（区）可给予获奖项目适当奖励。

10. 实行科创型小微企业服务专员制度。

从市直单位和县（区）选派一批有较强沟通协调能力、有服务企业工作经验、有助推科技创新本领、有担当作为精神的干部，派驻到科创型小微企业和科技企业孵化器，担任科创型小微企业服务专员，收集企业问题、宣传惠企政策、推动解决落实，协助企业制定发展规划、申报科技项目、建设创新平台、申请知识产权等。

**组织保障**

1. 加强组织领导。

市科技创新委员会统筹领导春笋行动，市科技创新委员会办公室负责具体推进春笋行动。各县（区）和市直有关部门要对照目标任务，建立清单台账，强化责任落实。市委市政府督查局要及时跟进督查。

2. 开展专项考核。

制定春笋行动考核办法，对各县（区）落实春笋行动情况开展年度考核。同时将春笋行动考核情况作为全市科技创新考核的重要内容，纳入市委市政府年度综合考评。

3. 激励干部担当作为。

将树立正确用人导向作为对干部最大的激励。通过春笋行动发现识别、奖惩激励干部，将干部在春笋行动中的表现作为干部平时考核的重要内容。对敢为人先、善解企业发展难题的"改革闯将"，认真负责、在推动企业发展中做出突出贡献的"发展干将"，思想解放、推动企业科技创新的"热血小将"，经验丰富、善作善成的"攻坚老将"，在评先奖优、职级晋升、选拔任用等方面予以倾斜。

4. 营造良好氛围。

宣传部门和新闻媒体要加强对春笋行动的宣传报道，营造全社会关心支持科创型小微企业成长发展的良好氛围。对在开展科技创新工作中出现的一些偏差失误，在不违反党的纪律和国家法律法规的前提下，勤勉尽责、程序合规、未谋私利，能够及时纠错的，不做负面评价。

# 二、支持双招双引高质量发展二十三条措施

**政策依据**

《濮阳市人民政府关于印发濮阳市支持双招双引促进高质量发展二十三条措施的通知》（濮政〔2020〕29号）。

## 政策简介

为进一步加大招才引智和招商引资工作力度，加快引进新动能、培育新产业、厚植新优势，促进全市经济社会高质量发展，根据有关规定，结合濮阳实际，制定本措施。市内现有企业新投资注册成立公司，符合本措施支持条件的，享受同等政策支持；对具有引领示范作用的重大招商引资项目或具有集聚带动作用的区中园项目、飞地经济项目，可通过"一事一议""一企一策"，给予更优惠政策支持；本措施所需奖励支持资金由受益财政负责兑现，市、县（区）共同受益的，市与县（区）按受益比例分担；本市已出台的涉及与本措施同性质、同类型优惠规定的，按照就高不重复原则兑现；本措施所指各类人才，符合《"濮上英才计划"实施办法（试行）》等相关政策的，按照有关规定予以支持。

## 政策内容

1. 招才引智支持措施。

对在濮阳创业和进入濮阳重点企业［市、县（区）属国有企业除外］工作的院士、行业领军人物、重大专利发明人、世界 500 强、中国 500 强企业总裁级高管、企业高级管理人员（副总经理或相当层级以上职务的人员）和副高级以上专业技术人员、大学毕业生、高级技师、技师、高级技工等给予支持。

（1）对院士、行业领军人物、重大专利发明人、世界 500 强、中国 500 强企业总裁级高管来濮投资、居住生活的，奖励一套面积不超 160 平方米的住房，给予 10 万元购车补贴；其缴纳个人所得税地方留成部分，五年内 100% 奖励个人；承担科研课题的，给予每人每年最高 100 万元科研经费补贴。

（2）对企业高级管理人员和副高级以上专业技术人员，在濮阳工作满一年、与企业签订三年以上劳动合同、缴纳社会保险不少于半年，在濮阳市范围内购买首套商品住房的，一次性给予购房款 50%、总额不超 50 万元的补贴；租房居住的，每月给予 3500 元补贴；其缴纳个人所得税地方留成部分，五年内 100% 奖励个人。

（3）对普通全日制博士、硕士、本科毕业生，在濮阳落户且工作满一年、与企业签订三年以上劳动合同、缴纳社会保险不少于半年，在濮阳市范围内购买首套商品住房的，分别给予 30 万元、20 万元、10 万元购房补贴；签订一年以上劳动合同且缴纳社会保险不少于半年，租房居住的，每月分别给予 3500 元、2500 元和 2000 元的租房补贴，补贴时间不低于五年。

（4）对本市产业发展亟需的高级技师、技师、高级工，在濮阳落户且工作满一年、与企业签订三年以上劳动合同、缴纳社会保险不少于半年，在濮阳市范围内购买首套商品住房的，分别给予 10 万元、8 万元、5 万元购房补贴；签订一年以上劳动合同且缴纳社会保险不少于半年，租房居住的，每月分别给予 3000 元、2500 元、2000 元的租房补贴，补贴时间不低于五年。

（5）对新设立的外来投资企业和科研创新平台，其聘用的各类人才，参照上述规定，享受相应政策支持。

（6）鼓励企业建设科研创新平台，对新认定或引进的国家级、省级、市级工程（技术）研究中心、重点实验室、工程实验室、企业技术中心、科技孵化器等科研创新平台，分别给予 200 万元、100 万元、50 万元奖励。对从外地搬迁至濮阳的省级以上各类科研创新平台，给予搬迁费 30% 的补助和最高不超过 100 万元的开办费补贴。进入科研创新平台工作的各类人才，其缴纳个人所得税地方留成部分，五年内100%奖励个人。

2. 招商引资支持措施。

对引进符合本市"三大三专"产业（石油化工、装备制造、食品加工、现代家居、羽绒及制品、生物基新材料）、战略性新兴产业（节能环保产业、新一代信息技术产业、生物产业、高端装备制造业、新能源产业、新材料产业、新能源汽车产业）、现代服务业、总部经济等项目给予支持。

（7）新设立固定资产投资一亿元以上（含一亿元，本节同）且达到规定投资强度的制造业项目（或固定资产投资5000万元以上的战略性新兴产业、高新技术产业项目），亩均税收达到15万元以上的，按相当于土地实际出让总价款的30%给予奖励；三亿元以上的（或两亿元以上的战略性新兴产业、高新技术产业项目），按50%给予奖励；五亿元以上的（或三亿元以上的战略性新兴产业、高新技术产业项目），按80%给予奖励；10亿元以上的（或五亿元以上的战略性新兴产业、高新技术产业项目），按100%给予奖励。

（8）新设立固定资产投资一亿元以上且达到规定投资强度的制造业项目（或固定资产投资5000万元以上的战略性新兴产业、高新技术产业项目），亩均税收达到15万元以上的，自投产运营第一个完整年度起，三年内按其缴纳的增值税和企业所得税地方留成部分100%给予奖励；三亿元以上的（或两亿元以上的战略性新兴产业、高新技术产业项目），前三年按100%给予奖励，第四、第五年按50%给予奖励；五亿元以上的（或三亿元以上的战略性新兴产业、高新技术产业项目），实行"一事一议"。

（9）新设立固定资产投资5000万元以上且具有独立法人资格的现代物流、文化旅游项目，以及省级以上总部经济和新基建项目，自投产运营第一个完整年度起，三年内按其缴纳的增值税和企业所得税地方留成部分100%给予奖励；一亿元以上的，前三年按100%给予奖励，第四、第五年按50%给予奖励；三亿元以上的，实行"一事一议"。

（10）新设立不符合第（7）、第（8）条支持措施的产业项目投产运营后，年纳税在200万元以上的，前三年按其缴纳的增值税和企业所得税地方留成部分100%给予奖励；500万元以上的，前三年按100%给予奖励，第四、第五年按50%给予奖励。

（11）对固定资产投资2000万元以上、租用标准厂房的项目，前三年租金免缴，第四、第五年租金减半。享受优惠期间，标准厂房不得对外转租或改变用途。

（12）入驻楼宇的企业，年地方纳税额不超过200万元的，三年内每年按其缴纳的增值税和企业所得税地方留成部分20%给予奖励；200万—500万元的，三年内按每年40%给予奖励；500万元以上的，三年内按每年50%给予奖励。

（13）外商投资企业新设立或增资，或以并购方式参与我市企业改造重组，按当年实际到位外资金额的2%给予奖励，最高不超过500万元；对世界500强外商投资企业设立的制造业项目，按当年实际到位外资金额的3%给予奖励，最高不超过750万元。

（14）由市、县（区）国有公司出资，设立化工、装备制造、新材料、新能源、新基建等产业发展基金，支持项目引进，重点支持固定资产投资5000万元以上的战略性新兴产业、高新技术产业项目。对符合支持条件的项目，市、县（区）可视项目的产业类别、投资额度、财政贡献等实际情况，给予一定比例参股。对带动性强、贡献度高、成长性好的项目，市、县（区）可与社会资本合作，设立产业发展基金予以支持。

（15）市、县（区）两级财政增资政府性融资担保公司，为符合条件的中小微企业提供融资担保。各县（区）由财政资金作引导，相关企业信用共同体出资，设立过桥还贷专项资金，用于信用共同体企业还贷周转。市过桥资金管理委员会办公室为到期的银行贷款可提供不超过 1000 万元的资金周转。

（16）符合本措施支持范围的各类人才，协助引进或自主创办实体经济企业或科研创新平台，租用厂房（楼宇）的，三年内免缴租金；三年内按其缴纳的增值税和企业所得税地方留成部分 100% 给予奖励；有研发经费投入的，给予研发投入 30%、最高不超过 200 万元的奖励；实现科技成果转化的，根据其先进性程度，每项成果给予不超过 100 万元的奖励；符合支持条件的，优先给予产业基金支持。

3. 引荐者支持措施。

（17）支持中介机构参与招商。支持各县（区）及有关单位与商协会、招商专业机构、投资公司、咨询公司、会计师事务所等各类中介机构签订委托招商协议，参与濮阳市招商工作，可给予每年不超过 20 万元的工作经费。中介机构招引项目落地的，按项目实际到位固定资产投资额的 3‰给予奖励，单个项目最高奖励 200 万元。对引进世界 500 强企业、国内 500 强企业、国内民企 500 强企业的项目，分别再一次性给予 30 万元、20 万元、10 万元奖励。

（18）鼓励聘请顾问参与招商。鼓励各县（区）及有关单位聘请有影响力、有项目信息资源的企业家、专家及濮阳籍在外成功人士作为濮阳市招商顾问，可给予每年不超过 10 万元的活动经费。招商顾问招引项目落地的，按项目实际到位固定资产投资额的 3‰给予奖励，单个项目最高奖励 100 万元。对引进世界 500 强企业、国内 500 强企业、国内民企 500 强企业的项目，分别再一次性给予 10 万元、8 万元、5 万元奖励。公职人员以外的自然人引进项目的，按招商顾问标准予以奖励。

（19）激励公职人员参与双招双引。对新引进符合本措施支持范围、固定资产投资一亿元以上且达到开工条件的项目，或引进一名高层次人才的公职人员，年度考核优先评定为优秀等级，颁发奖励证书；新引进三亿元以上项目或三名高层次人才的，年度考核优先评定为优秀等次，颁发奖励证书，同时记三等功一次；新引进五亿元以上项目或五名高层次人才的，年度考核优先评定为优秀等级，颁发奖励证书，优先推荐为市级以上劳动模范。

（20）对引进符合本措施支持条件的院士、行业领军人物、世界 500 强、中国 500 强企业总裁级高管、重大专利发明人的引荐者（公职人员除外），分别给予 60 万元、30 万元、20 万元、15 万元奖励。

4. 人才和项目引进服务保障措施。

（21）各县（区）加强产业集聚区生活配套服务设施建设，满足人才入驻所必需的购物消费、文化娱乐、养生休闲等物质和精神需要。

（22）对院士、行业领军人物、世界 500 强、中国 500 强企业总裁级高管、重大专利发明人、企业高级管理人员和副高级以上专业技术人员，优先纳入党委联系服务专家范畴，优先纳入重点人才项目申报计划，优先给予职称评聘、表彰奖励，积极推荐为"两代表一委员"人选；其配偶有工作意向、符合就业条件的，协助安排相应工作；其子女需转学、入学幼儿园、小学、初中的，按照本人意愿,优先安排公办幼儿园、学校;市、县(区)重点医疗机构开设绿色通道,每年组织两次免费体检。

(23)对符合本措施支持范围的外来投资项目,在环境容量、用地等方面优先予以保障,由市、县(区)招商部门牵头负责、协调办理项目落地各项手续。

### 兑现程序

1. 申请。申请人或申请企业将相关申请材料报至属地县(区)招商主管部门。

2. 审核。招商主管部门牵头组织县(区)有关职能部门对申请进行评审,出具评审意见。

3. 公示。根据综合评审意见,面向社会公示。

4. 兑现。公示无异议后,报当地政府(管委会)研究,通过后由属地财政部门牵头根据政府(管委会)意见兑现政策。

市、区共同受益的,由受益财政分别兑现政策。各区先行兑现完毕本级政策后,由区招商主管部门将申请材料报市商务局。市商务局初审后报市政府研究,通过后由市财政局牵头根据市政府意见兑现政策。

## 三、支持科技研发平台建设八条措施

### 政策依据

中共濮阳市委办公室、濮阳市人民政府办公室《关于印发〈濮阳市支持科技研发平台建设八条措施〉的通知》(濮办〔2021〕18号)。

### 政策简介

濮阳市委、市政府为加快汇聚创新资源,激发创新活力动力,支持建设更高层次、更高质量、更多数量的科技研发平台,支撑濮阳传统产业转型升级、新兴产业发展壮大、未来产业加快布局,特制定支持科技研发平台建设八条措施。

### 适用范围

既符合本措施规定,也符合本市其他同类政策规定的,按照就高不就低、不重复的原则予以资金奖补。本措施有效期五年。

### 政策内容

1. 支持建设公共科技研发平台。

由市政府倡导、企业主导组建的公共科技研发平台,市产业发展基金可根据濮阳市政府投资基金管理办法,采用股权投资等市场化方式,支持公共科技研发平台建设。由县(区)政府和开发区、工业园区、示范区管委会倡导,企业主导组建的公共科技研发平台,经市政府同意后,市产业发展基金可按县(区)支持资金1:1的比例,采取股权投资等市场化方式,支持该公共科技研发平台建设。对促进濮阳市经济社会发展具有特别重大意义的公共科技研发平台,可实行一事一议。

2. 建设一批高水平科技研发平台。

(1)新认定或引进的国家科技创新基地(国家实验室、国家重点实验室、国家工程技术研究中心、国家技术创新中心、国家临床医学研究中心),市财政与受益县(区)财政分别给予一次性500万元奖补。

（2）新认定或引进的省实验室、省技术创新中心、省产业研究院、省产业技术研究院、省中试基地，市财政与受益县（区）财政分别给予一次性300万元奖补。

（3）新认定或引进的省级新型研发机构、省临床医学研究中心、省重点实验室、省工程技术研究中心、省国际联合实验室、院士工作站（院士服务站）、中原学者工作站，由受益财政给予一次性100万元奖补。

（4）新认定的市实验室、市级新型研发机构、市产业研究院、市产业技术研究院、市临床医学研究中心、市重点实验室、市工程技术研究中心、市国际联合实验室、市中试基地，由受益财政给予一次性50万元奖补。

3. 支持科技研发平台加大研发投入。

新认定的省级以上（含省级）科技研发平台，受益财政根据其上年度非财政经费投入研发费用的10%给予奖补，最高不超过100万元。同时符合《河南省财政厅 河南省科学技术厅 河南省发展和改革委员会 国家税务总局河南省税务局 河南省统计局关于印发〈河南省企业研究开发财政补助实施方案〉的通知》（豫财科〔2020〕30号）补助条件的，按照就高不就低、不重复的原则予以补助。实现科技成果转化的，受益财政根据科技成果的先进程度，每项成果给予不超过100万元的奖励。

4. 保障科技研发平台用地。

具有独立法人资格的科技研发平台使用建设用地的，在年度用地计划指标中优先安排。符合《划拨用地目录》（国土资源部令第9号）的，可以划拨供应。在符合控制性详细规划的前提下，科技研发平台确需建设配套相关设施的，可兼容科技服务设施及生活性服务设施，兼容设施建筑面积比例不得超过项目总建筑面积的20%，兼容用途的土地、房产不得分割转让，出让兼容用途的土地按主用途确定供应方式。在开发区皇甫片区建设科研平台的，与科研用地配套招拍挂不多于40亩商住用地。

5. 促进科技研发平台开放发展。

科技研发平台进口国内不能生产或者性能不能满足需要的科学研究和科技开发仪器设备，纳入全市科研设施和仪器共享服务平台，未能享受进口税收优惠的，受益财政根据科技研发平台上年度进口科学研究和科技开发仪器设备的纳税额，给予50%的补贴，最高不超过500万元。

6. 支持科技研发平台申请科技贷款。

科技研发平台以"科技贷"和"科技保"方式申请贷款的，由受益财政按人民银行授权全国银行间同业拆借中心计算并公布的同期同档次贷款市场报价利率（LPR）的30%给予贷款贴息补助，最高不超过50万元。科技研发平台申请专利权质押贷款的，在获得省专利权质押贷款贴息基础上，由受益财政给予省贴息额50%的配套补助，最高不超过50万元。

7. 支持引进和培育高层次人才。

科技研发平台每引进培育一名国家创新人才和中原英才，且服务期限不少于三年的，由受益财政分别给予用人单位50万元和25万元的资金补助。科技研发平台聘请的年工资薪金个人所得税在五万元（含）以上的各类人才，由受益财政每年按其个人缴纳所得税地方留成部分的50%予以奖励。

8. 加强科技成果收益对科研人员的长期激励。

科技研发平台可将职务科技成果转让收益用于奖励成果完成人和为成果转化做出重要贡献的其他人员，比例不低于70%、最高可达100%。事前有规定或约定的，按规定或约定执行。以股权或者出资比例的形式给予个人奖励时，满足相关税收优惠政策条件的，获奖人可暂不缴纳个人所得税；取得按股份、出资比例分红或者转让股权、出资比例所得时，依法缴纳个人所得税。

## 四、深化改革集聚人才推动创新发展

### 政策依据

《关于深化人才发展体制机制改革进一步集聚人才推动创新发展的实施意见》（濮发〔2018〕9号）;《关于印发〈濮阳市高层次人才认定和支持办法〉的通知》（濮人才〔2019〕7号）。

### 政策简介

为构建科学规范、开放包容、运行高效的人才发展治理体系，形成具有濮阳特色和竞争力的人才制度优势，濮阳市出台了《关于深化人才发展体制机制改革进一步集聚人才推进创新发展的实施意见》（本节简称《实施意见》）。《实施意见》聚焦经济社会发展重大需求、产业企业做强做优现实需要、人才创新创业突出问题，着力破除束缚人才发展的思想观念和体制机制障碍，在人才引进机制、培养机制、激励保障机制、管理体制等方面精准切入、大胆创新，明确提出二十条具体举措，为全市人才改革事项绘制了时间表和路线图，旨在最大限度地激发人才活力，为推动濮阳转型升级、创新发展集聚天下英才。

### 政策内容

1. 着力"盘活"人才引进机制。坚持"高精尖缺"与"务实管用"并重，围绕我市主导产业、重点项目和民生领域需求，实施四大引才行动。实施顶尖团队领航行动，力争用三年时间，精准引进10名左右顶尖人才及团队，引进50名高层次创新型科技人才及团队。实施百名专家汇智行动，通过兼职挂职、项目合作、周末工程师等形式，每年引进100名左右高端急需紧缺人才。实施千名英才反哺行动，每年招引千名英才带技术、带项目、带资金回乡投资创业、支援建设。实施万名学子筑梦行动，对在濮就业创业的高校毕业生实行零门槛落户、低成本安居、全方位服务。

2. 着力"用活"人才培养机制。实施四大人才培养计划，做大做强现有人才总量。实施创新型科技人才引领计划，启动市级重大科技人才培养工程，用三年左右时间，培养支持50名市级杰出人才、领军人才，建设10支创新型科技团队。实施高技能人才振兴计划，组织开展"濮阳大工匠""濮阳市技术能手"评选，每年资助五家新建市级专项公共实训基地，评选五家高技能人才培养示范基地和10个市级技能大师工作室。实施优秀企业家提升计划，组建创业导师团开展咨询指导，开展功勋民营企业家评选活动。实施青年人才成长计划，在重大科技项目和其他各类人才工程申报中设立青年专项，促进青年优秀人才脱颖而出。

3. 着力"激活"人才激励保障机制。鼓励人才转化科技成果，提高高校和科研院所科研人员成果转化收益比例，科研团队所得不低于70%；支持企事业单位专业技术人员兼职从事科技成果转化、技术攻关、技术服务、技术咨询等活动；对在基层一线和贫困地区工作的专业技术人才，在评聘职称时侧重考察其工作实绩。

4. 着力"放活"人才管理体制。保障和落实用人单位自主权，建立编制管理与引进人才相适应的运行机制，设立专项周转人才编制，鼓励和支持引进高层次、高学历人才和急需紧缺人才。深化人才分类评价和职称制度改革，探索建立人才分类评价机制，积极推动符合条件的单位按照结构比例和岗位要求实行自主评审。

## 人才认定

1. 认定范围。在濮工作、来濮自主创业、本市全职或柔性引进的，具有较高学术造诣、较大社会影响力、较强创新创业能力的，符合《濮阳市引进培养高层次人才（团队）创新创业若干规定（试行）》（濮发〔2015〕23号）规定的A、B、C、D类标准的优秀人才。

国家公务员及参照公务员法管理的事业单位工作人员不列入认定对象范围。根据本市产业发展和人才需求状况，以上标准可适时调整并实行动态发布。

2. 认定程序。市委组织部（市人才办）负责高层次人才认定工作的宏观指导和统筹协调，市人力资源和社会保障局负责组织实施。认定工作每年开展一次，遇有重大引进计划、急需人才可及时认定。具体流程包括：①提出申请；②初审认定；③复核公示；④颁证备案。

## 支持办法

经认定的高层次人才按"就高从优不重复"原则，享受相应支持政策和待遇。

1. 创新创业财政扶持。对来我市创办高新技术企业，且其项目具有自主知识产权或技术成果达到国内外先进水平或填补国内空白，具有较高科技含量、良好市场潜力和产业化条件的，由受益财政给予创业启动资金30万—150万元。对从事符合我市重点发展领域的科研与技术开发项目，并由高层次人才控股或拥有不低于30%股权的企业，由受益财政给予30万—50万元的科技开发启动资金。

2. 创业信贷融资扶持。充分利用产业投资基金、企业过桥还贷资金、企业助保金贷款、企业信贷风险补偿资金等融资扶持资金，对引进培育人才项目优先提供金融支持。根据创业项目进展，对符合条件的，优先提供或使用最高400万元的创业担保贷款，并按规定给予担保及贴息资助。对获风险投资的人才创业企业，可给予不超过投资额50%、最高500万元的政策性创业担保贷款。

3. 税收优惠。高层次人才领办的高新技术企业，减按15%的税率征收企业所得税。符合税法规定的，一个纳税年度内，企业技术转让所得不超过500万元的部分免征企业所得税，超过500元万元的部分减半征收企业所得税。对引进到我市工作的各类人才，取得符合国家规定的津贴、补贴、奖金及其他规定费用免征个人所得税。

4. 奖励补贴。新全职引进的A类人才，发放安家补贴和工作补贴实行一人一策、特事特办。新全职引进的B类人才，给予40万元安家费，提供不低于20万元的科研启动经费，每年给予一万元岗位津贴、5000元差旅费。新全职引进且认定为急需紧缺的C、D类人才，给予不低于15万元安家费，提供5万—10万元的科研启动经费，给予一次性综合补助两万元。所需资金按照引进高层次人才企事业单位的隶属关系，由受益财政和用人单位各承担50%。

5. 编制使用和聘用方式。高层次人才全职到事业单位工作的，用人单位空编的按有关规定直接办理用编和聘用手续，用人单位没有空编的按有关规定使用专项人才周转编制，办理聘用手续。对全职在企业工作的高层次人才，根据单位需求和本人意愿进入事业单位的，编制使用和聘用手续按上述事业单位全职引进高层次人才办法办理。愿意进入企业人才服务团工作并遵守相关规定的，纳入企业人才服务团管理，享受相应政策和待遇。

6. 子女入学和配偶就业。高层次人才子女入学、转学优先安排。申请入读幼儿园的，按照相对就近原则安排入公办幼儿园或普惠性民办幼儿园；申请入读小学、初中的，按照本人意愿，优先安排公办学校；申请就读普通高中的，应参加濮阳市统一组织的普通高中招生考试。在外市就读中小学的高层次人才子女，申请转学到濮阳市的，在学位许可的情况下，按照本人意愿协调安排相应公办学校就读，并办理转学手续。其配偶有工作意向，符合就业条件的，由相关部门负责协调安排工作，或通过市场化运作、政府购买服务等方式帮助解决就业。

7. 安居保障。新全职引进的 A 类人才给予最高 300 平方米的免租住房，在濮工作满 10 年且贡献突出的无偿获赠免租住房，其他高层次人才优先安排入住人才公寓。鼓励支持高校、医院、科研院所和企业利用自有用地建设人才周转公寓，为高层次人才提供安居保障。濮阳市属医疗单位为定点医疗机构，为高层次人才提供医疗保健绿色通道服务。高层次人才本人及其配偶、未婚子女，可按有关规定参加相关社会保险，其在校就读的子女按规定参加城乡居民社会保险，缴纳相应社会保险费后，享受相应待遇。对引进的高层次人才办理社保转移接续手续提供便利化服务。高层次人才本人及配偶、子女、父母等直系亲属可在本人经常居住地选择落户。

## 五、促进科技成果转化实施

### 政策依据

《濮阳市人民政府办公室关于印发濮阳市促进科技成果转化实施办法和濮阳市重大科技项目揭榜挂帅暂行办法的通知》（濮政办〔2021〕42 号）。

### 政策简介

为深入实施创新驱动发展战略，促进科技成果转化，推进濮阳市经济高质量发展，根据《中华人民共和国促进科技成果转化法》《河南省促进科技成果转化条例》《河南省人民政府关于印发河南省技术转移体系建设实施方案的通知》（豫政〔2019〕8 号）和《中共河南省委办公厅 河南省人民政府办公厅关于实行以增加知识产权价值为导向分配政策的实施意见》（厅文〔2017〕36 号）文件精神，结合我市实际，制定我市科技成果转化专项政策，推动科技成果转化与技术转移体系建设，提升科技创新能力，促进经济社会高质量发展，加快"创新濮阳"建设，制定本实施办法。

### 适用范围

高校、科研院所聘用在专业技术岗位上的科研人员。开展科技成果研发、转化，以及与此有关创业活动的其他事业单位科研人员也可以提出申请。

### 政策内容

重点在职务科技成果赋权改革、激励事业单位科研人员创新创业、科技成果收益分配、科技成果交易、转移转化载体建设等领域发力，调动科研人员成果转化的积极性。

1. 关于职务科技成果赋权改革，明确了"三赋权"。在明确职务科技成果所有权属于单位的前提下，赋予科研人员职务科技成果所有权，赋予科研人员不低于 10 年的职务科技成果使用权，赋予单位管理科技成果自主权。

2. 关于激励事业单位科研人员创新创业。支持和鼓励科研人员离岗创办企业，支持和鼓励事业单位科研人员兼职创新、在职创办企业，支持和鼓励事业单位选派科研人员到企业工作或者参与项目合作。

3. 关于科技成果利益分配。将职务科技成果转化净收入用于奖励成果完成人和为成果转化做出重要贡献的其他科研人员，奖励比例不低于 70%，最高100%。以作价投资实施转化形成的股份或出资比例，其成果完成人或团队可按不低于 70% 的比例取得，其中主要完成人占比可不低于奖励总额的 60%。

4. 关于鼓励科技成果优先在市内转化。市内高校和科研机构将其科技成果在市内转移转化的，受益财政按其上年度技术合同成交额给予一次性 10% 的后补助，每家单位每年不超过 50 万元。

5. 关于鼓励企业转移转化市外科技成果。企业购买市外科技成果并在濮阳转化、产业化的，受益财政按其上年度技术合同成交额一次性给予 5% 的后补助，每家企业每年最高不超过 50 万元。

6. 关于扶持科技成果转移转化机构发展。市外高校和科研机构在濮阳设立独立法人资格的科技成果转移转化机构并开展实质性技术转移工作的，由受益财政一次性给予开办费用 30% 且最高不超过 50 万元的经费支持。新认定的国家级、省级和市级技术转移示范机构，由受益财政分别给予 100 万元、50 万元和 30 万元奖补。对于促成科技成果在市内转移转化的市级以上技术转移示范机构，受益财政按其上年度技术合同成交额一次性给予 2% 的后补助，每家机构每年最高不超过 50 万元。

7. 关于国家和省科学技术奖获奖项目配套奖励。市域内单位作为第一完成单位获国家、省科学技术奖的项目，受益财政分别按国家奖励额的三倍、省奖励额的两倍给予配套奖励。市域内单位作为参与完成单位获国家、省科学技术奖的项目，受益财政分别按国家奖励额的一倍、省奖励额的一半给予配套奖励。奖励资金用于奖励获奖团队（资金分配办法由团队协商确定）。

8. 本办法涉及的各类奖励支持资金，由受益财政负责兑现，有效期五年。

## 六、重大科技项目"揭榜挂帅"

### 政策依据

《濮阳市人民政府办公室关于印发濮阳市促进科技成果转化实施办法和濮阳市重大科技项目揭榜挂帅暂行办法的通知》（濮政办〔2021〕42 号）。

### 政策简介

科技项目"揭榜挂帅"是一种科技重大项目组织管理方式，通过征集需求、论证遴选、对接揭榜等方式，组织调动全社会力量开展产业领域共性关键核心技术攻关，突破发展瓶颈。为扎实推进重大科技项目实行"揭榜挂帅"，加快突破制约产业发展的"卡脖子"核心技术和关键共性技术，形成充满活力的科技创新投入管理运行机制，制定本办法。"揭榜挂帅"项目纳入《濮阳市科技计划项目全过程管理办法》进行管理。"揭榜挂帅"项目管理遵循公开公正、竞争择优、诚实信用的原则。市科技局统筹全市经济社会发展重大需求，按照"成熟一个、发布一个"的原则有序推进。市科技局、市财政局负责"揭榜挂帅"项目征集、遴选立项、张榜发布和绩效管理等工作，自觉接受社会监督。

### 适用范围

市政府设立重大科技项目"揭榜挂帅"专项资金，列入财政预算，用于支持非省财政直管县的各县（区）重大科技项目。鼓励省财政直管县政府参照设立科技"揭榜挂帅"项目专项资金。

### 支持方向

"揭榜挂帅"项目主要聚焦解决本市化工、装备制造、食品加工等"三大"主导产业，现代家居、生物降解材料、羽绒制品等"三专"产业和新材料、新能源、节能环保、新一代信息技术等"四新"战略性新兴产业领域的"卡脖子"核心技术和关键共性技术。以产业重大共性关键技术突破和重大创新产品研发为重点，支持实施若干在行业领域具有重大影响力的引领性、系统集成性和产业链协同创新项目，加快推动关键核心技术、现代工程技术和颠覆性技术取得突破，支撑濮阳市产业高质量发展。

### 支持政策

1. "揭榜挂帅"项目注重财政补助资金的引导作用，以企业自筹和吸引社会资本投入为主。单个"揭榜挂帅"项目合同总额不低于500万元，项目实施周期一般不超过三年。市财政按"揭榜挂帅"项目合同总额的30%核定财政补助资金。"三大三专"产业单个项目资金支持最高不超过400万元，"四新"产业单个项目资金支持最高不超过500万元。

2. "揭榜挂帅"项目每年总数原则上不超过五个。由市内企业提出技术难题或重大需求，经市科技局张榜后，凡符合条件的市内外高校、科研机构、科技型企业、具有独立法人资格的各类创新平台或其他组织及其联合体均可揭榜，达成协议，开展攻关，获得相应资金支持。

3. "揭榜挂帅"项目包括发榜方和揭榜方。同一项目发榜方不能作为揭榜方或其合作单位进行揭榜。

### 申报条件

1. "揭榜挂帅"项目发榜方应具备以下条件。

发榜方是市内提出技术需求的单位，主要是有技术难题或重大需求的具有独立法人资格的企业，须符合下列条件。

（1）须承诺并有能力保障揭榜项目科研投入，且能够为项目实施提供支持和配套条件，在项目研发攻关成功后能首先在本企业推动应用。

（2）应具备良好的社会信用，近三年内无不良信用记录或重大违法行为。

（3）需求内容应聚焦企业、产业发展"卡脖子"的前沿技术、关键核心技术、关键零部件、重要材料及工艺等，通过项目实施能显著提升企业核心竞争力，带动全市、全省乃至国家相关产业技术水平提升。

（4）应明确项目指标参数、时限要求、产权归属、资金投入及其他对揭榜方的条件要求等需求内容。

2."揭榜挂帅"项目揭榜方应具备以下条件。

揭榜方主要为市内外具有研发能力的高校、科研机构、科技型企业、具有独立法人资格的各类创新平台或其他组织、创新人才团队，须满足下列条件。

（1）有较强的研发实力、必备的科研条件和稳定的人员队伍，有能力完成揭榜任务。

（2）具有良好的科研道德和社会诚信，近三年内无不良信用记录。

（3）能对发榜项目需求提出攻克关键核心技术的可行方案，掌握自主知识产权。

（4）优先支持具有良好科研业绩的单位和团队，鼓励产学研合作揭榜攻关。

两个或两个以上组织可以组成一个联合体进行揭榜，其中至少有一个为法人单位并具备本条所列上述条件。

### 工作流程

1. 需求征集。市科技局会同市财政局通过自上而下、自下而上相结合或"定向研发、定向转化、定向服务"等方式，面向社会公开征集技术攻关需求。需求内容应明确拟解决的主要技术问题、核心指标、时限要求、产权归属、资金投入及揭榜方需具备的条件等。

2. 论证遴选。市科技局会同市财政局组织行业专家对项目需求进行论证筛选，必要时组织专家进行实地考察，重点遴选出影响力大、带动性强、应用面广的关键核心技术，报市科技创新委员会审定后向社会张榜发布。

3. 揭榜评审。市科技局会同市财政局组织省内外行业专家组成评审委员会，对所有揭榜方的资质条件、揭榜方案可行性、发榜方满意度等进行论证，并根据评审委员会专家论证意见，择优确定拟中榜项目名单进行公示。公示无异议的项目，由发榜方、揭榜方、市科技局共同签订技术合同，明确各自职责，由市科技局及时发布揭榜公告。

4. 资金拨付。市科技局会同市财政局核实"揭榜挂帅"项目科技总投入和技术合同后，给予发榜方财政补助资金。财政补助资金分两期拨付，项目立项程序完成后拨付补助资金的50%，其余50%的补助资金在项目通过验收或绩效评价后拨付。在首期财政补助资金拨付之前，发榜方支付揭榜方的资金，原则上不低于项目合同总额的20%。发榜方的资金拨付凭据作为财政补助资金拨付的凭证。

5. 项目管理。市科技局会同市财政局对"揭榜挂帅"项目目标进展、阶段任务、资金使用等情况组织开展评估工作。对实施周期两年以下的项目以揭榜方自我管理为主，一般不开展过程检查。项目完成后，市科技局会同市财政局对项目组织验收。

### 项目监管

1. 发榜方和揭榜方要按照国家法律法规和政策规定，在技术合同中明确约定知识产权的归属和分配，避免产生知识产权纠纷。

2. 揭榜方已按技术合同内容开展技术攻关工作，但因不可抗力原因导致项目任务无法按期按质完成的，委托第三方出具审计报告并经市科技局、市财政局审核同意后，可以延期实施或终止项目；项目终止的，收回已拨付的剩余财政补助资金。

3. 因发榜方或揭榜方主观原因造成项目终止的，市科技局、市财政局（或委托第三方）组织技术、财务、法律等方面专家进行审查论证，形成论证结论，明确相关责任，收回已拨付的财政补助资金。

4. 对故意串通作假等行为，将严肃追究责任。对科研不端行为零容忍。对存在失信行为的创新主体，在科研项目申报、财政资金支持、获得相关奖励等方面依据相关规定予以限制。

## 七、中小微企业贷款风险补偿资金

### 政策依据

《濮阳市人民政府办公室关于印发〈濮阳市中小微企业贷款风险补偿资金管理办法（试行）〉的通知》（濮政办〔2020〕35号）。

### 政策简介

为充分发挥地方财政资金的放大效应和导向作用，建立政银担风险共担机制，鼓励银行业金融机构加大对中小微企业的信贷支持力度，强化政府性融资担保机构杠杆撬动作用，切实缓解中小微企业融资困难，制定并出台《濮阳市中小微企业贷款风险补偿资金管理办法（试行）》。

### 适用范围

在本市华龙区、开发区、工业园区、示范区依法设立依法纳税的生产型、科技型和从事现代服务业，具有独立法人资格且注册为濮阳市智慧金融平台用户或列入濮阳市"百千万"行动名录库，同时符合工信部联企业〔2011〕300号和国统字〔2017〕213号文件规定标准划分中小微企业。市属各县政府参照本办法设立中小微企业贷款风险补偿资金，用于支持中小微企业发展。

### 政策内容

1. 中小微企业贷款风险补偿资金（本节简称风险补偿资金）是鼓励和促进银行业金融机构与政府性融资担保公司合作，从而增加对本市中小微企业贷款的政府引导性专项资金。风险补偿资金的使用应当符合国家法律法规、经济政策、产业政策、区域发展政策和信贷政策，坚持公开、公平、公正原则，确保风险补偿资金规范、安全和高效使用。

2. 风险补偿资金的用途来源和补偿对象。

3. 风险补偿资金用于弥补银行业金融机构发放贷款和市本级政府性融资担保机构担保中小微企业贷款的部分损失。

4. 市财政原则上每年按照市本级银行业金融机构及政府性融资担保机构上年缴纳的税款地方留成部分总和的20%比例提取安排风险补偿专项资金。

5. 风险补偿资金的补偿对象为市城区上年度新增中小微企业贷款的银行业金融机构和政府性融资担保机构。

### 补偿标准

对于银行业金融机构发放的同时符合以下条件的当期新增中小微企业不良贷款，市级风险补偿资金可给予损失补偿。

1. 贷款利率上浮比例不超过人民银行公布的当期贷款市场报价利率（LPR）

的 50%。

2. 单个银行单户企业贷款损失余额不超过 1000 万元。

3. 贷款必须用于本企业生产经营，不得用于转贷、委托贷款以及参与民间借贷和投资资本市场。

4. 银行业金融机构按自身风险防控程序独立审核和发放的贷款。

银行业金融机构发放信用贷款的，只给予银行机构补偿；银行机构与政府性融资担保机构实行风险共担的，按风险分担比例分别给予补偿；政府性融资担保机构独自承担风险的，只给予政府性融资担保机构补偿。各银行及政府性担保机构补偿最高金额为其因中小微贷款损失金额。

### 审核认定

1. 风险补偿资金的审核认定工作由市金融工作局、人行濮阳市中心支行、濮阳银保监分局、市财政局共同组成的考核小组负责。

2. 风险补偿资金审核认定工作原则上每年开展两次，每次使用资金不超过当年风险补偿资金的 50%。各银行业金融机构和政府性融资担保机构每年 7 月统计汇总上半年符合条件的中小微企业贷款（担保）损失（代偿）情况，向市金融工作局提出市风险补偿资金补助申请；次年 2 月，汇总上年全年中小微企业贷款情况，向市金融工作局提出市风险补偿资金清算补助申请。

3. 市金融工作局会同人行濮阳市中心支行、濮阳银保监分局、市财政局对银行业金融机构和政府性融资担保机构提供的资料及相应条件进行审核，并由市金融工作局编制完成年度风险补偿资金审核报告、出具核定意见书，列明当年风险补偿资金的实际拨付对象和金额。

4. 年度风险补偿资金审核报告经市政府批准后，由市财政局按照核定的各银行业金融机构和政府性融资担保机构风险补偿金额，将资金直接划转到银行业金融机构和政府性融资担保机构设立的专用账户。各银行业金融机构可直接将补偿资金用于冲抵贷款本金损失，各政府性融资担保机构可直接将补偿资金用于弥补资本金损失。

### 资金拨付

1. 市财政局自收到市政府批准的风险补偿资金审核报告及市金融工作局出具的核定意见书之日起 15 个工作日内，按照核定意见书中认定的各银行业金融机构和政府性融资担保机构风险补偿总额，将资金分别划转至各银行业金融机构和政府性融资担保机构。

2. 对已补偿的不良贷款或核销的呆账，银行业金融机构和政府性融资担保机构应继续追偿，并对贷款表外应收利息以及核销后应计利息等负责继续催收。

## 八、科技领域市县（区）财政事权责任改革

### 政策依据

《濮阳市财政局关于印发〈科技领域市与县（区）财政事权和支出责任划分改革方案〉的通知》（濮财科文〔2021〕6 号）。

## 政策简介

为全面贯彻落实党的十九大精神，推动创新驱动发展战略实施，按照中央、省、市决策部署，根据《河南省财政厅关于印发科技领域省与市县财政事权和支出责任划分改革方案的通知》（豫财科〔2020〕2号）有关精神，结合我市实际，制定科技领域市与县（市、区）财政事权和支出责任划分改革方案。

## 指导原则

1. 指导思想。按照《河南省科技领域省与市县财政事权和支出责任划分改革方案》文件精神，立足濮阳市实际，坚持问题导向，逐步形成权责清晰、财力协调、区域均衡的市与县（区）科技领域财政事权和支出责任划分模式，提高科技资源配置效率，强化公共科技供给，为经济社会高质量发展提供有力支撑。

2. 基本原则。①科学厘清政府与市场边界。更好发挥政府作用，政府投入重点支持市场不能有效配置资源的基础前沿、社会公益、重大共性关键技术研究等公共科技活动。②合理划分市与县（区）权责。市级财政侧重支持关系经济社会发展的重大科技需求、重大共性关键性技术研究等。同时发挥转移支付的作用，充分调动县（区）积极性和主动性。县（区）财政侧重支持关系县（区）产业发展的技术开发和转化应用，构建各具特色的区域创新发展格局。③统筹推进当前与长远改革。

## 主要内容

根据《河南省科技领域省与市县财政事权和支出责任划分改革方案》精神，按照深化科技体制改革总体要求和科技工作特点，将科技领域财政事权和支出责任划分为科技研发、科技创新基地建设发展、科技人才队伍建设、科技成果转移转化、区域创新体系建设、科学技术普及、科研机构改革和发展建设等方面。

1. 科技研发。

利用地方财政性资金设立的基础研究、应用研究和技术研究与开发、社会科学研究等方面的科技计划（专项、基金等），确认为市与县（区）共同财政事权，由市级财政和县（区）财政区分不同情况承担相应的支出责任。

（1）基础研究。市、县（区）结合本地经济社会发展实际和基础研究区域布局，自主设立的科技计划（专项、基金等），由市、县（区）财政分别承担支出责任。

（2）应用研究和技术研究开发。对聚焦全市经济社会发展的重大关键共性技术等研发活动，事关全市经济社会发展的社会公益性研究，以及事关产业核心竞争力、整体自主创新能力的重点研发类项目，由市财政承担主要支出责任，通过市级科技研发专项予以支持。县（区）财政根据相关科研任务部署，结合本地实际承担相应的支出责任。同时，县（区）根据相关规划等自主设立的应用研究和技术研究开发方面的科技计划（专项、基金等），由县（区）财政承担支出责任。

2. 科技创新基地建设发展。

对围绕国家目标，根据科学前沿发展、国家战略需求以及产业创新发展需要建设的国家实验室等国家科技创新基地建设发展，财政负担资金由中央财政承担主要支出责任。对地方科技创新基地建设发展的补助，确认为省与市、县（区）共同财政事权，由省、市、县（区）财政区分不同情况承担相应的支出责任。对结合河南实际设立的省级重点实验室等省级科技创新基地建设发展，由省级财政承担主要支出责任；市、县（区）财政根据相关建设发展规划等，结合本地实际承担相应的支出责任。对着眼全市科技创新基地建设发展的补助，财政负担资金由市级财政承担主要支出责任。县（区）根据本地相关规划等自主建设的科技创新基地，由县（区）财政承担主要支出责任，省、市级财政可结合工作实际通过转移支付统筹给予支持。

3. 科技人才队伍建设。

中央实施的涉及科技人才引进、培养支持的人才专项，确认为中央财政事权，由中央财政承担支出责任。围绕建设高层次科技人才队伍，根据相关规划等统一组织实施的地方科技人才专项，确认为省或市县（区）财政事权，由同级财政承担支出责任。其中，省级实施的涉及科技人才引进、培养支持的人才专项，确认为省级财政事权，由省级财政承担支出责任；市级实施的涉及全市性科技人才引进、培育等科技人才队伍建设，市级财政承担支出责任；县（区）自主实施的科技人才引进、培养支持等人才专项，由县（区）财政各自承担支出责任。

4. 科技成果转移转化。

中央财政主要通过发挥相关国家级基金的引导和杠杆作用，促进关系国计民生和产业发展的科技成果转移转化和资本化、产业化。对地方通过风险补偿、后补助、创投引导等财政投入方式支持的科技成果转移转化，确认为省与市县（区）共同财政事权，由省级财政和市县（区）财政区分不同情况承担相应的支出责任。其中，省级财政充分发挥相关资金、基金的引导和杠杆作用，运用市场机制，吸引社会资本投入，促进关系河南经济社会发展的科技成果转移转化和资本化、产业化；市级财政充分发挥相关资金作用，促进关系濮阳市经济社会发展的科技成果转移转化和应用推广，财政负担资金主要由市级财政负担；县（区）财政结合本地实际，通过自主方式引导社会资本加大投入，鼓励企业加大研发投入和开展其他科技活动，支持区域重点产业等科技成果转移转化和应用推广，由县（区）财政承担主要支出责任，省级、市级财政可结合工作实际通过转移支付统筹给予引导支持。

5. 区域创新体系建设。

对推进区域创新体系建设财政负担资金，确认为省与市、县（区）共同财政事权，由省级财政和市、县（区）财政区分不同情况承担相应的支出责任。对国家自主创新示范区等重大区域创新体系建设，财政负担资金由中央、省、市、县（区）财政承担相应支出责任。市、县（区）根据本地相关规划等自主开展的区域创新体系建设，由市、县（区）财政承担支出责任。

6. 科学技术普及。

对中央层面开展科普工作的保障，由中央财政承担主要支出责任。对地方普及科学技术知识、倡导科学方法、传播科学思想、弘扬科学精神、提高全民科学素质等工作的保障，确认为省与市县（区）共同财政事权，由省级财政和市县（区）财政区分不同情况承担相应的支出责任。对省级层面开展科普工作的保障，由省级财政承担主要支出责任；对市、县（区）层面开展科普工作的保障，分别由市、县（区）财政承担主要支出责任，中央和省级财政可结合工作实际通过转移支付统筹给予支持。

7. 地方科研机构改革和发展建设。

对利用财政性资金设立的科研机构改革和发展建设方面的补助，按照隶属关系，由同级财政承担支出责任。

8. 科技领域的其他未列事项。

市级基本建设支出，按照国家和省市有关规定执行，主要分为市级财政事权或市与县（区）共同财政事权事项。国际科技交流与合作、科技管理与服务，高校、企业和其他社会力量设立的科学技术研究开发机构，按照现行管理体制和经费渠道保障或支持。对中央和省财政支持用于地方发展的应用研究和技术研究开发、科技创新基地建设发展等项目，以及承担地方委托业务的中央和省级科研机构等，由省与市、县（区）财政根据相关部署承担相应的支出责任。其他未列事项，按照改革的总体要求和事项特点，具体确定财政事权和支出责任。

社会科学研究领域，对围绕关系河南省经济社会发展全局的重大理论和现实问题、哲学社会科学创新体系建设的重大基础理论问题开展的研究，以及推动中原高端智库建设等事项，由省级财政承担主要支出责任，充分发挥社科规划基金等相关资金、基金作用；根据研究任务部署和本地实际，市、县（区）财政承担相应的支出责任。市、县（区）结合本地实际，根据相关规划等自主设立社会科学研究方面的专项（基金等），由市、县（区）财政承担支出责任。

## 配套措施

1. 切实加强组织领导。科技领域财政事权和支出责任划分，是推进市与县（区）财政事权和支出责任划分改革、加快建立现代财政制度的重要内容。县（区）和有关部门要树牢"四个意识"，坚定"四个自信"，坚决做到"两个维护"，加强组织领导，精心组织实施，切实履行职责，密切协调配合，确保改革工作有序推进。

2. 着力强化财力保障。各县（区）有关部门要始终坚持把科技作为支出重点领域，按照本方案确定的财政事权和支出责任做好预算安排，持续加大投入力度，确保财政科技投入只增不减，加大基础研究等公共科技活动支持力度，完善稳定支持和竞争性支持相协调的投入机制，推动科学研究、人才培养与基地建设全面发展。

3. 全面实施绩效管理。按照全面实施预算绩效管理的要求，紧密结合科技工作特点，加快建立健全科技领域预算绩效管理机制，强化绩效评价结果应用，着力提高财政科技资金配置效率和使用效益，加强绩效管理监督问责和工作考核，提高科技领域预算管理水平和政策实施效果。

4. 协同深化相关改革。各县（区）、各有关部门要按照中央、省、市决策部署，进一步深化科技计划管理改革，使之更加符合科技创新规律，更加高效配置科技资源，更加强化科技与经济社会紧密结合。按照推进"放管服"改革的要求，不断深化科研经费管理改革，让经费更好地为人类创造性活动服务。探索赋予科研人员科技成果所有权或长期使用权，调动科研人员的积极性和创造性。

5. 抓紧修订完善制度。各有关部门要根据本方案有关要求，在全面系统梳理的基础上，抓紧修订完善相关管理制度。今后在制定或修订相关地方性法规、规章时，要推动将科技领域市与县（区）财政事权和支出责任划分的基本规范予以体现，加强法治化、规范化建设。

## 九、科研设施和仪器开放共享

### 政策依据

濮阳市科技局、濮阳市财政局《关于印发〈濮阳市科研设施和仪器向社会开放共享管理办法〉的通知》（濮科〔2021〕32号）。

### 政策简介

为进一步提高科学设施和仪器设备使用效益，规范和加快全市科研设施和仪器面向社会开放共享，根据《河南省人民政府关于促进重大科研基础设施和大型科研仪器向社会开放的意见》（豫政〔2016〕56号）、《河南省科学技术厅 河南省财政厅关于印发〈河南省科研设施和仪器向社会开放共享管理办法〉的通知》（豫科〔2018〕136号）、《河南省科研设施和仪器向社会开放共享双向补贴实施细则》（豫科〔2018〕137号）等文件精神，濮阳市科技局、濮阳市财政局制定了《濮阳市科研设施和仪器向社会开放共享管理办法》。

### 适用范围

科研设施和仪器主要是指用于科学研究和技术开发等科技创新活动的各类科研基础设施和科学仪器设备。

管理单位是指濮阳市区域内科研设施和仪器所依托管理的法人单位，包括高等学校、科研院所、新型研发机构、企事业单位等。开放共享是指管理单位将科研设施和仪器向社会开放共享，为非关联单位、创新创业团队等提供科学研究和技术开发等科技创新活动的行为。

全部或部分利用财政资金购置的单台套原值在50万元及以上的科研设施和仪器（涉密及法律法规另有特殊规定的除外），均应纳入市共享服务平台对外开放共享；对单台套原值在50万元以下的和非财政资金购置的科研设施和仪器，鼓励纳入市共享服务平台向社会开放共享；建立对外开放共享运行机制的市级及以上重点实验室、工程技术研究中心单台套原值在20万元及以上的科研设施和仪器均应纳入市共享服务平台对外开放共享。

对于享受科教用品和科技开发用品进口免税政策的科学仪器设备，在符合监管条件的前提下，纳入市共享服务平台统一管理并对外开放共享。

### 管理职责

1. 市科技局、财政局负责组织推动全市科研设施和仪器向社会开放共享工作，其主要职责如下。

（1）研究制定本市科研设施和仪器向社会开放共享的政策措施；建立本市考核评价制度和激励约束制度，制定相关标准和指标体系。

（2）按照河南省科研设施与仪器共享服务平台的要求，组织开发、建设、管理共享服务平台。

（3）监督评估本市科研设施和仪器向社会开放共享情况。

（4）市科技局、财政局委托市共享服务平台协助推进本市科研设施和仪器向社会开放共享政策的实施落实；组织实施信息采集、开放共享服务、开展全市科研设施和仪器开放共享绩效评价等有关工作；组织实施双向补贴工作。

2．管理单位是科研设施和仪器向社会开放共享工作的责任主体，其主要职责如下。

（1）管理单位作为开放共享责任主体，负责制定本单位的开放共享管理办法，制定并公开发布开放共享服务价格目录，组织实施本单位科研设施和仪器向社会开放共享工作。

（2）已建立网络服务平台的，应按统一规范与市共享服务平台对接，纳入市共享服务平台，并报送服务记录；尚未建立网络服务平台的，应使用市共享服务平台提供服务。

（3）所有符合条件的科研设施和仪器自完成安装使用验收之日起 30 个工作日内，纳入市共享服务平台统一管理。

（4）制定落实本单位的实验技术人员和管理人员的岗位、培训、薪酬、职称、评价等制度，合理配置实验技术人员岗位，建立专业化的开放共享服务团队。

（5）制定开放共享制度，明确共享的对象、方式、程序、价格等，保障科研设施和仪器良好运行和开放共享。

（6）保护用户身份信息以及在使用过程中形成的知识产权、科学数据和技术秘密等。

3．鼓励建立科研设施、仪器设备所有权和经营权分离机制，对于财政资金购置的设施、仪器设备，探索引入专业服务机构进行社会化服务。

## 查重评议

1．建立完善新购科研设施和仪器查重和联合评议机制，依托市共享服务平台定期发布市级科研设施和仪器新购预警目录。

2．使用市级财政资金建设或购置科研设施和仪器，原值在 20 万元及以上但不足 100 万元的，由管理单位对照新购预警目录进行查重，自行组织或委托专业机构进行评议。其中，原值在 100 万元及以上且在新购预警目录内的，由市财政局、科技局等有关部门委托专业机构进行查重及联合评议。对申请市级财政资金用于配套国家、省科技项目的，如该项目已通过省有关部门组织的评议，本市不再评议。

3．根据市科技局、财政局查重评议意见，对本市已有同类科研设施和仪器能提供开放共享服务，且能满足本单位相关科技创新活动需要的，单位不得列支此类建设购置经费。

## 绩效奖补

1．市科技局、财政局委托共享服务平台对全市科研设施和仪器开放共享情况进行绩效评价，内容包含制度建设、开放情况、组织管理、服务成效等。绩效评价结果作为实施开放共享双向奖补、科研设施建设和仪器购置、科技计划项目立项等的重要依据。

2．绩效评价的程序。

（1）管理单位通过市共享服务平台对外提供开放共享服务并留存完整服务记录。

（2）管理单位通过市共享服务平台在线提交绩效评价申请，连同其他证明材料一起提交至主管部门，主管部门审核后提交至市科技局、市财政局。

（3）市科技局、财政局委托市共享服务平台对管理单位年度开放共享情况进行绩效评价，评价结果分为优秀、合格、不合格三类，结果向社会公示。

3. 科研设施和仪器开放共享奖补标准。对评价结果为优秀、合格管理单位分别按照实际发生测试费的 20%、10% 给予共享服务后补贴，每年单台套最高 10 万元，每个管理单位最高 30 万元；对评价结果为不合格的管理单位不予补贴。对用户按照实际使用费用的 20% 给予共享使用后补贴，每年最高 10 万元。

该条用户包括：在濮阳市登记注册，具有独立法人资格且在有效期内的高新技术企业；在科技型中小企业评价系统取得有效编号的企业；在市企业科技信息管理平台系统注册并入库的企业；入驻市级及以上科技企业孵化器、众创空间、星创天地等创新创业孵化载体的创新创业团队。

### 保障措施

1. 允许对外共享服务合理收费，保障开放共享主体的合理利益。科研设施与仪器管理单位提供开放共享服务可按照成本补偿和非营利原则收取费用，收费标准应采取适当方式向社会公布。行政事业单位相关收入按国有资产有偿使用收入有关规定执行。高校和科研院所可依据有关规定健全内部成本核算制度，建立有偿服务收支管理制度，保障本单位的合理利益。

2. 通过后补助机制鼓励开放共享。市财政局会同有关部门，根据绩效评价结果和财政预算管理的要求，对开放服务效果好、用户评价高的管理单位，安排后补助经费予以支持。

3. 加强对实验技术人员的保障，提高一线技术人员开放共享的积极性。科研设施与仪器管理单位应建立和稳定高水平专业化的实验技术服务队伍，在岗位设置、业务培训、薪酬待遇、职称晋升和绩效评价等方面实行富有激励性的政策措施。

## 十、重点科技创新研发平台

### 政策依据

《濮阳市人民政府关于组建首批濮阳市产业研究院和命名首批濮阳市中试基地的通知》（濮政文〔2021〕147 号）；《濮阳市科学技术局关于印发〈濮阳市科技企业孵化器管理办法〉的通知》（濮科〔2020〕59 号）；《关于印发〈濮阳市众创空间备案管理办法（试行）〉的通知》（濮科〔2021〕22 号）；《关于印发〈濮阳市新型研发机构备案和绩效评价办法（试行）〉的通知》（濮科〔2019〕65 号）；《濮阳市科技局关于印发〈濮阳市工程技术研究中心管理办法〉的通知》（濮科〔2020〕23 号）；《濮阳市科技局关于印发〈濮阳市重点实验室备案管理办法〉的通知》（濮科〔2018〕41 号）；《濮阳市科技局关于印发〈濮阳市国际联合实验室备案管理办法〉的通知》（濮科〔2020〕25 号）。

### 重点平台

1. 产业研究院、中试基地。

首批组建、命名参照河南省产业研究院和中试基地有关管理办法，力求高起点、高标准、高质量。组建的首批濮阳市产业研究院包括由中石化中原油田分公司牵头组建濮阳市中原油田氢能产业研究院，由濮阳惠成电子材料股份有限公司牵头组建濮阳市电子化学品产业研究院等 10 家。命名的首批濮阳市中试基地包括濮阳市绿色化工合成及新材料中试基地（依托蔚林新材料科技股份有限公司）、濮阳市生物基尼龙及高端聚烯烃材料中试基地（依托河南省君恒实业集团生物科技有限公司）、濮阳市生态聚酯新材料中试基地（依托宏业控股集团有限公司）和濮阳市生物基降解材料中试基地（依托河南星汉生物科技有限公司、河南龙都天仁生物材料有限公司）四个。

市产业研究院牵头企业要积极探索以创新链、产业链深度融合为纽带的多样化组建模式，主动联络国内外知名高校、科研院所和上下游企业参与产业研究院的建设和运行，将产业研究院打造成集研发和中试、产业化和工程化于一体的创新联合体。市产业研究院要创新体制机制，引育高端人才，坚持问题导向，攻关核心技术，加快成果转化，以实际行动落实市委、市政府关于加快建设"创新濮阳"的决策部署，为全市经济社会高质量发展提供创新支撑。市中试基地及依托企业要围绕本市产业发展，创新管理，完善制度，保障安全，建立科学高效运行机制，发挥示范引领带动作用，促进科研产业紧密衔接，推动科技成果加速转化，赋能濮阳产业转型升级。相关县（区）和市科技、财政、工业和信息化等部门要制定配套政策，创新体制机制，汇聚创新资源，从项目、资金、人才和基础设施建设等方面，积极支持市产业研究院和市中试基地加快建设、提升层级、取得实效。

2. 科技企业孵化器。

申请认定市级孵化器，应具备以下条件。

（1）孵化器具有独立法人资格，在濮阳市内注册，注册地与实际运营地址一致。发展方向明确，具备完善的运营管理体系和孵化服务机制，实际注册并运营满一年，能够提供真实完整的统计数据，无社会信用黑名单记录。

（2）孵化器孵化场地集中，可自主支配的孵化场地面积不低于3000平方米。其中，在孵企业使用面积（含公共服务面积）占70%以上。

（3）孵化器具有投融资服务功能。孵化器自有种子资金或合作的孵化资金规模不低于150万元人民币，获得投融资的在孵企业占比不低于5%，不少于一个资金使用案例。

（4）孵化器拥有职业化的服务队伍。专业孵化服务人员占机构总人数的70%以上，每15家在孵企业至少配备一名专业孵化服务人员。专业孵化服务人员指具有创业、投融资、企业管理等经验或经过创业服务相关培训的孵化器专职工作人员。

（5）孵化器拥有专业创业导师队伍。每15家在孵企业至少配备一名创业导师。创业导师是指接受孵化器聘任，能对创业企业、创业者提供专业化、实践性辅导服务的企业家、投资专家、管理咨询专家。

（6）孵化器在孵企业中已申请专利等知识产权的企业数量占在孵企业总数比例不低于15%，或拥有有效知识产权的企业数量占在孵企业总数比例不低于10%。

（7）孵化器在孵企业数量不少于20家。

（8）孵化器累计毕业企业不少于两家。

孵化器中在同一产业领域从事研发、生产的企业占在孵企业总数的60%以上，且提供细分产业的精准孵化服务，拥有可支配的公共服务平台，能够提供研究开发、检验检测、小试中试等专业技术服务的，可按专业孵化器进行认定管理。专业孵化器内在孵企业不少于10家，累计毕业企业不少于一家。

3．众创空间。

（1）综合性众创空间备案条件。

①运营机构应当是在濮阳市注册的独立法人单位，设立宗旨是服务创业者创新与创业，发展方向明确、模式清晰，具备可持续发展能力。

②具有300平方米（含）以上固定集中的办公场所，提供不少于20个创业工位，同时能为创业团队和在孵企业提供会议室、洽谈培训空间及项目路演场地等公共服务场地。属租赁场地的，应保证三年（含）以上有效租期。

③向创业者提供灵活、免费或低收费日常服务，并通过投资与高附加值专业服务等获利，建立新型市场化可持续发展运营模式。

④入驻对象主要包括以技术创新、商业模式创新为特征的创业团队、初创公司或从事软件开发、硬件研发、创意设计的创客群体及其他群体。入驻团队和在孵企业数量不低于八家。

⑤有自有种子资金或合作的孵化资金。

⑥有不少于三人的孵化服务团队，服务团队应具备相应的运营管理和专业服务能力，并形成规范化服务流程。

⑦有专兼职创业导师队伍。

⑧具有完善的项目遴选机制、毕业或淘汰机制、财务管理和创业导师工作机制，能积极推进资本、技术、人才、市场等要素不断融合，为入驻团队和在孵企业提供全方位的增值服务。每年举办项目发布、路演展示、培训沙龙、运营提升、融资对接等各类活动不少于六场次。

（2）专业化众创空间备案，除具备上述条件外，还应同时具备以下条件。

①由龙头骨干企业、科研院所、高校、市级及以上研发平台依托单位牵头建设。

②具有500平方米（含）以上，免费或低成本为大工匠、创客团队或上下游相关小微企业提供入驻的物理空间。

③建设方向符合濮阳市重点产业领域，聚焦某一细分产业领域，且该领域内入驻的创业团队和创业企业数占众创空间内所有入驻创业团队和创业企业总数的50%以上。与建设主体之间形成良性互动机制，服务于建设主体转型升级和新业务开发、科技成果转化。

④建设有开放性公共技术创新平台。拥有创新创业所需的专业化研发、试制及检测用仪器设备，能够有效集成企业、科研院所、高校等外部创新资源和产业资源，实现共享共用。

4．新型研发机构。

申请市级新型研发机构备案应具备以下条件。

（1）具有独立法人资格。具有企业、事业单位或民办非企业等独立法人资格，注册地、主要办公和科研场所均在濮阳，实行自主经营，独立核算。

（2）依托国内知名高校院所、行业龙头企业国家级科研平台，或境外知名高校院所、知名跨国公司等高水平研发平台，具有稳定的科研成果来源。

（3）主要开展科技研发、成果转化、企业孵化、人才培养、技术服务等工作；应以技术开发、技术转让、技术服务、技术咨询、创业孵化等收入作为主要收入来源。

（4）具有稳定的研发经费来源。注册当年能够获得研发经费保障，以后每年度研发经费支出不低于年收入总额的15%。

（5）具有一定的研发基础条件。具备开展研发、试验服务等所需要的仪器、设备和固定场地等基础设施，办公和科研场所面积不少于 500 平方米；拥有必要的测试、分析手段和工艺设备，且用于研究开发的仪器设备原值不低于 500 万元。

（6）具有稳定的研发队伍。研发人员不少于 10 人，占职工总人数比例达到 25% 以上。

（7）具有创新的体制机制，内控制度健全完善。具有新颖的管理体制、多元化的投入机制、市场化的决策机制、灵活的成果转化机制、开放的引人用人机制。

5. 工程技术研究中心。

申报市级工程技术研究中心应具备以下条件。

（1）研究方向符合国家、省、市经济社会发展总体规划以及科技创新规划，符合高质量发展的创新需求。优先支持已运行两年以上的企事业单位内部研发机构（研究所、技术中心）。

（2）工程技术研究中心依托单位必须在濮阳市内注册登记，并具有独立法人资格。依托单位为企业的，上年度销售收入不低于 1000 万元，研发投入占销售收入的比例不低于 3% 或不少于 300 万元。依托单位为高校、科研院所或其他机构的，近三年产学研合作项目或向企业转移科技成果不少于两项或技术转让收入累计不少于 200 万元，自主获得一类知识产权不少于一项或二类知识产权不少于三项。

（3）拥有高水平的工程技术带头人及结构合理、相对稳定的工程技术研发和实施队伍。其中，具有高级职称的技术带头人不少于两人，科研开发团队不少于 10 人。

（4）具备工程技术试验条件和基础设施，有必要的检测、分析、测试手段和工艺设备，工程技术研究中心场地面积（科研、中试）不少于 400 平方米（软件研发、大数据等轻资产企业及服务型企业减半），科研仪器设备原值不少于 300 万元（软件研发、大数据等轻资产企业及服务型企业、农业类单位 150 万元以上）。

（5）研究水平在本行业（领域）具有较强影响力，拥有一定数量的具有自主知识产权的科研成果或专有技术，具备承担省、市科技计划项目的能力。

（6）管理机构健全，开放交流、协同创新、成果转化等机制和规章制度完善。有良好的产学研合作基础，重视科技人员和高技能人才的培养、引进和使用。

（7）近三年未发生重大环保、安全等责任事故，未被列入诚信"黑名单"。

6. 重点实验室备案。

市级重点实验室结合国家、省优先发展的学科领域，符合本市优先发展的学科和技术领域，须同时满足以下条件。

（1）研究发展方向符合濮阳市经济与科技优先发展领域，与濮阳市经济社会发展关系密切。优先支持已运行、并对外开放两年以上的县级和部门重点实验室。

（2）学科特色突出，在本领域具有市内先进水平或地方特色，承担并完成了国家和省、市重大科研任务一项以上或拥有五项具有自主知识产权的技术成果、发明专利或已结题的市级以上计划项目，和一所高等院校或科研院所建立了稳定的合作关系，产学研用成绩突出。

（3）学术水平、人才培养和队伍建设等方面有较强的竞争力。学术水平较高、学风严谨、开拓创新精神强的学术带头人（有市级以上学术荣誉称号的研究人员）不少于三人；实验室主任具有较高的学术水平、较强的组织管理和协调能力，研究队伍结构合理，固定研究人员不少于 10 人。

（4）已经具备一定规模的科研实验条件和工作基础，其中实验室面积不少于300 平方米；拥有的科研仪器设备能满足科研实验的要求，其总值（原值）不低于 300 万元。

（5）依托单位班子成员团结协作、管理科学、高效精干、勇于创新，能够承担建设和管理实验室的责任；能为实验室提供必要的技术支撑、后勤保障及相应经费等配套条件；已建立起较完善的管理办法和规章制度；初步建立"开放、流动、联合、竞争"的运行机制。

（6）申请备案前一年内未发生重大安全、重大质量事故或严重环境违法行为。

7. 国际联合实验室备案。

备案为市国际联合实验室的依托单位应为濮阳市内注册，具有独立法人资格，经营或运行状况良好的企业、科研院所、高等院校等单位，且成立或注册时间满三年，无社会信用"黑名单"记录。同时，满足下列条件：

（1）研发方向符合濮阳市经济社会与科技优先发展领域，具有稳定的国际科技合作渠道、长效合作机制和充足的资金来源，有明确的国际科技合作目标和可行的合作实施方案。

（2）在本研究领域具有国际或国内先进水平，近三年承担有市级以上科研任务，拥有一定数量的自主知识产权或专有技术。

（3）有国际科技合作基础，与国外知名高校、科研院所、科技型企业签署了长期有效的科技合作协议，合作方协议签署人须为合作单位正式人员。合作团队在国际上有一定知名度，在合作领域具有国际先进的研究成果和科研实验条件。双方已开展实质性科技合作并取得明显成效。

（4）拥有稳定的科研团队，专职科技人员应不少于 10 人，具有副高级（含）技术职称或具有博士学位及以上的科研人员所占比例不少于三分之一。市国际联合实验室主任具有一定的学术水平、国际交往经验和外语水平、组织管理和协调能力，须为依托单位正式人员或与依托单位签订五年及以上劳动聘任合同的工作人员。

（5）具有一定规模的科研实验条件和工作基础，能满足联合研究的要求。联合实验室面积不少于 400 平方米；科研仪器设备总值（原值）不低于 300 万元。

（6）依托单位管理体系健全，运行机制高效，已建立完善的管理办法和规章制度，能为联合实验室提供必要的技术支撑、后勤保障及相应经费支持。上年没有发生重大安全、环保、质量事故。

扫描下方二维码
进入"濮阳科技资源创新服务共享平台"
关注更多科技创新资源